船舶原理

（上册）

第二版

盛振邦　主编

高新船舶与深海开发装备协同创新中心 组编

上海交通大学出版社

SHANGHAI JIAO TONG UNIVERSITY PRESS

内容提要

　　船舶原理是以流体力学为基础探讨船舶航行性能的一门科学。全书上、下两册，共分五篇，第一篇为船舶静力学，第二篇为船舶阻力，第三篇为船舶推进，第四篇为船舶操纵，第五篇为船舶耐波性。上册由第一、二篇组成；下册由第三、四、五篇组成。

　　本书为上册，第一篇船舶静力学主要介绍船体形状及近似计算方法、船舶浮性、初稳性、大倾角稳性、抗沉性及船舶下水计算。对于船舶设计中所需要计算的专门问题，如船舶静水力计算、船舶在各种装载情况下的浮态和初稳性计算、稳性校核计算、抗沉性计算及船舶纵向下水计算等都有比较详尽的阐述；第二篇船舶阻力主要介绍船舶在等速直线航行时各种阻力成分的成因、特性和变化规律、船型对阻力的影响、船舶阻力的估算方法等。对于船舶在浅水狭航道中的阻力问题以及快艇、水翼艇、气垫船、双体船、小水线面船和地效应船等的阻力特性也分别做了适当的介绍。

　　本书是高等院校船舶与海洋工程专业本科生的教材，也可供有关工程技术人员参考。

图书在版编目（CIP）数据

船舶原理.上册 / 盛振邦主编;盛振邦主编高新船
舶与深海开发装备协同创新中心组编. —2 版.—上海：
上海交通大学出版社,2017(2022 重印)
ISBN 978-7-313-17996-8

Ⅰ.①船…　Ⅱ.①盛…②盛…　Ⅲ.①船舶原理–高
等学校–教材　Ⅳ.①U661

中国版本图书馆 CIP 数据核字(2017)第 216929 号

船舶原理（第二版）　上册

主　　编：盛振邦
组　　编：高新船舶与深海开发装备协同创新中心组编
出版发行：上海交通大学出版社　　　　　　　　地　　址：上海市番禺路 951 号
邮政编码：200030　　　　　　　　　　　　　电　　话：021-64071208
印　　制：常熟市文化印刷有限公司　　　　　　经　　销：全国新华书店
开　　本：787mm×1092mm　1/16　　　　　　印　　张：24
字　　数：591 千字
版　　次：2003 年 9 月第 1 版　2017 年 12 月第 2 版　　印　　次：2022 年 8 月第 17 次印刷
书　　号：ISBN 978-7-313-17996-8
定　　价：49.80 元

第 二 版 序

　　《船舶原理》自 2003 年底第一版出版至今已 14 年,期间经历 12 次印刷,供我国高等学校船舶与海洋工程专业作为教科书或教学参考用书,获得了肯定。不足之处是在 10 多年间内未做任何修订补充,深为遗憾。

　　2009 年左右,本书第一版主编之一刘应中教授、第三篇编著者王国强教授及第五篇编著者冯铁城教授先后谢世,其余各篇章的编著者也先后退休,一时难以组织人员对本书进行修订和补充,以致延缓了第二版的及时出版。鉴于近十几年来我国船舶工业及造船科学技术的飞速发展,本书作为教学用书,应当及时补充最新的科学技术和研究成果,以培养学生既能拥有扎实的基础知识,了解国内外的最新发展现状,又能具备分析和解决船舶航行性能相关问题的能力。为此,上海交通大学船舶海洋与建筑工程学院船舶与海洋工程系精心组织、统一协调本学科在职的任课教授,对本书的第一版进行了大量细致的补充修订,完成了《船舶原理》一书的第二版。本书第二版编写的原则:一是保持原书的优点,二是补充并反映国内外在本领域的最新发展,三是力求注重对学生创新精神和实践能力的培养。

　　参加本书第二版编著的教师包括:胡铁牛负责第一篇船舶静力学的修订编写;张怀新,朱仁传负责第二篇船舶阻力的修订编写;杨晨俊,李巍负责第三篇船舶推进的修订编写;邹早建负责第四篇船舶操纵的修订编写;马宁,顾解忡负责第五篇船舶耐波性的修订编写。

　　《船舶原理》第二版终于出版问世,它将继续为我国高等学校船舶与海洋工程专业本科生提供教材或教学参考用书。书中存在的疏漏与不妥之处,殷切希望采用本书的广大师生批评指正。

盛振邦

2017 年 8 月于上海交通大学

第 一 版 序

根据上海交通大学船舶与海洋工程专业《面向21世纪教学内容和课程体系的改革计划》，重新组合了整个专业的课程体系，以利于拓宽专业面和培养创新人才，将原先的"船舶静力学""船舶阻力""船舶推进"及"船舶操纵与摇荡"等四门课程整合为"船舶原理"。整合后的"船舶原理"是船舶与海洋工程专业一门主要的专业基础课程。本书是根据高等学校船舶与海洋工程专业本科生的教学要求编写的。

船舶原理是以流体力学为基础探讨船舶航行性能的一门科学。主要包括船舶的浮性、稳性、抗沉性、快速性（船舶阻力、船舶推进）、操纵性及耐波性。根据当今国内外对船舶原理包含内容的学科体系，本书分为五篇：第一篇船舶静力学；第二篇船舶阻力；第三篇船舶推进；第四篇船舶操纵；第五篇船舶耐波性。上海交通大学船舶流体力学研究所历来重视教材的编著，曾出版过《船舶静力学》《船舶阻力》《船舶推进》及《船舶操纵与摇荡》等全国高校统编教材，并经过多次修订再版。这些教材的优点是：叙述上力求概念清晰、层次分明、重点突出，密切结合船舶设计的需要；内容上反映本学科领域的基本内容及国内外的最新发展。因此上述教材曾多次获得过省部级优秀教材奖。为了使本书既能继承过去教材的优点，又能贯彻教学内容和课程体系的改革精神，由盛振邦和刘应中担任本书的总主编，曾编著以上教材的教授们担任各篇的分主编，目前担任本课程教学任务的教师也一起参加了编写工作。

本书分上下两册，上册包括船舶静力学和船舶阻力；下册包括船舶推进、船舶操纵和船舶耐波性。船舶静力学由盛振邦、胡铁牛负责修订编写；船舶阻力由邵世明、张怀新负责修订编写；船舶推进由王国强负责修订编写；船舶操纵由黄国梁负责修订编写；船舶耐波性由冯铁城负责修订编写。

"船舶原理"课程的主要任务是：通过各教学环节，培养学生以流体力学为基础，分析和解决船舶航行性能中有关问题的方法。为此需要特别注重创新精神和实践能力的培养。通过本课程的学习，使学生初步具有从事本领域实际工作和研究工作的能力，并为学习后续课程——船舶设计打下坚实的基础。要转变以往教学中单纯重视知识传授的教学思想，除加强对学生创新精神和实践能力的培养外，还应重视个性教育。因此，要在总体上考虑课程建设，除编写出版教材外，对于其他教学环节都应编写出版与之配套的指导性教学文件，在教学过程中还应精心组织，诸如：编著本课程中各大型作业、课程设计及有关教学试验的指导书。由于本课程中实践环节多，计算工作量大，除为学生掌握基本理论进行少量的手工计算外，系统地编制各种计算机辅助教学软件，供学生进行大型作业、课程设计及试验数据分析处理的实际操作使用，以便了解和掌握应用计算机解决船舶原理中有关问题的能力。此外，结合本课程的教学内容，有计划、有目的地组织安排学生参加部分科研或实际试验工作；开设选修的教学试验和开放性试验，鼓励学生利用相关的设备进行探索性的试验研究等。

"船舶原理"虽是一门专业基础课程，但包含的内容相当广泛，有很强的实践性，既有许多大型作业和课程设计，又有不少试验工作。船舶航行性能中有众多需要研究解决的问题，这为本课程教学中贯彻加强实践能力和创新精神的培养提供了广泛的领域。上海交通大学拥有船模试验池和空泡水筒及海洋工程水池等配套齐全、设施一流的船舶流体力学试验研究基地，这为本课程贯彻培养学生实践能力和创新精神提供了极为有利的条件。

本书的编写出版和与之相配套的课程建设，是"船舶原理"课程教学内容和教学方法改革的一种尝试，殷切希望广大师生在今后的教学实践中提出宝贵意见，以便不断改进。

编者

2003 年 3 月

前　　言

船舶原理是研究船舶航行性能的一门科学。其中包括：

(1) 浮性——船舶在一定装载情况下浮于一定水平位置的能力而不致沉没。

(2) 稳性——在外力作用下船舶发生倾斜而不致倾覆,当外力的作用消失后仍能回复到原来平衡位置的能力。

(3) 抗沉性——当船体破损,海水进入舱室时,船舶仍能保持一定的浮性和稳性而不致沉没或倾覆的能力,即船舶在破损以后的浮性和稳性。

(4) 快速性——船舶在主机额定功率下,以一定速度航行的能力。通常包括船舶阻力和船舶推进两大部分,前者研究船舶航行时所遭受的阻力,后者研究克服阻力的推进器及其与船体和主机之间的相互协调一致。

(5) 耐波性(或称适航性)——船舶在风浪海况下航行时的运动性能。主要研究船舶的横摇、纵摇及升沉(垂荡)等习惯上统称为摇摆的运动。

(6) 操纵性——船舶在航行中按照驾驶者的意图保持既定航向的能力(即航向稳定性)或改变航行方向的能力(即回转性)。因此,船舶操纵性包括航向稳定性和回转性两部分内容。

船舶原理通常分为船舶静力学和船舶动力学两大部分。前者以流体静力学为基础,研究船舶的浮性、稳性及抗沉性等,后者以流体动力学为基础,研究船舶的阻力、推进、摇摆及操纵等。船舶阻力和推进主要研究船舶在等速直线航行时的性能,属于流体动力学中的定常问题;船舶操纵性和耐波性是研究变速运动时的船舶运动,属于流体力学中的非定常问题,必须考虑惯性及附连水质量和惯性矩的影响。在船舶静力学中,主要讨论船舶的浮性、小倾角稳性(或称初稳性)、大倾角稳性及抗沉性等,此外还包括船舶纵向下水计算。在船舶阻力中,依次讨论阻力的成因、主要特性,确定阻力的方法和减小阻力的途径。对阻力相似定律、船模阻力试验、船型对阻力的影响等重要问题都进行了比较细致的探讨。此外,还扼要介绍了各类高性能船舶的阻力特点。在船舶推进中,主要讨论推进器在水中运动时产生推力的基本原理及其性能的优劣(即效率高低)等问题,并对船体与推进器之间的相互作用以及船模推进试验等都进行了详细的阐述,还探讨了如何设计性能优良的推进器。快速性优良的船舶应该满足：① 航行时所遭受的阻力要小,即所谓优秀船型(或称低阻船型)的选择问题;② 推进器应发出足够的推力且效率要高;③ 推进器与船体和主机之间要协调一致。因此,船舶快速性包括阻力和推进两大部分。在船舶操纵中,从操纵运动的基本方程出发,分析船舶操纵性的基本概念,讨论操纵性的衡准和试验方法,重点介绍舵的水动力性能和舵的设计。在船舶耐波性中,主要讨论船舶摇摆运动。从不规则海浪的基本特点出发,根据统计分析理论,重点讨论船舶在风浪中的横摇与顶浪中的纵摇和垂荡。此外,对船舶设计中有关耐波性的考虑也进行了必要的介绍。

船舶设计建造部门总希望所设计建造的船舶具有优良的航行性能,用船部门(航运公司、海军等)理所当然要求所属的各类船舶都具有优良的航行性能。概括说来,所谓优良的航行性

1

能大体包括：船舶是否具有合理的浮态和足够的稳性,是否属于低阻力的优良船型,推进器的效率是否最佳,推进器与船体及主机是否匹配,是否具有良好的航向稳定性和回转性,在风浪中航行时是否会产生剧烈的摇摆运动以及砰击、甲板上浪及失速等。但在实际造船工作中,判断船舶是否具有优良的航行性能是有一定衡量指标的,有些指标因考虑到航海安全而由船级社乃至国际组织规定必须满足的硬指标,有些指标则是与长期积累的优秀船型资料相比较而判定的。所有这些指标都与船舶的主要尺度、船体形状、装载情况等密切相关。因此,船舶原理中所讨论的众多问题,都是船舶设计、建造和营运,乃至新型船舶的研究开发需要用到的专业基础知识。

目　　录

第一篇　船舶静力学

第二篇 船舶阻力

4

第 一 篇

船 舶 静 力 学

胡铁牛　修订

第1章 总 论

船舶静力学以流体静力学为基础,研究船舶在不同条件下的浮性、稳性及抗沉性等问题。船舶静力学所讨论的许多问题是船舶设计、建造和营运中经常需要用到的基础知识。因此船舶静力学是船舶设计与制造专业中的一门重要课程。在船舶静力学中,一般依次讨论:

(1) 浮性——船舶在一定装载情况下浮于一定水面位置的能力。

(2) 稳性——在外力作用下,船舶发生倾斜而不致倾覆,当外力的作用消失后,仍能回复到原来平衡位置的能力。稳性通常又可分为初稳性(小倾角稳性)和大倾角稳性。

(3) 抗沉性——当船体破损,海水进入舱室时,船舶仍能保持一定的浮性和稳性而不致沉没或倾覆的能力,即船破损以后的浮性和稳性。

(4) 船舶下水计算——船舶在船台上或船坞内建造到一定阶段后,由原在船台上或船坞内呈支撑状态而进入水中变为呈漂浮状态的过程(称为下水)及其受力计算。

船舶静力学研究的浮性和稳性问题,直接与船舶生死攸关的安全性有关。浮性涉及船舶是否会沉没,稳性涉及船舶是否会倾覆,抗沉性涉及船舶破损以后是否会沉没(浮性)或倾覆(稳性),下水计算涉及船舶在下水过程中是否会沉没或倾覆的计算判别问题。

判断船舶是否具有适当的浮性和足够的稳性,有其一定的衡量指标,这些指标与船舶的主尺度、形状以及装载情况等有密切关系。因此,应用浮性及稳性的基本理论具体计算这些衡量指标,也是船舶静力学的重要内容,这些衡量指标主要有干舷 F、初稳性高 GM、稳性衡准数 K 和分舱指数 A 等。

为了研究方便,做出以下假定:

(1) 假定船舶是静置于平静水面上;

(2) 假定船舶受到的力(主要是重力和浮力)都是静力,或者可作为静力处理;

此外,船舶静力学的研究对象是处在不同状态和条件下的:

(1) 重力及重心位置(如何求取将在《船舶设计原理》课程中详细讨论);

(2) 浮力及浮心位置;

(3) 它们(重力及重心位置和浮力及浮心位置)之间的关系。

船舶静力学的计算通常包括船舶静水力性能计算、船舶在各种装载情况下的浮态及稳性计算、抗沉性计算(即船舶破损后的浮态及稳性计算)和下水计算等。

船舶静力学的计算结果曲线通常有静水力曲线、邦戎曲线、符拉索夫曲线、稳性横截曲线、静稳性曲线、动稳性曲线、进水角曲线、极限重心高度曲线、可浸长度曲线和下水曲线等。

船舶静力学的校核通常包括船舶在各种装载情况下的浮态及初稳性校核、大倾角稳性校核(完整稳性)和船舶破损后的浮态及稳性校核(抗沉性校核)。

船舶静力学的试验通常有船舶倾斜试验等。

1-1 船舶浮性

研究船舶浮性的理论基础是阿基米德原理,基本数学方程是根据阿基米德原理导出的数学表达形式,即浮态平衡方程。

船舶浮性的研究对象就是船舶静力学的研究对象。

船舶浮性的研究目的是求出计算浮态时的浮力及浮心,这可以通过计算水线下船体的形状体积(排水体积)及形心位置(浮心)来实现。

为了实现这个研究目的,计算时需要:

(1) 定义、描述和表达船舶的船体形状;

(2) 需要合适的体积积分计算方法;

(3) 根据船体形状,采用合适的积分方法,通过合理有效的计算途径、基本理论和计算原理或方法来求得浮力及浮心。

总之,船舶浮性的重点就是确定浮态平衡方程和获得浮力及浮心位置。要点是学会如何定义和表达船体形状以及常用近似积分计算方法(见第 2 章);掌握计算浮力及浮心的基本理论和原理,掌握计算浮力及浮心的途径、思路和方法,校核浮态平衡方程(见第 3 章)。

1-2 船舶稳性

船舶稳性是船舶在外力作用并消失后保持其原有位置的能力。实际上是船舶在外力作用(倾斜力矩)下倾斜,然后在复原力矩作用下恢复到其原有位置的能力。因此其理论基础是力矩平衡原理,基本方程是力矩平衡方程。

船舶稳性的研究对象就是船舶静力学的研究对象,包括对象之间形成的力矩关系。

船舶稳性研究中涉及的主要矛盾是倾斜力矩和复原力矩。

船舶稳性研究的主要目的及关键是求得浮力和浮心位置,据此可根据重力及重心与浮力及浮心之间的关系求得静稳性曲线,进而对稳性进行分析和计算校核。

船舶稳性通常的计算假定:① 倾斜前后的重力与重心不变;② 不考虑惯性力。

根据以上的假定①,可以得知船舶是等体积倾斜,其水线是等体积倾斜水线。

船舶稳性的计算思路为

(1) 求取倾斜时的等体积倾斜水线位置;

(2) 求取该等体积倾斜水线下的排水体积及形心位置,即浮力及浮心位置;

(3) 根据浮力及浮心位置,计算复原力矩;

(4) 计算倾斜力矩;

(5) 根据稳性安全要求或规范要求,计算校核船舶稳性或其指标。

船舶稳性的实际应用意义在于它对船舶安全性的校核,包括船舶的抗倾覆(抗风浪)能力,在大风浪中的安全裕度等。

船舶稳性的重点是理解稳性的定义、概念和理论,学会如何求取浮心位置,稳性计算方法,稳性校核理论(安全判别或规范要求)。

船舶稳性的难点:① 如何求得等体积倾斜倾斜水线位置;② 如何求得该水线下的浮力及

浮心位置;③ 稳性计算校核原理。

解决难点①和②的不同思路方法分别产生了等排水量计算法(见 5-2 节)和变排水量计算法(见 5-3 节)。

为了解决船舶稳性难点,便于快速计算和校核,对船舶稳性做出某些计算简化假定(初稳性假定)后,使得在经常遇到的小倾角稳性问题方面(称之初稳性),其稳性难点问题简化为容易解决的问题。因此船舶稳性经常分为初稳性和大倾角稳性两大部分,分别是第 4 章和第 5 章的主要内容。

1-3 船 舶 抗 沉 性

前面提到的浮性和稳性指的是完整状态(未破损时)的浮性和稳性(完整稳性),而抗沉性的研究内容主要是当船破损以后如何计算校核船舶的浮性和稳性。此外还包括如何预先设计划分舱室,使得当指定舱室破损后,船舶仍具有足够的浮性,这些都是第 6 章的主要内容。

抗沉性的重点是破舱的基本概念,破舱后的浮态平衡方程确定,可浸长度曲线的概念、原理和计算方法,破舱计算方法(损失浮力法和增加重量法)等。

抗沉性的难点:① 破舱后的浮态平衡方程确定;② 概率破舱稳性的概念及原理方法。

1-4 船 舶 下 水 计 算

第 7 章船舶下水计算涉及下水过程中的静力学问题和动力学问题,但着重以静力学观点来处理。

船舶下水计算的重点是下水过程的划分,各过程的受力分析及计算。

船舶下水计算的难点是各过程的受力分析及计算。现今大多数船舶,特别是大型船舶都在干船坞内建造,有些在船台上建造的船舶也以气囊式下水方法取代传统的重力式下水方法。因此该章中所述的内容远没有像过去那样被普遍采用,故这里只做简要介绍,同学们可以通过自学来获得其他相关知识。

第2章 船体形状及近似计算

船体的主尺度和形状对于船舶的性能(包括浮性、稳性以及航行性能)有很大影响,也是船舶性能计算的依据。因此在研究船舶性能之前,首先要了解船舶主尺度和船体形状(船体外形曲面)的定义及表达方法,即船体主要要素的定义及船体外形的表达方法。

船体形状通常为双向曲面,目前有两种表达方法:一是传统的图形表达方法(线型图),二是数学表达方法(数学船型)。本书重点介绍图形表达方法。

尽管有两种船体形状表达方法,但在船体形状计算的实际应用中,通常采用近似计算方法,其主要理由是通用、简便,且能保证工程精度。因此本书还将讨论船体计算中常用的近似计算方法。

2-1 主尺度、船形系数和尺度比

船体主要要素,即主尺度、船形系数和尺度比,是表示船体大小、形状、肥瘦程度的几何参数,这些参数对于船舶设计、建造、使用和分析性能十分有用。

船体外形可用投影到3个相互垂直的基本平面来表示。这3个基本投影平面称为主坐标平面,如图2-1(a)所示。它们分别是:

(1)中线面。通过船宽中央的纵向垂直平面,它把船体分为左右两部分,在绝大多数情况下中线面也是船体的对称面。

(2)中站面。通过船长(垂线间长或设计水线长)中点(常用符号⊗表示)的横向垂直平面,它把船体分为首尾两部分。

(3)基平面。通过中线面和中站面交线上的船底板上缘的水平面。它与中线面、中站面相互垂直。基平面与中线面的交线称为基线。

船体外形曲面与中线面的截面称为中纵剖面,与中站面的截面称为中横剖面,船体外形曲面与位于基平面以上设计吃水处并与基平面平行的截面称为设计水线面,如图2-1(b)所示。

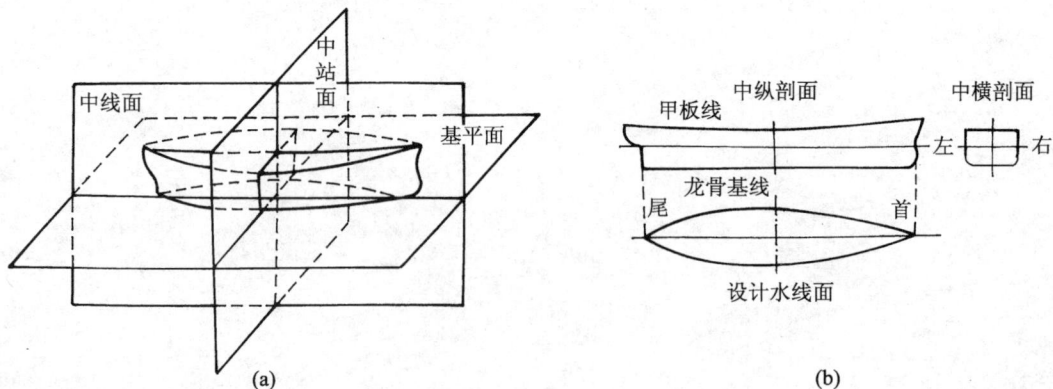

图 2-1 主坐标平面

1. 主尺度

船舶的大小可由船长、型宽、型深和吃水等主尺度来度量,这些特征尺度的定义如图 2-2 所示。

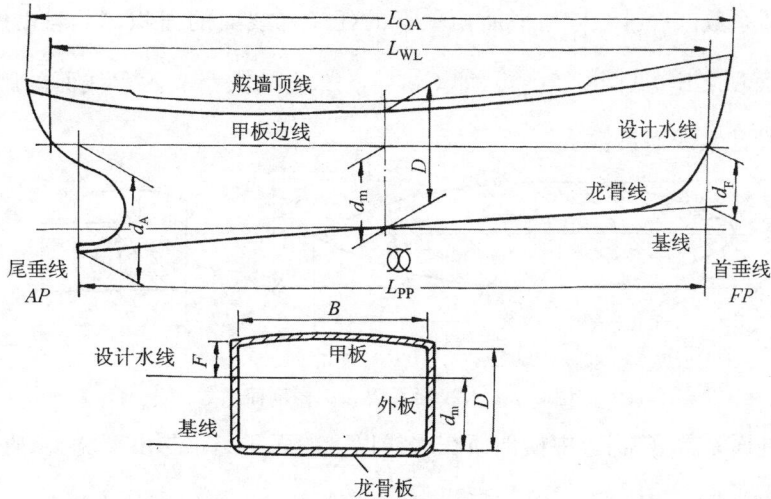

图 2-2　特征尺度定义

(1) 船长[L]。通常选用的船长有 3 种,即总长、垂线间长和设计水线长。

总长[L_{OA}]。自船首最前端至船尾最后端的水平距离。

垂线间长[L_{PP}]。首垂线 FP 与尾垂线 AP 之间的水平距离。首垂线是通过设计水线与首柱前缘的交点所做的垂线(垂直于设计水线面);尾垂线一般在舵柱的后缘,若无舵柱,则取在舵杆的中心线上。军舰通常以通过尾轮廓和设计水线交点的垂线作为尾垂线。一般情况下,若无特别说明,习惯上所说的船长通常指垂线间长。

设计水线长[L_{WL}]。设计水线是首柱前缘和尾柱后缘之间的水平距离。

在船舶静水力性能计算中一般采用垂线间长 L_{PP},在分析阻力性能时常用设计水线长 L_{WL},而在船进坞、靠码头或通过船闸时应注意它的总长 L_{OA}。

(2) 型宽[B]。指船体两侧型表面(不包括船体外板厚度)之间垂直于中线面的水平距离,一般指中横剖面设计水线处的宽度。最大船宽是指包括外板和伸出两舷的永久性固定突出物,如护舷材、舷伸甲板等在内,并垂直于中线面的最大水平距离。

(3) 型深[D]。在上甲板边线最低点处,自龙骨板上表面(即基线)至上甲板边线的垂直距离。通常,甲板边线的最低点在中横剖面处。

(4) 吃水[d]。基线至设计水线的垂直距离。有些船,设计的首尾正常吃水不同,则有首吃水、尾吃水及平均吃水,当不指明时,是指平均吃水,即

$$d = \frac{d_F + d_A}{2}$$

式中 d 为平均吃水,也就是中横剖面处的吃水 d_m;d_F 为首吃水,沿首垂线自设计水线至龙骨线的延长线之间的距离;d_A 为尾吃水,沿尾垂线自设计水线至龙骨线的延长线之间的距离。

(5) 干舷[F]。在船侧中横剖面处自设计水线至上甲板边板上表面的垂直距离。因此,干舷 F 等于型深 D 与吃水 d 之差再加上甲板及其敷料的厚度。

2. 船形系数

船形系数是表示船体水下部分面积或体积肥瘦程度的无因次(量纲为1)系数,这些系数对分析船型和船舶性能等有很大的用处。

(1)水线面系数[C_{WP}]。与基平面相平行的任一水线面的面积 A_W 与由船长 L、型宽 B 所构成的矩形面积之比(见图 2-3(a)),即 $C_{WP}=\dfrac{A_W}{LB}$,它的大小表示水线面的肥瘦程度。通常情况下 C_{WP} 指设计水线面系数。

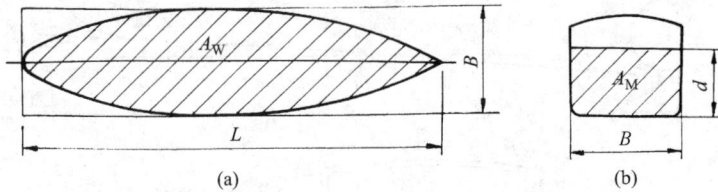

(a)   (b)

图 2-3 水线面系数和中横剖面系数

(2)中横剖面系数[C_M]。中横剖面在水线以下的面积 A_M 与由型宽 B、吃水 d 所构成的矩形面积之比(见图 2-3(b)),即 $C_M=\dfrac{A_M}{Bd}$,它的大小表示水线以下的中横剖面的肥瘦程度。

(3)方形系数[C_B]。船体水线以下的型排水体积 ∇ 与由船长 L、型宽 B、吃水 d 所构成的长方体体积之比(见图 2-4),即 $C_B=\dfrac{\nabla}{LBd}$,它的大小表示船体水下体积的肥瘦程度。

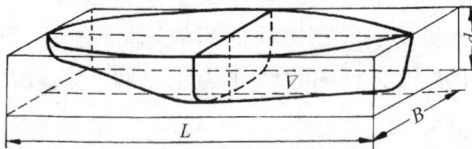

图 2-4 方形系数   图 2-5 棱形系数

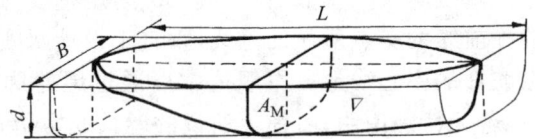

(4)棱形系数[C_P]。船体水线以下的型排水体积 ∇ 与由相对应的中横剖面面积 A_M 为底面积、船长 L 为高所构成的棱柱体体积之比(见图 2-5),即 $C_P=\dfrac{\nabla}{A_M L}=\dfrac{\nabla}{C_M BdL}=\dfrac{C_B}{C_M}$,它的大小表示排水体积沿船长方向的分布情况。$C_P$ 又称为纵向棱形系数。

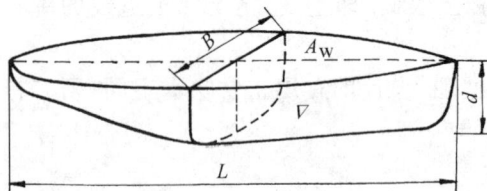

(5)垂向棱形系数[C_{VP}]。船体水线以下的型排水体积 ∇ 与由相对应的水线面面积 A_W 为底面积、吃水 d 为高所构成的棱柱体体积之比(见图 2-6),即 $C_{VP}=\dfrac{\nabla}{A_W d}=\dfrac{\nabla}{C_{WP}LBd}=\dfrac{C_B}{C_{WP}}$,它的大小表示排水体积沿吃水方向的分布情况。

图 2-6 垂向棱形系数

上述各系数的定义,若无特别指明,通常都是以设计水线处而言。在计算不同水线处的各系数时,其船长和船宽常用垂线间长(或设计水线长)和型宽(或设计水线宽),如最大横剖面不在船中处,则应取最大横剖面处的有关数据。吃水则取所计算水线处的吃水值。

3. 尺度比

除上述船形系数外,还经常采用船舶各主要尺度间的比值表示船体几何特征。常用的尺度比有长宽比(L/B)、宽度吃水比(B/d)、型深吃水比(D/d)及长度型深比(L/D)等。它们与船舶性能、强度以及经济性等有密切关系。

在船舶静力学中,常用的尺度比有长宽比(L/B)、宽度吃水比(B/d)、型深吃水比(D/d)或宽度型深比(B/D)。表 2-1 是各类船舶的尺度比值和船形系数的大致范围。

表 2-1 尺度比值与船形系数的范围

船舶类型	尺 度 比 值			船 形 系 数		
	L/B	B/d	D/d	C_{WP}	C_{M}	C_{B}
民用船舶						
远洋客船	8~10	2.4~2.8	1.6~1.8	0.75~0.82	0.95~0.96	0.57~0.71
沿海客货船	6~7.5	2.7~3.8	1.5~2.0	0.70~0.80	0.85~0.96	0.50~0.68
远洋货船	6~8	2.0~2.4	1.1~1.5	0.80~0.85	0.95~0.98	0.70~0.78
拖 船	3~6.5	2.0~2.7	1.2~1.6	0.72~0.80	0.79~0.90	0.46~0.60
渔 船	5~6	2.0~2.4	1.1~1.3	0.76~0.81	0.77~0.83	0.50~0.62
油 船	4.8~7.5	2.1~3.4	1.1~1.5	0.73~0.87	0.98~0.99	0.63~0.83
军 舰						
巡洋舰	8~11	2.8~3.3	1.7~2.0	0.69~0.72	0.76~0.89	0.45~0.65
驱逐舰	9~12	2.8~4.5	1.7~2.0	0.70~0.78	0.76~0.86	0.40~0.54
炮 艇	6.5~9	2.8~3.3	1.6~2.8	0.70~0.80	0.80~0.90	0.52~0.64
猎潜艇	7.9~8.5	2.5~4.5	1.6~2.0	0.74~0.78	0.75~0.82	0.45~0.50
潜 艇	8~13	1.4~2.0	—	—		0.40~0.55

2-2 船体型线图

船体外形一般都是双向曲面,其形状的基本图形表示方法是型线图。型线图是船舶设计、计算和建造的重要依据,因而是关系到船舶全局的一张图纸。型线图所表示的船体外形为船体型表面。钢船的型表面为外板的内表面,水泥船和木船则为船壳的外表面。型线图的基本投影平面就是图 2-1(a)所示的 3 个互相垂直的平面。但是仅这 3 个平面和船体外形相截所得的剖面图形还不能完整地表示船体的型表面,尚需补充若干个平行于 3 个基本投影平面的剖面,这些剖面和船体外形相截得到的图形与 3 个基本剖面图形组成的图,就称为船体型线图。现以某货船(见图 2-7)为例,说明如下。

(1)横剖线图。沿船长方向平行于中站面,取 21 个(或更多些,也有的取 11 个)等间距的横剖面,把船长等分为 20 个间距(称为站距)。将各横剖面所截得的船体型表面曲线(称为横剖线)均投影到中站面上,即得横剖线图。各横剖线从船尾至船首依次编号(称为站号),0~10 站为尾半段,10~20 站为首半段,第 10 站即为中横剖面(注:在我国船舶设计部门中,习惯上对民船的各站从船尾至船首依次编号,而军船的各站则从船首至船尾依次编号)。由于船体

站号	半宽										高度						
	平底线	500水线	1 000水线	2 000水线	3 000水线	4 200水线	4 580水线	上甲板边线	首尾楼甲板边线	舷墙顶线	中纵剖线	6纵剖线	7纵剖线	8纵剖线	上甲板边线	首尾楼甲板边线	舷墙顶线
尾封板	—	—	—	—	—	—	1 640	4 060	5 000	—	4 300	4 580	5 600	7 730	5 900	8 300	—
0	—	—	—	—	—	1 450	2 450	4 590	5 400	—	4 000	4 250	4 960	6 080	5 800	8 200	—
1/2	—	—	—	—	—	2 240	3 095	4 980	5 660	—	3 730	4 000	4 650	5 635	5 750	8 150	—
1	200	550	770	980	1 255	3 015	3 720	5 345	5 885	—	0	3 525	4 280	5 310	5 700	8 100	—
2	760	1 690	2 050	2 595	3 170	4 430	4 875	5 960	6 280	—	0	420	3 000	4 520	5 630	8 030	—
3	1 660	2 850	3 360	4 085	4 740	5 540	5 790	6 370	6 560	—	0	0	825	3 020	5 580	7 980	—
4	2 700	3 990	4 585	5 310	5 830	6 260	6 380	6 600	—	6 650	0	0	110	1 240	5 540	—	6 850
5	3 730	4 985	5 540	6 115	6 395	6 575	6 630	6 700	—	6 700	0	0	0	380	5 490	—	6 510
6	4 540	5 700	6 150	6 550	6 640	6 685	6 700	6 700	—	6 700	0	0	0	40	5 440	—	6 440
7	4 965	6 100	6 480	6 700	6 700	6 700	6 700	6 700	—	6 700	0	0	0	0	5 400	—	6 400
8	5 200	6 300	6 590	6 700	6 700	6 700	6 700	6 700	—	6 700	0	0	0	0	5 400	—	6 400
9	5 200	6 300	6 590	6 700	6 700	6 700	6 700	6 700	—	6 700	0	0	0	0	5 400	—	6 400
10	5 200	6 300	6 590	6 700	6 700	6 700	6 700	6 700	—	6 700	0	0	0	0	5 400	—	6 400
11	5 000	6 180	6 520	6 700	6 700	6 700	6 700	6 700	—	6 700	0	0	0	0	5 400	—	6 400
12	4 615	5 965	6 380	6 700	6 700	6 700	6 700	6 700	—	6 700	0	0	0	0	5 400	—	6 400
13	4 045	5 630	6 140	6 600	6 700	6 700	6 700	6 700	—	6 700	0	0	0	110	5 400	—	6 400
14	3 280	5 100	5 730	6 300	6 580	6 700	6 700	6 700	—	6 700	0	0	0	330	5 400	—	6 400
15	2 345	4 360	5 055	5 790	6 250	6 570	6 600	6 700	—	6 700	0	0	90	780	5 400	—	6 400
16	1 415	3 420	4 140	4 935	5 565	6 160	6 360	6 700	—	6 700	0	25	390	1 790	5 400	—	6 400
17	655	2 365	2 970	3 735	4 415	5 260	5 680	6 550	—	6 650	0	160	1 275	3 580	5 430	—	6 530
18	220	1 325	1 760	2 345	2 940	3 855	4 300	5 750	—	6 270	0	790	3 385	4 990	5 480	—	7 600
19	—	380	630	1 020	1 420	2 120	2 470	3 950	5 020	5 260	200	3 375	5 170	7 310	5 530	7 800	8 390
19.5	—	—	100	420	690	1 200	1 450	2 670	4 030	4 460	1 000	4 780	6 480	—	5 560	7 840	8 600
20	—	—	—	—	—	0	390	1 140	2 730	3 430	4 200	6 270	8 500	—	5 580	7 880	8 800

主要要素

总长 L_{OA}	75.00 m	水线面系数 C_{WP}	0.832
垂线间长 L_{PP}	70.00 m	中横剖面系数 C_M	0.980
水线间长 L_{WL}	71.33 m	浮心纵向位置 x_B	−0.426 m
型宽 B	13.40 m	排水量	2 858 t
型深 D	5.40 m	梁拱	0.2 m
设计吃水 d	4.20 m	首脊弧	0.0 m
方形系数 C_B	0.704	尾脊弧	0.4 m

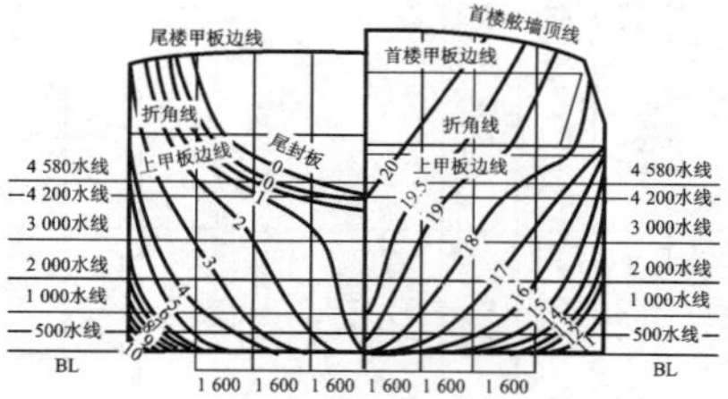

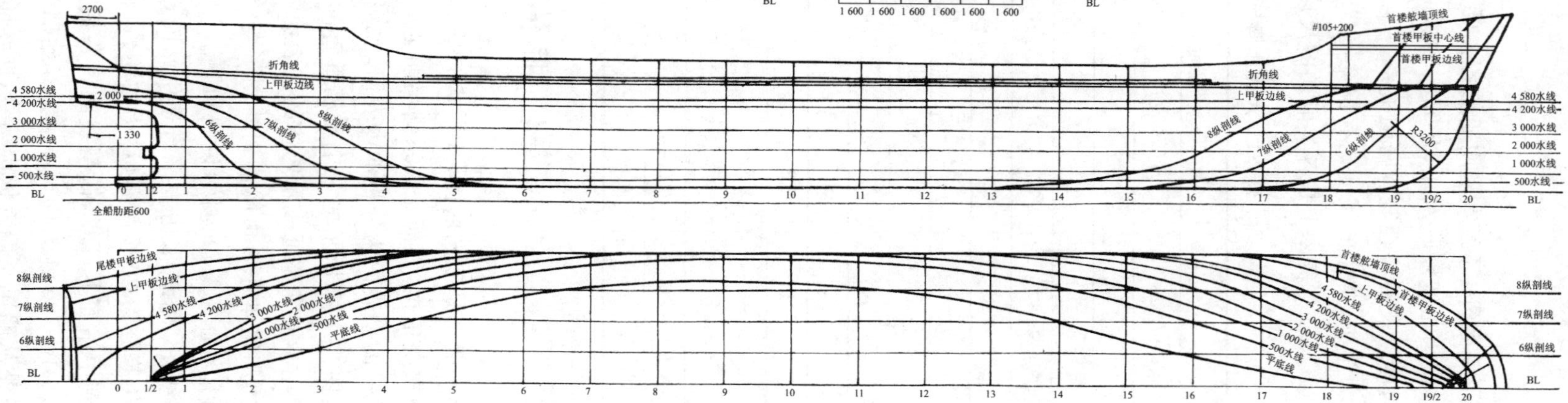

图 2-7 船体型线图

左右对称,每一横剖线只需画出半边即可。通常,将尾半段的左半边横剖线画在左边,首半段的右半边横剖线画在右边。按理,在横剖线图上应画出其甲板线的实际形状,但这样会使图面混淆不清,所以在型线图中都无需画出,而只是将各站处横剖面的甲板边缘点连接起来,称为甲板边线。舷墙顶点的连线也需画出,称为舷墙顶线。

(2)半宽水线图。沿吃水方向平行于基平面,取若干个等间距的水平剖面,将各水平剖面所截得的船体型表面曲线(称为水线)均投影到基平面上,即得半宽水线图。各水线自龙骨基线向上依次编号。由于船体左右对称,每一水线只需画出半边即可,故称为半宽水线图。此外,在半宽水线图上还需画出上甲板边线,首尾楼甲板边线和舷墙顶线等的水平投影,以反映出它们的俯视轮廓。

(3)纵剖线图。沿船宽方向平行于中线面,取若干个纵剖面,将各剖面所截得的船体型表面曲线(称为纵剖线)均投影到中线面上,即得纵剖线图。各纵剖线通常自中线面开始往舷侧依次编号,在纵剖线图上还需画出龙骨线、首尾轮廓线、甲板边线、甲板中线和舷墙顶线等的侧投影。

型线图就是由上述 3 组图形所组成的。现对三者之间的关系进一步说明如下:由于上述 3 个剖面图是相互垂直的,因此每一组剖线在一个投影面上为曲线(表示它的真实形状),而在另外两个投影面上则为直线。例如纵剖线在纵剖线图上为曲线,而在横剖线图和半宽水线图上则为直线;横剖线在横剖线图上为曲线,而在半宽水线图和纵剖线图上则为直线;半宽水线在半宽水线图上为曲线,而在横剖线图和纵剖线图上则为直线。型表面型线上任何一点在三个图上都有它相应的位置,而且彼此必须符合"宽相等、高平齐"的原则。例如某一点位于基线以上的高度在纵剖面图和横剖面图上应一致;位于中横剖面前后的距离在纵剖面图和水线面图上应一致;位于中纵剖面左右的距离在横剖面图和水线面图上应一致。

型线图的比例尺视船的大小而定,通常采用 $\frac{1}{100}$、$\frac{1}{50}$ 及 $\frac{1}{25}$。大船一般用 $\frac{1}{100}$,小船有时采用 $\frac{1}{10}$。在船体型线图中一般都应给出型值表,作为性能计算和建造的主要依据。图 2-7 为某货船的型线图及型值表。

在船舶静力学中,型线图和型值表是计算船体形状各项参数和静水力性能的主要依据。

2-3　船体计算的数值积分法

在船舶性能计算中,经常需要计算各种封闭曲线的面积和几何要素,如横剖面及水线面的面积及形心、水线面面积曲线的面积及形心(即排水体积及浮心)和水线面面积的惯性矩等。这些计算统称为船体计算,是船舶设计中的基础工作之一。按理这些计算都可以用定积分直接计算,但由于船体型线通常不便用数学解析式表达,因此一般都是根据型值点(来自型线图或型值表)或数学曲面方程离散化后用离散点来表示,再用数值积分方法来进行近似计算。在船体计算中,最常用的数值积分法有辛浦生法、梯形法、乞贝雪夫法和样条曲线积分等。本节主要讨论这些数值积分法的基本原理以及船体计算中常用的具体方法。

1. 计算的一般表达式

参阅图 2-8,设曲线 CD 为船体上某一段曲线并以 $y = f(x)$ 来表示,该曲线在 (x_1, x_2) 区间所围的面积、面积矩、形心位置及惯性矩等表达式分别如下。

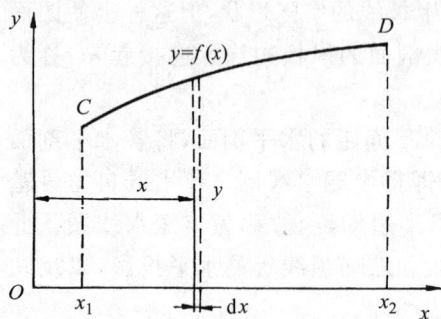

图 2-8　计算图例之一

1）面积

$$A = \int_{x_1}^{x_2} y\, \mathrm{d}x$$

2）对 Ox 轴和 Oy 轴的面积矩

$$M_{Ox} = \int_{x_1}^{x_2} y\, \mathrm{d}x \cdot \frac{y}{2} = \frac{1}{2}\int_{x_1}^{x_2} y^2\, \mathrm{d}x$$

$$M_{Oy} = \int_{x_1}^{x_2} y\, \mathrm{d}x \cdot x = \int_{x_1}^{x_2} xy\, \mathrm{d}x$$

3）形心 g 的位置

$$x_g = \frac{M_{Oy}}{A} = \frac{\displaystyle\int_{x_1}^{x_2} xy\, \mathrm{d}x}{\displaystyle\int_{x_1}^{x_2} y\, \mathrm{d}x}$$

$$y_g = \frac{M_{Ox}}{A} = \frac{\dfrac{1}{2}\displaystyle\int_{x_1}^{x_2} y^2\, \mathrm{d}x}{\displaystyle\int_{x_1}^{x_2} y\, \mathrm{d}x}$$

4）对 Ox 轴和 Oy 轴的面积惯性矩

$$I_x = \int_{x_1}^{x_2}\left[\frac{y^3\, \mathrm{d}x}{12} + y\, \mathrm{d}x\left(\frac{y}{2}\right)^2\right] = \frac{1}{3}\int_{x_1}^{x_2} y^3\, \mathrm{d}x$$

$$I_y = \int_{x_1}^{x_2} y\, \mathrm{d}x \cdot x^2 = \int_{x_1}^{x_2} x^2 y\, \mathrm{d}x$$

对通过形心 g 的面积惯性矩

$$I_{gx} = I_x - A y_g^2$$

$$I_{gy} = I_y - A x_g^2$$

类似于图 2-9 所示的 $R = f(\theta)$ 表示的曲线 CD 在区间 (θ_1, θ_2) 所围的扇形面积等相应的计算表达式分别如下。

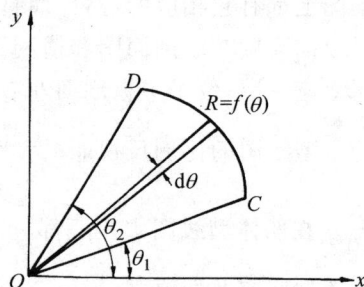

图 2-9　计算图例之二

5）面积

$$A = \frac{1}{2}\int_{\theta_1}^{\theta_2} R^2\, \mathrm{d}\theta$$

6）对 Ox 轴和 Oy 轴的面积矩

$$M_{Ox} = \frac{1}{3}\int_{\theta_1}^{\theta_2} R^3 \sin\theta\, \mathrm{d}\theta$$

$$M_{Oy} = \frac{1}{3}\int_{\theta_1}^{\theta_2} R^3 \cos\theta\, \mathrm{d}\theta$$

7）形心 g 的位置

$$x_g = \frac{M_{Oy}}{A} = \frac{\dfrac{1}{3}\displaystyle\int_{\theta_1}^{\theta_2} R^3 \cos\theta\, \mathrm{d}\theta}{\dfrac{1}{2}\displaystyle\int_{\theta_1}^{\theta_2} R^2\, \mathrm{d}\theta}$$

$$y_g = \frac{M_{Ox}}{A} = \frac{\dfrac{1}{3}\displaystyle\int_{\theta_1}^{\theta_2} R^3 \sin\theta \, \mathrm{d}\theta}{\dfrac{1}{2}\displaystyle\int_{\theta_1}^{\theta_2} R^2 \, \mathrm{d}\theta}$$

8）对 Ox 轴和 Oy 轴的面积惯性矩

$$I_x = \frac{1}{4}\int_{\theta_1}^{\theta_2} R^4 \sin^2\theta \, \mathrm{d}\theta$$

$$I_y = \frac{1}{4}\int_{\theta_1}^{\theta_2} R^4 \cos^2\theta \, \mathrm{d}\theta$$

2. 数值积分法的一般形式

参阅图 2-10，以 $y = f(x)$ 表示的曲线 CD 所围的面积 $OCDN$ 为

$$A = \int_0^L f(x)\mathrm{d}x = \int_0^L y\,\mathrm{d}x \qquad (2\text{-}1)$$

$y = f(x)$ 虽然是一光顺的曲线，如果没有确切的数学表达式，则无法用解析的定积分进行计算。在这种情况下，只能用给定的 x_i 处的坐标值 y_i（$i = 0$，$1, \cdots, n$）进行数值积分求出 A。为了得到数值积分的表达式，假定用 n 次多项式曲线进行拟合，该曲线通过 $y = f(x)$ 曲线上位置 x_i 处坐标 y_i 的点。将该多项式曲线在 $f(0)$ 处用麦克劳林级数展开，则得

$$f(x) \approx \sum_{i=0}^{n} \frac{1}{i!} f^{(i)}(0) x^i \qquad (2\text{-}2)$$

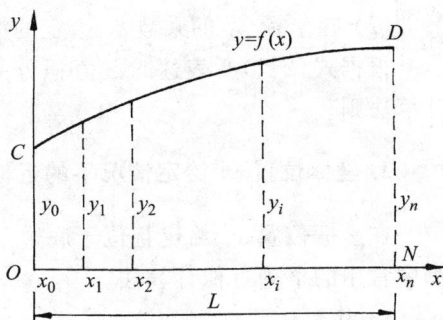

图 2-10　计算图例之三

将式(2-2)代入式(2-1)，可得

$$A \approx \sum_{i=0}^{n} \frac{L^{i+1}}{(i+1)!} f^{(i)}(0) \qquad (2\text{-}3)$$

同时，令图 2-10 中 $OCDN$ 面积为

$$A = \sum_{i=0}^{n} k_i y_i \qquad (2\text{-}4)$$

k_i 为坐标 y_i 的乘数，可以通过比较系数法求得。由式(2-2)，可得

$$\left.\begin{aligned}
y_0 &= f(0) \\
y_1 &= f(0) + f'(0)x_1 + \cdots + \frac{1}{n!} f^{(n)}(0) x_1^n \\
&\cdots\cdots \\
y_n &= f(0) + f'(0)x_n + \cdots + \frac{1}{n!} f^{(n)}(0) x_n^n
\end{aligned}\right\} \qquad (2\text{-}5)$$

将式(2-5)代入式(2-4)，得

$$\begin{aligned}
A = &(k_0 + k_1 + \cdots + k_n)f(0) + \\
&\frac{1}{1!}(k_1 x_1 + k_2 x_2 + \cdots + k_n x_n)f'(0) + \\
&\cdots +
\end{aligned}$$

13

$$\frac{1}{n!}(k_1 x_1^n + k_2 x_2^n + \cdots + k_n x_n^n) f^{(n)}(0) \tag{2-6}$$

将式(2-6)与式(2-3)进行比较可得

$$\left.\begin{array}{l} k_0 + k_1 + \cdots + k_n = L \\[2mm] k_1 x_1 + k_2 x_2 + \cdots + k_n x_n = \dfrac{L^2}{2} \\[2mm] \cdots\cdots \\[2mm] k_1 x_1^n + k_2 x_2^n + \cdots + k_n x_n^n = \dfrac{L^{n+1}}{n+1} \end{array}\right\} \tag{2-7}$$

式(2-7)为坐标 y_i 的乘数 k_i 及坐标位置 x_i 的 $(n+1)$ 个联立方程组,由此可以得出在船体计算中各类数值积分公式,对于式(2-7)可以有

(1) 在坐标位置 x_i 给定的情况下,式(2-7)为求坐标 y_i 的乘数 k_i 的一次联立方程。

(2) 在坐标 y_i 的乘数 k_i 给定的情况下,式(2-7)为求坐标位置 x_i 的 n 次联立方程。

根据式(2-7)所表达的数值积分一般形式,可以方便地得出船体计算中常用的各种近似计算法则。

3. 坐标位置 x_i 给定情况下的近似计算法

在坐标位置 x_i 给定且位于底边 L 的 n 等分点上(等间距),可以根据式(2-7)导出船体计算中常用的下列近似计算法。

1) 梯形法

$n=1$,是以直线段近似地代替 $y=f(x)$ 的曲线,坐标值只有 y_0 和 y_1,区间长度 $L=x_1-x_0$,且 $x_1=L$。

由式(2-7),可得 $\begin{cases} k_0 + k_1 = L \\[2mm] k_1 x_1 = \dfrac{L^2}{2} \end{cases}$,解出 $\begin{cases} k_0 = \dfrac{L}{2} \\[2mm] k_1 = \dfrac{L}{2} \end{cases}$,代入式(2-4),得面积为

$$A = \frac{L}{2}(y_0 + y_1) \tag{2-8}$$

式(2-8)在船体计算中称为梯形法。

2) 辛浦生第一法

$n=2$,是以二次抛物线段近似地代替 $y=f(x)$ 的曲线,坐标值有 y_0, y_1 和 y_2。区间长度 $L=x_2-x_0$,且 $x_1=\dfrac{L}{2}$,$x_2=L$。

由(2-7)式,可得 $\begin{cases} k_0 + k_1 + k_2 = L \\[2mm] k_1 x_1 + k_2 x_2 = \dfrac{L^2}{2} \\[2mm] k_1 x_1^2 + k_2 x_2^2 = \dfrac{L^3}{3} \end{cases}$,解出 $\begin{cases} k_0 = \dfrac{L}{6} \\[2mm] k_1 = \dfrac{4L}{6} \\[2mm] k_2 = \dfrac{L}{6} \end{cases}$,代入式(2-4),得面积为

$$A = \frac{L}{6}(y_0 + 4y_1 + y_2) \tag{2-9}$$

式(2-9)在船体计算中称为辛浦生第一法,简称辛氏一法。

3)辛浦生第二法

$n=3$,是以三次抛物线段近似地代替 $y=f(x)$ 的曲线,坐标值有 y_0,y_1,y_2 和 y_3。区间长度 $L=x_3-x_0$,且 $x_1=\dfrac{L}{3}$,$x_2=\dfrac{2L}{3}$,$x_3=L$。

由式(2-7)可得
$$\begin{cases} k_0+k_1+k_2+k_3=L \\ k_1x_1+k_2x_2+k_3x_3=\dfrac{L^2}{2} \\ k_1x_1^2+k_2x_2^2+k_3x_3^2=\dfrac{L^3}{3} \\ k_1x_1^3+k_2x_2^3+k_3x_3^3=\dfrac{L^4}{4} \end{cases}$$
,解出
$$\begin{cases} k_0=\dfrac{L}{8} \\ k_1=\dfrac{3L}{8} \\ k_2=\dfrac{3L}{8} \\ k_4=\dfrac{L}{8} \end{cases}$$
,代入式(2-4),得面积为

$$A=\frac{L}{8}(y_0+3y_1+3y_2+y_3) \tag{2-10}$$

式(2-10)在船体计算中称为辛浦生第二法,简称辛氏二法。

4)$[5,8,-1]$法

这是应用三个纵坐标(其值为 y_0,y_1,y_2)计算其中相邻两个纵坐标之间面积的数值积分法,如图2-10中求 y_0,y_1 或 y_1,y_2 之间的面积。其计算公式的推导与辛浦生第一法相类似,只是在式(2-1)中的积分上限改为 x_1 或积分下限改为 x_1。

设 $l=x_1-x_0=x_2-x_1$,则 $[5,8,-1]$ 法计算 y_0,y_1 间的面积为

$$A_{0-1}=\frac{l}{12}(5y_0+8y_1-y_2) \tag{2-11}$$

而计算 y_1,y_2 间的面积为

$$A_{1-2}=\frac{l}{12}(-y_0+8y_1+5y_2)$$

$[5,8,-1]$ 法可以认为是一种特殊的辛浦生第一法。

5)不等间距辛浦生法

这是辛浦生第一法(等间距)的通式,在辛浦生第一法的推导中,若取 x_1 为 $x_0\sim x_2$ 区间内的任意值,并令 $L_1=x_1-x_0$,$L_2=x_2-x_1$,$L=x_2-x_0$,则可求得不等间距辛浦生法的各乘数
$$\begin{cases} k_0=\dfrac{L}{6}\left(3-\dfrac{L}{L_1}\right) \\ k_1=\dfrac{L}{6}\left(\dfrac{L}{L_1}+\dfrac{L}{L_2}\right) \\ k_2=\dfrac{L}{6}\left(3-\dfrac{L}{L_2}\right) \end{cases}$$
,代入式(2-4),得面积为

$$A=\frac{L}{6}\left[\left(3-\frac{L}{L_1}\right)y_0+\left(\frac{L}{L_1}+\frac{L}{L_2}\right)y_1+\left(3-\frac{L}{L_2}\right)y_2\right] \tag{2-12}$$

当等间距时,式(2-12)及乘数与辛浦生第一法的式(2-9)完全相同。

4. 坐标值 y_i 及乘数 k_i 给定情况下的近似计算法

在船体计算中,特别是在大倾角横稳性的手工计算中,常采用乞贝雪夫法。该方法的基本

思路是用 n 次多项式曲线拟合实际曲线,采用不等间距的 n 个纵坐标乘上一个共同的系数求得曲线所围的面积。这相当于在坐标 y_i 的乘数 k_i 给定的情况下,根据式(2-7)求出坐标位置 x_i。乞贝雪夫法计算面积的表达式为

$$A = \frac{L}{n}(y_1 + y_2 + \cdots + y_n) = \frac{L}{n}\sum_{i=1}^{n} y_i \tag{2-13}$$

坐标值的数目与幂次 n 相一致,即用 n 次多项式曲线拟合实际曲线,需要 n 个坐标值求取面积。因此,各坐标值 y_i 所乘的共同系数为 $k_i = \dfrac{L}{n}$,其关键是需要找出各坐标值 y_i 的位置 x_i。所取多项式曲线的幂次 n(纵坐标数目)不同,其相应的位置 x_i 也不同,根据不同位置的 x_i,可以推导出 $n=4,5,6,7,8,9,10,\cdots$ 时的纵坐标位置(见表2-2)。

表 2-2 多坐标乞贝雪夫法的纵坐标位置

纵坐标数	纵坐标位置(距底边中点的距离,以底边半长 $l=L/2$ 的分数表示)				
n	x_1/l	x_2/l	x_3/l	x_4/l	x_5/l
2	0.577 3				
3	0	0.707 1			
4	0.187 6	0.794 7			
5	0	0.374 5	0.832 5		
6	0.266 6	0.422 5	0.866 2		
7	0	0.323 9	0.529 7	0.883 9	
8	0.102 6	0.406 2	0.593 8	0.897 4	
9	0	0.167 9	0.528 8	0.601 0	0.911 6
10	0.083 8	0.312 7	0.500 0	0.687 3	0.916 2

需要指出的是

(1)多项式曲线的幂次 n 与计算所需的纵坐标数是一致的,因此,常用纵坐标数 n 来表示。

(2)当 n 为奇数时,必然有一个坐标位置在底边长度 L 的中点,其余的坐标位置前后对称于底边长度的中点。

(3)当 n 为偶数时,坐标位置前后对称于底边长度的中点。

5. 数值积分近似计算法的通用步骤

如前所述,无论曲线有无数学解析表达式,均可转换为以一串数值形式的离散化数据,进而采用数值积分计算法进行近似计算,其通用步骤大致为

(1)离散化(间隔足够小,保证足够的精度)。

对于型值点形式的曲线表达,已经是离散化了,对于解析函数 $f(x)$ 的曲线表达,可继续(2)(3)两步。

(2)给出各离散点的自变量值:$x_1,x_2,\cdots,x_n$。

(3)求出各离散点的函数值:$f(x_1),f(x_2),\cdots,f(x_n)$。

（4）用近似积分公式求积分。

（5）将近似积分结果代替积分，估计误差。

以上从求取面积 $A = \int_0^L f(x)\mathrm{d}x = \int_0^L y\mathrm{d}x$ 的角度讨论了数值积分法的一般原理，并推导了船体计算中常用的梯形法、辛氏法及乞氏法。其实只要是定积分，都可以应用上述数值积分法按照以上通用步骤进行计算。

数值积分法计算的主要用途是求函数曲线下包围的面积，不同物理意义的函数曲线 $f(x)$ 下包围的面积会得到不同物理意义的计算结果，如计算普通曲线下面积得到面积，计算面积曲线下的面积得到体积，计算静矩曲线下的面积就得到面积静矩等。

因此，在船体计算中，常用这些计算方法进行某曲线下面积、面积静矩、惯性矩以及体积等计算，此时原函数 $f(x)$ 分别表示函数曲线 y、函数曲线 $y \times x$ 或函数 $y^2/2$、函数曲线 $y \times x^2$ 或 $y^3/3$ 和函数曲线 A（参见 2-3 节中有关计算一般表达式的内容），计算某曲线下面积、面积静矩、惯性矩以及体积是用数值积分法求函数 $f(x)$ 曲线下的面积，下面以辛氏一法为例说明。

已知函数曲线 $y = f(x)$，如图 2-10 所示，求该曲线下（$x_0 - x_2$）的面积 A，对 y 轴和 x 轴的静矩 M，对 y 轴和 x 轴的惯性矩 I，假设函数曲线为面积曲线 $y = A(x)$，求体积 V。

计算面积，函数 $f(x) = y$，面积＝函数曲线下面积，$A = \dfrac{L}{6}(y_0 + 4y_1 + y_2)$

计算对 Oy 轴静矩，函数 $f(x) = yx$，静矩＝函数曲线下面积，

$$M_{Oy} = \frac{L}{6}(y_0 x_0 + 4y_1 x_1 + y_2 x_2)$$

计算对 Ox 轴静矩，函数 $f(x) = y^2/2$，静矩＝函数曲线下面积，

$$M_{Ox} = \frac{L}{6 \cdot 2}(y_0^2 + 4y_1^2 + y_2^2)$$

计算对 Oy 轴惯性矩，函数 $f(x) = yx^2$，惯性矩＝函数曲线下面积，

$$I_{Oy} = \frac{L}{6}(y_0 x_0^2 + 4y_1 x_1^2 + y_2 x_2^2)$$

计算对 Ox 轴惯性矩，函数 $f(x) = y^3/3$，惯性矩＝函数曲线下面积，

$$I_{Ox} = \frac{L}{6 \cdot 3}(y_0^3 + 4y_1^3 + y_2^3)$$

计算体积，函数 $f(x) = A(x)$，体积＝函数曲线下面积，

$$V = \frac{L}{6}(A_0 + 4A_1 + A_2)$$

6. 数值积分法在船体计算中的应用

这里主要讨论梯形法和辛氏法在船体计算中的应用。数值积分法在船体计算中不外乎沿船长方向进行计算和沿吃水方向进行计算，现分述如下。

1）沿船长方向的计算

最典型的实例是有关水线面的计算。图 2-11 是船的半宽水线面，沿船长作 n 等分，共有 $n+1$ 个纵坐标。相邻两个纵坐标之间的距离 ΔL 称为站距，$\Delta L = \dfrac{L}{n}$。

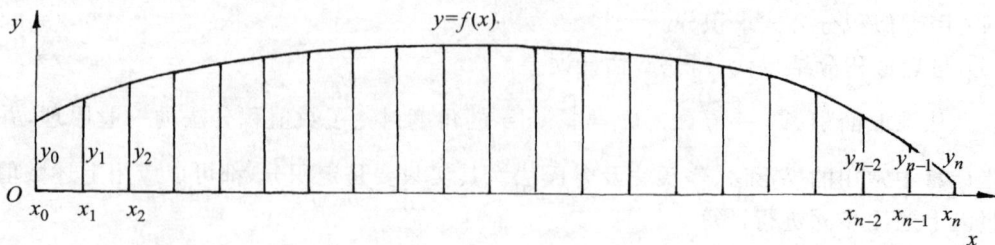

图 2-11　计算图例之四

（1）用梯形法计算面积是将相邻两个纵坐标之间的曲线近似地以直线来替代,因此面积为

$$A = \Delta L \left[\frac{1}{2}(y_0 + y_1) + \frac{1}{2}(y_1 + y_2) + \frac{1}{2}(y_2 + y_3) + \cdots + \frac{1}{2}(y_{n-1} + y_n) \right]$$

$$= \frac{L}{n} \left[(y_0 + y_1 + y_2 + \cdots + y_n) - \frac{1}{2}(y_0 + y_n) \right]$$

$$= \frac{L}{n} \left[\sum_{i=0}^{n} y_i - \varepsilon \right] \tag{2-14}$$

式中, $\sum_{i=0}^{n} y_i$ 称为累加和; $\varepsilon = \frac{1}{2}(y_0 + y_n)$ 称为首尾修正项。

式(2-14)是船体计算中常用的梯形法计算式。

（2）用辛氏一法计算面积时,将相邻的三个纵坐标之间的曲线近似地以二次抛物线来代替,因此面积为

$$A = \frac{2\Delta L}{6} \left[(y_0 + 4y_1 + y_2) + (y_2 + 4y_3 + y_4) + \cdots + (y_{n-2} + 4y_{n-1} + y_n) \right]$$

$$= \frac{\Delta L}{3} \left[y_0 + 4y_1 + 2y_2 + 4y_3 + 2y_4 + \cdots + 2y_{n-2} + 4y_{n-1} + y_n \right] \tag{2-15}$$

$$= \frac{L}{\sum \text{S.M.}} \left[y_0 + 4y_1 + 2y_2 + 4y_3 + 2y_4 + \cdots + 2y_{n-2} + 4y_{n-1} + y_n \right]$$

括号中各纵坐标前的系数$[1,4,2,4,\cdots,2,4,1]$称为辛氏乘数,$\sum \text{S.M.}$ 是括号内各纵坐标值前辛氏乘数的总和。

式(2-15)是船体计算中常用的辛氏一法计算式。

（3）用辛氏二法计算面积时,将相邻的四个纵坐标之间的曲线近似地以三次多项式曲线来代替,因此面积为

$$A = \frac{3\Delta L}{8} \left[(y_0 + 3y_1 + 3y_2 + y_3) + (y_3 + 3y_4 + 3y_5 + y_6) + \cdots + \right.$$

$$\left. (y_{n-3} + 3y_{n-2} + 3y_{n-1} + y_n) \right]$$

$$= \frac{L}{\sum \text{S.M.}} \left[y_0 + 3y_1 + 3y_2 + 2y_3 + 3y_4 + 3y_5 + 2y_6 + \cdots + \right.$$

$$\left. 2y_{n-3} + 3y_{n-2} + 3y_{n-1} + y_n \right]$$

括号中各纵坐标前的系数$[1,3,3,2,3,3,2,\cdots,2,3,3,1]$称为辛氏乘数,$\sum \text{S.M.}$ 是括号内各纵坐标值前辛氏乘数的总和。

18

(4) [5,8,−1]法是用辛氏一法计算 $x_0 - x_1$ 之间面积，要用到相邻三个纵坐标，得

$$A_{0-1} = \frac{\Delta L}{12}(5y_0 + 8y_1 - 1y_2) = \frac{L}{\sum \text{S.M.}}(5y_0 + 8y_1 - 1y_2)$$

$\sum$S.M. 是括号内各纵坐标值前辛氏乘数的总和。

（5）[3,10,−1]法是用辛氏一法计算 $x_0 - x_1$ 之间对 Oy 轴面矩，要用到相邻三个纵坐标，得

$$M_{Oyo-1} = \frac{\Delta L^2}{24}(3y_0 + 10y_1 - 1y_2)$$

从上述讨论中可见，在应用梯形法时，长度 L 的等分数目没有任何限制，而在应用辛氏一法时，长度 L 的等分数目 n 必须为偶数。在应用辛氏二法时，长度 L 的等分数目 n 必须为 3 的倍数，若灵活利用辛氏一法、辛氏二法、[5,8,−1]法的组合，可计算任意等分数目。

习惯上，设计人员通常将船长 L 分为 20 个等分，并据此绘制型线图和给出相应的型值表，由于型值表中给出的是水线的半宽数值，故在计算整个水线面的有关数值时，应该再乘 2。同时在沿船长方向进行计算时，一般都采用梯形法或辛氏法。

目前，梯形法还用于手算，辛氏法还用于计算机计算或手算，乞氏法几乎不用。

2）沿吃水方向的计算

最典型的实例是有关横剖面的计算，图 2-12 是船的横剖面半宽图。沿吃水方向分成 n 等分，其间距为 Δd，用梯形法计算面积的表达式为

$$A = \Delta d\left[(y_0 + y_1 + y_2 + \cdots + y_n) - \frac{1}{2}(y_0 + y_n)\right]$$
$$= \frac{d}{n}\left[(y_0 + y_1 + y_2 + \cdots + y_n) - \frac{1}{2}(y_0 + y_n)\right]$$

用辛氏一法计算的面积

$$A = \frac{d}{\sum \text{S.M.}}[y_0 + 4y_1 + 2y_2 + \cdots + 4y_{n-1} + y_n]$$

由于通常给出的是半宽数值，故在计算整个横剖面

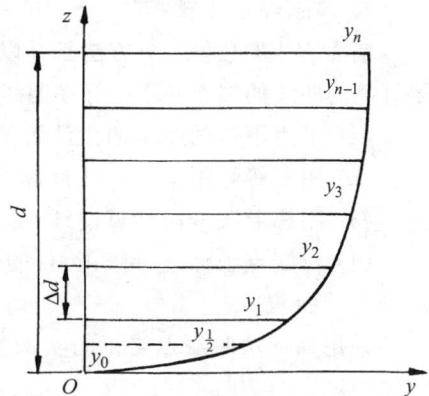

图 2-12　计算图例之五

的有关数值时应该再乘 2。另需注意的是，用梯形法计算时不受等分数目的限制，而用辛氏一法进行计算时，等分数目 n 必须为偶数。

在沿吃水方向进行计算时，经常用到变上限积分，即积分上限随吃水的变化而变化，对吃水 d_i 的变上限积分的梯形法计算式为

$$A = \Delta d\left[\frac{1}{2}(y_0 + y_1) + \frac{1}{2}(y_1 + y_2) + \cdots + \frac{1}{2}(y_{i-1} + y_i)\right]$$
$$= \frac{1}{2}\Delta d\sum_{j=1}^{i}(y_{j-1} + y_j)$$

在船体计算中所用的数值积分法都有一定的近似性质，因此习惯上常称为近似计算法。一般说来，在纵坐标数目相同的情况下，计算结果的精确程度从高到低依次为乞贝雪夫法、辛浦生法和梯形法。增加纵坐标的数目，可相应提高计算的精确程度，但这样将增加计算的工作量。根据造船工作者长期的实践经验，将船长分为 20 等分，设计吃水分为 8～10 等分进行计算，所得到的结果一般在造船工程所允许的误差范围之内。过去在用人工计算时都采用梯形

法或辛氏法进行有关计算。对于船体型线在首尾末端和舭部的曲率变化较大部分,常采用下述辅助办法以提高计算的精确程度。

（1）在船的首尾两端及基线之上增加中间坐标。

（2）在船的首尾两端及底部的曲线进行端点坐标的修正。

7. 增加中间坐标和端点部分处理

1）增加中间坐标

图 2-12 所示的曲线在底部处曲度变化较大,应在坐标 y_0 和 y_1 之间增加一个中间坐标 $y_{1/2}$（见图 2-12 中虚线）。如应用辛浦生第一法计算 y_5 水线以下的面积,得

$$A = \frac{\Delta d}{6}(y_0 + 4y_{1/2} + y_1) +$$

$$\frac{\Delta d}{3}(y_1 + 4y_2 + 2y_3 + 4y_4 + y_5)$$

$$= \frac{\Delta d}{3}\left(\frac{1}{2}y_0 + 2y_{1/2} + \frac{3}{2}y_1 + 4y_2 + 2y_3 + 4y_4 + y_5\right)$$

2）端点部分处理

前面所述的数值积分方法都是以等间距情况为例加以说明的,但在船体实际计算中,往往所要计算的曲线的端点并不正好在曲线等距点处,因此需另加处理。其处理的基本方法和原则有

（1）采用不等间距辛浦生法计算整条曲线。

（2）用不等间距辛浦生法计算端点部分,用等间距辛浦生法计算等间距部分。

（3）用梯形法分段计算曲线。

（4）对端点坐标进行修正,目的是使端点坐标在参加数值积分时能尽量准确地计算出端点部分的面积。

采用梯形法时端点修正的实例如图 2-13 所示。端点部分曲线 OC 的面积如直接用端点坐标 y_0,则 $A_0 = \frac{1}{2}\Delta L(y_0 + y_1)$ 显然比实际面积要小,所以需将端点修正为 y_{01},此时面积 $A_{01} = \frac{1}{2}\Delta L(y_{01} + y_1)$ 恰好等于实际面积,y_{01} 称为端点修正坐标。

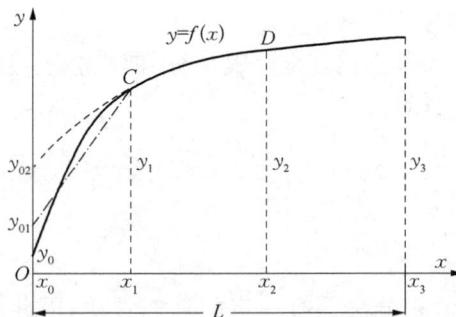

图 2-13 计算图例之六

8. 近似计算法例题

[例1] 分别用 5 个纵坐标值的梯形法、辛浦生第一法和乞贝雪夫法计算函数 $y = \tan(x)$

从 $x=0$ 到 $x=\dfrac{\pi}{3}$ 的数值积分值,并与精确解进行比较。

解:先画出 $y=\tan(x)$,从 $x=0$ 到 $x=\dfrac{\pi}{3}$ 的图形如图

2-14所示,其中 $L=\dfrac{\pi}{3},l=\dfrac{L}{4}=\dfrac{\pi}{12}$,再离散化求出各坐标值如
表所示。

(1)精确解。

$$A=\int_0^{\frac{\pi}{3}}\tan(x)\mathrm{d}x=\left[-\ln\cos x\right]\Big|_0^{\frac{\pi}{3}}=0.220\,64\pi$$

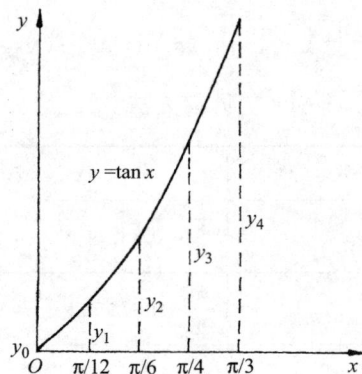

图 2-14　计算图例之七

(2)梯形法。

坐标号	横坐标 x	纵坐标 y	梯形乘数 T.M.	面积函数
0	0	0	$\dfrac{1}{2}$	0
1	$\dfrac{\pi}{12}$	0.267 95	1	0.267 95
2	$\dfrac{\pi}{6}$	0.577 35	1	0.577 35
3	$\dfrac{\pi}{4}$	1.000 00	1	1.000 00
4	$\dfrac{\pi}{3}$	1.732 05	$\dfrac{1}{2}$	0.866 03
Σ				2.711 33

$$A=\int_0^{\frac{\pi}{3}}\tan(x)\mathrm{d}x=l\left(\frac{y_0}{2}+y_1+y_2+y_3+\frac{y_4}{2}\right)=\frac{\pi}{12}\cdot 2.711\,33=0.225\,94\pi$$

(3)辛浦生第一法。

坐标号	横坐标 x	纵坐标 y	辛氏乘数 S.M.	面积函数
0	0	0	1	0
1	$\dfrac{\pi}{12}$	0.267 95	4	1.071 80
2	$\dfrac{\pi}{6}$	0.577 35	2	1.154 70
3	$\dfrac{\pi}{4}$	1.000 00	4	4.000 00
4	$\dfrac{\pi}{3}$	1.732 05	1	1.732 05
Σ				7.958 55

$$A = \int_0^{\frac{\pi}{3}} \tan(x)\,dx = \frac{l}{3}(y_0 + 4y_1 + 2y_2 + 4y_3 + y_4) = \frac{1}{3} \cdot \frac{\pi}{12} \cdot 7.95855 = 0.22107\pi$$

（4）乞贝雪夫法。

坐标号	横坐标 x	纵坐标 y	乞氏乘数 C.M.	面积函数
0	$\frac{\pi}{6} - 0.83250 \cdot \frac{\pi}{6} = 0.16750 \cdot \frac{\pi}{6}$	0.08793	1	0.08793
1	$\frac{\pi}{6} - 0.37454 \cdot \frac{\pi}{6} = 0.62546 \cdot \frac{\pi}{6}$	0.33972	1	0.33972
2	$\frac{\pi}{6}$	0.57735	1	0.57735
3	$\frac{\pi}{6} + 0.37454 \cdot \frac{\pi}{6} = 1.37454 \cdot \frac{\pi}{6}$	0.87655	1	0.87655
4	$\frac{\pi}{6} + 0.83250 \cdot \frac{\pi}{6} = 1.83250 \cdot \frac{\pi}{6}$	1.42682	1	1.42682
Σ				3.30837

$$A = \int_0^{\frac{\pi}{3}} \tan(x)\,dx = \frac{L}{5}(y_0 + y_1 + y_2 + y_3 + y_4) = \frac{\pi}{15} \cdot 3.30837 = 0.22056\pi$$

从上述各种方法的计算结果可知,在纵坐标数目相同的情况下,各种方法的精确程度从高到低依次为乞贝雪夫法、辛浦生第一法、梯形法,但乞贝雪夫法计算比辛氏法和梯形法复杂许多。

[**例 2**] 用辛氏法积分计算圆锥体(高 h,底面积半径 r)的体积。

解:圆锥体积理论公式 $V = \dfrac{\pi r^2 h}{3}$,其面积曲线 $A = \pi\left(\dfrac{rx}{h}\right)^2$,近似积分式辛氏法中,圆锥体沿高度方向等分三个截面,分别是底截面 πr^2,中截面 $\pi\left(\dfrac{r}{2}\right)^2 = \dfrac{\pi r^2}{4}$,顶截面 0,圆锥体积也可由面积曲线近似积分求得

$$V = \int_0^h \pi\left(\frac{rx}{h}\right)^2 \cdot dx = \frac{h}{6}\left(0 + 4 \cdot \frac{\pi r^2}{4} + \pi r^2\right) = \frac{\pi r^2 h}{3}$$

可见,圆锥体积用辛氏法近似积分计算结果和理论公式一致,实际上,对于一次函数、二次函数和三次函数曲线,用辛氏法近似积分结果等于理论积分,读者可自行证明。

第3章 浮 性

浮性是船舶在一定装载情况下具有漂浮在水面(或浸没水中)保持平衡位置的能力,它是船舶的基本性能之一。本章将分别叙述船舶漂浮在静水中的平衡条件、各种漂浮状态,以及船舶在各种浮态下的排水体积和浮心位置的计算方法。

3-1 浮 性 概 述

1. 船舶平衡条件

船舶在任一装载情况下,漂浮于水面(或浸没于水中)一定位置时,是一个处于平衡状态的浮体。这时,作用在船上的力,有船舶本身的重力以及静水压力所形成的浮力。

作用在船上的重力由船舶本身各部分的重量所组成,如船体构件、机电设备、货物、人员及行李等的重量,军舰还有武器、弹药等。这些重量形成一个垂直向下的合力,此合力就是船舶的重力 W,其作用点 G 称为船舶的重心。

参阅图 3-1,当船舶漂浮于水面一定位置时,船体浸水表面的每一点都受到水的静压力,这些静压力都是垂直于船体表面的,其大小与浸水深度成正比。从图中可以看出,船舶水下部分静水压力的水平分力互相抵消,垂直分力则形成一个垂直向上的合力,此合力就是支持船舶漂浮于一定位置的浮力 $w\nabla$。合力的作用点 B 称为船舶的浮心。

根据阿基米德原理,物体在水中所受到的浮力等于该物体所排开的水的体积所产生的重力。因此船舶所受到的浮力在数值上就等于船舶所排开的水的重量(通常称为排水量)

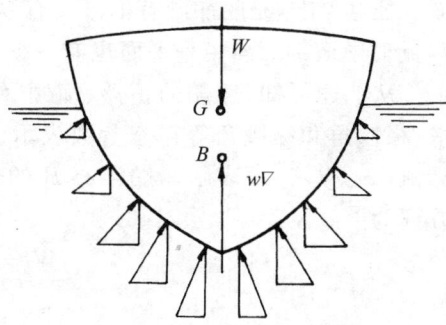

图 3-1 重心和浮心

$$\Delta = w\nabla \qquad (3-1)$$

式中,Δ 为船舶排水量(t);∇ 为船舶排水体积(m^3);w 为水的重量密度(tf/m^3),淡水的 $w = 1\ tf/m^3$,海水的 $w = 1.025\ tf/m^3$;$w\nabla$ 为浮力(tf,但习惯上都用质量单位 t 代替)。

浮心 B 也就是船舶排水体积 ∇ 的形心。

综上所述,船舶静止漂浮于一定位置时只受到两个作用力,即作用于重心 G 点并垂直向下的重力 W 和作用于浮心 B 点并垂直向上的浮力 $w\nabla$。因此船舶的浮态平衡条件必然是重力与浮力的大小相等而方向相反并作用在同一铅垂线上,即

$$W = w\nabla$$

由此可知,在讨论船舶浮态平衡问题时,要考虑重力和浮力的大小,同时还要注意这些力的作用点位置。

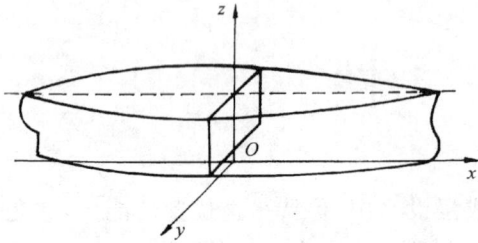

图 3-2　直角坐标系

2. 船舶坐标系

为了确切地表达重心和浮心的位置,便于进行船舶性能计算,通常采用如图 3-2 所示的固定在船舶上的 $Oxyz$ 直角坐标系统。它以 3 个互相垂直的坐标平面(即基平面、中站面和中线面)的交点作为原点 O,而以 3 个坐标平面间的交线作为坐标轴,基平面与中线面的交线是 x 轴,也就是船体的基线,指向船首为正;基平面与中站面的交线是 y 轴,指向右舷为正,中线面与中站面的交线是 z 轴,向上为正。

3. 船舶浮态

船舶浮于静水的平衡状态称为浮态。通常可分为

正浮,是船舶中纵剖面和中横剖面均垂直于静止水面时的浮态;

横倾,是船舶中横剖面垂直于静止水面,但中纵剖面与铅垂平面成一横倾角 ϕ 时的浮态,横倾角 ϕ 通常以向右舷倾斜(右倾)为正,向左舷倾斜(左倾)为负;

纵倾,是船舶中纵剖面垂直于静止水面,但中横剖面与铅垂平面成一纵倾角 θ 时的浮态,纵倾角 θ 通常以向首部倾斜(首倾)为正,向尾部倾斜(尾倾)为负;

任意浮态,是船舶既有横倾又有纵倾时的浮态,即船舶的中纵剖面与铅垂平面有一横倾角 ϕ,同时中横剖面与铅垂平面也有一纵倾角 θ。

从上述可知,船舶的正浮、横倾、纵倾 3 种浮态是任意浮态的特例。船舶的浮态可用吃水、横倾角和纵倾角等浮态参数表示。若以坐标值(x_G、y_G、z_G)表示船舶重心 G 的位置,坐标值(x_B、y_B、z_B)表示船舶浮心 B 的位置,则船在静水中任意状态(见图 3-3)下的浮态平衡方程为

$$\left. \begin{array}{l} W = \Delta = w \nabla \\ x_B - x_G = (z_G - z_B)\tan\theta \\ y_B - y_G = (z_G - z_B)\tan\phi \end{array} \right\} \tag{3-2}$$

实际上该浮态平衡方程就是前面用文字描述的浮态平衡条件的数学表达方式,其中隐含着 3 个浮态参数(自变量)。该浮态平衡方程内含 3 个分别表示竖向、中线面方向和中站面方向的平衡(条件)方程,有 3 个自变量,其浮态平衡方程求得的解是以浮态参数表示的浮态。只要船舶稳定漂浮在静水上,则浮态平衡方程必定存在和有解,若浮态平衡方程无解或求不出解,则表示船舶浮态无法平衡(即或沉或倾覆)。

当横倾角 ϕ 和纵倾角 θ 都为零时(见图 3-4),从式(3-2)可导出船在正浮时的平衡方程为

$$\left. \begin{array}{l} W = \Delta = w \nabla \\ x_G = x_B \\ y_G = y_B = 0 \end{array} \right\} \tag{3-3}$$

当横倾角为 ϕ 而纵倾角为零时(见图 3-5),从式(3-2)可导出船在横倾时的平衡方程为

24

$$W = \Delta = w \nabla$$
$$x_B = x_G$$
$$y_B - y_G = (z_G - z_B) \tan \phi$$

$$(3-4)$$

当纵倾角为 θ 而横倾角为零时(见图3-6),从式(3-2)可导出船在纵倾时的平衡方程为

$$W = \Delta = w \nabla$$
$$x_B - x_G = (z_G - z_B) \tan \theta$$
$$y_B = y_G$$

$$(3-5)$$

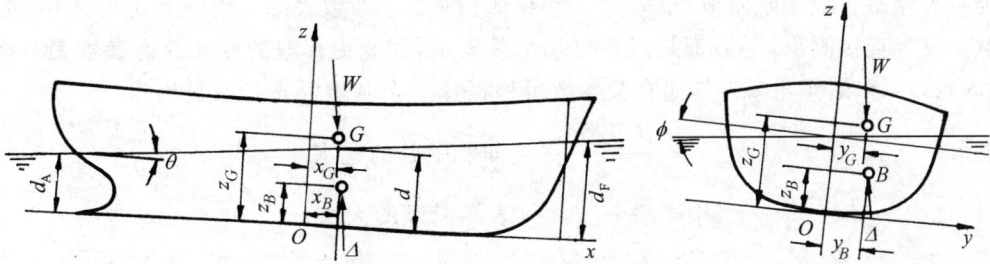

图 3-3　静水中的船任意状态

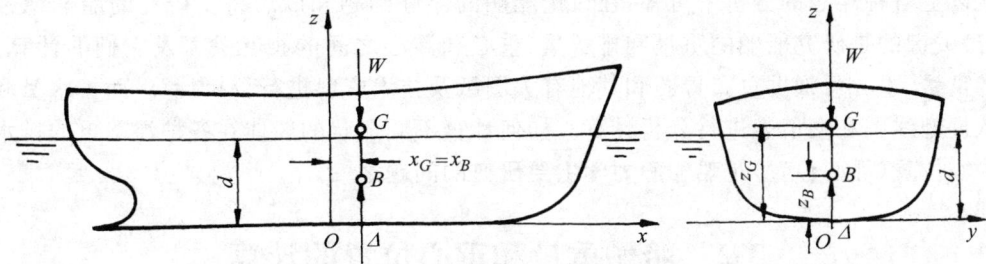

图 3-4　$\phi = 0, \theta = 0$ 时船正浮状态

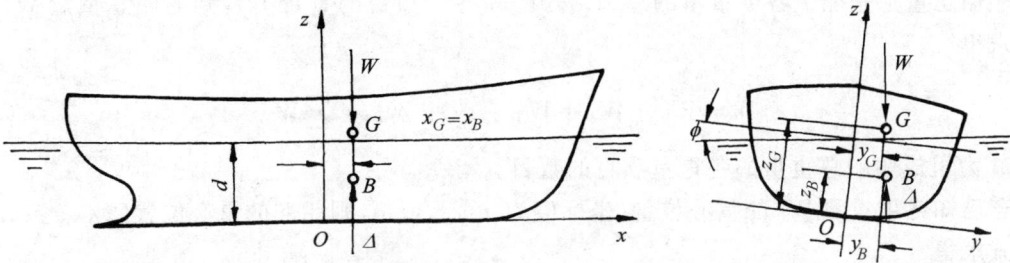

图 3-5　$\theta = 0$ 时船横倾状态

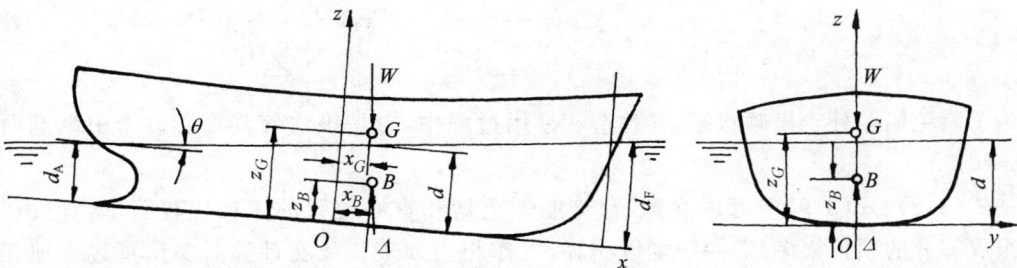

图 3-6　$\phi = 0$ 时船纵倾状态

某些船舶如拖船、游艇等，有时在设计时就令其首尾吃水不同（称为有龙骨设计斜度），这是一种设计纵倾，它与上述的纵倾概念是不相同的。

在上述船舶各种浮态的平衡方程中，重心和浮心高度之间的关系通常是重心 G 在浮心 B 之上，即 $z_G > z_B$。

一般船舶在设计时或正常使用情况下（如满载航行时），通常都应处在正浮状态或稍有尾倾状态。至于横倾状态、大角度纵倾状态和任意状态往往都由于外力作用或船上重量位置的改变或船舶破损后进水等引起，不适当的浮态对船舶的使用及航行性能等都是很不利的。

船舶的浮态可以用吃水 d、横倾角 ϕ 和纵倾角 θ 3 个参数表示。但在实际应用中，船舶的纵倾角 θ 很难直接测出，一般都是以首尾吃水差表示，因此更普遍的船舶浮态参数是：首吃水 d_F，尾吃水 d_A 和横倾角 ϕ。其他有关参数可根据这 3 个基本浮态参数导出为

平均吃水 $\qquad\qquad d = \dfrac{d_F + d_A}{2}$ （即船中处的吃水） $\qquad\qquad$ (3-6)

纵倾值 $\qquad\qquad t = d_F - d_A$ （表示纵倾的大小）

纵倾角 $\qquad\quad \theta = \arctan\left(\dfrac{d_F - d_A}{L}\right) \quad$ 即 $\tan\theta = \dfrac{d_F - d_A}{L} = \dfrac{t}{L}$ $\qquad$ (3-7)

从以上各种浮态的分析中可知，在讨论船舶的浮性问题和以后将要研究的船舶稳性等问题时，最关键的是研究船舶的重量和排水量、重心和浮心之间的相互关系及它们的计算方法。船舶的重量、重心可根据总布置图和其他有关图纸及技术资料进行分析计算，而排水量和浮心则需依据型线图和型值表进行分析计算。如何计算不同形状的船体在各种浮态下的排水体积及其形心位置（浮心位置）是船舶静力学主要研究的问题之一。

3-2　船舶重量和重心位置的计算

船舶总重量是船上各项重量的总和。若已知各个项目的重量 W_i，则船舶总重量 W 可按下式求得

$$W = W_1 + W_2 + W_3 + \cdots + W_n = \sum_{i=1}^{n} W_i \qquad\qquad (3-8)$$

式中 n 为组成船舶总重量的各重量项目的数目。

若已知各项重量 W_i 的重心位置（坐标值为 x_i、y_i、z_i），则船舶的重心位置（x_G、y_G、z_G）可按下式求得

$$x_G = \frac{\sum\limits_{i=1}^{n} W_i x_i}{\sum\limits_{i=1}^{n} W_i} \qquad y_G = \frac{\sum\limits_{i=1}^{n} W_i y_i}{\sum\limits_{i=1}^{n} W_i} \qquad z_G = \frac{\sum\limits_{i=1}^{n} W_i z_i}{\sum\limits_{i=1}^{n} W_i} \qquad (3-9)$$

为了避免船舶处于横倾状态，在建造和使用过程中，总是设法使其重心位于中纵剖面上，即 $y_G = 0$。

从式(3-8)、式(3-9)中可以看到，计算船舶重量和重心位置的方法比较简单。但由于船上各组成部分的项目繁多，需一一加以测算，工作相当烦琐。故在计算时要认真过细地工作，以免发生差错。船舶重量和重心位置的计算通常都根据总布置图和结构图等加以分组，按表

3-1的表格形式进行。将表中最后一行的"总值"代入式(3-8)、式(3-9)中,即得船舶重量和重心位置。具体计算方法可参考"船舶设计原理"教材。

表 3-1　船舶重量和重心位置

序号	项目名称	重量 W_i/t	对基平面		对中横剖面	
			z_i/m	W_iz_i/(t·m)	x_i/m	W_ix_i/(t·m)
1	⋯	W_1	z_1	W_1z_1	x_1	W_1x_1
2	⋯	W_2	z_2	W_2z_2	x_2	W_2x_2
3	⋯	W_3	z_3	W_3z_3	x_3	W_3x_3
⋮	⋮	⋮	⋮	⋮	⋮	⋮
	总计	$\sum W_i$		$\sum W_iz_i$		$\sum W_ix_i$

组成船舶重量的名目虽多,但概括起来可归纳为两大类。

(1) 固定重量,包括船体钢料、木作舾装、机电设备以及武器装备等。它们的重量和重心在船舶使用过程中是固定不变的,这一类重量的总和称为船的空船重量或船舶自身的重量。

(2) 可变重量,包括货物、船员、行李、旅客、淡水、粮食、燃料、润滑油以及弹药等,这一类重量的总和称为船的载重量。

船舶的排水量是空船重量与载重量之和。由于船舶在实际使用中载重量总是变化的,其排水量也随装载情况而变化,因此需要定义船舶的若干典型装载情况及相应的排水量来反映船舶的各种技术性能。现就民用船舶与军用舰艇的排水量的定义,分别叙述如下。

对于民用船舶来说,在最基本的两种典型装载情况下,其相应的排水量有

(1) 空载排水量,是指船舶在全部建成后交船时的排水量,即空船重量。此时,动力装置系统内有可供动车用的油和水,但不包括航行所需的燃料、润滑油和炉水储备以及其他的载重量。

此外,还有压载排水量,指空载排水量再加上装载的压载水。

(2) 满载排水量,是指在船上装载设计规定的载重量(即按照设计任务书要求的货物、旅客和船员及其行李、粮食、淡水、燃料、润滑油、锅炉用水的储备以及备品、供应品等均装载满额的重量)的排水量。

在空载排水量和满载排水量之中又可分为出港和到港两种。前者指燃料、润滑油、淡水、粮食及其他给养物品都按照设计所规定的数量备足,后者则假定这些消耗品还剩余10%。通常所谓设计排水量,如无特别注明,就是指满载出港的排水量,简称满载排水量。

通常所说的万吨轮,是指它的载重量在1万吨左右。例如某万吨级货船的满载出港排水量为17 480 t,其中空船重量为5 567 t,载货量为10 178 t,人员、淡水、燃料、粮食等为1 735 t,因此其载重量为11 913 t。

对于军用舰艇来说,规定了五种典型的装载情况,其相应的排水量有下述5种。

(1) 空载排水量,是指建造全部完工后军舰的排水量。舰上装有机器、武器和其他规定的战斗装备,但不包括人员和行李、粮食、供应品、弹药、燃料、润滑油、炉水及饮用水等。

(2) 标准排水量,是指人员配备齐全,必需的供应品备足,做好出海作战准备时的排水量。其中包括弹药、给养和其他规定的作战用品,也包括机器、锅炉和管系内的淡水、海水和润滑

油,亦即包括准备开动机器装置的各项重量,但不包括燃料、润滑油和锅炉用水的储备量。

（3）正常排水量,是指正式试航时的排水量,相当于标准排水量加上保证50％航程所需的燃料、润滑油和锅炉用水的重量。

（4）满载排水量,是指标准排水量加上保证全航程所需的燃料、润滑油和锅炉用水的重量。

（5）最大排水量,是指满载排水量再加上附加的作战储备（包括弹药、水雷等）和附加的燃料、润滑油、锅炉用水（直至储存这些物品的舱柜装满为止）的重量。

3-3 排水量和浮心位置的计算

船舶排水量和浮心位置的计算,是根据型线图及型值表来进行的。通常有垂向沿吃水方向计算和纵向沿船长方向计算两种,在应用计算机进行船舶计算时,基本上都采用纵向计算法。现分别叙述如下。

1. 根据水线面计算排水体积和浮心位置

此方法又称垂向计算法,首先计算各水线面面积等有关数据（面积、静矩、惯性矩等）,然后将水线面沿吃水方向积分来计算排水体积和浮心位置,经常另外再计算各横剖面几何要素等。此方法的主要优点是由于型值表的水线根数通常少于站数,使得计算工作量比纵向计算法小,主要缺点是不能计算倾斜状态下的排水体积和浮心等。

1）基本公式

图 3-7 所示为船舶吃水 d 时的正浮状态。在离基平面 z 处,取高度为 dz 的一薄层进行分析。

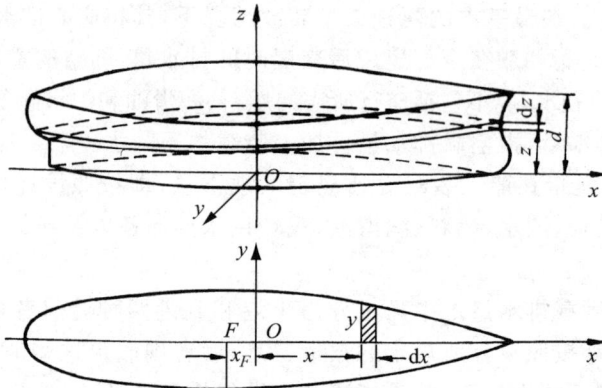

图 3-7 正 浮 状 态

该薄层的微体积为

$$\mathrm{d}\nabla = A_{\mathrm{w}}\mathrm{d}z \tag{3-10}$$

式中 A_{w} 是离基平面 z 处的水线面面积。由图 2-7 可知,微面积 $\mathrm{d}A_{\mathrm{w}} = y\mathrm{d}x$,整个水线面面积为

$$A_{\mathrm{w}} = 2\int_{-\frac{L}{2}}^{\frac{L}{2}} y\mathrm{d}x \tag{3-11}$$

式中,y 是离 Oy 轴 x 处的水线面半宽;L 是水线长,在计算中一般取垂线间长。

将式(3-11)代入式(3-10)内,并将其沿垂向 z 从 0 到 d 进行积分,便得船舶在吃水 d 时的排水体积,即

$$\nabla = \int_0^d A_{\mathrm{W}} \mathrm{d}z = 2\int_0^d \int_{-\frac{L}{2}}^{\frac{L}{2}} y \, \mathrm{d}x \, \mathrm{d}z \tag{3-12}$$

该薄层的微体积 $\mathrm{d}\nabla$ 对中站面 yOz 和基平面 xOy 的静矩分别为

$$\mathrm{d}M_{yOz} = x_F A_{\mathrm{W}} \mathrm{d}z \tag{3-13}$$

$$\mathrm{d}M_{xOy} = z A_{\mathrm{W}} \mathrm{d}z \tag{3-14}$$

式中 x_F 是离基平面 z 处水线面面积 A_{W} 的形心(称为漂心)纵向坐标。由图 3-7 可知,水线面面积 A_{W} 对 Oy 轴的静矩为

$$M_{Oy} = 2\int_{-\frac{L}{2}}^{\frac{L}{2}} xy \, \mathrm{d}x \tag{3-15}$$

所以,得

$$x_F = \frac{M_{Oy}}{A_{\mathrm{W}}} = \frac{\int_{-\frac{L}{2}}^{\frac{L}{2}} xy \, \mathrm{d}x}{\int_{-\frac{L}{2}}^{\frac{L}{2}} y \, \mathrm{d}x} \tag{3-16}$$

将式(3-11)和式(3-16)代入式(3-13)并沿垂向进行积分,便得排水体积 ∇ 对中站面 yOz 的静矩

$$M_{yOz} = \int_0^d x_F A_{\mathrm{W}} \mathrm{d}z = 2\int_0^d \int_{-\frac{L}{2}}^{\frac{L}{2}} xy \, \mathrm{d}x \, \mathrm{d}z \tag{3-17}$$

因此,浮心纵向坐标为

$$x_B = \frac{M_{yOz}}{\nabla} = \frac{\int_0^d x_F A_{\mathrm{W}} \mathrm{d}z}{\int_0^d A_{\mathrm{W}} \mathrm{d}z} = \frac{\int_0^d \int_{-\frac{L}{2}}^{\frac{L}{2}} xy \, \mathrm{d}x \, \mathrm{d}z}{\int_0^d \int_{-\frac{L}{2}}^{\frac{L}{2}} y \, \mathrm{d}x \, \mathrm{d}z} \tag{3-18}$$

同理可得排水体积 ∇ 对基平面 xOy 的静矩和浮心垂向坐标为

$$M_{xOy} = \int_0^d z A_{\mathrm{W}} \mathrm{d}z = 2\int_0^d \int_{-\frac{L}{2}}^{\frac{L}{2}} zy \, \mathrm{d}x \, \mathrm{d}z \tag{3-19}$$

$$z_B = \frac{M_{xOy}}{\nabla} = \frac{\int_0^d z A_{\mathrm{W}} \mathrm{d}z}{\int_0^d A_{\mathrm{W}} \mathrm{d}z} = \frac{\int_0^d \int_{-\frac{L}{2}}^{\frac{L}{2}} yz \, \mathrm{d}x \, \mathrm{d}z}{\int_0^d \int_{-\frac{L}{2}}^{\frac{L}{2}} y \, \mathrm{d}x \, \mathrm{d}z} \tag{3-20}$$

当船舶处于正浮状态时,其浮心横向坐标 $y_B = 0$。

以上导出的各种积分公式是计算船舶在某一吃水 d 时的排水体积和浮心位置的基本公式。在船舶设计和使用过程中,需要方便而迅速地确定船舶在不同吃水下的排水体积和浮心位置,因此要将上述有关基本积分公式中的积分上限 d 改为变吃水 z(或 d_i),此时积分公式成为变上限积分。

由上可知,在计算排水体积和浮心位置时,必须计算水线面的面积及漂心纵向坐标以及它们随吃水变化的关系曲线。在具体计算时采用数值积分法,手工计算时用表格形式进行。

2）水线面计算

水线面计算通常包括面积 A_W,漂心纵向坐标 x_F 及水线面系数 C_{WP} 三项。

图 3-8 表示船舶在某一吃水时的水线面,由于水线面对称于中纵剖面,所以通常只给出水线面的一半,习惯上把 Oy 轴放在左舷。在进行计算时,一般将船长 L 分成 20 等分,即取 21 个站,间距 $\delta L = \dfrac{L}{20}$,站号从船尾至船首依次编为 $0 \sim 20$,各站相应的半宽为 $y_0, y_1, y_2, \cdots,$ y_{19}, y_{20}。

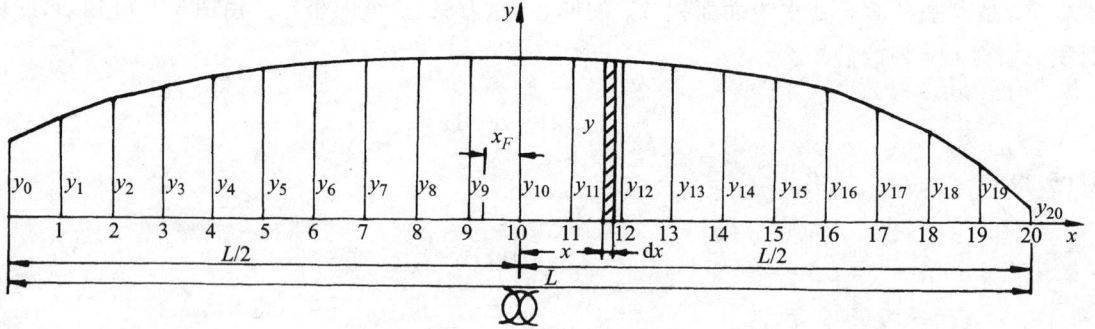

图 3-8　水线面计算图

在用梯形法进行计算时,水线面面积 A_W、漂心纵向坐标 x_F 及水线面系数 C_{WP} 的表达式可写成

$$A_W = 2\int_{-\frac{L}{2}}^{\frac{L}{2}} y\,\mathrm{d}x \approx 2\delta L \sum{}' y_i$$

式中

$$\sum{}' y_i = y_0 + y_1 + \cdots + y_{19} + y_{20} - \frac{y_0 + y_{20}}{2},$$

即计入首尾修正项的累加和

$$M_{Oy} = 2\int_{-\frac{L}{2}}^{\frac{L}{2}} xy\,\mathrm{d}x \approx 2(\delta L)^2 \sum{}' k_j y_i$$

式中

$$\sum{}' k_i y_i = 0 \cdot y_{10} + 1 \cdot (y_{11} - y_9) + 2 \cdot (y_{12} - y_8) + \cdots +$$

$$9 \cdot (y_{19} - y_1) + 10 \cdot (y_{20} - y_0) - \frac{1}{2} 10 \cdot (y_{20} - y_0)$$

$$x_F = \frac{M_{Oy}}{A_W} = \frac{\int_{-\frac{L}{2}}^{\frac{L}{2}} xy\,\mathrm{d}x}{\int_{-\frac{L}{2}}^{\frac{L}{2}} y\,\mathrm{d}z} \approx \delta L \frac{\sum{}' k_i y_i}{\sum{}' y_i}$$

$$C_{WP} = \frac{A_W}{LB} = \frac{2\delta L \sum{}' y_i}{LB}$$

在用辛浦生第一法进行计算时,水线面面积 A_W,漂心纵向坐标 x_F 及水线面系数 C_{WP} 的

表达式可写成

$$A_W = 2\int_{-\frac{L}{2}}^{\frac{L}{2}} y\,\mathrm{d}x \approx \frac{2}{3}\delta L \sum_A$$

式中

$$\sum_A = y_0 + 4y_1 + 2y_2 + 4y_3 + 2y_4 + 4y_5 + \cdots +$$
$$4y_{15} + 2y_{16} + 4y_{17} + 2y_{18} + 4y_{19} + y_{20}$$

$$M_{Oy} = 2\int_{-\frac{L}{2}}^{\frac{L}{2}} xy\,\mathrm{d}x \approx \frac{2}{3}(\delta L)^2 \sum_{MOy}$$

式中

$$\sum_{MOy} = 0 \cdot 4y_{10} + 1 \cdot 2(y_{11} - y_9) + 2 \cdot 4(y_{12} - y_8) + \cdots +$$
$$7 \cdot 4(y_{17} - y_3) + 8 \cdot 2(y_{18} - y_2) +$$
$$9 \cdot 4(y_{19} - y_1) + 10 \cdot 1(y_{20} - y_0)$$

$$x_F = \frac{M_{Oy}}{A_W} = \frac{\int_{-\frac{L}{2}}^{\frac{L}{2}} xy\,\mathrm{d}x}{\int_{-\frac{L}{2}}^{\frac{L}{2}} y\,\mathrm{d}z} \approx \delta L \frac{\sum_{MOy}}{\sum_A}$$

$$C_{WP} = \frac{A_W}{LB} = \frac{2}{3}\delta L \frac{\sum_A}{LB}$$

现以某货船的设计水线面为例,分别采用梯形法和辛浦生第一法进行计算。该船船长 $L = 147.18\,\mathrm{m}$,船宽 $B = 20.4\,\mathrm{m}$,设计吃水 $d = 8.2\,\mathrm{m}$,$\delta L = \dfrac{L}{20} = 7.359\,\mathrm{m}$。

图 3-9 为设计水线半宽图,各站处的半宽值附在表格中的"水线半宽"一栏内。表 3-2 为梯形法的计算结果,表 3-3 为辛浦生第一法的计算结果。

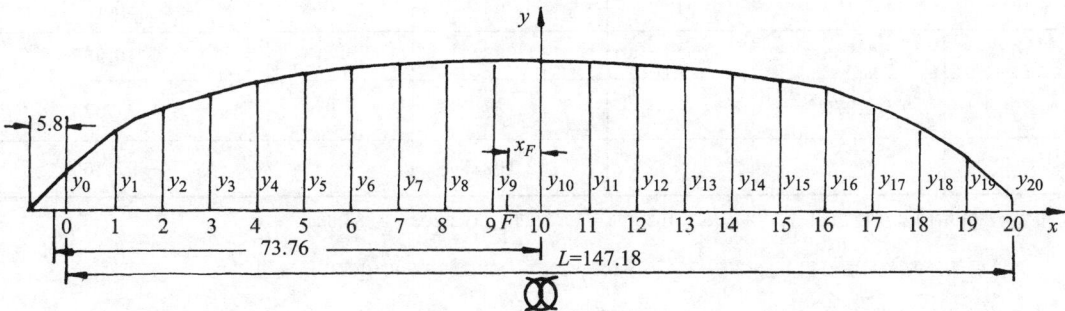

图 3-9　设计水线半宽图

从表 3-2 和表 3-3 中可以看到,用梯形法和辛浦生第一法所得的计算结果十分接近。一般说来,在等分数目相同的情况下,辛浦生法的计算结果较梯形法更精确些,但在具体计算时,辛浦生法没有梯形法那样简便。从误差分析,由于该水线是凸曲线,因此梯形法计算结果会偏大。

表 3-2 梯形法计算

站号	水线半宽 y_i/m	乘数	面积乘积 Ⅱ×Ⅲ	矩臂	面矩乘积 Ⅳ×Ⅴ
Ⅰ	Ⅱ	Ⅲ	Ⅳ	Ⅴ	Ⅵ
0	2.305	$\frac{1}{2}$	1.153	−10	−11.525
1	4.865	1	4.865	−9	−43.785
2	6.974	1	6.974	−8	−55.792
3	8.568	1	8.568	−7	−59.976
4	9.559	1	9.559	−6	−57.354
5	10.011	1	10.011	−5	−50.055
6	10.183	1	10.183	−4	−40.732
7	10.200	1	10.200	−3	−30.600
8	10.200	1	10.200	−2	−20.400
9	10.200	1	10.200	−1	−10.200
10	10.200	1	10.200	0	−391.944
11	10.200	1	10.200	1	10.200
12	10.200	1	10.200	2	20.400
13	10.200	1	10.200	3	30.600
14	10.040	1	10.040	4	40.160
15	9.416	1	9.416	5	47.080
16	8.015	1	8.015	6	48.090
17	6.083	1	6.083	7	42.581
18	3.764	1	3.764	8	30.112
19	1.885	1	1.885	9	16.965
20	0.375	$\frac{1}{2}$	0.187	10	1.875
总和			162.103		−92.360

0 站至 20 站的水线面面积 $A_1 = 2 \times \delta L \times 162.103 = 2 \times 7.359 \times 162.103 = 2\,385.83\ \text{m}^2$；

0 站以后部分的水线面面积 $A_2 = 2 \times \frac{1}{2} \times y_0 \times 5.8 = 2 \times \frac{1}{2} \times 2.305 \times 5.8 = 13.37\ \text{m}^2$；

整个水线面面积 $A_W = A_1 + A_2 = 2\,385.83 + 13.37 = 2\,399.20\ \text{m}^2$；

0 站至 20 站对船中的水线面面矩 $M_1 = 2 \times (\delta L)^2 \times (-92.36) = 2 \times (7.359)^2 \times (-92.36) = -10\,003.49\ \text{m}^3$；

0 站以后部分的水线面面积 $M_2 = 13.37 \times (-73.76) = -986.17\ \text{m}^3$；

整个水线面对船中的面矩 $M_{Oy} = M_1 + M_2 = -10\,003.49 + (-986.17) = -10\,989.66\ \text{m}^3$；

漂心纵向坐标 $x_F = \dfrac{M_{Oy}}{A_W} = \dfrac{-10\,989.66}{2\,399.20} = -4.581\ \text{m}$；

水线面系数 $C_{WP} = \dfrac{A_W}{LB} = \dfrac{2\,399.20}{147.18 \times 20.4} = 0.800$。

表 3-3　辛浦生第一法计算

站号	水线半宽 y_i/m	乘数	面积乘积 Ⅱ×Ⅲ	矩臂	面矩乘积 Ⅳ×Ⅴ
Ⅰ	Ⅱ	Ⅲ	Ⅳ	Ⅴ	Ⅵ
0	2.305	$\frac{1}{2}$	1.153	−10	−11.525
1	4.865	2	9.730	−9	−87.570
2	6.974	1	6.974	−8	−55.792
3	8.568	2	17.136	−7	−119.952
4	9.559	1	9.559	−6	−57.354
5	10.011	2	20.022	−5	−100.110
6	10.183	1	10.183	−4	−40.732
7	10.200	2	20.400	−3	−61.200
8	10.200	1	10.200	−2	−20.400
9	10.200	2	20.400	−1	−20.400
10	10.200	1	10.200	0	−575.005
11	10.200	2	20.400	1	20.400
12	10.200	1	10.200	2	20.400
13	10.200	2	20.400	3	61.200
14	10.040	1	10.040	4	40.160
15	9.416	2	18.832	5	94.160
16	8.015	1	8.015	6	48.090
17	6.083	2	12.166	7	85.165
18	3.764	1	3.764	8	30.112
19	1.885	2	3.770	9	33.930
20	0.375	$\frac{1}{2}$	0.187	10	1.875
总和			243.730		−139.500

0 站至 20 站的水线面面积 $A_1=2\times\frac{2}{3}\times\delta L\times243.73=2\times\frac{2}{3}\times7.359\times243.73=2\,391.48\ \text{m}^2$；

0 站以后部分的水线面面积 $A_2=2\times\frac{1}{2}\times y_0\times5.8=2\times\frac{1}{2}\times2.305\times5.8=13.37\ \text{m}^2$；

整个水线面面积 $A_w=A_1+A_2=2\,391.48+13.37=2\,404.85\ \text{m}^2$；

0 站至 20 站对船中的水线面面矩 $M_1=2\times\frac{2}{3}\times\delta L^2\times(-139.5)=2\times\frac{2}{3}\times(7.359)^2\times(-139.5)=-10\,072.81\ \text{m}^3$；

0 站以后部分的水线面面积 $M_2=13.37\times(-73.76)=-986.17\ \text{m}^3$；

整个水线面对船中的面矩 $M_{Oy}=M_1+M_2=-10\,072.81+(-986.17)=-11\,058.98\ \text{m}^3$；

漂心纵向坐标 $x_F=\dfrac{M_{Oy}}{A_w}=-\dfrac{11\,058.98}{2\,404.85}=-4.599\ \text{m}$；

水线面系数 $C_{WP}=\dfrac{A_W}{LB}=\dfrac{2\,404.85}{147.18\times20.4}=0.800$。

33

3）水线面面积曲线

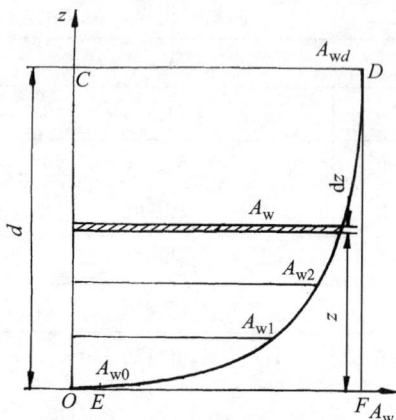

图 3-10 水线面面积曲线

根据以上计算方法，分别算出船舶在各个不同吃水处的水线面面积，然后以各个吃水处的水线面面积为横坐标，以吃水为纵坐标，绘制成如图 3-10 所示的水线面面积曲线 $A_W = f(z)$。

水线面面积曲线具有下列特性。

（1）在某一吃水 d 时，水线面面积曲线与 Oz 轴所围的面积等于该吃水下的排水体积 ∇，即

$$\nabla = \int_0^d A_W \mathrm{d}z$$

（2）水线面面积曲线与 z 轴所围的面积，其形心的垂向坐标等于浮心垂向坐标 z_B，即

$$z_B = \frac{\int_0^d z A_W \mathrm{d}z}{\int_0^d A_W \mathrm{d}z}$$

（3）在吃水 d 以下的水线面面积曲线与 z 轴所围的面积，和以吃水 d 及该处的水线面积 A_{wd} 所构成的矩形面积之比，等于吃水 d 时的垂向棱形系数 C_{VP}。即

$$C_{VP} = \frac{面积\ OCDE}{面积\ OCDF} = \frac{\nabla}{A_{wd}d}$$

所以，水线面面积曲线的形状反映了排水体积沿吃水方向的分布情况。

4）每厘米吃水吨数曲线

船舶正浮时吃水增加（或减小）1 厘米时，引起排水量增加（或减小）的吨数称为每厘米吃水吨数 TPC。根据水线面面积曲线可以算出在任何吃水时的每厘米吃水吨数。

设船舶在吃水 d 时的水线面面积为 A_W，则吃水改变 δd 时排水体积的变化为

$$\delta \nabla = A_W \delta d$$

排水量的变化

$$\delta \Delta = w A_W \delta d$$

式中 w 为水的重量密度，$\mathrm{t/m^3}$。

当 $\delta d = 1\ \mathrm{cm} = \dfrac{1}{100}\ \mathrm{m}$ 时，令 $\delta \Delta = TPC$，则

$$TPC = \frac{w A_W}{100} \tag{3-21}$$

每厘米吃水吨数 $TPC(\mathrm{t/cm})$ 只与 A_W 有关。由于水线面面积 A_W 是随吃水而变化的，因此 TPC 也随吃水的不同而变化。将 TPC 随吃水的变化绘制成曲线 $TPC = f(z)$，称为每厘米吃水吨数曲线。该曲线的形状与水线面面积曲线完全相似。

如已知船舶在吃水 d 时的 TPC 数值，便可迅速地求出装卸小量货物 p t（不超过排水量的 10%）之后的平均吃水变化量 δd(cm)，即

$$\delta d = \frac{p}{TPC} \tag{3-22}$$

式(3-22)中 p 的正负号并不固定,装货物时 p 取为"$+$",卸货物时 p 取为"$-$"。

5) 排水体积曲线

由水线面面积曲线的特性可知,计算排水体积的积分公式为

$$\nabla = \int_0^d A_{\mathrm{W}} \mathrm{d}z$$

如果要知道船舶在不同吃水 d_i 时的排水体积,只需将上式的积分上限改为吃水变量 d_i（或 z）,即可得变上限积分为

$$\nabla_i = \int_0^{d_i} A_{\mathrm{W}} \mathrm{d}z \tag{3-23}$$

由式(3-23)可计算并画出排水体积随吃水变化的关系曲线,此曲线称为排水体积曲线。

根据图 3-10 所示的水线面面积曲线,如用梯形法计算不同水线下的排水体积,则分别为

1 号水线至基平面的排水体积

$$\nabla_1 = \frac{1}{2} \delta d (A'_{\mathrm{W}0} + A_{\mathrm{W}1})$$

2 号水线至基平面的排水体积

$$\nabla_2 = \frac{1}{2} \delta d [(A'_{\mathrm{W}0} + A_{\mathrm{W}1}) + (A_{\mathrm{W}1} + A_{\mathrm{W}2})]$$

3 号水线至基平面的排水体积

$$\nabla_3 = \frac{1}{2} \delta d [(A'_{\mathrm{W}0} + A_{\mathrm{W}1}) + (A_{\mathrm{W}1} + A_{\mathrm{W}2}) + (A_{\mathrm{W}2} + A_{\mathrm{W}3})]$$

以此类推,便可算出任意水线 d_i 下的排水体积为

$$\nabla_i = \int_0^{d_i} A_{\mathrm{W}} \mathrm{d}z \approx \frac{1}{2} \delta d [(A'_{\mathrm{W}0} + A_{\mathrm{W}1}) +$$

$$(A_{\mathrm{W}1} + A_{\mathrm{W}2}) + \cdots + (A_{\mathrm{W}i-1} + A_{\mathrm{W}i})]$$

必须指出,上述各式中的 $A'_{\mathrm{W}0}$ 应是吃水为 0 时采用梯形法端点修正后的水线面面积,若直接用水线面面积曲线上的 $A_{\mathrm{W}0}$,则算出的排水体积误差较大。在实际计算中,通常用表格形式进行。

根据计算不同水线下的排水体积,以吃水为纵坐标,排水体积为横坐标,绘制成排水体积曲线 $\nabla = f(z)$,如图 3-11 所示。由图中可看出,该曲线的形状在吃水较小时有些"微凸",向上走势则近似一条倾斜直线。由于 ∇ 值是根据型线图计算而得,故称为型排水体积,其中没有包括船壳板及附体(如舭龙骨、舵、支轴架、螺旋桨等)在内。包括壳板及附体在内的排水体积称为总排水体积 ∇_{k},其数值可按有关图纸资料算出,也可以根据下式进行估算,得

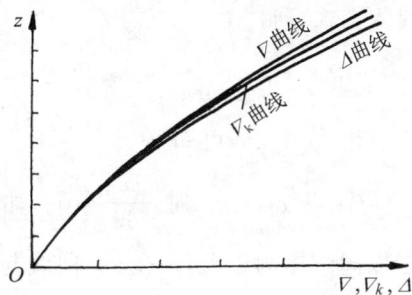

图 3-11 排水体积曲线

$$\nabla_{\mathrm{k}} = k \nabla$$

系数 k 以取尺度大小相近的同类型船的数值为宜。通常 k 值约在 1.004～1.03 范围内变化,一般小船取大值,大船取小值,如万吨级货船的 k 值约为 1.006。

排水体积曲线一般应包括 3 根曲线,即型排水体积 ∇ 曲线、总排水体积 ∇_{k} 曲线(也代表在淡水中的排水量)以及总排水量 Δ 曲线($\Delta = w \nabla_{\mathrm{k}}$,$w = 1.025\ \mathrm{t/m^3}$)。

6）浮心坐标曲线

船舶浮心即排水体积的形心，其位置可由纵向、横向和垂向三个坐标来确定。一般船舶水下部分左右舷是对称的，在正浮状态时，横向坐标 y_B 为零。浮心位置随吃水变化的关系曲线分别为浮心纵向坐标曲线 $x_B = f(z)$ 和浮心垂向坐标曲线 $z_B = f(z)$。

船舶在某一固定吃水 d 时，浮心纵向坐标 x_B 和垂向坐标 z_B 可按前面已导出的式（3-18）和式（3-20）进行计算。对于任意吃水 d_i 时浮心坐标的计算，可采用式（3-18）和式（3-20）的变上限积分求得。现分别讨论如下。

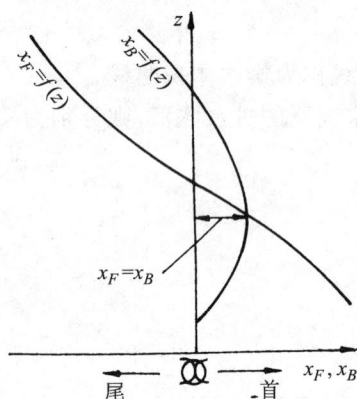

图 3-12　浮心纵向坐标

（1）浮心纵向坐标曲线。为计算浮心纵向坐标曲线，预先按式（3-16）算出不同吃水处的水线面漂心纵向坐标，并将其计算结果绘制成如图 3-12 所示的随吃水而变化的水线面漂心纵向坐标曲线 $x_F = f(z)$。

浮心纵向坐标 x_B 随吃水 d_i（或 z）而变化的计算公式可由式（3-18）写作

$$x_B = \frac{M_{yOz}}{\nabla} = \frac{\int_0^{d_i} x_F A_W \mathrm{d}z}{\int_0^{d_i} A_W \mathrm{d}z} \qquad (3-24)$$

由式（3-24）计算并画出浮心纵向坐标 x_B 随吃水变化的关系曲线如图 3-12 所示。

将式（3-24）对吃水变量 z 求导数

$$\frac{\mathrm{d}x_B}{\mathrm{d}z} = \frac{\dfrac{\mathrm{d}M_{yOz}}{\mathrm{d}z}\nabla - M_{yOz}\dfrac{\mathrm{d}\nabla}{\mathrm{d}z}}{\nabla^2}$$

由式（3-10）、（3-13）、（3-18）可知

$$\frac{\mathrm{d}\nabla}{\mathrm{d}z} = A_W \qquad \frac{\mathrm{d}M_{yOz}}{\mathrm{d}z} = x_F A_W \qquad M_{yOz} = x_B \nabla$$

代入上式可得

$$\frac{\mathrm{d}x_B}{\mathrm{d}z} = \frac{A_W}{\nabla}(x_F - x_B) \qquad (3-25)$$

由式（3-25）可知

① 当 $x_F = x_B$ 时，$\dfrac{\mathrm{d}x_B}{\mathrm{d}z} = 0$。如漂心纵向坐标 $x_F = f(z)$ 和浮心垂向坐标 $x_B = f(z)$ 曲线是以同一比例给出，则在 x_F 曲线与 x_B 曲线相交处（即该处 $x_F = x_B$），x_B 曲线有最大值或最小值；

② 当吃水变化 $\mathrm{d}z$ 或排水量变化 $\mathrm{d}\nabla$ 时，浮心纵向坐标 x_B 的变化量为

$$\mathrm{d}x_B = \frac{A_W}{\nabla}(x_F - x_B)\mathrm{d}z = (x_F - x_B)\frac{\mathrm{d}\nabla}{\nabla} \qquad (3-26)$$

对于大多数船舶而言，$x_F - x_B < 0$（即漂心 x_F 比浮心 x_B 更靠船尾，参见图 4-13 静水力曲线图），因此吃水增加，浮心位置向后移动。吃水减少，浮心位置向前移动。

（2）浮心垂向坐标曲线。浮心垂向坐标 z_B 随吃水 d_i（或 z）而变化的计算公式可由式

(3-20)写作

$$z_B = \frac{M_{xOy}}{\nabla} = \frac{\int_0^{d_i} z A_W \mathrm{d}z}{\int_0^{d_i} A_W \mathrm{d}z} = f(z) \qquad (3-27)$$

由式(3-27)计算并画出浮心垂向坐标 z_B 随吃水变化的关系曲线如图 3-13 所示。

由式(3-27)可知,其变上限积分式的分子、分母都是吃水 z(或 d_i)的函数。

将式(3-27)对吃水变量 z 求导数得

$$\frac{\mathrm{d}z_B}{\mathrm{d}z} = \frac{\dfrac{\mathrm{d}M_{xOy}}{\mathrm{d}z}\nabla - M_{xOy}\dfrac{\mathrm{d}\nabla}{\mathrm{d}z}}{\nabla^2} = \frac{A_W}{\nabla}(z - z_B) \qquad (3-28)$$

式中,$\dfrac{\mathrm{d}\nabla}{\mathrm{d}z} = A_W$;$\dfrac{\mathrm{d}M_{xOy}}{\mathrm{d}z} = zA_W$ 和 $M_{xOy} = z_B\nabla$。参见式(3-10)、(3-14)和式(3-20)。

据式(3-28),当吃水变化 $\mathrm{d}z$ 或排水量变化 $\mathrm{d}\nabla$ 时,浮心垂向坐标 z_B 的变化量为

$$\mathrm{d}z_B = \frac{A_W}{\nabla}(z - z_B)\mathrm{d}z = (z - z_B)\frac{\mathrm{d}\nabla}{\nabla} \qquad (3-29)$$

从上式可知,由于浮心总是在水线以下,即 $z - z_B > 0$,因此船舶的浮心垂向坐标曲线 $z_B = f(z)$ 总是随吃水或排水量的增加而增长的。

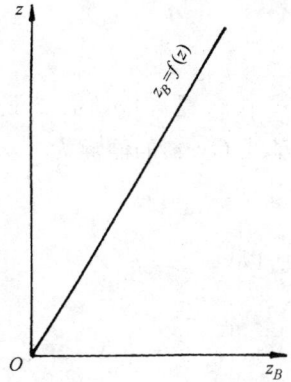

图 3-13 浮心垂向坐标

2. 根据横剖面计算排水体积和浮心位置

此法又称纵向计算法,首先是计算各横剖面面积等有关数据(面积、静矩、惯性矩等),然后将横剖面沿船长方向积分来计算排水体积和浮心位置,经常另外再计算各水线面几何要素等。此方法优点是可计算任意倾斜状态下的排水体积及浮心等。

1)基本公式

图 3-14 所示为船舶吃水 d 时的正浮状态。在离中站面 x 处,取长度为 $\mathrm{d}x$ 的一薄层进行分析。

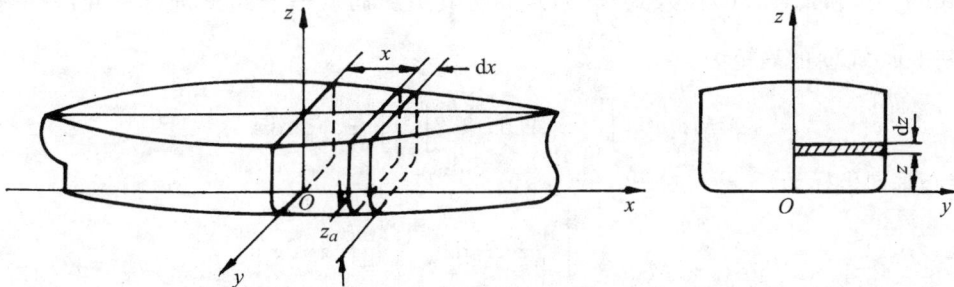

图 3-14 正 浮 状 态

该薄层微体积为

$$\mathrm{d}\nabla = A_S \mathrm{d}x \qquad (3-30)$$

式中 A_S 是离中站面 x 处的横剖面面积,由图 3-14 可知,微面积 $\mathrm{d}A_S = y\mathrm{d}z$。整个横剖面面积

$$A_S = 2\int_0^d y\,\mathrm{d}z \tag{3-31}$$

式中 y 是离 Oy 轴 z 处的水线面半宽。

将式(3-31)代入式(3-30),并沿船长进行积分,即得船在吃水 d 时的排水体积为

$$\nabla = \int_{-\frac{L}{2}}^{\frac{L}{2}} A_S\,\mathrm{d}x = 2\int_{-\frac{L}{2}}^{\frac{L}{2}}\int_0^d y\,\mathrm{d}z\,\mathrm{d}x \tag{3-32}$$

该薄层微体积 $\mathrm{d}\nabla$ 对中站面 yOz 和基平面 xOy 的静矩分别为

$$\mathrm{d}M_{yOz} = xA_S\,\mathrm{d}x \tag{3-33}$$

$$\mathrm{d}M_{xOy} = z_a A_S\,\mathrm{d}x \tag{3-34}$$

式中 z_a 是离中站面 x 处的横剖面面积的形心垂向坐标。由图 3-14 可知,横剖面面积 A_S 对基线 Oy 轴的静矩为

$$M_{Oy} = 2\int_0^d zy\,\mathrm{d}z \tag{3-35}$$

所以

$$z_a = \frac{M_{Oy}}{A_S} = \frac{\int_0^d zy\,\mathrm{d}z}{\int_0^d y\,\mathrm{d}z} \tag{3-36}$$

将式(3-31)代入式(3-33),并将其沿纵向从 $-\dfrac{L}{2}$ 到 $\dfrac{L}{2}$ 进行积分,便得排水体积 ∇ 对中站面 yOz 的静矩为

$$M_{yOz} = \int_{-\frac{L}{2}}^{\frac{L}{2}} xA_S\,\mathrm{d}x = 2\int_{-\frac{L}{2}}^{\frac{L}{2}}\int_0^d xy\,\mathrm{d}z\,\mathrm{d}x \tag{3-37}$$

所以,浮心纵向坐标为

$$x_B = \frac{M_{yOz}}{\nabla} = \frac{\int_{-\frac{L}{2}}^{\frac{L}{2}} xA_S\,\mathrm{d}z}{\int_{-\frac{L}{2}}^{\frac{L}{2}} A_S\,\mathrm{d}z} = \frac{\int_{-\frac{L}{2}}^{\frac{L}{2}}\int_0^d xy\,\mathrm{d}z\,\mathrm{d}x}{\int_{-\frac{L}{2}}^{\frac{L}{2}}\int_0^d y\,\mathrm{d}z\,\mathrm{d}x} \tag{3-38}$$

将式(3-31)和式(3-36)代入式(3-34),并将其沿纵向从 $-\dfrac{L}{2}$ 到 $\dfrac{L}{2}$ 进行积分,便得排水体积 ∇ 对基平面 xOy 的静矩为

$$M_{xOy} = \int_{-\frac{L}{2}}^{\frac{L}{2}} z_a A_S\,\mathrm{d}x = 2\int_{-\frac{L}{2}}^{\frac{L}{2}}\int_0^d z_a y\,\mathrm{d}z\,\mathrm{d}x \tag{3-39}$$

所以,浮心垂向坐标为

$$z_B = \frac{M_{xOy}}{\nabla} = \frac{\int_{-\frac{L}{2}}^{\frac{L}{2}} z_a A_S\,\mathrm{d}z}{\int_{-\frac{L}{2}}^{\frac{L}{2}} A_S\,\mathrm{d}x} = \frac{\int_{-\frac{L}{2}}^{\frac{L}{2}}\int_0^d zy\,\mathrm{d}z\,\mathrm{d}x}{\int_{-\frac{L}{2}}^{\frac{L}{2}}\int_0^d y\,\mathrm{d}z\,\mathrm{d}x} \tag{3-40}$$

由于船处在正浮状态,所以浮心横向坐标 $y_B = 0$。

2) 横剖面计算

横剖面计算一般包括面积 A_S 以及面积形心垂向坐标 z_a 的计算,对于中横剖面来说,还

需计算中横剖面系数 C_m。

图 3-15 表示某一横剖面曲线及不同吃水的半宽值,根据基本公式(3-31)、(3-35)和式(3-36),如采用梯形法计算,在吃水 d 时,横剖面面积为

$$A_S = 2\int_0^d y\,\mathrm{d}z \approx 2\delta d \sum{}' y_i$$

式中 $\quad \sum{}' y_i = y'_0 + y_1 + \cdots + y_n - \dfrac{1}{2}(y'_0 + y_n);$

y'_0 为经过端点修正后的半宽值;δd 为各水线等间距值。

横剖面面积 A_S 对基线 Oy 轴的静矩为

$$M_{Oy} = 2\int_0^d zy\,\mathrm{d}z \approx 2(\delta d)^2 \sum{}' k_i y_i$$

式中 $\quad \sum{}' k_i y_i = 0 \times y'_0 + 1 \times y_i + \cdots + ny_n - \dfrac{1}{2}(0 \times y'_0 + ny_n)$

横剖面面积形心垂向坐标为

$$z_a = \frac{M_{Oy}}{A_S} = \frac{\int_0^d zy\,\mathrm{d}z}{\int_0^d y\,\mathrm{d}z} \approx \delta d \frac{\sum{}' k_i y_i}{\sum{}' y_i}$$

中横剖面系数为

$$C_m = \frac{A_m}{Bd}$$

式中,A_m 为船在吃水 d 以下的中横剖面面积;B 为船中横剖面处的船宽。

现以某货船为例,用梯形法进行中横剖面计算,如表 3-4 所示。

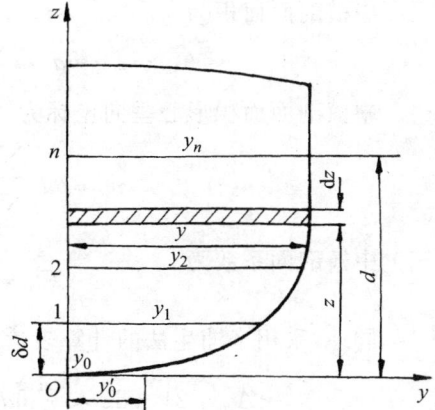

图 3-15 横剖面计算

表 3-4 梯 形 法 计 算

(船宽 $B=20.4\,\mathrm{m}$,吃水 $d=8.4\,\mathrm{m}$,$\delta d=1.2\,\mathrm{m}$)

水线号	y_i/m	k_i	$k_i \times y_i$
(Ⅰ)	(Ⅱ)	(Ⅲ)	(Ⅳ)=(Ⅱ)×(Ⅲ)
0	8.37	0	0
1	9.96	1	9.96
2	10.20	2	20.40
3	10.20	3	30.60
4	10.20	4	40.80
5	10.20	5	51.00
6	10.20	6	61.20
7	10.20	7	71.40
总和	79.53		285.36
修正值	9.28		35.70
修正后总和 $\sum{}'$	70.25		249.66

中横剖面面积为

$$A_\mathrm{m} = 2 \times \delta d \times \sum{}' (\mathrm{II}) = 2 \times 1.2 \times 70.25 = 168.6\,\mathrm{m}^2$$

中横剖面面积形心垂向坐标为

$$z_\mathrm{a} = \delta d \frac{\sum{}'(\mathrm{IV})}{\sum{}'(\mathrm{II})} = 1.2 \times \frac{249.66}{70.25} = 4.26\,\mathrm{m}$$

中横剖面系数为

$$C_\mathrm{m} = \frac{A_\mathrm{m}}{Bd} = \frac{168.6}{20.4 \times 8.4} = 0.984$$

同理,采用辛浦生法的计算表达式可写作

$$A_\mathrm{S} = 2\int_0^d y\,\mathrm{d}z \approx \frac{4}{3}\delta d \sum{}_A$$

式中

$$\sum{}_A = \frac{1}{2}y_0 + 2y_1 + y_2 + \cdots + 2y_{n-1} + \frac{1}{2}y_n$$

$$M_{Oy} = 2\int_0^d zy\,\mathrm{d}z \approx \frac{4}{3}(\delta d)^2 \sum{}_{MOy}$$

式中

$$\sum{}_{MOy} = 0 \times \frac{1}{2}y_0 + 1 \times 2y_1 + \cdots + (n-1) \times 2 \times y_{n-1} + n \times \frac{1}{2} \times y_n$$

$$z_\mathrm{a} = \frac{M_{Oy}}{A_\mathrm{S}} = \frac{\int_0^d zy\,\mathrm{d}z}{\int_0^d y\,\mathrm{d}z} \approx \delta d \frac{\sum{}_{MOy}}{\sum{}_A}$$

根据上述数值积分公式,可列表进行计算,如横剖面在舭部的曲线变化较大时,通常可用增加中间坐标的方法以减小误差。

3)排水体积和浮心坐标

按照横剖面计算方法,将型线图上各站号处吃水为 d 的横剖面面积 A_S 及其对基线的静矩 M_{Oy} 和面积 A_S 的形心垂向坐标 z_a 计算出来,然后,根据式(3-32)、式(3-38)和式(3-40),采用数值积分法以列表形式进行计算。

表3-5为梯形法的计算表格形式。

表 3-5　梯形法计算 $\left(\delta L = \dfrac{L}{20}\right)$

站号	横剖面面积 A_{S_i}	乘数 S_i	面积乘积 $A_{S_i} \times S_i$	力臂 x_i	纵向力矩 $A_{S_i} \times S_i \times x_i$	形心垂向坐标 z_{a_i}	垂向力矩 $A_{S_i} \times S_i \times z_{a_i}$
0	A_{S_0}	$\frac{1}{2}$	$A_{S_0} \times \frac{1}{2}$	-10	$-A_{S_0} \times \frac{10}{2}$	z_{a_0}	$A_{S_0} \times \frac{z_{a_0}}{2}$
1	A_{S_1}	1	A_{S_1}	-9	$-A_{S_1} \times 9$	z_{a_1}	$A_{S_1} \times z_{a_1}$
…	…	…	…	…	…	…	…
10	$A_{S_{10}}$	1	$A_{S_{10}}$	0	$A_{S_{10}} \times 0$	$z_{a_{10}}$	$A_{S_{10}} \times z_{a_{10}}$
…	…	…	…	…	…	…	…
20	$A_{S_{20}}$	$\frac{1}{2}$	$A_{S_{20}} \times \frac{1}{2}$	10	$A_{S_{20}} \times \frac{10}{2}$	$z_{a_{20}}$	$A_{S_{20}} \times \frac{z_{a_{20}}}{2}$
总和			$\sum{}'_V$		$\sum{}'_{M_{yOz}}$		$\sum{}'_{M_{xOy}}$

排水体积为

$$\nabla = \delta L \times \sum{}' (A_{S_i} \times S_i) = \delta L \times \sum{}'_V$$

浮心纵向坐标为

$$x_B = \frac{\sum{}' (A_{S_i} \times S_i \times x_i)}{\sum{}' (A_{S_i} \times S_i)} = \frac{\sum{}'_{M_{yOz}}}{\sum{}'_V} \times \delta L$$

浮心垂向坐标为

$$z_B = \frac{\sum{}' (A_{S_i} \times S_i \times z_{a_i})}{\sum{}' (A_{S_i} \times S_i)} = \frac{\sum{}'_{M_{xOy}}}{\sum{}'_V}$$

4）横剖面面积曲线

根据前面算出的船舶在某一吃水 d 时的各站号处的横剖面面积 A_S，以船长 L 为横坐标，以横剖面面积 A_S 为纵坐标，绘制成如图 3-16 所示的横剖面面积曲线 $A_S = f(x)$。

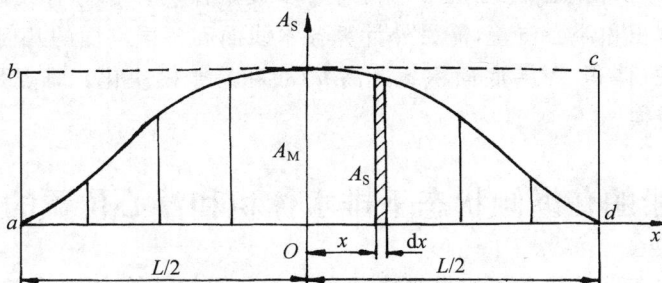

图 3-16　横剖面面积曲线

横剖面面积曲线具有下列特性。

（1）在某一吃水 d 时的横剖面面积曲线与横轴（即 x 轴）所围的面积，等于该吃水时的排水体积 ∇，即

$$\nabla = \int_{-\frac{L}{2}}^{\frac{L}{2}} A_S \mathrm{d}x$$

（2）横剖面面积曲线与 x 轴所围的面积，其形心的纵向坐标等于浮心纵向坐标 x_B，即

$$x_B = \frac{\int_{-\frac{L}{2}}^{\frac{L}{2}} x A_S \mathrm{d}x}{\int_{-\frac{L}{2}}^{\frac{L}{2}} A_S \mathrm{d}x}$$

（3）横剖面面积曲线与 x 轴所围的面积和以船长 L、船中横剖面面积 A_M 所构成的矩形面积之比，等于船舶在吃水 d 时的纵向棱形系数 C_P，即

$$C_P = \frac{曲线所围面积}{矩形面积\ abcd} = \frac{\nabla}{A_M L}$$

所以，横剖面面积曲线的形状反映了船舶排水体积沿船长方向的分布情况。

横剖面面积曲线的上述特性是很重要的。根据船舶在任一水线下（包括计算船舶静止在波浪上时水线呈波形曲线）的横剖面面积曲线，可以方便地求出该水线下的排水体积和浮心纵向坐标。同时该曲线通常也是设计新船型线图的主要根据之一。

以上讨论了利用水线面面积进行垂向积分,求正浮状态下的排水体积和浮心坐标,以及利用横剖面面积进行纵向积分,求正浮状态下的排水体积和浮心坐标的计算方法。比较这两种计算排水体积和浮心坐标的基本公式,其结果完全相同。在实际计算中,可根据需要采用其中一种或同时应用两种方法进行计算,以便相互校核。一般说来,如要求取船舶在正浮状态下随吃水变化的排水体积和浮心坐标,则可采用第一种方法进行计算。在船舶使用过程中,由于载荷变化、舱室破损进水以及可浸长度、下水计算等,涉及船舶在纵倾状态下的排水体积和浮心坐标等值,或者计算船体强度时需要绘制浮力曲线图等,则常采用第二种方法进行计算。在应用计算机进行计算时,基本上都用第二种方法(即纵向计算法)。

3. 根据多棱锥体计算排水体积和浮心位置

此方法首先确定原点和构建船体外形上型值点(可取型值),通过原点和三或四个型值点构建三棱锥体或四棱锥体(合适选点可使底面近似为平面的多棱锥体),然后计算各多棱锥体的体积等有关数据(体积、静矩、惯性矩等),再将各多棱锥体的体积等有关数据通过累计和转换等方法计算排水体积和浮心位置,需另外计算各水线面和各横剖面的几何要素等,此方法最主要优点是计算简便(体积 $\mathrm{d}V=$ 底面积 $S \times$ 高 $h/3$)和易于模块化。难点是自动合适选点构建多棱锥体和结果转换。

3-4 船舶在纵倾状态下排水体积和浮心位置的计算

前面叙述了船舶在正浮状态下的排水体积和浮心位置的计算方法,但在船舶设计、建造和使用过程中,经常需要知道船舶在纵倾状态下的排水量和浮心位置,这可以利用邦戎曲线图或费尔索夫图谱求出,现分别介绍如下。

1. 邦戎曲线

设船体某一站号处的横剖面如图 3-17(a)所示。该横剖面自船底到最高一层连续甲板(即上甲板)在不同吃水下的横剖面面积,可由公式 $A_{\mathrm{S}}=2\displaystyle\int_0^{d_i} y\mathrm{d}z$ 的变上限积分求得。

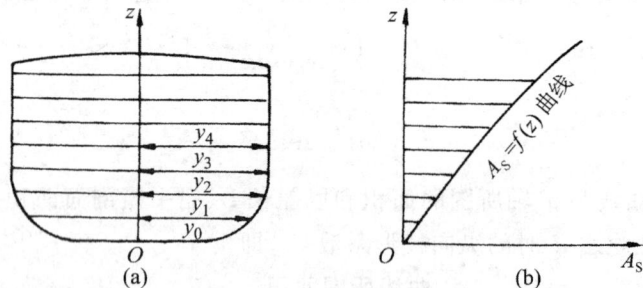

图 3-17 横剖面图形

然后以吃水 d 为纵坐标,横剖面面积 A_{S} 为横坐标,绘出 A_{S} 随 d 而变化的曲线 $A_{\mathrm{S}}=f(z)$ 如图 3-17(b)所示。

把型线图上各站号处的横剖面都进行如上计算,便可得出各横剖面在不同吃水下的面积,然后在每个站号处以吃水为纵坐标,横剖面面积为横坐标,画出其相应的 $A_{\mathrm{S}}=f(z)$ 曲线,如

图 3-18 所示,这一组曲线称为邦戎曲线,整个曲线图形称为邦戎曲线图,这是 19 世纪末由法国人邦戎(Bonjean)最早制成使用而得名的。后来在使用过程中,为便于计算船舶在纵倾水线下的浮心及各舱形心的垂向坐标,在邦戎曲线图上还画出横剖面面积对基线的静矩曲线(图 3-18 中用虚线表示)。为缩短图纸的长度和使用方便,在绘制邦戎曲线图时,对船长和型深采用不同比例,因此图上的船形显得短而高。

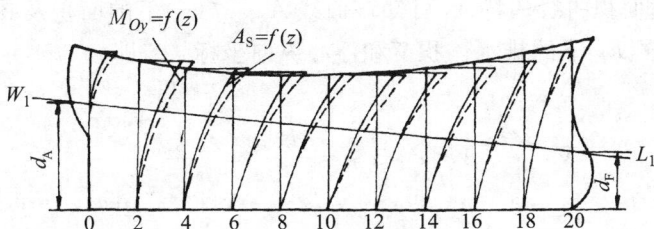

图 3-18 邦 戎 曲 线

也可以说,邦戎曲线由两簇参数曲线(参数 x_i 为纵向坐标或站号)组成;面积 $A_{S_i} = f(z, x_i)$ 和对 Oy 轴面矩 $M_{Oy_i} = f(z, x_i)$。

在具体计算时,把整个横剖面分成三部分,即最高等分水线以下部分、最高等分水线至甲板边线部分和甲板边线以上梁拱部分。现以图 3-19 的横剖面为例加以说明。

(1) 最高等分水线 d_m 以下部分可按前述的数值积分法计算;

(2) 最高等分水线 d_m 至甲板边线 d_d 部分的面积 A_{sd} 和对基线面矩 M_{Oyd} 的计算分别为

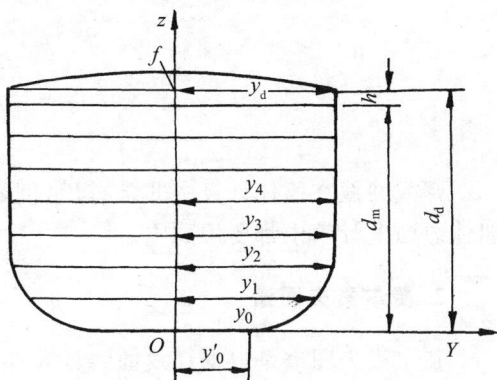

图 3-19 横剖面的边线与梁拱

$$A_{sd} = 2(d_d - d_m)y_d = 2hy_d$$

$$M_{Oyd} = A_{sd}\left[d_m + \frac{1}{2}(d_d - d_m)\right] = A_{sd}\left[d_m + \frac{1}{2}h\right]$$

(3) 甲板边线以上梁拱部分的面积 A_{Sf} 和对基线面矩 M_{Oyf},可根据梁拱曲线的形状进行计算。通常的梁拱曲线为二次抛物线,其计算公式为

$$A_{Sf} = 2 \times \frac{2}{3}fy_d = \frac{4}{3}fy_d$$

$$M_{Oyf} = A_{Sf}\left(d_d + \frac{2}{5}f\right) = \frac{4}{3}\left(d_d + \frac{2}{5}f\right)fy_d$$

式中,f 为横剖面的梁拱;y_d 为横剖面在甲板边线处的半宽;d_d 为甲板边线距基线高。

计算时应注意,f 的数值在各横剖面处是不同的,它随甲板宽度的减小而减小,具体数值可根据船舶型宽 B、设计梁拱 f_0 和梁拱曲线形状求出。

有了邦戎曲线图(见图 3-18),可以方便地算出任意纵倾水线下的排水体积 ∇ 和浮心位置 x_B 和 z_B,其计算步骤如下。

(1) 根据船舶的首吃水 d_F 和尾吃水 d_A,在邦戎曲线图上做出纵倾水线 W_1L_1。

(2) 自纵倾水线 W_1L_1 与各站号垂线的交点作平行于基线的直线,并分别与各站的 $A_S=$

$f(z)$曲线(以实线表示者)相交于 A_{S_i};与各站的 $M_{Oy}=f(z)$ 曲线(以虚线表示者)相交于 M_{Oy_i},根据各自的曲线比例量出各站的横剖面面积 $A_{S_0},A_{S_1},A_{S_2},\cdots$ 和面积对基平面的静矩 $M_{Oy_0},M_{Oy_1},M_{Oy_2},\cdots$

(3)根据量出的数值,可绘制该纵倾水线 W_1L_1 下的横剖面面积曲线 $A_S=f(z)$ 及横剖面静矩曲线 $M_{Oy}=f(z)$(一般绘出此图便于进行端点修正)。

(4)根据横剖面面积曲线的特征,可知该曲线 $A_S=f(z)$ 下的面积及其形心纵向坐标分别为船舶在纵倾水线 W_1L_1 下的排水体积 ∇ 和浮心纵向坐标 x_B,即

$$\nabla=\int_{-\frac{L}{2}}^{\frac{L}{2}}A_S\mathrm{d}x \qquad x_B=\frac{M_{yOz}}{\nabla}=\frac{\int_{-\frac{L}{2}}^{\frac{L}{2}}xA_S\mathrm{d}x}{\int_{-\frac{L}{2}}^{\frac{L}{2}}A_S\mathrm{d}x}$$

(5)同理,横剖面面积对基平面的静矩曲线 $M_{Oy}=f(z)$ 下的面积等于排水体积 ∇ 对基平面的静矩 M_{xOy},将此静矩 M_{xOy} 除以排水体积 ∇ 后,便得出浮心垂向坐标 z_B,即

$$z_B=\frac{M_{xOy}}{\nabla}=\frac{\int_{-\frac{L}{2}}^{\frac{L}{2}}M_{Oy}\mathrm{d}x}{\int_{-\frac{L}{2}}^{\frac{L}{2}}A_S\mathrm{d}x}$$

邦戎曲线在船体计算中非常有用,例如稳性计算、舱容计算、可浸长度计算、下水计算以及船体总强度计算中都要用到它。

2. 费尔索夫图谱

费尔索夫图谱是根据邦戎曲线计算并绘制而成的曲线图,它表明船舶在纵倾水线下的排水体积、浮心纵向坐标与首、尾吃水之间的关系,如图 3-20 所示。费尔索夫图谱的横坐标是首吃水 d_F,纵坐标是尾吃水 d_A,图中有两组曲线,一组为排水体积 ∇ 的等值曲线,另一组为浮心纵向坐标 x_B 的等值曲线。

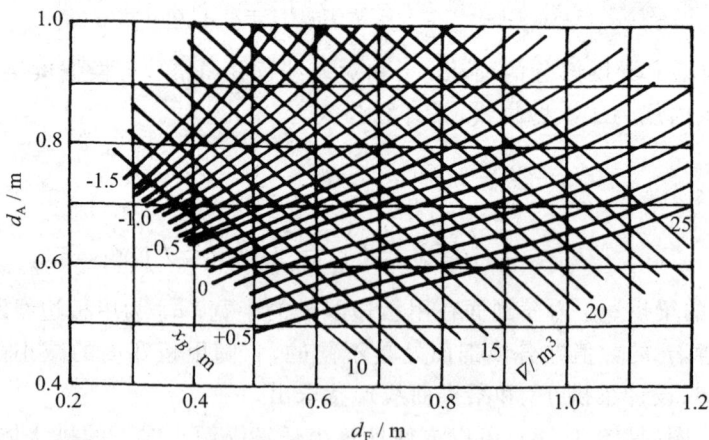

图 3-20 费尔索夫图谱

已知船的首尾吃水,可在费尔索夫图谱中直接查出相应的排水体积 ∇ 和浮心纵向坐标 x_B。反之,如已知船的排水体积 ∇ 和浮心纵向坐标 x_B,也可从图谱中查出相应的首吃水 d_F

和尾吃水 d_A。

由于计算软件的普遍使用,费尔索夫图谱已被符拉索夫曲线或邦戎曲线替代,几乎不用。

3-5 船舶在纵倾和横倾状态下排水体积和浮心位置的计算

本节介绍一种计算方法,它可计算船舶在具有纵倾和横倾状态下的排水体积 ∇ 和浮心位置(坐标为 x_B、y_B、z_B)。这种方法是由符拉索夫(Flasov)提出的,他使用了三组曲线(称为符拉索夫曲线)来进行计算。符拉索夫曲线包括以下三族曲线。

(1) 船舶各站半个横剖面面积 A_S 随吃水变化的曲线簇 a(见图 3-21)。

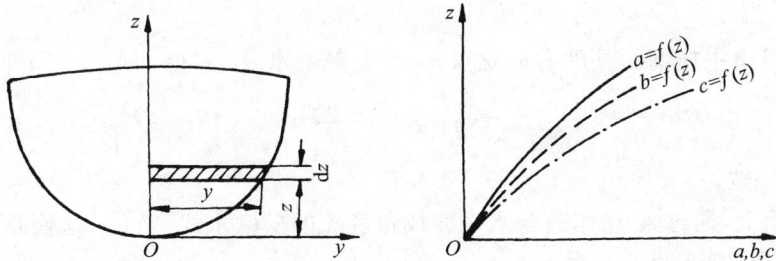

图 3-21 符拉索夫曲线

(2) 船舶各站半个横剖面对中线的面矩 M_{Oz} 随吃水变化的曲线簇 b。

(3) 船舶各站半个横剖面对基线的面矩 M_{Oy} 随吃水变化的曲线簇 c。

也可表达为符拉索夫曲线由 3 簇参数曲线(参数 x_i 为纵向坐标或站号)组成,即 $a = f(z, x_i)$ 和 $b = f(z, x_i)$ 和 $c = f(z, x_i)$。

符拉索夫曲线的计算步骤如下。

① 绘制符拉索夫曲线。

在正浮状态不同吃水的情况下,将型线图上各个站号处横剖面的一半(通常取右舷部分)面积 a 及其对中线的面矩 b 和对基线的面矩 c,按照下列变上限积分公式计算出来分别为

$$\left.\begin{array}{l} a = \int_0^z y\,\mathrm{d}z \\[2mm] b = M_{Oz} = \dfrac{1}{2}\int_0^z y^2\,\mathrm{d}z \\[2mm] c = M_{Oy} = \int_0^z zy\,\mathrm{d}z \end{array}\right\} \tag{3-41}$$

然后在型线图上各个站号处,以吃水为纵坐标,以 a、b 和 c 为横坐标,将计算结果分别绘制成如图 3-21 所示的 $a = f(z)$、$b = f(z)$ 和 $c = f(z)$ 三组曲线。这些曲线称为符拉索夫曲线。

② 计算排水体积和浮心坐标。

设船的首吃水为 d_F,尾吃水为 d_A,横倾角为 ϕ,则可利用这三个参数,求得距中横剖面 x 处的一个横剖面与水线面交线的位置,如图 3-22 所示。

在该横剖面的中线处(水线与 Oz 轴的交点 A)吃水为

$$d_x = d_m + x\tan\theta$$

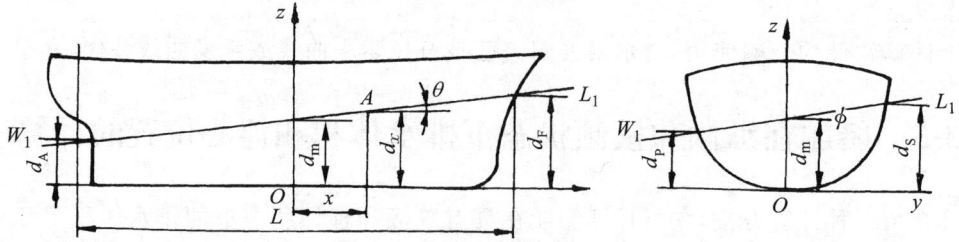

图 3-22　船在具有纵倾和横倾时的浮态

式中 $d_m = \dfrac{d_F + d_A}{2}$ 为平均吃水（中横剖面处的吃水）；$\tan\theta = \dfrac{d_F - d_A}{L}$ 为纵倾角正切（L 为船的垂线间长）。

横倾角 ϕ 可由中横剖面处的右舷吃水 d_S 和左舷吃水 d_P 求得，即

$$\tan\phi = \frac{d_S - d_P}{B}$$

式中 B 为船的型宽。

在该横剖面上，通过 A 点作一与水平面成角度 ϕ 的横倾水线 W_1L_1，这便是该横剖面与水线面的交线，如图 3-23 所示。

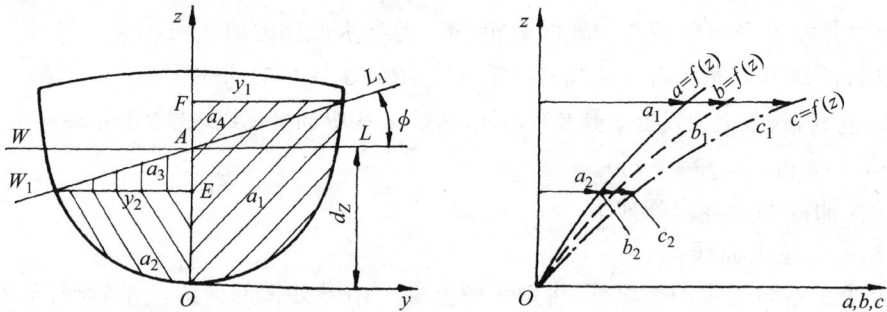

图 3-23　横剖面与水线面交线

自横倾水线 W_1L_1 和横剖面轮廓线的交点 W_1 和 L_1，分别作水平线 W_1E 和 FL_1，则横倾水线 W_1L_1 下的横剖面面积 A_{Sx} 可写作

面积 $A_{Sx} =$ 曲线面积 OW_1L_1O

$\qquad =$（曲线面积 $OFL_1O -$ 三角形面积 AFL_1）$+$

$\qquad$（曲线面积 $OW_1EO +$ 三角形面积 EW_1A）

$\qquad = a_1 - a_4 + a_2 + a_3$

式中 a_1 和 a_2 可根据水平线 W_1E 和 FL_1，分别从符拉索夫曲线 $a = f(z)$ 上量得；a_3 和 a_4 可直接从该横剖面图中求得

$$a_3 = \frac{1}{2}\overline{W_1E} \times \overline{AE} = \frac{1}{2}y_2^2 \tan\phi$$

$$a_4 = \frac{1}{2}\overline{FL_1} \times \overline{AF} = \frac{1}{2}y_1^2 \tan\phi$$

式中 y_1 和 y_2 分别为该横剖面坐标 $\overline{FL_1}$ 和 $\overline{W_1E}$，可直接量得。

46

按照上述方法,可在型线图上将其他各站号的横剖面面积算出,然后绘出船舶具有纵倾和横倾状态下的横剖面面积曲线图 $A_S = f(x)$,再根据横剖面面积曲线的特性,可求出船舶在纵倾和横倾状态下的排水体积 ∇ 和浮心纵向坐标 x_B,即

$$\nabla = \int_{-\frac{L}{2}}^{\frac{L}{2}} A_{Sx} \, \mathrm{d}x$$

$$x_B = \frac{\int_{-\frac{L}{2}}^{\frac{L}{2}} A_{Sx} x \, \mathrm{d}x}{\nabla}$$

浮心横向坐标 y_B 的基本公式为

$$y_B = \frac{M_{xOz}}{\nabla}$$

式中,排水体积 ∇ 可由上述曲线 $A_S = f(x)$ 求得;排水体积 ∇ 对中线面 xOz 的静矩 M_{xOz} 可应用符拉索夫曲线 $b = f(z)$,参照上述求面积的类似方法求得,即

$$y_B = \frac{\int_{-\frac{L}{2}}^{\frac{L}{2}} M_{xOz} \, \mathrm{d}x}{\nabla}$$

浮心垂向坐标 z_B 则可应用符拉索夫曲线 $c = f(z)$,参照上述求面积的类似方法求得,即

$$z_B = \frac{\int_{-\frac{L}{2}}^{\frac{L}{2}} M_{xOy} \, \mathrm{d}x}{\nabla}$$

具体计算中,可根据本节有关的积分公式,采用数值积分法进行计算。

符拉索夫曲线 (a,b,c) 与邦戎曲线 (A_S,M_{Oy}) 密切相关,横剖面积 $A_S = 2 \cdot a$,对基线面矩 $M_{Oy} = 2 \cdot c$,因此符拉索夫曲线可代替邦戎曲线,邦戎曲线却不能代替符拉索夫曲线,所以在实际应用中,船舶在任意倾斜状态下排水体积和浮心坐标的计算基本上都采用符拉索夫曲线来进行。

3-6　水的密度改变时船舶浮态的变化

当船舶从一个密度的水域(例如海水)驶入另一个密度的水域(例如淡水)时,船的重量及重心位置没有变化,但由于水密度变化引起排水体积的变化,将使船舶的浮态(吃水和浮心位置等)也发生变化。设船舶在密度为 w_1 的水域时浮于吃水为 d_1 的水线 $W_1 L_1$,排水量为 Δ,浮心 B 的位置为 (x_B,z_B)。当该船驶入密度为 w_2 的水域后,浮于吃水为 d_2 的新水线 $W_2 L_2$,密度变化量为 $\mathrm{d}w = w_2 - w_1$。由于排水量 Δ 不变,故有下式

$$w_1 \nabla = w_2(\nabla + \mathrm{d}\nabla) = w_2 \nabla + w_2 A_w \mathrm{d}d$$

$$-(w_2 - w_1)\nabla = w_2 A_w \mathrm{d}d \quad \text{或} \quad -\mathrm{d}w \nabla = w_2 A_w \mathrm{d}d$$

式中,∇ 为船在吃水 d_1 时的排水体积;$\mathrm{d}\nabla$ 为船在 d_2 时的排水体积变化量;$\mathrm{d}d = d_2 - d_1$ 为平均吃水的变化,也称船的平行下沉量;A_w 为船在吃水 d_1 时的水线面面积;$\mathrm{d}w = w_2 - w_1$ 为水的密度的变化。

经整理可得

$$dd = -\frac{\nabla}{A_w}\frac{dw}{w_2} \tag{3-42}$$

如用船型系数 $C_B = \dfrac{\nabla}{LBd_1}$ 及 $C_{WP} = \dfrac{A_w}{LB}$ 来表达,则上式可写为

$$dd = -\frac{C_B LBd_1}{C_{WP}LB}\frac{dw}{w_2} = -\frac{C_B}{C_{WP}}\frac{dw}{w_2}d_1 \tag{3-43}$$

当吃水变化后,浮心从 $B(x_B, z_B)$ 点移至 $B_1(x_{B1}, z_{B1})$,浮心位置的变化量 $dx_B = x_{B1} - x_B$ 和 $dz_B = z_{B1} - z_B$,可分别将式(3-42)代入式(3-25)和式(3-29)而求得以下计算式

$$dx_B = -\frac{dw}{w_2}(x_F - x_B) \tag{3-44}$$

$$dz_B = -\frac{dw}{w_2}(d_1 - z_B) \tag{3-45}$$

由于浮心位置的变化而引起的附加纵倾力矩和纵倾值分别为

$$M_T = \Delta \cdot dx_B = -\frac{dw}{w_2}(x_F - x_B)\Delta \ \mathrm{t \cdot m}$$

$$t = \frac{M_T}{100 \cdot MTC} = \frac{-\dfrac{dw}{w_2}(x_F - x_B)\Delta}{100 \cdot MTC} \ \mathrm{m}$$

特别要提醒注意的是,以上公式中水的密度是 w_2,即驶入区域水的密度。

对于大多数船舶而言 $x_F - x_B < 0$(即漂心 x_F 比浮心 x_B 更靠船尾,参见图 4-13 静水力曲线图),分析以上诸公式可知,当船舶从海水驶入淡水区域时,dw 为负值,船舶的吃水增加,浮心位置向上、向后移动,使船产生首倾。反之,当船舶从淡水驶入海水区域时,dw 为正值,船舶的吃水减少,浮心位置向下、向前移动,使船产生尾倾。当船的水线面漂心 F 与浮心 B 在同一垂直线上时,$x_F = x_B$,水的重量密度改变对船的纵倾没有影响。

[例1] 分析说明与式(3-42)类似的各种推导。

解:Δ 不变,$\nabla = \Delta/w$,$w_1 \cdot \nabla_1 = w_2 \cdot \nabla_2$,不同水域分别是 w_1, d_1, ∇_1 和 w_2, d_2, ∇_2。

(1) 微分 $d\nabla = (d\Delta \cdot w - dw \cdot \Delta)/w^2 = -(dw/w^2) \cdot \Delta = -(dw/w) \cdot \nabla$,按定义此处 w 应是 w_1,式中 $d\Delta = 0$(因 Δ 是不变常量)。

(2) 差分 $d\nabla = \nabla_2 - \nabla_1 = \Delta/w_2 - \Delta/w_1 = (\Delta \cdot w_1 - \Delta \cdot w_2)/(w_1 \cdot w_2) = [-dw/(w_1 \cdot w_2)] \cdot \Delta = -(dw/w_2) \cdot V$。

(3) $w_1 \cdot L \cdot B \cdot d_1 \cdot C_B = w_2 \cdot L \cdot B \cdot d_2 \cdot C_B$,导出 $d_2/d_1 = w_1/w_2$。

分析:推导(2)无可挑剔,与式(3-42)殊途同归,思路一致,最后的 V 应是 V_1。

推导(1)中,显然将两个 w 混淆,从(2)可知 w^2 实际是 $w_1 \cdot w_2$,不比较难分清。

推导(3)中,初看也无问题,细想则是 C_B 应该与 d 有关,两个 C_B 显然也是混淆,$C_{B1} \neq C_{B2}$。

[例2] 某船从淡水驶进海水,需增加载荷 $p = 175$ t,才能使其在海水中的吃水 d_2 与淡水中的吃水 d_1 相等,求原淡水中的排水量 Δ。

解:设淡水比重 $w_1 = 1.0$ t/m³,海水比重 $w_2 = 1.025$ t/m³。

根据题意,淡水吃水 $d_1 =$ 海水吃水 d_2,即淡水排水体积 $\nabla_1 =$ 海水排水体积 ∇_2。

已知 $\nabla_1 = \Delta/w_1$,$\nabla_2 = (\Delta + p)/w_2$,可有等式 $\Delta/w_1 = (\Delta + p)/w_2$,

48

解等式,求得 $\Delta = (p \cdot w_1)/(w_2 - w_1) = (175 \cdot 1.0)/(1.025 - 1.0) = 7\ 000$ t,$\Delta_2 = \Delta + 175 = 7\ 175$ t,

故原淡水中的排水量 $\Delta = 7\ 000$ t,增加载荷后的海水排水量 $\Delta_2 = 7\ 175$ t。

3-7　储备浮力及载重线标志

船舶在水面的漂浮能力是由储备浮力来保证的。所谓储备浮力是指满载水线以上主体水密部分的体积所能产生的浮力,它对稳性、抗沉性和淹湿性等有很大的影响。船体损坏后,海水进入舱室后吃水必然增加,如果船舶具有足够的储备浮力,则仍能浮于水面而不致沉没。因此储备浮力是确保船舶安全航行的一个重要指标。

储备浮力通常以满载排水量的百分数来表示,其大小根据船舶类型、航行区域以及载运货物的种类而定。内河驳船的储备浮力约为其满载排水量的 10%～15%,海船约为 20%～50%,军舰的储备浮力往往在 100%以上。

为了实际使用方便和便于观察,储备浮力常用干舷表示,为了干舷测量的可操作性,干舷在船舷用载重线标志来明确表示。

为保证安全航行,国际上于 1966 年制定了《1966 年国际载重线公约》(ICLL1966),以后又议定了《1966 年国际载重线公约 1988 年议定书》。中国海事局也颁布了《船舶与海上设施法定检验规则》及其后续的修改通报,其中《国际航行海船法定检验技术规则》分册(2014)中的第六篇"载重线"、《非国际航行海船法定检验技术规则》分册(2011)中的第三篇"载重线"、《内河船舶法定检验技术规则》分册(2011)中的第四篇"载重线"分别规定了国际航行海船、国内航行海船和内河航行船舶的最小干舷、最小船首高度和载重线标志等要求。规则要求在船中两舷勘画载重线标志,表明该船在不同航区、不同季节中航行时所允许的最大吃水线,以此规定船舶安全航行所需的最小干舷和最小储备浮力。

图 3-24 为国际航行船舶在船中央舷侧的载重线标志,它由外径为 300 mm、内径为 250 mm 的一圆环,和横贯圆环中心的长为 450 mm、宽为 25 mm 的一条水平线,以及在圆环前方 540 mm 处的长为 230 mm、宽为 25 mm 的若干水平线段所组成。各水平线段是船舶按其航行的区域和季节而定的载重水线,从下到上各线段及对应字母所表示的意义是

WNA——冬季北大西洋载重线。

W——冬季载重线。

S——夏季载重线。

T——热带载重线。

F——夏季淡水载重线。

TF——热带淡水载重线。

圆环两侧的字母"C""S"表示勘定干舷的主管机关是"中国船级社"。当不由中国船级社勘定干舷时,圆环两侧字母用"Z""C"来表示。

国内航行海船的载重线标志类似于国际航行船舶。内河航行船舶的载重线标志上圆环左侧的字母是"ZC"或"CS"(当由中国船级社勘定干舷时),右侧的字母"A"(或"B""C")表示该船航行的区域是内河 A 级(或 B 级、C 级)航区。

若实际吃水超过规定的载重线上缘(即载重线标志被水淹没),则表明该船已处于超载状

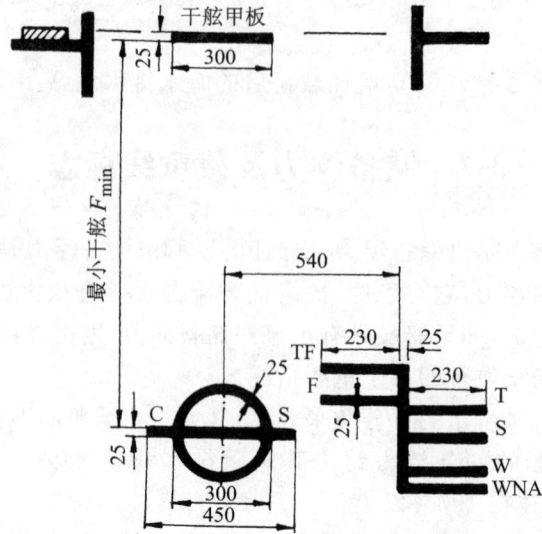

右舷载重线标志(单位为mm)

图 3-24 载 重 线 标 志

态,其结果造成储备浮力减小,航行的安全性得不到保障,港务监督机构应不准其出港。

船舶的设计载重线通常相等于夏季载重线,其设计吃水就是夏季载重线吃水。

关于航区的划分,最小干舷的确定等,可参阅上述有关规则的规定。

第4章 初 稳 性

4-1 概 述

船舶在外力作用下偏离其平衡位置而倾斜，当外力消失后，能自行回复到原来平衡位置的能力，称为船舶稳性。或者说船舶稳性是船舶在外力作用消失后保持其原有位置的能力，因此其理论基础和基本方程就是力矩平衡原理及力矩平衡方程，其研究对象与浮性相同也是重力重心和浮力浮心以及它们之间关系，涉及的主要矛盾是倾斜力矩和复原力矩。

在第3章中提到，船舶静止漂浮于水面某一位置时，受到重力和浮力两个作用力，其大小相等，但方向相反，而且两者的作用点在同一铅垂线上，这时船舶处于浮态平衡状态。但船舶在海上航行时，经常受到风浪等各种外力的干扰，使其产生倾斜，这样就破坏了原来漂浮时的平衡状态。船舶在受到外力干扰产生倾斜后会不会倾覆？当外力消失后船舶会不会回复到原来的平衡位置？这就是船舶的稳性问题。

图4-1所示的是某船的横剖面，该船在外力（倾斜力矩）作用下缓慢地倾斜一小角度，水线由正浮时的 WL 变成倾斜后的 W_1L_1，船的重量在倾斜前后没有改变，船的重心保持在原来的位置，故船的排水体积的大小亦没有变化。但由于水线位置的变化，船体的排水（水下）体积的形状已经改变，故浮心自原来位置 B 点移到 B_1 点。此时，浮心和重心不再位于同一铅垂线上，因而浮力和重力形成一个力偶，促使船回复到原来的平衡位置，如图4-1(a)所示。

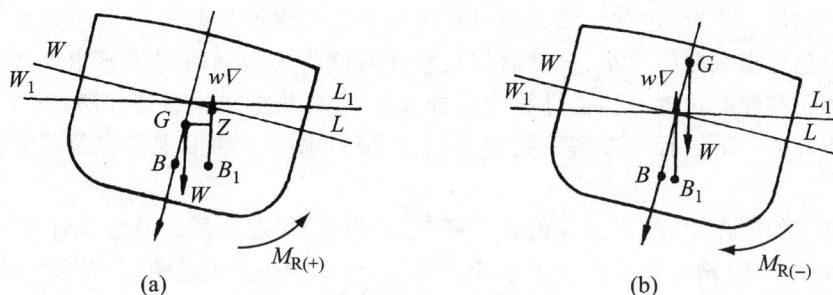

图 4-1 横剖面复原力矩示意图

自重心 G 作直线 GZ 垂直于通过 B_1 的垂线（即浮力作用线），则力偶的矩等于 $\Delta \overline{GZ}$，称为复原力矩，通常以 M_R 来表示，即

$$M_R = \Delta \overline{GZ} \tag{4-1}$$

式中 $\overline{GZ}$ 为复原力臂。

若复原力矩与倾斜力矩的方向相反，则它起着抵抗倾斜力矩的作用，M_R 为正值。此时，一旦外力消失，它就能使船舶回复到原来正浮的平衡位置。若复原力矩与倾斜力矩的方向相同，这不仅不起抵抗倾斜的作用，反而促使船舶继续倾斜，此时 M_R 为负值，如图3-1(b)所示。

船舶在任何方向的倾斜，可假定分解成如下两种基本浮态。船舶的横向倾斜，即向左舷或右舷一侧的倾斜(简称横倾);船舶的纵向倾斜,即向船首或船尾的倾斜(简称纵倾)。倾斜力矩的作用平面平行于中横剖面时称为横倾力矩,它使船舶产生横倾。倾斜力矩的作用平面平行于中纵剖面时称为纵倾力矩,它使船舶产生纵倾。假若倾斜力矩的作用是从零开始逐渐增加,使船舶倾斜时的角速度很小,可忽略不计,则这种倾斜下的稳性称为静稳性。若倾斜力矩是突然作用在船上,使船舶倾斜有明显的角速度的变化,则这种倾斜下的稳性称为动稳性。船舶在横向和纵向抵抗倾斜的能力,分别称为横稳性和纵稳性。

造成船舶离开原来平衡位置的是倾斜力矩,它产生的原因有风和浪的作用、船上货物的移动、旅客集中于某一舷侧、拖船的急牵、火炮的发射以及船舶回转等,其大小取决于这些外界条件。促使船舶回复到原来平衡位置的是复原力矩,其大小取决于排水量和复原力臂$\overline{GZ}$,而$\overline{GZ}$取决于船体形状以及重心和浮心的相对位置等因素。因此,在倾斜力矩和复原力矩这一对矛盾中,前者是外因,后者是内因。在本章及下章中讨论船舶稳性问题时,着重研究船舶复原力矩的计算及其有关的影响因素,尤其是复原力臂$\overline{GZ}$的计算。

船舶稳性研究的主要目的和关键是求得浮心位置$B_\phi(y_\phi, z_\phi)$,求得了浮心位置就可根据下式计算出复原力臂$\overline{GZ} = l = y_\phi \cdot \cos\phi + z_\phi \cdot \sin\phi - Z_G \cdot \sin\phi$

据$\overline{GZ}$可求得复原力矩M_R,继而研究稳性和计算校核稳性。

但求倾斜后的浮心位置$B_\phi(y_\phi, z_\phi)$是船舶稳性的关键。一是如何求得等体积倾斜水线位置(需满足等体积倾斜水线下的排水量与船重量相同),二是如何求得该水线下的浮力及浮心位置(即任意倾斜水线下的排水体积及浮心位置的计算,可参照第3章,其工作量很大)。

解决关键一的思路方法有两种。

(1) 直接法。通过反复试算迭代获取所求的等体积倾斜水线,再求该水线下的排水体积及浮心位置,因只需计算所求排水量,故称为等排水量计算法(见5-2节)。

(2) 间接法。思路是先多次计算打基础后仅从中插值,即预先计算许多根平行倾斜水线及其排水体积和浮心位置(这些水线下的排水体积范围包含欲计算校核的排水体积值),据其计算结果产生稳性横截曲线,以后计算时仅从稳性横截曲线中插值得到所求的等体积倾斜水线及其排水体积和浮心位置。因需计算大量排水量,故称为变排水量计算法(见5-3节)。

显然解决关键一的过程中要解决关键二(任意倾斜水线下的排水体积及浮心位置需大量计算)。

而我们在工作应用中,经常遇到的是小倾角(初稳性)情况的浮态及稳性计算。由此可见,有必要对于关键问题(确定等体积倾斜水线太复杂,计算倾斜后浮心位置太多工作量,进而使复原力臂$\overline{GZ}$计算困难)做合适的假定及简化。为此提出初稳性假定,$\overline{GZ}$简化为$=\overline{GM} \cdot \sin\phi$,而$\overline{GM}$计算简便,可直接确定等体积倾斜水线,浮心位置等要素计算也大为简便。

因此可把船舶稳性问题分为两部分进行讨论。

(1) 初稳性(或称小倾角稳性)。一般指倾斜角度小于$10°\sim15°$或上甲板边缘开始入水前(取其小者)的稳性。

(2) 大倾角稳性(见第5章内容)。一般指倾角大于$10°\sim15°$或上甲板边缘开始入水后的稳性。

把稳性划分为上述两部分的原因是在研究船舶小倾角稳性时可以引入某些假定(初稳性),即使稳性与浮态的计算简化,又能较明确地获得影响初稳性的各种因素之间的规律。此外,船舶的纵倾一般都属于小角度情况。大角度倾斜一般只在横向倾斜时产生,因此大倾角稳性通常也称为大倾角横稳性。本章将讨论初稳性问题。

4-2 浮心的移动和稳心及稳心半径

船舶在外力作用下产生倾斜以后,其水下部分体积的形状发生了变化,因此体积形心(即浮心)必然向倾斜的一侧移动,而新的浮心位置的计算确定,则是求出复原力矩的关键。在讨论稳性问题时,首先需要确定倾斜水线的位置,这样才能求出浮心位置和浮力作用线的位置,然后分析复原力矩的大小及方向。

1. 等体积倾斜水线

如图 4-2 所示,设船舶平浮时的水线为 WL,在外力作用下横倾一小角度 ϕ 后的水线为 W_1L_1。由于船仅受倾斜力矩的作用,排水体积保持不变,故倾斜水线 W_1L_1 应是等体积倾斜水线。为了确定 W_1L_1 的位置,对入水楔形 LOL_1 和出水楔形 WOW_1 分别进行分析。

从图 4-2 中可以看出,三角形 LOL_1 的面积为

$$\frac{1}{2}y_1^2\tan\phi$$

沿船长取 $\mathrm{d}x$ 一小段,其体积为

$$\mathrm{d}V_1 = \frac{1}{2}y_1^2\tan\phi\,\mathrm{d}x$$

整个入水楔形的体积为

$$V_1 = \int_{-\frac{L}{2}}^{\frac{L}{2}}\frac{1}{2}y_1^2\tan\phi\,\mathrm{d}x = \tan\phi\int_{-\frac{L}{2}}^{\frac{L}{2}}\frac{1}{2}y_1^2\,\mathrm{d}x$$

同理,可以求出出水楔形的体积为

$$V_2 = \tan\phi\int_{-\frac{L}{2}}^{\frac{L}{2}}\frac{1}{2}y_2^2\,\mathrm{d}x$$

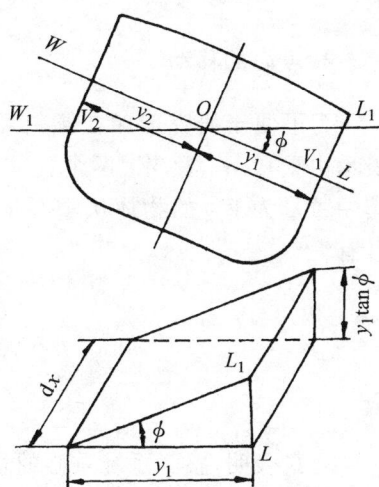

图 4-2 等体积倾斜水线

在等体积倾斜的情况下,出水楔形的体积和入水楔形的体积必然相等,即 $V_1 = V_2$。由此可得

$$\int_{-\frac{L}{2}}^{\frac{L}{2}}\frac{1}{2}y_1^2\,\mathrm{d}x = \int_{-\frac{L}{2}}^{\frac{L}{2}}\frac{1}{2}y_2^2\,\mathrm{d}x \tag{4-2}$$

积分 $\int_{-\frac{L}{2}}^{\frac{L}{2}}\frac{1}{2}y_1^2\,\mathrm{d}x$ 及 $\int_{-\frac{L}{2}}^{\frac{L}{2}}\frac{1}{2}y_2^2\,\mathrm{d}x$ 分别表示水线面 WL 在轴线 $O-O$ 两侧的面积对于轴线 $O-O$ 的静矩,如图 4-3 所示。因此,式(4-2)表示水线面 WL 对于轴线 $O-O$ 的面积静矩等于零,亦即 $O-O$ 通过水线面 WL 的形心(或称为漂心)。由此可以得出结论,两等体积水线面的交线 $O-O$ 必然通过原水线面 WL 的漂心。这样,当已知船的倾角 ϕ(小角度)及原水线面 WL 的漂心位置后,立即可以确定倾斜 ϕ 角以后的等体积水线 W_1L_1 的位置。

上述结论同样适用于船舶的小角度纵倾情况。

注意:在推导中,等体积倾斜和 $v_1=v_2$ 是自然满足的,但 v_1 和 v_2 计算式中楔形是直角三

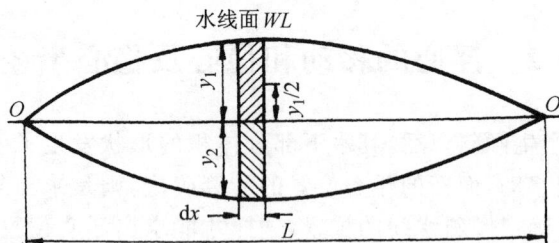

水线面 WL

图 4-3 水 线 面

角形却是基于舷侧直壁的假定,即原水线舷侧(上下一段)是直壁,据此才能得出 $y_1 = y_2$ 的结果,导出"等体积倾斜水线必通过原水线面的漂心"的结论,因此仅适用于初稳性。

2. 浮心的移动

为了便于研究船舶在倾斜后浮心的移动情况,先简要介绍一下重心移动原理。图 4-4 表示由重量 W_1 及 W_2 两个物体所组成的系统,其总重量 $W = W_1 + W_2$,重心在 G 点。若将其中重量为 W_1 的物体从重心 g_1 点移至 g_2 点,则总重量 W 的重心将自 G 点移至 G_1 点,且有

$$\overline{GG_1} \mathbin{/\!/} \overline{g_1 g_2} \qquad \frac{\overline{GG_1}}{\overline{g_1 g_2}} = \frac{W_1}{W}$$

或

$$\overline{GG_1} = \frac{W_1 \overline{g_1 g_2}}{W} \qquad (4\text{-}3)$$

上式表明,整个系统重心的移动方向平行于局部物体重心的移动方向,且系统重心移动的距离 $\overline{GG_1}$ 与总重量 W 成反比。

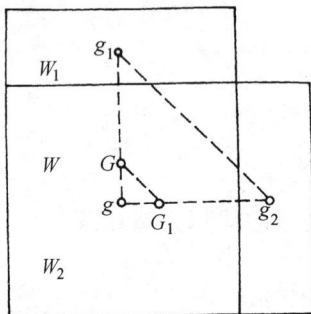

图 4-4 重心移动

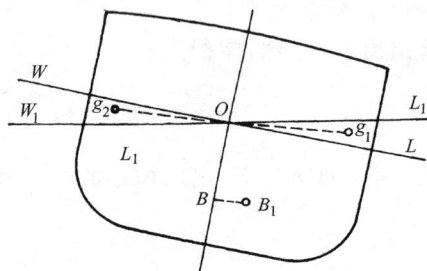

图 4-5 浮心移动

现根据上述重心移动原理来分析船舶倾斜后浮心的移动距离。如图 4-5 所示,船在平浮时的水线为 WL,排水体积为 ∇,横倾小角度 ϕ 后的水线为 $W_1 L_1$。设 v_1、v_2 分别表示入水及出水楔形的体积,g_1、g_2 分别表示入水及出水楔形的体积形心。由于 $v_1 = v_2$,因此可以认为,船在横倾至 $W_1 L_1$ 时的排水体积相当于把楔形 WOW_1 这部分体积移至楔形 LOL_1 处,其形心则自 g_2 移至 g_1。设船横倾后的浮心自原来的 B 点移至 B_1 点,利用重心移动原理,可以求得浮心的移动距离为

$$\overline{BB_1} = \overline{g_1 g_2} \frac{v_2}{\nabla} \qquad (4\text{-}4)$$

54

且

$$\overline{BB_1} \,/\!/\, \overline{g_1 g_2}$$

由于 $v_1 = v_2$，故 $\overline{g_1 O} = \overline{g_2 O} = \dfrac{1}{2}\overline{g_1 g_2}$，代入式(4-4)，得

$$\overline{BB_1} = 2\,\overline{g_1 O}\,\dfrac{v_1}{\nabla} \tag{4-5}$$

上式右端 $v_1\,\overline{g_1 O}$ 是入水楔形体积对于倾斜轴线 O—O 的静矩。从图 4-6 中可以看出

$$v_1\,\overline{g_1 O} = \int_{-\frac{L}{2}}^{\frac{L}{2}} \dfrac{1}{2}y \cdot y\tan\phi\,\mathrm{d}x \cdot \dfrac{2}{3}y = \dfrac{1}{3}\tan\phi\int_{-\frac{L}{2}}^{\frac{L}{2}} y^3\,\mathrm{d}x$$

在 ϕ 为小角度时，$\tan\phi \approx \phi$，故

$$2v_1\,\overline{g_1 O} = \dfrac{2}{3}\phi\int_{-\frac{L}{2}}^{\frac{L}{2}} y^3\,\mathrm{d}x$$

积分式 $\dfrac{2}{3}\displaystyle\int_{-\frac{L}{2}}^{\frac{L}{2}} y^3\,\mathrm{d}x$ 为水线面 WL 的面积对于纵向

图 4-6　入水楔形

中心轴线 O—O 的横向惯性矩 I_T，因此

$$2v_1\,\overline{g_1 O} = I_T\phi$$

将上式代入式(4-5)得

$$\overline{BB_1} = \dfrac{I_T}{\nabla}\phi \tag{4-6}$$

由式(4-6)可见，浮心移动的距离 $\overline{BB_1}$ 与横向惯性矩 I_T、横倾角 ϕ 成正比，而与排水体积 ∇ 成反比。

3. 稳心及稳心半径

船舶在横倾 ϕ 角后，浮心自原来的位置 B 沿某一曲线移至 B_1，这时浮力的作用线垂直于 $W_1 L_1$，并与原正浮时的浮力作用线(中线)相交于 M 点(见图 4-7)。当 ϕ 为小角度时，曲线

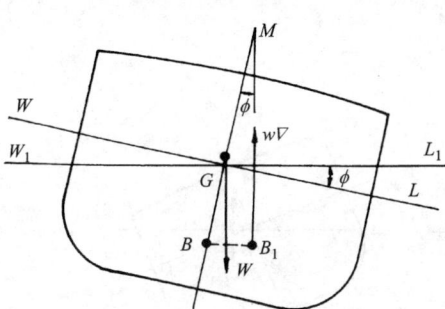

图 4-7　稳心与稳心半径

$\overset{\frown}{BB_1}$ 可看作是圆弧的一段，M 点为曲线 $\overset{\frown}{BB_1}$ 的圆心，而 $\overline{BM} = \overline{B_1 M}$ 为曲线 $\overset{\frown}{BB_1}$ 的半径。船舶在小角度倾斜过程中，可假定倾斜前后的浮力作用线均通过 M 点，因此，M 点称为横稳心(或初稳心)，$\overline{BM}$ 称为横稳心半径(或初稳心半径)。

当 ϕ 为小角度时，圆弧 $\overset{\frown}{BB_1} \approx \overline{BB_1} = \overline{BM}\phi$，将它代入式(4-6)，则得横稳心半径为

$$\overline{BM} = \dfrac{I_T}{\nabla} \tag{4-7}$$

式(4-7)的导出是在研究等体积小角度倾斜时所得到的，而在实际解决初稳性问题时，可推广到倾斜角度小于 $10° \sim 15°$ 的情况。这相当于假定船舶在等体积小角度倾斜过程中，浮心移动曲线是以横稳心半径为半径的圆弧，稳心 M 点位置保持不变，浮力作用线均通过稳心 M。根据这个假定既可使讨论问题简化，又能在实用中计算简便。

船舶在等体积纵倾时的情况，与上面所讨论的横倾情况相同，完全可以得出类似的结果

（见图 4-8）。纵稳心半径为

$$\overline{BM}_{\mathrm{L}} = \frac{I_{\mathrm{LF}}}{\nabla} \tag{4-8}$$

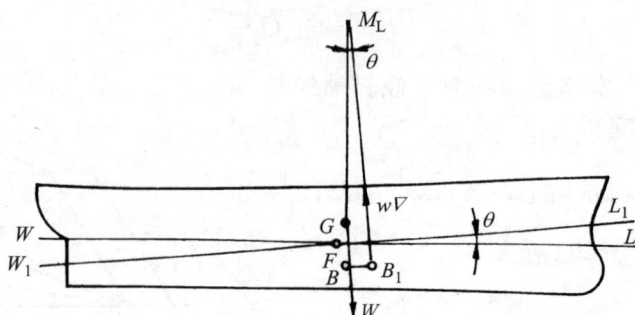

图 4-8　纵　稳　心

式中 I_{LF} 为水线面面积 A_{W} 对于通过该水线面漂心 F 的横轴的纵向惯性矩为

$$I_{\mathrm{LF}} = I_{\mathrm{L}} - A_{\mathrm{W}} x_F^2 \tag{4-9}$$

I_{L} 为水线面面积 A_{W} 对于通过该水线面中站处 Oy 横轴的纵向惯性矩为

$$I_{\mathrm{L}} = 2 \int_{-\frac{L}{2}}^{\frac{L}{2}} x^2 y \, \mathrm{d}x$$

x_F 为水线面 WL 的漂心 F 的纵向坐标。

4-3　初稳性公式和初稳性高

　　船舶横倾某一小角度 ϕ 时,若船上的货物并未移动,则重心位置 G 保持不变,而浮心则自 B 点移至 B_1 点,如图 4-9(a)所示。此时重力 W 的作用点 G 和浮力 Δ 的作用点 B_1 不在同一铅垂线上,因而产生了一个复原力矩 M_{R},即

$$M_{\mathrm{R}} = \Delta \, \overline{GZ} = \Delta \, \overline{GM} \sin \phi \tag{4-10}$$

式中, $\overline{GZ}$ 为复原力臂; $\overline{GM}$ 为初稳性高,亦称横稳性高。

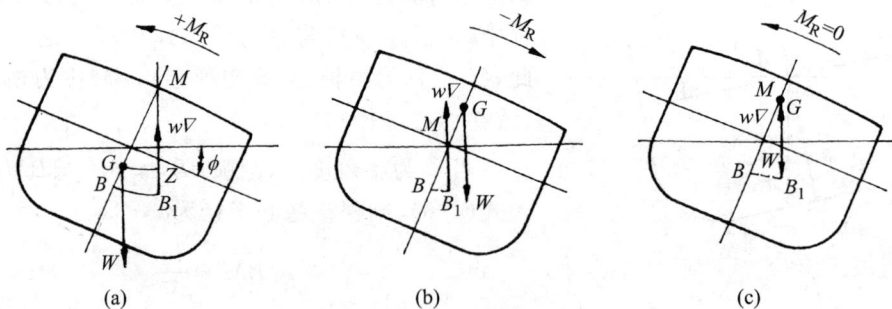

图 4-9　重心与稳心的关系

　　当横倾角度较小时, $\sin \phi \approx \phi$,故式(4-10)可写成

$$M_{\mathrm{R}} = \Delta \, \overline{GM} \, \phi \tag{4-11}$$

式(4-10)或式(4-11)称为初稳性公式。

如前所述,初稳性公式是稳性公式的简化式,是基于以下初稳性假定得出的。

(1) 小角度(引出 $\sin\phi \approx \tan\phi \approx \phi$,圆弧的弧长≈弦长)。

(2) 船舶在原水线附近舷侧是直壁(引出假定:等体积倾斜水线通过原水线面的漂心)。

(3) 浮心移动轨迹曲线是一段圆弧,圆弧圆心为初稳心 M。

从复原力矩 M_R 和横倾方向(或从稳心 M 和重心 G 的相对位置)之间的关系,可以判断船舶平衡状态的稳定性能。

(1) 重心 G 在稳心 M 之下,M_R 的方向与横倾方向相反,当外力消失后,它能使船舶回复至原来的平衡状态,所以称为稳定平衡(见图 4-9(a))。此时,$\overline{GM}$ 和 M_R 都为正值。

(2) 重心 G 在稳心 M 之上,M_R 的方向与横倾方向相同,它使船舶继续倾斜而不再回复至原来的平衡状态,所以称为不稳定平衡(见图 4-9(b))。此时,$\overline{GM}$ 和 M_R 都为负值。

(3) 重心 G 和稳心 M 重合,$\overline{GM}=0$,$M_R=0$,当外力消失后,船不会回复到原来位置,也不会继续倾斜,称为中性平衡或随遇平衡(见图 4-9(c))。

船舶在水面上的平衡状态不外乎上述三种情况,其中(2)、(3)两种情况是不允许出现的,因为这种船舶在倾斜后不可能回复到原来的平衡位置,也就是说,这种船舶的稳性得不到保证。

从式(4-10)或式(4-11)中可以看出,船舶在一定排水量下产生小横倾时,初稳性高 $\overline{GM}$ 越大,复原力矩 M_R 也越大,也就是抵抗倾斜力矩的能力越强。因此,初稳性高 $\overline{GM}$ 是衡量船舶初稳性的主要指标。但是初稳性高过大的船,摇摆周期短,在海上遇到风浪时会产生急剧的摇摆,所以初稳性高的数值要选取适当。表 4-1 所列为各类船舶在设计排水量时初稳性高的大体范围,表 4-2 所列为我国建造的一些船舶的初稳性高的数值。

表 4-1　各类船舶横稳性高的范围($\overline{GM}$单位:m)

船舶类型	$\overline{GM}$	船舶类型	$\overline{GM}$
客船	0.3~1.5	战列舰	2.0~3.0
干货船	0.3~1.0	巡洋舰	0.9~1.8
油船	1.5~2.5	驱逐舰	0.7~1.2
拖船	0.5~0.8	鱼雷艇	0.5~0.8
渔船	0.5~1.0	潜艇(水上)	0.3~0.8
航空母舰	2.7~3.5	潜艇(水下)	0.2~0.4

表 4-2　我国一些船舶的横稳性高

船舶类型	$\overline{GM}$	船舶类型	$\overline{GM}$
12 000 吨货船	0.97	4 500 m³ 挖泥船	2.17
7 500 吨远洋客货船	0.74	24 000 吨油船	3.48
25 000 吨散装货船	1.30	1 080 马力拖船	1.03

没入水中的浮体(例如完全潜入水中的潜艇)在倾斜某一角度 ϕ 后,其重量 W 和重心 G 的位置没有变化,排水体积的形状及浮心 B 的位置也没有变化。因此,它的稳定性能完全取决于浮心 B 和重心 G 的相对位置之间的关系。

(1) 重心 G 在浮心 B 之下,M_R 的方向与横倾方向相反,因而可使浮体回复至原来的平衡状态,所以称为稳定平衡,如图 4-10(a)所示。

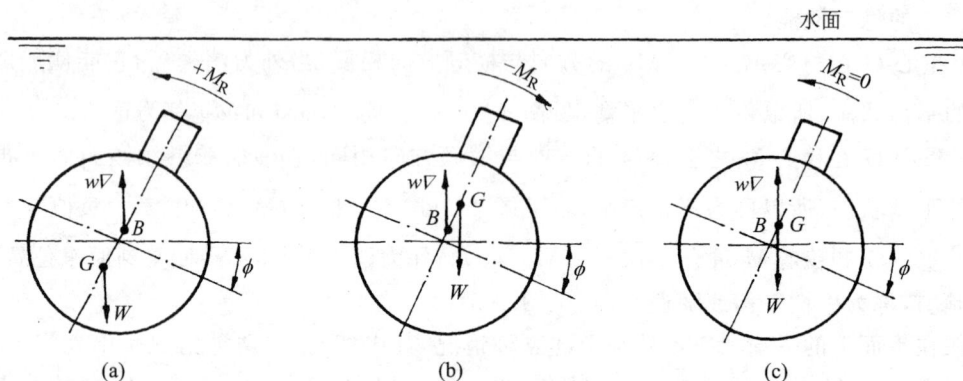

图 4-10　潜体的稳定平衡与不稳定平衡

(2) 重心 G 在浮心 B 之上,M_R 的方向与横倾方向相同,因而使浮体继续倾斜而不再回复至原来的平衡状态,所以称为不稳定平衡,如图 4-10(b)所示。

(3) 重心 G 和浮心 B 重合,$M_R = 0$,浮体可平衡于任意位置,称为中性平衡,如图 4-10(c)所示。

由此可见,潜艇在水下状态时的重心 G 必须在浮心 B 之下,才能得到稳性的保证。至于潜艇在水面航行时的稳性问题,其基本原理与水面船舶相同。

根据初稳性公式,可以求得引起船舶横倾 1°所需的横倾力矩公式。以 M_0 表示引起横倾 1°所需的横倾力矩,令 $\phi = 1° = \dfrac{1}{57.3}$ rad,根据式(4-11),这力矩和复原力矩相平衡,即

$$M_0 = \frac{\Delta \overline{GM}}{57.3} \tag{4-12}$$

如有横倾力矩 M_H 作用于船上,则由此引起的横倾角度为

$$\phi = \frac{M_H}{M_0}$$

船舶在纵倾时,浮心的移动情况、重力 W 与浮力 Δ 的作用点位置等如图 4-11 所示。依照上述推导方法,可以求得船舶在纵倾时的复原力矩为

$$M_{RL} = \Delta \overline{GM}_L \sin\theta \tag{4-13}$$

式中 $\overline{GM}_L$ 为纵稳性高。

由于船舶的纵倾角度 θ 较小,故 $\sin\theta \approx \theta$,代入式(4-13)得

$$M_{RL} = \Delta \overline{GM}_L \theta \tag{4-14}$$

式(4-13)或式(4-14)称为纵稳性公式。纵稳心 M_L 较重心 G 高得多。通常,纵稳性高 $\overline{GM}_L$ 与船长 L 为同一数量级,因此在设计船舶时,除浮吊等特种船舶外,一般不必考虑纵向稳性问题。纵向初稳性通常仅用于浮态平衡计算方面。

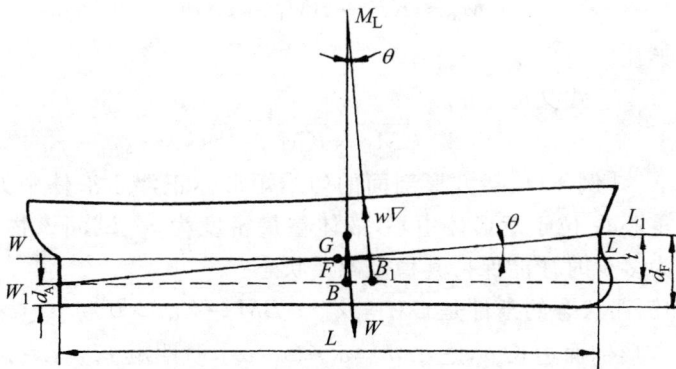

图 4-11 纵倾与浮心

通常用首尾的吃水差来表达船舶的纵倾情况。若船长为 L,首尾吃水差为 t(首倾时 t 取作正值,尾倾时 t 取作负值),则纵倾角 θ 为

$$\theta \approx \tan\theta = \frac{t}{L}$$

将上式代入式(4-14),得

$$M_{RL} = \Delta \, \overline{GM}_L \, \frac{t}{L} \tag{4-15}$$

根据上式可以求得引起船舶纵倾 1 cm 所需的纵倾力矩(即每厘米纵倾力矩)公式。以 MTC 表示每厘米纵倾力矩,令 $t = 1\,\text{cm} = \frac{1}{100}\,\text{m}$,代入式(4-15),则有

$$MTC = \frac{\Delta \, \overline{GM}_L}{100L} \tag{4-16}$$

由于浮心和重心之间的距离 $\overline{BG}$ 与纵稳心半径 $\overline{BM}_L$ 相比是一个小值,因此可以认为 $\overline{GM}_L \approx \overline{BM}_L$,式(4-16)可近似写成

$$MTC = \frac{\Delta \, \overline{BM}_L}{100L} \tag{4-17}$$

如有纵倾力矩 M_T 作用于船上,由此引起的纵倾值 t(以 cm 计)为

$$t = \frac{M_T}{MTC} \tag{4-18}$$

概括说来,船舶初稳性中最重要的问题是,弄清楚浮心 B、重心 G 和稳心 M 的位置以及三者之间的关系,这里可作一简短的小结。

初稳性高 $\overline{GM}$ 是衡量船舶初稳性的重要指标,可写成初稳性高 $\overline{GM}$ 计算公式

$$\overline{GM} = \overline{KB} + \overline{BM} - \overline{KG} \tag{4-19}$$

式中,$\overline{KB}$ 为浮心高度(或以浮心垂向坐标 z_B 表示);$\overline{BM}$ 为初稳心半径(或称横稳心半径);$\overline{KG}$ 为重心高度(或以重心垂向坐标 z_G 表示)。

令 $\overline{KM} = \overline{KB} + \overline{BM}$ 为横稳心 M 距基线高度(或记为 $z_M = z_B + \overline{BM}$),则上式亦可写成

$$\overline{GM} = \overline{KM} - \overline{KG} = z_M - z_G$$

同样,纵稳性高 $\overline{GM}_L$ 可写成

$$\overline{GM}_{\mathrm{L}} = \overline{KB} + \overline{BM}_{\mathrm{L}} - \overline{KG} \tag{4-20}$$

式中$\overline{BM}_{\mathrm{L}}$为纵稳心半径。

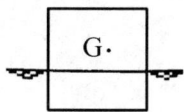

图 4-12

上式又可写成

$$\overline{GM}_{\mathrm{L}} = \overline{KM}_{\mathrm{L}} - \overline{KG} = z_{ML} - z_G$$

[例 1] 某方形剖面的匀质矩形体正浮于液体中如图 4-12 所示,其重心 G 位于矩形体中心,液体重量密度为 w,试问该物体的重量密度 w_1 为多少时才能保持其稳定漂浮状态?

解:保持稳定和漂浮状态的条件是 $\overline{GM} = Z_B + \overline{BM} - Z_G > 0$ 和 $w_1 > 0$。

设矩形体长 L,方形剖面边长 a,吃水 $d = a \cdot w_1/w$,惯性矩 $I_x = L \cdot a^3/12$,$Z_B = d/2 = a \cdot w_1/w/2, Z_G = a/2$,体积 $V = L \cdot d \cdot a = L \cdot a^2 \cdot w_1/w$,

$\overline{BM} = I_x/V = (L \cdot a^3/12)/(L \cdot a^2 \cdot w_1/w) = (a \cdot w/w_1)/12$,

稳定条件 $\overline{GM} = Z_B + \overline{BM} - Z_G = (a \cdot w_1/w/2) + (a \cdot w/w_1)/12 - (a/2)$

$$= (a/2)[w_1^2 + w^2/6 - w \cdot w_1]/(w \cdot w_1) > 0,$$

因 $w \cdot w_1 > 0$ 和 $a/2 > 0$,则稳定条件 $\overline{GM} > 0$ 可简化为不等式 $w_1^2 + w^2/6 - w \cdot w_1 > 0$,

解此方程得 $w_1 = \dfrac{1}{2} \cdot \left(1 \pm \sqrt{\dfrac{1}{3}}\right) \cdot w$,即 $w_1 = 0.789 \cdot w$ 或 $w_1 = 0.211 \cdot w$,

代入稳定条件并注意到 $\overline{GM} = 0$ 是凹函数(因为 GM 二阶导数 > 0),因此有稳定条件结果为 $w_1 > 0.789 \cdot w$ 或 $w_1 < 0.211 \cdot w$。

因此,该物体的重量密度 w_1 要保持其稳定漂浮状态需满足以下条件,

稳定条件 $w_1 > 0.789 \cdot w$ 或 $w_1 < 0.211 \cdot w$,漂浮条件 $w_1 < w$,基本条件 $w_1 > 0$。

4-4 船舶静水力曲线图

在上述各节中,讨论了船舶在静止正浮状态下浮性和初稳性的基本原理及其计算问题。这些计算结果通常都要绘制成综合性的曲线图,即船舶静水力曲线图。图 4-13 为某货船的静水力曲线图。

静水力曲线图全面表达了船舶在静止正浮状态下浮性和稳性要素随吃水而变化的规律。图中一般应包括下列曲线。

(1) 型排水体积 ∇ 曲线。

(2) 总排水体积 ∇_k 曲线。

(3) 总排水量 Δ_k 曲线。

(4) 浮心纵向坐标 x_B 曲线。

(5) 浮心垂向坐标 z_B(或 $\overline{KB}$)曲线。

(6) 水线面面积 A_W 曲线。

(7) 漂心纵向坐标 x_F 曲线。

(8) 每厘米吃水吨数 TPC 曲线。

(9) 横稳心半径 $\overline{BM}$ 曲线(或横稳心垂向坐标 z_M 曲线)。

(10) 纵稳心半径 $\overline{BM}_{\mathrm{L}}$ 曲线(或纵稳心垂向坐标 z_{ML} 曲线)。

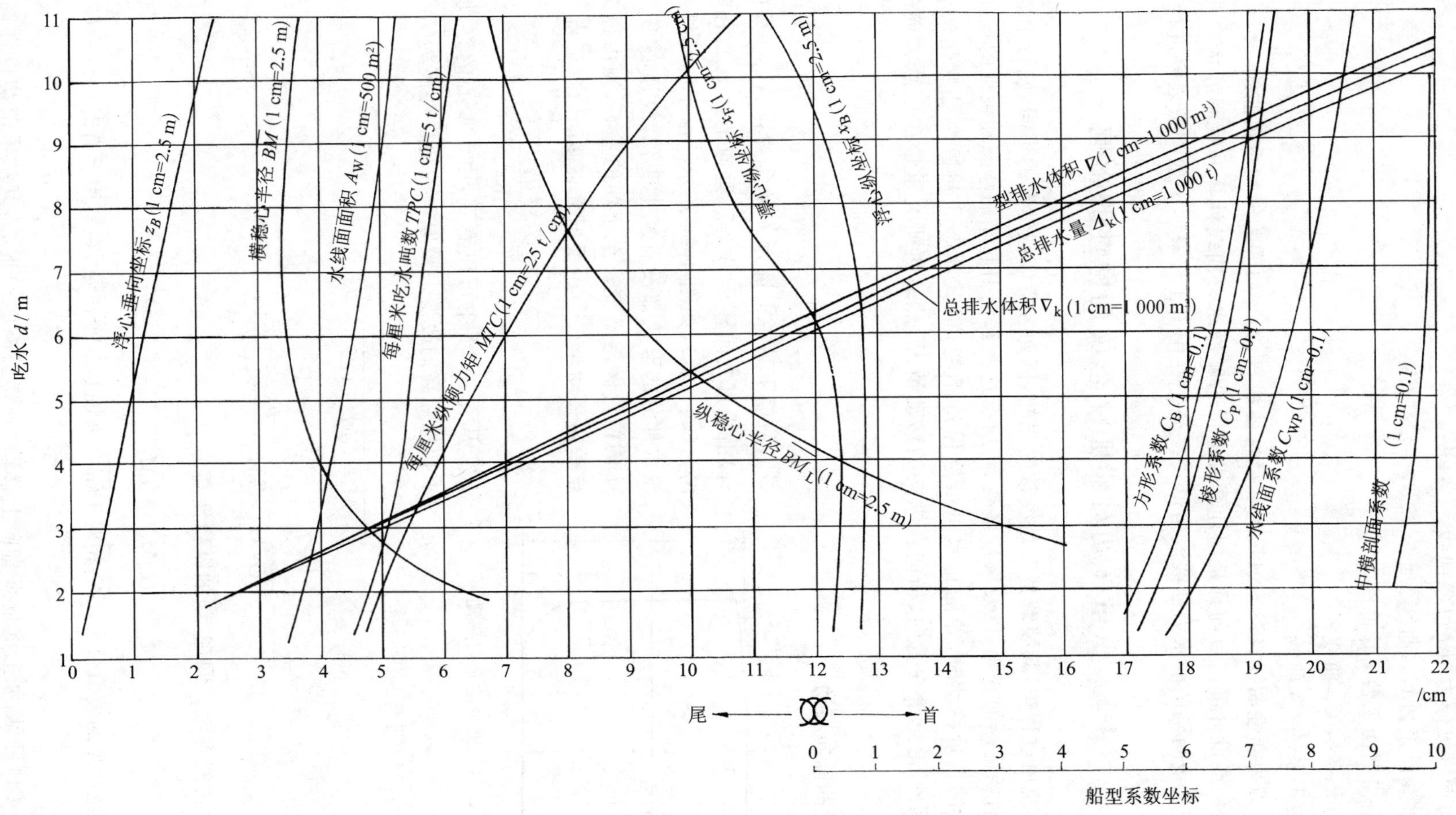

图 4-13 某货船的静水力曲线图

(11) 每厘米纵倾力矩 MTC 曲线。

(12) 水线面系数 C_{WP} 曲线。

(13) 中横剖面系数 C_M 曲线。

(14) 方形系数 C_B 曲线。

(15) 棱形系数 C_P 曲线。

其中(1)～(8)为浮性曲线,(9)～(11)为初稳性曲线,(12)～(15)为船型系数曲线。

各造船厂或设计部门目前都是用计算机进行船舶静水力曲线计算并绘制静水力曲线图,或者以加密水线间隔的静水力曲线表格形式提交。在用手工计算时一般都按表格进行。

4-5 重量移动对船舶浮态及初稳性的影响

船舶在使用过程中,其装载情况是经常变化的,例如客货装载情况的不同,航行中燃料、粮食、淡水等消耗物品的变化,以及重量移动等,所有这些都会引起船的浮态和稳性的变化。

当船上的重量移动时,船的排水量虽然保持不变,但其浮态和初稳性是变化的。为简便计,先分别讨论重量在垂向、横向及纵向的移动情况,然后再研究重量在任意方向的移动情况。

1. 重量的垂向移动

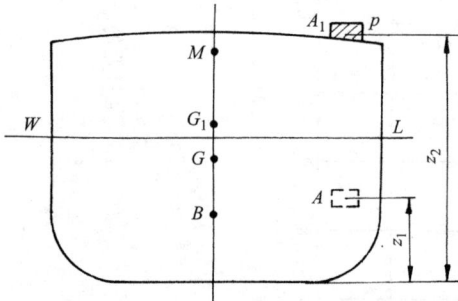

图 4-14　重量的垂向移动

将船上某一重量为 p 的货物自 A 点(垂向坐标 z_1)沿垂直方向移至 A_1 点(垂向坐标 z_2),移动的距离为 (z_2-z_1),如图 4-14 所示。由于船的排水量和浸水部分的形状都没有发生变化,故浮心 B 及稳心 M 的位置保持不变。至于船的重心,则由原来的 G 点垂向移动至 G_1 点,根据重心移动原理可得

$$\overline{GG_1}=\frac{p(z_2-z_1)}{\Delta}$$

从图 4-14 中可以看到,由于重心的移动,引起了初稳性高的改变。设原来的初稳性高为 $\overline{GM}$,新的初稳性高为 $\overline{G_1M}$,则有

$$\overline{G_1M}=\overline{GM}-\overline{GG_1}$$

即

$$\overline{G_1M}=\overline{GM}-\frac{p(z_2-z_1)}{\Delta} \tag{4-21}$$

式中 p 为货物的重量。同理,新的纵稳性高为

$$\overline{G_1M_L}=\overline{GM_L}-\frac{p(z_2-z_1)}{\Delta} \tag{4-22}$$

通常纵稳性高的数值很大,$\overline{GG_1}$ 相对于 $\overline{GM_L}$ 来说是一个小量,在实用上有时可认为 $\overline{G_1M_L}\approx\overline{GM_L}$。

从式(4-21)可见,如把重量垂直向上移动,则将提高船的重心,其结果使初稳性高减小。

由此可见,提高船的重心对稳性不利。反之,如把重量向下移动,则将降低船的重心,其结果使初稳性高增加,故降低船的重心是提高船舶稳性的有效措施之一。

2. 重量的横向移动

将船上重量为 p 的货物自 A 点(横向坐标 y_1)沿横向水平方向移至 A_1 点(横向坐标 y_2),移动的距离为 (y_2-y_1),如图4-15所示。船的重心自原来的 G 点横向移动至 G_1 点,根据重心移动原理可得

$$\overline{GG_1}=\frac{p(y_2-y_1)}{\Delta}$$

这时,重力的作用线通过 G_1,不再与原来的浮心 B 在同一铅垂线上。因此,船舶将发生横倾,浮心自 B 点向横倾一侧移动。当倾斜到某一角度 ϕ 时,新的浮心 B_1 与 G_1 在同一铅垂线上,船就保持新的平衡状态,并浮于新的水线 W_1L_1。

重量的横向移动相当于形成一个横倾力矩为

$$M_H=p(y_2-y_1)\cos\phi$$

船在横倾 ϕ 角后的复原力矩为

$$M_R=\Delta\overline{GM}\sin\phi$$

由于船横倾至 ϕ 角时已处于平衡状态,故 $M_R=M_H$,即

$$\Delta\overline{GM}\sin\phi=p(y_2-y_1)\cos\phi$$

根据上式,可以求得重量 p 横向移动后船的横倾角正切为

$$\tan\phi=\frac{p(y_2-y_1)}{\Delta\overline{GM}} \tag{4-23}$$

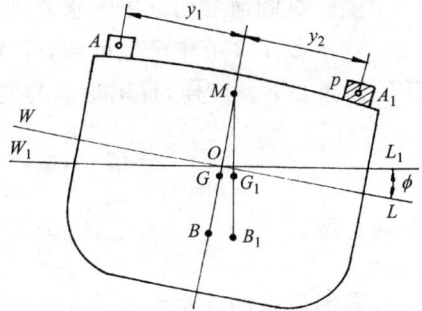

图 4-15 重量的横向移动

3. 重量的纵向移动

将船上重量为 p 的货物自 A 点(纵向坐标 x_1)沿纵向水平移至 A_1 点(纵向坐标 x_2),移动的距离为 (x_2-x_1),如图4-16所示。船的重心由 G 点移至 G_1 点,因此船将产生纵倾,并浮

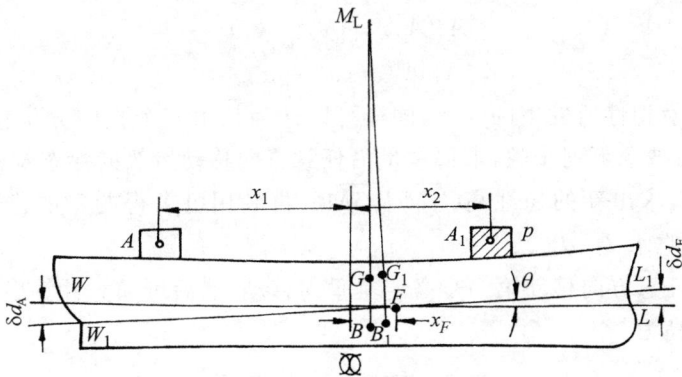

图 4-16 重量的纵向移动

于新的水线 W_1L_1，其纵倾角为 θ，应用上述重量横向移动的处理办法，完全可以得到类似的结果。参照式(4-23)可知，重量沿纵向移动后船的纵倾角可由下式求得

$$\tan\theta = \frac{p(x_2 - x_1)}{\Delta \overline{GM_L}} \tag{4-24}$$

船舶纵倾通常用首尾吃水差来表示，因此需要了解重量沿纵向移动后首尾吃水的变化情况。在本章 4-2 节中已经证明，等体积倾斜的水线面 W_1L_1 与原水线面 WL 的交线必然通过 WL 的漂心 F。这样，首尾吃水的变化可从图 4-16 中的三角形 LFL_1 及 WFW_1 中求得

$$\delta d_F = \left[\frac{L}{2} - x_F\right]\tan\theta = \left[\frac{L}{2} - x_F\right]\frac{p(x_2 - x_1)}{\Delta \overline{GM_L}} \tag{4-25}$$

$$\delta d_A = -\left[\frac{L}{2} + x_F\right]\tan\theta = -\left[\frac{L}{2} + x_F\right]\frac{p(x_2 - x_1)}{\Delta \overline{GM_L}} \tag{4-26}$$

若船原来的首吃水为 d_F，尾吃水为 d_A，则重量沿纵向移动后的首尾吃水分别为

$$d'_F = d_F + \delta d_F = d_F + \left[\frac{L}{2} - x_F\right]\frac{p(x_2 - x_1)}{\Delta \overline{GM_L}}$$

$$d'_A = d_A + \delta d_A = d_A - \left[\frac{L}{2} + x_F\right]\frac{p(x_2 - x_1)}{\Delta \overline{GM_L}} \tag{4-27}$$

4. 重量沿任意方向的移动

将船上重量为 p 的货物自 A_1 点(坐标 x_1、y_1、z_1)移至 A_2 点(坐标 x_2、y_2、z_2)，如图 4-17 所示。

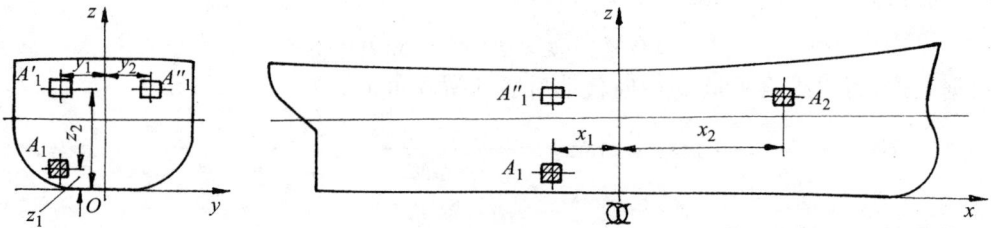

图 4-17　重量沿任意方向的移动

可以认为，重量沿任意方向的移动由下列三个方向的分位移所组成，即

沿垂直方向的移动　　　　　　$A_1A_1' = (z_2 - z_1)$

沿水平横向的移动　　　　　　$A_1'A_1'' = (y_2 - y_1)$

沿水平纵向的移动　　　　　　$A_1''A_2 = (x_2 - x_1)$

至于船的浮态及稳性所发生的变化，同样可以认为是由三个方向分位移的变化所产生的总结果。这样，便可按照下列步骤，求得重量沿任意方向移动后船的浮态及稳性。首先考虑重量沿垂直方向移动，求出新的稳性高 $\overline{G_1M}$ 及 $\overline{GM_L}$，再利用已求得的新的稳性高，求出横倾角 ϕ、纵倾角 θ 及首尾吃水 d_F、d_A。

注意：重量沿任意方向移动第一步必定是垂向移动，然后可随意计算横移或纵移。

(1) 新的稳性高为

$$\overline{G_1M} = \overline{GM} - \frac{p(z_2 - z_1)}{\Delta}$$

$$\overline{G_1 M_L} = \overline{GM_L} - \frac{p(z_2 - z_1)}{\Delta}$$

(2) 横倾角正切为

$$\tan\phi = \frac{p(y_2 - y_1)}{\Delta \overline{G_1 M}}$$

(3) 纵倾角正切为

$$\tan\theta = \frac{p(x_2 - x_1)}{\Delta \overline{GM_L}}$$

(4) 首尾吃水的变化为

$$\delta d_F = \left[\frac{L}{2} - x_F\right]\frac{p(x_2 - x_1)}{\Delta \overline{GM_L}}$$

$$\delta d_A = -\left[\frac{L}{2} + x_F\right]\frac{p(x_2 - x_1)}{\Delta \overline{GM_L}}$$

(5) 船的最后首尾吃水为

$$d_F' = d_F + \delta d_F$$

$$d_A' = d_A + \delta d_A$$

必须指出,在讨论上述问题时,是按坐标系统来进行分析的,在应用有关公式计算船的浮态和稳性时,应该弄清正负号的关系,以免发生错误。这里再着重说明一下,x 值在船中前为正,在船中后为负;y 值在右舷为正,在左舷为负;z 值以基线以上为正,在基线以下为负;横倾角 ϕ 向右舷倾斜为正,向左舷倾斜为负;纵倾角 θ(或首尾吃水差 t)首倾为正,尾倾为负。在根据式(4-23)、(4-24)计算 ϕ、θ 时,其绝对值表示它们的大小,符号(正或负)只是表示倾斜的方向。

下面举一计算实例以供参考。

[例2] 某船的船长 $L = 110\,\mathrm{m}$,船宽 $B = 11.5\,\mathrm{m}$,首吃水 $d_F = 3.3\,\mathrm{m}$,尾吃水 $d_A = 3.2\,\mathrm{m}$,排水量 $\Delta = 2\,360\,\mathrm{t}$,初稳性高 $\overline{GM} = 0.8\,\mathrm{m}$,纵稳性高 $\overline{GM_L} = 115\,\mathrm{m}$,漂心纵向坐标 $x_F = -2.2\,\mathrm{m}$。现将船上重量为 $p = 50\,\mathrm{t}$ 的载荷自位置 1 处($x_1 = 25\,\mathrm{m}$,$y_1 = 3\,\mathrm{m}$,$z_1 = 2.5\,\mathrm{m}$)移到位置 2 处($x_2 = 10\,\mathrm{m}$,$y_2 = 1.5\,\mathrm{m}$,$z_2 = 6\,\mathrm{m}$),求船的浮态和初稳性。

解:

(1) 先垂向从 z_1 移到 z_2,新的初稳性高为

$$\overline{G_1 M} = \overline{GM} - \frac{p(z_2 - z_1)}{\Delta} = 0.8 - \frac{50 \times (6 - 2.5)}{2\,360} = 0.726\,\mathrm{m}$$

(2) 新的纵稳性高为

$$\overline{G_1 M_L} \approx \overline{GM_L} = 115\,\mathrm{m}$$

(3) 再横向从 y_1 移到 y_2,船的横倾角正切为

$$\tan\phi = \frac{p(y_2 - y_1)}{\Delta \overline{G_1 M}} = \frac{50 \times (1.5 - 3)}{2\,360 \times 0.726} = -0.044$$

即 $\phi = 2.5°$,向左舷倾斜。

(4) 再纵向从 x_1 移到 x_2,船的纵倾角正切为

$$\tan\theta = \frac{p(x_2 - x_1)}{\Delta \overline{GM_L}} = \frac{50 \times (10 - 25)}{2\,360 \times 115} = -0.002\,76$$

即 $\theta = 0.16°$,表示尾倾。

（5）船倾斜后的首尾吃水分别为

$$d'_{\mathrm{F}} = d_{\mathrm{F}} + \left(\frac{L}{2} - x_F\right)\tan\theta = 3.3 + (55 + 2.2) \times (-0.002\,76) = 3.14\ \mathrm{m}$$

$$d'_{\mathrm{A}} = d_{\mathrm{A}} - \left(\frac{L}{2} + x_F\right)\tan\theta = 3.2 - (55 - 2.2) \times (-0.002\,76) = 3.35\ \mathrm{m}$$

4-6 装卸载荷对船舶浮态及初稳性的影响

由于装卸载荷,会引起船舶排水量及重心发生变化,从而使船舶的浮态及初稳性也产生变化。

在满足以下条件的前提下,可应用初稳性公式来计算装卸载荷对船舶浮态及初稳性的影响,否则可能产生超出预期的计算误差。

（1）少量载荷,装卸载荷的绝对值约为载况排水量的 10%~15% 以下。

（2）小角度倾斜,产生的倾斜角度绝对值约为 10°~15° 以下。

现对装卸载荷的大小,分别讨论如下。

1. 装卸小量载荷对船舶浮态及初稳性的影响

在船上任意位置处增加小量载荷,会使船的吃水增加,并产生横倾和纵倾。为了简便起见,分两个步骤进行讨论。

第一步,首先假定载荷装载的位置在水线面漂心 F 的垂直线上。这样,只改变船的平均吃水和稳性高,而不产生横倾和纵倾。

第二步,然后再把载荷移到指定的位置,以确定船的横倾和纵倾。

1）在漂心垂直线上任意位置装卸载荷对船舶浮态及初稳性的影响

设船原平浮于水线 WL,吃水为 d,排水量为 Δ,浮心 B、重心 G、稳心 M、漂心 F 的位置如图 4-18 所示。现将重量为 p 的载荷装在通过漂心 F 垂直线上的 A 处,其坐标为 $(x_F、0、z)$。

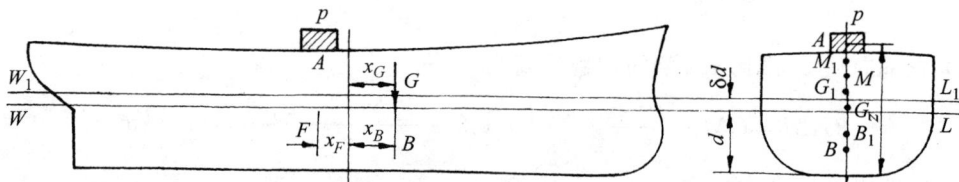

图 4-18 漂心垂直线上装卸载荷对船舶浮态及初稳性的影响

船在增加载荷前平浮于水线 WL,这时有

$$\Delta = w\nabla$$

$$x_G = x_B$$

船在增加载荷 p 后浮于水线 W_1L_1,设平均吃水的增量是 δd,水线 WL 与 W_1L_1 之间所增加的一薄层排水体积为 δV,则

$$\Delta + p = w(\nabla + \delta V)$$

$$p = w\delta V$$

上式表明，载荷 p 由浮力的增量 $w\delta V$ 所平衡。由于 p 是小量载荷，水线面 WL 与 W_1L_1 十分接近，可以认为 δV 的体积形心与水线面 WL 的漂心在同一垂直线上，因此，载荷 p 与浮力增量 $w\delta V$ 的作用点在同一铅垂线上。这时船将不产生横倾和纵倾，而只是增加平均吃水，其增加数值

$$\delta d = \frac{\delta V}{A_{\mathrm{w}}} = \frac{p}{wA_{\mathrm{w}}} \tag{4-28}$$

式中 A_{w} 为 WL 的水线面积。

但是，这时船的浮心、重心及稳心分别由原来的 B、G、M 点移至 B_1、G_1、M_1 点，因而稳性高也将由原来的 $\overline{GM}$ 变为 $\overline{G_1M_1}$。为了确定新的稳性高，先讨论船在横倾某一小角度 ϕ 时复原力矩的情况。

设新的稳性高为 $\overline{G_1M_1}$，则横倾 ϕ 角时的复原力矩为

$$M_{\mathrm{R}} = (\Delta + p)\,\overline{G_1M_1}\sin\phi \tag{4-29}$$

同时，复原力矩也可以从分析图 4-19 所示之情况中求得

$$M_{\mathrm{R}} = \Delta\,\overline{GM}\sin\phi - p\,\overline{CA}\sin\phi$$

式中 $\overline{CA}$ 为浮力增量 $w\delta V$ 的作用点至载荷 p 的作用点之间的垂向距离，即

$$\overline{CA} = z - \left(d + \frac{\delta d}{2}\right)$$

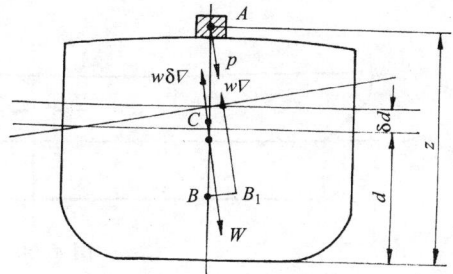

图 4-19　复原力矩图

故

$$M_{\mathrm{R}} = \Delta\,\overline{GM}\sin\phi - p\left[z - \left(d + \frac{\delta d}{2}\right)\right]\sin\phi \tag{4-30}$$

比较式(4-29)和式(4-30)，可得到以下等式

$$(\Delta + p)\,\overline{G_1M_1} = \Delta\,\overline{GM} - p\left[z - \left(d + \frac{\delta d}{2}\right)\right]$$

经整理后可得新的初稳性高为

$$\overline{G_1M_1} = \overline{GM} + \frac{p}{\Delta + p}\left[d + \frac{\delta d}{2} - z - \overline{GM}\right] \tag{4-31}$$

根据上式，可以判断载荷 p 的高度 z 对于初稳性高的影响。从式(4-31)中看出

若 $z = d + \dfrac{\delta d}{2} - \overline{GM}$，则 $\overline{G_1M_1} = \overline{GM}$，即初稳性高不变。

若 $z > d + \dfrac{\delta d}{2} - \overline{GM}$，则 $\overline{G_1M_1} < \overline{GM}$，即初稳性高减少。

若 $z < d + \dfrac{\delta d}{2} - \overline{GM}$，则 $\overline{G_1M_1} > \overline{GM}$，即初稳性高增加。

由此可以设想，在船上有一高度为 $\left(d + \dfrac{\delta d}{2} - \overline{GM}\right)$ 的平面(称为中和面或极限平面)，当载荷 p 的重心刚好位于此平面时，则对于初稳性高没有影响。若装载的货物高于此中和面，则减小初稳性高，反之，将增加初稳性高。

至于装载货物 p 后对于纵稳性的影响,与上述情况相似,参照式(4-31)可得新的纵稳性高为

$$\overline{G_1 M_{L1}} = \overline{GM_L} + \frac{p}{\Delta + p} \left[d + \frac{\delta d}{2} - z - \overline{GM_L} \right] \tag{4-32}$$

由于 $d + \dfrac{\delta d}{2} - z$ 的数值和 $\overline{GM_L}$ 相比是小量,可以忽略,因此新的纵稳性高可近似写成

$$\overline{G_1 M_{L1}} \approx \overline{GM_L} - \frac{p}{\Delta + p} \overline{GM_L} \approx \frac{\Delta}{\Delta + p} \overline{GM_L} \tag{4-33}$$

在卸除小量载荷的情况下,同样可以应用上述有关公式分析计算船舶的浮态及初稳性,只需把载荷重量 p 改为 $-p$,并应注意到平均吃水的增量 δd 是负值。

2) 在任意位置装卸载荷对船舶浮态及稳性的影响

设重量为 p 的载荷装在船上 A 处,其坐标 (x, y, z),如图 4-20 所示。重量 p 加在船上任意位置 A 处而引起浮态及稳性的变化,可按下列步骤求得

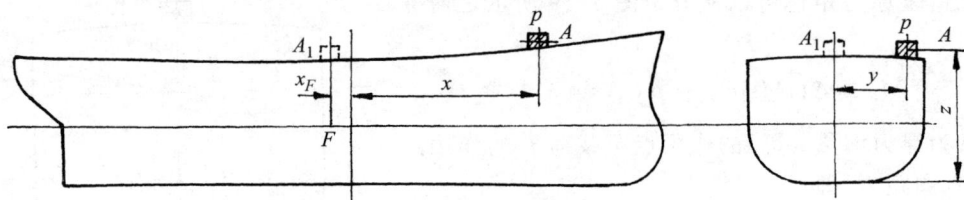

图 4-20 任意位置上装卸载荷的影响

(1) 先假定重量 p 装在 A_1(坐标 $x_F, 0, z$)处,则

平均吃水增量为 $\qquad \delta d = \dfrac{p}{w A_W}$

新的初稳性高为 $\quad \overline{G_1 M_1} = \overline{GM} + \dfrac{p}{\Delta + p} \left[d + \dfrac{\delta d}{2} - z - \overline{GM} \right]$

新的纵稳性高为 $\quad \overline{G_1 M_{L1}} = \overline{GM_L} + \dfrac{p}{\Delta + p} \left[d + \dfrac{\delta d}{2} - z - \overline{GM_L} \right]$

$$\approx \frac{\Delta}{\Delta + p} \overline{GM_L}$$

(2) 将重量 p 自 A_1(坐标 $x_F, 0, z$)移至 A(坐标 x, y, z)处,则

$$\tan \phi = \frac{py}{(\Delta + p) \overline{G_1 M_1}}$$

$$\tan \theta = \frac{p(x - x_F)}{(\Delta + p) \overline{G_1 M_{L1}}}$$

首尾吃水的变化为

$$\delta d_F = \left[\frac{L}{2} - x_F \right] \frac{p(x - x_F)}{(\Delta + p) \overline{G_1 M_{L1}}}$$

$$\delta d_A = - \left[\frac{L}{2} + x_F \right] \frac{p(x - x_F)}{(\Delta + p) \overline{G_1 M_{L1}}}$$

(3) 船的最后首尾吃水分别为

$$d'_F = d_F + \delta d + \delta d_F$$

$$d'_A = d_A + \delta d + \delta d_A$$

在卸除小量载荷的情况下,也可应用上述各式,只需将重量 p 改为 $-p$。

为了便于掌握本节的主要内容,举一计算实例以供参考。

[**例 3**] 某海船 $L = 91.5\,\text{m}$, $B = 14.0\,\text{m}$, $d_F = 3.75\,\text{m}$, $d_A = 4.45\,\text{m}$,平均吃水 $d_m = 4.1\,\text{m}$, $w = 1.025\,\text{t/m}^3$, $\Delta = 3\,340\,\text{t}$, $A_W = 936.6\,\text{m}^2$, $x_F = -3.66\,\text{m}$, $\overline{GM} = 0.76\,\text{m}$, $\overline{GM}_L = 101\,\text{m}$。现将重量为 $p = 150\,\text{t}$ 的载荷装在船上坐标为 $x = 6\,\text{m}$, $y = 0.5\,\text{m}$, $z = 7\,\text{m}$ 处,求装上载荷后船的浮态和初稳性。

解:

(1) 装载 p t 后的平均吃水增量为

$$\delta d = \frac{p}{wA_W} = \frac{150}{1.025 \times 936.6} = 0.156\,\text{m}$$

(2) 新的稳性高为

$$\overline{G_1 M_1} = \overline{GM} + \frac{p}{\Delta + p}\left[d + \frac{\delta d}{2} - z - \overline{GM} \right]$$

$$= 0.76 + \frac{150}{3\,340 + 150}\left[4.1 + \frac{0.156}{2} - 7 - 0.76 \right] = 0.61\,\text{m}$$

$$\overline{G_1 M_{L1}} \approx \frac{\Delta}{\Delta + p}\overline{GM}_L = \frac{3\,340}{3\,340 + 150} \times 101 = 96.66\,\text{m}$$

(自我验算:装载 7 m,肯定高于中和面($4.1 + 0.156/2 - 0.76$),$\overline{GM}$ 应该降低,数值差不多)

(3) 横倾角正切为

$$\tan\phi = \frac{py}{(\Delta + p)\overline{G_1 M_1}} = \frac{150}{(3\,340 + 150) \times 0.61} = 0.035\,2$$

即 $\phi \approx 2°$,向右舷倾斜。(自我验算:装载右舷,应该右倾,数值差不多)

(4) 纵倾角正切为

$$\tan\theta = \frac{p(x - x_F)}{(\Delta + p)\overline{G_1 M_{L1}}} = \frac{150 \times (6 + 3.66)}{(3\,340 + 150) \times 96.66} = 0.004\,3$$

即 $\theta \approx 0.25°$,表示首倾。

(自我验算:装载漂心前面,应该首倾,数值差不多)

(5) 首尾吃水的变化为

$$\delta d_F = \left(\frac{L}{2} - x_F\right)\tan\theta = \left(\frac{91.5}{2} + 3.66\right) \times 0.004\,3 = 0.212\,\text{m}$$

$$\delta d_A = -\left(\frac{L}{2} + x_F\right)\tan\theta = -\left(\frac{91.5}{2} - 3.66\right) \times 0.004\,3 = -0.181\,\text{m}$$

(6) 最后船的首尾吃水分别为

$$d'_F = d_F + \delta d + \delta d_F = 3.75 + 0.156 + 0.212 = 4.12\,\text{m}$$

$$d'_A = d_A + \delta d + \delta d_A = 4.45 + 0.156 - 0.181 = 4.43\,\text{m}$$

(自我验算:装载首倾,应该 d_F 增加 d_A 减少,数值差不多)

2. 装卸大量载荷对船舶浮态及初稳性的影响

当船上增加或卸除大量的载荷(超过排水量的 10％)时,应用上面有关公式来计算船舶的浮态和稳性就不够准确了。这是因为在装卸大量载荷时,船的吃水变化较大,因此新水线与原水线的水线面面积、漂心位置等差别较大。在这种情况下,应根据静水力曲线图中有关资料进行计算,才能得到比较正确的结果。当然,前提是小角度倾斜,否则需应用第 5 章中的大倾角稳性计算方法计算。这里需要应用的静水力曲线资料有

(1) 排水量 Δ 曲线。

(2) 浮心坐标 x_B 及 z_B 曲线。

(3) 漂心纵向坐标 x_F 曲线。

(4) 横稳心半径 $\overline{BM}$ 曲线。

(5) 每厘米纵倾力矩 MTC 曲线。

设船舶原来的排水量为 Δ,重心纵向坐标为 x_G,重心垂向坐标为 z_G。当装上大量载荷 P 吨(其重心在坐标 x,y,z 处)后,排水量为

$$\Delta_1 = \Delta + P$$

此时,船的重心位置为

$$x_{G1} = \frac{\Delta x_G + Px}{\Delta + P}$$

$$z_{G1} = \frac{\Delta z_G + Pz}{\Delta + P}$$

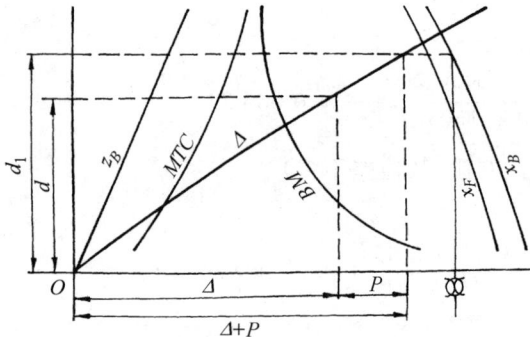

图 4-21　静水力曲线图

在静水力曲线图横坐标上按比例量取排水量 $\Delta + P$,从这点作垂线与排水量曲线相交,再从交点引水平线与纵坐标轴相交,即得相应的正浮吃水 d_1,如图 4-21 所示,根据吃水 d_1 可从有关曲线上量得 x_{B1},z_{B1},$\overline{KB_1}$,$\overline{B_1M_1}$,x_{F1} 及 MTC_1 等数值。

因此,排水量为 $\Delta + P$ 时的初稳性高

$$\overline{G_1M_1} = \overline{KB_1} + \overline{B_1M_1} - z_{G1}$$

进而可得横倾角正切为

$$\tan\phi = \frac{Py}{(\Delta + P)\overline{G_1M_1}}$$

船的重心 G_1 和浮心 B_1 不一定在同一铅垂线上,由此所引起的纵倾力矩可以从下式求得

$$M_T = (\Delta + P)(x_{G1} - x_{B1})$$

此时,船的纵倾为

$$t = \frac{M_T}{100 MTC_1}$$

船的首尾吃水为

$$d_F = d_1 + \left(\frac{L}{2} - x_{F1}\right)\frac{t}{L}$$

$$d_A = d_1 - \left(\frac{L}{2} + x_{F1}\right)\frac{t}{L}$$

对于卸除载荷的情况,也可用同样的方法进行计算,这时在静水力曲线图的横坐标上应截取的排水量为 Δ 和 $\Delta - P$,在应用有关公式时需把载荷重量 P 改为 $-P$。

4-7　自由液面对船舶初稳性的影响

船上通常设有淡水舱、燃油舱、压载水舱等液体舱柜,如果舱内液体没有装满,则船舶在倾斜时,舱内的液体也将流向倾斜一侧,且液面保持与水面平行,这种可以自由流动的液面称为自由液面。当液体流动后,液体体积的形状发生变化,它的重心向倾斜一侧移动,因而产生一个额外的倾斜力矩,其结果是降低了船的稳性。

如图 4-22 所示,设船的排水量为 Δ,自由液体的体积为 V,液体的重量密度为 w_1。当船处于正浮状态时,其重心在 G 点,舱内的自由液面 CD 平行于水线 WL,其重心在 a 点。当船横倾一小角度 ϕ 后,舱内液体的自由表面也发生倾斜而变为 $C'D'$,且平行于新水线 W_1L_1,其重心由 a 点移至 a_1 点。设在 a 点加上一对大小相等、方向相反的共线力 w_1V,则可以看作船的重心不变,但增加了一个横倾力矩,其数值为

$$M_h = w_1 V \overline{aa_1} = w_1 V \overline{am} \sin\phi \qquad (4\text{-}34)$$

式中,m 为自由液体倾斜后重量作用线和正浮时重量作用线的交点;$\overline{am}$ 为液体重心移动曲线 aa_1 在 a 处的曲率半径。这种情况和本章 4-2 节中讨论船舶等体积倾斜时浮心移动的情况相类似。在小倾角范围内,aa_1 可看作圆弧,m 为其圆心,$\overline{am}$ 为其半径。参照式(4-6)可知

图 4-22　自由液面对船舶初稳性的影响

$$\overline{am} = \frac{i_x}{V}$$

式中,i_x 为自由液面的面积对其倾斜轴线的横向惯性矩;V 为舱内液体的体积。

这样,自由液面产生的横倾力矩可写成

$$M_h = w_1 V \frac{i_x}{V} \sin\phi = w_1 i_x \sin\phi$$

因此,在船横倾 ϕ 角后,除了船本身的复原力矩 $M_R = \Delta \overline{GM} \sin\phi$ 外,还有一个自由液面所产生的横倾力矩。在这种情况下,船的实际复原力矩为

$$M_{R1} = \Delta \overline{GM} \sin\phi - w_1 i_x \sin\phi = \Delta \left(\overline{GM} - \frac{w_i i_x}{\Delta}\right)\sin\phi \qquad (4\text{-}35)$$

或船的实际初稳性高为

$$\overline{G_1 M} = \overline{GM} - \frac{w_1 i_x}{\Delta} \qquad (4\text{-}36)$$

式中 $-\dfrac{w_1 i_x}{\Delta}$ 称为自由液面对初稳性高的修正值。其数值只与自由液面的大小、船的排水量有

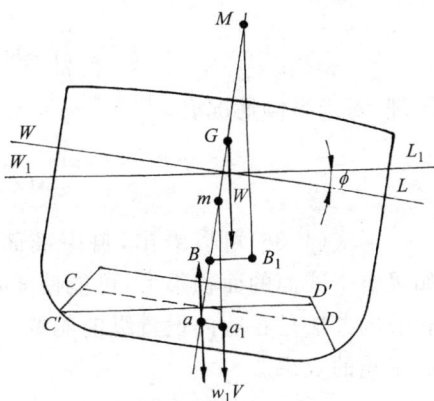

关,而与自由液体的体积无关。

由上式可见,自由液面的影响使初稳性高减少了 $\frac{w_1 i_x}{\Delta} = \frac{w_1 \overline{am}}{\Delta}$。参照式(4-21)可知,这个影响相当于把液体的重心由 a 点提高到 m 点,因此 m 点亦称为自由液体的虚重心。

用类似方法可以求得自由液面对于纵稳性高的影响

$$\overline{G_1 M_L} = \overline{GM_L} - \frac{w_1 i_y}{\Delta} \tag{4-37}$$

式中 i_y 为自由液面的面积对其倾斜轴线的纵向惯性矩。

如果船上有几个自由液面的舱柜,则可先算出各自的 $w_1 i_x$,然后把它们加起来除以船的排水量,即得所有自由液面对初稳性高的修正值 $-\frac{\sum w_1 i_x}{\Delta}$,即

$$\overline{G_1 M} = \overline{GM} - \frac{\sum w_1 i_x}{\Delta} \tag{4-38}$$

同理,对于纵倾情况有

$$\overline{G_1 M_L} = \overline{GM_L} - \frac{\sum w_1 i_y}{\Delta} \tag{4-39}$$

从式(4-36)可以看出,自由液面的影响是减小了船的初稳性高,即降低了船的初稳性。如果自由液面的面积很大,可能使船丧失初稳性。为了减小自由液面对初稳性的不利影响,很有效的办法是在舱内设置纵向舱壁。下面举一个简单例子,说明设置纵向舱壁对减小自由液面影响的效果。

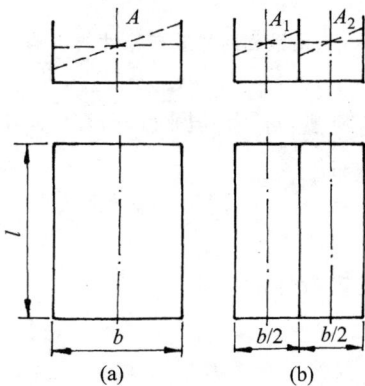

图 4-23 自由液面等分后对稳性
的影响

设有一个长为 l,宽为 b 的矩形自由液面(见图 4-23(a))。在横倾时,该自由液面对于其倾斜轴的惯性矩为

$$i_x = \frac{1}{12} l b^3$$

若采用纵向舱壁将其分成两个相同的部分(见图 4-23(b)),则自由液面 A_1 及 A_2 对于其倾斜轴的面积惯性矩的总和为

$$\sum_{j=1}^{2} i_{xj} = 2 \frac{1}{12} l \left(\frac{b}{2}\right)^3 = \frac{1}{4} \frac{lb^3}{12}$$

由此可见,用纵向舱壁将自由液面等分后,自由液面对稳性的不利影响可减小至 $\frac{1}{4}$。

同样可以证明,如果用两道纵向舱壁将自由液面分成三等分,则其影响可减小至 $\frac{1}{9}$。进一步推论可得,将舱室进行 n 等分后,自由液面的影响可减少到未分舱前的 $\frac{1}{n^2}$。

因此,船上宽度较大的油舱、水舱等通常都要设置纵向舱壁,以减小自由液面对稳性的不利影响。

[例 4] 某海船正浮,排水量 $\Delta = 15\,000$ t,船长 $L = 154$ m,吃水 $d = 6$ m,水线面积 $A_w = 2\,381$ m²,漂心 $X_f = -2$ m,初稳心高 $\overline{GM} = 0.6$ m,纵向初稳心高 $\overline{GM_L} = 170$ m,海水比重 $w = 1.025$,船内某矩形燃油舱装满,其要素为:舱长 10 m,宽 16 m,高 4 m,舱形心坐标 $x = 40$,$y = 2$,$z = 2$,燃油比重 $w_1 = 0.9$。求该船在此燃油舱消耗掉一半燃油时的浮态和初稳性。

解:此题相当于求卸载后的浮态和初稳性问题,但需考虑自由液面影响。

卸载量　重量 $p = -0.5 \times 10 \times 16 \times 4 \times 0.9 = -288$ t

形心位置　$x = 40$ m,$y = 2$ m,$z = 3$ m

吃水增量　$\delta d = p/(wA_w) = -288/(1.025 \times 2\,381) = -0.118$ m

新排水量　$\Delta_1 = \Delta + p = 15\,000 - 288 = 14\,712$ t

卸载后　$\overline{GM_1} = \overline{GM} + p/\Delta_1(d + \delta d/2 - z - \overline{GM})$
$$= 0.6 - 288/14\,712 \times (6 - 0.059 - 3 - 0.6) = 0.6 - 0.046 = 0.554 \text{ m}$$

卸载后　$GM_{L1} = GM_L + p/\Delta_1(d + \delta d/2 - z - GM_L)$
$$= 170 - 288/14\,712 \times (6 - 0.059 - 3 - 170) = 173.270 \text{ m}$$

自由液面　横向惯性矩 $i_x = l \times b^3/12 = 10 \times 16^3/12 = 3\,413.33$ m⁴

横向修正值　$d\overline{GM} = -w_1 i_x/\Delta_1 = -0.9 \times 3\,413.33/14\,712 = -0.209$ m

纵向惯性矩　$i_y = b \times l^3/12 = 10^3 \times 16/12 = 1\,333.33$ m⁴

纵向修正值　$d\overline{GM_L} = -w_1 \times i_y/\Delta_1 = -0.9 \times 1\,333.33/14\,712 = -0.082$ m

计及自由液面影响后　$\overline{GM_2} = \overline{GM_1} + d\overline{GM} = 0.554 - 0.209 = 0.345$ m

计及自由液面影响后　$\overline{GM_{L2}} = \overline{GM_{L1}} + d\overline{GM_L} = 173.27 - 0.082 = 173.188$ m

横倾　$\tan\phi = py/(\Delta_1\overline{GM_1}) = -288 \times 2/(14\,712 \times 0.345) = -0.113\,48$

横倾角　$\phi = -6.475°$(左倾)

纵倾　$\tan\theta = p(x - x_F)/(\Delta_1\overline{GM_{L1}}) = -288 \times (40 + 2)/(14\,712 \times 173.188) = -0.004\,75$

纵倾角　$\theta = -0.272°$(尾倾)

浮态　首吃水 $d_F = d + \delta d + (L/2 - x_F)\tan\theta$
$$= 6 - 0.118 + (154/2 + 2) \times (-0.004\,75) = 5.507 \text{ m}$$

尾吃水　$d_A = d + \delta d - (L/2 + x_F)\tan\theta$
$$= 6 - 0.118 - (154/2 - 2) \times (-0.004\,75) = 6.238 \text{ m}$$

因此最终浮态为首吃水　$d_F = 5.507$ m,尾吃水 $d_A = 6.238$ m,横倾角 $\phi = -6.475°$

初稳性为初稳性高 $\overline{GM_2} = 0.345$ m,纵向初稳性高 $\overline{GM_{L2}} = 173.188$ m。

4-8　悬挂重量及其他因素对船舶初稳性的影响

船舶的悬挂重量有悬挂肉类、未固定的救生艇、用吊杆起货,以及未加固定的悬挂重量等。在船舶发生倾斜时,它们对稳性均会产生不利影响。

设船上有一悬挂于 A 点的重物 p,其重心位于 D 点,悬挂长度 l,如图 4-24 所示。当船横倾一小角度 ϕ 后,重物 p 自 D 移至 D_1 点。若在 D 点加上一对大小相等、方向相反的共线力 p,则可以看作船的重心不变,但增加了一个横倾力矩,即

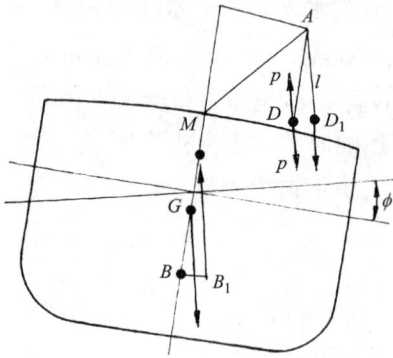

图 4-24 悬挂重物对稳性的影响

$$M_h = pl \sin \phi$$

故船在横倾 ϕ 角时的实际复原力矩为

$$M_{R1} = \Delta \overline{GM} \sin \phi - pl \sin \phi = \Delta \left(\overline{GM} - \frac{pl}{\Delta} \right) \sin \phi$$

(4-40)

或船的实际初稳性高为

$$\overline{G_1 M} = \overline{GM} - \frac{pl}{\Delta}$$

(4-41)

由上式可见，悬挂重量的影响使初稳性高减小了 $\dfrac{pl}{\Delta}$。

参照式(4-21)可知，这个影响相当于把重量 p 自 D 点垂向移至悬挂点 A，故 A 点称为悬挂重量的虚重心。

用同样方法，可以求得悬挂重量情况下船的纵稳性高为

$$\overline{G_1 M_L} = \overline{GM_L} - \frac{pl}{\Delta}$$

(4-42)

最后，简要介绍一下装卸液体载荷或悬挂重量对船舶浮态和稳性的影响，对于这类问题，在计算稳性高时必须考虑下列两种影响。

(1) 首先根据式(4-31)、(4-32)算出装卸载荷后的稳性高。

(2) 再考虑自由液面或悬挂载荷对稳性高的影响，这可根据式(4-38)、(4-39)或式(4-40)、(4-41)求得其最后的稳性高，并据此进行船舶浮态的计算。

另外，还有一些其他因素也会对船舶初稳性产生类似自由液面和悬挂载荷的影响。

散装货物，如煤、矿石和谷物等易流动化的货物（原形心位置 y_0）。在船舶倾斜时，他们也会在超过其静止角（摩擦角）后沿倾斜方向随之倾斜（或有迟滞），产生与自由液面类似的倾斜力矩，因此装载这些货物的船舶需要进行附加倾斜力矩计算和稳性修正（包括大倾角稳性），主要是求出倾斜后的自由表面位置（等体积倾斜水线）、体积（重量 W）和形心位置（y_ϕ，z_ϕ），即可计算附加倾斜力矩：$M = W(y_\phi - y_0)$。计算原理可参照第 3 章中有关任意倾斜水线下的排水体积及浮心位置计算原理和方法。

移动物体，如车辆和易滚动货物等。当船舶倾斜后这些货物容易沿倾斜方向发生移动（滚动或滑动），或者因人为原因（如人员聚集一舷，货物操作搬运偏离原有位置等），也会产生附加倾斜力矩。倾斜力矩 M 通常根据货物重量 W 和移动（偏离）距离 R 来计算：$M = W \times R$。

离心力。船舶高速回转时引起的离心力也会产生倾斜力矩 M，倾斜力矩 M 与船舶排水量 Δ、航速 V、高速回转半径 R、重心高度 z_G 和吃水 d 有关，即 $M = \Delta \times v^2 / R \times (z_G - d/2)$。

[例 5] 证明装卸载荷与悬挂载荷对初稳心高 $\overline{GM}$ 的修正与两者的计算修正顺序无关。

先给出结论，装卸载荷和悬挂载荷的计算顺序与 $\overline{GM}$ 的修正结果无关。此结论也适用于装卸载荷与自由液面的计算修正顺序以及悬挂载荷与自由液面的计算修正顺序，均无关。

证明：

(1) 先进行装卸载荷计算修正，再进行悬挂载荷计算修正

装卸载荷修正 $\overline{GM_1} = \overline{GM} + \dfrac{p}{\Delta + p} \left[d + \dfrac{\delta d}{2} - z - GM \right]$

悬挂载荷修正 $\quad \mathrm{d}\overline{GM}=-\dfrac{p\cdot l}{\Delta+p}\quad GM_2=GM_1+\mathrm{d}GM$

两者修正后 $\quad GM_2=GM_1+\mathrm{d}GM=GM+\dfrac{p}{\Delta+p}\left[d+\dfrac{\delta d}{2}-z-GM\right]-\dfrac{p\cdot l}{\Delta+p}$

（2）先进行悬挂载荷计算修正，再进行装卸载荷计算修正

悬挂载荷修正 $\quad \mathrm{d}GM=-\dfrac{p\cdot l}{\Delta}\quad GM_1=GM+\mathrm{d}GM=GM-\dfrac{p\cdot l}{\Delta}$

装卸载荷修正 $\quad GM_2=GM_1+\dfrac{p}{\Delta+p}\left[d+\dfrac{\delta d}{2}-z-GM_1\right]$

两者修正后 $\quad GM_2=\left(GM-\dfrac{p\cdot l}{\Delta}\right)+\dfrac{p}{\Delta+p}\left[d+\dfrac{\delta d}{2}-z-\left(GM-\dfrac{p\cdot l}{\Delta}\right)\right]$

$$=GM-\dfrac{p\cdot l}{\Delta}+\dfrac{p}{\Delta+p}\left[d+\dfrac{\delta d}{2}-z-GM\right]+\dfrac{p}{\Delta+p}\cdot\dfrac{p\cdot l}{\Delta}$$

$$GM_2=GM+\dfrac{p}{\Delta+p}\left[d+\dfrac{\delta d}{2}-z-GM\right]-\dfrac{p\cdot l}{\Delta+p}$$

对比两种计算顺序中的"两者修正后"结果，完全一致。证毕。

同样证法，将悬挂载荷修正力矩 $p\cdot l$ 换为自由液面修正力矩 $w_i\cdot i_x$，即可证明装卸载荷与自由液面对初稳心高 $\overline{GM}$ 的修正与两者的计算修正顺序无关。根据悬挂载荷和自由液面对 $\overline{GM}$ 的修正公式，显然与两者的计算修正顺序无关。

4-9　船舶进坞及搁浅时的稳性

船舶在进坞及搁浅时，由于浮态的变化，浮力减小，稳性降低，这就可能使船处于危险状态。现应用前面叙述过的原理分析如下。

1. 进坞时船舶承受的最大反作用力和稳性

船舶进坞时一般是空载状态，并具有一定的纵倾，以便确定中心位置并逐渐坐落在全部龙骨墩上。如果龙骨墩是水平的，设船舶具有尾倾，并浮在龙骨墩以上的水面，当坞内的水逐渐往外抽出时，水面下降，船体渐渐地与龙骨墩接近（如图 4-25 所示），当船的尾柱底部坐落在龙骨墩上的 K 点处，使该处承受压力，随着水面继续下降，船绕 K 点转动，纵倾减小，直到船的整个船底坐落在龙骨墩上。在整个船底坐落在龙骨墩上前一瞬间（水线为 W_1L_1，船的位置如虚线所示），K 点的压力达到最大值 p，亦即船舶尾柱底部受到的反作用力 p 为最大值。这时船舶的初稳性高丧失最大，如果船舶略有横倾就更危险。出坞时与进坞时情况相类似。

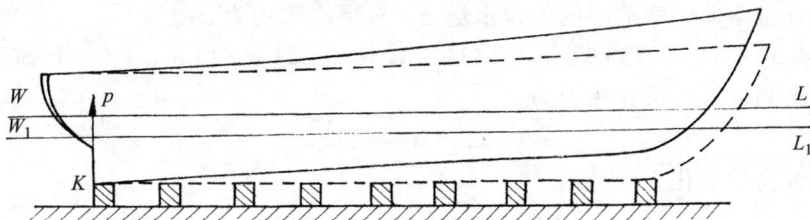

图 4-25　进坞时尾柱底部承受的反作用力

设船舶进坞时的水线为 WL，船的重量为 W，排水重量为 Δ，首尾吃水分别为 d_F 及 d_A。当坞内向外抽水，尾柱底部刚接触龙骨墩上的 K 点时，该处几乎未承受任何压力，船的首尾吃水没有变化。当坞内继续抽水，船的整个船底坐落在龙骨墩上前一瞬间，船的纵倾减小至 0，首尾吃水均为 d_F，船的水线为 W_1L_1。船的排水重量（浮力）为 Δ_1，这时船的重量 W 为龙骨墩上 K 处作用于船尾柱底部的最大反力 p 和浮力 Δ_1 所支持，即

$$W = \Delta_1 + p$$

或

$$p = W - \Delta_1 \qquad (4\text{-}43)$$

根据该船的静水力曲线，可查得在水线 W_1L_1 时（平均吃水为 d_F）的 Δ_1，因而可十分简便地求得船舶进坞时作用在尾柱底部的最大反力 p。从式(4-43)中可知，如要减小 p 值对船体强度的影响，必须减小船在进坞时的重量 W 及纵倾。从原则上讲，如果船舶平浮进坞，则尾柱底部将不会遭受集中的反作用力。

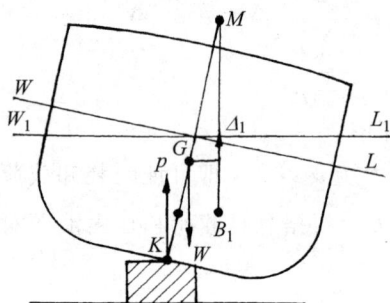

图 4-26　最大反作用力下的复原力矩

船在最大反作用力 p 的作用下，如果横倾某一小角度 ϕ，如图 4-26 所示，对于绕 K 点的复原力矩 M_R 为

$$
\begin{aligned}
M_R &= (\Delta_1 \overline{KM} - W\overline{KG})\sin\phi \\
&= [(W-p)\overline{KM} - W\overline{KG}]\sin\phi \\
&= [W\overline{GM} - p\overline{KM}]\sin\phi \\
&= W\left[\overline{GM} - \frac{p}{W}\overline{KM}\right]\sin\phi \qquad (4\text{-}44)
\end{aligned}
$$

船在水线 W_1L_1 时的横稳心 M 点的高度可从静水力曲线中查得，因此可以计算船舶在进坞搁底时的横稳性问题。从式(4-44)中可见，在最大反作用力 p 的作用下，初稳性高减小了 $\dfrac{p}{W}\overline{KM}$，造成稳性的恶化。为了改善这种不利情况，船舶在进坞前尽可能减小尾纵倾及自身的重量，以减小船尾底部所受的最大反作用力 p，并保证有足够的稳性。

[**例 6**]　某船长 $L = 108$ m，进坞时排水量 $\Delta = 2\,034$ t，首吃水 $d_F = 2.9$ m，尾吃水 $d_A = 3.5$ m，水线面面积 $A_W = 843.6$ m²，漂心纵向坐标 $x_F = -1.5$ m，重心高 $\overline{KG} = 3.10$ m，初稳性高 $\overline{GM} = 0.70$ m，纵稳性高 $\overline{GM}_L = 132$ m，坞内水的重量密度 $w = 1.000$ t/m³，龙骨墩表面是水平的。试求船进坞时尾柱底部所受的最大压力 p 和初稳性高 $\overline{G_1M_1}$。

解：

(1) 平均吃水为

$$d_m = \frac{d_F + d_A}{2} = \frac{2.9 + 3.5}{2} = 3.2 \text{ m}$$

(2) 船底在坐落龙骨墩前瞬间的排水量 Δ_1（首尾吃水均为 d_F）为

$$\Delta_1 = \Delta + (d_F - d_m)A_W w = 2\,034 + (2.9 - 3.2) \times 843.6 \times 1.0 = 1\,780.9 \text{ t}$$

(3) 船所受到的最大反作用力为

$$p = \Delta - \Delta_1 = 253.1 \text{ t}$$

(4) 初稳性高的变化为

$$\delta\overline{GM} = -\frac{p}{\Delta}\overline{KM} = -\frac{253.1}{2\,034}3.8 = -0.467 \text{ m}$$

（5）船底全部坐落在龙骨墩前瞬间时的初稳性高为
$$\overline{G_1 M_1} = \overline{GM} + \delta \overline{GM} = 0.70 - 0.467 = 0.233 \text{ m}$$

2. 搁浅时船舶承受的反作用力及稳性

船舶在航行中搁浅,船底没有破裂。这时搁浅处有反作用力 p 作用在船体上,船可能发生横倾和纵倾,稳性降低,有可能使船舶处于危险状态。搁浅船舶所受反作用力 p 的大小以及稳性丧失的程度与出事地点潮水高低密切有关。如果潮水上涨,则"水涨船高",使船浮起而自动脱离险境。如果潮水下落,则船舶继续搁浅,船体上所受的反作用力 p 及稳性的丧失随潮水的下降而更为不利。

为了对搁浅船舶采取措施使之脱险,必须求得作用在船体上的反作用力及其作用点(搁浅接触点)的位置。

参阅图 4-27,船在搁浅前浮于水线 WL,其相关数据诸如船舶重量 W,排水量 Δ,重心 G,浮心 B 及稳心 M 的位置均为已知。搁浅后浮于水线 $W_1 L_1$,其首尾吃水 d_F、d_A 及横倾角 ϕ(顺时针旋转为负)均可在搁浅后直接实测而得。根据搁浅后船舶的平衡情况,可以求出作用在船体上的反作用力 p 及其作用点 A 的位置 $(x, y, 0)$。

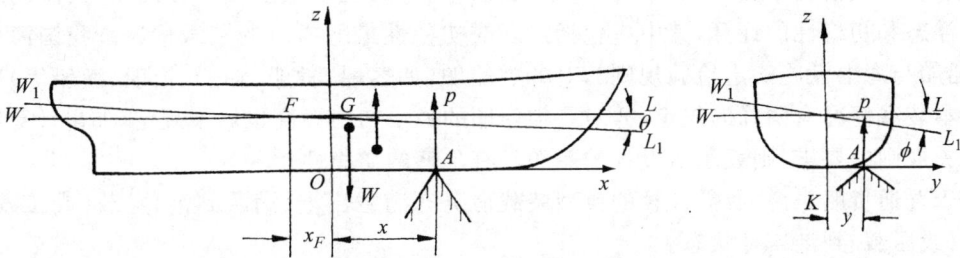

图 4-27 搁浅时的反作用力

搁浅后船舶的相关数据有 Δ_1、x_B 及 $\overline{BM}$ 为船舶在搁浅后水线 $W_1 L_1$ 时的排水重量(浮力)、浮心的纵向位置及横稳心半径,都可根据 d_F、d_A 及横倾角 ϕ 在静水力曲线图或邦戎曲线图中查得。

按重量平衡条件有
$$W = \Delta_1 + p$$
或
$$p = W - \Delta_1 \tag{4-45}$$

在船长方向对船中取矩有
$$px + \Delta_1 x_B - W x_G = 0$$
$$x = \frac{W}{p} x_G - \frac{\Delta_1}{p} x_B \tag{4-46}$$

在船宽方向对通过船底部中点 K 的垂直线取矩有
$$py - W \overline{KG} \tan\phi + \Delta_1 \overline{BM} \tan\phi = 0$$
$$y = \frac{W \overline{KG} - \Delta_1 \overline{BM}}{p} \tan\phi \tag{4-47}$$

关于船舶搁浅后的横稳性高度的损失,如果搁浅接触点位于船底部中点 K 处,则初稳性高度的减小与进坞情况相同,即

$$\delta\overline{GM} = -\frac{p}{W}\overline{KM}$$

如果搁浅接触点位于船底 A 点(离中点的距离为 y),则初稳性高度的减小为

$$\delta\overline{GM} = -\frac{p}{W}(\overline{KM} - y\cot\phi)$$

上面所讨论船舶搁浅后的横稳性问题仅限于小倾角情形,它的实际意义有限。如图中所讨论的船舶搁浅情况是极其危险的(理论上是单点接触),如潮水下降,则作用在船体上的反力 p 增大,可能使船体产生局部变形或破损;如搁浅的接触点横向位置接近舷部(y 值大致为船的半宽),则船舶在潮水低至某一水位将横向倾覆,如果接触点的位置在船的首部或尾部(大致为船长的一半),则船舶将因严重纵倾而沉没。

4-10　船舶在各种装载情况下浮态及初稳性的计算

在上面各节中,讨论了装卸载荷对船舶浮态和稳性的影响,应用这些原理,就可以计算船舶在各种装载情况下的浮态和初稳性。

船舶的装载情况千变万化,不可能一一加以计算,故在设计阶段,只对几种典型的装载情况进行浮态和初稳性的计算,其中应包括浮态或初稳性最恶劣时的装载情况。我国海事局颁发的《船舶与海上设施法定检验规则》,对各类船舶(如客船、货船、油船、拖船、渔船等)所需计算的基本装载情况有明确的规定,并对各类船舶的最小初稳性高也做了规定,如果计算结果能符合有关规则的要求,则表示所设计的船舶具有足够的初稳性。

对于普通货船来说,所需计算的典型装载情况有满载出港、满载到港、空载(或压载)出港和空载(或压载)到港 4 种状态。

船舶在各种装载情况下浮态和初稳性的计算,通常包括下列 3 个部分,分别为

(1) 各种装载情况下重量和重心位置的计算——每种典型载况单独列一张计算表。

(2) 各种装载情况下浮态及初稳性的计算——每种典型载况单独列一张计算表。

(3) 各种装载情况下浮态及稳性计算综合表——主要将各种载况下算得的船舶浮态和稳性进行汇总,便于全面了解船舶的浮态和稳性情况。

下面表 4-3、表 4-4、表 4-5 中列举了某船的计算实例,以供参考。

表 4-3　载况重量和重心位置计算(满载出港)

项　　目	重量 W_i/t	重心距船中 x_{G_i}/m	重心距中线 y_{G_i}/m	重心距基线 z_{G_i}/m
空　船	859.00	-4.03	0	3.80
固定重量	10.80	-12.84	0	4.41
供给品	0.30	-29.00	0	2.40
燃　油	89.66	-0.60	0	0.72
柴　油	21.56	-21.70	0	1.45
淡　水	17.02	-31.73	0	3.51
滑　油	2.83	-24.60	0	0.30

项　目	重量 W_i/t	重心距船中 x_{G_i}/m	重心距中线 y_{G_i}/m	重心距基线 z_{G_i}/m
压载水	0.00	4.22	0	0.73
货　物	1 604.83	4.24	0	4.11
其　他	67.05	4.24	0	4.11
总计 $\sum$	$\Delta = 2\,673.05$	$x_G = 0.879$	$y_G = 0.000$	$z_G = 3.868$

注：此种表格还有满载到港、压载出港、压载到港 3 张，此处从略。

表 4-4　各载况的浮态及初稳性计算

项　目	单位	符号及公式	满载出港	满载到港	压载出港	压载到港
排水量	t	Δ	2 673.05	2 557.37	1 469.89	1 354.21
平均吃水	m	d	4.400	4.237	2.618	2.437
重心纵向坐标	m	x_G	0.879	1.295	-1.879	-1.329
浮心纵向坐标	m	x_B	0.994	1.077	1.653	1.701
重心竖向坐标	m	z_G	3.868	3.985	2.593	2.705
纵稳心距基线高	m	z_{ML}	84.249	85.489	117.271	126.181
纵向初稳心高	m	$\overline{GM}_L = z_{ML} - z_G$	80.381	81.504	114.678	123.476
每厘米纵倾力矩	t·m	$MTC = \Delta \dfrac{\overline{GM}_L}{100L}$	31.597	30.652	24.789	24.590
漂心纵向坐标	m	x_F	-0.978	-0.782	1.082	1.186
纵倾力臂	m	$x_G - x_B$	-0.115	0.218	-3.532	-3.030
纵倾力矩	t·m	$M_T = \Delta(x_G - x_B)$	-306.84	557.949	$-5\,191.68$	$-4\,102.71$
纵倾值	m	$\mathrm{d}d = \dfrac{M_T}{100 \cdot MTC}$	-0.097	0.182	-2.094	-1.668
首吃水增量	m	$\mathrm{d}d_F = \left(\dfrac{L}{2} - x_F\right)\left(\dfrac{\mathrm{d}d}{L}\right)$	-0.05	0.093	-1.014	-0.805
尾吃水增量	m	$\mathrm{d}d_A = -\left(\dfrac{L}{2} + x_F\right)\left(\dfrac{\mathrm{d}d}{L}\right)$	0.047	-0.089	1.081	0.863
首吃水	m	$d_F = d + \mathrm{d}d_F$	4.35	4.33	1.604	1.631
尾吃水	m	$d_A = d + \mathrm{d}d_A$	4.447	4.148	3.698	3.300
横稳心距基线高	m	z_M	5.125	5.121	6.040	6.330
未修正初稳心高	m	$\overline{GM}_0 = z_M - z_G$	1.257	1.136	3.447	3.625
自由液面修正值	m	$\mathrm{d}\overline{GM}$	0.047	0.049	0.086	0.093
实际初稳心高	m	$\overline{GM} = \overline{GM}_0 - \mathrm{d}\overline{GM}$	1.210	1.087	3.361	3.532

表 4-5 各载况的浮态及稳性总结表

项　　目	单位	符号	满载出港	满载到港	压载出港	压载到港	要求
排水量	t	Δ	2 673.05	2 557.37	1 469.89	1 354.21	
平均吃水	m	d	4.400	4.237	2.618	2.437	
首吃水	m	d_F	4.350	4.330	1.604	1.631	
尾吃水	m	d_A	4.447	4.148	3.698	3.300	
重心纵向坐标	m	x_G	0.879	1.295	-1.879	-1.329	
重心竖向坐标	m	z_G	3.868	3.985	2.593	2.705	
进水角	度	θ_j	29.044	30.417	44.738	46.642	
横摇周期	s	T_θ	7.488	7.996	4.676	4.673	
实际初稳心高	m	$\overline{GM}$	1.210	1.087	3.361	3.532	$\geqslant 0.15$
30°处复原力臂*	m	L_M	0.728	0.724	1.680	1.653	$\geqslant 0.2$
最大复原力臂对应角*	度	θ_m	41.785	41.160	55.515	55.874	$\geqslant 30$
消失角*	度	θ_V	$\geqslant 80$	84.417	$\geqslant 80$	$\geqslant 80$	
稳性衡准数*		K	6.885	6.971	11.194	9.933	$\geqslant 1$
稳性校核结果			满足要求	满足要求	满足要求	满足要求	

注：带有 * 号者是大倾角稳性的计算结果。

当某船有纵倾时,若要调整到正浮状态(浮态调平),其正浮吃水是多少呢？注意并不是等于平均吃水 d_m,而是等于未调平前漂心所在处的吃水,即正浮吃水 d。

平均吃水相当于船舯吃水 $d_m=(d_f+d_a)/2$。 而正浮吃水相当于倾斜水线漂心处吃水 $d=d_m+d_t/Lx_F$。正浮吃水和平均吃水之间有一差值 d_t/LXF,仅当 $XF=0$ 时两者才相等。

4-11 船舶倾斜试验

初稳性高 $\overline{GM}$ 是衡量船舶稳性的重要指标,$\overline{GM}$ 其数值可由下式确定,即

$$\overline{GM}=\overline{KB}+\overline{BM}-\overline{KG} \quad 或 \quad \overline{GM}=(z_B+\overline{BM})-z_G$$

或
$$z_G=(z_B+\overline{BM})-\overline{GM}=z_M-\overline{GM} \tag{4-48}$$

式中,浮心垂向坐标 z_B 和横稳心半径 $\overline{BM}$ 可以根据型线图及型值表经过计算相当精确地求得,因而问题的关键在于重心垂向坐标 z_G 值是否精确。

在船舶设计阶段计算所得的空船重量和重心位置,与船舶建成后的实际空船重量和重心位置往往有一定差异。故在船舶建成以后都要进行倾斜试验,以便准确地求得空船重量及重心位置。这不仅可以用来准确计算该船的稳性,而且能为以后设计同类型船舶提供可靠参考资料。因此,倾斜试验的目的是确定空船的重量和重心位置,试验的结果要求精确可靠。

1. 倾斜试验的原理

当船正浮于水线 WL 时,其排水量为 Δ。若将船上 A 点处的重物 p 横向移动某一距离 l 至 A_1 点,则船将产生横倾并浮于新水线 W_1L_1,如图4-28所示。

从船上载荷移动的计算公式可知,此时船的横倾角 ϕ 正切为

$$\tan\phi = \frac{pl}{\Delta\,\overline{GM}}$$

上式也可改写为

$$\overline{GM} = \frac{pl}{\Delta\tan\phi} \tag{4-49}$$

将式(4-49)代入式(4-48),即可得到船重心垂向坐标 z_G 的计算式

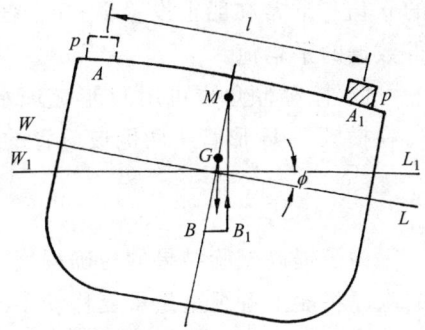

图 4-28　横向移动重量时船的横倾

$$z_G = (z_B + \overline{BM}) - \frac{pl}{\Delta\tan\phi} \tag{4-50}$$

若已测得船的首吃水、尾吃水和船中吃水,即可根据静水力曲线或邦戎曲线求得船的排水量 Δ、浮心垂向坐标 z_B 和横稳心半径 $\overline{BM}$ 以及浮心纵向坐标 x_B,另外已知移动重量 p、横向移动距离 l,并测量出横倾角 ϕ,将它们分别代入式(4-50)后,即可得到船的重心垂向坐标 z_G。然后再根据式(4-51)(来自浮态平衡方程)求得重心纵向坐标 x_G。

$$x_G = x_B + (z_G - z_B)\tan\theta \tag{4-51}$$

2. 倾斜试验方法

试验前,应先测量首、尾吃水和船中吃水以及水的重量密度,以便精确地求出排水量。

倾斜试验所用的移动重物一般是生铁块,将它们分成 p_1、p_2、p_3、p_4 四组,堆放于甲板上指定的位置(参阅图4-29),每组重物的重量尽量相等,即 $p_1 = p_2 = p_3 = p_4$。

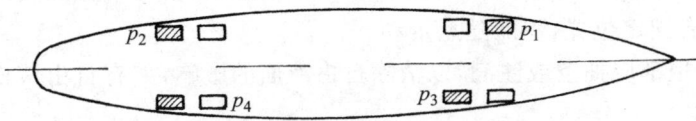

图 4-29　倾斜试验移动重量的布置

为了形成足够的倾斜力矩,使船能产生 $2°\sim4°$ 的横倾角,移动重物的总重量约为船舶排水量的 $1\%\sim2\%$,移动的距离 l 约为船宽的 $\frac{3}{4}$。

横倾角 ϕ 一般用图4-30所示的摆锤进行测量。摆锤用细绳挂在船上的 O 点处,下端装有水平标尺。当船横倾时,可在标尺上读出摆锤移动的横向距离 k,则船的横倾角正切为

$$\tan\phi = \frac{k}{\lambda}$$

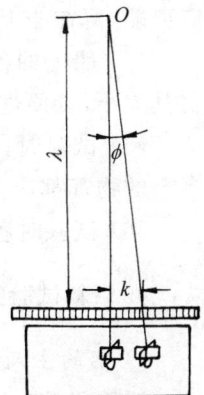

图 4-30　横倾角与摆锤

式中 λ 为悬挂点 O 至标尺的垂直距离。为了减小测量误差，λ 应尽可能取得大些。

摆锤下端装有翼板并浸在油槽或水槽内，其目的是使摆锤能迅速停止摆动，便于读得精确的 k 值。通常在船上设置 2～3 个摆锤，分别装在首部、中部和尾部。横倾角 ϕ 取几个摆锤所得数据的平均值。

此外，横倾角也可用 U 形玻璃水管测量。设 U 形管中两侧玻璃管中心的横向水平距离为 λ，在横倾后 U 形管中两侧玻璃管的水位高度相差 b，则船的横倾角正切为

$$\tan \phi = \frac{b}{\lambda}$$

为了提高试验结果的精确程度，应使被试验的船舶重复倾斜几次，亦即在试验时需按一定的次序将船上各组重量重复移动多次，每次将重物作横向移动后，应计算其横倾力矩 M 及测量相应的横倾角 ϕ。设整个试验共倾斜 n 次，每次相应的力矩为 M_1、M_2、$\cdots$、M_n，横倾角为 ϕ_1、ϕ_2、$\cdots$、ϕ_n，则可根据下式

$$\overline{GM} = \frac{M}{\Delta \tan \phi}$$

算出各次的 $\overline{GM}$ 值，然后取其算术平均值，即得船的初稳性高。

但在实际计算中，常用最小二乘法原理以求得更准确的 $\overline{GM}$ 数值。

$$\overline{GM} = \frac{1}{\Delta} \cdot \frac{\displaystyle\sum_{i=1}^{n} M_i \tan \phi_i}{\displaystyle\sum_{i=1}^{n} \tan^2 \phi_i}$$

3. 倾斜试验注意事项

为保证试验的正确性，在试验时应注意以下几点。

（1）应选风力不大于 2 级的晴天进行试验，试验地点应选在静水的遮蔽处所。试验时应注意风和水流的影响，尽可能使船首正对风向和水流方向，最好在坞内进行倾斜试验。

（2）为不妨碍船的横倾，应将系泊缆绳全部松开。

（3）凡船上能自行移动或晃动的物体都应设法固定，机器停止运转，与试验无关的人员均应离船，留在船上的人员都有固定位置，不能随意走动。

（4）船上的各类液体舱柜都应抽空或注满，以消除自由液面的影响，如有自由液面则应查明其大小，以便进行修正。

（5）试验时，将船上的装载情况（包括试验时在船上的人员重量和位置）以及船上缺少或多余的物资都应作详细记录，以便将试验结果修正到空载状态。

（6）试验时各项工作应有统一的指挥，观察记录工作务必认真仔细。

4. 倾斜试验实例

1）船的主尺度

船舶总长　$L_{OA} = 112.80\ \mathrm{m}$

垂线间长　$L_{PP} = 107.95\ \mathrm{m}$

型宽　$B = 17.20\ \mathrm{m}$

型深　$D=9.90\ \mathrm{m}$

2）试验情况

日期时间：1998 年 7 月 27 日 14 时 07 分至 15 时 10 分

地　　　点：某造船厂 1 号船坞

天气情况：晴，东南风、风力为二级、风速 2 m/s

参　加　者：主持人、验船师及工作人员等 18 人

系泊情况：首尾缆绳松开，船舶呈自由状态

水　比　重：在船中部距水表面 0.5 m 深处测得水比重 $\gamma=0.99\ \mathrm{t/m^3}$，水温 30 ℃

3）试验时吃水测量情况（包括船底板厚度）

首：右舷 1.18 m，左舷 1.19 m，平均 1.185 m

中：右舷 2.70 m，左舷 2.70 m，平均 2.700 m

尾：右舷 4.23 m，左舷 4.21 m，平均 4.220 m

4）计算吃水

平板龙骨厚度 $t_k=0.016\,5\ \mathrm{m}$

首吃水 $d_F=1.185\ \mathrm{m}$

舯吃水 $d_m=2.700\ \mathrm{m}$

尾吃水 $d_A=4.220\ \mathrm{m}$

型首吃水 $d_F=1.168\,5\ \mathrm{m}$

型舯吃水 $d_m=2.683\,5\ \mathrm{m}$

型尾吃水 $d_A=4.203\,5\ \mathrm{m}$

纵倾角 $\theta=\arctan\left[\dfrac{d_A-d_F}{L_{PP}}\right]=\arctan\left[\dfrac{4.203\,5-1.168\,5}{107.95}\right]=1.610\,4°$

5）移动重量及测试设备布置

（1）试验移动重量（压铁）分四堆，左右舷各两堆，原始布置如下。

名　　称	重量/t	重心距舯/m	重心距中心线/m	重心距基线/m
一号堆压铁(#118 右)	7	22.175	7.20	15.10
二号堆压铁(#118 左)	7	22.175	−7.20	15.10
三号堆压铁(#42 右)	7	−27.225	6.50	14.85
四号堆压铁(#42 左)	7	−27.225	−6.50	14.85

（2）试验移动重量顺序如下。

编　号	左　舷	右　舷	移动力矩/(t·m)	总移动力矩/(t·m)
初始位置 0	尾□ 　□ 首	尾■ 　■首	0	0
1	□	■ □■	100.8	100.8
2		□■ □■	91	191.8
3	□	■ □■	−91	100.8
4	□ 　 □	■ 　■	−100.8	0

编 号	左 舷	右 舷	移动力矩/(t・m)	总移动力矩/(t・m)
5	□ □■	■	−100.8	−100.8
6	□■ □■		−91	−191.8
7	□ □■	■	91	−100.8
8	□ □	■ ■	100.8	0

（3）U形玻璃管布置情况如下。

No.1 U形管位于尾部 #119 左右舷，两玻璃管中心距 $\lambda_1 = 16.24$ m。

No.2 U形管位于首部 #39 左右舷，两玻璃管中心距 $\lambda_2 = 15.45$ m。

6）多余重量表

序号	项 目	位 置	重量 w_i/t	重心位置			
				纵向（距舯）		竖向（距基线）	
				距离 x/m	力矩 M_x/(t・m)	距离 z/m	力矩 M_z/(t・m)
1	油漆	#120	1.694	23.475	39.77	12.6	21.344
2	重油	No.6 舱	20.000	−17.875	−357.50	0.09	1.800
3	混合油	No.7 舱（左）	12.000	−36.435	−437.22	0.255	3.060
4	轻油	No.18 舱（左）	10.000	−45.305	−453.05	5.90	59.000
5	重油	No.7 舱（右）	8.000	−35.235	−281.88	0.39	3.120
6	压载水	No.1 舱（左,右）	327.800	30.015	9 838.92	0.95	311.410
7	调平压铁	上甲板 #130	5.000	29.975	149.88	12.65	63.250
8	试验压铁	上甲板 #118	14.000	22.175	310.45	15.10	211.400
9	试验压铁	上甲板 #42	14.000	−27.225	−381.15	14.85	207.900
10	试验人员 12 人	上甲板	0.780	−3.825	−2.98	10.75	8.385
11	试验人员 6 人	上甲板	0.390	−3.825	−1.49	15.35	5.987
12	人员行李等	尾楼	5.000	−37.975	−189.88	14.50	72.500
13	备品和供应品		4.000	−49.975	−199.90	9.00	36.000
14	总计		422.664	19.008	8 033.97	2.378	1 005.16

7）不足重量表

序号	项 目	位 置	重量 w/t	重心位置			
				纵向（距舯）		竖向（距基线）	
				距离 x/m	力矩 M_x/(t・m)	距离 z/m	力矩 M_z/(t・m)
1					0.00		0.000
	不足重量总计		0	0.000	0.0	0.000	0.0

8) U 形管测量装置液位测量记录表

由于 U 形管中的液面高度上下波动，在读数时应记录上下液面高度各 5 次，然后取其平均值。以下给出了 No.1 U 形管左右玻璃管的液面高度测量记录的平均值（mm），表内第一栏为重量未移动时的初始读数，记作 b_0。

No.1 U 形管左右玻璃管的液面高度记录平均值/mm。

重量移动序号 i		0	1	2	3	4	5	6	7	8
左侧	读数平均值 b_i	630	556.1	427.2	519.3	626.4	726.5	815.6	726.7	621.8
	相对值 $b_{左}=b_i-b_o$	0	−73.9	−202.8	−110.7	−3.6	96.5	185.6	96.7	−8.2
右侧	读数平均值 b_i	720.9	827.1	897.7	830.8	726.7	620.5	533.4	621.7	740.6
	相对值 $b_{右}=b_i-b_o$	0	106.2	176.8	109.9	5.8	−100.4	−187.5	−99.2	19.7
两侧液面差 $b=\|b_{右}-b_{左}\|$		0	180.1	379.6	220.6	9.4	196.9	373.1	195.9	27.9
横倾角 $\tan\phi=\dfrac{b}{\lambda_1}$		0	0.011 09	0.023 37	0.013 58	0.000 58	0.012 12	0.022 97	0.012 06	0.001 72

注：另有 No.2 U 形管的记录表形式相同，从略。

9) 试验状态下排水量、浮心坐标及横稳心坐标的确定

已知水比重 $\gamma=0.99$ t/m³，根据计算平均型吃水 $d_m=2.683\,5$ m，从静水力曲线中求得以下数据。

序号	项 目	数值	单位
1	排水量 Δ_1	3 162.56	t
2	横稳心垂向坐标 KM	9.351	m
3	浮心垂向坐标 z_B	1.436	m
4	浮心纵向坐标 x_{B1}	0.240	m
5	每厘米纵倾力矩 MTC	66.475	t·m/cm
6	修正后排水量 $\Delta=\Delta_1\dfrac{\gamma}{1.025}$	3 054.57	t
7	修正后浮心纵向坐标 $x_B=\dfrac{x_{B1}+100(d_F-d_A)MTC}{\Delta_1}$	−6.139	m

10) 液舱装载及自由液面表

序号	舱 名	位置	液体容积 /m³	装载量 /t	横向惯性矩 /m⁴	液体比重 /(t·m⁻³)	自由液面惯量矩 $I\times\gamma$/(t·m)
1	No.6 舱重油		20	90		0.9	81
2	No.7 舱（左）混合油		12	80		0.9	72
3	No.7 舱（右）重油		8	80		0.9	72
4	No.18 舱（左）轻油		10	70		0.84	59
5	自由液面修正量 $dGM=\sum I\times\dfrac{\gamma}{\Delta}$						0.093

11) 倾角和初稳性计算表(最小二乘法)

No.	重量移动序号 i	0	1	2	3	4	5	6	7	8	$\sum$
1	No.1 测点 $\tan\varphi_1$	0	0.0111	0.0234	0.0136	0.0006	0.0121	0.0230	0.0121	0.0018	
2	No.2 测点 $\tan\varphi_2$	0	0.0136	0.0240	0.0130	0.0007	0.0120	0.0229	0.0119	0.0015	
3	平均值 $\tan\varphi=\dfrac{1}{2}(\tan\varphi_1+\tan\varphi_2)$	0	0.0124	0.0237	0.0133	0.0007	0.0121	0.0229	0.0120	0.0016	
4	$\tan^2\varphi$	0	0.0002	0.0006	0.0002	0	0.0001	0.0005	0.0001	0	0.00171
5	倾侧力矩 $M/(\text{t}\cdot\text{m})$	0	100.8	191.8	100.8	0	100.8	191.8	100.8	0	786.8
6	$M\tan\phi$	0	1.2457	4.5426	1.3390	0	1.2152	4.3968	1.2057	0	13.9450
7	$GM_0=\dfrac{\sum M\tan\varphi}{\Delta\sum\tan^2\varphi}=\dfrac{13.945}{3054.57\times0.00171}=2.670\text{ m}$										

12) 试验状态船舶有关参数表

序号	项 目	数值	单位
1	计算型首吃水 d_F	1.1685	m
2	计算型尾吃水 d_A	4.2035	m
3	计算平均型吃水 d_m	2.6835	m
4	纵倾角 θ	1.6104	度
5	排水量 Δ	3054.57	t
6	横稳心垂向坐标 $\overline{KM}$	9.351	m
7	浮心垂向坐标 z_B	1.436	m
8	浮心纵向坐标 x_B	-6.139	m
9	实测初稳性高 $\overline{GM}_0$	2.670	m
10	自由液面修正值 $\mathrm{d}\overline{GM}$	0.093	m
11	经自由液面修正后初稳性高 $\overline{GM}=\overline{GM}_0+\mathrm{d}\overline{GM}$	2.577	m
12	重心垂向坐标 $z_G=\overline{KM}-\overline{GM}$	6.774	m
13	重心纵向坐标 $x_G=x_B+(z_G-z_B)\tan\theta$	-5.990	m

13) 空船重量及重心位置计算

项 目	重量/t	重心距舯/m	重心距中心线/m	重心距基线/m
试验状态	3054.57	-5.990		6.774
多余重量	-442.664	19.008	0	2.378
不足重量	0			
空船重量 $\sum$	2611.91	-10.227	0	7.519

对于大型船舶的倾斜试验,如用上述固体重物,则所要求的移动重量将高达几百吨或千吨以上。为此,宜采用其他更简便的办法。例如用水泵反复灌满或抽空左右两舷的顶边水舱,其中两舷水舱形心之间的距离及注水量即为移动重量 p 及横向移动距离 l,根据测量所得的横倾角中,便可按式(4-49)及式(4-50)求出船的重心重向坐标 z_G。

第5章 大倾角稳性

在上一章中,我们讨论了船舶的初稳性问题,所得的结论只适用于小倾角情况,即横倾角 ϕ 不超过 $10°\sim15°$。但是,船舶在遇到恶劣的风浪时,其横倾角将大大超过上述范围,这时便不能用初稳性来判断船舶是否具有足够的稳性。例如,船舶在航行中遇到较大的风浪时稳性是否足够?是否会丧失稳性而倾覆?船舶在航行中究竟能抵抗多大的风浪?这就需要研究船舶的大倾角稳性,以便全面考察船舶在各种装载情况下是否具有足够的稳性。

船舶稳性的实际应用意义在于它对船舶安全性的校核,包括船舶的抗倾覆(抗风浪)能力,在大风浪中的安全裕度等。

本章主要讨论静稳性曲线的计算原理和方法,船舶在静力作用下的静稳性和在动力作用下的动稳性问题以及稳性的衡准,进而校核船舶在各种装载情况下的稳性,此外,还将简要地讨论船体几何要素对稳性的影响。

本章的重点是稳性的定义、概念和理论,如何求取浮心位置,稳性计算方法,稳性校核理论(安全判别或规范要求)。

大倾角稳性的基本计算校核思路是

(1) 求取所需倾角时的等体积倾斜倾斜水线位置;

(2) 求取该等体积倾斜水线下的排水体积及形心位置,即浮力及浮心位置;

(3) 根据浮力及浮心位置,计算复原力矩,生成静稳性曲线等;

(4) 计算倾斜力矩;

(5) 根据稳性安全要求或规范要求,计算校核船舶稳性或其指标。

5-1 概　　述

在讨论大倾角稳性问题时,仍然是研究船舶倾斜后产生复原力矩以阻止其倾覆的能力,而且着重研究复原力矩随横倾角变化的规律。为使研究的问题简化,假定船舶处于静水之中,水线面为一水平面,并且忽略船舶在横倾时由于船体首尾不对称所引起的纵倾影响,即不考虑它们之间的耦合作用。

如图 5-1 所示,船舶原浮于水线 W_0L_0,排水量为 Δ,重心在 G 点,浮心在 B_0 点。设该船在外力矩作用下横倾于某一较大的角度 ϕ,浮于水线 $W_\phi L_\phi$。这时,船的重心位置保持不变,由于排水体积的形状发生了变化,浮心位置由 B_0 点沿某一曲线移动到 B_ϕ 点。于是重力 W 和浮力 $\Delta = w\nabla$ 就形成了一个复原力矩

$$M_R = \Delta \overline{GZ} = \Delta l$$

式中 $l = \overline{GZ}$ 为重力作用线与浮力作用线之间的垂直距离,称为复原力臂或静稳性臂。对于一定的船,静稳性臂 l 随排水量 Δ、重心高度 $\overline{KG}$ 及横倾角 ϕ 而变。在排水量 Δ 及重心高度 $\overline{KG}$ 一定时,$\overline{GZ}$ 只随 ϕ 而变,如图 5-2 所示。

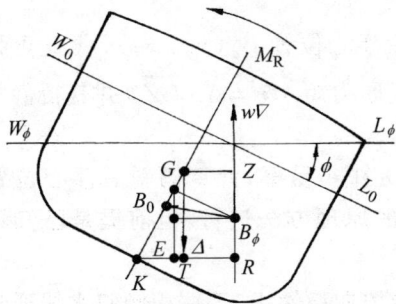

图 5-1　重力和浮力形成复原力矩

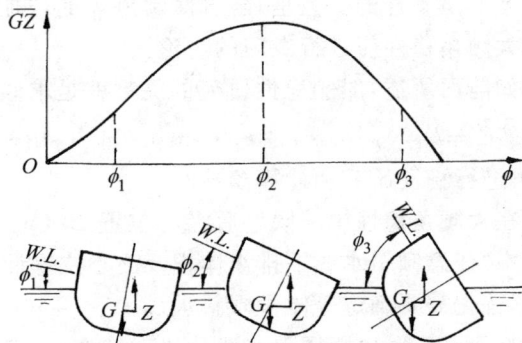

图 5-2　复原力臂随 ϕ 的变化

讨论大倾角稳性的关键是确定复原力矩 M_R（或复原力臂 l），而求复原力臂的关键是确定船舶在横倾 ϕ 后的浮心位置 $B_\phi(y_\phi,z_\phi)$。因此计算复原力臂的途径一般是根据水线 $W_\phi L_\phi$ 计算倾斜后的浮心位置 $B_\phi(y_\phi,z_\phi)$ 或利用重心移动原理（通过计算出水体积和入水体积）来计算倾斜后浮心位置的移动距离 $\overline{B_0 B_\phi}$。

根据下列初稳性假定，即

（1）小角度（引出 $\sin\phi \approx \tan\phi \approx \phi$，圆弧的弧长≈弦长）

（2）船舶在原水线附近舷侧是直壁（引出等体积倾斜水线通过原水线面的漂心）

（3）浮心移动轨迹曲线是一段圆弧，圆弧圆心为初稳心 M。

可导出船舶在小倾角时的复原力臂的简化计算式（见第 4 章）为

$$\overline{GZ} = \overline{GM}\sin\phi \approx \overline{GM}\,\phi$$

这些假定和简化使得初稳性研究大为简便，但当横倾角 ϕ 超过 $10°\sim15°$ 后，上述假定就不再适用。这是因为在大倾角情况下，由于入水和出水楔形形状的不对称性，等体积倾斜水线不再通过正浮水线面的漂心，浮心的移动曲线也不再是圆弧。倾斜前后的浮力作用线的交点 M 将随倾角而变动。因此，大倾角时的静稳性臂（见图 5-1）只能用下式来表示

$$\overline{GZ} = \overline{KR} - \overline{KT} = (\overline{ER} + \overline{KE}) - \overline{KT}$$

或写作

$$l = l_s - l_g = (y_{B\phi} \cdot \cos\phi + z_{B\phi} \cdot \sin\phi) - z_G \cdot \sin\phi \qquad (5-1)$$

式中 $l_s = \overline{KR} = y_{B\phi} \cdot \cos\phi + z_{B\phi} \cdot \sin\phi$ 为浮心与 K 点沿水平横向距离，其数值完全由排水体积的形状所决定，因此称为形状稳性臂；

$l_g = \overline{KT} = z_G \cdot \sin\phi$，其数值主要由重心位置所决定，因此称为重量稳性臂。

静稳性臂 l 随横倾角 ϕ 的变化比较复杂，不能用简单的公式来表示。通常根据计算结果绘制成如图 5-3 所示的 $l = f(\phi)$ 曲线图，这种图称为静稳性曲线（复原力臂曲线）图。它表示船舶在不同倾角时复原力矩 M_R（或复原力臂 $\overline{GZ} = M_R/\Delta$）的大小。

如把初稳性公式 $l = \overline{GM}\sin\phi \approx \overline{GM}\phi$ 也画在图 5-3 中，从图中可以看到，在小倾角时，三条

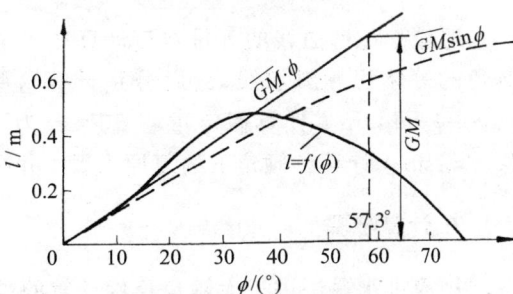

图 5-3　静稳性臂曲线图

曲线基本上是重合的。但是,随着横倾角 ϕ 的增加,初稳性公式就不符合实际情况了。因此,船舶的大倾角稳性应进行专门的讨论。

正如前面所述,船舶稳性研究的关键就是求倾斜后浮心位置 $B_\phi(y_\phi, z_\phi)$,据此可计算复原力臂 $\overline{GZ} = l = y_\phi \cdot \cos\phi + z_\phi \cdot \sin\phi - z_G \cdot \sin\phi$ 和复原力矩 $Mr = \Delta \cdot \overline{GZ}$,并获得静稳性曲线,就可进行稳性研究和计算校核。

但在大倾角稳性中求倾斜后浮心位置 $B_\phi(y_\phi, z_\phi)$ 并非易事,计算倾斜后浮心位置可按第 3 章中"任意倾斜水线下排水体积及浮心位置计算"的原理方法进行,但前提是已知该倾斜水线,即首先需要确定等体积倾斜水线。

而如何确定等体积倾斜水线位置就是难点,它不能按初稳性中"等体积倾斜水线通过原水线面漂心"的假定快速确定,而需按满足等体积倾斜水线下的计算排水量 Δ_ϕ 与船排水量 Δ 相同的要求来确定,在确定等体积倾斜水线位置的过程中需多次计算该水线下排水体积和浮心位置,计算工作量很大。

为此大倾角稳性中通常有两种确定等体积倾斜水线位置再计算静稳性曲线的方法。

(1) 直接法。通过反复试算迭代获取所求的等体积倾斜水线,再求该水线下的排水体积和浮心位置以及复原力臂。因仅计算所求排水量,故称为等排水量计算法(见 5-2 节);

(2) 间接法。预先计算许多根平行倾斜水线(若干倾角)及其排水体积和浮心位置(这些水线下的排水体积范围包含欲计算校核的排水体积值),据其计算结果产生稳性横截曲线,以后计算时仅从稳性横截曲线中插值得到所求的等体积倾斜水线及其排水体积和浮心位置以及复原力臂。因需计算大量不同排水量,故称为变排水量计算法(见 5-3 节)。

需要说明,静稳性曲线(复原力臂曲线)是对应于某个装载情况(载况)及排水量 Δ 的,载况及载况排水量 Δ 不同,就会有不同的静稳性曲线,因此船舶的静稳性曲线实际上是一簇参数曲线 $l = f(\phi, \Delta)$,其中 ϕ 是自变量,排水量 Δ 是参数。但通常静稳性曲线仍记为 $l = f(\phi)$。

有了静稳性曲线后再进行稳性计算校核的基本方程是
(1) 力矩平衡方程:倾斜力矩 M_H = 复原力矩 M_R,即 $M_H = M_R$;
(2) 能量平衡方程:倾斜力矩所做功 T_H = 复原力矩所做功 T_R,即 $T_H = T_R$。

5-2 船舶静稳性曲线的等排水量计算法

1. 基本原理

船舶静稳性曲线的等排水量计算法的基本原理是,对应某载况(排水量 Δ)时,首先确定各倾角的等体积倾斜水线,然后分别计算这些水线下的浮心位置 $B_\phi(y_\phi, z_\phi)$,再按公式 $l_S = y_\phi \cos\phi + z_\phi \sin\phi$ 计算假定重心高度 z_S 为零的复原力臂 l_S,最后根据重心高度 z_G 按式 $l = l_S - z_G \sin\phi$ 计算各倾角下的复原力臂 l 并绘制该排水量 Δ 时的静稳性曲线 $l = f(\phi)$。

2. 计算步骤

用等排水量法进行大倾角稳性计算的难点在于事先无法确定等体积倾斜水线的位置。因此只能进行试算和反复迭代计算求出该等体积倾斜水线的位置。采用计算机程序计算时,固

定某倾角 ϕ，假定计算水线与中线（z 轴）交点的初始位置 z_i，计算该水线下的排水量并与给定的排水量比较，若两者不符合，则调整 z_i 后再次计算新的排水量，直至计算排水量和给定的排水量之差小于预定的误差，此时的计算水线就是该倾角下的等体积倾斜水线。类似可求出所有倾角时的等体积倾斜水线。

在求出等体积倾斜水线以后的计算，可参照上述基本原理中所介绍的内容依次进行。

具体步骤如下。

已知（或准备）：载况排水量 Δ 和重心高度 z_G、倾角 ϕ、水密度 w、计算精度 ε（取合适值，通常取 $0.1\%\Delta$）和倾角 ϕ 数值序列（可根据需要取个数和值，原则是有足够多的 $\overline{GZ_i}$ 数值点来生成静稳性曲线，通常取 $7\sim10$ 个和取值 $10,20,30,40,50,60,70,80$）。采用纵向计算法。

（1）取倾角 ϕ（来自倾角 ϕ 数值序列第一个）。

（2）取交点 z_i 初值＝对应 Δ 的吃水 d（来自静水力曲线）。

（3）根据点（$y=0,z=z_i$）和倾角 ϕ 确定计算倾斜水线（对应于横剖面）。

（4）根据任意倾斜水线下排水体积及浮心位置的计算原理，计算出此倾斜水线下的排水量 Δ_ϕ 及浮心位置 B_ϕ，还有倾斜水线面积 $A_{W\phi}$。

（5）$d\Delta = \Delta - \Delta_\phi$，若 $d\Delta \leqslant \varepsilon$，则停止迭代计算，跳到第（7）步，否则做下一步。

（6）z_i 修正式 $z_i = c \cdot \left(z_i + \dfrac{d\Delta}{w \cdot A_{W\phi}} \right)$，式中 c 为修正系数（可取 1）。z_i 修正式也可根据经验自定。然后返回第（3）步重新迭代计算。

（7）确定此时倾斜水线为等体积倾斜水线，并获取此时的浮心位置 B_ϕ。

（8）根据 z_G 和 B_ϕ 计算对应 ϕ 的复原力臂 $l = y_\phi \cdot \cos\phi + z_\phi \cdot \sin\phi - z_G \cdot \sin\phi$。

（9）在倾角 ϕ 数值序列中取下一个倾角 ϕ，返回第（2）步再次计算；直至倾角 ϕ 数值序列中数值取尽为止。

（10）根据计算结果，生成静稳性曲线 $l = f(\phi)$。

3. 计算工作量分析

假设有 k 个载况，每个载况需计算 m 个倾角，对应每个倾角，确定等体积倾斜水线平均需进行 n 次迭代计算，每次都需计算任意倾斜水线下的排水量及浮心位置（而这样的计算已知每次就需很大工作量）。

则 1 个载况的静稳性曲线平均需要进行 $m \times n$ 次计算，全部载况则需 $k \times m \times n$ 次，计算工作量随载况数而激增。若取规范要求至少 4 种典型载况，静稳性曲线由 9 个数值点构成，迭代计算平均 5 次，即 $k=4,m=9,n=5$，则需要进行至少 180 次任意倾斜水线下排水量及浮心位置的计算，在无计算机软件的手算情况下，可见计算工作量之大，迫使我们另辟蹊径寻求良策。

5-3　船舶静稳性曲线的变排水量计算法

在计算静稳性曲线过程中，为了避免直接确定等体积倾斜水线的困难和减少计算工作量，可以采用间接计算的方法思路。因为已知排水量 Δ（或排水体积 $\nabla = \Delta/w$）和倾角 ϕ，确定等体积倾斜水线只需再确定该倾斜水线与 z 轴的交点位置 z_ϕ 即可。于是在邻近足够大范围（足够大范围是指可能出现的各种载况排水量值将在这组平行倾斜水线下计算的各排水量的最大值和最小值之间)内构建一组 n 根倾角 ϕ 的平行倾斜水线,并分别计算这组平行倾斜水线下的排水体积 ∇i 和浮心位置 $B_{\phi i}$ 以及假定重心 $S=0$ 的静稳性臂 l_{Si},还有这 n 根倾斜水线与 z 轴的交点 $zi(i=1,2,\cdots n)$,据此可构建排水体积 ∇i 与交点 zi 的关系曲线 $\nabla i=f(zi)$。因为邻近范围足够大,所以排水体积 ∇(或 Z_ϕ)必定在这些 ∇i(或 Zi)的数值范围内,这样就可对曲线 $\nabla i=f(zi)$ 进行插值计算由 ∇ 求出 Z_ϕ 并确定等体积倾斜水线。实际上通过以上平行倾斜水线下的计算,可得到不同倾角 ϕi 时假定重心 $zs=0$ 的静稳性臂 l_{Si} 与排水体积 ∇i 的关系曲线,即稳性横截曲线,若将倾角 ϕi 作为参数,稳性横截曲线可表示为参数曲线 $l_S=f(\nabla,\phi)$,如图 5-7 所示。然后就可根据载况要素 (∇,z_G) 从稳性交叉曲线中由 ∇ 插值求出各倾角时的 l_S,再按式 $l=l_S-z_G\cdot\sin\phi$ 求出该载况的静稳性曲线。

这种间接计算的方法就称为变排水量法,应用变排水量法计算静稳性曲线需通过中间结果——稳性横截曲线。

变排水量法的计算工作量分析。假设有 m 个倾角,对应每个倾角有 n 根平行倾斜水线,每根平行倾斜水线下计算排水体积及浮心位置需做 1 次,则构建稳性横截曲线需计算 $m\times n\times 1$ 次,计算每个载况的静稳性曲线需要插值 m 次。若取载况数 $k=4$,倾角数 $m=9$,水线数 $n=7$,则构建稳性横截曲线需进行 63 次计算(任意倾斜水线下排水量及浮心位置的计算),生成 1 个载况的静稳性曲线需进行 63 次计算 +9 次插值,生成全部 4 个载况的静稳性曲线需进行 63 次计算 +36 次插值。由于插值工作量大大小于(排水量及浮心)计算量,可见变排水量法的计算工作量随载况数增加而不变,仅是插值工作量与载况呈正比,因此计算载况数目越多,变排水量法与等排水量法相比较其计算工作量就越小。

变排水量法中最复杂烦琐的计算工作量是计算倾斜水线下的静稳性形状力臂 $l_S=y_\phi\cdot\cos\phi+z_\phi\cdot\sin\phi$,而 l_S 的计算方法通常有以下 2 种。

(1) 根据任意倾斜水线下排水体积及浮心位置的计算原理求出浮心位置 $B_\phi(y_\phi,z_\phi)$,再根据 B_ϕ 求出 l_S。

(2) 通过力矩合成原理计算倾斜后各部分体积(原体积、入水体积和出水体积)对参考轴的静矩,直接计算静稳性形状力臂 l_S,该方法不需重新计算倾斜水线下的体积及浮心,仅计算入水体积和出水体积以及它们各自对参考轴的静矩,相对比较简单。

等排水量法和变排水量法计算机程序计算采用第(1)种方法,变排水量法手工计算采用第(2)种方法。下面介绍第(2)种方法。

从图 5-1 中我们可以清楚地看到,只要知道横倾后的浮力 $w\nabla$ 作用线的位置,便可立刻得出静稳性臂 $\overline{GZ}$。因此,静稳性曲线的计算便可归结为如何求得船舶在横倾后浮力作用线的位置。

1. 基本原理

如图 5-4 所示,船舶正浮于水线 W_0L_0,吃水为 d_0,排水体积为 ∇_0,浮心在 B_0 处,其高度为 $\overline{KB_0}$。当船舶横倾 ϕ 角,假定倾斜水线为 $W_\phi L_\phi$,并与 W_0L_0 相交于 O 点。V_1 为入水楔形的体积,V_2 为出水楔形的体积,NN 为通过 O 点的计算静矩的参考轴线,c

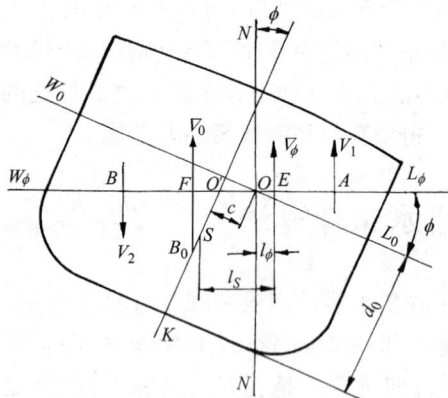

图 5-4 合力矩组成

为旋转点 O 至中心线的距离（即偏离值）。水线 $W_\phi L_\phi$ 下的排水体积 ∇_ϕ 必然是

$$\nabla_\phi = \nabla_0 + V_1 - V_2 \tag{5-2}$$

根据合力矩原理，由图 5-4 可以看出：∇_ϕ 对于 NN 的体积静矩为

$$M_\phi = \nabla_\phi \cdot \overline{OE} = V_1 \cdot \overline{OA} + V_2 \cdot \overline{OB} - \nabla_0 \cdot \overline{OF} \tag{5-3}$$

船舶浮于倾斜水线 $W_\phi L_\phi$ 时浮力作用线至轴线 NN 的距离为

$$l_\phi = \overline{OE} = \frac{M_\phi}{\nabla_\phi}$$

$$= \frac{V_1 \cdot \overline{OA} + V_2 \cdot \overline{OB} - \nabla_0 \cdot \overline{OF}}{\nabla_0 + V_1 - V_2} \tag{5-4}$$

令

$$\delta \nabla_\phi = V_1 - V_2$$

$$M''_\phi = V_1 \cdot \overline{OA} + V_2 \cdot \overline{OB}$$

$$M'_\phi = - \nabla_0 \cdot \overline{OF}$$

则式（5-4）为

$$l_\phi = \frac{M''_\phi + M'_\phi}{\nabla_0 + \delta \nabla_\phi} \tag{5-5}$$

由式（5-5）可见，欲求得 l_ϕ 的关键在于，必须先求得入水楔形和出水楔形的体积差 $\delta \nabla_\phi = V_1 - V_2$，以及它们对 NN 轴线的体积静矩 $M''_\phi = V_1 \cdot \overline{OA} + V_2 \cdot \overline{OB}$。至于 $M'_\phi = - \nabla_0 \cdot \overline{OF}$ 的数值是容易确定的，从图 5-4 中可以看出，$\overline{OF}$ 可写作

$$\overline{OF} = \overline{FO'} + \overline{O'O} = (d_0 - \overline{KB_0})\sin\phi + c\cos\phi$$

故

$$M'_\phi = - \nabla_0 \cdot \overline{OF} = - \nabla_0 [(d_0 - \overline{KB})\sin\phi + c\cos\phi] \tag{5-6}$$

求得 l_ϕ 后，很容易求出浮力作用线至重力作用线（通过假定重心 S）的水平距离为

$$l_S = l_\phi + c\cos\phi + (d_0 - \overline{KS})\sin\phi \tag{5-7}$$

2. $\delta \nabla_\phi$ 和 M''_ϕ 计算公式

（1）$\delta \nabla_\phi$ 的计算式。

图 5-5 为船舶横倾 ϕ 角度后某一横剖面处的入水和出水楔形。先讨论入水楔形，我们可以把入水楔形 $L_0 O L_\phi$ 分成无穷多的小楔形。在 ϕ 处取一夹角为 $d\phi$ 的小三角形，设底边的距离为 a，则小三角形面积为

$$dA = \frac{1}{2}a^2 d\varphi$$

在船长方向取 dx 一段，则小三角形的体积为 $dA dx$，沿整个船长 L 积分便得到微楔形的体积为

$$dV_1 = \int_{-\frac{L}{2}}^{+\frac{L}{2}} dA dx = \frac{1}{2} \int_{-\frac{L}{2}}^{+\frac{L}{2}} a^2 d\varphi dx$$

于是在横倾角 ϕ 范围内的入水楔形的体积为

$$V_1 = \int_0^\phi dV_1 = \frac{1}{2} \int_{-\frac{L}{2}}^{+\frac{L}{2}} \int_0^\phi a^2 d\varphi dx$$

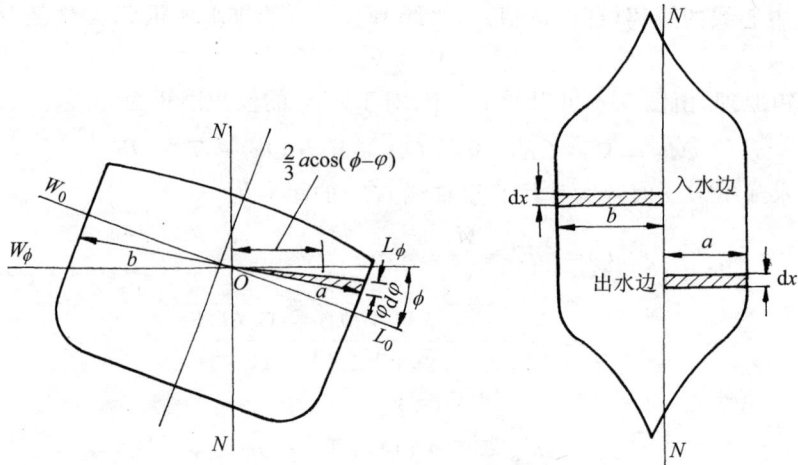

图 5-5　入水和出水楔形图

同理,可求得出水楔形体积为

$$V_2 = \frac{1}{2}\int_{-\frac{L}{2}}^{+\frac{L}{2}}\int_0^\phi b^2\mathrm{d}\varphi\mathrm{d}x$$

式中 b 为出水楔形的水线半宽。

所以,入水与出水楔形的体积差为

$$\delta\,\nabla_\phi = V_1 - V_2 = \frac{1}{2}\int_{-\frac{L}{2}}^{+\frac{L}{2}}\int_0^\phi (a^2 - b^2)\mathrm{d}\varphi\mathrm{d}x \tag{5-8}$$

(2) M''_ϕ 的计算式。

同求 $\delta\nabla_\phi$ 相类似,见图 5-5,入水小三角形面积对 NN 轴线的面积静矩为

$$\mathrm{d}m = \mathrm{d}A \cdot \frac{2}{3}a\cos(\phi - \varphi) = \frac{1}{2}a^2\mathrm{d}\varphi \cdot \frac{2}{3}a\cos(\phi - \varphi)$$

$$= \frac{1}{3}a^3\cos(\phi - \varphi)\mathrm{d}\varphi$$

沿整个船长 L 积分得微楔形对 NN 轴线的体积静矩为

$$\mathrm{d}M_1 = \int_{-\frac{L}{2}}^{+\frac{L}{2}}\mathrm{d}m\,\mathrm{d}x = \frac{1}{3}\int_{-\frac{L}{2}}^{+\frac{L}{2}}a^3\cos(\phi - \varphi)\mathrm{d}\varphi\mathrm{d}x$$

整个入水楔形对 NN 轴线的体积静矩为

$$M_1 = \frac{1}{3}\int_{-\frac{L}{2}}^{+\frac{L}{2}}\int_0^\phi a^3\cos(\phi - \varphi)\mathrm{d}\varphi\mathrm{d}x$$

同理,出水楔形对 NN 轴线的体积静矩为

$$M_2 = \frac{1}{3}\int_{-\frac{L}{2}}^{+\frac{L}{2}}\int_0^\phi b^3\cos(\phi - \varphi)\mathrm{d}\varphi\mathrm{d}x$$

则

$$M''_\phi = M_1 + M_2 = \frac{1}{3}\int_{-\frac{L}{2}}^{+\frac{L}{2}}\int_0^\phi (a^3 + b^3)\cos(\phi - \varphi)\mathrm{d}\varphi\mathrm{d}x \tag{5-9}$$

由于水线面 $W_\phi L_\phi$ 对于 NN 轴线的面积惯性矩为

$$I_\varphi = \frac{1}{3}\int_{-\frac{L}{2}}^{+\frac{L}{2}}(a^3 + b^3)\,\mathrm{d}x \qquad (5\text{-}10)$$

故式(5-9)也可写作

$$M''_\phi = \int_0^\phi I_\varphi \cos(\phi - \varphi)\,\mathrm{d}\varphi \qquad (5\text{-}11)$$

将式(5-6)、(5-8)和(5-11)代入式(5-5),便可求得浮力作用线至 NN 轴线的距离 l_ϕ,再将此 l_ϕ 代入式(5-7),即可求得浮力 $w\nabla_\phi$ 至假定重心 S 的距离 l_S。

3. 稳性横截曲线

通常,按式(5-2)、(5-4)和(5-7)分别计算 $4\sim5$ 根水线下不同横倾角时的排水体积 ∇_ϕ 和 l_S(见图 5-6)。然后以 l_S 为纵坐标,∇ 为横坐标绘制如图 5-7 所示对应不同横倾角 ϕ 的 $l_S = f(\nabla)$ 曲线图,该图称为稳性横截曲线图。

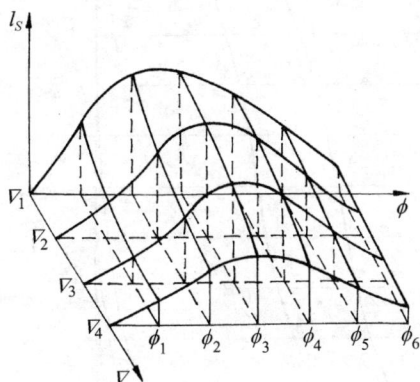

图 5-6 不同 ϕ 时的 ∇_ϕ 和 l_S

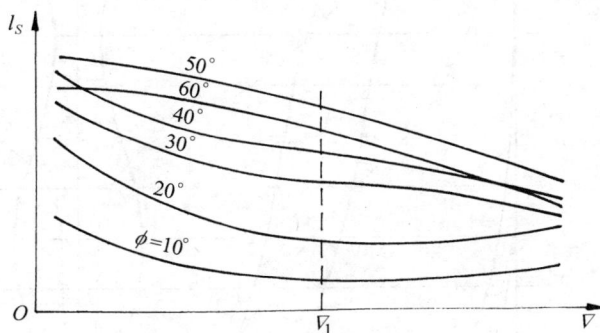

图 5-7 稳性横截曲线图

有了上述稳性横截曲线图,可以根据船舶在各种装载情况下的排水量及其重心高度,按下式(5-12)可很方便地求出船舶的静稳性曲线图。

$$l = l_S - (z_G - z_S)\sin\phi \qquad (5\text{-}12)$$

式中 l_S 可以从稳性横截曲线图上查得。

按式(5-12)计算不同横倾角 ϕ 时的静稳性臂 l,据此即可绘制船舶在某一排水量时(即某一装载情况下)的静稳性曲线。

变排水量法计算静稳性曲线的特点是,根据船舶在横倾后的入水和出水楔形所形成的体积矩,求得不同排水体积不同横倾角时浮力作用线至假定重心的距离 l_S,绘成稳性横截曲线。然后,再根据稳性横截曲线求出某一排水体积时 l_S 随 ϕ 的变化曲线,最后,根据式(5-12)对重心加以修正,绘出该装载情况下的静稳性曲线。这种方法不能越过绘制稳性横截曲线图而直接求取某一排水体积下的静稳性曲线。由于船舶在实际营运中排水量的变化范围很大(从空载到满载),通常都采用变排水量法计算大倾角稳性,其优点是可以快捷方便地进行船舶在各种装载情况下的稳性校核计算。避免了计算某一固定排水体积的静稳性曲线时必须先确定等体积倾斜水线的麻烦。

4. 手工计算的具体步骤

手工计算大倾角稳性的工作量较大,为了尽量使计算简便,一般都采用乞氏法,其优点是减少计算工作量(一般仅需计算 9 个剖面)并保证精度,缺点是需重起炉灶绘制乞氏剖面(因 x_i 位置通常与型线图各站剖面不一致)。具体计算步骤如下。

(1) 绘制乞氏横剖面图。

一般取 9～12 个站号即可,如图 5-8 所示。为了避免混淆,船中以前的剖面用实线画出,船中以后的剖面用虚线画出。乞氏剖面要画到浸水甲板线为止,对每一个剖面还要画出梁拱线。为了提高计算的准确性,比例应适当取得大些(一般比型线图比例大一倍)。

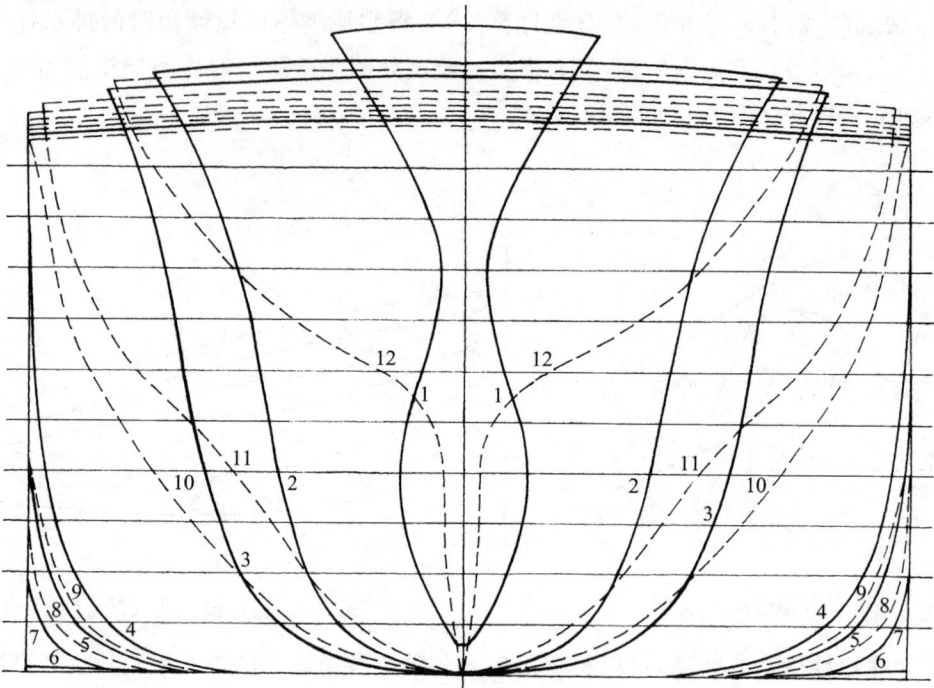

图 5-8　乞氏横剖面图

(2) 选择计算水线、旋转点、假定重心位置和横倾角间隔的大小。

计算水线一般取 4～5 根。最高水线应略高于满载水线,旋转点取在偏向出水一舷,偏移距离 c 的大小视该水线至甲板的距离与吃水比而定,比值越小,偏移越大,以便在大倾角水线下入水楔形与出水楔形的大小大致相同。最低水线应略低于空载水线,旋转点则取在偏向入水一舷,偏移距离的大小也可根据上述原则选定。其目的是希望计算所得的稳性横截曲线有较大的排水量范围,使船舶在各种装载情况下的排水量都能包括在内。至于各中间水线一般用等间距确定其位置,它们的旋转点位置可取在最高水线与最低水线旋转点的连线上,如图 5-9 所示。在具体计算时,c 值偏向入水一舷者应取作正值,偏向出水一舷者取

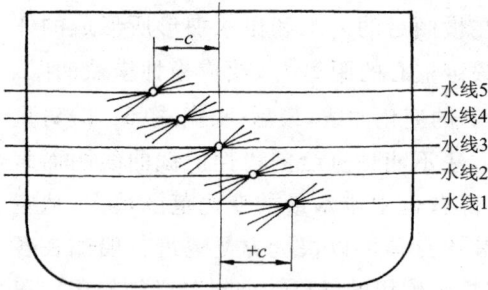

图 5-9　等间距计算水线和旋转点位置

作负值。

假定重心 S 的位置可任意选定,但为了计算简便,一般取在基线上,即 $\overline{KS}=0$。

倾角的间隔,在通常情况下,海船取 $\delta\phi=10°$,算至 $\phi=70°\sim80°$;江船取 $\delta\phi=5°$,算到 $\phi=35°\sim40°$。

(3)量取入水和出水宽度 a 和 b。

首先,在透明纸上绘制各倾斜水线间的等分角线 $\varphi=5°,15°,25°,35°,\cdots$,其对应的倾斜水线分别为 $\phi=10°,20°,30°,40°,\cdots$ 江船取半。

然后将透明纸覆在乞氏剖面图上某一计算水线(例如最高水线)处。量取每一等分角线($5°,15°,25°,\cdots$)处各横剖线入水和出水部分的坐标 a 和 b(见图5-10),但需注意,有时倾斜水线和横剖线的交点会超过两点,此时如何量取 a、b 更要当心,以免发生计算错误。正确量取 a、b 的方法是:从 O 点量起,凡是到横剖线内侧的宽度都取正值,到横剖线外侧的宽度则都为负值,因此,这个规律可通俗地称为"内正、外负"。将量得之 a 和 b 填入表中(若有两个 a 和 b 值则应一起填入表格的同一倾斜水线内),然后计算各等分角线相应的 $\Sigma a^2,\Sigma a^3,\Sigma b^2,\Sigma b^3$ 以及 $(\Sigma a^2-\Sigma b^2),(\Sigma a^3+\Sigma b^3)$。采用等分角线的坐标进行计算,可以得到较正确的结果,因为这个坐标代表了整个小楔形的坐标平均值。

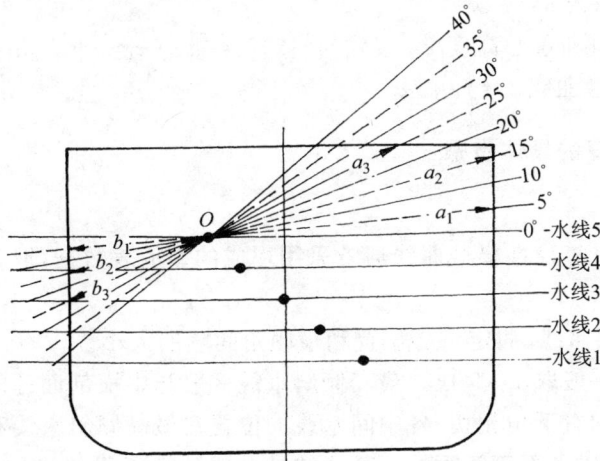

图5-10　剖面图上最取 a 和 b

(4)计算 $\delta\nabla_\phi$ 和 M''_ϕ 值。

为便于列表计算,将积分形式表达的求 $\delta\nabla_\phi$ 的式(5-8)和求 M''_ϕ 的式(5-9)改写成用乞氏法则求和的形式

$$\delta\nabla_\phi=V_1-V_2=\int_{-\frac{L}{2}}^{+\frac{L}{2}}\int_0^\phi\frac{1}{2}(a^2-b^2)\mathrm{d}\varphi\mathrm{d}x$$

$$\approx\frac{1}{2}\frac{L}{n}\delta\phi\sum_{i=1}^m\left(\sum_{j=1}^n a_j^2-\sum_{j=1}^n b_j^2\right)_i$$

$$\approx\frac{1}{2}\frac{L}{n}\delta\phi\sum_{i=1}^m W_i$$

式中 $W_i=\left(\sum_{j=1}^n a_j^2-\sum_{j=1}^n b_j^2\right)_i$。

$$M''_{\phi} = V_1 \cdot \overline{OA} + V_2 \cdot \overline{OB}$$

$$= \frac{1}{3} \int_{-\frac{L}{2}}^{+\frac{L}{2}} \int_{0}^{\phi} (a^3 + b^3) \cos(\phi - \varphi) \mathrm{d}\varphi \mathrm{d}x$$

$$\approx \frac{1}{3} \frac{L}{n} \delta\phi \sum_{i=1}^{m} \left(\sum_{j=1}^{n} a_j^3 + \sum_{j=1}^{n} b_j^3 \right)_i \cos(\phi - \varphi)_i$$

$$\approx \frac{1}{3} \frac{L}{n} \delta\phi \sum_{i=1}^{m} I_i \cos(\phi - \varphi)_i$$

式中，i 为倾斜水线号；j 为乞氏剖面号；$I_i = \left(\sum_{i=1}^{n} a_j^3 + \sum_{j=1}^{n} b_j^3 \right)_i$。

以图 5-10 所示的倾斜水线旋转点为 O，按乞氏法表达的 $\delta\nabla_{\phi}$ 及 M''_{ϕ} 公式分别计算横倾角 $\phi = 10°,20°,30°,40°,\cdots$ 时的入水和出水楔形的体积差及其对 NN 轴线的静矩。

具体计算可列表进行。

（5）计算 ∇_{ϕ} 和 l_S 及绘制稳性横截曲线。

$\delta\nabla_{\phi}$ 和 M''_{ϕ} 求得以后，∇_{ϕ} 和 l_S 就很容易逐项计算。将 ∇_{ϕ}、l_S 点在以 ∇ 为横坐标、l_S 为纵坐标的坐标系中，把横倾角 ϕ 相同的点子连起来，就得到了稳性横截曲线（如图 5-7）。

（6）绘制静稳性曲线 $l = f(\phi)$。

根据给定的排水量和重心高度 z_G 按式（4-12）$l = l_S - (z_G - z_S)\sin\phi$，计算各倾角下的复原力臂 l，并绘制静稳性曲线 $l = f(\phi)$。

5. 计算机程序计算的具体步骤

（1）准备型值表。

应用计算机程序计算稳性横截曲线通常采用现成的型值表数据，取各站横剖面型值，利用纵向计算方法计算。

（2）选择计算倾斜水线、假定重心位置和横倾角间隔的大小。

计算的倾斜水线一般取 7～9 根。最高倾斜水线一般与中横剖面的左上角相切，最低倾斜水线一般与中横剖面的右下角相切，各中间水线的位置在最高倾斜水线和最低倾斜水线之间，可以是等间距的，也可以是不等间距的。其目的是希望计算所得的稳性横截曲线有较大的排水量范围，使船舶在各种装载情况下的排水量都能包括在内。

假定重心 S 位置一般取在基线上，即 $\overline{KS} = 0$。

倾角间隔一般海船取 $\delta\phi = 10°$，算至 $\phi = 80°$；江船取 $\delta\phi = 5°$，算到 $\phi = 40°\sim50°$，倾斜角度通常取为右倾。

（3）计算复原力臂。

分别计算各倾斜水线下的排水体积 ∇_{ϕ} 和浮心位置 $B_{\phi}(y_{\phi}, z_{\phi})$，然后按下式计算假定重心高度 z_S 为零的复原力臂 l_S

$$l_S = y_{\phi} \cdot \cos\phi + z_{\phi} \cdot \sin\phi \tag{5-13}$$

（4）根据 ∇_{ϕ} 和 l_S 绘制稳性横截曲线，即参数曲线 $l_S = f(\nabla, \phi)$

稳性横截曲线中参数为倾角 ϕ 的各曲线 $l_S = f(\phi)$ 的起点和终点分析。

在以上第（2）步中选取计算倾斜水线时，各倾角时的最高倾斜水线实际都将整个船体淹没在水下，此时排水体积 $\nabla_9 =$ 整个船体体积，浮心位置 z_{B9} 是整个船体的形心为定值，因此各倾

角的 l_S 曲线的终点坐标分别是（$\nabla = \nabla_9$，$l_S = z_{B9} \cdot \sin\phi$）。各倾角的最低倾斜水线实际是船体外形的切线，此时排水体积 $\nabla_1 = 0$，浮心位置切点位置坐标为（y_{B1}，z_{B1}），因此各倾角的 l_S 曲线的起点坐标分别是（$\nabla_1 = 0$，$l_s = y_{B1} \cdot \cos\phi + z_{B1} \cdot \sin\phi$）。起点和终点再加其余各点，形成完整的 l_S 曲线。

（5）绘制静稳性曲线。

根据给定的排水量和重心高度 z_G 按式（5-14）可求得各倾角下的复原力臂 l，并绘制静稳性曲线 $l = f(\phi)$。

$$l = y_\phi \cdot \cos\phi + z_\phi \cdot \sin\phi - z_G \cdot \sin\phi \tag{5-14}$$

5-4　上层建筑及自由液面对静稳性曲线的影响

上节中得到的静稳性曲线只计算到船体主体部分（即上甲板）为止。但对于具有水密上层建筑，如满足规范的要求，也可计入上层建筑对静稳性曲线的影响。因为水密的上层建筑在入水后也产生相应的浮力和复原力矩。此外，船内设有一定数量的燃油舱、淡水舱和压载水舱，当它们具有自由液面时，舱内的液体重心将随着船舶倾斜而移动，形成一个倾斜力矩。因此，在船舶主体的静稳性曲线计算完毕后，通常还需计算上层建筑和自由液面对稳性的影响，并进行必要的修正。现分别讨论如下。

1. 上层建筑对静稳性曲线的影响

图 5-11 表示某一横剖面处考虑上层建筑的情况。当船舶横倾 ϕ 角而浮于水线 $W_\phi L_\phi$ 时，设上层建筑入水部分的横剖面积为 δA，面积形心在 g 处，对轴线 NN 的面积静矩为 $\delta m = \delta A \cdot \overline{Op}$。沿长度方向进行积分，便可求得上层建筑入水部分的体积 $\delta V'_\phi$ 及其对轴线 NN 的静矩 δM_ϕ

$$\delta V'_\phi = \int_{-\frac{l}{2}}^{+\frac{L_S}{2}} \delta A \, \mathrm{d}x$$

$$\delta M_\phi = \int_{-\frac{L_S}{2}}^{+\frac{L_S}{2}} \delta m \, \mathrm{d}x$$

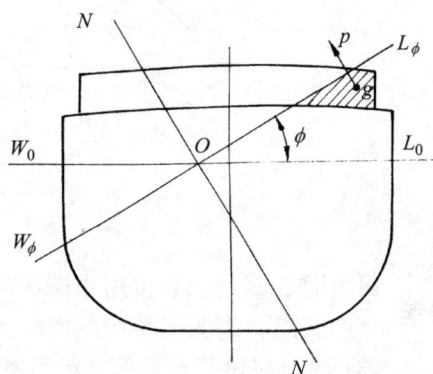

图 5-11　上层建筑入水情况

式中 L_S 为上层建筑的长度。

船舶主体在倾斜水线 $W_\phi L_\phi$ 时的排水体积 ∇_ϕ 及其对轴线 NN 的体积静矩 M_ϕ 已在 5-3 中求得，故考虑上层建筑以后的总排水体积及其对 NN 的静矩为

$$\nabla_{\phi S} = \nabla_\phi + \delta V_\phi$$

$$M_{\phi S} = M_\phi + \delta M_\phi$$

因而，浮力 $w\nabla_{\phi S}$ 的作用线至 NN 的距离为

$$l_{\phi S} = \frac{M_{\phi S}}{\nabla_{\phi S}}$$

由式（5-7）可知，考虑上层建筑以后的浮力 $w\nabla_{\phi S}$ 的作用线至假定重心 S 点的距离为

$$l'_S = l_{\phi S} + c\cos\phi + (d_0 - z_S)\sin\phi$$

由式(5-12)即可求得考虑上层建筑后的静稳性臂为

$$l' = l'_s - (z_G - z_s)\sin\phi$$

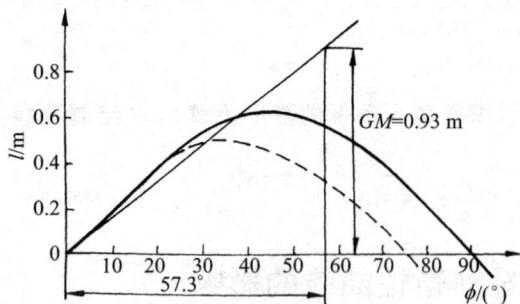

图 5-12 静稳性臂曲线

图 5-12 是某船满载出港时考虑和不考虑上层建筑时静稳性曲线图。虚线是不考虑上层建筑的静稳性臂曲线,实线是计入上层建筑后的静稳性臂曲线。由图中可见,两者具有一定的差别。

上层建筑对静稳性曲线的影响来自水体积增加引起的浮心横移增大,即复原力臂 $\overline{GZ}$ 增大,因此总是有利的,但仅在上层建筑入水后才起作用(见图 5-12)。其计算原理也是力矩合成原理,类似还有按规定可计入影响的可封闭体积物,如甲板室,舱口(盖)等。

由于上层建筑的形状比较简单,其入水部分的横剖面可简化为三角形和四边形两种,因而用图解法计算最为方便,现介绍如下。

(1) 当上层建筑入水部分的形状为三角形时(见图 5-13(a)),其面积为

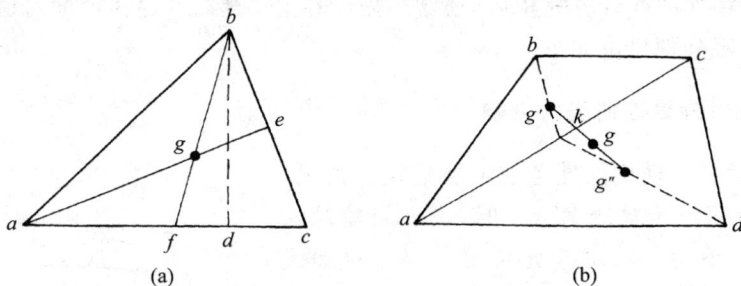

图 5-13 上层建筑横剖面简化形状图

$$\delta A = \frac{1}{2}\,\overline{ac}\cdot\overline{bd}$$

面积形心 g 的位置可用作图法求得。把三角形的两边 $\overline{bc}$ 和 $\overline{ac}$ 等分,得中点 e 和 f,则直线 $\overline{ae}$ 和 $\overline{bf}$ 的交点 g 即为三角形的面积形心。

(2) 当上层建筑入水部分的形状为四边形时(见图 5-13(b)),则可以把它分成两个三角形。两个三角形的面积及其形心可用上述方法求得。而四边形 $abcd$ 和形心位置 g 可用下述作图法求得。设 g' 及 g'' 分别为 $\triangle abc$ 及 $\triangle adc$ 的形心,用直线连接 $\overline{g'g''}$,并与直线 $\overline{ac}$ 交于 k 点,令 $\overline{gg'} = \overline{kg''}$,则 g 点即为四边形的面积形心。

知道了面积 δA 和形心 g 的位置后,就可在图上量出 g 点至轴线 NN 的距离,进而算出面积静矩 δm。

上层建筑入水部分体积 $\delta V'_\phi$ 及其对 NN 轴线的静矩 δM_ϕ 可用数值积分法进行计算,并应按上层建筑的具体情况分段进行(如首楼、尾楼、桥楼等)。在用手算时常采用梯形法或辛氏法进行计算。

2. 自由液面对静稳性臂曲线的影响

当船内液体舱中存在自由液面时,舱内液体将随船舶的倾斜而移动,因而对于静稳性曲线

有一定影响。

如图 5-14 所示，船舶在正浮时舱内液体的表面为 ab，重心位于 g 点。当船舶横倾 ϕ 角后，舱内液体向倾斜一侧移动，液面为 cd，重心自 g 点移至 g_1 点，移动的横向距离为 y，因此产生了一个倾斜力矩为

$$M_H = w_1 V y$$

式中，V 为舱内液体的体积；w_1 为舱内液体的重量密度。

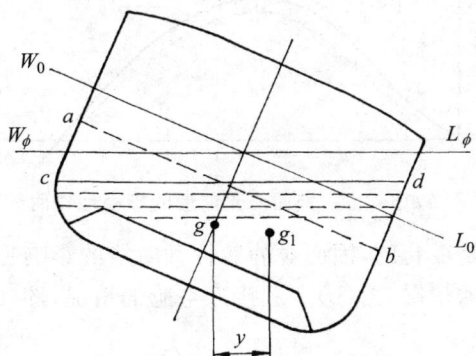

图 5-14　舱内的自由液面

设船舶原来的复原力矩为 $M_R = \Delta l$，现在由于自由液面的影响，故船舶的实际复原力矩为

$$M'_R = \Delta l - M_H = \Delta \left(l - \frac{M_H}{\Delta} \right) = \Delta(l - \delta l)$$

式中 $\delta l = \dfrac{M_H}{\Delta} = \dfrac{w_1 V y}{\Delta}$ 为自由液面对静稳性臂的影响。

当船舶的横倾角 ϕ 较大时，必须直接计算自由液体的倾斜力矩 M_H，才能求得 $\delta l = \dfrac{M_H}{\Delta}$ 值，计算原理类似于大倾角稳性中自由液面倾斜后体积及浮心（形心 g_1）和复原力臂（力矩）的计算原理。

当自由液面的影响较小时，故常用图解法进行计算，并把舱的横剖面简化成三角形或四边形，具体步骤是

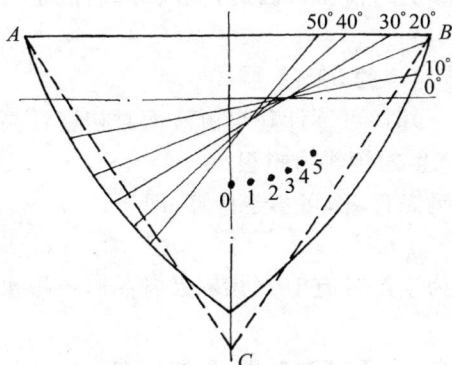

图 5-15　某船尾尖舱

（1）将液体舱分成适当的站数，并画出各站处的横剖面形状。

（2）画出各倾角的液面线。

（3）用图解法求出液面线以下的横剖面积及其形心位置（见图 5-13）。

（4）沿舱长方向近似积分，便可求得舱内液体的体积 V 及其重心 g 的位置，进而可以求出 M_H 及 δl。

为了简便起见，对某些不太规则的剖面形状可先化作三角形或四边形。图 5-15 是某船的尾尖舱，在计算时我们先把它的剖面简化成 $\triangle ABC$，然后画出各倾角的液面线，并把各液面线下的面积形心（0，1，2，…）也相应地标记在图上。

为了减少计算和制图工作，有时采用以下更为简化的办法。

（1）只画出液体舱的某一平均剖面。

（2）用作图法求出各等面积倾斜液面下的面积形心位置。

（3）分别量出各倾斜液面线下面积形心的横向移动距离 y。

（4）假定上述 y 值即为该舱液体在各倾角时体积形心的横向移动距离。若舱内的液体体积为 V，则即可算出各倾角下的倾斜力矩 $M_H = w_1 V y$ 及自由液面对静稳性臂的影响数值 $\delta l = \dfrac{M_H}{\Delta}$。

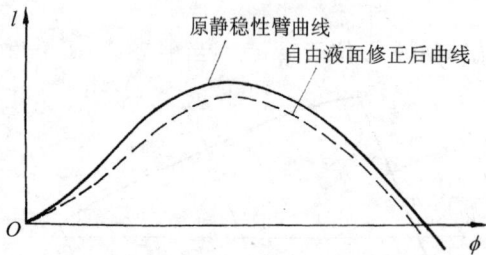

图 5-16　自由液面修正前后的静稳性臂曲线

图 5-16 表示自由液面修正前后的静稳性曲线。

有些规范中还采用了比上述更简便的办法，即只算出倾角 $\phi = 30°$ 时的 δl_{30}，$\phi > 30°$ 的 δl 均取为 δl_{30}，$0° \sim 30°$ 的 δl 按线性变化选取，即 $\delta l_{10} = \dfrac{\delta l_{30}}{3}$，$\delta l_{20} = \dfrac{2\delta l_{30}}{3}$。这可使计算的工作量大大减少，而计算精度并不受到太大的影响。

船舶在航行过程中，舱内的燃油或淡水数量是变化的，因而对静稳性臂曲线的影响也是变化的。图 5-17 中，图(a)表示液体舱室接近装满的情况；图(b)表示接近空舱的情况；图(c)表示液体约为半舱的情况。

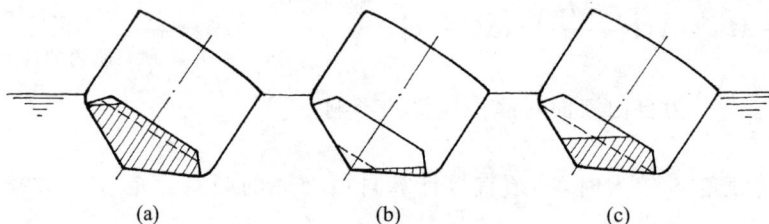

图 5-17　液体舱室满舱、空舱和半舱的情况

从图中可以看出，在接近满舱或空舱时，自由液面对稳性的影响很小，但在半舱时其影响较大。在稳性计算中，应该把影响最大的情况作为进行修正的依据。因此，我国《海船法定检验技术规则》中规定

（1）在计算大倾角自由液面影响时，舱内液体一律取舱容的 50%。

（2）舱内液体在接近满舱（95% 以上）或空舱（5% 以下）时，可不计其自由液面对初稳性高及稳性曲线的影响（但对大型油轮等除外），因为此时所产生的倾斜力矩很小。

（3）舱内因存在自由液面而产生的倾斜力矩符合下列条件者，可不予计算，即

$$M_{30} < 0.01\Delta_{\min}$$

式中 M_{30} 为船舶倾斜 30° 时液体的移动力矩（t·m）；$\Delta_{\min}$ 为空船带有 10% 燃料及备品时的排水量（t）。

在计算自由液面对静稳性臂的影响时，一般只考虑燃油舱及淡水舱即可，而压载水舱在加压载水时通常都是装满的，若装满或空舱可以不必考虑。为了减小自由液面的影响，船上在使用燃油和淡水时，将某一舱中的燃油或淡水用完后再用其他舱中的燃油或淡水，尽量使存在自由液面的舱数最少。

5-5　静稳性曲线的特征

上面我们着重讨论了船舶静稳性曲线的计算问题，下面对静稳性曲线的特征、形状和意义进行分析讨论。

如果静稳性曲线图的纵坐标用不同的比尺标出复原力臂 l 和复原力矩 M_R，则可同时表示出复原力臂 l、复原力矩 M_R 和横倾角 ϕ 之间的关系，如图 5-18 所示。有了静稳性曲线以后，我们就可以分析它的特性。

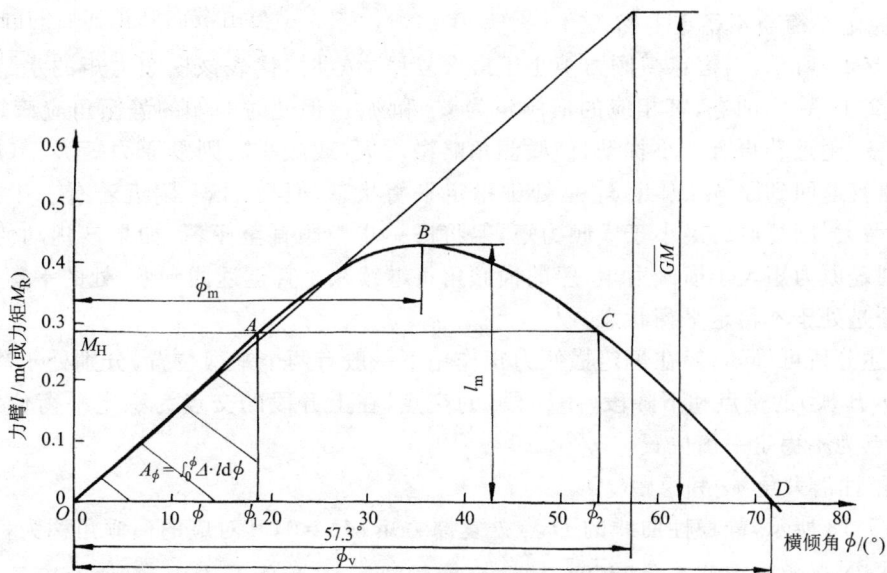

图 5-18　静稳性曲线图

1. 静稳性曲线的特征

船舶静稳性曲线的主要特征。

（1）在原点处的斜率。

根据式（5-14），复原力臂 l 计算式为

$$l = y_\phi \cdot \cos\phi + z_\phi \cdot \sin\phi - z_G \cdot \sin\phi$$

将上式对 ϕ 求导，得

$$\frac{\mathrm{d}l}{\mathrm{d}\phi} = \frac{\mathrm{d}y_\phi}{\mathrm{d}\phi} \cdot \cos\phi - y_\phi \cdot \sin\phi + \frac{\mathrm{d}z_\phi}{\mathrm{d}\phi} \cdot \sin\phi + z_\phi \cdot \cos\phi - z_G \cdot \cos\phi \qquad (5\text{-}15)$$

$$\frac{\mathrm{d}y_\phi}{\mathrm{d}\phi} = \overline{B_\phi M_\phi} \cdot \cos\phi \qquad \frac{\mathrm{d}z_\phi}{\mathrm{d}\phi} = \overline{B_\phi M_\phi} \cdot \sin\phi \qquad (5\text{-}16)$$

将式（5-16）代入式（5-15），可得

$$\frac{\mathrm{d}l}{\mathrm{d}\phi} = \overline{B_\phi M_\phi} \cdot \cos^2\phi - y_\phi \cdot \sin\phi + \overline{B_\phi M_\phi} \cdot \sin^2\phi + z_\phi \cdot \cos\phi - z_G \cdot \cos\phi$$

当 $\phi \to 0$ 时，$\overline{B_\phi M_\phi} \to \overline{BM}$，$z_\phi \to z_B$，$\sin\phi \to 0$，$\cos\phi \to 1$，则

$$\frac{\mathrm{d}l}{\mathrm{d}\phi} = \overline{BM} + z_B - z_G = \overline{GM}$$

由上式可知，静稳性曲线在原点处的斜率等于初稳性高 $\overline{GM}$，我们常用此特性来绘制或检验静稳性曲线的起始段。

（2）最大复原力臂 l_m 及其对应的横倾角 ϕ_m。

静稳性曲线的最高点 B 的纵坐标值是船舶在横倾过程中所具有的最大复原力矩（或复原力臂），表示船舶所能承受的最大静态横倾力矩。若外来的恒定（静态）横倾力矩超过此值，则船将倾覆。因此，B 点的纵坐标值称为最大复原力矩（或力臂 l_m），其对应的横倾角（B 点横坐标值）称为极限静倾角 ϕ_m。

103

（3）稳定平衡与不稳定平衡。

如图 5-18 所示，当恒定横倾力矩小于最大复原力矩时，代表该横倾力矩的水平线与静稳性曲线相交于 A、C 两点，其相应的横倾角为 ϕ_1 和 ϕ_2。但此时船舶的静倾角应该是 ϕ_1，理由如下。在 ϕ_1 附近若再有一小扰动，使横倾角略微增大（或减小），则复原力矩大于（或小于）横倾力矩，船将返回到原 ϕ_1，因此 ϕ_1 是处于稳定平衡状态；但当在 ϕ_2 附近若有一小扰动，使横倾角略微增大，则复原力矩小于横倾力矩，船将进一步横倾直至倾覆，如果该扰动使横倾角略微减小，则复原力矩大于横倾力矩，船的横倾角将继续减小直至返回到 ϕ_1 处的平衡位置，因此船在 ϕ_2 处是处于不稳定平衡状态。

由上述分析可推知，船在恒定横倾力矩作用下一般有两个平衡位置，分别处于静稳性曲线上升线（O-B 段）的交点和下降段（B-D 段）的交点，在上升段的交点为稳定平衡位置，而在下降段的交点为不稳定平衡位置。

（4）稳性消失角 ϕ_v 和稳距 $\overline{OD}$。

如图 5-18 所示，静稳性曲线的 D 点处复原力矩 $M_R=0$，其对应的横倾角称为稳性消失角 ϕ_v，原点至 D 点的距离称为稳距 $\overline{OD}$（或称稳性范围）。在稳距范围内，复原力矩是正值，超出稳距范围，复原力矩为负值，使船因无复原可能而继续倾斜至倾覆。

（5）静稳性曲线 $l=f(\phi)=y_\phi \cdot \cos\phi + z_\phi \cdot \sin\phi - z_G \cdot \sin\phi$ 是奇函数

按奇函数性质 $f(-\phi)=-f(\phi)$ 证明 $f(-\phi)=y_{-\phi} \cdot \cos(-\phi) + z_{-\phi} \cdot \sin(-\phi) - z_G \cdot \sin(-\phi) = -y_\phi \cdot \cos\phi + z_\phi \cdot (-\sin\phi) - z_G \cdot (-\sin\phi) = -(y_\phi \cdot \cos\phi + z_\phi \cdot \sin\phi - z_G \cdot \sin\phi) = -f(\phi)$

于是按静稳性曲线是奇函数的性质得出对称于原点，就可根据图 5-18 静稳性曲线（右倾时）很容易绘制出横坐标轴负方向的静稳性曲线（左倾时）。

（6）静稳性曲线下的面积。

如图 5-18 所示，静稳性曲线下从原点到 ϕ 点的面积 $\int_0^\phi M_R d\phi$ 等于船倾斜 ϕ 角度后复原力矩所做的功，或者说是船倾斜后所具有的位能（能量）。显然，静稳性曲线下的面积越大，船舶所具有可抵抗横倾力矩的位能（能量）就越大，即船舶的稳性就越好。

实际上，静稳性曲线的特征值，如原点处的斜率、最大复原力矩和极限静倾角、稳距或消失角等已大致限定了静稳性曲线的轮廓及面积。而且这些特征值都是表征船舶稳性的重要标志，因此《海船法定检验技术规则》中对其数值都有明确的规定。

稳性的基本曲线就是静稳性曲线。它是对应于某个载况及排水量 Δ 的，船舶通常有多种载况（排水量 Δ），因此船舶的静稳性曲线实际上是一簇参数曲线 $l=f(\phi,\Delta)$，其中 ϕ 是自变量，排水量 Δ 是参数。但静稳性曲线通常仍记为 $l=f(\phi)$。

2. 典型的静稳性曲线图

初稳性高 $\overline{GM}$ 的大小对静稳性曲线的形状有直接影响。图 5-19 表示 3 种典型的船舶静稳性曲线图。

图（a）初稳性高 $\overline{GM}$ 较大，最大复原力臂 l_m 也不小，稳性消失角可达 $60°\sim90°$。具有这种静稳性曲线的船舶一般船宽较大、干舷较小，如江船之类。通常这类船舶的稳性是足够的，但遇到风浪时会产生剧烈的摇摆，对于海船来说并不理想。

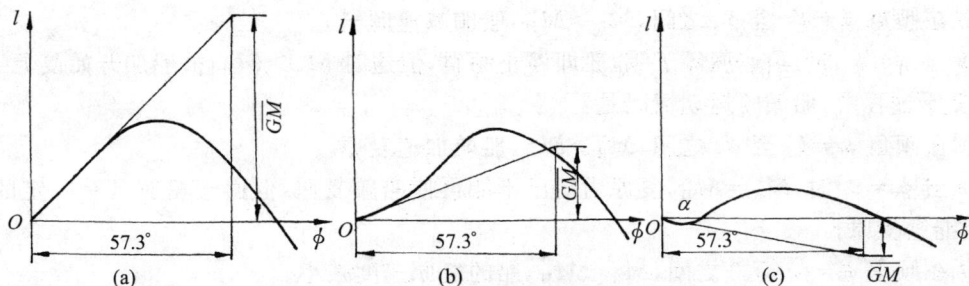

图 5-19　3 种典型的船舶静稳性曲线

图(b)初稳性高$\overline{GM}$较小,但曲线很快地超出在原点处的切线,最大复原力臂 l_m 也不小,稳性消失角较大。具有这种静稳性曲线的船舶一般干舷较高,如海船,通常这类船舶的大倾角稳性是足够的,遇到风浪时摇摆相对较缓和,这种静稳性曲线较为理想。

图(c)初稳性高$\overline{GM}$为负值,这种船在静水中虽然不会翻掉,但因正浮位置是不稳定平衡,故具有一永倾角 α。其大倾角稳性较差,通常不允许出现这种情况。

5-6　动　稳　性

1. 基本概念

前面讨论的船舶稳性问题,都是属于静稳性范畴。即假定外力矩逐渐作用在船上,船在倾斜过程中倾斜得很慢,因而认为角速度等于零。当外力矩 M_H 与复原力矩 M_R 相等时,船即平衡于某一横倾角 ϕ_1,ϕ_1 称为静横倾角,如图 5-20 所示。船上横向移动重物或在船的一侧缓慢装卸货物等情况,都可以看作是外力矩的静力作用。

但是实际情况是船舶在海上航行时经常受到外力矩 M_H 的突然作用,如阵风的突然吹袭、海浪的猛烈冲击等。船舶在受到外力矩 M_H 的突然作用后将很快地产生倾斜,且在倾斜过程中具有一定的角速度,这种情况与静力作用完全不同。

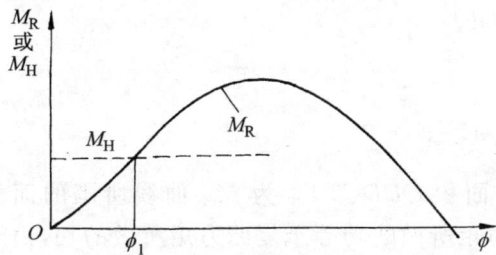

图 5-20　静力作用下的横倾角

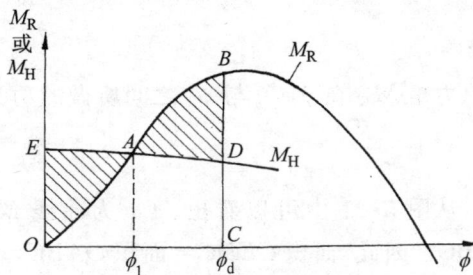

图 5-21　动力作用下的横倾角

参阅图 5-21,设有一个外力矩 M_H 突然作用在船上,使船以很快的速度产生倾斜。现对船在受力后的运动情况具体分析如下。

在倾斜过程中,船舶的运动情况是

(1) 在倾角 $\phi = 0$ 至 ϕ_1 之间,$M_R < M_H$,船在外力矩作用下加速倾斜。

(2) 当 $\phi = \phi_1$ 时,$M_R = M_H$,外力矩虽已不能再使船舶继续倾斜,但由于船舶具有一定的角速度(亦即具有一定的动能),在惯性的作用下船将继续倾斜。

（3）在倾角 $\phi = \phi_1$ 至 ϕ_d 之间，$M_R > M_H$，船舶减速倾斜。

（4）当 $\phi = \phi_d$ 时，角速度等于零，船即停止倾斜，但这时 $M_R > M_H$，故船舶开始复原。

在复原过程中，船舶的运动情况是：

（1）在倾角 $\phi = \phi_d$ 至 ϕ_1 之间；$M_R > M_H$，船舶加速复原。

（2）当 $\phi = \phi_1$ 时，$M_R = M_H$，复原力矩已不能再使船舶复原，但由于船舶具有一定的角速度，故将继续复原。

（3）在倾角 $\phi = \phi_1$ 至 0 之间，$M_R < M_H$，船的复原速度减小。

（4）在倾角 $\phi = 0$ 时，船的复原速度等于零而停止复原。但这时 $M_R = 0$，外力矩 M_H 又使船产生倾斜。

这样，船舶将在倾角 0 与 ϕ_d 之间往复摆动，但由于水及空气阻力的作用，船的摆动角速度逐渐减小，最后将平衡于 ϕ_1 处，如图 5-22 所示。船在动力作用下的横倾角 ϕ_d 称为动横倾角。

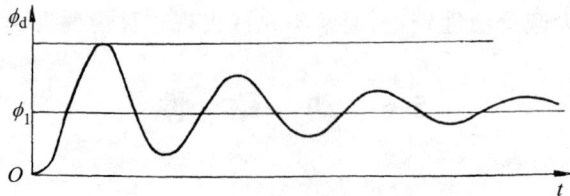

图 5-22　倾斜过程中船舶的往复摆动

从上述分析可知，船舶在外力矩 M_H 的动力作用下，即使已经达到了 $M_R = M_H$，船舶仍将继续倾斜，直至 ϕ_d 时才开始复原运动。而动横倾角 ϕ_d 较静横倾角 ϕ_1 大很多，这当然是比较危险的情况，故在讨论船舶的大倾角稳性时，必须研究动稳性问题。

在外力矩的动力作用下，船舶倾斜时具有一定的角速度，只有当外力矩 M_H 所做的功完全由复原力矩 M_R 所做的功抵消时，船的角速度才变为零而停止倾斜。根据这个原理，我们可以决定动力作用下的动横倾角 ϕ_d。

当船舶由 $\phi = 0$ 倾斜至 ϕ_d 时，外力矩 M_H 所做的功为

$$T_H = \int_0^{\phi_d} M_H \mathrm{d}\phi$$

复原力矩 M_R 在 $\phi = 0$ 与 ϕ_d 之间所做的功为

$$T_R = \int_0^{\phi_d} M_R \mathrm{d}\phi$$

从图 5-21 中可以看出，T_H 为曲线 M_H 所围面积 $OEDC$，T_R 为 M_R 曲线所围的面积 $OABC$。因此，面积 $OEDC$ = 面积 $OABC$，表示外力矩所做的功等于复原力矩所做的功，由于面积 $OADC$ 为两者所共有，故面积 OEA = 面积 ABD（图中阴影线部分），D 点所对应的倾斜角即为动横倾角 ϕ_d。

综上所述，关于静稳性和动稳性的特点可概括如下。

船舶在外力矩的静力作用下，横倾时的角速度很小，可以认为等于零。而当复原力矩 M_R 和倾斜力矩 M_H 相等时即达到平衡状态。因此，船舶的静稳性是以复原力矩来表达的，平衡方程是力矩平衡条件，即 $M_H = M_R$。

船舶在外力矩的动力作用下，横倾时具有角速度。只有当外力矩所做的功 T_H 完全由复

原力矩所做的功 T_R 所抵消时,船的角速度才变为零而停止倾斜。因此,船舶的动稳性是以复原力矩所做的功来表达的,平衡方程是能量(功)平衡条件,即 $T_H = T_R$。

2. 动稳性曲线

当船舶横倾至 ϕ 时,复原力矩 M_R 所做的功为

$$T_R = \int_0^\phi M_R \mathrm{d}\phi$$

式中复原力矩($M_R = \Delta l$)随 ϕ 的变化规律是由静稳性曲线来表示的,如图 5-23(a) 所示。

复原力矩所做的功又可写成

$$T_R = \int_0^\phi M_R \mathrm{d}\phi = \Delta \int_0^\phi l \mathrm{d}\phi$$

或

$$T_R = \Delta l_d$$

式中,$l_d = \int_0^\phi l \mathrm{d}\phi$ 称为动稳性臂;T_R 或 l_d 随 ϕ 而变化的曲线称为动稳性曲线。

因此,动稳性曲线是静稳性曲线的积分曲线。有了静稳性曲线(M_R 或 l),就可以用近似计算方法求出动稳性曲线(T_R 或 l_d),如图 5-23(b) 所示。静稳性曲线和动稳性曲线之间有下列关系。

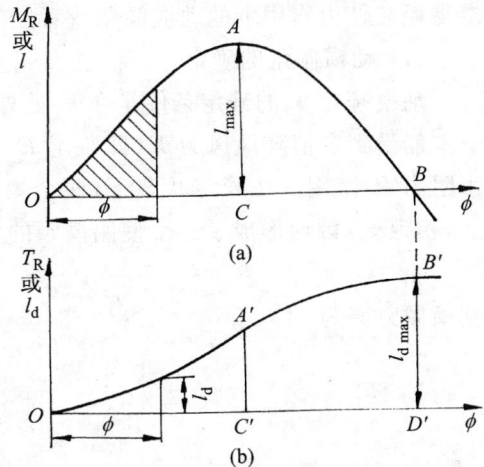

图 5-23　静稳性曲线和动稳性曲线

(1) 在 $\phi = 0$ 处,静稳性臂 $l = 0$,动稳性臂 l_d 也等于零,这是 l_d 的最小值。

(2) 当 ϕ 等于极限静倾角 ϕ_{max} 时,静稳性臂达最大值 l_{max},在动稳性臂 l_d 曲线上表现为反曲点 A'。

(3) 当 ϕ 等于稳性消失角时,$l = 0$,动稳性臂 l_d 达最大值 $l_{d max}$。

(4) 动稳性曲线在某一倾角处的纵坐标代表静稳性曲线至该处所围的面积,例如,在图 5-23 中,动稳性曲线的纵坐标 $A'C'$ 代表静稳性曲线图的面积 OAC;动稳性曲线的纵坐标 $B'D'$ 代表静稳性曲线图的面积 OAB。

(5) 静稳性曲线是奇函数,动稳性曲线是偶函数。

[**例 1**]　某船在横倾角 $\phi = 45°$ 时,动稳性臂 $l_d = 0.7$ m,这时浮心横向坐标 $y_\phi = 2.55$ m,求船在该横倾角时的复原力臂 l,船正浮时重心在浮心之上的距离 $a = z_G - z_B = 2.1$ m。

解:已知静稳性臂计算式 $l = y_\phi \cdot \cos\phi + z_\phi \cdot \sin\phi - z_G \cdot \sin\phi$,对其积分求动稳性臂 l_d,得 $l_d = \int l \cdot \mathrm{d}\phi = y_\phi \cdot \sin\phi - z_\phi \cdot \cos\phi + z_G \cdot \cos\phi + C$,令 $\phi = 0$ 时 $l_d = 0$,得 $C = -(z_G - z_B)$,代入求得动稳性臂计算式 $l_d = y_\phi \cdot \sin\phi - z_\phi \cdot \cos\phi + z_G \cdot \cos\phi - (z_G - z_B)$

根据上式并代入 a,可解出 $z_\phi = \dfrac{[-l_d + y_\phi \cdot \sin\phi + z_G \cdot \cos\phi - a]}{\cos\phi}$ 并代入静稳性臂计算式,得

静稳性臂　$l = y_\phi \cdot \cos\phi + \dfrac{[-l_d + y_\phi \cdot \sin\phi + z_G \cdot \cos\phi - a]}{\cos\phi} \cdot \sin\phi - z_G \cdot \sin\phi$

可简化为 $l = y_\phi \cdot \cos\phi + [-l_d + y_\phi \cdot \sin\phi - a] \dfrac{\sin\phi}{\cos\phi} + z_G \cdot \sin\phi - z_G \cdot \sin\phi$

再简化为 $l = y_\phi \cdot \cos\phi + (-l_d + y_\phi \cdot \sin\phi - a)\tan\phi$，代入已知数值，可求出

复原力臂 $l = 2.55 \cdot \cos 45° + (-0.7 + 2.55 \cdot \sin 45° - 2.1)\tan 45° = 0.806$

因此，船在该横倾角时的复原力臂 $l = 0.806$ m。

3. 静稳性和动稳性曲线的应用

船舶在海上航行时会受到各种各样外力的作用，根据静稳性曲线或动稳性曲线，我们可以求得船在外力作用下的动横倾角或者船所能承受的最大外力矩。

（1）动横倾角的确定。

动横倾角 ϕ_d 的确定条件是在 ϕ_d 处外力矩所做的功等于复原力矩所做的功。

船受到定值阵风风力 F（即假定 F 不随 ϕ 变化）作用产生横漂，于是，水下部分受到横向水阻力 R 作用。在稳定状态下，两个力大小相等，方向相反。由于 F 和 R 不在同一水平线上，相距 z_f，因而形成了一个使船横倾的力矩 M_f，如图 5-24 所示。

$$M_f = F z_f$$

则横倾力臂为

$$l_f = \frac{M_f}{\Delta}$$

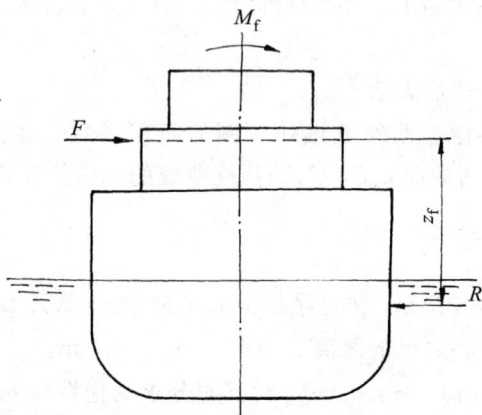

图 5-24　风力与横倾力矩

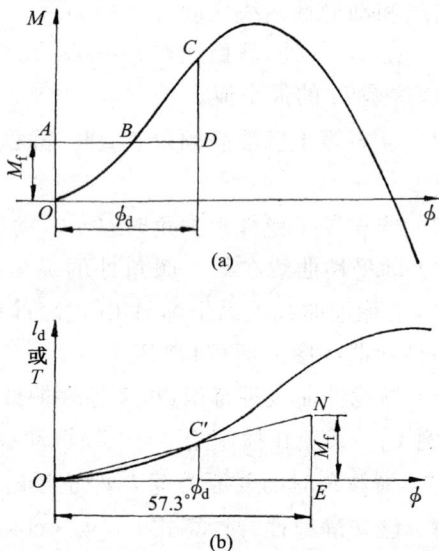

图 5-25　用静稳性或动稳性曲线决定动横倾角

现分别根据静稳性曲线和动稳性曲线求船舶在动力横倾力矩 M_f 作用下的动横倾角 ϕ_d。

作图法。在图 5-25(a) 上，作水平线 AD，令 $\overline{OA} = M_f$，并使面积 OAB ＝面积 BCD，便可求得动横倾角 ϕ_d。

数值法。解能量平衡方程 $T_H = T_R$，即 $\displaystyle\int_0^{\phi_d} M_H \mathrm{d}\phi = \int_0^{\phi_d} M_R \mathrm{d}\phi$，求出积分上限 ϕ_d。

但是，借助移动直线 CD 以凑得两个面积相等还是比较麻烦的，故通常直接应用动稳性曲

线来求取 ϕ_d。

显然,恒风作用下的横倾力矩 M_f 所做的功 $T_f = \int_0^\phi M_f \mathrm{d}\phi = M_f \phi$(横倾力臂 $l_{df} = \int_0^\phi l_f \mathrm{d}\phi = l_f \phi$)是一根直线,其斜率为 M_f(或 l_f)。当 $\phi = 1\,\mathrm{rad} = 57.3°$时,$T_f = M_f$ 或 $l_{df} = l_f$。这样,我们可在图 5-25(b)的横坐标上 $\phi = 57.3°$处垂直量取 M_f(或 l_f)得 N 点,连接 ON,则直线 ON 即为 T_f(或 l_{df})随 ϕ 而变化的规律。

T_f(或 l_{df})与 T_R(或 l_d)两曲线的交点 C' 表示横倾力矩 M_f 所做的功与复原力矩 M_R 所做的功相等。因此,与 C' 点相对应的倾角即为 ϕ_d。

(2)阵风作用下船舶所能承受的最大风倾力矩 $M_{f\max}$(或力臂 $l_{f\max}$)。

作图法。根据前面同样的道理,在如图 5-26(a)所示的静稳性曲线图上,作一水平线并使面积 OFG = 面积 GHK,且 K 点落在静稳性曲线的下降段上,表示复原力矩所做的功恰能等于该外力矩所做的功。故 $\overline{OF}$ 即为船舶所能承受的最大风倾力矩 $M_{f\max}$(或力臂 $l_{f\max}$),与 K 点相对应的倾角称为极限动横倾角 $\phi_{d\max}$。

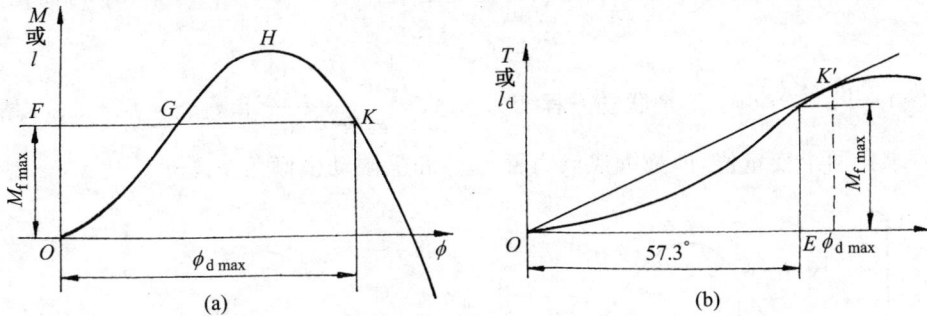

图 5-26 极限动横倾角

数值法。解能量平衡方程 $\int_0^{\phi_{d\max}} l_f \mathrm{d}\phi = \int_0^{\phi_{d\max}} l \cdot \mathrm{d}\phi$ 和静稳性曲线点 $l_{f\max} = f(\phi_{d\max})$ 的联立方程,求出两个变量值,即最大风倾力臂 $l_{f\max}$ 和极限动横倾角 $\phi_{d\max}$。

在如图 5-26(b)所示的动稳性曲线图上,过 O 点作与动稳性曲线相切的切线 OK',此直线表示最大风倾力矩 $M_{f\max}$ 所做的功,OK' 直线在 $\phi = 57.3°$处的纵坐标便是所求最大风倾力矩 $M_{f\max}$(或力臂 $l_{f\max}$),切点 K' 相对应的倾角便是极限动横倾角 $\phi_{d\max}$。

假使船舶正浮时作用于船上的风倾力矩(或力臂)大于 $M_{f\max}$(或 $l_{f\max}$),则表示该力矩所做的功的直线不再与动稳性曲线相交或相切,这就意味着在动力作用的情况下,船舶已经不能抵抗这样大的横倾力矩,船将倾覆。

(3)在风浪联合作用下,船舶所能承受的最大倾斜力矩 $M_{f\max}$(或力臂 $l_{f\max}$)。

船舶受到波浪作用产生摇摆,当船向迎风一舷横摇至最大摆幅 ϕ_0 并刚往回横摇时,突然受到一阵风的吹袭(见图 5-27),此时船最危险。因为这时复原力矩的方向与风倾力矩的方向一致,两个力矩加在一起促使船舶倾斜加剧。

由于船舶左右对称,故其静稳性曲线和动稳性曲

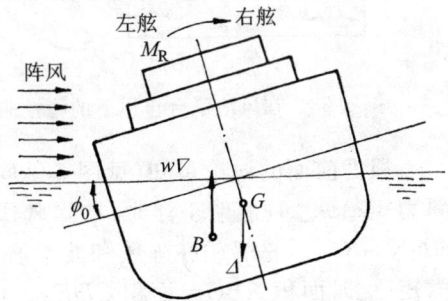

图 5-27 复原力矩与风倾力矩的共同作用

线必对称于过 O 点的纵轴。如图 5-28 所示，在图 5-28(a)上截取 $\overline{OG}=\phi_0$，作水平线 BE，令 $\overline{GB}=M_f$ 并使面积 $ABC=$ 面积 CDE，与 D 点对应的即为动横倾角 ϕ_d。从图上可以看出，若不考虑横摇角 ϕ_0，在同样的 M_f 作用下，动横倾角 ϕ_d' 要比 ϕ_d 小得多。同样在图 5-28(b)上，向左量 ϕ_0，在动稳性曲线上得 A' 点，由 A' 沿横轴取 57.3°，作垂线，截取 $\overline{B'N'}=M_f$，连 $A'N'$ 与动稳性曲线交于 D' 点，D' 相对应的横倾角即为 ϕ_d。由图 5-28(a)和(b)所得 ϕ_d 是完全一致的。

作图法。下面介绍如何确定 $M_{fmax}(l_{fmax})$。

在静稳性曲线图上，作水平线 FL 使面积 $AFH=$ 面积 HKL，且 L 点落在静稳性曲线下降段上，则 $\overline{GF}$ 即为船舶在风浪联合作用下所能承受的最大倾斜力矩 M_{fmax}（或力臂 l_{fmax}）。

数值法。解能量平衡方程 $\int_{-\phi_0}^{\phi_{dmax}} l_f \mathrm{d}\phi = \int_{-\phi_0}^{\phi_{dmax}} l \cdot \mathrm{d}\phi$ 和静稳性曲线点 $l_{fmax}=f(\phi_{dmax})$ 的联立方程，求出两个变量值，即最大风倾力臂 l_{fmax} 和极限动横倾角 ϕ_{dmax}。求解过程如下：

考虑到静稳性曲线对称于原点和倾斜力矩是定值，$\int_{-\phi_0}^{\phi_{dmax}} l_f \mathrm{d}\phi = \int_{-\phi_0}^{\phi_{dmax}} l \cdot \mathrm{d}\phi$ 可简化为 $l_{fmax} \cdot$

$(\phi_0 + \phi_{dmax}) = \int_{\phi_0}^{\phi_{dmax}} l \cdot \mathrm{d}\phi$，于是联立方程变为 $l_{fmax} = \dfrac{\displaystyle\int_{\phi_0}^{\phi_{dmax}} l \cdot \mathrm{d}\phi}{\phi_0 + \phi_{dmax}}$ 和 $l_{fmax}=f(\phi_{dmax})$，解此联立方程，即可求得两个变量值，即最大风倾力臂 l_{fmax} 和极限动横倾角 ϕ_{dmax}。

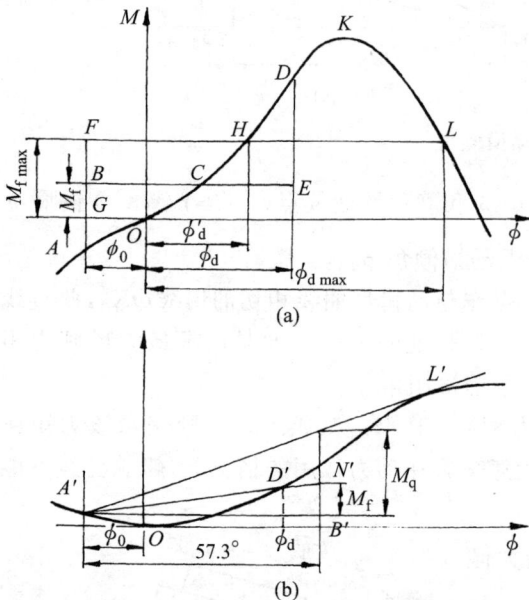

图 5-28　在风浪联合作用下的稳性曲线

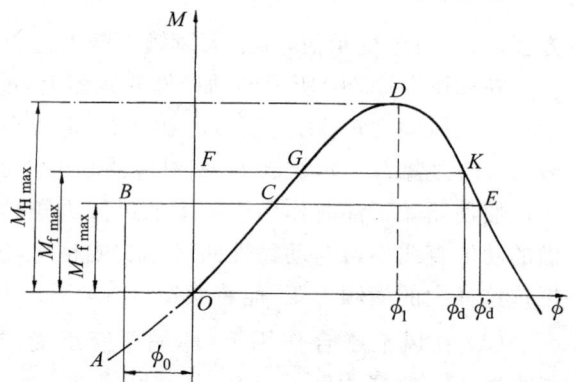

图 5-29　船舶能承受的三种最大倾斜力矩

根据前面的讨论可知（见图 5-29），M_{Hmax} 是船舶正浮时在静力作用下所能承受的最大倾斜力矩；M_{fmax} 是船舶正浮时，在阵风作用下所能承受的最大倾斜力矩（此时面积 $OFG=$ 面积 GDK）；M'_{fmax} 是船舶在阵风和波浪联合作用下，考虑共振横摇角 ϕ_0 时所能承受的最大倾斜力矩（此时面积 $ABC=$ 面积 CDE）。由图 5-29 中可见，$M_{Hmax}>M_{fmax}>M'_{fmax}$，其对应的横倾角 $\phi_1<\phi_d<\phi_d'$。显然，船舶在横摇至 ϕ_0 时，M'_{fmax} 是该船所能承受的最大倾斜力矩，倾斜

力矩达到或超过此值,船舶将倾覆。从船舶是否会倾覆来说,它又是使船倾覆的最小力矩(或力臂),所以称为最小倾覆力矩(或力臂),常记作 $M_q(l_q)$,ϕ'_d 称极限动倾角,记作 $\phi_{d\max}$,它表示船舶所允许横倾的最大角度。M_q(或 l_q)的确定,在如图 5-28(b)所示的动稳性曲线图上,过 A' 点作动稳性曲线的切线 $A'L'$,再从 A' 沿水平方向取 57.3°,作垂线与 $A'L'$ 交于一点,则该点在过 A' 点的水平线以上的纵坐标即为 M_q(或 l_q),切点 L' 对应的角度为 $\phi_{d\max}$。

从上可见,考虑横摇角 ϕ_0 的情况最危险。因此,我们总是依据风浪联合作用来进行大倾角稳性的核算。

这里需说明以下两点。

(1)外力矩一般是随横倾角 ϕ 变化的,特别是风力矩,多半是随着 ϕ 的增加而减小。像美国就假定风力矩随 $\cos^2\phi$ 变化,中国和日本的规范则取为不随 ϕ 而变的定值。这样可使计算、作图简便,外力矩在静稳性曲线图上是一水平线,在动稳性曲线图上是一斜直线,而且这样选取在实用上偏于安全,但绝不能造成一种错觉,认为外力矩总是不变的。

(2)用动稳性曲线求解要比用静稳性曲线方便,省去了凑面积相等的步骤。但是动稳性曲线的这一优点,只有当外力矩的积分曲线是一直线时才显示出来(即外力矩为定值)。在国外的有些规范中,规定外力矩是变化的,因此在进行大倾角稳性计算时用静稳性曲线反而方便,在这种情况下就不必计算动稳性曲线了。另外在计算机软件应用计算时,也是采用静稳性曲线计算。

4. 进水角和进水角曲线

船舶的甲板及上层建筑的侧壁上有许多开口(例如舱口、门和窗等),如果这些开口不是风雨密的,则当船舶倾斜时,水面达到某一开口处,海水将灌入船身主体内部,使船舶处于危险状态。因此,当倾斜水线到达该开口处即认为船舶丧失稳性。故在稳性校核时,还要计算水线到达最先进水的那个非风雨密开口处的倾斜角度 ϕ_E,ϕ_E 即称为进水角。进水角以后的静稳性曲线不再计算,使稳性的有效范围缩小,从而也就降低了船舶的抗风浪能力(参阅图 5-30)。

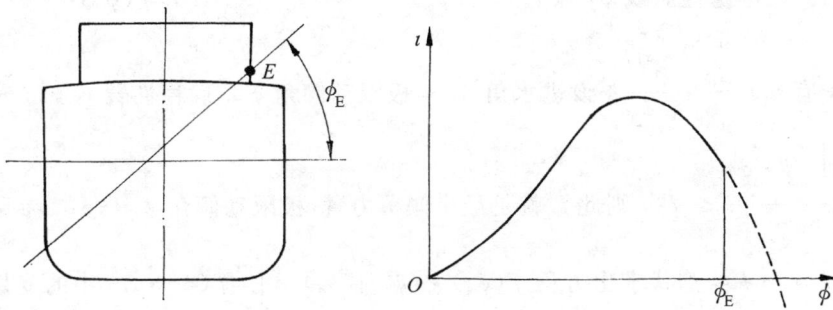

图 5-30 进水角与稳性有效范围的减小

船舶的进水角随排水体积的变化而变化,ϕ_E 随排水体积变化的曲线称为进水角曲线。船舶的进水角曲线可十分简便地求得。参阅图 5-31,设 E 点为船上最先进水的非风雨密开口下缘,过 E 点作与水平线成倾角 ϕ_1,ϕ_2,…,ϕ_5 的各倾斜水线,算出各倾斜水线下的排水体积 ∇_1,∇_2,∇_3,…。然后以进水角为纵坐标,排水体积为横坐标绘制 $\phi_E\text{-}\nabla$ 曲线,如图 5-32 所示。

设船舶在某一排水量时的稳性曲线如图 5-33 所示,根据排水体积在图 5-32 中查得进水角 ϕ_E,并把它画在图 5-33 上。显然,这时船舶的稳性曲线的有效部分至进水角 ϕ_E 处为止,然后,根据有效部分来决定最小倾覆力矩 M_q(或力臂 l_q)。

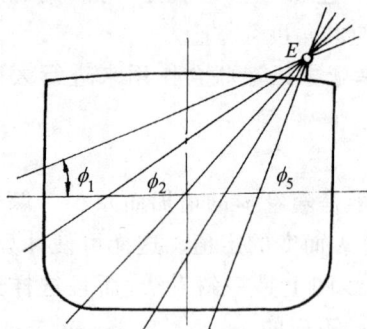

图 5-31　进水角

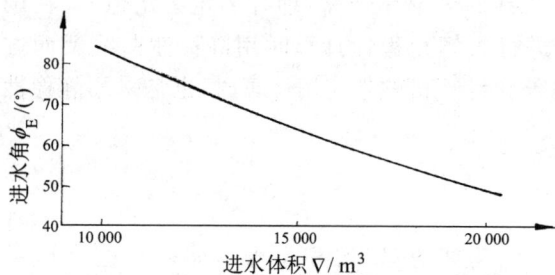

图 5-32　进水角曲线

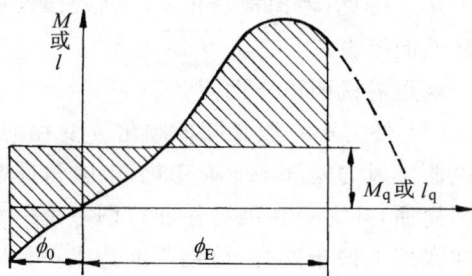

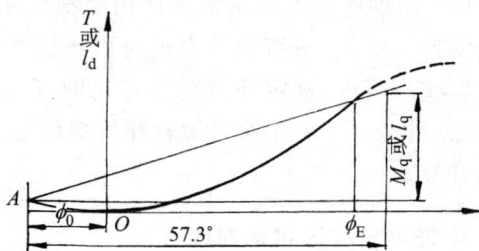

图 5-33　进水角下的最小倾覆力矩

再来分析计入进水角 ϕ_E 后根据静稳性曲线求最小倾覆力臂 l_q 的数值解法。

$$\text{联立方程}\begin{cases}\text{能量平衡条件}\displaystyle\int_{-\phi_0}^{\phi_q}l_f\mathrm{d}\phi=\int_{-\phi_0}^{\phi_q}l\cdot\mathrm{d}\phi\\\text{在静稳性曲线 }\phi_q\text{ 点 }l_q=f(\phi_q)\end{cases},\text{或简化为}\begin{cases}l_f\cdot(\phi_0+\phi_q)=\displaystyle\int_{\phi_0}^{\phi_q}l\cdot\mathrm{d}\phi\\l_q=f(\phi_q)\end{cases}$$

考虑 $l_f=l_q$,有 $l_q=\dfrac{\displaystyle\int_{\phi_0}^{\phi_q}l\cdot\mathrm{d}\phi}{\phi_0+\phi_q}$,设进水角 $\phi_E=$ 极限动倾角 ϕ_q,静稳性臂 $l_E=f(\phi_E)$。

若 $l_q=\dfrac{\displaystyle\int_{\phi_0}^{\phi_E}l\cdot\mathrm{d}\phi}{\phi_0+\phi_E}\leqslant l_E$,则此 l_q 就是最小倾覆力臂,极限动倾角 $\phi_q=\phi_E$,参见图 5-33。

否则记 $l=f(\phi)$,迭代求出方程 $f(\phi_q)\cdot(\phi_0+\phi_q)=\displaystyle\int_{\phi_0}^{\phi_q}f(\phi)\cdot\mathrm{d}\phi$ 中的变量 ϕ_q,再求出 $l_q=f(\phi_q)$。

5-7　船舶在各种装载情况下的稳性校核计算

这一节主要讨论如何根据稳性规范进行船舶的稳性校核。关于船舶稳性的衡准,各国的船舶检验部门或验船机构都有他们自己的规范。本节简要介绍我国海事局 2011 年颁布的《船舶与海上设施法定检验规则》(以下简称《规则》)中有关船舶稳性方面的问题。如果船舶在各种装载情况下的稳性都能满足《规则》中有关稳性的要求,则认为所设计建造的船舶具有足够的稳性。

我国《规则》是假定船舶没有航速,受横浪作用发生共振横摇,当摇至迎风一舷最大摆幅时,受一阵风作用而不致倾覆。《规则》把此海况作为船舶可能遇到的最危险情况来考虑,有关的衡准、规定都由此前提出发。

船舶的稳性随装载情况变化,为确保船舶在所有的装载情况都有足够的稳性,至少需要对几种典型的装载情况进行稳性校核。例如,普通货船需要进行稳性计算的装载情况有满载出港、满载到港、空载(或加压载)出港和空载(或加压载)到港4种,除上述4种典型装载情况外,如有对稳性更不利的其他情况也应进行核算,例如航行于冰区的船舶,应考虑船体水线以上部分因结冰而对稳性的影响。此外,船的类型不同,所要核算的装载情况亦不同,《规则》对此都有明确的规定。

以下简要介绍我国《船舶与海上设施法定检验规则——国内航行海船法定检验技术规则》中对稳性的要求。

1. 稳性衡准数 K

稳性衡准数 K 是对船舶稳性的重要基本要求之一。《规则》规定船舶在其所核算的各种装载情况下,稳性衡准数 K 应符合下列要求

$$K = \frac{M_q}{M_f} \geqslant 1$$

或

$$K = \frac{l_q}{l_f} \geqslant 1$$

式中,K 为稳性衡准数;M_q 为最小倾覆力矩(l_q 为最小倾覆力臂),表示船舶在最危险情况下抵抗外力矩的极限能力;M_f 为风压倾斜力矩(l_f 为风压倾斜力臂),表示在恶劣海况下风对船舶作用的动倾力矩(力臂)。

$K \geqslant 1$ 表示风压倾斜力矩小于使船舶倾覆所必需的最小倾覆力矩(至多是相等),所以船舶不至于倾覆,因而认为具有足够的稳性。

所谓稳性校核计算,主要就是计算 M_q 和 M_f,最后判断 K 值是否大于(等于)1。下面简略叙述 M_q(或 l_q)和 M_f(或 l_f)的计算方法。

(1) 最小倾覆力矩 M_q(或力臂 l_q)的计算。

M_q(或 l_q)是根据静稳性曲线或动稳性曲线以及横摇角 ϕ_0 来确定的。基本计算方法已在5-6 的静稳性和动稳性曲线的应用中进行过讨论,这里只对 ϕ_0 的计算作一些补充说明。计算时使用的稳性曲线必须经过自由液面修正和考虑进水角影响后的曲线,若有符合规则要求的上层建筑也可考虑计入在内。

关于 ϕ_0 的计算是基于船舶零航速且横对波浪。船舶在波浪中航行时,其横摇程度不仅与波浪有关,而且还与船型、船舶装载情况、附体等因素有关。

《规则》规定对圆舭形船舶,横摇角按下列公式计算

$$\phi_0 = 15.28 C_1 C_4 \sqrt{\frac{C_2}{C_3}}$$

式中 C_1、C_2、C_3、C_4 为系数。

系数 C_1、C_2、C_3、C_4 是分别与一些因素有关的系数。下面介绍如何选取这些系数。

系数 C_1 与波浪的波长、波高及周期有关。由于在船舶的自摇周期 T_ϕ 等于波浪周期 T_w 时,横摇最严重,所以 C_1 可以根据船舶的自摇周期 T_ϕ 及航区由图 5-34 查得,对遮蔽航区船舶,C_1 值按沿海航区查得值乘以 0.8。船舶自摇周期按下式计算

$$T_\phi = 0.58 f \sqrt{\frac{B^2 + \overline{KG}^2}{\overline{GM_0}}}$$

式中,$\overline{GM_0}$ 为所核算装载情况下未计及自由液面修正的船舶初稳性高(m);B 为不包括船壳板的最大船宽(m);d 为所核算装载情况下的型吃水(m);$\overline{KG}$ 为所核算装载情况下船舶重心至基线的垂向高度(m);f 为系数,按船舶的 $\dfrac{B}{d}$ 值由下表查得。

$\dfrac{B}{d}$	2.5 及以下	3.0	3.5	4.0	4.5	5.0	5.5	6.0	6.5	7.0 及以上
f	1.00	1.03	1.07	1.10	1.14	1.17	1.21	1.24	1.27	1.30

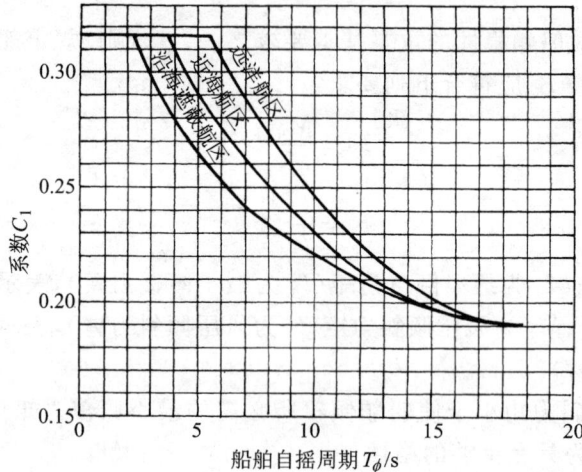

图 5-34 C_1-T_ϕ 曲线

规则把航区分为 4 类,即远海(远洋)航区、近海航区、沿海航区和遮蔽航区,船舶的稳性按此 4 类不同航区进行核算。所谓远洋航区是指无限航区;近海航区是指渤海、黄海及东海中距岸不超过 200 海里的海域,台湾海峡,南海中距岸不超过 120 海里(海南岛东海岸及南海岸距岸不超过 50 海里)的海域;沿海航区是指比近海航区距岸更近的海区,一般为 20 海里的海域;遮蔽航区是指沿海航区内遮蔽条件较好、波浪较小,且岛屿与海岸之间距离不超过 10 海里(但台湾海峡沿岸海域内,上述距离减半)的海域。由此可见,航区的划分实际上反映了对风浪大小不同的考虑,航行于不同航区的船舶必然受到不同风浪的作用。

系数 C_2 主要与波浪的有效波倾角系数有关,按下式计算

$$C_2 = 0.13 + \frac{0.6 \overline{KG}}{d}$$

计算 C_2 时,当 $C_2 > 1.0$ 时,取 $C_2 = 1.0$,当 $C_2 < 0.68$ 时,取 $C_2 = 0.68$。

系数 C_3 主要与船舶的宽度吃水比 $\dfrac{B}{d}$ 有关,按下表查得。

$\dfrac{B}{d}$	2.5 及以下	3.0	3.5	4.0	4.5	5.0	5.5	6.0	6.5	7.0 及以上
C_3	0.011	0.013	0.015	0.017	0.018	0.019	0.020	0.021	0.022	0.023

系数 C_4 主要与船舶的类型和舭龙骨的尺寸有关,按下表查得。

$A_b/LB/(\%)$	0	0.5	1.0	1.5	2.0	2.5	3.0	3.5	4.0 及以上
干货船、油船、集装箱船、海驳	1.000	0.754	0.685	0.654	0.615	0.577	0.523	0.523	0.523
客船、渔船、拖船	1.000	0.885	0.823	0.769	0.708	0.654	0.577	0.546	0.523

表中 A_b 是舭龙骨的总面积(m^2),L 为垂线间长(m),B 为型宽(m)。对于有方龙骨的船舶,可将其侧面积计入舭龙骨面积 A_b 之内;对于装有减摇鳍的船舶,在计算 ϕ_0 时,不应计入其作用,但减摇鳍面积可计入舭龙骨面积。

对其他特殊线型的船舶,C_2、C_3 和 C_4 应经验船部门同意后采用。对折角线型船舶,ϕ'_0 可按下式计算

$$\phi'_0 = 0.8\,\phi_0$$

式中 ϕ_0 为相应于无舭龙骨圆舭型船的横摇角。

(2) 风压倾斜力矩 M_f(或力臂 l_f)的计算。

风压倾斜力臂 l_f(m)可按下式求得

$$l_f = \frac{pA_fZ}{9810\Delta}$$

式中,A_f 为船舶受风面积(m^2),即船体水线以上部分的侧投影面积;Z 为船舶受风面积中心至水线的距离(m),即计算风力作用力臂。A_f 和 Z 均可根据船舶的总布置图算得,规则中有详细介绍;Δ 为所核算装载情况下的船舶排水量(t);p 为计算风压(Pa,即 N/m^2)。根据航区和计算风力作用力臂 Z 由下表查得。

航 区	计算风力作用力臂 Z/m						
	1.0	1.5	2.0	2.5	3.0	3.5	4.0
远海航区	829	905	976	1 040	1 099	1 145	1 185
近海航区	448	493	536	574	603	628	647
沿海、遮蔽航区	228	248	268	284	301	314	326

航 区	计算风力作用力臂 Z/m					
	4.5	5.0	5.5	6.0	6.5	$\geqslant 7.0$
远海航区	1 219	1 249	1 276	1 302	1 324	1 347
近海航区	667	683	698	711	724	736
沿海、遮蔽航区	336	343	350	357	363	368

2. 初稳性高和静稳性曲线

规则规定船舶在各种装载情况下经过自由液面修正后的初稳性高和静稳性曲线应满足下列要求。

（1）初稳性高应不小于 0.15 m。

（2）横倾角 $\phi \geqslant 30°$ 处的复原力臂应不小于 0.2 m。如船体进水角 $\phi_E < 30°$，则进水角处的复原力臂应不小于 0.2 m。

（3）船舶最大复原力臂所对应的横倾角 ϕ_{max} 应不小于 25°，如进水角小于最大复原力臂所对应的横倾角，则进水角即为最大复原力臂所对应的横倾角。

当船舶的船宽与型深比 $\dfrac{B}{D}$ 大于 2 时，ϕ_{max} 可分别比上述（3）所规定的值小 $\delta\phi$。

$$\delta\phi = 20\left(\frac{B}{D} - 2\right)(K - 1)$$

式中，D 为船舶型深（m）；B 为不包括船壳板的最大船宽（m）。当 $B > 2.5D$ 时，取 $B = 2.5D$；K 为计算所得的稳性衡准数，当 $K > 1.5$ 时，取 $K = 1.5$。

对遮蔽航区的船舶，以下（4）（5）（6）项要求可作为上述（1）（2）（3）项要求的等效要求。

（4）最大复原力臂对应的横倾角 ϕ_{max} 应不小于 15°。

（5）最大复原力臂 l_{max} 值应不小于下式规定值

$$l_{max} = 0.2 + 0.022(30 - \phi_{max})$$

（6）进水角 ϕ_E 小于最大复原力臂所对应的横倾角 ϕ_{max}，则进水角即为最大复原力臂所对应的横倾角，进水角处的复原力臂即为最大复原力臂。

上述（1）（2）（3）项要求也是对船舶稳性的基本要求，这些要求实际上限定了静稳性曲线的面积和形状。

上面我们简要地介绍了国内航行海船稳性校核的基本方法及有关问题。国际航行海船的稳性校核计算可参阅《国际航行海船法定检验技术规则》，其基本原理相同，但具体规定和形式有所不同，与国际海事组织 IMO 的有关稳性的规则一致。内河（包括长江）船的稳性计算和校核原理与海船大体相同，但具体公式和标准数据是有区别的，详细情况可参阅《内河船舶法定检验技术规则》。对于船长在 20 m 以下的内河小型船舶，一般仅规定进行初稳性计算校核，有关这类船舶的稳性校核方法，可参阅《内河小型船舶法定检验技术规则》。

下面对船舶稳性衡准的基本思想进行概括说明。稳性曲线只表示了船舶本身所具有抵抗外力矩的能力，或者说，只表示了船舶本身所具有的稳性能力，至于船舶受到的力矩究竟有多大，以及是否经受得住，这要看外力矩的作用情况而定。外力矩主要来自风浪的作用，而风浪的大小又与离岸距离及水域开阔程度等因素有关。因此《船舶与海上设施法定检验技术规则》中，把航区分为四类，即远海（无限）、近海、沿海和遮蔽航区；对内河，《内河船舶法定检验规则》则把航区划分为 3 级，即 A、B、C 级航区，另加 J 级（急流江段），并以此作为计算外力的依据。对于拖船和客船，除风浪作用外，还会受到其他外力作用，这些在规则中都有明确规定，这里不再重复。

3. 船舶第二代完整稳性衡准简介

第二代稳性衡准依据的原理已从传统经典的船舶静稳性（动稳性）扩展到真正的船舶稳定

116

性方面,以更贴近实际的状态来计算校核船舶的稳定性,实际上是以耐波性来研究稳性衡准。它认为稳性失效模式包括以下 5 个方面。

(1) 纯稳性丧失。类似于前面介绍的传统稳性,如气象衡准等。

(2) 参数横摇。类似于共振横摇。

(3) 骑浪/横甩。类似于波峰位于船舯的动态稳性,此时船相当于骑在波浪上,若遇到横向外力或力矩干扰就会发生危险的横甩现象,容易造成倾覆后果。

(4) 瘫船。类似于动力丧失时船舶在海上的状态和稳性情况,船舶处于四处飘摇不可操控的危险境地,有随时倾覆的可能。

(5) 过度加速度。过度加速度会产生很大的惯性力,造成设备、人员和货物的损失或损害以及移动,尤其是对甲板上的货物(如集装箱等)。

下表列出了第二代完整稳性衡准技术包含的 5 种稳性失效模式,每种失效模式包括 3 个层次,它将改变依靠经验公式制定衡准的方法,引入稳性直接评估的方法。详细内容可参看有关文献和资料。

序号	3 个层次稳性 失效模式	Level-1 快速评估	Level-2 经验计算方法	Level-3 直接评估方法	Operational Guidance 操船指南
1	纯稳性丧失 Pure Loss Of Stability				
2	参数横摇 Parametric Rolling				
3	骑浪/横甩 Surf-Riding/Broaching				
4	瘫船 Dead Ship Condition				
5	过度加速度 Excessive Acceleration				

注:第二代稳性衡准目前还未正式生效。

5-8 极限(许用)重心高度曲线和最小许用初稳心高曲线

前面讨论了船舶在各种典型装载情况下稳性校核计算的基本要点,但船舶在营运中的实际装载情况不可能与计算时的典型情况完全相同,为便于驾驶人员掌握船舶在各种实际装载情况下的稳性情况,设计者还应负责提供极限重心高度曲线。

所谓极限重心高度,是指船舶恰能满足稳性要求时的重心高度。船舶在实际营运中的重心高度不可超过此极限数值,否则便会造成稳性不足,航海安全得不到保证。

船舶在各种装载情况时(即不同排水量时)都有相应的极限重心高度。将船舶在不同排水量(通常包括该船营运时可能的排水量变化范围)时的极限重心高度连成曲线,则该曲线称为极限重心高度曲线。

对于不同的稳性要求,都有其对应的极限重心高度曲线,实际上采用的极限重心高度曲线应是船舶满足所需规范稳性要求(如满足中国海事局法规规定的完整稳性要求和破损稳性要求等)

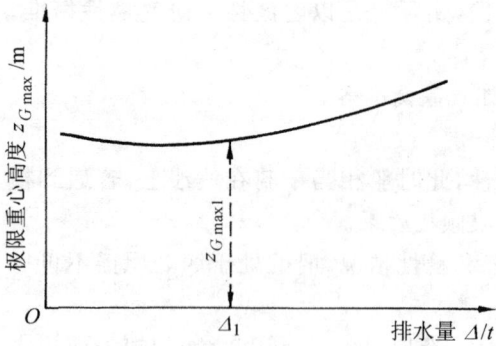

图 5-35　极限重心高度和排水量曲线

的各极限重心高度曲线的下限包络线。

图 5-35 所示的极限重心高度曲线就是表示这种关系的简便形式。图中的横坐标为排水量 Δ，纵坐标为极限重心高度 $z_{G\max}$。设船舶在某装载情况时，排水量为 Δ_1，实际重心高度和极限重心高度分别为 z_{G1} 和 $z_{G\max1}$，若 z_{G1} 低于 $z_{G\max1}$，则该船根据所需规范稳性要求衡量，其稳性是足够的。但若 z_{G1} 高于 $z_{G\max1}$（即实际重心高度在极限重心高度之上），则根据所需规范稳性要求衡量，认为不满足其中的部分或全部稳性要求。

下面简要介绍船舶在某一排水量时极限重心高度的计算方法。以我国《海船法定检验技术规则》对国内航行船舶（普通货船）的完整稳性要求为例，有下列几项要求。

（1）经过自由液面修正后的初稳性高 $\overline{GM}$ 不小于 0.15 m。

（2）横倾角 $\phi \geqslant 30°$ 处的复原力臂 l_{30} 应不小于 0.2 m。如船体进水角 $\phi_E < 30°$，则进水角处的复原力臂应不小于 0.2 m。

（3）船舶最大复原力臂所对应的横倾角（极限静倾角）ϕ_m 应不小于 25°，如进水角小于最大复原力臂所对应的横倾角，则进水角即为最大复原力臂所对应的横倾角。

（4）稳性衡准数 K 应不小于 1。

因此，对于以上各项要求都有其相应的极限重心高度。

1）满足初稳性要求 $\overline{GM}$ 的极限重心高度

由于 $\overline{GM} = z_B + \overline{BM} - z_G$，故 $z_G = z_B + \overline{BM} - \overline{GM}$，式中 z_B 和 $\overline{BM}$ 可据排水量在静水力曲线上查得。因此，极限重心高度为

$$z_{G\max1} = z_B + \overline{BM} - \left[0.15 + \frac{\sum w i_x}{\Delta} \right]$$

式中 $\dfrac{\sum w i_x}{\Delta}$ 为自由液面对初稳性高的修正值。

2）满足复原力臂 l_{30}、极限静倾角 ϕ_m 等要求的极限重心高度

先假定几个重心高度，然后根据假定的重心高度，排水量及稳性横截曲线求出静稳性曲线（每一假定重心高度有一根静稳性臂曲线）。从而可以得到相应于各个假定重心高度的复原力臂 l_{30}、极限静倾角 ϕ_m 等数值。以复原力臂 l_{30}、极限静倾角 ϕ_m 为纵坐标，假定重心高度为横坐标，绘制如图 5-36 所示之曲线。

复原力臂 l_{30} 曲线与 $l = 0.2$ m 水平直线的交点所对应的重心高度即为满足复原力臂 l_{30} 要求的极限重心高度 $z_{G\max2}$。

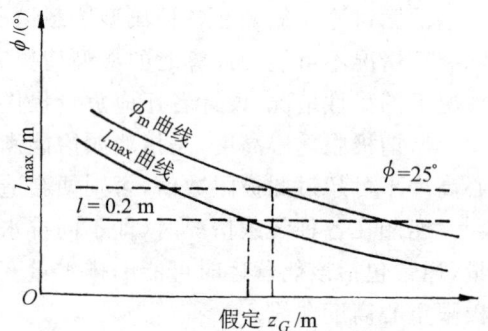

图 5-36　复原力臂、极限静倾角与假定重心高度曲线

极限静倾角 ϕ_m 曲线与 $\phi=25°$ 水平直线的交点所对应的重心高度即为满足极限静倾角 ϕ_m 要求的极限重心高度 $z_{G\max 3}$。

3）满足稳性衡准数 K 不小于 1 要求的极限重心高度

根据上述假定的几个重心高度算出相应的初稳性高度、船舶自摇周期及横摇角；按装载情况（排水量）的浮态算出进水角和对应的受风面积及形心位置，再根据航区等算出单位风压，继而求出对应的风压倾斜力臂 l_f。然后在相应的静稳性曲线或动稳性曲线上根据横摇角、进水角确定最小倾覆力臂 l_q。

以 l_q 为纵坐标，假定重心高度为横坐标绘制曲线，如图 5-37 所示。l_q 曲线与纵坐标值为风压倾斜力臂 l_f 的水平直线的交点所对应的重心高度即为满足 K 不小于 1 要求的极限重心高度 $z_{G\max 4}$。

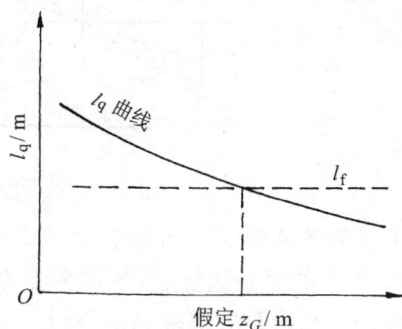

图 5-37　最小倾覆力臂与假定重心高度曲线

从以上分析可见，船舶在同一排水量时有 4 个极限重心高度数值。显然，其中最小的那个数值即为船舶能满足所有稳性要求的重心高度 $z_{G\max}$。

取若干不同的排水量做类似计算，便可求得船舶在不同排水量时的极限重心高度，进而即可绘制如图 5-35 所示的极限重心高度曲线。在实际应用中，所有满足各自规范稳性要求的一簇极限重心高度曲线 $z_{G\max i}=f(\Delta)$ 都分别在图中画出，再画上其包络线，即一根作为最终结果的极限重心高度曲线 $z_{G\max}=f(\Delta)$。

有时我们也用最小许用初稳心高曲线 $\overline{GM}_{\min}=f(\Delta)$ 来代替极限重心高度曲线对船舶稳性进行快速校核。设船舶在某载况时，排水量为 Δ_1，实际初稳心高和最小许用初稳性高分别为 $\overline{GM}_1$ 和 $\overline{GM}_{\min}$，若 $\overline{GM}_1$ 高于 $\overline{GM}_{\min}$，则该载况根据所需规范稳性要求衡量是足够的；但若 $\overline{GM}_1$ 低于 $\overline{GM}_{\min}$（即实际初稳心高小于最小许用初稳性高），则根据所需规范稳性要求衡量其稳性是部分或全部不满足的。

最小许用初稳心高曲线的计算类似于极限重心高度曲线，因为 $\overline{GM}_{\min}$ 和 $z_{G\max}$ 两者可相互转换，即对于某个排水量，横稳心距基线高 $z_m=z_B+\overline{BM}$ 是确定的（可查自静水力曲线），因此 $\overline{GM}_{\min}=z_m-z_{G\max}$，只要在计算中进行相应转换，就得到满足各自规范稳性要求的一簇最小许用初稳心高曲线 $\overline{GM}_{\min i}$，其上限包络线就是用于实际情况的最小许用初稳心高曲线 $\overline{GM}\min$。

5-9　船体几何要素等对稳性的影响

船舶在倾斜以后浮力作用线的位置完全由水线以下的船体形状所决定。因此，船的主尺度和横剖面形状对稳性都有影响，了解这些影响对指导船舶设计具有一定的意义。现对影响稳性较大的几个方面叙述如下，并简要介绍改进稳性的措施。

1. 船体几何要素对稳性的影响

1）干舷高度对稳性的影响

如图 5-38 所示，设 A，B 两种船型，除型深外，其他几何要素及重心高度均相同，即 B 船

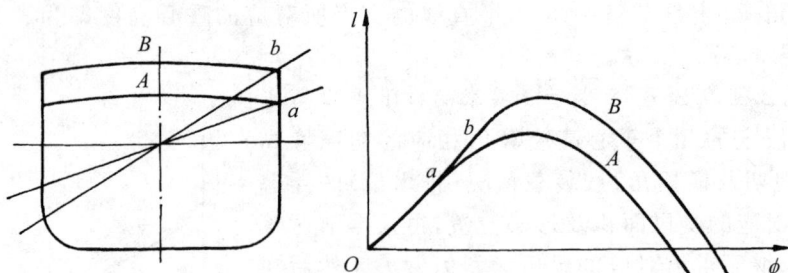

图 5-38 干舷高度对稳性的影响

的干舷较 A 船高。在倾斜水线未超过 A 船的甲板边缘时,两者的稳性相同。而当倾斜水线超过 A 船的甲板边缘后,B 船的复原力臂较 A 船大,故 B 船静稳性曲线的最大复原力臂、极限静倾角及稳距等都较 A 船为大。由此可见,增加干舷可有效地改善船的稳性。

型深与干舷有相同的功能,因为增加型深等同于增加干舷、类似的还有上层建筑等。

2)船宽对稳性的影响

如图 5-39 所示,设 A、B 两种船型,除船宽外,其他的几何要素及重心高度均相同,即 B 船的宽度较 A 船大。船宽大者水线面惯性矩也大,故 B 船的初稳性高大于 A 船。另外,船宽大者,出、入水楔形的移动力矩也大,因而复原力臂也大。但船宽大者甲板边缘入水角较小,因此 B 船静稳性曲线的最大复原力臂所对应的横倾角较 A 船为小。

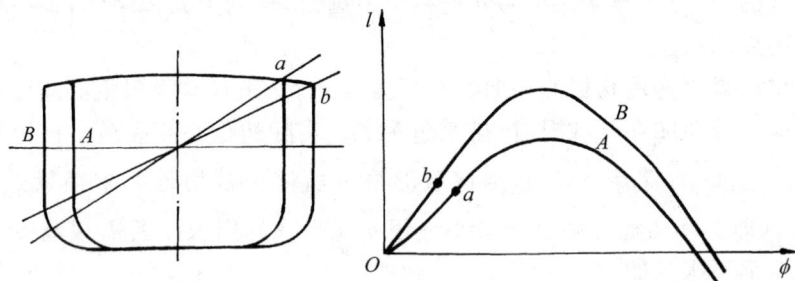

图 5-39 船宽对稳性的影响

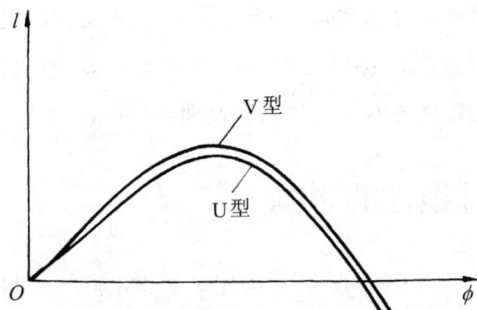

图 5-40 横剖面形状对稳性的影响

3)其他船型要素对稳性的影响

(1)横剖面形状对稳性的影响。

A、B 两船,尺度、排水体积和重心高度均相同,但 A 船的横剖面形状是 U 型,B 船是 V 型,从而 B 船的水线面系数比 A 船大,所以 B 船初稳性高和复原力臂均比 A 船大,如图 5-40 所示。

(2)横剖面底部升高对稳性的影响。

底部升高的船型,使出水楔形的体积和移动力矩减小,从而导致复原力臂和稳距的减小。

此外,水线以上的横剖线适当"外飘"和采用较大的舷弧,都可增加倾角较大时的复原力臂。

2. 重心位置对稳性的影响

如图 5-41 所示,设船舶重心在 G 点时的复原力臂为 l,若重心垂直向上移动了一个距离

至 G_1 处,则其复原力臂为

$$l' = l - \overline{GG_1}\sin\phi = l - (z_{G1} - z_G)\sin\phi。$$

如果重心下移至 G_2 处,则其复原力臂为

$$l'' = l + \overline{GG_2}\sin\phi = l - (z_{G2} - z_G)\sin\phi。$$

若重心横向从 y_{G1} 移到 y_G,则复原力臂为:$l' = l - (y_{G1} - y_G)\cos\phi$,注意 y 正负号。

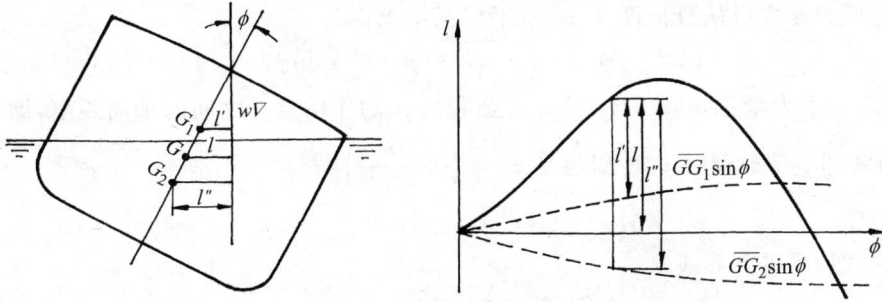

图 5-41　重心位置对稳性的影响

从图中可以看到,提高重心将使初稳性高 $\overline{GM}$、复原力臂 l 和稳距都相应减小。降低重心,则作用相反。由此可见,重心位置对船舶稳性有重大的影响。

3. 提高船舶稳性的措施

提高船舶稳性的措施可以从两方面着手,一是提高船舶的最小倾覆力矩 M_q(或力臂 l_q);二是减小船舶所受到的风压倾斜力矩 M_f(或力臂 l_f)。

提高最小倾覆力矩 M_q 有如下措施。

(1) 降低船的重心。在设计时就要高度重视船上各种设备和重量布置的重心高度,在船的底部加压载物是最常用的一种方法,不仅一些已投入营运后发现稳性不足的船舶采用此法,有些船在设计时就考虑在底部装有一定数量的固定压载,船舶在使用过程中也常需要在某些双层底空舱内加压载水以降低重心高度。

(2) 增加干舷。这是提高船舶稳性的有效措施之一,某些稳性不足的老船可将载重线降低以增加干舷高度。注意增加干舷对初稳性不利。

(3) 增加船宽。这是提高船舶稳性的有效措施之一,尤其对初稳性有些老船初稳性不足时,常在船的两舷水线附近加装相当厚的护木和浮箱等,或可在舷侧加装一个凸出体。

(4) 注意船舶水线以上的开口位置和风雨密性及水密性,提高船舶的进水角。

减小风压倾斜力矩 M_f 有如下措施。

(1) 主要是减小船的受风面积,也就是减小上层建筑的长度和高度。某些小型海洋船舶以及渔轮等,为了保证优良的航海性能,不得不降低船员的生活条件和工作条件,将居住舱室和驾驶室等做得矮小一些;

(2) 降低受风面积形心高度 Z_f;

(3) 尽量减少由自由液面等引起的附加倾斜力矩,如液体自由液面、散装固体(谷物、煤和矿石等)自由表面、悬挂物、货物移动和离心力等。

4. 装卸载荷对船舶稳性的影响

我们在此讨论分析装卸载荷时对复原力臂 $l(\overline{GZ})$ 的影响。

参照图 4-18,做类似于第 4 章 4-6 节中装卸载荷对初稳性的影响的推导分析,并注意到初稳性时的 $\overline{GZ} = \overline{GM} \cdot \sin\phi$,我们有以下推导。

装卸载荷后的复原力矩是(对照式 4-29)$M_R = (\Delta + p)\overline{G_1 Z_1}$,

同时复原力矩也可从分析图 4-18 所示情况中求得

$$M_R = \Delta \cdot \overline{GZ} - p \cdot \overline{CA}\sin\phi$$

式中 $\overline{CA}$ 为浮力增量 $w\delta v$ 的作用点 z_1 至载荷 p 的作用点 z 之间的垂向距离,即 $\overline{CA} = z - z_1$,注意当装卸小量载荷时 z_1 近似值是 $z_1 = \left(d + \dfrac{\delta d}{2}\right)$

故 $$M_R = \Delta \cdot \overline{GZ} - p[z - z_1]\sin\phi$$

比较两式后可得到等式

$$(\Delta + p)\overline{G_1 Z_1} = \Delta \cdot \overline{GZ} - p[z - z_1]\sin\phi$$

经整理后可得新的复原力臂为

$$\overline{G_1 Z_1} = \overline{GZ} + \mathrm{d}\overline{GZ} = \overline{GZ} + \frac{p}{\Delta + p}[(z_1 - z)\sin\phi - \overline{GZ}]$$

装卸小量载荷后为

$$\overline{G_1 Z_1} = \overline{GZ} + \mathrm{d}\overline{GZ} = \overline{GZ} + \frac{p}{\Delta + p}\left[\left(d + \frac{\delta d}{2} - z\right)\sin\phi - \overline{GZ}\right]$$

因此类似 4-6 节中分析,船上高度为 $\left(z_1 - \dfrac{\overline{GZ}}{\sin\phi}\right)$ 的平面称为中和面或极限平面(当小量载荷时为 $\left(d + \dfrac{\delta d}{2} - \dfrac{\overline{GZ}}{\sin\phi}\right)$),当载荷 p 的重心刚好位于此平面时,则对于复原力臂没有影响。若装载的货物高于此中和面,则减小复原力臂。反之,将增加复原力臂。需要提醒的是以上分析仅针对复原力臂,而复原力矩则因装卸载荷引起排水量和复原力臂都发生变化需要详细计算。

[例 2] 某内河船的排水量 $\Delta = 450\,t$,吃水 $d = 1.6\,m$,欲装货 $p = 39\,t$,问该货装在何处才能使船的复原力矩不变?已知每厘米吃水吨数 $TPC = 2.8\,t/cm$。

解:$p/\Delta = 0.087$ 属小量载荷,吃水增量 $\mathrm{d}d = p/(100TPC) = 39/(100 \times 2.8) = 0.139\,m$

根据题意 $(\Delta + p)(l + \mathrm{d}l) = \Delta l$,展开整理得 $p \cdot l + (\Delta + p)\mathrm{d}l = 0$

代入 $\mathrm{d}l$(即 $\mathrm{d}\overline{GZ}$)计算式 $p \cdot l + (\Delta + p) \cdot \dfrac{p}{\Delta + p}\left[\left(d + \dfrac{\mathrm{d}d}{2} - z\right)\sin\phi - l\right] = 0$

化简得 $\left(d + \dfrac{\mathrm{d}d}{2} - z\right)\sin\phi = 0$,解出 $z = d + \dfrac{\mathrm{d}d}{2} = 1.6 + \dfrac{0.139}{2} = 1.67$

因此,货装在位置 $(y = 0, z = 1.67)$ 才能使船的复原力矩不变。

5-10 移动式钻井平台稳性概述

目前,用于海洋石油开发的移动式钻井平台主要有 4 种类型,坐底式平台、自升式平台、半潜式平台和钻井船(或钻井驳船)。后者的浮性及稳性计算与普通船舶完全一样;前 3 种类型的平台在使用要求、结构特征及性能方面与普通船舶有相当差别,故浮性及稳性的具体计算方法也有所不同。

自升式平台的船体横剖面形状一般为矩形,甲板平面为矩形或多边形,见图 5-42。半潜式平台的船体一般由截头棱锥(柱)体装配而成,图 5-43 是下浮体型半潜式平台。

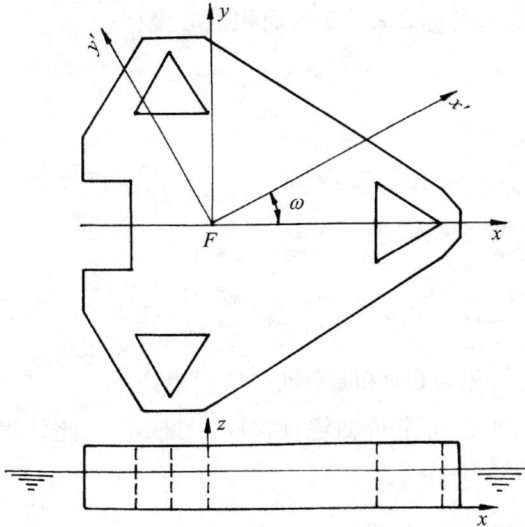

图 5-42　自升式平台

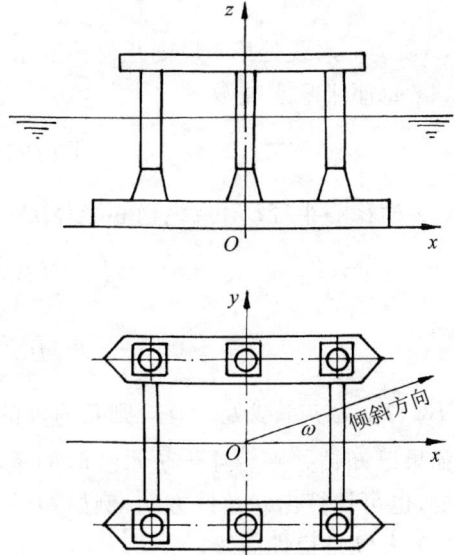

图 5-43　半潜式平台

移动式钻井平台的稳性校核计算和船舶比较,有以下特点。

(1) 钻井平台一般由规则构件组成,这些构件在水线下的体积和体积形心可以方便地求得,因此有关钻井平台的浮性及稳性计算比较简便。

(2) 由于平台的纵向和横向尺寸比较接近,倾斜翻覆的可能方向就比较难于确定,因此在稳性校核计算中,需校核计算沿各方向倾斜时的稳性状况,以找出最危险的倾斜方向。

(3) 由于移动式钻井平台必须长期在海上工作,遇到的风浪情况更加恶劣,因此对稳性的要求就比较高。

现将移动式钻井平台的稳性校核计算概括介绍如下。

(1) 总排水体积 ∇ 和排水量 Δ

$$[\nabla]_j = \left[\sum_{i=1}^{n} V_i\right]_j$$

$$[\Delta]_j = w[\nabla]_j$$

(2) 总排水体积的形心(平台浮心)坐标 $(x_B、y_B、z_B)$

$$[x_B]_j = \left[\frac{\sum_{i=1}^{n} V_i x_i}{\nabla}\right]_j \qquad [y_B]_j = \left[\frac{\sum_{i=1}^{n} V_i y_i}{\nabla}\right]_j \qquad [z_B]_j = \left[\frac{\sum_{i=1}^{n} V_i z_i}{\nabla}\right]_j$$

式中,i 为水线以下某一规则几何体的编号;j 为所要计算的吃水编号;V_i 为 j 水线下第 i 规则几何体的排水体积;$x_i、y_i、z_i$ 为第 i 规则体排水体积形心的坐标。

(3) 水线面面积 A_w 及其形心(漂心)坐标 $(x_F、y_F)$

$$\left[A_{\mathrm{W}}\right]_j = \left[\sum_{i=1}^{n} A_{\mathrm{W}i}\right]_j$$

$$\left[x_F\right]_j = \left[\frac{\sum_{i=1}^{n} A_{\mathrm{W}i} x_{Fi}}{A_{\mathrm{W}}}\right]_j \qquad \left[y_F\right]_j = \left[\frac{\sum_{i=1}^{n} A_{\mathrm{W}i} y_{Fi}}{A_{\mathrm{W}}}\right]_j$$

式中, $A_{\mathrm{W}i}$ 为 j 水线处第 i 规则几何体的水线面面积; x_{Fi}、y_{Fi} 为 $A_{\mathrm{W}i}$ 的面积形心坐标。

（4）每厘米吃水吨数

$$\left[TPC\right]_j = \frac{w}{100}\left[A_{\mathrm{W}}\right]_j$$

（5）横稳心半径 $\overline{BM}$ 及纵稳心半径 $\overline{BM_{\mathrm{L}}}$

$$\left[\overline{BM}\right]_j = \left[\frac{I_{Ox}}{\nabla}\right]_j$$

$$\left[\overline{BM_{\mathrm{L}}}\right]_j = \left[\frac{I_{Oy}}{\nabla}\right]_j$$

式中 I_{Ox}、I_{Oy} 为 j 水线处所有规则几何件的水线面面积对 Ox 和 Oy 轴的惯性矩。

如果已知钻井平台浮于 j 水线时的重心位置,则便可求得初稳性高 $\overline{GM}$ 和 $\overline{GM_{\mathrm{L}}}$。此外根据需要,也可计算出对角线方向(例如 Ox'、Oy')的稳心半径。

（6）大倾角稳性曲线。

针对钻井平台是由许多规则几何体组成这一特点,可以直接求出平台在倾斜水线下各部件的体积和形心,然后求出整个平台的水下体积及其形心(即浮心),进一步便可得到复原力臂。由此可见,平台的静稳性曲线计算较普通船舶简便。但普通船舶的长宽比较大,大倾角稳性只需计算横稳性曲线,而钻井平台的长宽比较小(接近于1),必须考虑来自哪个方向的风浪使平台倾覆的危险性最大。因此对于移动式钻井平台(例如多边形甲板的自升式平台),需要每隔一定的角度进行大倾角稳性计算,以便找出最危险的倾覆方向,这就使计算工作量大为增加。

（7）稳性校核计算。

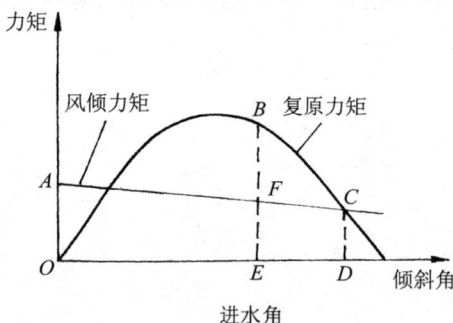

图 5-44　稳性校核

平台的稳性衡准方法没有普通船舶那样成熟,许多问题尚待进一步完善。各国规范对于初稳性的要求相差较大,例如中国海事局的规范要求经过自由液面修正后的初稳性高 $\overline{GM} > 0.15$ m;美国验船局(ABS)规范和国际海事组织(IMO)都规定 $\overline{GM} > 0$。挪威船级社(DNV)和法国验船局(BV)规范都要求 $\overline{GM} > 0.3$ m。

在大倾角稳性方面各国对衡准要求基本一致。首先在钻井平台的吃水范围内按不同的吃水和不同的水平轴计算并绘制足够数量的复原力矩曲线和风倾力矩曲线,以便找出最危险的倾覆方向。然后对该方向的复原力矩曲线及风倾力矩曲线的面积(参阅图5-44第二交点 C 或进水角,取其小者)之比应大于1.4(或1.3),即

$$\frac{\text{面积 } OBEO}{\text{面积 } OAFEO} \geqslant 1.4 \text{ 或 } 1.3 (\text{进水角小于第二交点 } C)$$

或

$$\frac{面积\ OBCDO}{面积\ OACDO} \geqslant 1.4\ 或\ 1.3(第二交点小于进水角)$$

上述衡准没有直接计入平台在波浪中运动对稳性的影响,只是间接地将它考虑在比值1.4(或 1.3)中。

(8) 风倾力矩计算。

平台的风倾力矩随倾角而变,因此要计算各倾角下的风倾力矩,以便得到风倾力矩曲线。一般说来,风倾力矩可写作

$$M = Fd$$

式中,d 为风倾力臂,即平台的风压中心至水下侧向阻力中心的垂直距离;F 为平台所受总的风倾力,可由下式求得

$$F = \sum_{i=1}^{n} F_i$$

式中,F_i 为作用在某面积元素上的风倾力,计算式为 $F_i = Cv^2 \delta A$,其中:C 为与构件形状及构件高度等有关的系数;v 为风速,通常在作业状态取 $v = 70\ \mathrm{kn}(36\ \mathrm{m/s})$,在风暴状态取 $v = 100\ \mathrm{kn}(51.5\ \mathrm{m/s})$;$\delta A$ 为该面积元素在风速方向的投影面积。

平台风倾力矩的计算远较普通船舶复杂。由于平台的甲板较宽,甲板下方又有空气间隙,故在平台倾斜后必须计及甲板的受风面积,同时应考虑甲板受风时的升力效应,以及结构物的遮蔽效应等。此外平台的风压中心及侧向水阻力中心位置的计算等也是需要探讨的问题。

以上只是概要地介绍了移动式钻井平台浮性及稳性计算的基本思路及一般原则,至于具体方法及步骤,可参考有关海洋平台的专门书刊或我国海事局颁布的《海上移动平台法定检验技术规则》中的有关章节。

第6章 抗 沉 性

　　船舶在使用过程中有可能发生海损事故,造成船体破损,使海水进入船体。这种海损事故虽是偶然性事件,但会造成严重后果,甚至会使生命财产遭到重大损失。因此,在船舶设计阶段,就需要考虑抗沉性问题。

　　所谓抗沉性,是指船舶在一舱或数舱破损进水后仍能保持一定浮性和稳性的能力。各类船舶对于抗沉性的要求是不同的。军舰在战斗中受损伤的机会较多,同时又要求它在遭到某种程度损伤后仍能保持一定的作战能力或返回基地的能力。所以对军舰的抗沉性要求要比民用船舶高得多。在民用船舶中,对客船的要求又要比货船高些。为了保证安全航行,在国际有关公约及我国海事局颁发的《船舶与海上设施法定检验规则》中,对各类民用船舶的抗沉性要求提出了明确的规定(参见本章 6-7 中表 6-2 和表 6-3)。

　　船舶的抗沉性是用水密舱壁将船体分隔成适当数量的舱室来保证的,要求当一舱或数舱进水后,船舶的下沉不超过规定的极限位置,并保持一定的稳性。在船舶静力学中,抗沉性问题包括下列两个方面的内容。

　　(1) 船舶在一舱或数舱进水后浮态及稳性的计算与校核。

　　(2) 从保证船舶抗沉性的要求出发,计算分舱的极限长度,即可浸长度的计算。

　　研究抗沉性主要应用于两方面:一是防止船舶破损后海水进入船体,造成船舶浮性和稳性的损失;二是防止船舶破损后舱内液体(如燃油等)流出船体进入海水中,造成环境污染。因此相关船舶抗沉性的规范公约等都是基于这两方面来制定的。

　　抗沉性的重点是

　　(1) 破舱的基本概念,包括破损假定、渗透率、进水舱分类和限界线等;

　　(2) 破舱后的浮态平衡方程确定,包括破舱后浮态平衡方程的异同,破舱后浮态平衡方程是否成立的意义,如何建立和计算浮态平衡方程的思路及原理,求解的基本方法和步骤等;

　　(3) 可浸长度曲线的概念、原理和计算方法,包括计算假定条件、基本原理和基本计算方法,还有可浸长度与限界线和渗透率之间的关系等;

　　(4) 破舱计算基本方法:损失浮力法和增加重量法,以及两种方法的基本原理、基本计算和应用范围等。

　　抗沉性中计算破舱浮性和稳性的两种途径:确定性破舱计算和破舱稳性概率计算。

　　抗沉性的难点是

　　(1) 破舱后浮态平衡方程的确定和计算;

　　(2) 破舱稳性概率计算方法的基本概念、原理和方法。

6-1 进水舱的分类及渗透率

1. 进水舱的分类

在抗沉性计算中,根据船舱进水情况,可将船舱分为下列 3 类。

第一类舱。舱的顶部位于水线以下,船体破损后海水灌满整个舱室,但舱顶未破损,因此舱内没有自由液面。双层底和顶盖在水线以下的舱柜等属于这种情况。

第二类舱。进水舱未被灌满,舱内的水与船外的海水不相联通,有自由液面。为调整船舶浮态而灌水的舱以及船体破洞已被堵塞但水还没有抽干的舱室属于这类情况。

第三类舱。舱的顶盖在水线以上,舱内的水与船外海水相通,因此舱内水面与船外海水保持同一水平面。这是船体破舱中最为普遍的典型情况。

2. 破舱计算的两种基本方法

计算船舱进水后船舶浮态和稳性的基本方法有两种。

(1)增加重量法。把破舱后进入船内的水看成是增加的液体重量。

(2)损失浮力法(固定排水量法)。把破舱后的进水区域看成是不属于船的,即该部分的浮力已经损失,损失的浮力借增加吃水来补偿。这样,对于整个船舶来说,其排水量不变。因此损失浮力法又称为固定排水量法。

应该指出,用上述两种方法计算所得的最后结果(如复原力矩、横倾角、纵倾角、船舶的首尾吃水等)是完全一致的。但由于两种方法计算的排水量 Δ 不同,因此它们的初稳性高 $\overline{GM}$、纵稳性高 $\overline{GM}_L$ 和复原力臂 $\overline{GZ}$ 也不同。

3. 渗透率

船舱内有各种结构构件、设备、机械和货物等,它们在舱内已占据了一定的空间。因此,船舱内实际进水的体积 v_1 总是小于空舱的型体积 v。两者的比值称为体积渗透率 μ_V,即

$$\mu_V = \frac{v_1}{v}$$

或
$$V_1 = \mu_V v \tag{6-1}$$

体积渗透率 μ_V 的大小视舱室用途及装载情况而定,我国《船舶与海上设施法定检验技术规则》规定的 μ_V 的数值如表 6-1 所示。

表 6-1 体 积 渗 透 率

处 所	渗透率 μ_V
起居设备占用处所	0.95
机器占用处所	0.85
货物、煤或物料储藏专用处所	0.60
供装载液体的处所	0 或 0.95(视何者导致较严重的后果而定)

除上述体积渗透率 μ_V 外,尚有面积渗透率 μ_a,表示实际进水面积 a_1 与空舱面积 a 之比。μ_a 与 μ_V 之间并无一定联系,通常 μ_V 小于 μ_a,但并非所有情况都是这样。在一般计算中,μ_a 及 μ_V 可取相同的数值,有时统称为渗透率 μ。通常所说的渗透率常指体积渗透率。

6-2　舱室少量进水后船舶浮态及稳性的计算

船舱破损进水后,如进水量不超过排水量的 $10\%\sim15\%$,则可以应用初稳性公式来计算船舶进水后的浮态和稳性,其误差一般在允许范围之内。

现对各类舱室进水后船舶浮态及稳性的计算分述如下。在计算中,假定

(1) 舱室在进水前是空的,即渗透率 $\mu=1.0$。

(2) 进水量不大(不超过排水量的 $10\%\sim15\%$),所用的计算公式可根据初稳性公式而得。

1. 第一类舱室

对于这类舱室,用增加重量法进行计算比较方便,可直接应用第 4 章中的有关结论。

如图 6-1 所示,船在舱室进水前浮于水线 WL 处,首尾吃水为 d_F 及 d_A(平均吃水为 d),排水量为 Δ,横稳性高为 $\overline{GM}$,纵稳性高为 $\overline{GM_L}$,水线面面积为 A_W,漂心纵向坐标为 x_F,设进水舱的体积为 v,其重心在 $c(x,y,z)$ 处。可把进入该舱的水看成是在 c 处增加了重量为 $p=wv$ 的液体载荷,且没有自由液面。因此,舱室进水后船舶的浮态及稳性可按下列步骤进行计算。

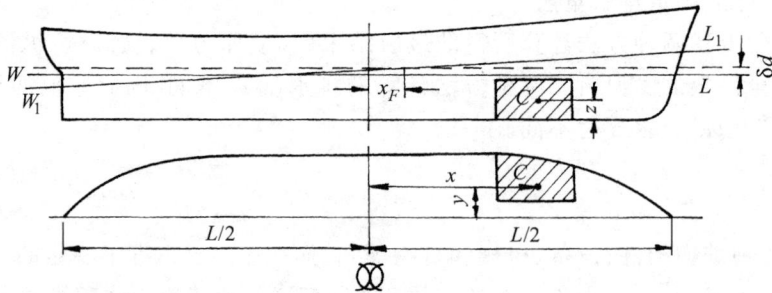

图 6-1　第一类舱室

(1) 平均吃水的增量为

$$\delta d = \frac{p}{wA_W}$$

(2) 新的横稳性高为

$$\overline{G_1M_1} = \overline{GM} + \frac{p}{\Delta+p}\left(d + \frac{\delta d}{2} - z - \overline{GM}\right)$$

(3) 新的纵稳性高为

$$\overline{G_1M_{L1}} = \frac{\Delta}{\Delta+p}\overline{GM_L}$$

(4) 横倾角正切为

$$\tan\phi = \frac{py}{(\Delta+p)\overline{G_1M_1}}$$

（5）纵倾角正切为

$$\tan\theta = \frac{p(x-x_F)}{(\Delta+p)\overline{G_1M_{L1}}}$$

（6）由于纵倾而引起的首尾吃水变化为

$$\delta d_F = \left(\frac{L}{2}-x_F\right)\frac{p(x-x_F)}{(\Delta+p)\overline{G_1M_{L1}}}$$

$$\delta d_A = -\left(\frac{L}{2}+x_F\right)\frac{p(x-x_F)}{(\Delta+p)\overline{G_1M_{L1}}}$$

（7）船舶最后的首尾吃水为

$$d'_F = d_F + \delta d + \delta d_F$$

$$d'_A = d_A + \delta d + \delta d_A$$

2. 第二类舱室

舱内的水虽与船外海水不相联通，但因舱室未被灌满，故存在自由液面。在用增加重量法进行计算时，应考虑到自由液面对稳性的影响。

如图 6-2 所示，船舶原浮于水线 WL 处，排水量为 Δ，首尾吃水为 d_F 和 d_A（平均吃水为 d），横稳性高为 $\overline{GM}$，纵稳性高为 $\overline{GM_L}$，水线面面积为 A_W，漂心纵向坐标为 x_F。设进水舱的体积为 v，$p=wv$ 为增加的液体载荷，其重心在 $c(x,y,z)$ 处，进水舱内自由液面对于其本身的纵向主轴和横向主轴的惯性矩分别为 i_x 及 i_y。对于这类舱室进水以后船舶的浮态及稳性可按下列步骤进行计算。

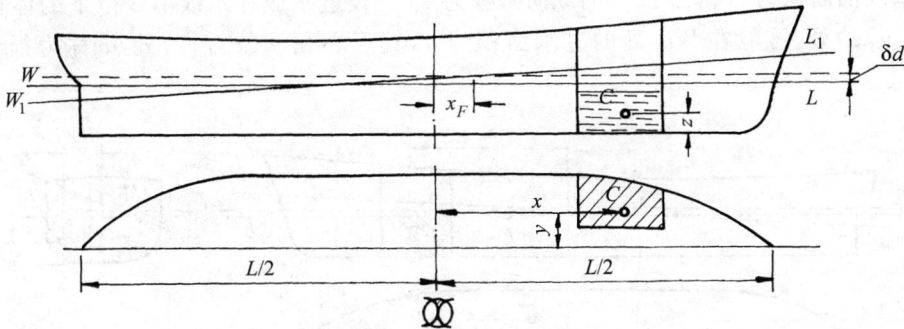

图 6-2 第 二 类 舱 室

（1）平均吃水的增量为

$$\delta d = \frac{p}{wA_W}$$

（2）新的横稳性高为

$$\overline{G_1M_1} = \overline{GM} + \frac{p}{\Delta+p}\left(d+\frac{\delta d}{2}-z-\overline{GM}\right) - \frac{wi_x}{\Delta+p}$$

（3）新的纵稳性高为

$$\overline{G_1M_{L1}} = \frac{\Delta}{\Delta+p}\overline{GM_L} - \frac{wi_y}{\Delta+p}$$

（4）横倾角正切为

$$\tan\phi = \frac{py}{(\Delta + p)\overline{G_1 M_1}}$$

（5）纵倾角正切为

$$\tan\theta = \frac{p(x - x_F)}{(\Delta + p)\overline{G_1 M_{L1}}}$$

（6）由于纵倾而引起的首尾吃水变化为

$$\delta d_F = \left(\frac{L}{2} - x_F\right)\frac{p(x - x_F)}{(\Delta + p)\overline{G_1 M_{L1}}}$$

$$\delta d_A = -\left(\frac{L}{2} + x_F\right)\frac{p(x - x_F)}{(\Delta + p)\overline{G_1 M_{L1}}}$$

（7）船舶最后的首尾吃水为

$$d'_F = d_F + \delta d + \delta d_F$$

$$d'_A = d_A + \delta d + \delta d_A$$

3. 第三类舱室

这类舱室破损进水后,舱内的水面与船外海水保持同一水平面,其进水量需由最后的水线来确定,而最后的水线位置又与进水量有关。因此,用增加重量法进行计算就很不方便。对于这类舱室宜采用损失浮力法来进行计算,并认为舱室进水后船的排水量和重心位置保持不变。

如图 6-3 所示,船舶原浮于水线 WL 处,排水体积为 ∇,吃水为 d,横稳性高为 $\overline{GM}$,纵稳性高为 $\overline{GM_L}$,水线面面积为 A_w,漂心 F 的纵向坐标为 x_F。设进水舱在水线 WL 以下的体积为 v,重心在 $c(x,y,z)$ 处,该舱在 WL 处的进水面积为 a,其形心在 $f(x_a, y_a)$ 处,a 称为损失水线面面积。

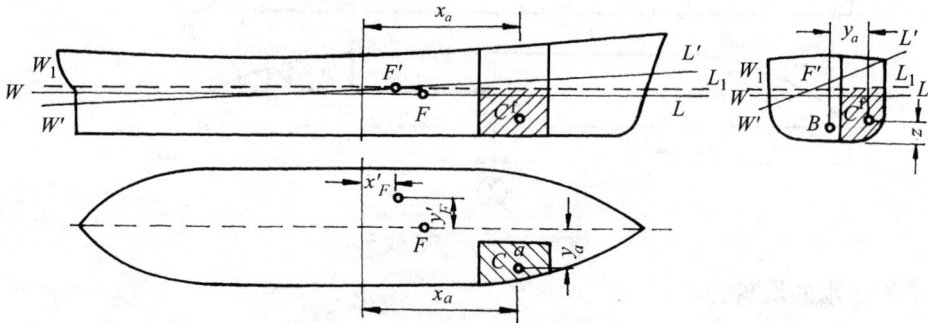

图 6-3 第三类舱室

当海水进入该舱后,船舶即损失了浮力 wv,但因船的重量没有改变,故需下沉至 $W_1 L_1$ 处以获得补偿浮力,方能使船舶保持平衡,这样便可按下列步骤进行计算。

（1）平均吃水的增量为

$$\delta d = \frac{v}{A_w - a}$$

式中 $(A_w - a)$ 为剩余水线面面积,又称有效水线面面积。

130

（2）剩余水线面面积的漂心位置 $F'(x'_F, y'_F)$ 分别为

$$x'_F = \frac{A_W x_F - a x_a}{A_W - a}$$

$$y'_F = \frac{-a y_a}{A_W - a}$$

（3）剩余水线面面积 $(A_W - a)$ 对通过其漂心 F' 的横向及纵向惯性矩分别为

$$I'_T = I_T - (i_x + a y_a^2) - (A_W - a) y'^2_F$$

$$I'_L = I_L - [i_y + a(x_a - x_F)^2] - (A_W - a)(x'_F - x_F)^2$$

式中，I_T 和 I_L 分别为原水线面面积 A_W 对通过其漂心 F 的横向及纵向惯性矩；i_x 和 i_y 分别为损失水线面面积 a 对通过其本身形心 f 的横向及纵向惯性矩。

（4）浮心位置的变化

损失浮力 wv 的作用点在 $c(x, y, z)$ 处，而补偿浮力 $w\delta d(A_W - a)$ 的作用点在 $\left(x'_F, y'_F, d + \dfrac{\delta d}{2}\right)$ 处。可以认为：由于 wv 自 (x, y, z) 处移至 $\left(x'_F, y'_F, d + \dfrac{\delta d}{2}\right)$ 处而引起了船舶浮心位置的移动。根据重心移动原理可知，破舱以后船舶浮心位置的变化为

$$\delta x_B = -\frac{v(x - x'_F)}{\nabla}$$

$$\delta y_B = -\frac{v(y - y'_F)}{\nabla}$$

$$\delta z_B = -\frac{v\left[z - \left(d + \dfrac{\delta d}{2}\right)\right]}{\nabla}$$

（5）横、纵稳心半径的变化分别为

$$\delta \overline{BM} = \frac{I'_T}{\nabla} - \frac{I_T}{\nabla}$$

$$\delta \overline{BM}_L = \frac{I'_L}{\nabla} - \frac{I_L}{\nabla}$$

（6）由于船的重心位置保持不变，故横、纵稳性高的变化分别为

$$\delta \overline{GM} = \delta z_B + \delta \overline{BM}$$

$$\delta \overline{GM}_L = \delta z_B + \delta \overline{BM}_L$$

（7）新的横、纵稳性高为

$$\overline{GM}_1 = \overline{GM} + \delta \overline{GM}$$

$$\overline{GM}_{L1} = \overline{GM}_L + \delta \overline{GM}_L$$

（8）横倾角正切为

$$\tan \phi = \frac{v(y - y'_F)}{\nabla \overline{GM}_{L1}}$$

（9）纵倾角正切为

$$\tan \theta = \frac{v(x - x'_F)}{\nabla \overline{GM}_{L1}}$$

（10）由于纵倾引起的首、尾吃水变化分别为

$$\delta d_F = \left(\frac{L}{2} - x'_F\right)\frac{v(x - x'_F)}{\nabla \overline{GM}_{L1}}$$

$$\delta d_A = -\left(\frac{L}{2} + x'_F\right)\frac{v(x - x'_F)}{\nabla \overline{GM}_{L1}}$$

（11）船舶最后的首、尾吃水分别为

$$d'_F = d_F + \delta d + \delta d_F$$

$$d'_A = d_A + \delta d + \delta d_A$$

4. 一组舱室进水的情况

在一组舱室同时破损的情况下，可将其看成相当于一个等值舱进水，即船舶的浮态及初稳性可根据此等值舱进行计算。为此，首先需要算出此等值舱的有关数据。

（1）等值舱的进水体积为

$$v = \sum v_i$$

（2）等值舱的重心位置为

$$x = \frac{\sum v_i x_i}{\sum v_i} \qquad y = \frac{\sum v_i y_i}{\sum v_i} \qquad z = \frac{\sum v_i z_i}{\sum v_i}$$

对于第三类舱室，还需算出

（3）等值舱在原来水线处的损失水线面面积为

$$a = \sum a_i$$

（4）等值舱损失水线面面积的形心坐标为

$$x_a = \frac{\sum a_i x_{ai}}{\sum a_i} \qquad y_a = \frac{\sum a_i y_{ai}}{\sum a_i}$$

将所得到的等值舱数据代入前面的有关公式中，便可算出船舶在一组舱室破损后的浮态和稳性。

应该指出，本节中所用的计算公式都是根据初稳性公式而得，只有在进水量不大（不超过排水量的 10％～15％）的情况下，才能获得比较正确的结果。若进水量较大，则可用逐步近似法以求得比较正确的结果。此外，在本节中推导有关计算公式时，假定进水舱是空的，即渗透率 $\mu = 1.0$。事实上各进水舱的 μ 总是小于 1.0。因此，应根据进水舱的实际渗透率 μ 值，先算出进水重量 $p = \mu w v$ 及实际的自由表面面积或损失水线面面积 μ_a，然后再按有关公式计算船舶在破舱后的浮态和稳性。

[**例 1**] 某内河船破损进水后的排水量是 $\Delta = 755 \, \text{t}$，用增加重量法计算出的 $\overline{GM} = 1.2 \, \text{m}$，求用损失浮力法计算的 GM_1（已知进水体积 $v = 60 \, \text{m}^3$）。

解：已知 $w = 1.0$，进水重量 $p = wv = 1.0 \times 60 = 60 \, \text{t}$，增加重量法的 $\Delta = 755 \, \text{t}$，$\overline{GM} = 1.2 \, \text{m}$。

损失浮力法的 $\Delta_1 = \Delta - p = 755 - 60 = 695 \, \text{t}$。

用增加重量法计算的复原力矩和用损失浮力法计算的复原力矩相等，列出等式

$\Delta \cdot \overline{GM} = \Delta_1 \cdot \overline{GM}_1$，解出 $\overline{GM}_1 = \Delta \cdot GM / \Delta_1 = 755 \times 1.2 / 695 = 1.304 \, \text{m}$，

因此,用损失浮力法计算得出 $\overline{GM_1} = 1.304$ m,对应排水量 Δ_1 是 695 t。

6-3　舱室大量进水后船舶浮态及稳性的计算

但船舱破损大量进水后,则初稳性计算方法的计算误差就太大了,需要根据前面学过的船舶浮性和稳性的原理和方法进行计算,其基本思路是以浮态平衡方程为基础,通过求解浮态平衡方程得到破损后的平衡漂浮浮态,再根据此浮态对破损后的船舶进行浮性、初稳性和大倾角稳性的计算校核,通常采用损失浮力法进行。

基本计算思路

建立破舱数学模型,计算求解该模型,校核模型

$$\left.\begin{array}{l} W = \Delta = w\,\nabla \\ x_B - x_G = (z_G - z_B)\tan\theta \\ y_B - y_G = (z_G - z_B)\tan\phi \end{array}\right\} = \left.\begin{array}{l} F1 = W - \Delta = 0 \\ F2 = (x_B - x_G) - (z_G - z_B)\tan\theta = 0 \\ F3 = (y_B - y_G) - (z_G - z_B)\tan\phi = 0 \end{array}\right\}$$

隐含浮态参数: d_F, d_A, ϕ,求解该方程组,即可求得浮态参数(浮态),继而可计算校核浮性和稳性要求。

该方程组也通常用优化方法求解。

优化模型

目标函数: $F = F_1^2 + F_2^2 + F_3^2$,

变量:为浮态参数 d_F, d_A, ϕ,

约束函数:无

初值:为计算载况浮态

计算模型:根据浮态参数、型线图和破损舱室定义,采用损失浮力法,计算破舱后计算水线下的浮力及浮心、破舱进水量及形心等

求解算法:优化算法,如直接法、牛顿法、拟牛顿法、最佳最速下降法等

计算类型:直接求解破损后的最终平衡漂浮状态

注意

① 规范对破损后的性能指标要求(浮性、初稳性、稳性、过程等);② 破损假定(开口尺寸、位置、货舱进水);③ 渗透率;④ 破损后不仅校核浮性还要考虑稳性(也有风浪)。

动态问题静力化的计算原理方法:

(1) 拟静态方法(在某一瞬时,动态问题可作为静态问题处理,然后逐时进行)

(2) 拉格朗日方法(将惯性力作为静力考虑)

6-4　可浸长度的计算

当船体破损后,海水进入船舱,船身即下沉。为了不使船舶沉没,其下沉应不超过一定的限度,这就需要对船舱的长度有所限制。我国《船舶与海上设施法定检验技术规则》规定,民用船舶的下沉极限是在舱壁甲板上表面的边线以下 76 mm 处,也就是说,船舶在破损后至少应有 76 mm 的干舷。在船舶侧视图上,舱壁甲板边线以下 76 mm 处的一条曲线(与甲板边线相平行)称为安全限界线(简称限界线),如图 6-4 所示。限界线上各点的切线表示所允许的最高

破舱水线(或称极限破舱水线)。

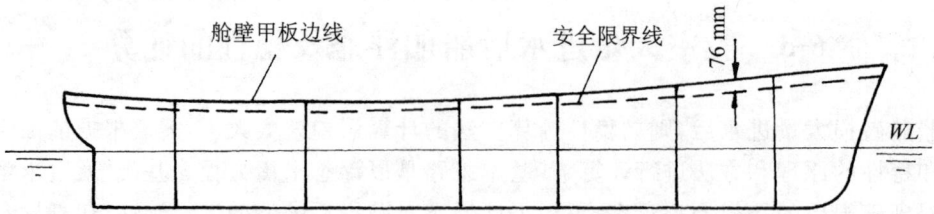

图 6-4 安全限界线

为保证船舶在破损后的水线不超过限界线,对于船舱的长度必须加以限制。船舱的最大许可长度称为可浸长度,它表示进水以后船舶的极限破舱水线恰与限界线相切。船舱在船长方向的位置不同,其可浸长度也不同。

下面,讨论有关可浸长度的计算问题。

1. 计算可浸长度的基本原理

如图 6-5 所示,船舶原浮于计算水线 WL 处,排水体积为 ∇,浮心纵向坐标为 x_B。设某舱破损进水后,船舶恰浮于极限破舱水线 W_1L_1 处,其排水体积为 ∇_1,浮心纵向坐标为 x'_B。若破舱的进水体积为 v_i,形心纵向坐标为 x_i,则船舶浮于极限破舱水线 W_1L_1 处时应该存在下列关系。

$$\nabla_1 = \nabla + v_i$$
$$\nabla_1 x'_B = \nabla x_B + v_i x_i$$

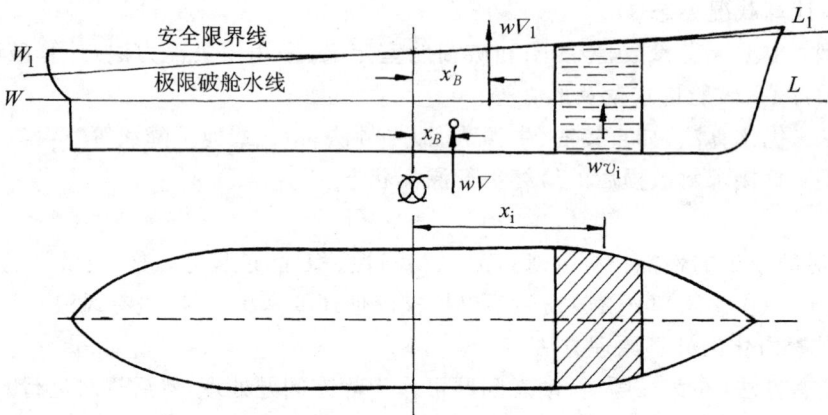

图 6-5 极限破舱水线面

或

$$\left. \begin{array}{l} v_i = \nabla_1 - \nabla \\ x_i = \dfrac{(M_1 - M)}{v_i} \end{array} \right\} \qquad (6\text{-}2)$$

式中,$M_1 = \nabla_1 x'_B$ 为极限破舱水线 W_1L_1 以下的排水体积 ∇_1 对于中横剖面的体积静矩;$M = \nabla x_B$ 为计算水线 WL 以下的排水体积 ∇ 对于中横剖面的体积静矩。

式(6-2)是计算可浸长度的基本公式,其中 ∇、M、∇_1 及 M_1 可以根据邦戎曲线图用数值积分法求得。将这些数据代入式(6-2)内,便可算出船舱的进水体积 v_i 及其形心纵向坐标 x_i。这样,可浸长度的计算问题便归结为在已知船舱的进水体积 v_i 及其形心纵向坐标 x_i 的情况下,如何求出船舱的长度和位置。

2. 可浸长度曲线的计算

计算可浸长度曲线虽有多种方法,但其基本原理一致。这里介绍一种常用的计算方法,其优点是简明扼要,可以节省计算时间,现将此种方法的计算步骤概述如下。

(1) 绘制极限破舱水线

在邦戎曲线图上,先画出计算水线和限界线,并从限界线的最低点画一条水平的极限破舱水线 H。然后在首尾垂线处,自 H 线向下量取一段距离 z,其数值可按下式计算

$$z = 1.6D - 1.5d$$

式中,D 为舱壁甲板的型深;d 为吃水。

在距离 z 内取 2~3 个等分点,并从各等分点作与限界线相切的纵倾极限水线 $1F$、$2F$、$3F$、$1A$、$2A$、$3A$ 等,如图 6-6 所示。

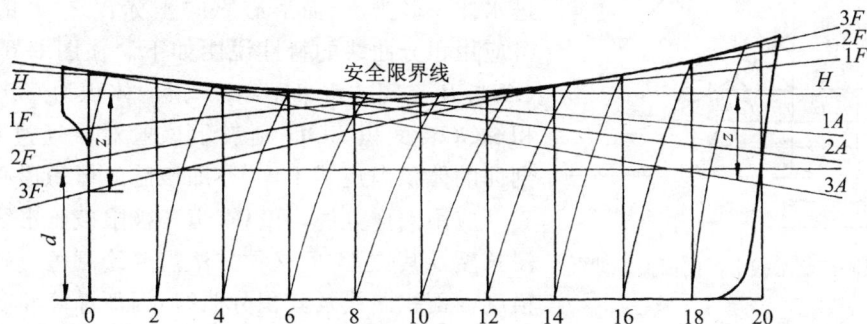

图 6-6 在邦戎曲线图上的极限破舱水线

通常极限破舱水线约取 7~10 条,其中尾倾水线 3~5 条,水平水线 1 条,首倾水线 3~4 条。这些极限破舱水线对应于沿船长不同舱室进水时船舶的最大下沉限度。

(2) 计算进水体积 v_i 及形心纵向坐标 x_i。

在邦戎曲线图上,分别量取计算水线及破舱水线的各站横剖面面积,并用数值积分法分别算出相应于计算水线和极限破舱水线的排水体积 ∇ 和 ∇_1,以及对于中横剖面的体积静矩 M 和 M_1。根据式(6-2)即可求得破舱的进水体积 v_i,及形心纵向坐标 x_i,即

$$v_i = \nabla_1 - \nabla$$

$$x_i = \frac{M_1 - M}{v_i}$$

为简便起见,各极限破舱水线下的进水体积 v_i 及形心纵向坐标 x_i 的计算可用表格手算或电子计算机进行。其计算结果应绘制成进水舱的容积曲线,即 v_i-x_i 曲线,如图 6-7 所示。

(3) 计算进水舱的可浸长度。

设某极限破舱水线 W_1L_1 处的破舱进水体积为 v_i,其形心纵向坐标为 x_i。现在的问题是如何求出船舱的长度和位置,当该舱破损后,进水体积正好为 v_i;而形心纵向坐标恰好又在 x_i 处,对于这种计算用图解法较为简便。

先画出极限破舱水线 W_1L_1 在 x_i 附近一段的横剖面面积曲线及该段的积分曲线,如图

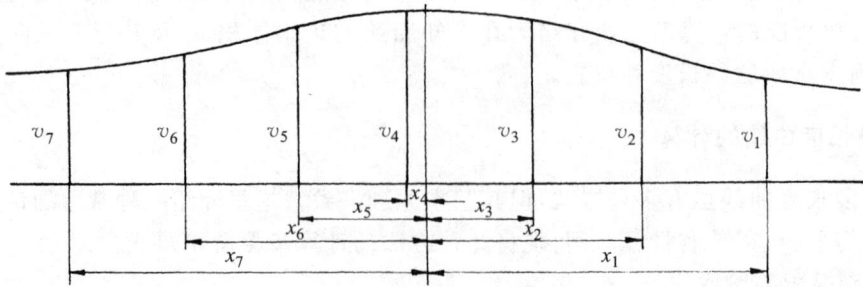

图 6-7　v_i-x_i 曲线

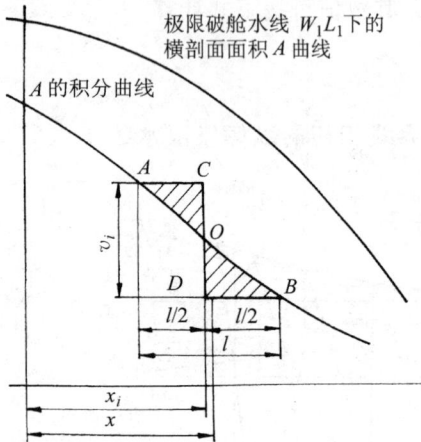

图 6-8　极限破舱水线下横剖面面积曲线

6-8 所示。然后,在 x_i 处作一垂线与积分曲线相交于 O 点,在该垂线上截取 $CD = v_i$,并使面积 AOC 等于面积 BOD,则 A 点和 B 点间的水平距离即为可浸长度 l。同时该舱中点至中横剖面的距离 x 也可在该图上量出。由此求得的舱长和位置,即能满足该舱破损进水后进水体积确为 v_i 而形心纵向坐标在 x_i 处的条件。这可应用积分曲线的特性说明如下。在图 6-8 中,舱长 l (A 与 B 点间的水平距离)一段的体积为 $CD = v_i$,而面积 $AOC =$ 面积 BOD 则表示该舱对于通过 COD 的横剖面的体积静矩等于零,亦即该舱的体积形心在 x_i 处。

应用同样方法,可以求出各极限破舱水线的舱室可浸长度及其位置,但这种方法需要绘制每一破舱水线的横剖面面积曲线及其积分曲线,因而计算和制图工作过于繁杂。实践证明,进水舱的位置通常总是在其相应破舱水线与限界线相切的切点附近,故破舱水线下的横剖面面积曲线与限界线下的横剖面面积曲线在进水舱附近几乎相同。因此在实际计算中,常用限界线的横剖面面积曲线及其积分曲线来代替所有破舱水线的横剖面面积曲线及其积分曲线,如图6-9所示。这样便可以迅速地求出所有破舱水线的进水舱长度及位置。在进水舱附近,限界线下的横剖面面积略大于破舱水线下的横剖面面积,故计算所得之可浸长度略小于实际长度,偏于安全方面,因此是允许的。

(4)绘制可浸长度曲线。

根据上面算得的各进水舱的可浸长度及其中点至中横剖面的距离,在船体侧视图上标出各进水舱的中点,并向上作垂线,然后截取相应的可浸长度为纵坐标并连成曲线,即得可浸长度曲线,如图 6-10 所示。由此所得的可

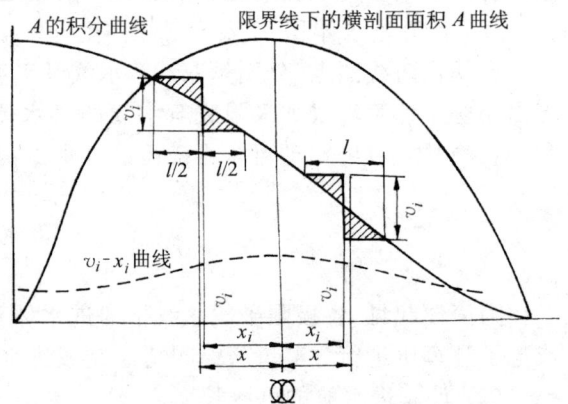

图 6-9　限界线下横剖面面积曲线

浸长度系假定进水舱的渗透率 $\mu = 1.0$,事实上各进水舱的 μ 总是小于 1.0 的,故在图 6-10 中还需画出实际的可浸长度曲线,并注明 μ 的具体数值。可浸长度曲线的两端,被船舶首尾垂

线处 $\theta = \arctan 2$ 的斜线所限制。

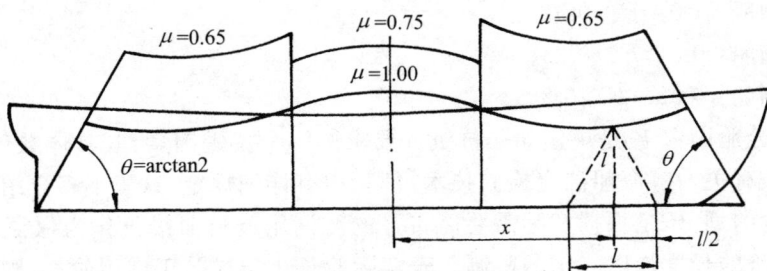

图 6-10　可浸长度曲线

以上介绍了可浸长度计算的基本原理及方法,具体的数值计算可用近似积分法列表进行或用计算机程序计算。

6-5　分舱因数及许用舱长

本章开头已经提到,船舶的抗沉性是由水密舱壁将船体分隔成适当数量的舱室来保证的。如果只用可浸长度曲线来检验船舶横舱壁的布置是否满足抗沉性要求,那就未免过于粗略,因为它不能体现出各类船舶在抗沉性方面要求的不同。为此,在《船舶与海上设施法定检验技术规则》中采用了一个分舱因数 F 来决定许用舱长。F 是一个等于或小于 1.0 的系数,即 $F \leqslant 1.0$。这样就有

$$\text{许用舱长} = \text{可浸长度} \times \text{分舱因数} = l \cdot F$$

将实际的可浸长度曲线乘以分舱因数 F 后,便得到许用舱长曲线,如图 6-11 所示。

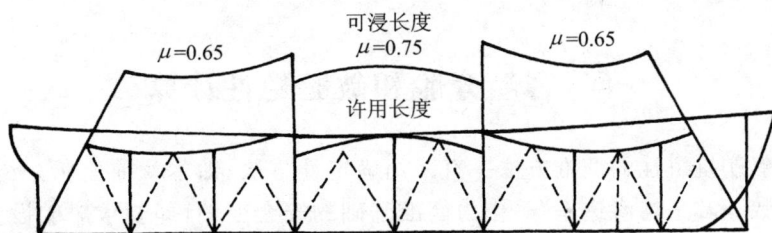

图 6-11　许用舱长曲线

假定水密舱壁的布置恰为许用长度,这时

当 $F = 1.0$ 时,许用舱长等于可浸长度,船在一舱破损后恰能浮于极限破舱水线处而不至于沉没。

当 $F = 0.5$ 时,许用舱长为可浸长度的一半,船在相邻两舱破损后恰能浮于极限破舱水线处。

而当 $F = 0.33$ 时,许用舱长为可浸长度的 $\dfrac{1}{3}$,船在相邻三舱破损后恰能浮于极限破舱水线处。

如果船舶在一舱破损后的破舱水线不超过限界线,但在两舱破损后其破损水线超过限界线,则该船的抗沉性只能满足一舱不沉的要求,称为一舱制船;相邻两舱破损后能满足抗沉性要求的船称为两舱制船;相邻三舱破损后仍能满足抗沉性要求的船则称为三舱制船。若用分

舱因数 F 来表示,则

对于一舱制船:$1.0 \geqslant F > 0.5$;

对于二舱制船:$0.5 \geqslant F > 0.33$;

对于三舱制船:$0.33 \geqslant F > 0.25$。

由此可见,分舱因数 F 是决定船舶抗沉性要求的一个关键因素,其具体数值与船舶长度、用途及业务性质有关,在《海船法定检验技术规则》中有详细规定,这里不多介绍。

船舶水密舱的划分,是根据实际需要而布置的。许用舱长曲线仅作为保证船舶满足抗沉性的要求,而对舱的长度加以一定的限制。若实际舱长小于或等于许用舱长,则船舶的抗沉性满足要求。

最后应该指出,在上述可浸长度和许用舱长的计算中所提到的满足抗沉性要求仅仅是指浮性(干舷)要求,并没有考虑破舱后的稳性问题。故尚需对稳性进行校核计算。对于一舱制船舶,应计算任一舱室进水后的稳性;对于二舱制船舶,应计算任意两个相邻舱室同时进水后的稳性;对于三舱制船舶,则应计算任意三个相邻舱室同时进水后的稳性。

《船舶与海上设施法定检验技术规则》对于国际航行单体客船破舱稳性的要求是:船舶破损后(若为不对称舱进水,但已采取平衡措施后)其最终状态应满足

(1) 用损失浮力法求得的初稳性高应不小于 0.05 m。

(2) 不对称进水情况下,一舱进水的横倾角不得超过 7°。两个或两个以上相邻舱室进水后的横倾角不得超过 12°。

(3) 在任何情况下,船舶进水终了的破舱水线的最高位置不得超过限界线。

(4) 正值的剩余复原力臂应不小于 0.10 m,且在平衡角以后应有一个 15° 的最小范围。

(5) 从平衡角到进水角或消失角(取小者)之间正值范围的复原力臂曲线下面积应不小于 0.015 m·rad。

6-6 客船分舱和破舱稳性计算

长期以来,船舶抗沉性的衡准方法一直采用确定性方法,即本章前面所介绍的以"业务衡准数"、"分舱因数"和"平均渗透率"等作为衡准基础的安全公约,即要求船舶设置一定数量的水密舱壁,使船舶破损后的浸水被限制在一定范围内,以此保证船舶在一舱或数舱破损后,其水线不超过限界线并具有一定的破舱稳性。

鉴于船舶在海上航行发生的海损事故具有很大的随机性质,因此用概率计算方法研究船舶抗沉性的衡准被认为更为合理。1962 年"政府间海事协商组织"(IMCO)的分舱、稳性和载重线分委员会正式收集资料,着手研究基于概率论为基础的新的衡准方法,1973 年 IMCO 第八届大会以 A. 265 决议通过了新的衡准规则,即《国际航行客船的分舱与稳性规则》作为 1960 年公布的《海上人命安全公约》第二章第二节的等效规则,并于 1980 年 5 月正式生效。我国承认此规则并制订了我国相应的规则。因此,目前客船有两个同时有效的分舱和破舱稳性规则。国际航行货船的分舱和破舱稳性概率方法计算规则也于 1992 年 2 月 1 日起生效。

2005 年以来,国际海事组织(IMO)海上安全委员会对 1974 年 SOLAS 公约第Ⅱ-1 章进行了多次修订,尤其是第 80 届会议通过了 MSC.194(80)决议,第 82 届会议又在此决议的基础上针对客船增加了 Reg 8-1 和 Reg 22-1,并通过了 SOLAS 第Ⅱ-1 章修正案决议 MSC.

216(82)。这两次决议对原有 SOLAS 2004 Ⅱ-1 章的内容和结构作了重大修改,修订后的公约简称"SOLAS 2009",已于 2009 年 1 月 1 日生效。

SOLAS 2009 中的破舱稳性计算方面整合了原 IMOA265 客船的概率法和 SOLAS 2004 第Ⅱ-1 章客船的确定法,以及 SOLAS 2004 第Ⅱ-1 章 B.1 干货船的概率法,将它们统一成新的 SOLAS 第Ⅱ-1 章客货船概率法破舱计算。适用于所有客船和船长不小于 80 m 的干货船、集装箱船、多用途船、滚装船等,但不包括满足 MARPOL 附则 1、IBC 规则、IGC 规则、近海供应船 A469、特种船 A534、ICLL($B60,B100$)等破舱要求的船舶。

新规则的提出是因为原来的安全公约衡准方法存在下列主要缺点。

(1) 确定性方法的分舱规则所依据的统计数据都是 1950 年以前所建造的蒸汽机船舶,这些船舶需要很大的机舱容积来放置主机和锅炉。经七、八十年的科学技术发展,不仅机舱容积大大减小,大部分客舱也设置在舱壁甲板以上。船体各部分容积间的相互关系已发生了很大变化,过去制订的"业务衡准数"已不能正确反映当今船舶的业务性质。

(2) 未充分考虑到吃水和渗透率的变化以及破损进水后所具有的稳性对船舶安全程度的影响。

(3) 随着"分舱因数"的减小,舱壁数目将增加,表面看来似乎改善了船舶的抗沉性,实际上随着舱壁数目的增加,其破损机会也增加,反而更易于导致两舱、三舱以至更多舱室的同时破损,使船舶安全性降低。而且船舶的破损本身就带有很大的随机性,随着不同长度的破损将引起不同的进水范围。

以上这些缺点都可能导致对船舶安全的不正确估计,因此,目前仍然采用"业务衡准数"和"分舱因数"来指导船舶的分舱,显然不尽合理。

1. 制订原则和基础

在制订等效新规则时,遵循了如下原则。

(1) 新规则的安全程度应大体与原来安全公约所规定的要求相当。

(2) 船舶的安全程度随船长和旅客总数的增加而提高。

(3) 采用分舱指数作为衡量船舶在破损后具有残存能力的安全程度的衡准。这一指数应反映出舱壁间距、稳性以及其他一些有关特征对残存能力的影响。

新规则的主要特点是采用概率计算方法。对一艘破损的船舶能否残存,是由大量的随机因素决定的。破损对船舶的影响取决于哪一个舱或相邻一组舱进水,破损时船舶的吃水及完整稳性,破损处的渗透率以及破损时的海况等因素。这些因素之间的关系及其影响随不同情况而变化,因此只能以概率作为比较基础,用一些近似的办法或定性的判断,对船舶的安全进行估计和校核。

新规则的制订基础是

(1) 对实船的海难资料作破损统计,得出破损范围(长度、深度)及位置的分布函数,再求得某一舱或舱组进水概率的计算公式。

(2) 以模型试验及船舶碰撞时的海况报告为基础,得出某一舱或舱组进水后船舶不致倾覆或沉没的概率计算公式。

(3) 最后,船舶破损后残存的概率就等于进水概率乘以不致倾覆和沉没的概率之总和。

2. 主要衡准

1) 分舱

所有舱室应保证一舱不沉,但对船长 $L_S \geqslant 100$ m 的船,首尖舱和其相邻舱组成的舱组应满足两舱不沉,对 $N > 600$ 的船舶应保证自船长前端量起的长度 $= \left(\dfrac{N}{600} - 1\right) L_S$ 范围内两舱不沉。这里 L_S 为船舶分舱长度,指船舶在淹没限界线以下部分的最大型长,即上甲板的后缘至前缘的总长为

$$N = N_1 + 2N_2$$

式中,N_1 为备有救生艇的人数;N_2 为船舶准予搭载多于 N_1 的人数,包括船员。

新规则明确规定船侧的破损范围及位置。

(1) 横向范围 $= 0.2B_1$,B_1 为最深分舱载重线(或其下)船长中点处的最大船宽。

(2) 纵向范围 $= 3$ m $+ 0.03L_S$ 或 11 m,取小者。

① 破损可发生在船长方向的任何位置,但不包括横舱壁,若舱壁有台阶时,应假定其遭受破损;

② 对 $N > 600$ 的船舶,自 L_S 前端量起,在长度 $= \left(\dfrac{N}{600} - 1\right) L_S$ 范围内任何位置发生船侧破损时,应包括横舱壁在内,但 $\left(\dfrac{N}{600} - 1\right) \not> 1$。

(3) 垂向范围自基线向上不受限制。

(4) 若垂向、横向、纵向较小范围的浸水导致要求更高的完整稳性,则应假定此范围破损,并且此时船壳只有一个破口和一个自由液面。

(5) 冷藏处所的舱壁和甲板被看作是限制进水的,未破损的水密分隔结构亦被看作是限制进水的。

2) 稳性和浮性

(1) 在进水最终阶段。

① 用固定排水量法对船舶正浮状态算出的初稳性高 $\overline{GM}$(m)应不小于下列各式计算所得的最大值为

$$\overline{GM} = 0.003 \frac{B_2^2(N_1 + N_2)}{\nabla F_1} \tag{6-3}$$

$$\overline{GM} = 0.015 \frac{B_2}{F_1} \tag{6-4}$$

$$\overline{GM} = 0.05 \tag{6-5}$$

式中,B_2 为有关舱壁甲板的船长中点处的最大型宽(m);Δ 为船舶未破损时的排水量(t);F_1 为有效平均破损干舷,等于船舶正浮情况下,在有关舱壁甲板和破损水线间,船长中点前 $\dfrac{1}{3}L_S$ 和后 $\dfrac{1}{3}L_S$ 间这部分的投影面积除以 $\dfrac{2}{3}L_S$。

② 一舱进水时的横倾角不得超过 7°;两个或两个以上的相邻舱同时进水时横倾角不超过 12°。

③ 除进水舱或舱组外,有关舱壁甲板的甲板边线的任何部分均不应被淹没。

（2）在平衡前及进水中间阶段。

① 平衡前（若不对称舱进水,但未采取平衡措施）及进水中间阶段的最大横倾角不得超过20°,且不得导致继续浸水。

② 剩余稳性是足够的。

③ 若需设置平衡装置,则这些装置尽可能为自动,且应能在最高有关甲板以上进行操纵控制,而且其使船平衡的时间不得超过 10 分钟。

3）分舱指数

船舶达到的分舱指数 A 应不小于要求的分舱指数 R,即

$$A \geqslant R \tag{6-6}$$

另外还需分别满足 $A_s \geqslant 0.9R$, $A_p \geqslant 0.9R$, $A_1 \geqslant 0.9R$, 满足此要求的船是合格的,否则不合格。

3. 要求的分舱指数 R

船舶的分舱程度由下式所要求的分舱指数 R 来确定

$$R = 1 - \frac{5\,000}{L_s + 2.5N + 15\,225} \tag{6-7}$$

$$N = N_1 + 2N_2 \tag{6-8}$$

式中 $N = N_1 + 2N_2$ 的意义见二(1)中解释。

从式(6-7)可见,船舶所要求的安全程度随 L_s 和 N 的增大而提高。

4. 达到的分舱指数 A

达到的分舱指数 A 就是船舶破损后的残存概率,即

$$A = \sum apS \tag{6-9}$$

式中,a 为在船长方向 L_s 范围内的舱室纵向位置对破损概率的影响因数;p 为纵向破损长度对某一舱或舱组可能进水概率的影响因数;S 为某一舱或舱组进水后的残存概率,即最终进水状态时干舷、稳性和横倾的影响因数;$\sum$ 为表示在船舶长度上取每个舱或舱组单独计算而得的总和。

另外,船舶破损后能够生存的概率应该是船舶在不同载重情况时破损后能够生存的概率。为简便起见,规则仅考虑了 3 种典型载重情况。

（1）最深吃水 d_s。吃水至最深分舱载重线,即营运中可能出现的设计允许的最大载重吃水。

（2）部分吃水 d_p。吃水至部分分舱载重线,即 $d_p = d_1 + 0.6(d_s - d_1)$。

（3）轻载吃水 d_1。吃水至轻载营运载重线,即在营运中应预期的带油水的最轻装载状态吃水,客船为 10% 消耗品并满载定额乘客及船员和必须压载的到港状态。

能达到的分舱指数 A 是上述 3 种载重情况时船舶破损后能够生存的概率 A_s、A_p 和 A_1 的加权平均,即 $A = 0.4 \times A_s + 0.4 \times A_p + 0.2 \times A_1$。

由式(6-9)定义可知,ap 表示某一舱或舱组破损进水的概率,S 是表示某一舱或舱组进水后不致倾覆和沉没的概率。

关于 a、p、S 的具体计算,可参阅有关规则及资料。

按新规则计算客船的分舱和破舱稳性相当繁复,工作量很大,现都用计算机软件进行计算。

6-7　货船分舱和破舱稳性计算

就一般货船而言,以前对其分舱和破舱稳性的要求并无明确的硬性规定,但不断发生的大量海损事故,使人们认识到船舶分舱及船舶破损后其生存能力的重要性。为此,1990 年召开的第 58 次 IMO 海上安全委员会(MSC)通过了 MSC. 19(58)决议,根据大量海损资料而确立的概率计算方法为基础的"货船分舱和破舱稳性规则",插入 1974 年 SOLAS 公约第Ⅱ-1 章 B 部分之后作为 B-1 部分,从而形成了 SOLAS 公约 1990 年修正案。我国也将此规则插入 1999 年《海船法定检验技术规则》第四篇"船舶安全"中作为 B-1 部分"货船分舱和破损稳性",于 1992 年 2 月 1 日起生效。

2005 年以来,国际海事组织(IMO)海上安全委员会对 1974 年 SOLAS 公约第Ⅱ-1 章进行了多次修订,修订后的公约简称"SOLAS 2009",已于 2009 年 1 月 1 日生效。

SOLAS 2009 中的破舱稳性计算方面整合了原 IMOA265 客船的概率法和 SOLAS 2004 第Ⅱ-1 章客船的确定法,以及 SOLAS 2004 第Ⅱ-1 章 B.1 干货船的概率法,将它们统一成新的 SOLAS 第Ⅱ-1 章客货船概率法破舱计算。适用于所有客船和船长不小于 80 m 的干货船、集装箱船、多用途船、滚装船等,但不包括满足 MARPOL 附则 1、IBC 规则、IGC 规则、近海供应船 A469、特种船 A534、ICLL(B60,B100)等破舱要求的船舶。

这是对国际航行货船破舱稳性的强制性要求,2011 年 9 月 1 日后对国内海上航行货船也有了类似的强制性要求。

1. 概率计算方法的基本原理

1)要求

除需满足确定性破舱要求以外(类似于 6-5 中"二、主要衡准"),"规则"认为:当以下衡准得到满足时,货船才达到应有的破损安全程度。

(1)分舱指数。$A \geqslant R$。

式中 $A =$ 船舶能达到的分舱指数,$R =$ 船舶被要求的分舱指数。

(2)对于货船。$A_s \geqslant 0.5R$,$A_p \geqslant 0.5R$,$A_l \geqslant 0.5R$

被要求的分舱指数 R

$$R = R_o,\ R_o = 1 - 128/(L_s + 152) \quad (L_s \geqslant 100 \text{ m})$$
$$R = 1 - [1/(1 + L_s/100 \times R_o/(1 - R_o))] \quad (80 \text{ m} \leqslant L_s < 100 \text{ m})$$

很明显,船舶分舱长度 L_s 越长,对船舶分舱的要求越高。

2)能达到的分舱指数 A

设 $S_i =$ 船舶在任意舱或舱组破损后能够生存的事件,其概率就是分舱指数 A。

$E_i =$ 某舱或舱组正好破损并浸水的事件,其浸水概率为 p_i。

$F_i =$ 某舱或舱组浸水后船舶能够残存的事件,其残存概率为 S_i。

$G_i =$ 某舱或舱组破损后船舶能够生存的事件,其生存概率为 A_i。

T_i =某舱或舱组破损,但其内侧纵舱壁不破损的事件,其概率为 r_i。

H_i =某舱或舱组破损,但其水线以上水平水密间隔不破损的事件,其概率为 V_i。

因而有以下 3 种情况。

(1) 根据"规则"规定:假定船壳破损时只有一个破洞,即同时只能有一个舱或舱组破损浸水。因此,$G_i(i=1,2,\cdots,N)$ 两两互不相容,$S_i=\bigcup_1^N G_i$,$A=\sum_1^N A_i=\sum_1^N P(G_i)$。

(2) E_{i1} =指定舱或舱组的舷侧发生破损浸水这一事件,其概率为 p_{i1};因此 $E_i=E_{i1}\bigcap T_i$,$r_i=p(T_i|E_{i1})$,$p_i=P(E_i)=p_{i1}r_i$。

(3) $G_i=E_i\bigcap F_i\bigcap H_i$,则 $p_i=P(E_i)$,$S_i=P(F_i|E_i)$,$V_i=P(H_i)$,$A_i=P(G_i)=p_iS_iV_i$。

综合各种情况后,可得:$A=\sum_1^N A_i=\sum_1^N P_iS_iV_i$。

另外,船舶破损后能够生存的概率,应该是船舶在不同载重情况时,破损后能够生存的概率。为简便起见,"规则"仅考虑了 3 种典型载重情况。

(1) 最深吃水 d_s:吃水至最深分舱载重线,即营运中可能出现的设计允许的最大载重吃水;

(2) 部分吃水 d_p:吃水至部分分舱载重线,即 $d_p=d_1+0.6(d_s-d_1)$;

(3) 轻载吃水 d_1:吃水至轻载营运载重线,即在营运中应预期的带油水的最轻装载状态吃水,货船一般对应为压载到港,客船为 10% 消耗品并满载定额乘客及船员和必须压载的到港状态。

能达到的分舱指数 A 是上述 3 种载重情况时船舶破损后能够生存的概率 A_s、A_p 和 A_1 的加权平均:即 $A=0.4\times A_s+0.4\times A_p+0.2\times A_1$。

2. 分舱指数分析

1) 浸水概率 p_i 及其缩减因素 r_i

$p_i=p_{i1}r_i$,和破损舱或舱组在船舶长度方向的位置 x、破损舱或舱组(其长度为 L_C)的无因次长度 $\dfrac{L_C}{L_s}$、舱或舱组的内侧纵舱壁距舷侧距离 b 和船宽 B 的比值 $\dfrac{b}{B}$ 有关,和吃水 d 无关。

破损舱或舱组的位置 x 越往前,其长度 L_C 越大,p_{i1} 越大。

2) 残存概率 S_i

S_i 和吃水(即载重情况)、破损后船舶的剩余稳性(平衡横倾角、进水角、复原力臂、稳性正值范围)以及重心高度 z_G 有关。破损后船舶的剩余稳性越好,则 S_i 越大,但最大 $S_i=1$。如破损后船舶沉没或剩余稳性不足或平衡横倾角过大,则 $S_i=0$。

$S_i=1$ 意味着破损船舶在当前平衡位置上若继续倾斜 20 度以内,仍具有正剩余稳性。

S_i 的计算是概率破舱稳性计算中耗时最多的部分,其计算原则是按最危险的状态来计算 S_i,即取 S_i 的最小值。

3) 水平水密间隔不破损概率 V_i

V_i 和吃水 d(即载重情况)、船舷破损的最大垂向范围 H_{max}、舱或舱组所在处的舱壁甲板高度 z_{deck} 和水平水密间隔垂向位置 H 有关。

3. 提高分舱指数 A 的措施

根据以上各因素的分析,提高分舱指数 A 的措施可归纳为

（1）降低重心高度 z_G。

（2）增加干舷。

（3）合理安排浸水开口。

（4）适当增加边舱宽度，以有利于增大边舱对分舱指数的贡献。

（5）合理的舱室划分。

以上简要介绍了客船和货船分舱和破舱稳性计算的基本原理，详细情况和具体计算规定可参照有关公约和规则。

6-8　船舶分舱和破舱稳性的有关公约和规则

表 6-2 和表 6-3 分别列出了对国内和国际航行船舶的破舱浮态及稳性要求以及相应的国际公约或规则。

表 6-2　对国内航行船舶的破舱浮态及稳性要求、国际公约或规则

适用船舶类型	规则和要求	生效日期
客船	《船舶与海上设施法定检验规则》，基本与国际航行船舶要求一致，但仅要求一舱不沉	2011.9
货船	国内航行海船法定检验技术规则 2011 年，船长≥80 米的勘划 B 型干舷的干货船和拟装载甲板货的勘划 B-60 和 B-100 干舷的干货船	2011.9
满足干舷要求类型'A'，'B-60'，'B-100'的船	1966 年国际载重线公约 ICLL 66，国内航行海船法定检验技术规则 2011 年	2011.9
油船、散装化学品船、散装液化气船	与同类型的国际航行船舶要求一致	

表 6-3　对国际航行船舶的破舱浮态及稳性要求、国际公约或规则

适用船舶类型	国际公约、规则	生效日期
客船	国际海上人命安全公约 SOLAS 90，SOLAS2009 国际海事组织大会决议 IMO A. 265（Ⅷ）（等效规则）	1990.4 1973.11
货船	国际海上人命安全公约 1992 年综合文件的 B-1 规则 SOLAS 92(B-1)，SOLAS2009	1992.2
满足干舷要求类型"A"，'B-60'，'B-100'的船	1966 年国际载重线公约 ICLL 66	1966.7
油船	1973 年国际船舶防污染公约及 1978 年议定书，1992 年修正案 MARPOL73/78 及 92 年修正案	1983.10 1993.7
散装化学品船	国际散装运输危险化学品船舶构造和设备规则 SOLAS74/83 修正案，IBC 规则	1986.7
散装液化气船	国际散装运输液化气体船舶构造和设备规则 SOLAS 74/83 修正案，IGC 规则	1986.7
高速船	国际海事组织海上安全委员会大会决议 36(63) IMO MSC 36(63)	1996.1
散货船	国际海上人命安全公约 1997 年综合文件的第Ⅶ章 SOLAS 97 第Ⅶ章	1999.7

第7章 船舶下水计算

船舶在船台上或船坞内建造到一定阶段后便可下水,即将原在船台上或在船坞内呈支撑状态的船进入水中呈漂浮状态。船舶下水可以采用不同的方法,例如小船造好后可以用起重机把它吊到水中;也有把船放在船坞内建造,造好后向船坞内放水使船浮起再拖到船坞外的水域中等,特别是近年来对于超级大型船舶,大多在干船坞内建造;但是最传统的方法是船台重力下水,即船舶在本身重力的作用下沿船台倾斜滑道滑入水中。

船舶下水过程是一个很复杂的动力问题,涉及船舶的浮性、稳性、阻力、摇摆以及强度等一系列问题,这就要牵涉到船舶静力学与动力学。实践证明,应用船舶静力学的观点来处理下水问题,其结果与实际情况很相近,且计算比较简单,所以本章着重讨论下水的静力学,随后简略介绍下水的动力学。

重力下水的方式有纵向及横向两种。纵向下水时船体的中纵剖面平行于滑道运动;横向下水时船体的中横剖面平行于滑道运动。鉴于过去我国各主要船厂普遍采用纵向下水方式,故在本章中只限于讨论船舶纵向下水的计算。

下水工作在船舶建造过程中是一个十分重要的环节,而且带有一定的危险性。为了保证船舶顺利下水,事先应作周密考虑,并进行必要的计算。

现今大多数船舶、特别是大型船舶都在干船坞内建造,有些在船台上建造的船舶也以气囊式下水方法取代传统的重力式纵向下水方法,因此本章中所述的船舶下水计算问题已没有过去那样被普遍采用。编者建议,对于本章中所述内容在讲授时以简略为宜,甚至可让同学们通过自学以获得相应的知识。

7-1 纵向下水布置概述

纵向下水的设备由固定部分和运动部分组成。固定部分由木方铺成,称为滑道;运动部分在下水过程中与船舶一起滑入水中,称为下水架。下水架的底板称为滑板,在滑板与滑道之间敷有润滑油脂,使滑板易于滑动。下水架的两端比较坚固,以支持船体首尾两端的尖削部分,分别称为前支架及后支架。除上述主要设备外,还有若干辅助设备,诸如防止船在开始下水之前滑板可能滑动的牵牢装置;防止船在下水过程中滑板发生偏斜的导向挡块;使船在下水后能迅速停止于预定位置的制动装置;有时为了使船在开始下水时能迅速滑动,还设有驱动装置等。这些方面的内容,在有关船舶建造工艺一类书中都有详细论述,这里不多叙述。图 7-1 为纵向下水的布置简图。

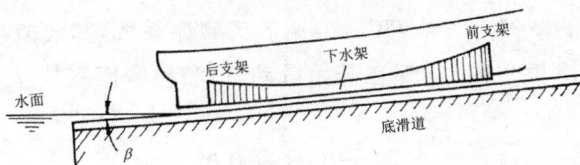

图 7-1 纵向下水布置图

滑道通常采用两条,其中心线之间的距离约为船宽的 $\frac{1}{3}$。滑道坡度 β 一般取为 $\frac{1}{12} \sim \frac{1}{24}$,其具体数值视船的大小而定。概括说来,小型船舶(船长 100 m 以下)的 β 为 $\frac{1}{12} \sim \frac{1}{15}$;中型船舶(船长 100~200 m)的 β 为 $\frac{1}{15} \sim \frac{1}{20}$;大型船舶(船长 200 m 以上)的 β 为 $\frac{1}{20} \sim \frac{1}{24}$。大船的滑道坡度一般较小,以免船首部分离地过高,影响施工。船的龙骨坡度 α 与滑道坡度 β 大体相同,有时 α 较 β 约小 $\frac{1}{100} \sim \frac{1}{200}$。

下水架的长度约为船长的 80%,船体首尾两端各有 10% 左右的长度悬空于下水架之外。下水架底部滑板的支承面积由润滑油脂许可的平均压力(通常为 15~20 t/m²)来决定。设船体下水时的总重量为 W_c,润滑油脂的许可平均压力为 p,下水架的长度为 l,滑道数目为 n,则滑板的支承总面积应为 $A \geqslant \frac{W_c}{p}$;下水架底部滑板的宽度为 $b = \frac{A}{ln}$。

7-2 纵向下水阶段的划分

根据船舶下水过程中运动的特点、作用力的变化以及可能发生的危险情况,通常把纵向下水分为四个阶段进行分析研究,现分述如下。

1. 第一阶段

自船舶开始下滑至船体尾端接触水面为止。在这一阶段中,船的运动平行于滑道。

如图 7-2 所示,设滑道的坡度为 β,下水重量为 W_c,重心在 G 点。在这一阶段中的作用力有

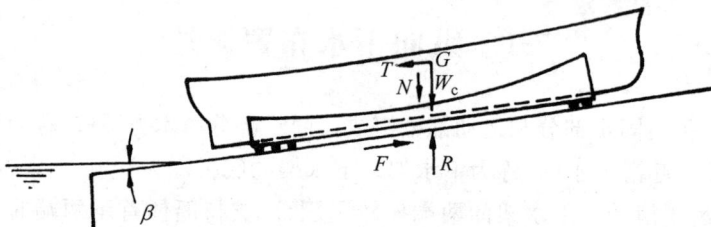

图 7-2 第一阶段中的作用力

(1)下水重量 W_c,其中包括船体重量及下水架重量。重力 W_c 沿滑道方向的分力 $T = W_c \sin\beta$ 即为下滑力,垂直于滑道的分力为 $N = W_c \cos\beta$。

(2)滑道的反作用力 R,R 与 W_c 在同一作用线上,两者大小相等方向相反。

(3)阻止船体下滑的摩擦力 $F = f W_c \cos\beta$,f 为摩擦系数,其数值与润滑油脂的性质及温度有关。f 又可分为静摩擦系数 f_s(船在开始滑动时)和动摩擦系数 f_d(船在滑道上运动时),通常 f 的数值为

$$f_s = 0.03 \sim 0.07$$
$$f_d = 0.02 \sim 0.05$$

根据上述分析,船舶在本身重力作用下沿滑道滑动的条件是

$$W_c \sin\beta > f_s W_c \cos\beta$$

或

$$\tan\beta > f_s \tag{7-1}$$

由式(7-1)可见,船舶沿滑道向下运动的条件是滑道坡度 $\tan\beta$ 必须大于静摩擦系数 f_s。

在第一阶段中,可能出现的问题是船舶能否滑动。其中的关键是润滑油脂的摩擦系数和承压能力,若润滑剂的摩擦系数过大或承压能力过低,则船舶不能自动下滑,使下水工作遇到故障。这时通常采用机械驱动顶推滑板前端使船舶沿滑道滑动。

2. 第二阶段

自船体尾端接触水面至船尾开始上浮为止。在这一阶段中,船的运动仍平行于滑道,作用力有

(1) 船体下水重量 W_c。

(2) 浮力 $w\nabla$(其中 ∇ 为船舶入水部分的排水体积)。

(3) 滑道的反作用力 R。

设下水重量 W_c、浮力 $w\nabla$ 及反作用力 R 的作用点至前支架端点的距离分别为 l_G、l_B 及 l_R(见图 7-3),则在该阶段中力及力矩的平衡方程式为

$$\left. \begin{array}{l} W_c = w\nabla + R \\ W_c l_G = w\nabla_B + R l_R \end{array} \right\} \tag{7-2}$$

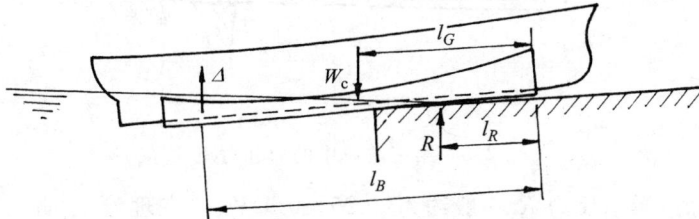

图 7-3 第二阶段中的力和力矩

在计算浮力 $w\nabla$ 及浮心位置时,通常认为下水架的重量、重心与其本身的浮力、浮心相当,因而只需计算船体部分的浮力及浮心位置。

在下水的第二阶段中,必须注意是否会发生尾下落现象。当船的重心 G 已在底滑道末端之后,而船尾尚未浮起时,重力对滑道末端的力矩 $M_w = W_c S_G$ 有使船尾下落的趋势,而浮力对滑道末端的力矩 $M_v = w\nabla S_B$ 有阻止船尾下落的作用,式中 S_G 和 S_B 分别为重心 G 和浮心 B 至滑道末端的距离。

若 $w\nabla S_B > W_c S_G$,则下水架滑板仍与滑道相紧贴。若 $w\nabla S_B < W_c S_G$,则船以滑道末端为支点而发生尾下落现象(见图 7-4),此时反力 R 集中于滑道末端,使船受到损伤。

尾下落是一种极其危险的现象,船舶在下水过程中不允许发生此种情况。如果根据计算结果发现可能产生尾下落时,则应采取措施避免发生这种情况。通常采取的方法有

(1) 增加滑道水下部分的长度。

(2) 在船首部分加压载重量,使重心 G 向船首移动,减小重量对滑道末端的力矩。

(3) 增加滑道坡度。

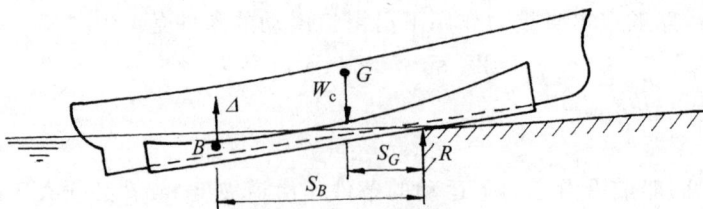

图 7-4 尾下落现象

（4）等待潮水更高时下水。这相当于增加滑道水下部分的长度。

3. 第三阶段

自船尾开始上浮至下水架滑板前端离开滑道为止。

当船尾开始上浮时,下水架滑板前端成为支点,因而船尾开始上浮的条件必然是

$$W_c l_G = w \nabla l_B$$

在这个阶段中,船舶不再沿平行于滑道的方向移动,下水架的滑板只有前支点与滑道相接触,如图 7-5 所示。此时力及力矩的平衡方程为

$$
\left.
\begin{aligned}
W_c &= w \nabla + R \\
W_c l_G &= w \nabla l_B
\end{aligned}
\right\}
\tag{7-3}
$$

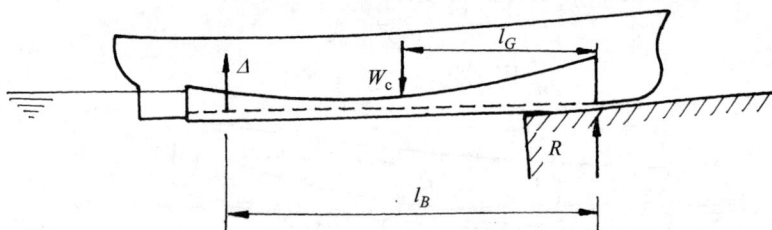

图 7-5 第三阶段中的力和力矩

船尾开始上浮时,滑道反力 R 一般约为 $(0.25 \sim 0.3)W_c$。在理论上,此力集中作用于下水架前支点处,故该处所受到的瞬时压力很大。船尾上浮时可能出现的不利情况有

（1）因滑道反力 R 集中作用于下水架前支点处,可能损坏下水设备及船体结构。

（2）当船舶绕前支点转动时,首柱底部可能撞击船台,损坏船首结构和船台。

船尾上浮是船舶下水过程中必然发生的现象,通常可采用下列措施以消除由此产生的不利情况。

（1）加强前支架处的结构,并使反力平均作用于前支架之全体,这是过去用的老方法。船在下水时通常都有很强的前支架,并规定设置于船体舱壁或强骨架处,船体内部则用支柱进行临时加强。因此,这种措施费工费时,现已逐步废弃而为新方法所代替。

（2）取消前支架,在滑板与船体之间的相当长度内只需填入普通楞木,这些楞木随船体及滑板一起下水。当船尾上浮时,可使反力分布在相当长度内,因而大大降低局部受力,船体内部也不必采用支柱临时加强。这种新工艺在 7 500 t 客货船和 25 000 t 远洋货船以及其他船舶的下水中获得成功,节省了大量的人力物力,是一种值得加以推广的好办法。

（3）在船尾上浮处的前支架下方的滑道结构给予适当加强。

（4）两滑道后端的中间挖一凹槽（见图 7-6）,以免船首底部碰触船台。

4. 第四阶段

自下水架前支点离开船台滑道至船舶停止运动为止。

在下水架前支点离开船台滑道末端时可能有两种情况：

(1) 船已完全浮起。

(2) 船舶的下水重量仍大于浮力，则将发生船首下落现象。下水重量与浮力之差称为下落重量。

如图 7-7(a)中所示，设前支架离开滑道末端时的水线与船在自由浮起时首吃水之差为 t，则 t 称为下落高度。当船首下落至静止水线时，因有惯性作用，船首将继续下沉，如图 7-7(b)中所示。在首垂线处下沉的最深水线与静止水线之距离 t' 称为首沉深度。根据实际观察，通常 $t' = 1.1t$。

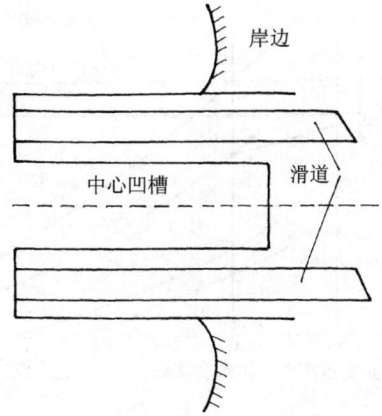

图 7-6 滑道后端的中心凹槽

在船首下落时，船首或下水架可能由于碰击船台或河底而引起损伤。因此，在下水过程中最好能避免发生此类现象，通常可采取的措施有

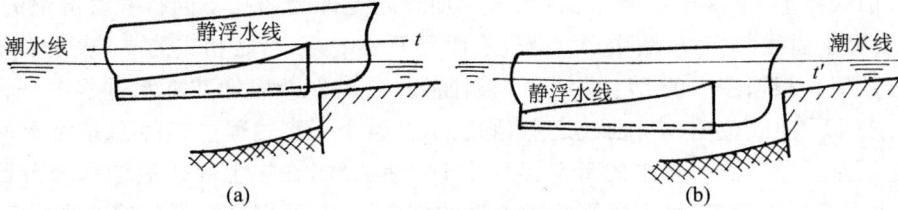

图 7-7 下落高度和首沉深度

(1) 增加滑道入水部分的长度。

(2) 等待潮水更高时下水。

若因条件限制，船首下落现象不能避免时，则于船台水下部分做出中心凹槽（见图 7-6），并在船台滑道末端增加河床深度，以免在下落时损伤船首和下水架结构。

下水船舶在离开滑道以后，由于惯性作用将继续向前运动，故应采取适当措施使船停止运动。如在河面宽阔的情况下，大多数船舶借抛锚以停止运动；在河面狭窄的情况下，船舶可能冲至对岸，发生搁浅或撞伤等事故，因而需要采用专门的制动设备，最简单的制动设备是放置在地上的重物，如水泥块、厚钢板及锚链等，当船舶滑行至一定的位置后即拖动这些重物，这样便可大大增加船舶向前运动的阻力；此外，可在舵的后面绑一块横向木板，板面与运动方向垂直，当船尾下水后，此木板即受到相当的水阻力，阻止船舶前进。

7-3 纵向下水曲线计算

船舶在下水之前必须进行下水计算，并绘制下水曲线，据此可以了解该船在下水过程中是否会发生不利现象（如船尾下落或船首下落现象等），便于事先采取措施，保证安全下水。

1. 下水曲线图

典型的下水曲线如图 7-8 所示。横坐标代表行程 x，即船在滑道上的滑行距离，纵坐标

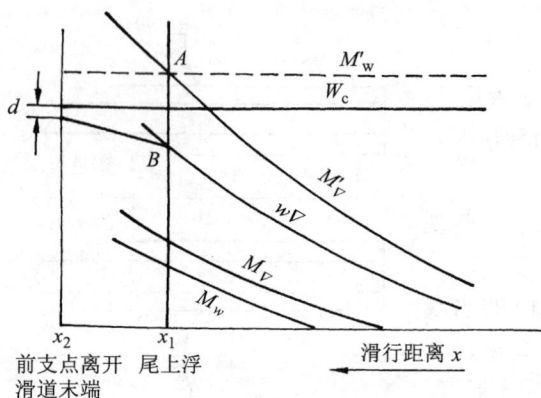

图 7-8　下 水 曲 线 图

为重量及力矩。下水曲线图中通常包括下列曲线。

(1) 下水重量

$$W_c = 常数（水平直线）$$

(2) 浮力

$$w\nabla = f_1(x)（曲线）$$

(3) 下水重量对于滑道末端的力矩

$$M_w = W_c S_G = f_2(x)（倾斜直线）$$

(4) 浮力对于滑道末端的力矩

$$M_\nabla = w\nabla S_B = f_3(x)（曲线）$$

(5) 下水重量对于下水架前支点的力矩

$$M'_w = W_c l_G = 常数（水平直线）$$

(6) 浮力 $w\nabla$ 对于下水架前支点的力矩

$$M'_\nabla = w\nabla l_B = f_4(x)（曲线）$$

在下水曲线图上，下水重量 W_c 与浮力 $w\nabla$ 曲线之差即为船在不同行程时滑道的反力 R。M'_w 直线与 M'_∇ 曲线的交点（图中 A 点）表示船尾开始上浮，与之相应的 x_1 表示船尾开始上浮时的行程数值。根据图中的 M_∇ 曲线与 M_w 曲线，可以判断船舶在下水过程中是否发生尾下落现象。若 M_∇ 曲线位于 M_w 曲线之上，则表示在整个下水过程中，M_∇ 总是大于 M_w，因而不会发生尾下落现象。图 7-8 中的 $w\nabla$、M_∇、M'_∇ 诸曲线，在尾上浮以后的那部分已没有实际意义，因为尾上浮以后，船舶不再平行于滑道的方向运动，所以这一部分的曲线无实际意义。当下水进入第三阶段后，其浮力随行程的变化规律如图中 B 点以后的曲线所示。设行程 x_2 表示下水架前支点已离开滑道末端，若此时浮力小于下水重量，则将发生首下落现象，其差数 d 即为首下落重量。

2. 下水计算

下水曲线图是根据计算结果绘制而成的，下水计算的一般步骤是

(1) 根据第 2 章中关于重量及重心计算的基本原理，尽可能正确地计算下水重量及重心位置。

(2) 绘制如图 7-9 所示的下水布置简图，并注明有关尺寸。

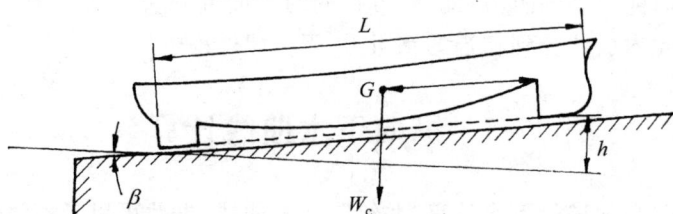

图 7-9　下水布置简图

(3) 确定船舶滑行某一距离 x 时的首尾吃水。

设 L 为船舶垂线间长，α 为龙骨坡度（以 rad 计），β 为滑道坡度（以 rad 计），h 为船在未滑动时首垂线处的龙骨基线在水面以上的高度。

当船沿滑道向下滑行距离 x 以后,首尾吃水为

$$\left.\begin{array}{l} d_F = -h + x\beta \\ d_A = -h + x\beta + L\alpha \end{array}\right\} \tag{7-4}$$

根据式(7-4)可以把船在各不同行程 x(例如 $x=60$ m、80 m、100 m 等)时的首尾吃水算出。

(4) 在邦戎曲线图上画出相当于上述不同行程 x 时的水线,如图 7-10 所示。然后用数值积分法算出每一水线下的浮力 $w\nabla$ 及浮心纵向位置,据此可进一步分别求出浮力对于前支点及滑道末端的力矩 M'_∇ 及 M_∇。这样,便可得出不同行程 x 时的 $w\nabla$、M_∇ 及 M'_∇ 数值。同时根据下水重量 W_c 及重心 G 点位置,可算出 M_W 及 M'_W。

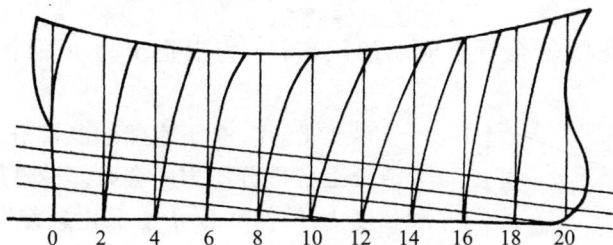

图 7-10 不同行程时的水线

(5) 既知下水重量 W_c 及各不同行程 x 时之 $w\nabla$、M_∇、M'_∇、M_W、M'_W 等数值,便可绘制如图 7-8 所示的下水曲线图。由 M'_∇ 及 M'_W 的交点(图中 A 点)可知船尾开始上浮的位置 x_1。

(6) 计算船尾上浮以后的浮力。

船尾上浮以后,浮力对前支点的力矩 M'_∇ 必定等于下水重量对前支点的力矩 M'_W,据此可以求出船尾上浮以后的浮力。具体计算方法如下。先选定某一 x 值(应大于 x_1),计算船舶在前支点处的吃水。然后假定若干个尾吃水,在邦戎曲线图上画出这些水线,并量出各横剖面面积,应用数值积分法算出每一尾吃水时的浮力、浮心位置及浮力对于前支点的力矩 M'_∇。最后以尾吃水为横坐标,绘制浮力 $w\nabla$ 曲线、M'_∇ 曲线及 M'_W 直线,如图 7-11 所示。M'_∇ 及 M'_W 的交点即表示 $M'_\nabla = M'_W$,相当于这一交点的尾吃水即为船尾上浮以后在行程 x 处的船舶实际情况,其正确的浮力也可在 $w\nabla$ 曲线上查得。

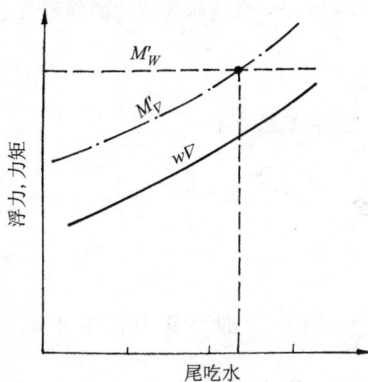

图 7-11 船尾上浮后浮力和力矩曲线

另外再假定几个 x 值,同样可以算出在各 x 值时船舶的尾吃水和实际浮力,这样就可在下水曲线图上画出船尾上浮以后的浮力曲线,如图 7-8 中 B 点以后的曲线。在行程 x_2(相当于前支点离开滑道末端)处,若浮力小于下水重量,则将发生船首下落现象。

(7) 为了估计船在入水后的浮态及稳性,尚需根据第 4 章中的基本原理计算船舶下水后的首尾吃水及初稳性高。

7-4 滑道压力的计算

为了保证船舶安全下水,还应对滑道压力进行计算,以便检验润滑油脂、滑道及前支架是否能承受该项压力。船舶在下水过程中,滑道上的受力情况是变化的,故对压力计算也需分阶段进行。

1. 下水第一阶段

这时,整个下水重量完全由滑道支承,滑道的反力 R 等于下水重量 W_c,即

$$\left.\begin{aligned} W_c &= R \\ l_G &= l_R \end{aligned}\right\} \tag{7-5}$$

式中,l_G 为下水船舶重心 G 至滑板前端的距离;l_R 为滑道反力 R 的作用点至滑板前端的距离。

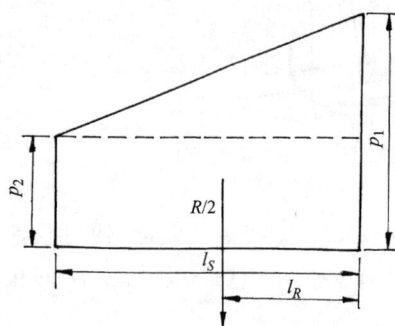

图 7-12 滑道所受压力的梯形分布

事实上,W_c 是下水船舶各部分重量的合力,而 R 则为滑道上各部分压力的合力。滑道压力沿滑板与滑道接触长度 l_s 的实际分布情况比较复杂,在具体计算时,可假定它按梯形规律分布,如图 7-12 所示。

假定下水滑道为两条,每条的宽度为 b,滑板前端和后端处滑道所受的压力分别为 p_1 和 p_2,则每条滑道的反力及其对滑板前端的力矩为

$$\left.\begin{aligned} \frac{1}{2}(p_1 + p_2)L_s b &= \frac{R}{2} \\ p_2 l_s b \frac{l_s}{2} + \frac{1}{2}(p_1 - p_2) l_s b \left(\frac{1}{3} l_s\right) &= \frac{R}{2} l_R \end{aligned}\right\} \tag{7-6}$$

解上述联立方程,可得

$$\left.\begin{aligned} p_1 &= \frac{R}{l_s b}\left(2 - 3\frac{l_R}{l_s}\right) \\ p_2 &= \frac{R}{l_s b}\left(3\frac{l_R}{l_s} - 1\right) \end{aligned}\right\} \tag{7-7}$$

根据式(7-7)即可算出在下水第一阶段中,前支架及后支架处滑道所承受的压力。

2. 下水第二阶段

当下水进入第二阶段时,船体受到浮力的作用,这时滑道反力 R 及其作用点至前支点的距离 l_R 可由下式决定

$$\left.\begin{aligned} R &= W_c - w \nabla \\ l_R &= \frac{W_c l_G - w \nabla l_B}{R} \end{aligned}\right\} \tag{7-8}$$

至于滑板与滑道接触长度前后端处所承受的压力情况,则视反力 R 作用点的位置而定。概括说来,不外乎有下列几种情况。

（1）当反力 R 的作用点位于滑道接触长度中央的 $\dfrac{l_s}{3}$ 的范围内$\left(\text{即}\dfrac{l_s}{3}<l_R<\dfrac{2l_s}{3}\right)$时，滑道压力为梯形分布（见图 7-12），则前端及后端处滑道所承受的压力为

$$\left.\begin{aligned}p_1 &= \frac{R}{l_s b}\left(2-3\,\frac{l_R}{l_s}\right) \\ p_2 &= \frac{R}{l_s b}\left(3\,\frac{l_R}{l_s}-1\right)\end{aligned}\right\} \tag{7-9}$$

（2）当反力 R 的作用点至前支点的距离 $l_R=\dfrac{l_s}{3}$ 时，则滑道压力为三角形分布（见图 7-13），前端及后端处滑道所承受的压力为

$$\left.\begin{aligned}p_1 &= \frac{R}{l_s b} \\ p_2 &= 0\end{aligned}\right\} \tag{7-10}$$

（3）当反力 R 的作用点至前支点的距离 $l_R<\dfrac{l_s}{3}$ 时，因滑板与滑道之间不能承受拉力，故两者之间的有效接触长度

$$l'_s = 3l_R$$

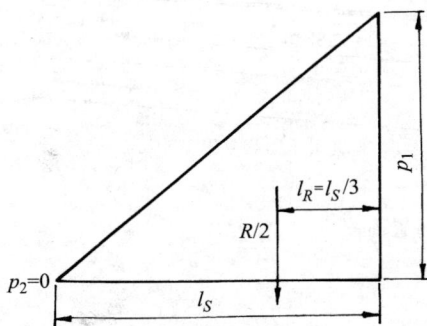

图 7-13　滑道压力的三角形分布

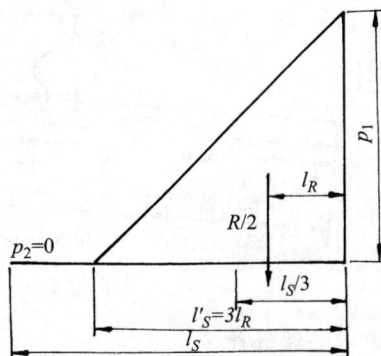

图 7-14　滑道压力沿有效长度的分布

滑道压力沿有效长度 l'_s 的分布如图 7-14 所示。前端及后端处滑道分别承受的压力

$$\left.\begin{aligned}p_1 &= \frac{R}{l'_s b}=\frac{1}{3}\cdot\frac{R}{l_R b} \\ p_2 &= 0\end{aligned}\right\} \tag{7-11}$$

（4）当船尾开始上浮时，反力 R 集中作用于滑板前端。设前支架处平均受压的长度为 l_p，则船尾上浮时该处滑道所受的压力

$$p = \frac{R}{2l_p b} \tag{7-12}$$

顺便指出，上述计算滑道压力的各个公式是在假定压力分布规律为直线的基础上求得的，这与实际情况当然有所出入。但实际观测结果与计算所得的最大压力比较接近，故通常采用这种方法计算滑道压力。

7-5 下水计算实例

以上介绍了下水计算的基本原理,在实际计算中可以用人工手算或计算机计算。为便于进一步了解船舶下水计算的具体内容,以某万吨级货船的手工计算为例说明如下。

该船下水时的主要数据有

船长	$L=150.3$ m
下水重量	$W_c=4\,335$ t
重心至前支架距离	$l_G=63.45$ m
龙骨坡度	$\alpha=\dfrac{1}{22}$
滑道坡度	$\beta=\dfrac{1}{22}$
潮水在滑道末端处的高度	3.38 m

下水前的布置简图和有关数据如图 7-15 所示。

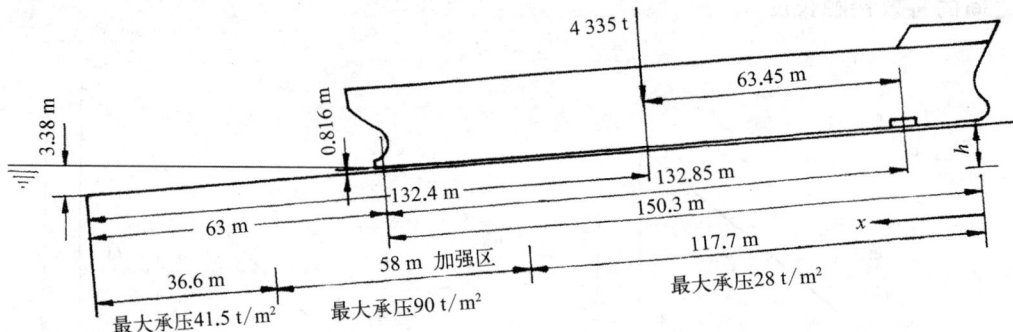

图 7-15　船舶下水前的布置简图

1. 下水曲线计算

1) 第二阶段的计算(或称尾浮计算)

从图中可以看出,船在未滑动时($x=0$),首垂线处龙骨线在水面以上的高度

$$h=(150.3+63)\frac{1}{22}+0.816-3.38=7.131 \text{ m}$$

船舶滑行 x 以后的有关计算式有

首吃水	$d_F=-h+x\beta=-7.131+\dfrac{x}{22}$
尾吃水	$d_A=d_F+L\alpha=d_F+\dfrac{150.3}{22}=d_F+6.832$
重心至滑道末端的距离	$S_G=x-132.40$
浮心至前支架距离	$l_B=132.85-x'_B$
浮心至滑道末端距离	$S_B=x-(63+x'_B)$

式中 x'_B 为浮心至尾垂线的距离。

算出各滑行距离时的首尾吃水(式 7-4)如下表所列

滑行距离 x/m	80	90	100	110	120	130
首吃水 d_F/m	-3.495	-3.040	-2.588	-2.131	1.676	-1.222
尾吃水 d_A/m	3.337	3.791	4.216	4.701	5.155	5.610

然后在邦戎曲线上画出相当于上述不同行程时的水线,并列表计算每一水线下的浮力及浮心纵向位置,如表 7-1 所示。

表 7-1　浮力、x'_B 计算表

(行程 $x=110\,\text{m}, d_F=-2.131\,\text{m}, d_A=4.701\,\text{m}$)

站号	横剖面积/(m²)	辛氏乘数	$f(\nabla)(Ⅱ)\times(Ⅲ)$	矩臂	$f(M)(Ⅳ)\times(Ⅴ)$
(Ⅰ)	(Ⅱ)	(Ⅲ)	(Ⅳ)	(Ⅴ)	(Ⅵ)
0	0	$\frac{1}{2}$	0	0	0
1	7.5	2	15.00	1	15.00
2	13.75	1	13.75	2	27.50
3	24.00	2	48.00	3	144.00
4	32.50	1	32.50	4	130.00
5	40.00	2	80.00	5	400.00
6	42.50	1	42.50	6	255.00
7	44.50	2	89.00	7	623.00
8	37.50	1	37.50	8	300.00
9	32.50	2	65.00	9	586.00
10	26.76	1	28.75	10	267.50
11	20.00	2	40.00	11	440.00
12	12.50	1	12.50	12	150.00
13	5.00	2	10.00	13	130.00
14	0	$\frac{1}{2}$	0	14	0
15	—		—		—
			$\sum f(\nabla)=512.5$		$\sum f(M)=3\,467$

注:(1) 计算结果

浮力 $w\nabla=1.006\times\dfrac{2}{3}\times\delta L\times\sum f(\nabla)=1.006\times\dfrac{2}{3}\times7.515\times512.5=2\,583\,\text{t}$;

浮心至尾垂线距离 $x'_B=\dfrac{\sum f(M)}{\sum f(\nabla)}\times\delta L=\dfrac{3\,467}{512.5}\times7.515=50.84\,\text{m}$。

(2) 每一行程都有一张计算表格,为节省篇幅起见,这里只给出一张计算表格。

将各行程 x 的 $w\nabla$、x'_B 及其他有关数据列入表 7-2,并完成下水第二阶段的计算。

表 7-2　下水第二阶段计算表

滑行距离 x/m	80	90	100	110	120	130
下水重量 W_c/t	4 335					
l_G/m	63.45					
S_G/m	−52.4	−42.4	−32.4	−22.4	−12.4	−2.4
浮力 $w\,\nabla$/t	910	1 370	1 920	2 583	3 320	4 100
x'_B/m	40	43.8	47.2	50.84	53.9	57.1
l_B/m	92.85	89.05	85.65	82.01	78.95	75.75
S_B/m	−23	−16.8	−10.2	−3.84	3.1	10.1
$M'_w = W_c \times l_G$/(t·m)	275 000					
$M'_\nabla = w\,\nabla \times l_B$/(t·m)	84 500	122 000	164 500	212 000	262 000	310 000
$M_w = W_c \times S_G$/(t·m)	−227 000	−184 000	−140 500	−97 100	−53 600	−10 400
$M_\nabla = w\,\nabla \times S_B$/(t·m)	−20 900	−23 000	−19 600	−9 930	10 300	41 400

将表 7-2 中的计算结果,绘制成图 7-16 所示的下水曲线图,从图中得出下列结论。

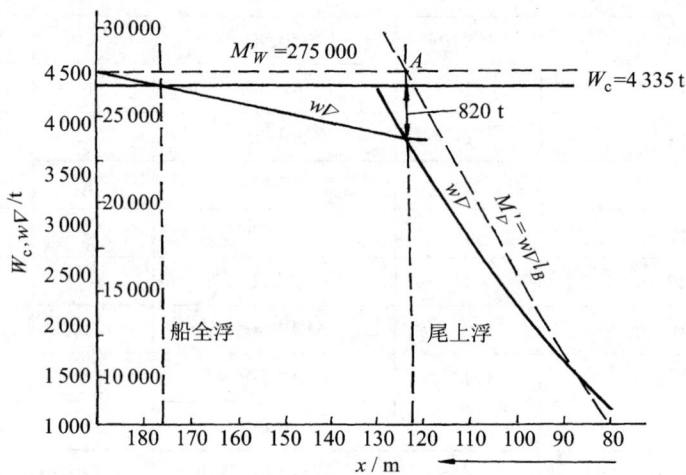

图 7-16　下水曲线图

(1) 在行程 $x=122.6$ m 处船尾开始上浮。

(2) 船尾上浮时前支架受力 $R=820$ t。

在第二阶段中 $M_\nabla > M_w$,而且船尾上浮时重心仍在滑道末端以前,故不会发生船尾下落现象。

2) 第三阶段的计算(或称全浮计算)

船尾上浮以后,前支架仍沿滑道运动,行程为 x 时,前支点的吃水

$$d = -h + (x + l)\beta$$

式中 l 为前支点至首垂线的距离,且 $l = 150.3 - 132.85 = 17.45$ m。由于船尾上浮以后,实际的首吃水暂时无法确定,故只能应用试探方法,即假定几个尾吃水。

在该货船的全浮计算中，取三个行程（$x=140$、160、180 m），对每个行程又假定四个尾吃水。现以 $x=180$ m 为例说明如下。

当 $x=180$ m 时，前支点处的吃水经计算为 1.844 m，假定四个尾吃水为 3 m、4 m、5 m、6 m。于是可在邦戎曲线图上画出上述四根水线，并列表计算每一水线下的浮力及浮心纵向位置，其表格形式、计算步骤与表 7-1 相同。这里只将最后结果列入表 7-3。

表 7-3　全浮辅助计算表
（$x=180$ m，前支点处的吃水 $d=1.844$ m）

假定尾吃水/m	3	4	5	6
浮力 $w\nabla$/t	4 230	5 050	5 900	6 770
x_B/m	71.73	69.72	67.70	65.73
l_B/m	61.12	63.13	65.15	67.12
$M'_\nabla=w\nabla\times l_B/(\text{t}\cdot\text{m})$	258 540	318 800	384 380	454 100

根据上表中的数值绘制全浮辅助曲线，如图 7-17 所示。从图中可以看出：当 M'_W 与 M'_∇ 相交时浮力 $w\nabla=4\,430$ t。

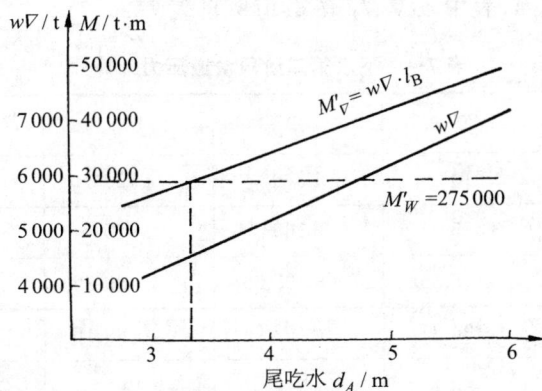

图 7-17　全浮辅助曲线

按同样办法，可得

$$x=140 \text{ m 时}, w\nabla=3\,750 \text{ t}$$
$$x=160 \text{ m 时}, w\nabla=4\,070 \text{ t}$$

将上述三个行程之 $w\nabla$ 数值画入图 7-16 中，即得船尾上浮以后浮力随行程 x 的变化曲线。由图中可知，当行程 $x=175.8$ m 时，$W_c=w\nabla$，亦即在 $x=175.8$ m 处船舶开始全浮。这表明前支架在离开滑道末端以前，船已全部浮起，因此不会发生船首下落现象。

2. 滑道压力计算

该货船下水架的有关数据为
长度 $l_S=131.1$ m；
滑板的宽度 $b=0.72$ m，两根滑道；
前支架能承受压力的长度为 7 m；

重心至前支架中点的距离 $l_G = 63.45\,\mathrm{m}$；

重心至前支架前端的距离 $l'_G = 63.45 + 3.5 = 66.95\,\mathrm{m}$；

下水架的重量为 200 t；

前支架前端至滑道末端的距离为 $63 + 132.85 + 3.5 = 199.35\,\mathrm{m}$。

1）下水第一阶段滑道压力的计算

下水重量 $\qquad\qquad\qquad W_c = 4335 + 200 = 4535\,\mathrm{t}$

$$l_S = 131.1\,\mathrm{m}$$

$$l_R = l'_G = 66.95\,\mathrm{m}$$

据式(7-7)，可得

滑板前端的压力 $\qquad p_1 = \dfrac{4535}{131.1 \times 0.72}\left(2 - 3 \times \dfrac{66.95}{131.1}\right) = 22.5\,\mathrm{t/m^2}$

滑板后端的压力 $\qquad p_2 = \dfrac{4535}{131.1 \times 0.72}\left(3 \times \dfrac{66.95}{131.1} - 1\right) = 25.7\,\mathrm{t/m^2}$

平均压力 $\qquad\qquad\quad p_m = \dfrac{p_1 + p_2}{2} = 24.1\,\mathrm{t/m^2}$

2）下水第二阶段滑道压力的计算

其计算结果列入表 7-4，表中 $w\nabla$、l_B 等数值取自表 7-2。

表 7-4 下水第二阶段滑道压力计算

滑行距离 x/m	80	90	100	110	120
浮力 $w\nabla/\mathrm{t}$	910	1370	1920	2583	3320
$R = 4535 - W\nabla/\mathrm{t}$	3625	3165	2615	1952	1215
$l_S = 199.35 - x/\mathrm{m}$	109.35	99.35	89.35	79.35	69.35
$l'_B = l_B + 3.5/\mathrm{m}$	96.35	92.55	89.15	85.51	82.45
$l_R = \dfrac{W_c \times l'_G - w\nabla \times l'_B}{R}/\mathrm{m}$	59.5	55.5	50.5	42.0	24.3
$p_m = \dfrac{R}{(2 \times l_S \times b)}/(\mathrm{t/m^2})$	23	22.2	20.3	17.1	12.2
$p_1/(\mathrm{t/m^2})$(式 6-9)	17	14.2	12.2	14	23.2
$p_2/(\mathrm{t/m^2})$(式 6-9)	29	30.2	28.4	20.2	1.2

3）船尾上浮时前支架压力的计算

这时反力只集中于前支架上，情况比较严重，故应特别注意。

为了避免前支架处反力 R 过于集中，该货船下水时采用铰链式前支架，船尾上浮时可绕铰链转动，因此反力 R 可以均匀分布于整个前支架的长度上。在船尾上浮时

反力 $\qquad\qquad\qquad\qquad\qquad R = 820\,\mathrm{t}$

前支架长度 $\qquad\qquad\qquad\quad l_p = 7\,\mathrm{m}$

滑道压力 $\qquad\qquad p = \dfrac{R}{2l_p b} = \dfrac{820}{2 \times 7 \times 0.72} = 81.4\,\mathrm{t/m^2}$

至此,已经求得了该货船在下水过程中滑道所受的压力,接下去应查看一下滑道是否能够承受这些压力。图 7-15 下方的数据是船台滑道能够承受的压力极限数值。从下水第一阶段和第二阶段的计算看来,前支架端点的压力都没有超过 $28\,\mathrm{t/m^2}$,后支架端点的压力虽有达到 $30\,\mathrm{t/m^2}$ 的数值,但此时后支点早已进入加强区域。在船尾上浮时,前支架处压力高达 $81.4\,\mathrm{t/m^2}$,此时行程为 $x=122.6\,\mathrm{m}$,前支架位于滑道(离首端)$122.6+17.5=140.1\,\mathrm{m}$ 处,亦即在滑道加强区域,该处的最大承压力 $90\,\mathrm{t/m^2}$,因此是安全的。

最后,对潮水高度变化时下水曲线的计算问题作一简要讨论。

在进行下水计算时,潮水线高度是根据预测数值决定的。但潮水高度受风力、风向及气压等因素的影响较大,船舶在下水时的实际水线高度未必与预测数值相同。故除对预测水线位置进行计算外,还需对较低的一、二种水位进行下水计算,以便下水工作因意外延误或潮水没有达到预期高度时,可当场决定下水是否安全。

如已知某一水位的下水曲线,则可用下列方法简便而迅速地求得另一水位时的下水曲线。

参阅图 7-18,设已有潮水线 WL 时的下水曲线图(例如图 7-8),现要求计算较低潮水线 W_1L_1 时的下水曲线。在下水曲线计算中,已知下水重量 W_c 及其对滑道末端的力矩 M_w、对下水架前支点的力矩 M'_w 与水位的高低无关,故在较低水线 W_1L_1 时与下水重量有关的 W_c、M_w 及 M'_w 诸线与潮水线为 WL 时完全相同。但是,潮水线的高低对于下水船舶在滑行过程中浮力的大小及浮心位置直接有关,因而潮水线的高低对浮力 $w\nabla$ 及其对滑道末端的力矩 M_∇、对下水架前支点的力矩 M'_∇ 诸曲线有影响。从图 7-18 中可以看出,船上任何一点达到低潮水线 W_1L_1 时与在高潮水线 WL 时相差之行程为 $s=\dfrac{t}{\beta}$,亦即船舶在低潮水线 W_1L_1 时要多滑行一段距离 $\dfrac{t}{\beta}$,其浮力的大小及浮心位置才与高潮水线 WL 时相当。因此,将图 7-8 中的浮力 $w\nabla$ 曲线及浮力对下水架前支点的力矩 M'_∇ 曲线每点向左移动 $\dfrac{t}{\beta}$,即得低潮水线 W_1L_1 时的 $w\nabla$ 及 M'_∇ 曲线。至于浮力对滑道末端的力矩 M_∇ 曲线,除向左移动 $\dfrac{t}{\beta}$ 外尚需将其数值相应增加 $\dfrac{w\nabla\cdot t}{\beta}$,这是因为在低潮时船的浮心位置与滑道末端的距离增加了 $\dfrac{t}{\beta}$。

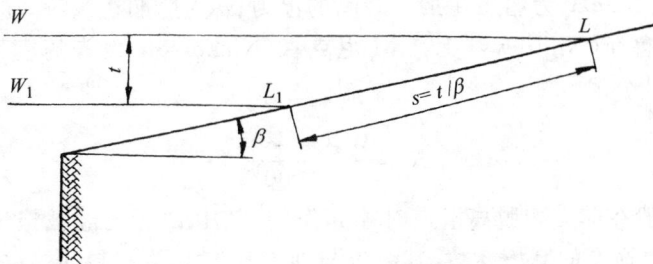

图 7-18　下水计算中已有水线 WL 和低潮水线 W_1L_1 之间的关系

7-6　下水动力学概述

在前面几节中,主要从静力学的角度讨论了船舶下水问题,即认为下水船舶瞬时是静止的,并据以计算尾上浮、滑道压力及判断是否会发生尾下落、首下落等现象。一般说来,计算结果大体与实际相符。但是,船舶下水是一种动力现象,船体的下滑运动与其所受的作用力密切有关。如果需要了解船在下水过程中的速度、加速度以及船舶停止时的行程等问题,则应根据动力学的基本原理进行研究。由于船在下水过程中的各种动力因素比较复杂,一般不进行此项计算,这里仅作简略的介绍。

1. 船舶下水的运动方程

根据牛顿第二定律,船体在下水过程中所受到的合力 F 等于其质量乘以加速度。因此,船舶下水的运动方程为

$$F = \frac{W_c}{g} a$$

式中 F 是沿运动方向作用在船体上各种力的总和。在下水的各个阶段中,F 的组成成分如表 7-5 所示。

表 7-5　下水各阶段中 F 的组成成分

	合力	重力的分力	浮力的分力	摩擦力	水阻力	制动力
第一阶段	$F=$	$W_c \sin\theta$	0	$-f W_c \cos\theta$	0	0
第二阶段	$F=$	$W_c \sin\theta$	$-w\nabla\sin\theta$	$-f(W_c - w\nabla)\cos\theta$	$-R$	0
第三阶段	$F=$	$W_c \sin\theta$	$-w\nabla\sin\theta$	$-f(W_c - w\nabla)\cos\theta$	$-R$	0
第四阶段	$F=$	0	0	0	$-R$	$f_c d$

表中 θ 为船舶运动方向与水平线之间的夹角,在第一、第二阶段中,θ 等于滑道坡度 β。在第三阶段中,船尾已经上浮,θ 逐渐减小。在第四阶段中,$\theta=0$。

浮力 $w\nabla$ 与船舶的滑行距离 x 有关,可从下水曲线中查得。

水阻力 R 与船体入水的体积及下滑速度等因素有关。由于船体下滑是变速运动,情况比较复杂,目前尚无可靠正确的计算方法。通常可将水阻力写作

$$R = K(w\nabla)^{\frac{2}{3}} v^2 \tag{7-13}$$

式中,K 为水阻力系数;$w\nabla$ 为船舶在某一瞬间的浮力;v 为船舶在该瞬间的下滑速度。

根据 H.B.安德鲁斯(Andrews)及 A.M.尼克森(Nickerson)发表的经验资料,得出估算水阻力系数的平均统计公式

$$K = \frac{W_c(w\nabla)^{\frac{1}{2}}}{12\,000} \tag{7-14}$$

制动力 $f_c d$ 一般在前支架脱离滑道时才起作用,其中 d 为已经被拖曳动的制动重量,f_c 为制动重量在地面上拖曳的摩擦系数,其数值与地面情况有关。制动锚链沿地面拖曳的摩擦系数大致范围是 $f_c = 0.4 \sim 1.0$。

对于下水各个阶段中船体的受力情况进行分析(参见表 7-5)以后,便可具体讨论下滑速度及加速度的计算问题。

在下水的第一阶段中,$F = W_c(\sin\beta - f\cos\beta)$,通常 β 的数值较小,故 $F \approx W_c(\beta - f)$。因此,船体的下滑加速度

$$a = g(\beta - f) \tag{7-15}$$

船体在任一行程 x 处的下滑速度的平方

$$v^2 = 2gx(\beta - f) \tag{7-16}$$

式中，β 为滑道坡度；f 为摩擦系数。

船体在下滑过程中 f 是变化的，故在具体计算时，对于起始阶段时的 f 应取静摩擦系数 f_s，当船体下滑一段距离后，f 应取动摩擦系数 f_d。

在下水的第二、第三阶段中，

$$F \approx (W_c - w\nabla)(\theta - f_d) - K(w\nabla)^{\frac{2}{3}}v^2$$

其运动方程为

$$\frac{W_c}{g}a = (W_c - w\nabla)(\theta - f_d) - K(w\nabla)^{\frac{2}{3}}v^2 \tag{7-17}$$

上式中的 $w\nabla$、K 及 v 等数值都随行程而变，因而难以精确求解。一般可用下列方法进行近似估算。

设船舶滑行至 x 处的速度为 v_i，浮力为 $w\nabla_i$，滑行至 $x + \delta x$ 处时的速度为 v_{i+1}，浮力为 $w\nabla_{i+1}$。当 δx 较小时，可以认为加速度 a 在 δx 这段内的变化忽略不计。因此，加速度可用下式表示

$$a = \frac{v_{i+1}^2 - v_i^2}{2\delta x}$$

同时，令 $w\nabla$ 为 δx 段内的平均浮力，即

$$w\nabla = \frac{1}{2}(w\nabla_{i+1} + w\nabla_i)$$

水阻力在 δx 段内的平均值

$$R = \frac{1}{2}K(w\nabla)^{\frac{2}{3}}(v_i^2 + v_{i+1}^2)$$

将上述结果代入式（7-17），即得

$$\frac{W_c}{2g}\left(\frac{v_{i+1}^2 - v_i^2}{\delta x}\right) = (W_c - w\nabla)(\theta - f_d) - K(w\nabla)^{\frac{2}{3}}\left(\frac{v_{i+1}^2 + v_i^2}{2}\right) \tag{7-18}$$

根据式（7-18），可以逐步进行渐次求解。例如船在第一阶段末尾的下滑速度 v 可从式（7-16）中算出，此数值可作为第二阶段起始的 v_i，然后取一小段行程 δx，其末尾的速度 v_{i+1}，即可从式（7-18）中求得。依此类推，一直可以算至第三阶段末尾。至于式（7-18）中的浮力、阻力系数及 θ 等数值都可以从下水曲线计算或式（7-14）中求得。为了减少误差，δx 不宜取得过大，通常 δx 以取 5～10 m 为宜。

在下水的第四阶段中，$W_c - w\nabla = 0$。假定制动装置在前支架脱离滑道时开始发生作用，则其运动方程为

$$\frac{W_c}{2g}\left(\frac{v_{i+1}^2 - v_i^2}{\delta x}\right) = -K(W_c)^{2/3}\left(\frac{v_{i+1}^2 + v_i^2}{2}\right) - f_c d_i \tag{7-19}$$

式中 d_i 为已经被拖曳动的制动锚链重量。

根据式（7-19）也可逐步进行渐次求解，直至算出某段末尾的速度 $v_{i+1} = 0$，便得船舶停止的位置。

顺便指出,船舶下水是一种变速运动,在船体入水后尚有附连水质量的影响,情况比较复杂。但上述方法对此种影响未予考虑,因而计算结果往往比较粗略。

2. 下水速度及加速度的实测分析

我国许多船厂十分重视下水的实测工作。每当船舶下水时,常常指定专人测量船体下滑距离和时间的关系,这不仅为船厂本身积累经验所必需,而且对于深入研究下水动力学提供了极为宝贵的实际资料。

测定船舶下水滑行距离及记录时间的方法很多。最简便的方法是在船体上每隔一定距离涂上油漆标记,当这些标记经过船台旁的照准线用秒表测定其滑行时间,并予以记录。此外,还可利用电气装置或拍摄录像等方法进行测量。

通常将实测记录绘制成以滑行距离 x 为纵坐标、时间 t 为横坐标的下水实测曲线,如图 7-19 所示。

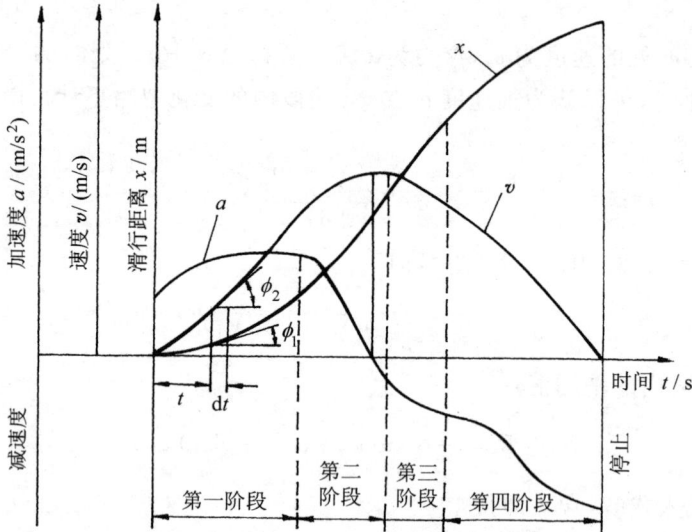

图 7-19 下水实测曲线

根据上述实测曲线,可以分析船舶在下水过程中速度及加速度的实际变化情况。船体在某一行程 x 处的瞬时下滑速度

$$v = \frac{\mathrm{d}x}{\mathrm{d}t} = \tan \phi_1$$

上式表明,x-t 曲线上任意点处斜率 $\tan \phi_1$ 即为该点的瞬时下滑速度。因此,根据 x-t 曲线可以作出下水过程中的速度 v 曲线。船体在某一行程 x 处的瞬时加速度

$$a = \frac{\mathrm{d}v}{\mathrm{d}t} = \frac{\mathrm{d}^2 x}{\mathrm{d}t^2} = \tan \phi_2$$

并根据 v-t 曲线可以作出下水过程中的加速度 a 曲线。

为了检验绘制的速度 v 曲线与加速度 a 曲线是否精确,可将下水速度 v-t 曲线积分一次、加速度 a-t 曲线积分两次,其结果与实测的 x-t 曲线进行比较,检验两者是否相符。此外,在整个下水过程中,船体的起始速度和最终速度都等于零,故加速度曲线在整个下水过程中的积

分 $\int a\,\mathrm{d}t=0$，亦即加速度曲线在横坐标轴上下方的面积应该相等。

行程 x、速度 v 及加速度 a 对时间 t 的曲线全面表达了船舶在下水过程中的实际运动情况。据此，可以检验前述近似估算方法的正确性，并对造成误差的原因进行具体分析。这对于改进船舶下水动力计算方法是十分重要的。

本篇参考文献

[1] 杨櫩,刘静[M]. 船舶静力学. 北京：北京科学教育出版社,1963.

[2] 盛振邦. 船舶静力学[M]. 北京：国防工业出版社,1979.

[3] 盛振邦,杨尚荣,陈雪深[M]. 船舶静力学. 北京：国防工业出版社,1984.

[4] 盛振邦,杨尚荣,陈雪深[M]. 船舶静力学.上海：上海交通大学出版社,1992.

[5] 中国船舶工业总公司编[M]. 船舶设计实用手册（总体分册）. 北京：国防工业出版社,1998.

[6] 中国海事局[M]. 国际航行海船法定检验技术规则. 北京：人民交通出版社,2014.

[7] 中国海事局[M]. 非国际航行海船法定检验技术规则. 北京：人民交通出版社,2011.

[8] 中国海事局[M]. 内河船舶法定检验技术规则. 北京：人民交通出版社,2011.

[9] 中国海事局[M]. 移动式平台法定检验技术规则. 北京：人民交通出版社,2016.

第 二 篇

船 舶 阻 力

张怀新　朱仁传　修订

第1章 总 论

1-1 船舶快速性及其在船舶设计中的地位

1. 船舶快速性的概念

船舶在航行过程中会受到流体(水和空气)阻止它前进的力。这种与船体运动相反的作用力称为船的阻力。

为了使船舶保持一定的航速,必须对船舶提供推力以克服所受到的阻力。一般船舶航行过程中由主机供给能量,通过推进器(常用的是螺旋桨)转换成推动船舶前进的推力,如图1-1(a)所示。

显然,船舶所具有的推力大小取决于主机功率的大小和推进器将主机功率转换成推力的效率,即推进效率的高低。因此船舶能达到航速的高低取决于它所受阻力的大小、主机功率大小和推进效率高低这3个因素。

船舶快速性就是研究船舶尽可能消耗较小的主机功率以维持一定航速的能力。或者说,船舶快速性是在给定主机功率时,表征船舶航速高低的一种性能。

由上述可知,快速性的含义是对一定的船舶在给定主机功率时,能达到的航速较高者,谓之快速性好,反之为差。或者,对一定的船舶要求达到一定航速时,所需主机功率小者,则快速性好,反之则差。

根据快速性的含义,快速性的优劣不但与船舶航行过程中的阻力性能有关,而且还与该船的推进效率等有关。但是由于此问题涉及船体和推进器两个不同部分。因此为了研究方便起见,一般工程上将快速性拆成两部分考虑,即分为船舶阻力和船舶推进两部分,如图1-1(b)(c)所示。

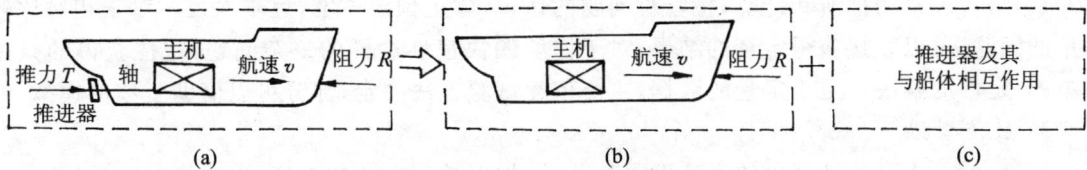

图 1-1 船舶快速性概念示意图

船舶阻力部分。研究船舶在等速直线航行过程中船体受到的各种阻力问题,此部分内容在本篇阐述;

船舶推进部分。研究克服船体阻力的推进器及其与船体间的相互作用以及船、机、桨(推进器)的匹配问题,这部分将在《船舶原理》(下册)阐述。

2. 船舶阻力研究在船舶设计中的地位

快速性是船舶诸性能中(如浮性、稳性、抗沉性、快速性、耐波性、操纵性等)的重要性能之一。快速性的优劣,对民用船舶来说将在一定程度上影响船舶的使用性和经济性。对军用舰艇而言,快速性与提高舰艇的作战性能密切相关。因此,几乎每一艘船舶,在设计任务书中就给定明确的快速性指标。当船舶建成后,测定是否达到规定的快速性指标是交船试航的一个重要内容。

船舶阻力与造船工程实际密切联系,对设计性能良好的船舶具有重要意义,其研究的主要问题包括

① 船舶以一定速度在水中直线航行时所遭受的各种阻力的成因及其性质;

② 阻力随航速、船型和外界条件的变化规律;

③ 研究减小阻力的方法,寻求设计低阻力的优良船型;

④ 如何较准确地估算船舶阻力,为设计推进器(螺旋桨)和决定主机功率提供依据。

3. 研究方法

研究船舶阻力的方法有理论研究方法、试验方法和数值模拟。

1) 试验方法

试验方法包括船模试验和实船试验。

船模试验是根据对问题本质的理性认识,按照相似理论(或因次分析)制作小尺度的船模和桨模,在试验池中进行试验,以获得问题定性和定量的解决。许多优良船型或重要船舶几乎都要进行船模试验。在船舶快速性研究的历史上,船模试验一直是最主要的方法,在某种意义上说,曾经是唯一的方法。但船模试验有其局限性,诸如因尺度效应不能完全模拟实船的情况等。

实船试验的目的是鉴定船舶的快速性能是否达到设计要求,并最后验证理论研究、数值模拟、试验研究成果的准确性。虽然,实船试验的环境不容易控制,费用昂贵,但实船长期使用的结果数值模拟则是衡量快速性的最后标准。

2) 理论研究方法

这种研究方法是应用流体力学的理论(系统的理性认识),针对船舶快速性的具体问题,通过对问题的观察、调查、思索和分析,抓住问题的核心和关键,估计要达到的目标,提出解决问题的思路,确定拟采取的措施。然后,着手用比较简单的、物理或数学模型,根据有关试验观察和测量,结合理论的推演和计算,检验对问题的认识,修正预定方案,逐步深入。对于相对比较简单的问题,可以直接获得定量的结果;对于像船舶快速性这样的复杂问题,往往获得的只是基本的、定性的解决。至于定量的数据,主要依赖试验方法决定,部分可以借助于数值模拟。

3) 数值模拟

近年来,由于高速计算机的迅速发展和普及,加上数值方法的进步,因此根据数学模型,采用数值方法(数值模拟)预报船舶航行性能和优化船型和推进器的设计,已经在许多方面获得成功。但是,由于船型复杂多样,围绕船体的流动也极为复杂,因此,数值模拟只能解决部分问题,而大量快速性的实际问题,主要的还是依靠模型试验。

然而,数值试验作为一种辅助手段,与船模试验相结合,已发挥出越来越重要的作用。首先,船模试验前,可以预先用数值模拟方法进行大量的比较计算,选择若干优秀方案,而后进行船模试验,以减少试验费用。其次,把数值模拟与物理模型试验结合起来,发挥各自优势的混合方法,已逐渐受到重视。当然,在数值计算中以经验公式的方式,或采用一些试验结果,更能提高计算预报的精度并扩展数值计算的使用范围。

1-2　船舶阻力的成因及分类

1. 船舶航行中的阻力

当船舶在水面上航行时,船体处于空气和水两种流体介质中运动,必然遭受空气和水对船体的阻力。

为研究方便起见,船体总阻力按流体种类分成空气阻力和水阻力。

空气阻力是指空气对船体水上部分的反作用力。水阻力是水对船体水下部分的反作用力。进一步把水阻力分成船体在静水中航行时的静水阻力和波浪中的阻力增加值(亦称为汹涛阻力)两部分。

静水阻力通常分成裸船体阻力和附体阻力两部分。所谓附体阻力是指突出于裸船体之外的附属体如舵、舭龙骨、轴支架等所增加的阻力值。

根据这种处理方法,船舶在水中航行时所受到的阻力通常分为两大部分(见图1-2)。

一部分是裸船体在静水中所受到的裸船体阻力,另一部分是附加阻力,包括空气阻力、汹涛阻力和附体阻力。

以上我们考虑的环境条件为航道边界不受限制的情况,即深水航道;如船舶在水深受限制的浅水航道和深度与宽度都受限制的狭窄航道航行时,其阻力与深水情况有所不同。

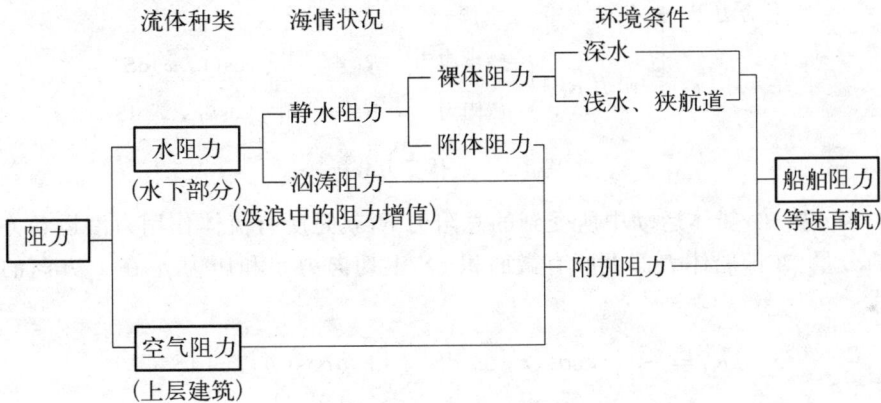

图 1-2　船舶航行中的阻力

船舶航行中的总阻力实际上大部分来自裸船体阻力(这是船舶阻力中的主要部分,亦是要着重研究的内容)和附加阻力两部分分别进行研究。为了便于叙述,将裸船体阻力简称为船体阻力。下面将先讨论裸船体阻力的成因及其组成,而附加阻力以及在限制航道中的阻力部分将在以后有关章节予以讨论。

2. 船体受力分析

船体在实际流体中运动时,物体表面微面积 dS 上受到来自流体作用力,即垂直于表面的压力 p,平行于表面的切向力 τ 组成,其沿表面积分,就是物体受到的流体作用力,如图1-3所示。现在我们考虑的是匀速直线运动的情况,由于船体形状对称于纵中剖面,因此,船体湿表

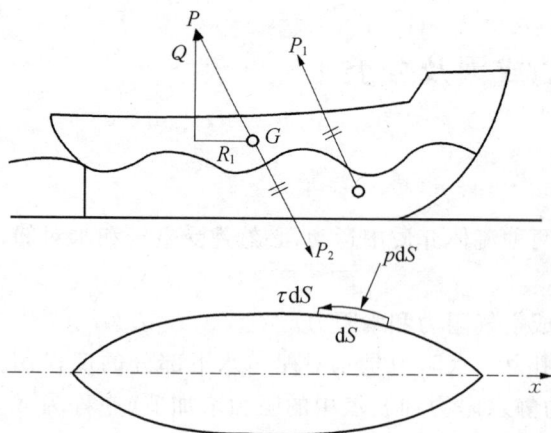

图 1-3 船体受力示意图

面上切向力和压力对于纵中剖面都是对称分布，其合力 P_1 必位于纵中剖面上。但是船体首尾形状不同，p、τ 的合力 P_1 如图 1-3 所示一般不在中心位置，并与基面成一定的角度。除流体作用力 P_1 以外，船体在重心位置 G 处还受到重力的作用。由于这两个力的作用位置不同，我们可以如图 1-3 所示在船的重心 G 处加上一对大小等于合力 P_1，但方向相反的力 P 和 P_2，于是船体可以被看作在重心 G 处受到一个 P 作用力由 P_1、P_2 组成力偶的作用，该力偶将造成船体纵倾。作用力 P 的垂向分力 Q，支持船体重量，称为支持力；P 的水平分力 R_t 即为与船体运动方向相反的总阻力。对于速度较低的船舶，Q 中绝大部分是由水的静压力组成，即静浮力，流体动压力较排水量相比为一小量，因此对于排水量型船体，通常纵倾力矩和升力不产生显著影响，我们主要关心阻力。升力对于高速快艇，特别是滑行艇比较重要，其中流体动压力占主要部分，构成一定的升力。有关这部分非排水量船的内容，我们将在第 9 章加以说明。

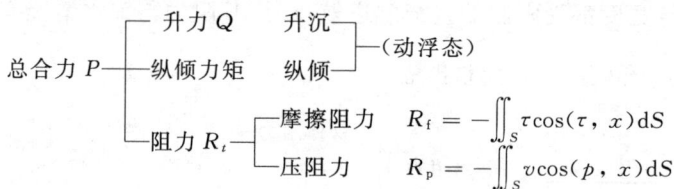

图 1-4 船体受力分析

由图 1-4 分析知，船体运动中所受到的总阻力 R_t 就是所有流体作用力沿运动方向的合力在 x 方向的分量，亦即船体表面上所有微面积 dS 上切向力 τ 和压力 p 在 x 方向的分量沿表面进行积分

$$R_t = -\iint_S \tau \cos(\tau, x) \mathrm{d}S - \iint_S p \cos(p, x) \mathrm{d}S \tag{1-1}$$

式中 S 为整个船体湿表面积，负号表示该作用力与船体运动方向相反，是阻力。(τ, x) 表示切向力 τ 与 x 轴的夹角，(p, x) 表示压力 p 与 x 轴的夹角。

式(1-1)中，前一项积分表示由作用在船体表面上切向力所造成的阻力，称为摩擦阻力 R_f。第二项积分表示由作用在船体表面上的压力所造成的阻力，称为压阻力 R_p。由此可知，船体阻力包含有摩擦阻力和压阻力两种阻力成分，即

$$R_t = R_f + R_p \tag{1-2}$$

3. 船体阻力的成因与分类

从以上分析可知，船体在静水中运动时所受到的阻力来自流体的作用力，即船体与流体接触面上的切向力与法向力。

如果流体是理想流体是不存在剪切应力的，即是说切向力 τ 是以黏性存在为前提的，也就

170

是说摩擦阻力 R_f 是由流体具有黏性而引起的。当船体运动时,由于水的黏性,在船体周围形成"边界层",从而使船体运动过程中受到黏性切应力作用,亦即船体表面产生了摩擦力,它在运动方向的合力便是船体摩擦阻力,用 R_f 表示。

而对于压阻力 R_p,它主要是由于船体运动改变了表面的压力分布造成的,而产生压力分布改变的原因有以下两个方面。

首先,根据著名的达朗贝尔疑题,物体在无限理想流体中匀速运动时其阻力为零,但如流体为黏性,在物面附近将形成边界层,愈在流体尾后部分其排挤厚度愈大,使物面上压力分布与在理想流体中的不同,船体前后部分存在压力差,其后端压力降低形成阻力;另外,在船体曲度骤变处,特别是较丰满船的尾部常会产生旋涡。产生旋涡的根本原因也是水具有黏性。旋涡处的水压力下降,从而改变了沿船体表面的压力分布情况。这种由黏性引起船体前后压力不平衡而产生的阻力称为黏压阻力,用 R_{pv} 表示。从能量观点来看,克服黏压阻力所做的功耗散为旋涡的能量。黏压阻力有时也被称为旋涡阻力。

其次,由于船体航行在水和空气两种流体的交界面,由于自由表面的存在,船体在运动过程中会兴起波浪,由于波浪产生,改变了船体表面的压力分布情况,如图 1-5 所示。船首的波峰使首部压力增加,而船尾的波谷使尾部压力降低,于是产生首尾流体动压力差。这种由兴

图 1-5 兴波改变船体压力分布

波引起的压力分布的改变所产生的阻力称为兴波阻力,一般用 R_w 表示。从能量观点看,船体掀起的波浪具有一定的能量,这能量必然由船体供给。由于船体运动过程中不断产生波浪,也就不断耗散能量,从而形成兴波阻力。

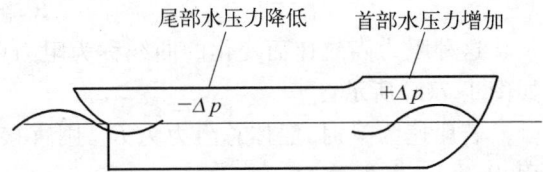

船体阻力中的压阻力含有黏压阻力和兴波阻力两种不同性质的力。黏压阻力只有在黏性流体中存在,但兴波阻力即使在理想流体中仍然存在。由于黏压阻力和摩擦阻力两者都由于水的黏性而产生,因此习惯上将两者合并称为黏性阻力 R_v。因此船体总阻力又可按流体性质分类,由兴波阻力和黏性阻力两部分组成

$$R_t = R_w + R_v \tag{1-3}$$

式中

$$R_v = R_f + R_{pv}$$

综上各分类方法,船体总阻力与各阻力成分间的关系可以表示如图 1-6 所示。

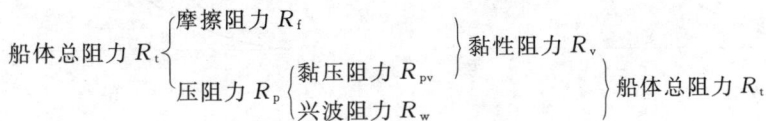

$$\text{船体总阻力 } R_t \begin{cases} \text{摩擦阻力 } R_f \\ \text{压阻力 } R_p \begin{cases} \text{黏压阻力 } R_{pv} \\ \text{兴波阻力 } R_w \end{cases} \end{cases} \begin{matrix} \text{黏性阻力 } R_v \\ \\ \text{船体总阻力 } R_t \end{matrix}$$

图 1-6 各阻力成分间的关系

船体阻力按船舶航行过程中船体周围的流动现象和产生阻力的原因来分类,则船体总阻力 R_t 由兴波阻力 R_w、摩擦阻力 R_f 和黏压阻力 R_{pv} 三者组成

$$R_t = R_w + R_f + R_{pv} \tag{1-4}$$

船舶阻力中的各成分如摩擦阻力、黏压阻力、兴波阻力等均随航速而变化其大小,但变化率各不相同。大体上来说,摩擦阻力约比例于航速的 1.83 次方;黏压阻力约比例于航速的平

方;兴波阻力约比例于 4～6 次方,即

$$R_\mathrm{f} \sim v^{1.83}, \; R_\mathrm{pv} \sim v^2, \; R_\mathrm{w} \sim v^{4\sim6} \tag{1-5}$$

对于不同航速的船舶,上述诸阻力成分在船体总阻力中所占比重是不同的。对低速船,兴波阻力成分较小,摩擦阻力约为 70%～80%,黏压阻力占 10% 以上。对高速船,兴波阻力将增加至 40%～50%,摩擦阻力为 50% 左右,黏压阻力仅为 5% 左右。

4. 阻力、有效功率曲线与航速及船型的关系

影响船体阻力的因素很多,但主要有 3 个方面。首先是航速,航速对阻力的影响较大,随着航速增加,阻力的增长十分显著。其次是船型,不同的船型参数往往会导致阻力性能的变化。再次是外界条件,船舶在不同的航区中航行,由于外界条件,诸如水深、流体介质和温度等不同,对阻力也会有影响。显然,对于给定的船型,且在一定的外界条件下,船体阻力仅仅是航速的函数,其公式表示为

$$R_\mathrm{t} = f(v) \tag{1-6}$$

这种阻力随航速而变化的曲线称为阻力曲线。不同的船型应该对应有不同的阻力曲线,如图 1-7(a) 所示。

若船速为 v 时,船体总阻力为 R_t,则直接用于克服船体阻力所需的功率,称为有效功率,用 P_e 表示,其数值为

$$P_\mathrm{e} = R_\mathrm{t} v \tag{1-7}$$

考虑到船舶主机在功率传递过程中,将有一部分损失于轴系的传递,另有一部分损失于螺旋桨的扭矩转换推力的过程中,因此有效功率只是主机功率的一部分。

对于一定的船型,考虑到式(1-6),P_e 亦是速度 v 的函数,P_e 随 v 的变化曲线称为有效功率曲线,如图 1-7(b) 所示。比较式(1-6)与式(1-7)可知,有效功率 P_e 曲线较之阻力 R_t 曲线是 v 的高一次函数曲线。

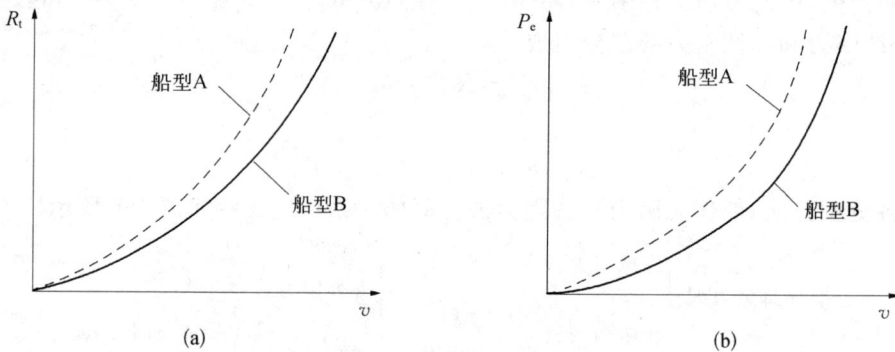

图 1-7　阻力曲线和有效功率曲线

1-3　阻力相似定律

从前述可知,船模试验是研究船舶阻力的主要方法之一。船模试验是以与实船几何相似而缩小了尺度的船模在水池中进行。由于尺度不同,船模试验得到的结果并不能马上得到实船的结果。如果建立了船舶阻力的无量纲函数表示式,则可将船模试验结果换算到实船的

结果。

经以上观察、分析、研究发现，航行于水面的船舶，其阻力和船体几何尺度、航速、水的运动黏性系数，水的质量密度和重力加速度等有关，因此需要探讨船体阻力与这些物理量之间的函数表示形式，找出船模与实船满足动力相似的条件非常重要。而研究阻力的无量纲函数表示式，可以采用流体力学相似理论中的量纲分析法。

1. 阻力及相关因素的量纲分析

由于船模和实船尺度不同，当用船模试验方法研究阻力而欲将试验结果推广到实船上去时，其先决条件为两物理系统必须满足无量纲的力学相似条件，这些相似规律可以通过量纲分析得到。

一般流体问题包含多种物理现象很复杂，很难给出严密的数学表达式，但是我们可以通过不同物理量的量纲分析，在保证物理方程式左右两边必须量纲相等的前提下，找到这些物理量的一定关系，这也是通过模型实验结果分析物理规律的基础。即对于某物理量 R，影响与之变化的物理量为 A、B、C 等时，R 可以看成是它们的函数

$$R = \varphi(A, B, C) \tag{1-8}$$

上式用幂级数展开的话，可以写成

$$R = \sum K A^{\alpha} B^{\beta} C^{\gamma} \tag{1-9}$$

因此上述方程左右两边必须量纲相等，我们可以通过对长度、质量、时间等基本物理量的量纲分析，将 α、β、γ 等因次确定下来。

在进行阻力相似规律分析之前，我们先对阻力相关的各种物理量的单位和量纲进行分析，如表 1-1 所示。

表 1-1　物理量的单位与量纲

物　理　量	单　　位	量　　纲
质量 M	kg	$[M]$
长度 L	m	$[L]$
时间 t	s	$[T]$
力 F	N	$[M][L][T]^{-2}$
密度 ρ	kg/m^3	$[M][L]^{-3}$
压力 p	N/m^2	$[M][L]^{-1}[T]^{-2}$
速度 v	m/s	$[L][T]^{-1}$
加速度、重力加速度 a、g	m/s^2	$[L][T]^{-2}$
黏性系数 μ	N/m^2 s	$[M][L]^{-1}[T]^{-1}$
动黏性系数 $\nu = \mu/\rho$	m^2/s	$[L]^2[T]^{-1}$
功率 N	W,kW	$[M][L]^2[T]^{-3}$

在本书中大都采用国际标准单位表示，但工程上往往采用工程单位，它们的关系如下：

$$1\,N = 1\,kg \cdot m/s^2, \ 1\,W = 1\,N \cdot m/s, \ 1\,kW = 1\,000\,W$$

$$1\,kgf = 9.806\,65\,N, 1\,马力 = 75\,kgf \cdot m/s = 0.735\,5\,N$$

在研究船舶快速性中常常要用到船速，而船速在实用上是以"kn"为单位。$1\,kn = 1\,n\,mile/h$，而 $1\,n\,mile = 1\,852\,m$，或 $6\,080\,ft$，所以 $1\,kn = 0.514\,4\,m/s$。

2. 黏性阻力相似定律——雷诺定律

当物体在黏性流体中运动时，且不计流体重力影响，如潜艇在深潜航行时，其所受阻力为黏性阻力。根据分析，对于几何相似的船体，其黏性阻力 R_v 与水的质量密度 ρ，物体长度 L，速度 v，水的运动黏性系数 ν 有关，可以写成：

$$R_v = \varphi(\rho, L, v, \nu) \tag{1-10}$$

式（1-10）中有 5 个有量纲的物理量，取 ρ, L, v 3 个量作为基本量。按照流体力学量纲分析法的 π 定理知，式（1-10）用无量纲变数表示时，无量纲数减为两个，π_1, π_2。

$$[R_v] = [\rho]^{\alpha} [v^2]^{\beta} [L^2]^{\gamma} \tag{1-11}$$

由表 1-1 各物理量纲，比较式 1-11 左右两边的量纲为

$$[M]: 1 = \alpha$$
$$[T]: -2 = -\gamma, \ \gamma = 2$$
$$[L]: 1 = -3\alpha + \beta + \gamma$$
$$\beta = 1 + 3\alpha - \gamma = 1 + 3 - 2 = 2$$

因此可得

$$[R_v] = [\rho][L^2][v^2]$$

同样对于另一个物理量 ν 量纲分析可得

$$[\gamma] = [L][v]$$

根据量纲表示式，组成无量纲数 π_1, π_2

$$\pi_1 = \frac{R_v}{\rho v^2 L^2} \qquad \pi_2 = \frac{\nu}{Lv} = \frac{1}{Lv/\nu} = \frac{1}{Re}$$

式中 $Re = \dfrac{Lv}{\nu}$，称为雷诺数。考虑到湿面积 S 与 L^2 的纲量相同；用动压力 $\dfrac{1}{2}\rho v^2$ 代替 ρv^2，因此，$\dfrac{R_v}{\rho v^2 L^2}$ 可改写成 $\dfrac{R_v}{\dfrac{1}{2}\rho v^2 S}$，称为黏性阻力系数 C_v，表示单位面积的黏性阻力与动压力之比。

据 π 定理，列出式（1-10）的无量纲函数表示式为

$$\pi_1 = \Phi(\pi_2)$$

即可得

$$C_v = \frac{R_v}{\dfrac{1}{2}\rho v^2 S} = \Phi\left(\frac{1}{Re}\right)$$

或者

$$C_v = f(Re) \tag{1-12}$$

式（1-12）表明，对一定形状的物体，黏性阻力系数仅与雷诺数有关，当雷诺数相同时，两

形似物体的黏性阻力系数必相等。

作为特例,在深水中顺着本身平面运动的极薄的平板所受阻力仅为摩擦阻力 R_f,据分析,R_f 可以表示为式(1-10)相同的函数关系,因此其无量纲表示式为

$$C_f = \frac{R_f}{\frac{1}{2}\rho v^2 S} = f_1(Re) \tag{1-13}$$

由式(1-13)知,平板摩擦阻力系数 C_f 仅仅是雷诺数的函数,当雷诺数相同时,不同平板的摩擦阻力系数必相等。

式(1-12)和式(1-13)的函数关系称为雷诺定律。

雷诺定律的物理意义表示当流场中有黏性存在,且不计流体重力影响时,保证力学相似条件是惯性力与黏性力之比须相等。

根据黏性切应力按照牛顿定律 $\tau = \mu \dfrac{\partial v}{\partial y}$,所以

$$\frac{惯性力}{黏性力} \propto \frac{质量 \times 加速度}{\mu \dfrac{速度}{长度} 湿表面积} = \frac{\rho L^3 \dfrac{U^2}{L}}{\mu \dfrac{U}{L} L^2} = \frac{LU}{v} = Re$$

也就是雷诺数反映了流体黏性作用,雷诺数相等表示流动黏性相似。雷诺数大表示惯性力大于黏性力,黏性作用小,而雷诺数小表示黏性作用大。

3. 兴波阻力相似定律——傅汝德定律

研究兴波阻力可选取假定在理想流体中航行的某给定水面船舶(即船型一定)为研究对象。由于是理想流体,不存在黏性影响,所以既无摩擦阻力又无黏压阻力,仅有波浪引起的兴波阻力。根据研究分析认为,影响兴波阻力的物理量是 ρ、L、v 和重力加速度 g,因而可写成

$$R_w = \varphi(\rho, L, v, g) \tag{1-14}$$

式(1-14)中有五个有量纲的物理量,取 ρ、L、v 三个量为基本量,按照量纲分析法的 π 定理知,式(1-14)用无量纲参数表示时,无量纲参数的数目减为两个,π_1,π_2。

现列出除三个基本量之外的物理量的量纲表示式为

$$[R_w] = [\rho][L^2][v^2]$$
$$[T] = [L][v^{-1}]$$
$$[g] = [v][T^{-1}] = [v^2][L^{-1}]$$

$[T]$ 为时间的量纲式。根据量纲表示式,组成无量纲数 π_1,π_2

$$\pi_1 = \frac{R_w}{\rho v^2 L^2} \qquad \pi_2 = \frac{g}{v^2/L} = \frac{gL}{v^2} = \frac{1}{Fr}$$

式中 $Fr = \dfrac{v}{\sqrt{gL}}$ 称为傅汝德数。同样,考虑到湿面积 S 与 L^2 量纲相同;用动压力 $\dfrac{1}{2}\rho v^2$ 代替 ρv^2,因此 $\dfrac{R_w}{\rho v^2 L^2}$ 改写成 $\dfrac{R_w}{\frac{1}{2}\rho v^2 S}$ 称为兴波阻力系数 C_w,表示单位面积的兴波阻力与动压力之比。

据 π 定理,列出式(1-14)的无量纲函数表示式为

$$\pi_1 = \Phi(\pi_2)$$

即可得

$$C_{\mathrm{w}} = \frac{R_{\mathrm{w}}}{\frac{1}{2}\rho v^2 S} = \Phi\left(\frac{1}{Fr^2}\right)$$

因此,对于给定船型必有

$$C_{\mathrm{w}} = f(Fr) \tag{1-15}$$

由式(1-15)知,对于给定船型的兴波阻力系数仅是傅汝德数 Fr 的函数,当两形似船的 Fr 相等时,兴波阻力系数 C_{w} 必相等,这称为傅汝德定律。

傅汝德定律的物理意义表示当不考虑流场中黏性影响,只考虑流体的重力影响时,保证力学相似条件是惯性力与重力之比须相等。

$$\frac{惯性力}{重力} \propto \frac{质量 \times 加速度}{\rho L^3 g} = \frac{\rho L^3 \dfrac{U^2}{L}}{\rho L^3 g} = \frac{U^2}{Lg} = Fr^2$$

傅汝德数是惯性力与重力的比值,反映了重力对流体的作用,傅汝德数相等表示重力作用相似。

显然,对于不同船型而言,兴波阻力系数 C_{w} 除与 Fr 数有关外,还将因船型变化而发生变化。

现讨论在船舶工程中经常要应用的形似船在相应速度时的傅汝德定律问题。

形似船是指仅大小不同形状完全相似(即几何相似)的船舶之间的统称,如实船和它的船模即为形似船。相应速度是指形似船之间,为了保持傅汝德数 Fr 相同,则它们的速度必须满足一定的对应关系。对于船模和实船,要求 $\dfrac{v_{\mathrm{m}}}{\sqrt{gL_{\mathrm{m}}}} = \dfrac{v_{\mathrm{s}}}{\sqrt{gL_{\mathrm{s}}}}$;则相应速度关系为

$$v_{\mathrm{m}} = \frac{v_{\mathrm{s}}}{\sqrt{L_{\mathrm{s}}/L_{\mathrm{m}}}} = \frac{v_{\mathrm{s}}}{\sqrt{\alpha}} \tag{1-16}$$

式中,下标 m、s 分别为船模和实船的参数;α 是实船与船模间的缩尺比。

由于实船和船模的船型是相同的,且在相应速度时,它们的傅汝德数亦是相等的,故它们的兴波阻力系数必相等,可表示为

$$\frac{R_{\mathrm{ws}}}{\frac{1}{2}\rho_{\mathrm{s}} v_{\mathrm{s}}^2 S_{\mathrm{s}}} = \frac{R_{\mathrm{wm}}}{\frac{1}{2}\rho_{\mathrm{m}} v_{\mathrm{m}}^2 S_{\mathrm{m}}}$$

或

$$R_{\mathrm{ws}} = R_{\mathrm{wm}} \frac{\rho_{\mathrm{s}} v_{\mathrm{s}}^2 S_{\mathrm{s}}}{\rho_{\mathrm{m}} v_{\mathrm{m}}^2 S_{\mathrm{m}}} \tag{1-17}$$

考虑到形似船,且在相应速度,则必有 $S_{\mathrm{s}}/S_{\mathrm{m}} = \alpha^2$ 和 $v_{\mathrm{s}}^2/v_{\mathrm{m}}^2 = \alpha$,代入(1-17)式得

$$R_{\mathrm{ws}} = R_{\mathrm{wm}} \frac{\rho_{\mathrm{s}}}{\rho_{\mathrm{m}}} \alpha^3 = R_{\mathrm{wm}} \frac{\rho_{\mathrm{s}}}{\rho_{\mathrm{m}}} \frac{\nabla_{\mathrm{s}}}{\nabla_{\mathrm{m}}} \tag{1-18}$$

式中 ∇_{s}、∇_{m} 分别为实船和船模的排水体积,如改用相应的排水量,最后得

$$R_{\text{ws}} = R_{\text{wm}} \frac{\Delta_{\text{s}}}{\Delta_{\text{m}}}$$

或
$$\frac{R_{\text{ws}}}{\Delta_{\text{s}}} = \frac{R_{\text{wm}}}{\Delta_{\text{m}}} \tag{1-19}$$

由式(1-19)知,形似船在相应速度时(或相同 F_r 数),单位排水量兴波阻力必相等。这称为傅汝德比较定律。由此知,试验求得船模的兴波阻力后,就可得到相应速度时的实船兴波阻力。

4. 船体总阻力相似定律——全相似定律

研究对象是在实际水面上航行的某给定船舶(船型一定),由于既存在水面兴波,又要考虑到水的黏性,所以船体总阻力 R_t 应是 ρ、L、ν、v 和 g 的函数,可写作
$$R_t = \varphi(\rho, L, \nu, v, g) \tag{1-20}$$

式(1-20)中有 6 个有量纲的物理量,取 ρ、L、v 三个量为基本量,按照量纲分析法的 π 定理知,式(1-20)用无量纲参数表示时,无量纲参数的数目减为 3 个,π_1,π_2,π_3。

现列出各物理量的量纲式为
$$[R_t] = [\rho][L^2][v^2]$$
$$[T] = [L][v^{-1}]$$
$$[\nu] = [L][v]$$
$$[g] = [v][T^{-1}] = [v^2][L^{-1}]$$

根据量纲式,组成无量纲数 π_1、π_2、π_3
$$\pi_1 = \frac{R_t}{\rho v^2 L^2} \qquad \pi_2 = \frac{\nu}{L v} = \frac{1}{Re} \qquad \pi_3 = \frac{g}{v^2/L} = \frac{gL}{v^2} = \frac{1}{Fr^2}$$

式中 Re 和 Fr 分别为雷诺数和傅汝德数。同样地,$\frac{R_t}{\rho v^2 L^2}$ 可改写成 $\frac{R_t}{\frac{1}{2}\rho v^2 S}$,称为总阻力系数 C_t,表示单位面积的总阻力与动压力之比。

据 π 定理,列出(1-20)式的无量纲函数表示式为
$$\pi_1 = \Phi(\pi_2, \pi_3)$$

即
$$C_t = \frac{R_t}{\frac{1}{2}\rho v^2 S} = \Phi\left(\frac{1}{Re}, \frac{1}{Fr^2}\right)$$

所以,对一定船型,则有
$$C_t = f(Re, Fr) \tag{1-21}$$

由式(1-21)知,水面船舶的总阻力系数是雷诺数和傅汝德的函数;若能使实船和船模的雷诺数和傅汝德数同时相等,就称为全相似。在满足全相似条件下,实船和船模的总阻力系数为一常数,故称为全相似定律。

同样可知,对于不同船型而言,则总阻力系数除与 Re、Fr 有关外,还将受到船型的影响。

1-4 船模阻力试验

船模试验是研究船舶阻力最普遍的方法。目前船舶设计中应用的优良船型资料、估算阻

力的回归公式和图谱等绝大多数是由船模试验结果得来的。近年来,虽然计算流体力学发展迅速,但理论计算结果和新船型的设计是否能得到预期的效果都需要船模试验来验证。因此船模试验仍是船舶性能研究最普遍和有效的方法。

1. 船模阻力试验概述

我们知道,在快速性分为阻力和推进两部分,船模阻力试验时船体并不安装螺旋桨等推进器,船模是通过一定的牵引力在水池中匀速直线前进的。按试验时牵引船模的方式,可分为重力式和拖车式两种。

重力式船模试验池是早期用于进行小船模阻力试验的简陋设施。试验时靠重量的下落来拖动船模,当船模达到等速前进时,砝码的重量就等于船模的阻力,记录船模被等速拖动一定距离所需的时间,可得到相应的船模速度。因此重力式船模阻力试验是在给定阻力情况下,测定相应的船模速度。这种水池仅能进行小船模的阻力试验,无法满足现时对船舶性能研究的需要,因此已基本被淘汰。

拖车式船模试验池一般水池狭而长,为避免海水的腐蚀作用,试验池的水都采用淡水。沿水池两旁轨道上行使的拖车,如图 1-8 所示。拖车的用途首先在于拖曳船模保持一定方向和一定速度运动,其次安装各种测量和记录仪器,例如测定船模拖曳阻力的阻力仪、记录船模升沉和纵倾的仪器以及记录船模速度的光电测速仪等。为便于观察试验现象、拍摄照片和录像,在拖车上还设有观察平台。现代船池的拖车上还配置有计算机数据采集和实时分析系统,以便迅速地给出试验结果。

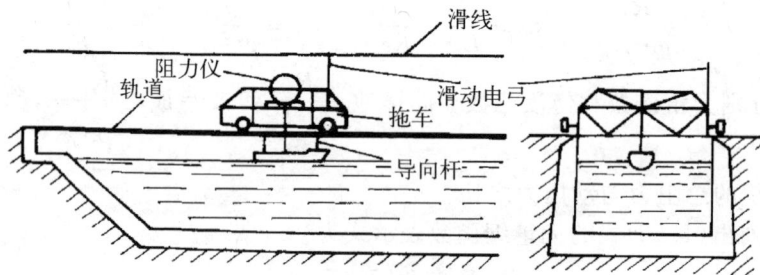

图 1-8　拖车式船模试验池示意图

拖车式船模试验池的优点是可以采用较大尺度的船模,因此尺度效应较小,试验结果的准确性较高;其次,拖车式船池能进行广泛的试验,除了船模阻力试验外,还可以进行船舶推进、船舶耐波性、船舶操纵性以及船舶强度和振动等方面的试验。

第一个拖曳式试验池由 W.Froude 为英国海军于 1871 年建成,其池长 278 英尺,水面宽 36 英尺,中心线水深 10 英尺。以此开始船模试验池一直是进行船舶性能研究试验的重要设施,因而世界各国均普遍建造了此种船模试验池。

船模试验池的尺度主要由船模的大小和速度而定。此外,还与拖曳设备的特点、试验的要求等有关,因为水池的长度和拖车的速度实际上对船模的尺度和速度有一定的限制。船模每次试验时,启动拖车并加速到规定的试验速度,需要经过一段加速距离。然后进入匀速段,测量和记录船模的阻力和速度。最后拖车开始减速直至停止,需要留有一段减速距离。显然水池的长度大于这三段距离之和。船模速度越高,则各段的距离相应亦要增加,特别是匀速段距离越长,越易于进行测量和记录。当船池的长度、速度受到限制时往往只有通过增大缩尺比,减小船模尺度和速度来进行拖曳试验。此外,船池的宽度和深度也应以减少池壁和池底对船模试验的影响为依据,即池壁干扰作用不致过大,以保证试验的准确性。所以长度较大的船模试验池其池宽和池深也要相应增大。

有不少船模试验池具有假底设备,池底与水面的距离可以调节,因此可做浅水船模试验。如果在假底上再临时搭建边壁,则可以进行限制航道中的阻力试验。近年来,为了进行浅水航道船模试验,亦有将试验池的水面放低,同时阻力仪等测量仪器也相应下降来做试验的,也有建造专门的浅水试验池供进行限制航道船模试验之用。

2. 船模阻力试验的依据

如果船模试验能在满足与实船全相似的条件下进行,则可以将试验中测得的船模总阻力十分方便地求得实船的总阻力。由前述的阻力全相似定律可知,如果船模和实船能实现全相似,即船模和实船同时满足 R_e 和 F_r 数相等,则可由船模试验结果直接获得实船的总阻力系数,这样实船的总阻力亦可精确决定。但船模和实船同时满足 R_e、F_r 数相等的所谓全相似条件实际上是难以实现的。

1) 实现全相似的条件

如果要求实船与船模满足傅汝德数相等,则有

$$\frac{\nu_s^2}{gL_s} = \frac{\nu_m^2}{gL_m} \quad \nu_m^2 = \frac{\nu_s^2 L_m}{L_s}$$

若雷诺数相等,则有

$$\frac{\nu_s L_s}{\nu_s} = \frac{\nu_m L_m}{\nu_m} \quad \nu_m^2 = \frac{\nu_s^2 L_s^2}{L_m^2}\left(\frac{\nu_m}{\nu_s}\right)^2$$

若雷诺数和傅汝德数同时相等,则船模和实船的长度及运动黏性系数应满足

$$\nu_m = \nu_s\left(\frac{L_m}{L_s}\right)^{3/2} \tag{1-22}$$

这里下标 m、s 分别代表船模和实船的数据,设实船对船模的尺度比 $\alpha = \dfrac{L_s}{L_m} = 36$,则由式(1-22)得 $\nu_m = \dfrac{\nu_s}{216}$。 要满足此式实际上存在困难,因为要求试验池中介质的黏性系数仅为实船航行介质的 1/216,这是不切合实际的。实际上船模是在水池中进行试验,而海水和淡水的运动黏性系数相差不大,可假定 $\nu_m = \nu_s$,则要满足式(1-22)的全相似条件,除非 $\alpha = 1$,即 $L_s = L_m$ 而且 $\nu_s = \nu_m$。 这就意味着实船即船模,或实船在试验池内进行试验,显然这是不现实的。

2) 试验只能在部分相似情况下进行

前面已说明船模和实船无法实现全相似条件。事实上也不能实现船模和实船的黏性相似,即保持两者 Re 相等。这是因为要使 $Re_m = Re_s$,则必有

$$\nu_m L_m/\nu_m = \nu_s L_s/\nu_s$$

即
$$\nu_m = \alpha\nu_s\nu_m/\nu_s \tag{1-23}$$

式中 α 为船模缩尺比。

船模和实船所处介质的运动黏性系数两者数值相近,如假定 $\nu_m = \nu_s$,则式(1-23)为

$$\nu_m = \alpha \nu_s \tag{1-24}$$

由于船模比实船一般缩小几十倍以上,因而要求船模的速度较实船速度大几十倍,甚至达到超音速情况下进行试验,显然是不现实的。

因此船模阻力试验,对水面船舶来说,实际上都是在满足重力相似条件下,即保持 Fr 数相等的情况下进行的。由于试验是在部分相似条件下所得的船模阻力值,因此必需借助于某些假设,诸如傅汝德假定、休斯假定等才能得到相应的实船总阻力。这里需要特别注意的是:船模阻力试验虽然无法满足与实船的雷诺数相等,但并不等于对船模试验的雷诺数 Re_m 没有任何要求。实船船体周围边界层中的水流都是处于紊流状态,因而要求船模试验时边界层中的水流也要处于紊流状态。因此船模试验的雷诺数 $\left(Re_m = \dfrac{\nu_m L_m}{\nu_m}\right)$ 必须在 2×10^6 以上,并且在首部 $5\% L_m$ 处安装激流装置,才能满足船模边界层中的水流处于紊流状态。否则船模阻力试验的结果因层流影响而不可能正确地换算至实船总阻力。

3. 傅汝德换算法——二因次法

从以上分析可知船模阻力试验,对水面船舶来说,实际上都是在满足重力相似条件下,即保持 Fr 数相等的情况下进行的。由于试验是在部分相似条件下所得的船模阻力值,因此必需借助于某些假设,如傅汝德假定、休斯假定等才能得到相应的实船总阻力。

1)傅汝德假定

船模与实船不能同时满足雷诺数和傅汝德数相等,所以船模阻力试验实际上仅仅在保持傅汝德数相等的情况下进行的。为了能从船模试验结果求得实船的阻力,傅汝德做出了下列假定。

(1)假定船体总阻力可以分为独立的两部分。一为摩擦阻力 R_f,只与雷诺数有关;另一为黏压阻力 R_{pv} 与兴波阻力 R_w 合并后的剩余阻力 R_r,只与傅汝德数有关,且适用比较定律。表示为

$$R_t = R_f + R_r \quad R_r = R_{pv} + R_w \tag{1-25}$$
$$R_t = f(Re, Fr) = f_1(Re) + f_2(Fr)$$

而
$$R_f = f_1(Re) \quad R_r = f_2(Fr) \tag{1-26}$$

(2)假定船体的摩擦阻力等于同速度、同长度、同湿面积的平板摩擦阻力。因此,可以用平板摩擦阻力公式计算船体的摩擦阻力,通常称为相当平板假定。

2)傅汝德法的换算关系

如果满足傅汝德数相等组织船模试验,同时应用傅汝德假定,便可将试验结果换算得实船在相应速度时的总阻力。由假定知,实船的总阻力可表示为

$$R_{ts} = R_{fs} + R_{rs} \tag{1-27}$$

在相应速度时,即 $v_s = v_m \sqrt{\alpha}$,由比较定律得

$$R_{rs} = R_{rm} \frac{\Delta_s}{\Delta_m} \tag{1-28}$$

则得
$$R_{ts} = R_{fs} + R_{rm} \frac{\Delta_s}{\Delta_m} \tag{1-29}$$

这里下标 m,s 分别代表船模和实船的数据。考虑到船模剩余阻力 $R_{rm} = R_{tm} - R_{fm}$;而 $\dfrac{\Delta_s}{\Delta_m} =$

$\dfrac{\rho_s}{\rho_m}\alpha^3$ 则有

$$R_{ts} = R_{fs} + (R_{tm} - R_{fm})\frac{\rho_s}{\rho_m}\alpha^3 \tag{1-30}$$

式(1-30)称为傅汝德换算关系。显然,由船模试验得到船模总阻力 R_{tm} 并分别计算船模和实船在相应速度时的摩擦阻力后,即可得实船在相应航速时的总阻力。

应该指出,实船船体表面比较粗糙,故实船摩擦阻力为 $R_{ts} = (C_{fs} + \Delta C_f)\cdot\dfrac{1}{2}\rho_s v_s^2 S_s$ 其中 ΔC_f 为粗糙度补贴系数,按不同船长选取。船模摩擦阻力为 $R_{fm} = C_{fm}\cdot\dfrac{1}{2}\rho_m v_m^2 S_m$,由于船模具有"光滑表面",所以不存在粗糙度问题。

傅汝德换算关系式亦可用无量纲形式表示,若将式(1-27)式两边除以 $\dfrac{1}{2}\rho_s v_s^2$,则可得无量纲形式

$$C_{ts} = C_{fs} + C_{rs} + \Delta C_f \tag{1-31}$$

式中,$C_{rs} = \dfrac{R_{rs}}{\dfrac{1}{2}\rho_s v_s^2 S}$ 称为剩余阻力系数。因在相应速度时,$C_{rs} = C_{rm}$,而 $C_{rm} = C_{tm} - C_{fm}$,代入

上式有

$$C_{ts} = C_{fs} + C_{rm} + \Delta C_f = C_{fs} + (C_{tm} - C_{fm}) + \Delta C_f \tag{1-32}$$

由式(1-32)求得实船总阻力系数 C_{ts} 后,进而可算出总阻力。

3) 傅汝德法的不足之处

近百年来,傅汝德提出的换算法,又称二因次换算法,在世界各国试验池中曾被广泛采用,直到现在仍被一些试验池继续采用。其原因在于傅汝德假定计算所得结果一般与实际相当接近。

但是严格地讲,傅汝德假定既不完善也不合理。

首先,傅汝德把船体阻力分成互不相关的两个独立部分。一部分仅与重力或傅汝德数有关;另一部分仅与黏性或雷诺数有关。忽略了两者的相互影响。事实上,这种影响是存在的。一方面黏性不断地消耗波能,同时由黏性而产生的边界层改变了流线的形状,特别是船尾流线的改变更为显著,因而改变了船体压力分布,影响兴波阻力;另一方面,兴波作用改变了湿面积的形状及大小,同时由于水质点的轨圆运动改变了水与船体的相对速度,在波峰处的相对速度有所减小,在波谷处则增大,因之影响了黏性阻力。所以,严格地讲,船体总阻力

$$R_t = R_v(Fr, Re) + R_w(Fr, Re) \tag{1-33}$$

或 $$R_t = R_v(Re) + R_w(Fr) + R_{vw}(Re, Fr) + R_{wv}(Re, Fr) \tag{1-34}$$

式中,R_{vw} 是波浪对黏性阻力的影响;R_{wv} 是黏性对兴波阻力的影响。但这种相互影响问题研究得较少,一般认为影响较小,且目前尚难作可靠精确计算,所以在工程应用中忽略不计。

其次,傅汝德将兴波阻力和黏压阻力这两种不同性质的阻力成分合并为剩余阻力,并认为符合傅汝德比较定律,在理论上是不恰当的。

最后,船体形状是相当复杂的三因次物体,其周围流动情况与平板相比显然有一定差别。因而用相当平板的摩擦阻力来代替船体摩擦阻力,必然是有误差的。

针对傅汝德法的这些不足,休斯等提出了处理黏压阻力的三因次换算法,这部分内容将在2-8 中加以叙述。

　　傅汝德假定虽有其欠妥之处,但尚能比较准确地满足实际工程上的需要,其原因在于:黏压阻力 R_{pv} 一般情况下在总阻力中所占比重较小,且黏压阻力系数与 Re 关系不大,即近似为常数,因此并入剩余阻力系数应用比较定律也不致有明显误差,正因为上述缘故,根据傅汝德假定所得出的船模阻力换算法一直沿用至今。

第 2 章 黏 性 阻 力

在第 1 章绪论中已简要提到船体阻力是由于水的黏性和水面兴波引起的,虽然黏性与兴波两个因素之间存在着相互影响,但是其影响很小,另一方面在进行船模试验时,无法保证全相似条件,即保证船模与实船的雷诺数与傅汝德数相等的条件下进行试验,因此工程上一般并不考虑其相互作用,考虑黏性阻力时不考虑兴波的影响,即只是雷诺数的函数,而考虑兴波阻力时不考虑黏性的影响。

本章着重从船舶工程实际使用的需要出发,讨论黏性阻力,不考虑兴波的影响,即除了船型因素以外,它只是雷诺数的函数。并分别对黏性引起的切向力——摩擦阻力和法向力-黏压阻力的成因、特征以及处理方法进行说明。

2-1 黏性阻力的组成与船体边界层

如果不考虑兴波对黏性阻力的影响,我们可以把水表面看作是对称面,如图 2-1 所示,船体可做镜像处理,即所谓的"叠模"。

这样的处理,相当于在船体在同一种流体水中航行(类似于潜艇),而不是在水和空气的交界面上航行,这样就可以略去船体航行引起的自由表面影响。

图 2-2 是船体周围的流场情况,与上半部分理想流体不同,下半部分考虑黏性的影响时,在雷诺数较大情况下,流体的黏性主要表

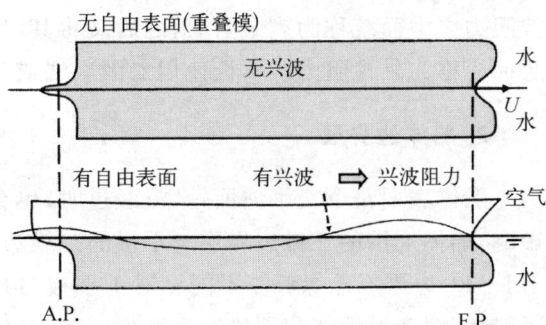

图 2-1 有无自由表面的比较

现在离物体壁面不远的一薄层之内,此层称为边界层。而边界层外端与理想流体的情况接近,因此边界层外可不考虑黏性的影响。

1. 黏性阻力的组成

当船体运动时,由于水的黏性作用,使船体表面产生了摩擦切应力,沿着湿表面积分其在运动方向的合力便是船体摩擦阻力。另外,由于水的黏性作用,使船体前后部分存在压力差,产生黏压阻力。因此,黏性阻力由摩擦阻力和黏压阻力两部分组成,它与船体的形状和雷诺数密切相关。

目前对于船舶黏性阻力的计算方法可分为两大类。

(1) 根据边界层理论或雷诺平均方程用数值计算方法求得黏性阻力。随着计算流体力学的迅速发展,船体周围黏性流场的计算已成为国际造船界的研究热点之一。目前用雷诺平均方程计算船体周围的黏性流场已渐趋成熟,并能定性估算船体的摩擦阻力和黏压阻力。但由于船体形状比较复杂,用理论方法计算得出的黏性阻力尚不能付诸工程实用。

183

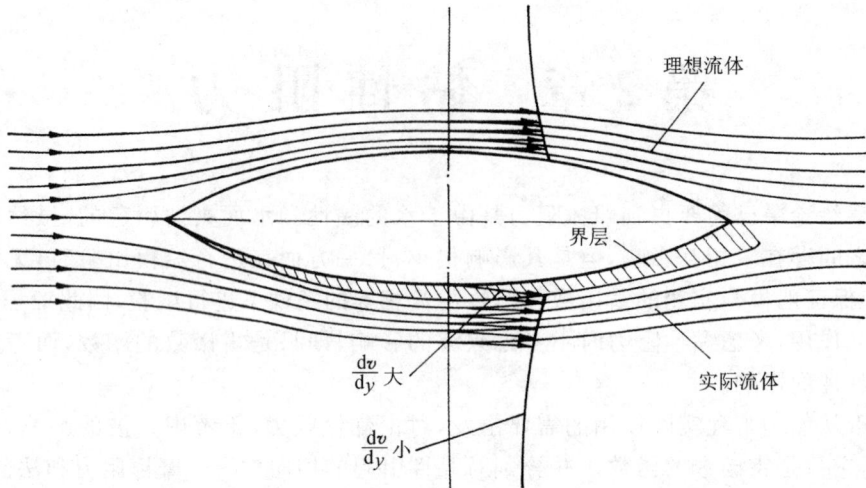

图 2-2　船体周围的流场与边界层

（2）工程上实际采用的方法。这种方法是将摩擦阻力和黏压阻力分别处理。其中摩擦阻力沿用傅汝德提出的相当平板假定，即船体的摩擦阻力与同速度、同长度、同湿面积的平板摩擦阻力相当，这一假定是计算船体摩擦阻力的基础。对于黏压阻力的处理，早期将其归并入兴波阻力之中而统称为剩余阻力，之后又将其以形状因子的形式与相当平板摩擦阻力联系在一起而统称为黏性阻力。不论使用二因次法或三因次法处理，都由船模试验决定。

2. 船体边界层

船体表面是个三维曲面，水流经过时，也会产生边界层。由于船体表面纵向和横向曲率的影响，船体周围的三维边界层与平板的二维边界层有明显的不同。其主要差别在于：

（1）边界层外缘势流不同。对于平板，边界层外缘势流的速度和压力均保持不变。但对于船体，两者沿船体表面均发生变化。首先，船体表面各处的流速是不同的，船中部大于船的绝对速度而首尾两端却小于船的绝对速度。根据观察，其数值与由理想流体理论计算所得沿船体周围的速度基本相等。如图 2-2 所示，虽然在边界层以外的部分也有速度梯度和摩擦切应力，但与边界层以内部分相比是很小的，所以黏性影响可以忽略不计。其次，由于外部势流沿船体表面的流速不同，因而据伯努利方程知，沿船体表面的压力也必不相等，船中较低，首尾较高，即存在纵向压力梯度。

（2）边界层内纵向压力分布不同。根据边界层理论中边界层内部压力等于其外缘压力的假定，平板边界层内纵向压力处处相等，而船体边界层内则存在纵向压力梯度，即首部压力高，中部较低而尾部又相应有所升高。由于流体的黏性作用，在这种纵向压力分布情况下，不管尾部是否出现边界层分离，均使尾部的压力较首部压力有所下降，因而船体不但受到摩擦阻力，而且还将受到黏压阻力。这将在黏压阻力一节中详细讨论。

此外，船体边界层在边界层相对厚度以及横向绕流对边界层的影响等方面与平板边界层相比亦存在差异，但船体摩擦阻力的成因、特性与平板情况基本相同，因此船体摩擦阻力可以应用平板摩擦阻力相同的方法进行处理。

船体摩擦阻力亦可用能量观点作解释。就某一封闭区而言，当船在静水中航行时，由于黏性作用,必带动一部分水一起运动,这就是边界层。为携带这部分水一起前进,在运动过程中船体将不断供给这部分水质点以能量,因而产生摩擦阻力。

2-2 平板边界层与摩擦阻力

由于船体形状比较复杂,目前用理论精确计算船体的摩擦阻力尚不能付诸工程实用,但是从上面分析可知,船体摩擦阻力的大部分可以用相当平板的摩擦阻力来代替,因此船舶工程中至今仍沿用傅汝德的相当平板来处理船体摩擦阻力。本节主要介绍平板边界层,然后介绍平板摩擦阻力的成因、特性,并介绍船体摩擦阻力的处理方法。

1. 平板边界层

假设顺着流动方向放置一薄平板,水流以均匀速度 v 流经平板,如图 2-3 所示。当水流过平板时,由于水具有黏性,故平板表面处的水质点均被黏附在平板上,平板附近的流速 μ 受到黏性的影响,平板表面上流速为零。随着与平板表面距离 y 的增加,流速逐渐增加;当 y 增至某一距离 δ 时,该处流速达到来流的速度值。我们称存在黏性作用的这一薄层水流为边界层,δ 称为边界层厚度。在平板各处均取距离相应为 δ 的点,可连成一界面,此界面称为边界层边界。

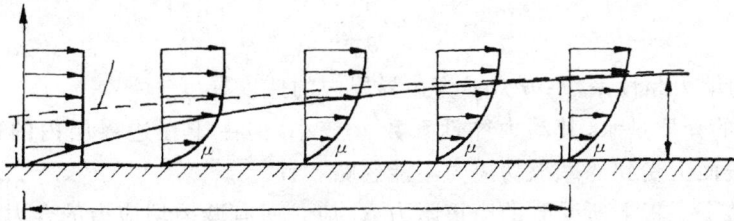

图 2-3 平板边界层

应当指出,一般定义边界层厚度常以边界层内流速达到 99% 来作为边界层的边缘,该处与板面的距离作为边界层厚度值。根据实验测定,影响边界层厚度的主要因素是流速 v、距板前端点 O 的距离 x 和流体的黏性,即运动黏性系数 ν。进一步的实验指出,δ 取决于由这三个物理量所组成的无量纲数 $Re_x = \dfrac{vx}{\nu}$,即局部雷诺数。如果 v、x 一定,当 Re_x 很大时,则表示流体的黏性作用很小,δ 就很小。理想流体可视为运动黏性系数 $\nu = 0$ 的实际流体,其雷诺数 $Re = \infty$,边界层厚度 $\delta = 0$。

对边界层内的流动状态进行观察研究,发现边界层内存在两种流动状态:在平板前端部分,水质点表现有稳定的分层流动,边界层沿板长方向增长较慢,这种流动状态称为层流;而在平板后部,水质点互相碰撞,运动方向极不规则,但其平均速度还是沿平板方向前进、边界层厚度沿板长方向的增长较层流情况为快,这种流动称为紊流(又称湍流)。实际上在层流和紊流之间还有一段过渡状态称为过渡流或变流,如图 2-4 所示。进一步的

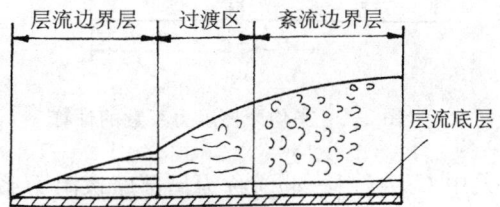

图 2-4 边界层内不同的流动状态

185

试验观察发现边界层内的流动状态完全取决于平板的局部雷诺数 Re_x。

层流状态 $\qquad\qquad Re_x < (3.5 \sim 5.0) \times 10^5$

过渡流 $\qquad\qquad (3.5 \sim 5.0) \times 10^5 < Re_x < 3.0 \times 10^6$

湍流状态 $\qquad\qquad Re_x > 3 \times 10^6$

由边界层理论求得的边界层厚度为

层流边界层 $\qquad\qquad \delta = 5.2 Re_x^{-\frac{1}{2}} \cdot x$ $\qquad\qquad$ (2-1)

紊流边界层 $\qquad\qquad \delta = \dfrac{0.059\,8}{\lg Re_x - 3.107} \cdot x$ $\qquad\qquad$ (2-2)

边界层理论的重要意义在于它将流体划分为截然不同的两部分,并加以分别处理。边界层外面视为理想流体,可用势流理论求解;边界层内部则为真实流体,须用边界层理论来研究。

需要说明的是,在紊流边界层的底部有一极薄层水流仍为层流,称为层流底层,这是因为在紧靠物体表面处的水质点的运动速度极低,雷诺数很小,所以呈层流状态。

2. 摩擦阻力成因及主要特性

由边界层理论知,当水或空气流经平板表面时,由于流体的黏性作用,在平板表面附近形成界层。虽然边界层厚度 δ 很小,但边界层内流体速度的变化率(即速度梯度)很大。由牛顿内摩擦定律知,平板表面受到的摩擦切应力

$$\tau = \mu \left. \frac{\partial \mu}{\partial y} \right|_{y=0} \qquad\qquad (2\text{-}3)$$

式中,μ 为流体的动力黏性系数;$\partial\mu/\partial y$ 为边界层内的速度梯度。

尽管所讨论的介质是水,其动力黏性系数 μ 较小,但由于在边界层内的速度梯度 $\partial\mu/\partial y$ 很大,所以平板表面上受到的摩擦切应力不能忽略不计。

由上所述,整个平板上所受到的摩擦阻力 R_f 应是所有摩擦切应力的合力,可表示为

$$R_f = \int_S \tau \, \mathrm{d}S \qquad\qquad (2\text{-}4)$$

如图 2-5 所示,设平板宽度为 b,则 x 一段内全部摩擦阻力为 R_f,其无量纲形式可表示为

$$C_f = R_f \Big/ \left(\frac{1}{2} \rho v^2 S \right) = 2b \int_0^x \tau \mathrm{d}x \Big/ \left(\frac{1}{2} \rho v^2 \cdot 2bx \right)$$

$$= \frac{1}{x} \int_0^x C_\tau \mathrm{d}x \qquad\qquad (2\text{-}5)$$

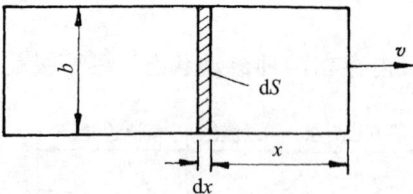

图 2-5 平均摩擦阻力系数的计算

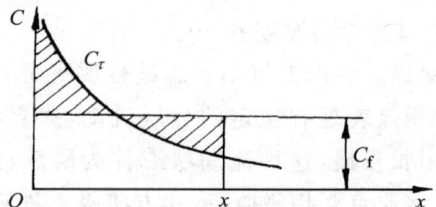

图 2-6 C_f 与 C_τ 的关系示意图

式中 $C_\tau = \tau \Big/ \left(\frac{1}{2} \rho v^2 \right)$ 称为局部摩擦阻力系数;C_f 为平均摩擦阻力系数,是局部摩擦阻力系数 C_τ 在整个 x 长度范围内的平均值,如图 2-6 所示。同时亦可说明平均摩擦阻力系数较同雷诺

数的局部摩擦阻力系数为大。这一结论无论对层流或紊流情况均成立。

下面讨论摩擦阻力的主要特性。

1）摩擦阻力与流态的关系

由上分析知，当流体介质一定时，对于给定的平板，其所受到的摩擦阻力取决于摩擦切应力 τ。由式(2-3)知，τ 与界层内的速度分布有关。边界层内为层流和紊流时的流速分布如图2-7所示。在紊流边界层中，由于水质点互相撞击产生动量交换，以致边界层内的速度分布较层流时丰满，因此在相同来流条件下，速度梯度较大，所以其摩擦切应力必然较层流情况为大，相应的摩擦阻力系数亦大。

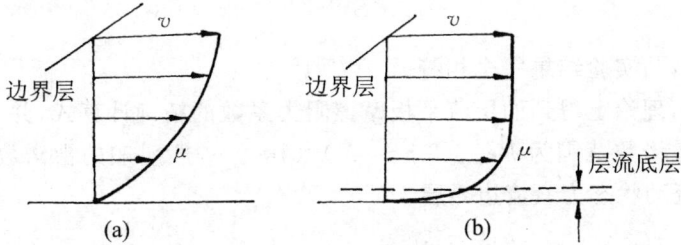

图 2-7　边界层内的速度分布
(a) 层流时的速度分布；(b) 紊流时的速度分布

2）雷诺数 Re 对摩擦阻力的影响

在固定流态情况下，摩擦切应力 τ 随局部雷诺数 $Re_x = \dfrac{vx}{\nu}$ 变化而变化。

(1) 当来流速度 v 不变，由 x 增大引起 Re_x 增大时，由式(2-1)或式(2-2)知，边界层厚度增加，从而使边界层内的速度分布的丰满度有所下降，速度梯度 $\dfrac{\partial \mu}{\partial y}$ 必然随 x 增大而减小。故摩擦切应力和局部摩擦阻力系数均随 Re_x 增大而减小。

(2) 当 x 一定，由 v 增大使 Re_x 增大时，仍由式(2-1)或式(2-2)知：边界层厚度将减薄，从而使边界层内流速分布的丰满度增大，摩擦切应力 τ 随之增大。

应当指出，由流体力学平板边界层求解结果知：摩擦切应力 τ 随来流 v 增加（x 一定时），在紊流和层流流动时分别正比于 $v^{\frac{13}{7}}$ 和 $v^{\frac{3}{2}}$，亦即 τ 随 v 的增大情况均小于 v^2 关系。由此知，其局部摩擦阻力系数 C_τ 仍然是随 Re_x 增大而减小。

由于平均摩擦阻力系数 C_f 与局部摩擦阻力系数 C_τ 具有相同的变化规律，因此可推知：当 Re 增大时，无论 C_τ 或 C_f 均随之下降。

3）摩擦阻力与平板湿面积的关系

平板的摩擦阻力可按式(2-4)计算。如果流体介质给定，当界层内的流动状态固定时，则意味着动力黏性系数 μ 和边界层内的速度梯度 $\partial \mu / \partial y$ 均为常数，因而摩擦切应力 τ 亦为常数。显然板长为 L 的平板摩擦阻力的值正比于平板的湿面积 S，这一结论对研究船体形状以减小湿面积从而降低摩擦阻力具有实用意义。

2-3　平板摩擦阻力系数计算公式

虽然计算机的应用和数值计算均有很大的发展，但要求解像船体这样形状极为复杂的物体的边界层问题尚不能给出可供工程上实用的结果。因此,目前计算船体摩擦阻力仍不得不以光滑平板摩擦阻力系数公式为基础。本节先介绍光滑平板摩擦阻力系数计算公式,然后说明船体摩擦阻力计算的处理方法。

1. 光滑平板层流摩擦阻力系数公式

当平板边界层内全为层流状态时,勃拉齐(Blasius)早在 1908 年根据层流边界层微分方程式给出了理论上的精确解为

$$C_f = \frac{R_f}{\frac{1}{2}\rho v^2 S} = 1.328 Re^{-\frac{1}{2}} \tag{2-6}$$

此式称勃拉齐公式,与实验结果完全相符。

必须说明的是,理论上得到的层流平板摩擦阻力系数的精确计算式,并不适用于造船工程实际,因其对应的雷诺数范围为 $Re < (3.5 \sim 5.0) \times 10^5$。一般船舶的雷诺数在 $4 \times 10^6 < Re < 3 \times 10^9$,其对应的流动状态为紊流边界层。

2. 光滑平板紊流摩擦阻力系数计算公式

当边界层内全为紊流时,即使对于平板,尚无理论上的精确解,而一般的近似计算方法的基础是卡门边界层动量积分方程式。

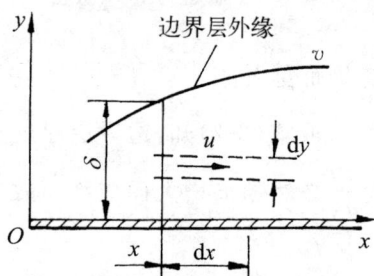

图 2-8 边界层动量方程

参阅图 2-8,设 δ 为距平板前端 x 处的边界层厚度,根据牛顿第二定律,作用在平板上的摩擦阻力等于单位时间内的动量损失。而动量损失率等于单位时间内在 x 处流出的质量 $\rho u \mathrm{d}y$ 与速度损失 $(v-u)$ 的乘积。所以由平板前端至 x 处一段内单位宽度平板的摩擦阻力为

$$R_f = \int_0^\delta \rho u \mathrm{d}y (v - u) \tag{2-7}$$

这里 v 为边界层外的速度,u 为边界层内的速度,又因为

$$R_f = \int_0^x \tau \mathrm{d}x \tag{2-8}$$

$$\tau = \rho \frac{\mathrm{d}}{\mathrm{d}x} \int_0^\delta u(v - u) \mathrm{d}y \tag{2-9}$$

即

$$\tau = \rho v^2 \frac{\mathrm{d}}{\mathrm{d}x} \int_0^\delta \frac{u}{v} \left(1 - \frac{u}{v}\right) \mathrm{d}y$$

或

$$\tau = \rho v^2 \frac{\mathrm{d}\theta}{\mathrm{d}x} \tag{2-10}$$

式中 $\theta = \int_0^\delta \frac{u}{v} \left(1 - \frac{u}{v}\right) \mathrm{d}y$,称为动量损失厚度。

式(2-10)为光滑平板的动量积分方程,对层流和紊流均适用。将式(2-10)代入式(2-8),沿整个平板长度 L 积分,并注意到 $x = 0$ 时,$\theta = 0$;$x = L$ 时,$\theta = \theta_L$,即为平板末端的动量损失厚度,这样可得到仅考虑一侧表面单位宽度的平板摩擦阻力

$$R_f = \int_0^L \rho v^2 \frac{\mathrm{d}\theta}{\mathrm{d}x} \mathrm{d}x = \rho v^2 \int_0^{\theta_L} \mathrm{d}\theta = \rho v^2 \theta_L$$

$$C_f = \frac{R_f}{\frac{1}{2}\rho v^2 L \times 1} = \frac{2\theta_L}{L} \tag{2-11}$$

由此可见,如能确定边界层内的速度分布,则平板紊流摩擦阻力公式即可导出。通常在运用动量积分方程解决边界层问题时,边界层内的速度分布情况是假定的。由于所假定的速度分布形式不同,导出的光滑平板紊流阻力系数计算公式也不相同,现分述如下。

1) 速度为指数分布的计算方法

设平板紊流边界层内的速度分布形式为

$$\frac{u}{v} = \left(\frac{y}{\delta}\right)^n \tag{2-12}$$

根据边界层的实验结果,对于不同的雷诺数,n 值是不同的。当 $Re < 2 \times 10^7$ 时,$n = 7$,代入平板边界层的动量积分方程(2-10),最后得

$$C_f = \frac{0.072}{Re^{1/5}} \tag{2-13}$$

经过实验结果修正,光滑平板紊流摩擦阻力系数

$$C_f = \frac{0.074}{Re^{1/5}} \tag{2-14}$$

2) 速度为对数分布的计算方法

设平板紊流边界层内的速度为对数分布时,可以导出不同的摩擦阻力公式。

(1) 桑海(Schoenherr)公式

1932 年桑海运用对数速度分布规律,并根据平板拖曳试验结果,给出下面公式为

$$\frac{0.242}{\sqrt{C_f}} = \lg(ReC_f) \tag{2-15}$$

这就是桑海公式,在美国应用最为普遍。1947 年美国船模试验池会议(简称 ATTC)决定以该公式作为计算摩擦阻力的标准公式,故此式又称 1947ATTC 公式。由于该式在实际计算时较为困难,故当 Re 在 $10^6 \sim 10^9$ 范围内,式(2-15)可化成具有相同结果的简便公式为

$$C_f = \frac{0.463\,1}{(\lg Re)^{2.6}} \tag{2-16}$$

(2) 柏兰特-许立汀(Prandtl-Schlichting)公式

柏兰特和许立汀应用上述相同的原则,获得了与式(2-16)形式十分相似的柏兰特-许立汀公式为

$$C_f = \frac{0.455}{(\lg Re)^{2.58}} \tag{2-17}$$

此式在欧洲大陆应用最为普遍,过去我国也曾广泛采用。

(3) 休斯(Hughes)公式

因为上述桑海公式及柏兰特-许立汀公式都是根据平板试验结果得来的,分析时都未考虑几何相似问题,因按照相似理论中的雷诺定律,即摩擦阻力系数为雷诺数的函数仅适用于几何相似的平板。若平板的几何形状不相似,也就是展弦比(即宽度与长度比 B/L)不相等时,则其摩擦阻力系数应是雷诺数和 B/L 两者的函数,即

$$C_f = f(Re, B/L) \tag{2-18}$$

由于平板展弦比不同对摩擦阻力系数的影响称为边缘作用。

1952 年休斯分析了以往所发表的许多平板数据,证实平板摩擦阻力系数与展弦比有关。1954 年休斯发表了他的平板试验资料,试验平板的雷诺数在 $Re = 2 \times 10^4 \sim 3 \times 10^9$,展弦比为 $0.0156 \sim 42$。由此得出展弦比为无穷大的二因次紊流光滑平板公式为

$$C_f = \frac{0.066}{(\lg Re - 2.03)^2} \tag{2-19}$$

称之为休斯公式。此式较桑海公式为低,因桑海公式是根据有限展弦比(三因次流动)平板数据外插而得。

3)界层内不同区域的对数速度分布——平板摩擦阻力系数的普遍公式

1953 年兰伟培(Landweber)认为紊流平板边界层内的速度分布在不同区域内并不完全相同。依据与平板表面的距离不同,可以有 3 种分布规律。

(1)内部速度规律。应用于邻近平板表面处。假定边界层内平均速度 u 的分布与距离平板表面垂直距离 y、平板表面处的切应力、水的质量密度 ρ 和运动黏性系数 ν 等有关,即

$$u = f(y, \tau, \rho, \nu) \tag{2-20}$$

根据量纲分析法的 π 定理,可得

$$\frac{u}{u_\tau} = f\left(\frac{u_\tau y}{\nu}\right) \tag{2-21}$$

式中 $u_\tau = \sqrt{\dfrac{\tau}{\rho}}$ 称为摩擦速度。

兰伟培将各种不同的资料数据,按式(2-21)做成函数关系,如图 2-9(a)所示。由图可见,当 $\dfrac{u_\tau y}{\nu} > 30$ 时有

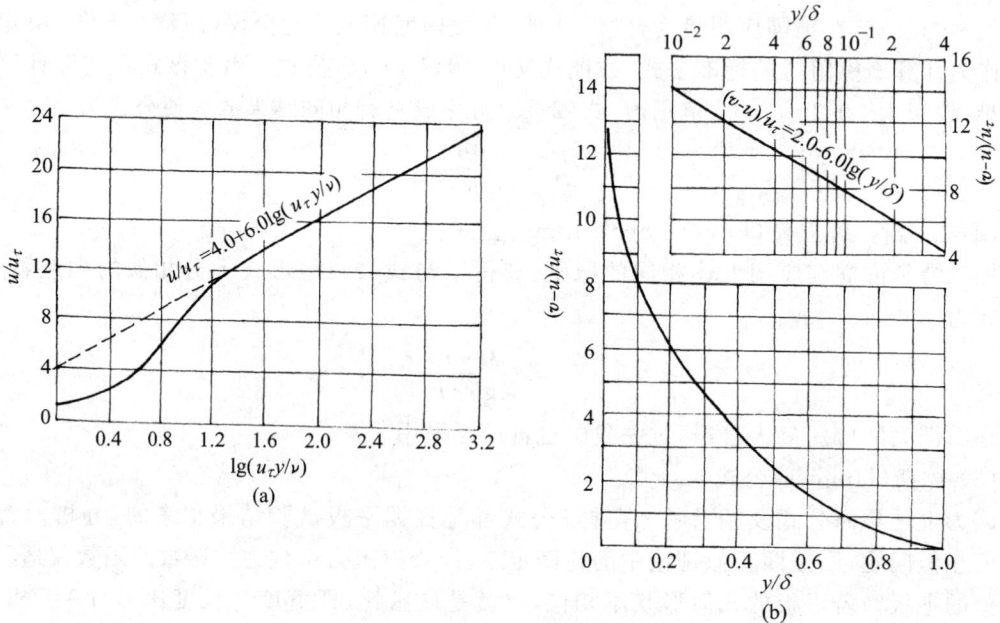

图 2-9 边界层内速度分布规律

(a)内部速度规律;(b)外部速度规律

$$\frac{u}{u_\tau} = 4.0 + 6.0 \lg \left(\frac{u_\tau y}{\nu} \right) \qquad (2\text{-}22)$$

假定这种关系适用于自平板表面至层流底层的极限处为止。一般取

$$\frac{u_\tau y}{\nu} = 30$$

作为层流底层的极限,设 δ_0 为层流底层的厚度,则

$$\frac{u_\tau \delta_0}{\nu} = 30 \qquad (2\text{-}23)$$

(2) 外部速度规律。应用于距平板表面一定距离处,那里紊流占支配地位。速度损失 $(v-u)$ 可表示为

$$\frac{v-u}{u_\tau} = f\left(\frac{y}{\delta} \right) \qquad (2\text{-}24)$$

将不同的资料数据,绘成如图 2-9(b) 所示,可见当 $\frac{y}{\delta} < 0.16$ 时,速度损失可表示为

$$\frac{v-u}{u_\tau} = 2.0 - 6.0 \lg \left(\frac{y}{\delta} \right) \qquad (2\text{-}25)$$

假定这种关系适用于自层流底层厚度极限处至边界层外缘为止。这就是外部速度分布规律。

(3) 内外部速度规律的交叉。由上可知,当 $\frac{u_\tau y}{\nu} > 30$ 和 $\frac{y}{\delta} < 0.16$ 时,即在层流底层与紊流区之间的过渡区,内部和外部速度规律都适用,且服从线性对数规律,其形式可以为

$$\frac{u}{u_\tau} = a + k \ln \left(\frac{y u_\tau}{\nu} \right) \qquad (2\text{-}26)$$

$$\frac{v-u}{u_\tau} = b - k \ln \left(\frac{y}{\delta} \right) \qquad (2\text{-}27)$$

式中 a、b、k 分别为常数,内部和外部速度规律均适用的范围为自 δ_0 至 δ_1 为止,如图 2-10 所示。而 δ_0 由式 (2-23) 给出,$\delta_1 = 0.16\delta$。

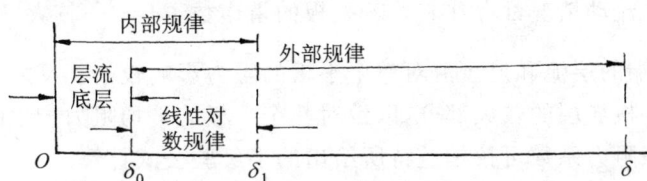

图 2-10　边界层不同区域内的速度分布规律

兰伟培应用上述内部和外部规律得到了平板摩擦阻力系数与雷诺数 Re 之间的一般关系式为

$$\frac{A}{\sqrt{2}} \ln Re = \frac{1}{\sqrt{C_f}} - \frac{A}{\sqrt{2}} \ln C_f - \frac{A}{\sqrt{2}} \left(\frac{A}{2} - \frac{\gamma}{\beta} \right) \sqrt{C_f} + \cdots + 常数 \qquad (2\text{-}28)$$

式 (2-28) 称为平板摩擦阻力的普遍公式,其中 β、γ 为边界层常数,A 为级数展开式的系数。

只要对式 (2-28) 作一定的简化就可以得到某些常用的平板公式。如忽略式 (2-28) 中高于 $\sqrt{C_f}$ 的项,同时,含有 $\sqrt{C_f}$ 的项相对 $\ln Re$ 项来说是小量,并可认为 $\sqrt{C_f}$ 与 $1/\sqrt{C_f}$ 呈线性关系,即有

$$\sqrt{C_f} = 常数 + 常数 / \sqrt{C_f}$$

则式(2-28)即变成桑海公式的形式为

$$\frac{1}{\sqrt{C_f}} = A_1 \lg(C_f Re) + B_1 \tag{2-29}$$

同样,如果对式(2-28)的其他项分别应用线性化假定,则可得相应的平板摩擦阻力系数公式,在此不作详述。

3. 1957 年国际船模试验池会议实船-船模换算公式(简称 1957ITTC 公式)

已有的各光滑平板摩擦阻力公式的计算结果虽然很接近,但还有一定的差别。尤其在把船模试验结果换算到实船时,由于应用公式不同,计算所得的实船阻力均存在不同程度的差别。为此 1957 年在西班牙马德里召开的第八届国际船模试验池会议(简称 ITTC)上根据分析几何相似船模阻力试验结果,认为桑海公式等在低雷诺数时所得的数值偏低。最后提出下列新公式,称为"1957 年国际船模试验池实船-船模换算公式",简称 1957ITTC 公式为

$$C_f = \frac{0.075}{(\lg Re - 2)^2} \tag{2-30}$$

应该指出,1957ITTC 公式并不完全是紊流光滑平板摩擦阻力系数公式,它专用于船模和实船的阻力换算。我国现用 ITTC 公式。

图 2-11 是按照不同公式计算所得的摩擦阻力系数曲线,由图知,在低雷诺数时,ITTC 公式的坡度较其他各式为陡;而在高雷诺数时,此式与桑海公式相差甚微。ITTC 公式与休斯公式在形式上十分相似,但其数值约大 12.5%,而柏兰特-许立汀公式与桑海公式不但在形式上极为相似,且其数值上至多约大 2.0%~2.5%。

4. 过渡流平板摩擦阻力系数公式

根据边界层理论知,边界层内的流动状态取决于雷诺数,靠近平板前端,局部雷诺数比较小,所以产生层流。随着局部雷诺数的增高,则产生过渡流,直到最后完全呈紊流状态。所以,在平板边界层内三种流动情况都存在着。若平板的雷诺数 $Re = \frac{vL}{\nu}$ 较大,则紊流部分很大,基本上是紊流阻力,前端的层流和过渡流对整个平板的阻力影响较小。反之,Re 较小时,前端层流和过渡流占整个平板界层的较大部分,以致对整个平板的平均阻力产生明显影响。

过渡流平板摩擦阻力系数可按柏兰特所给出的半经验公式计算

$$C_f = \frac{0.455}{(\lg Re)^{2.58}} - \frac{1\,700}{Re} \tag{2-31}$$

式中 $\frac{1\,700}{Re}$ 为层流影响修正值。显见当 Re 很大时,该值趋于零,上式即成为柏兰特-许立汀公式。这说明平板界层内紊流占绝对主要部分,所以可按全部紊流平板公式计算。

图 2-11 中同时给出了按式(2-31)计算的摩擦阻力系数曲线(曲线 2)。从图中可以发现对于光滑平板,过渡流的范围在 $(3.5 \sim 5.0) \times 10^5 < Re_x < 3.0 \times 10^6$ 左右,而船模的雷诺数往往在此范围,但是根据流体力学理论,层流到紊流的转捩过程受到流体外界等扰动因素的影响很大,转捩点并不是一定的,为了避免船模试验中层流段、转捩等影响,一般船模试验都采取人工激流法,即在船模首柱后 1/20 两柱间长度处安装激流丝,促进边界层变成紊流状态,所以应

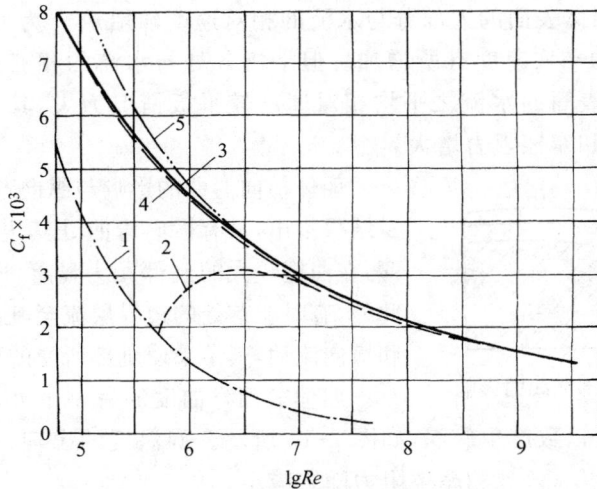

图 2-11 光滑平板摩擦阻力系数公式的比较

$1 - C_f = 1.328 Re^{-\frac{1}{2}}$; $2 - C_f = 0.455(\lg Re)^{-2.58} - 1\,700 Re^{-1}$; $3 - C_f = 0.455(\lg Re)^{-2.58}$;
$4 - 0.242/\sqrt{C_f} = \lg(Re C_f)$; $5 - C_f = 0.075/(\lg Re^{-2.0})^2$

用激流丝后的摩擦阻力可直接应用紊流平板公式计算,而不用考虑过渡流的影响。

5. 船体摩擦阻力计算的处理方法

船体表面是个三维曲面,目前还没有直接能用于计算船体摩擦阻力的可靠公式,而只是在"相当平板"假定的前提下,应用平板摩擦阻力公式来计算船体的摩擦阻力。

"相当平板"假定认为,实船或船模的摩擦阻力分别等于与其同速度、同长度、同湿面积的光滑平板摩擦阻力。这样,当已知船的水线长 L_{wl}、航速 V_s 及湿表面积 S,就可以利用平板摩擦阻力公式来计算船体摩擦阻力。

应该指出的是,在应用试验方法研究船的快速性问题时,由于模型与实船(或实桨)之间的绝对尺度不同,且不能同时满足全相似定律,因而引起某些力、力矩或压力系数甚至流态等性能方面的差别,这种差别称为尺度效应或尺度作用。

显然应用相当平板假定计算船体摩擦阻力时,必须注意到船模与实船之间的尺度效应问题。因为与实船相比,船模的尺度较小,同时又为了满足傅汝德定律,所以其速度也较低,因而实船与船模的雷诺数是不同的,两者的摩擦阻力系数的差别称为摩擦阻力尺度效应,在实船-船模阻力换算过程中,考虑到这种差别称为摩擦阻力修正或尺度效应修正。

另外必须指出,相当平板假定忽略了实际船体与"光滑平板"间的差别,其中最主要的是船体表面弯曲度和粗糙度的影响。这些因素对摩擦阻力的影响以及处理方法必须予以研究。

2-4 船体表面弯曲度对摩擦阻力的影响

由于船体表面是三维曲面,其周围的流动情况与平板有着明显的不同,因而船体摩擦阻力与平板摩擦阻力亦有所差别。

1. 船体表面弯曲度对摩擦阻力的影响

当水流流经具有纵向弯曲的船体表面时,各处的流速是不同的。参阅图 2-2 可见,因水的流线运动,总的说来,船体表面的大部分与水流的相对速度较船速 v 为大,而仅首尾两端附近较 v 为小,因此,水流的平均速度有所增加。但平板各处与水流的相对速度都等于其绝对前进速度,既然纵向弯曲表面的水流之平均相对速度较平板情况为大,其平均边界层厚度必较薄,这将导致速度梯度和摩擦阻力增大。

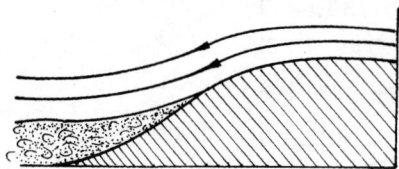

图 2-12　旋涡区对外部流线的影响

船体横向弯曲的影响与纵向弯曲情况相同。实际测量结果指出,具有横向弯曲处其边界层厚度较相当平板薄,在曲度较大的舯部尤为显著,所以阻力也相应增大。此外,有时船首处的边界层流至舯部处,往往会分成纵向和横向流动,其结果使舯部所受的局部摩擦阻力增大。

船体表面弯曲度的另一个方面的影响是由于弯曲表面易发生边界层分离以致产生旋涡,如图 2-12 所示。旋涡区的出现不但改变了外部流线,且旋涡区的水流速度较低,该处的摩擦阻力随之减小。

由此可见,船体弯曲表面的影响相当复杂,傅汝德假定具有一定的近似性。由于船体弯曲表面影响使其摩擦阻力与相当平板计算所得结果的差别称为形状效应。

2. 船体形状效应的修正

多年来对船体表面弯曲度的影响进行过许多理论和试验研究。

史高斯用理论方法计算了在无分离情况下的二因次对称扁柱和三因次回转体的摩擦阻力,计算结果如图 2-13 所示。图中 n 为弯曲表面的摩擦阻力与相当平板的摩擦阻力之比。由图可见,弯曲表面情况下的摩擦阻力均较相当平板时为大,且随着厚度比 $\dfrac{T}{C}$,即弯曲度增大而增大;同时亦可看到由于二因次对称扁柱与水流的平均相对速度较三因次回转体为大,因而平均边界层厚度较薄,摩擦阻力的增加更为显著。史高斯得出的另一个重要结论是,由于表面弯曲所增加的摩擦阻力与相当平板摩擦阻力的百分比可认为与雷诺数无关。

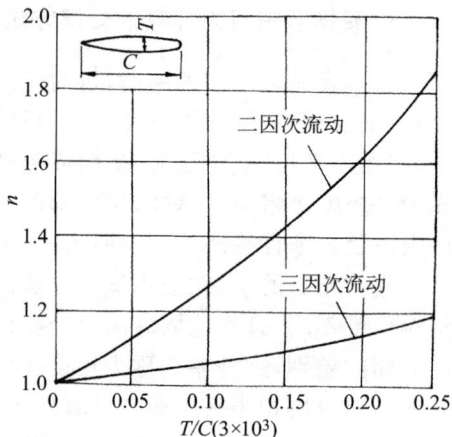

图 2-13　对称扁柱和回转体的摩擦阻力

对于船体弯曲表面的研究表明,船体的摩擦阻力的确大于相当平板的摩擦阻力。但是与上面的三因次回转体相似,这种阻力增加量是比较小的,其原因在于弯曲表面所引起摩擦阻力的增大与分离点后旋涡区域摩擦阻力的减小有所抵消,考虑到各种因素之间的相互抵消作用,因此傅汝德假定在实用上不致发生很大误差。

对形状效应问题许多人进行过研究,对船体弯曲度的修正也提出了一些具体方法,但至今未有定论。

汤恩假定船在运动过程中产生平行下沉现象的主要原因在于船体表面弯曲。因其使船底平均流速增加而造成压力下降。根据伯努利方程,平均相对水流流速 v_{m} 与平行下沉 Δz 之间的关系是

$$-\Delta z + \frac{v_{\mathrm{m}}^2}{2g} = \frac{v_0^2}{2g}$$

所以

$$v_{\mathrm{m}} = \sqrt{v_0^2 + 2g\,\Delta z} \tag{2-32}$$

式中 v_0 为绝对前进速度，Δz 可以由船模试验时测量得到，因为舷侧接近直壁，故不考虑船侧的速度变化。但汤恩认为舷侧与船底具有相同的速度增加，即认为船体周围的流速均为 v_{m}。故船体弯曲表面所增加的摩擦阻力 ΔR_{f} 与相当平板摩擦阻力 R_{f} 之间的关系为

$$\frac{R_{\mathrm{f}} + \Delta R_{\mathrm{f}}}{R_{\mathrm{f}}} = \left(\frac{v_{\mathrm{m}}}{v_0}\right)^2$$

所以

$$\frac{\Delta R_{\mathrm{f}}}{R_{\mathrm{f}}} = \frac{\Delta z}{v_0^2/2g} \tag{2-33}$$

在分析大量船模试验结果的基础上，汤恩给出下列经验公式

$$\frac{\Delta R_{\mathrm{f}}}{R_{\mathrm{f}}} = 0.01 \left[\frac{\left(11.25 - \dfrac{L}{B}\right)^2}{5} + 2.5 \right] (0.35 + C_{\mathrm{p}}) \left(1.3 - \frac{B}{10T}\right) \tag{2-34}$$

以上公式适用于 $F_{\mathrm{r}} = 0.10 \sim 0.35$。由汤恩公式可说明船体弯曲表面所增加的摩擦阻力与船体形状有关。

不少人认为，船体弯曲表面的摩擦阻力较平板时有所增加是由于船体表面纵向曲率引起的，因此其摩擦阻力的增加值主要与长宽比 L/B 有关，L/B 越小，这个增加量就越大，若 L/B 越大，则增加量就越小。引入形状效应修正因子 k_{f}，则船体表面的摩擦阻力可定义为

$$R_{\mathrm{f}} = k_{\mathrm{f}} C_{\mathrm{f}} \cdot \frac{1}{2} \rho v^2 S \tag{2-35}$$

式中 $C_{\mathrm{f}} \cdot \dfrac{1}{2}\rho v^2 S$ 系按相当平板计算所得的摩擦阻力。形状效应修正因子 k_{f} 可由图 2-14 查得，或由阿普赫金（Алухтин）给出的与 L/B 呈线性关系求得，如图中虚线所示。由图可见，船体弯曲度对摩擦阻力的影响并不显著，故一般认为想通过改变船体线型的办法来减小摩擦阻力，其效果是不大的。同时，由于目前对形状效应的修正尚无公认的办法，故一般对此不作修正，但应该指出，这部分的影响可以合并到船体黏压阻力中，因为它也是船体形状的函数，故可与黏压阻力合并，并由试验来确定。

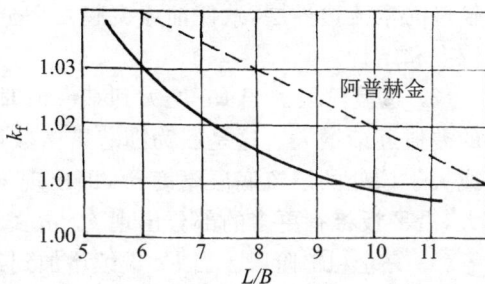

图 2-14 船体形状效应修正因子

2-5 船体表面粗糙度对摩擦阻力的影响

实践证明，船体表面粗糙度对摩擦阻力的影响是很显著的。对船体阻力来说，由于表面粗糙度而增加的阻力占有相当的百分比，因此研究粗糙度问题在整个阻力问题中占有相当重要的地位。

船体表面粗糙度可分成两类，普遍粗糙度和局部粗糙度。普遍粗糙度，又称漆面粗糙度，

主要是油漆面的粗糙度和壳板表面的凹凸不平等。局部粗糙度又称结构粗糙度,主要为焊缝、铆钉、开孔以及突出物等粗糙度。显然,即使是新建船舶,其船体表面同样存在着粗糙度。至于已使用过或长期停泊的船,则还有污底影响以及油漆剥落等现象,更增加了船体表面的粗糙度,导致阻力的急剧增加。

船体表面粗糙度对摩擦阻力的影响既显著又敏感,试验证明,微小的粗糙度会导致摩擦阻力较大的增加。相同粗糙度的平板因敷涂油漆不同所增加的阻力可能相差很多,甚至使用相同油漆而仅涂刷方法不同,所增加的阻力也有相当差别。姐妹船在试航情况下,所需主机功率有时相差可达 15%,除其他因素外,两者表面粗糙度的不同也是原因之一。为了计算不同粗糙度情况下的船体摩擦阻力,不少人曾从事这方面的研究工作。

1. 普遍粗糙度

船体普遍粗糙度所研究的是带有均布性质的粗糙因素,重点在于对漆面粗糙度的研究。

为了研究漆面粗糙度,常用的粗糙度参数取其表面突起高度的统计量,诸如漆面平均高度、表观高度或均方根高度 k_σ 等。

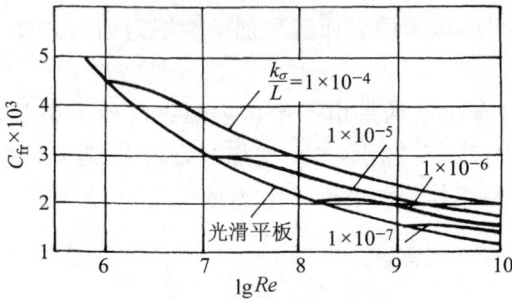

图 2-15 漆面平板之摩擦阻力系数

米哈依洛夫(B. H. Михайлов)根据漆面平板阻力试验结果,进而将其外插后得到漆面平板摩擦阻力系数 C_{fr} 与雷诺数 Re 及相对粗糙度 k_σ/L 的关系曲线,如图 2-15 所示。由图可知,当相对粗糙度一定时,摩擦阻力系数 C_{fr} 随雷诺数 Re 变化可分为 3 个阶段。

(1)水力光滑阶段。当 Re 较小时,C_{fr} 与光滑平板摩擦阻力系数 C_{f} 重合。即粗糙度对阻力没有影响。其原因是该阶段为层流或层流底层较厚的紊流边界层,致使油漆突起几乎全部深埋于层流或层流底层之中,从而不影响边界层的流态和结构。

(2)过渡阶段。当 Re 增大到某一值时,C_{fr} 开始大于光滑平板摩擦阻力系数 C_{f},且它们之间的差值逐渐增大。这是因为随着雷诺数增大,层流底层变薄,以致平板前端有的突起高度接近或大于该处的层流底层厚度 δ_0,即出现 $k_\sigma/\delta_0 \geqslant 1$ 的情况,因而使 C_{fr} 大于 C_{f}。且随 Re 继续增大,沿平板将有更多的部分出现 $k_\sigma/\delta_0 \geqslant 1$ 的情况,因而 C_{fr} 必然逐渐增大。

(3)完全粗糙阶段。当 Re 继续增加到某一雷诺数后,$\Delta C_{\mathrm{f}} = (C_{\mathrm{fr}} - C_{\mathrm{f}})$ 基本上不再随 Re 而变化,近似为一常数。其原因是此时 Re 较大,层流底层很薄,以致整个平板呈现 $k_\sigma/\delta_0 \geqslant 1.0$ 的状态。当漆面粗糙因素全部突出在层流底层之外而进入紊流区后,使边界层内的速度分布更加丰满,从而使摩擦切应力 τ 增大,其增量近似正比于 v^2,因而整个漆面平板的摩擦阻力系数增加值 ΔC_{f} 近似为一常数。

由图 2-15 还可发现,在 Re 一定的情况下,漆面平板的摩擦阻力系数 C_{fr} 随相对粗糙度 k_σ/L 的增加而增加;且 C_{fr} 曲线对应的过渡阶段的起始雷诺数相应降低。这是因为层流底层厚度 δ_0 随 Re 增大而变薄,故当 k_σ/L 增加,即粗糙度增加时,必要求有较厚的层流底层以保持处于水力光滑状态,因而过渡段相应的起始雷诺数较小。

米哈依洛夫根据漆面平板试验结果,给出了漆面平板的摩擦阻力系数计算公式为

$$C_{\text{fr}} = \frac{0.455}{(\lg Re)^{2.58}} \left[1 + 0.208 \left(\lg \frac{v k_s}{\nu} - 1.96 \right)^{0.7} \right] \tag{2-36}$$

此式适用于 $100 < \dfrac{v k_s}{\nu} < 2\,000$ 范围,式中 v 为船速,Re 为船长雷诺数。

应该指出,船模表面由于加工精良,同时其速度较实船要低得多,因此船模表面粗糙度相对于其边界层的层流底层要小,所以一般认为船模表面属于水力光滑情况,亦即可以不考虑表面粗糙度对摩擦阻力的影响。

顺便指出,历史上由于当时难以准确测定漆面粗糙度,因而采用砂粒平板结果来处理船体普遍粗糙度问题,其中最为熟悉的是 1937 年许立汀给出的砂粒平板试验结果,其方法是引入相当砂粒粗糙度,即是指与粗糙船体具有相同摩擦阻力的某砂粒相当平板的砂粒粗糙度。这种处理方法虽然能对粗糙度对阻力的影响做出一定解释,甚至亦有用来估算船体粗糙表面的摩擦阻力,然而砂粒平板情况的阻力系数与漆面平板相比,毕竟两者有所不同,特别是在全粗糙情况下,有着根本差别,此外要准确地确定相当砂粒粗糙度实际上也很困难,因此在目前漆面粗糙参数已可测定的情况下,砂粒粗糙度基本上不被采用。

2. 结构粗糙度

局部粗糙度对船体表面摩擦阻力的影响原则上可以逐项计算。表 2-1 为爱伦(Allen)对一些船舶的实际计算结果。此法不但繁杂,而且并不一定很准确,但从表中所列可以得出一些有益的结论。

表 2-1　局部粗糙度增加的阻力/(%)

项目 ＼ 船舶类别	拖船	渔船	运煤船	沿海船	货船	油船	定期客船 A	定期客船 B
垂线间长/m	33.5	44.8	76.2	76.2	152.4	185	207.3	294.2
船速/kn	$9\frac{1}{2}$	12	11	12	15	16	21	29
$v/\sqrt{L}$	0.905	0.99	0.70	0.76	0.67	0.65	0.805	0.935
局部粗度	阻　力　增　加　的　百　分　数							
横缝	2.3	5.2	7.4	6.1	8.2	12.5	12.7	16.7
纵缝	0.5	1.9	2.0	1.1	2.0	2.4	3.1	3.1
横缝铆钉	0.5	0.7	1.1	1.1	1.2	2.4	3.1	3.0
纵缝铆钉	1.2	2.1	1.9	2.9	1.6	3.8	3.3	9.7
肋骨铆钉	1.7	1.7	2.1	2.3	2.4	3.8	4.1	4.8
铆钉船总和	6.2	11.6	14.5	13.5	15.4	24.9	26.8	37.3
横缝	0.5	0.9	1.0	1.0	1.2	1.4	1.3	1.4
纵缝	0.1	0.3	0.3	0.2	0.2	0.2	0.3	0.3
电焊船总和	0.6	1.2	1.3	1.2	1.4	1.6	1.6	1.7

（1）铆接船的局部粗糙度对阻力的影响远较焊接船大。

（2）对焊接船而言，其局部粗糙度所引起的阻力增加的百分数是不大的，表列仅在 0.6%～1.7%，足以说明局部粗糙度对阻力的影响远较普遍粗糙度为小。

（3）对焊接船来说，横向焊缝是造成局部粗糙度对阻力影响的主要因素。

由表 2-1 可知，焊接船的局部粗糙度所增加的阻力平均约为 1.27%，显然所造成的影响并不重要。只有对铆接船，这种阻力增加平均约为 16%，其造成的影响不容忽视。

3. 船体粗糙表面摩擦阻力计算的处理方法

根据不同的试验结果，目前在计算船体表面粗糙度对摩擦阻力的影响时，均采用粗糙度补贴系数的形式。

如前所述，米哈依洛夫关于漆面平板试验资料表明在全粗糙情况，亦即在较大 Re 时，由漆面粗糙度（即普遍粗糙度）所引起的摩擦阻力系数较光滑平板摩擦阻力系数的增加值 ΔC_f 近似为常数。

此外，陶德给出了不同漆面的试验结果，如图 2-16 所示。由图可见，ΔC_f 先是随雷诺数 Re 的增加而增加，但当 $Re > 2 \times 10^7$ 时，ΔC_f 渐趋于一固定值，亦即不再随 Re 而变化。

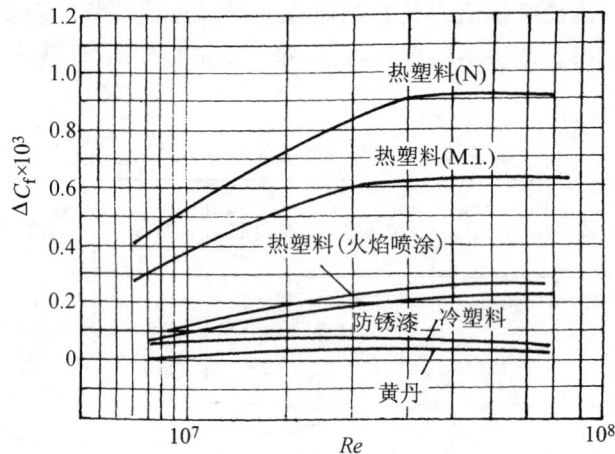

图 2-16　粗糙度补贴系数与 Re 的关系

各方面试验结果一致认为，船体局部粗糙度所增加的摩擦阻力系数也是与雷诺数无关。

普遍粗糙度和局部粗糙度所增加的摩擦阻力系数与雷诺数无关的结论为实船试航结果所证实。1951 年陶德给出了不同油漆情况、不同类型的 14 条船自航试验所得的摩擦阻力系数曲线，如图 2-17 和表 2-2 所示。其中敷涂黄丹漆的可以看作仅代表结构粗糙度，而其他的则表示采用不同种类的油漆或不同敷涂方法所引起的粗糙度。但应该注意到这里所列的摩擦阻力系数值不仅包括普遍粗糙度的影响，同时亦含有局部粗糙度的影响。由图 2-17 可见，诸船的 C_f 曲线基本上与桑海光滑平板公式的 C_f 曲线平行。这说明船体粗糙度较光滑平板摩擦阻力系数的增加值 ΔC_f 为不随 Re 而变化的常数。从表 2-2 还可看出，ΔC_f 值与所用油漆以及船体情况、敷涂时的操作条件均有一定关系，同时由所列数值知，由粗糙度所增加的摩擦阻力最大可达 70% 左右。

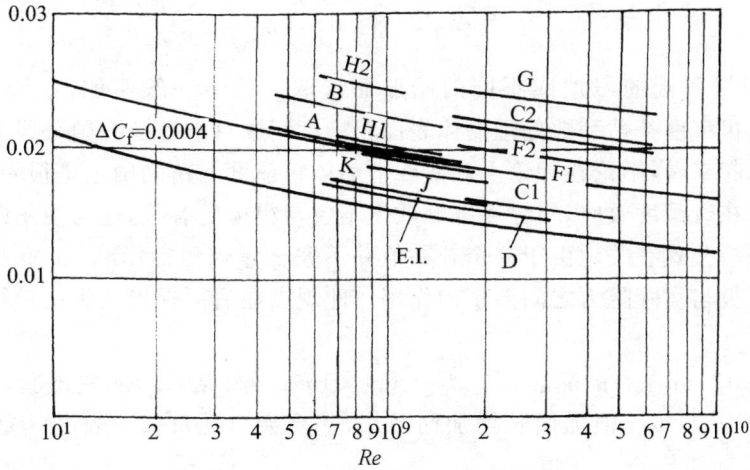

图 2-17 实测所得的摩擦阻力系数

表 2-2 实船粗糙度阻力的测量结果

| 船 | 类　型 | 油　漆 | 光滑 C_f | ΔC_f | 阻力增加的百分数 | | 实船数据测量方法 |
					摩擦阻力	总阻力	
A	驱逐舰	标准漆	0.001 47	0.000 40	28	9	推力仪
B	驱逐舰	热塑胶	0.001 48	0.000 65	25	14	推力仪
C1	巡洋舰	黄丹	0.001 29	0.000 15	12	5	推力仪
C2	巡洋舰	热塑胶	0.001 29	0.000 75	58	23	推力仪
D	巡洋舰	标准漆	0.001 37	0.000 10	7	2	推力仪
E	货船	标准漆	0.001 54	0.000 15	10	5	推力仪
F1	货船	黄丹	0.001 30	0.000 55	45	20	推力仪
F2	货船	热塑胶(新)	0.001 30	0.000 70	55	25	推力仪
G	货船	热塑胶(粗)	0.001 30	0.000 95	77	34	推力仪
H1	驱逐舰	松香(洁净)	0.001 44	0.000 45	30	8	推力仪
H2	驱逐舰	松香(航行 10 个月后)	0.001 44	0.000 95	53	14	推力仪
I	油船(单桨)	商品漆	0.001 50	0.000 15	10	5	力矩仪
J	油船(单桨)	商品漆	0.001 50	0.000 30	20	11	力矩仪
K	客船(双桨)	商品漆	0.001 43	0.000 40	28	12	力矩仪

这样,在实际计算中,总的摩擦阻力系数可取为光滑平板摩擦阻力系数 C_f 再加上一个与雷诺数无关的粗糙度补贴系数 ΔC_f。因此,包括表面粗糙度影响的船体摩擦阻力

$$R_f = (C_f + \Delta C_f) \cdot \frac{1}{2}\rho v^2 S \qquad\qquad (2\text{-}37)$$

式中 ΔC_f 值系根据各国的习惯或不同的船舶而选取。对于一般船舶,我国取 $\Delta C_f = 0.4 \times 10^{-3}$。这种应用粗糙度补贴系数处理船体表面粗糙度问题目前已被各国普遍采用。

应当指出总起来看,不论在理论上和实践上船体粗糙度的精确确定是很困难的,同时实船与船模之间还存在着尺度效应,粗糙度补贴数值不仅与粗糙度有关,还与使用的船模实船换算方法以及光滑平板公式有关。由于这个补贴值并不完全体现粗糙影响,实质上还起着调节推算出来的光滑平板与实际阻力之间差别的作用。此观点在后面提出三因次换算法时可以进一步得到理解。

对于船长为 100m 左右的船舶,取 $\Delta C_f = 0.4 \times 10^{-3}$ 所得结果与实船试验基本相符。但不同船舶试航结果表明,ΔC_f 值随船长增加而减小,甚至会出现负值。表 2-3 是荷兰试验池于 1973 年发表的不同船长的 ΔC_f 值。

表 2-3　ΔC_f 值随船长变化的资料

船长/m	$\Delta C_f \times 10^3$
50～150	0.35～0.4
150～210	0.2
210～260	0.1
260～300	0
300～350	−0.1
350～450	−0.25

1975 年第 14 届国际船模试验池会议建议摩擦阻力系数 C_f 采用 1957ITTC 公式,相应的粗糙度补贴系数按下式计算

$$\Delta C_f = \left[105(k_s/L)^{\frac{1}{3}} - 0.64\right] \times 10^{-3} \qquad\qquad (2\text{-}38)$$

此式适用于船长小于 400m 的船舶。式中 k_s 为粗糙度表观高度,即 50mm 范围内抽样测量所得表面平均突起高度,对质量较好的新建船舶可取 $k_s = 150 \times 10^{-6}$m。

必须指出,ΔC_f 值中除由于船体表面粗糙度而增加的阻力外,还包括应用不同的摩擦阻力公式和尺度作用的差别以及螺旋桨效率、伴流、推力减额和相对旋转效率的尺度作用等的影响。实际上 ΔC_f 综合了阻力和推进等方面的因素在内,所以有人提出不用"粗糙度补贴系数 ΔC_f"而改用"船模实船换算补贴 C_a"这一更为确切的术语。由此可见,人们对于这一问题的研究正在逐步深入,不同水池应根据本单位实际情况通过分析实船试航结果导出 ΔC_f 或 C_a 值,供今后从船模试验正确预报实船结果时应用。

4. 污底

船舶在营运过程中,船体水下部分因长期浸泡在水中,除钢板被腐蚀外,海水中的生物,如贝类、海草等将附着在船体上生长,使船体表面凹凸不平,大大增加了船体表面的粗糙度,阻力增加很大,这种现象称为污底。

污底会造成船速下降。一方面由于污底直接增加了阻力,另一方面由于阻力增加导致推进器运转情况改变,致使螺旋桨效率下降。一般认为新船下水后 6 个月,因污底所增加的总阻力可达 10％以上,船速会有明显下降。所以新船试航应在船壳洁净并在新涂油漆后进行。

由污底而增加的阻力主要与船舶出坞后的时间有关,经验指出,这种阻力增加值可以分为两部分。

(1) 一部分称为"真实污底",它与出坞后的时间成非线性关系,近似于按双曲线规律变化,如图 2-18 所示。

(2) 另一部分称为"船体腐蚀",它与出坞时间呈线性关系,且数值上较"真实污底"要小得多,图 2-18 中曲线 1 即为该部分阻力增值。

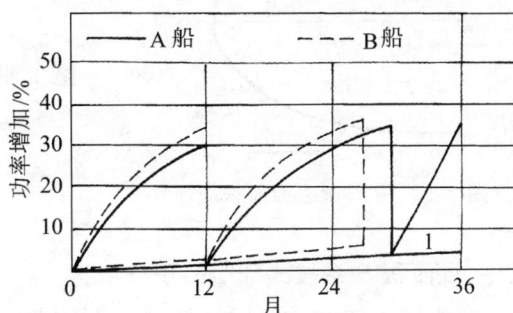

图 2-18　污底对功率的影响

因污底而增加的摩擦阻力百分数 F 可用下式来表示

$$F = \frac{k_1 d}{k_2 + d} + \frac{d_0}{k_3} \qquad (2\text{-}39)$$

式中,d 为距最后一次出坞的时间(天);d_0 为距新船首次出坞的时间(天);k_1、k_2、k_3 为常数,根据在一定航线上航行的一定类型船的试航结果决定。

由污底而增加阻力还与船舶航行的季节和地区有关。这是因为贝类和海草等的生长速度在不同季节和地区是不同的,热带地区由于污底而增加的阻力较一般地区为快。

防治污底的方法通常是先在船体表面敷涂两遍防锈漆,然后再涂一两遍防污漆。因为防污漆的功能可以在层流底层中保持有一定的毒素含量,可以使幼小的贝类、海草等致死,因而有避污作用,但是目前受到保护港口海洋环境的影响,对防污漆有一定的标准限制。此外,污底的海船在淡水港内停泊数日后再行出海,其附着的贝类和海草的大部分因死亡而脱落。我国沿海港口多系淡水港,这是清除污底的天然有利条件,当然对于污底严重的船必须定期进坞除污,重新油漆。

2-6　船体摩擦阻力的计算步骤

根据前述船体摩擦阻力的处理方法知,船体摩擦阻力可以由计算相当平板的摩擦阻力与粗糙度增加的摩擦阻力之和来表示,即如式(2-37)所示

$$R_f = (C_f + \Delta C_f) \cdot \frac{1}{2} \rho v^2 S$$

具体计算步骤如下。

(1) 计算船的湿表面积。较精确的计算方法可按线型图量出每站横剖面型线的半围长 l,并沿船长方向积分即得

$$S = \int_0^{L_{wl}} 2l \, \mathrm{d}L \qquad (2\text{-}40)$$

上式应用近似积分法进行计算,这样计算所得的湿面积可直接用于摩擦阻力计算,而不必进行

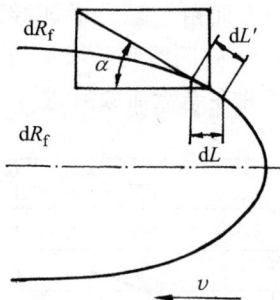

图 2-19　船体湿表面面积的计算

纵向斜度的修正。其理由如下。

如图 2-19 所示,某点处的局部摩擦阻力系数为 C_τ,在该处长度为 $\mathrm{d}L'$ 的微面积上的摩擦阻力 $\mathrm{d}R'_\mathrm{f}$ 为

$$\mathrm{d}R'_\mathrm{f} = C_\tau \cdot \frac{1}{2}\rho v^2 \cdot 2l\,\mathrm{d}L'$$

整个船体的摩擦阻力为

$$R_\mathrm{f} = \int_0^L \mathrm{d}R'_\mathrm{f}\cos\alpha = \int_0^L C_\tau \cdot \frac{1}{2}\rho v^2 \cdot 2l\,\mathrm{d}L'\cos\alpha$$

$$= \frac{1}{2}\rho v^2 \int_0^L C_\tau 2l\,\mathrm{d}L = \frac{1}{2}\rho v^2 C_\mathrm{f} S$$

式中,湿面积 S 系按式(2-40)积分所得。

如无线型图时,可以利用近似公式计算湿表面积。这类公式较多,针对不同的船型有相应的公式可供应用。

荷兰瓦根宁船池根据 100 多艘船模的统计资料归纳得一般民用船的湿面积为

$$S = (3.4\,\nabla^{\frac{1}{3}} + 0.5L_\mathrm{bp})\,\nabla^{\frac{1}{3}} \tag{2-41a}$$

式中,L_bp 为船的垂线间长(m);∇ 为船的排水体积(m^3)。

我国长江船型的湿面积为

$$S = L_\mathrm{wl}(1.8T + C_\mathrm{b}B) \tag{2-41b}$$

交通部船舶运输科学研究所的江船系列给出

$$S = \frac{59L_\mathrm{wl}}{64 - \dfrac{B}{T}}(1.8T + C_\mathrm{b}B) \tag{2-41c}$$

式中,L_wl 为水线长(m);B、T 分别为船宽和吃水(m);C_b 为方形系数。

计算船体湿面积还可应用系列资料给出的湿面积系数曲线进行计算。这些系列资料给出的湿面积为

$$S = C_S\sqrt{\nabla L_\mathrm{wl}} \tag{2-42}$$

式中 C_S 称为湿面积系数,是船型参数的函数,但不同系列资料所给出的具体函数式并不相同。桑地给出的关系式为 $C_S = f\left(\dfrac{B}{T}, C_\mathrm{m}\right)$,其曲线图谱如图 2-20 所示。当已知 B/T 和船中横剖面系数 C_m 时,由图可查得 C_S 值。泰洛系列给出了 $C_S = f(C_p, \nabla/L^3, B/T)$ 的图谱(可参见第 7 章的泰洛计算法)。高速排水型快艇的湿面积系数 C_S 又可以用另外一些船型系数来表达。格罗特(Groot)取 $C_S = 2.75$ 进行湿面积估算。

(2)计算雷诺数 $Re = \dfrac{vL_\mathrm{wl}}{\nu}$,其中 L_wl 为水线长(m),v 是船速(m/s),ν 是水的运动黏性系数,如无特殊注明,对于实船取标准水温 $t = 15℃$ 时之值,ν 的数值可由附录的表中查得。

(3)根据光滑平板摩擦阻力公式算出或由相应的表中查出摩擦阻力系数 C_f。

(4)决定粗糙度补贴系数 ΔC_f 的数值,目前我国一般取 $\Delta C_\mathrm{f} = 0.4\times10^{-3}$。

(5)根据式(2-37)算出船的摩擦阻力。

202

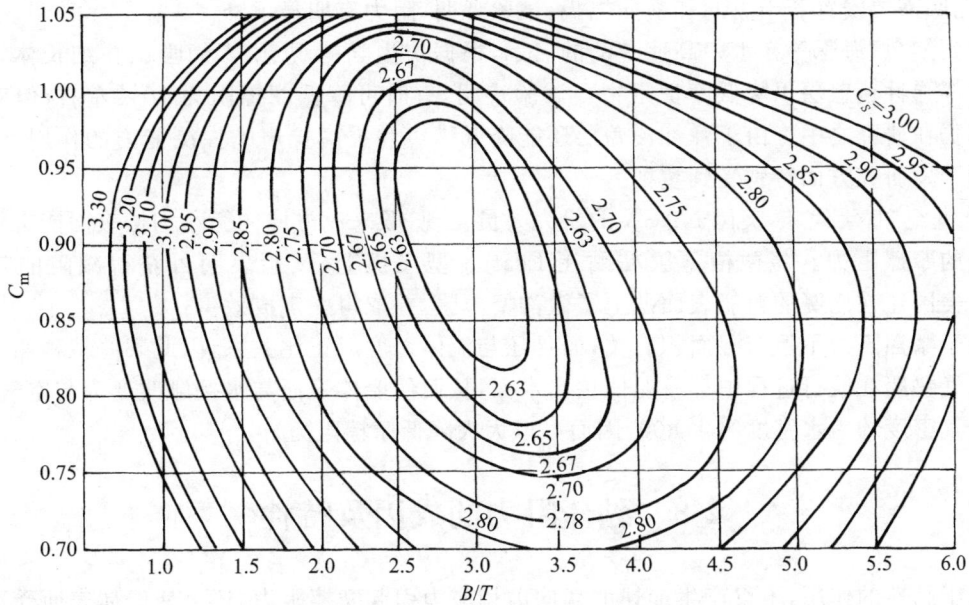

图 2-20　估算湿表面积系数的桑地图谱

2-7　减小摩擦阻力的方法

根据节 2-1 中所述的摩擦阻力特性知,减小船体摩擦阻力的方法主要从下面几个方面考虑。

首先从船体设计本身考虑。由于摩擦阻力的大小正比于船体浸湿面积,因此船型参数的选择,特别是主尺度的确定要恰当。如低速船选取较大的排水体积长度系数 ∇/L^3(或较小的 L/B 值)从减小湿面积的观点来看是合理的,另外减少不必要的附体如呆木等,或尽量采用表面积较小的附体亦可减少摩擦阻力。

其次,由于船体表面粗糙度对摩擦阻力的影响很大,因而在可能范围内使船体表面尽可能光滑,以期减小由表面粗糙度所增加的阻力。

此外,若干年来为了减小摩擦阻力,不少人进行了多方面的探索。一种是边界层控制的办法。具体做法是将边界层内一部分流体进行抽吸,这样使边界层的层流区得以延长,从而减小摩擦阻力;或者自物体表面沿着流动方向向后吹喷流体以使紊流边界层变厚,边界层速度梯度下降,从而减小摩擦阻力。探索减少摩擦阻力的另一途径是采用聚合物溶液降阻剂,就是在物体表面不断喷注稀释的聚合物溶液。由于采用的聚合物的分子量高达 10^6 的量级,所以亦称之为高分子化合物。实验证明聚合物溶液的减阻作用无论在管流或边界层中都得到肯定的结论。应用这种降阻剂可以使平板阻力减小 60%,可使船模的摩擦阻力减小 30%,但在实船上如果应用时,则每小时将需要喷注好几吨降阻剂,不仅成本极大,而且污染海洋环境。此外,为了减小船体摩擦阻力,不少人进行了船底充气减阻的理论和试验研究,这种将空气送到船壳表面,使紧贴船体表面由一层空气薄膜所覆盖,以降低摩擦阻力的思想起源颇早,而且在实船上相继进行过尝试。从已有的研究结果来看,这种应用气膜减阻的方法在某些低速船,特别是驳船上已有被采用的先例,采用这种方法必须另外装置供气设备,而且为使船底的气膜易于稳定,在船底需要安置若干纵向和横向挡板,试验证明,阻力有明显下降。

受到鲨鱼、海豚等在水中高速游动的启示,根据仿生学的观点,人们尝试在细长体表面敷贴橡皮等弹性覆盖层以降低摩擦阻力。试验表明,有时可降低摩擦阻力 70% 左右,但对其减阻机理仍在研究之中。由于弹性覆盖层还能降低噪声和提高抗声呐探测能力的作用,因而在潜艇的开发研究方面特别受到重视。

20 世纪 70 年代末,美国 NASA 的研究人员发现,顺来流方向的微小沟槽表面能有效地降低壁面的摩擦阻力。将微槽薄膜粘贴在 Learjet 型飞机上,试验表明可获得减阻的效果约 60%。美国还在比赛的帆船表面贴上了微沟槽薄膜,并取得一定成效。

由于摩擦阻力不但与湿面积有关,而且还与流体密度成正比关系,因此某些特种船舶如水翼艇或气垫船在航行过程中都将船体抬出水面,从而使船体表面与水接触改变为与空气接触。由于空气密度约为水密度的 1/800,因而可以大大降低摩擦阻力。

2-8　黏压阻力的成因及特性

由于黏性的作用,不仅产生前述的切向剪切应力引起摩擦阻力,还会使船体表面受到的法向力压力发生变化,引起压差阻力。这里重点分析船体黏压阻力的成因及其与船型的关系,同时着重探讨在船体阻力换算中与前面傅汝德换算法不同的三因次换算法。

1. 船体黏压阻力产生的原因

设在深水中,水以等速流向船形物体,如图 2-21 所示。假定水是理想流体,由流体力学知,在前后驻点 A、B 处的速度为零,压力为最大值。当水质点沿船体表面由前驻点 A 流至最大剖面点 C 时,速度由零逐渐增加到最大值,由伯努利公式知,压力逐渐减小到最小值,所以这个范围是个减压区;相反,当水质点自 C 点流向后驻点 B 时,速度从最大值又降低至零,而压力从最小值又上升至最大值,这个范围是个增压区。沿整个船形物体表面的压力分布如图 2-21 中之曲线I所示。但作用在物体前体和后体上的合力相等,因此阻力为零。从能量转换观点来看:在减压区内,即 AC 段,压能逐渐转换为动能,而在增压区内,即 CB 段,动能又全部转换为压能。换句话说,水质点的动能逐步克服压力差到达 B 点时正好动能丧失殆尽,速度值为零,使压力又回升到最大值,所以总能量无损耗,阻力为零。这就是理想流体中的达郎培尔疑题。

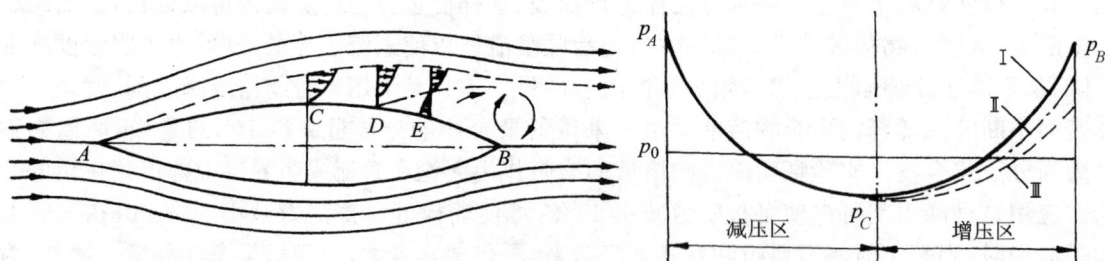

图 2-21　黏压阻力的成因

在实际流体中,由于黏性而形成边界层,且认为边界层外部沿船体纵向曲度而发生变化的压力将不改变其大小传到边界层内部的流体中去,因此出现与理想流体中不同的流动情况:

当水质点从前驻点 A 到达最大剖面点 C 处,速度达到最大值,压力为最低。这个范围内的流动特点虽然仍是加速、减压,但是水质点在边界层内的运动受到黏性摩擦力和负压力差的双重作用。尽管后者的作用较前者大,但由于黏性力的阻滞作用,其在 C 处所能达到的最大速度不如理想流体中那样大,它所具有的动能同样比理想流体中要小;当水质点从 C 点向尾部流动时,即进入增压区,在黏性力及增压区的正压力差的作用下,其速度迅速降低,质点所具有的动能已不能使它到达 B 点。当到达 D 点时,水质点的速度已降为零,动能全部耗尽。过了 D 点后,在增压区的压力差的作用下使流体往回流,迫使边界层向外移,出现边界层分离现象。因此,D 点称为分离点。边界层分离后在船后部形成许多不稳定的旋涡,与水流一起被冲向后方,旋涡的产生使船尾部的压力下降,如图 2-21 中曲线Ⅲ所示,造成了船首尾压差,这样便产生了阻力。这种由黏性消耗水质点的动能形成首尾压力差而产生的阻力称为黏压阻力。显然,边界层分离点向前端移动,边界层分离区必增大,产生的旋涡更严重,尾部压力下降更甚,则黏压阻力亦必增大。由于黏压阻力明显增大时,通常伴随有严重的边界层分离和旋涡出现,因此黏压阻力曾被称为旋涡阻力。

从能量观点来看,在船尾部形成旋涡要消耗能量,而一部分旋涡被冲向船的后方,同时船尾处又继续不断地产生旋涡,这样船体就要不断地供给能量,这部分能量的损耗就是以黏压阻力的形式表现的。

应该指出的是:对于流线型物体,甚至某些优良船型可能并不发生边界层分离现象,但黏压阻力仍然存在,仅数值大小不同而已。这是因为边界层的形成使尾部流线被排挤外移,因而流速较理想流体情况时必然增大,压力将下降。这样尾部的压力值不会达到理想流体中的最大值。其压力分布曲线如图 2-21 中曲线Ⅱ所示,首尾仍旧存在压力差,同样会产生黏压阻力,但与由于边界层分离而引起的黏压阻力相比要小得多。

2. 黏压阻力特性

影响黏压阻力最重要的因素是物体形状,特别是物体的后体形状,因此黏压阻力有时也称为形状阻力。此外,边界层内的流动状态对黏压阻力亦有影响。

1)黏压阻力与后体形状的关系

由上可知,黏压阻力产生的原因是由于黏性作用和物体后部的纵向压力梯度。如果船的后体收缩较缓和,则沿曲面的流速变化较缓慢,因而纵向正压力梯度较小,分离现象可以推迟,甚至避免,因而黏压阻力可以减小。反之,物体后体收缩急剧,将会出现严重的分离现象,黏压阻力增大。所以一般结论是物体后部形状是影响黏压阻力的主要因素。例如,图 2-22 中 $1:0.75$ 椭球体的黏压阻力,不但较 $1:1.8$ 的椭球体为大,而且亦大于圆球的阻力。

贝克(Baker)在水槽中进行了重叠船模试验,直接观察产生旋涡的多少。所谓重叠船模就是将两个相同船模的水线以下部分沿着设计水线面相对叠而成,参照图 2-1 根据大量的试验结果,贝克指出,要避免产生大量旋涡,在设计线型时必须注意下列两点。

(1)船体后体长度 L_r,又称去流段长度,应满足 $L_r \geqslant 4.08\sqrt{A_m}$。这里,$A_m$ 为船中横剖面面积。

(2)船的后体收缩要缓和。具体要求是对不同航速范围的船舶,其船尾水线与中线之间的夹角应随航速增大而减小。贝克提出,低速船不超过 $20°$,高速船不超过 $16°$,这些要求是对长宽比 $L/B>6$,尾部水流接近水平的船体而言的。对于那些短而丰满且宽度吃水比 $B/T \geqslant 3$ 的船来说,例如沿海船和内河船,船后体的水流较多沿着纵剖线方向,至船尾部则大致沿对角线方

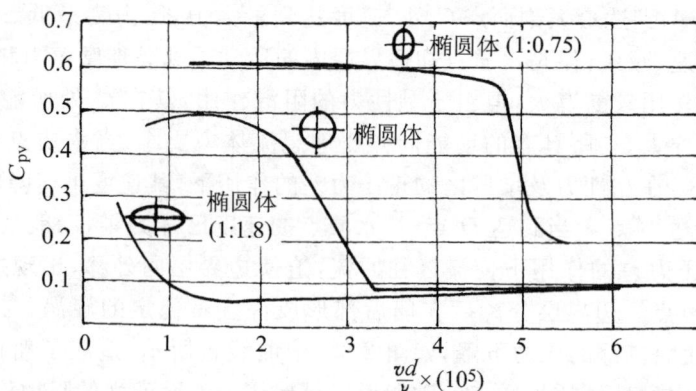

图 2-22　圆球等物体实测形状阻力系数曲线

向流动,所以上述所要求的角度指的是对角线平面在尾部的坡度。

巴甫米尔给出的估算黏压阻力系数 C_{pv} 的近似公式,同样可以说明黏压阻力主要受船的后体形状影响。该式为

$$C_{pv} = \frac{R_{pv}}{\frac{1}{2}\rho v^2 S} = 0.09 \frac{A_m}{S} \sqrt{\sqrt{A_m/2L_r}} \qquad (2-43)$$

式中 R_{pv} 为黏压阻力。

由式(2-43)知,黏压阻力系数与船中横剖面面积和去流段长度有关,这与贝克的经验是一致的。

2)前体形状对黏压阻力的影响

必须指出,黏压阻力虽然主要由船的后体形状决定,但其前体形状对黏压阻力并非毫无关系,如果船的前体过于肥短,流线扩张很大,流速增加快,在最大剖面处的速度很高,而压力会降得很低,使得后体范围的正压力梯度增加,流动急剧减速,因此黏压阻力将增大。

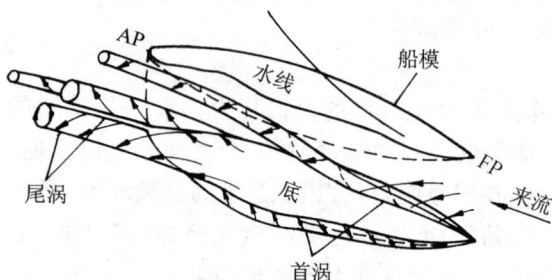

图 2-23　船首、船尾的舭涡

近年来的试验研究指出,对于丰满船特别是肥大船型常在船首舭部产生外旋的舭涡,在船尾舭部产生内旋的舭涡,如图 2-23 所示。舭涡的旋转方向按照由船后向前看顺时针为外旋,逆时针为内旋。

船首舭涡是整个船体黏压阻力的一部分。肥大船型的船首形状对船首舭涡影响很大,因此首部形状与黏压阻力的关系同样需要注意。图 2-24 是根据船首流线试验照片所画的流动示意图,由流线试验可以清楚看到首部舭侧水流沿斜向流入船底,因此舭部很易产生界层分离而形成舭涡。舭涡的产生使船首底部形成低压区,不但使黏压阻力增加,而且造成了船体航行过程中的埋首现象,又会增加阻力。

试验研究指出,如采用船首底升高的球鼻型首,首部舭侧水流明显趋于沿水平方向流动,因此阻力性能有明显改善。图 2-25 为方形系数 $C_b = 0.788$ 船模组 7313 的剩余阻力系数曲线,其中,A 为普通船首,B 为船首底部升高的球鼻型首。由图可知,采用球鼻首后,无论在满

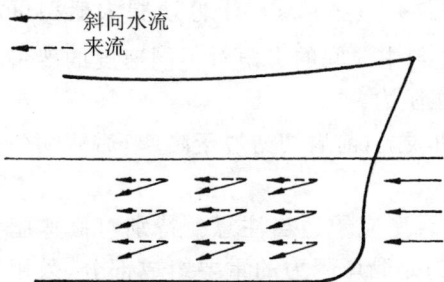

图 2-24　船首部水流的流动示意图

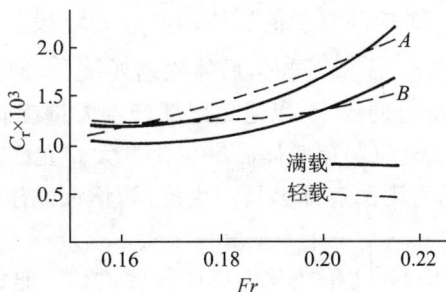

图 2-25　7313 船模组的 C_r 曲线

载状态还是轻载状态,其剩余阻力系数均有明显减小。由于丰满船型的速度较低,兴波阻力较小,黏压阻力在剩余阻力中占较大比重。因而可以认为上述剩余阻力降低的主要原因是由于减小或消除了船首底部的旋涡运动所致。

据试验结果介绍:采用球鼻型首的船模的埋首和平行下沉较普通船首的船模有明显减小。

3) 边界层内流动状态对黏压阻力的影响

黏压阻力的大小与边界层内的流动状态关系甚密,这是因为黏压阻力与分离区域的大小有关。如果边界层内为层流流动,则法向流速分布曲线比较瘦削,其临近物面的速度低,流速转变为零较快,故分离点比较靠近前端,分离区较大,因而黏压阻力较紊流情况为大。随着流速增大,雷诺数增加,层流转变为紊流的转捩点逐渐前移,当此转捩点移至层流分离点之前时,紊流导致分离点突然后移,黏压阻力将突然下降,此种情况在图 2-22 中可以明显看出,阻力突然下降所对应的雷诺数称为临界雷诺数。从图中可以看出,这个临界雷诺数数值大小也与物体形状有关,后体收缩愈急骤的其临界雷诺数愈大,对于 1∶0.75 椭球体临界雷诺数为 5×10^5,对于 1∶1.8 椭球体约为 1×10^5,而圆球介于两者之间。以图 2-22 中的圆球为例,当雷诺数 $Re < 2 \times 10^5$ 时,边界层内为层流状态,黏压阻力系数 C_{pv} 较大。当 Re 在 $2 \times 10^5 \sim 3.5 \times 10^5$ 时,C_{pv} 急剧下降,这是层流转变为紊流的过渡区。当 $Re > 3.5 \times 10^5$,超过临界雷诺数时,边界层为紊流状态,紊流中法向速度分布曲线则比较丰满,临近物面处速度较大,边界层分离点比较靠后,分离区较小,所以其 C_{pv} 值较层流情况时要小得多。由图还可看出:在流态不变情况下,黏压阻力系数 C_{pv} 值基本上与 Re 无关,而主要取决于物体形状。特别需要指出的是,当 Re 超过临界雷诺数后,不管哪种形状,黏压阻力系数 C_{pv} 几乎是常数,也就是黏压阻力近似与速度的平方成比例。这意味着,在这一区域范围内,实物和模型尽管雷诺数不同,但黏压阻力系数是相等的。

对于流线型物体而言,不存在边界层分离。在流态不变情况下,Re 增大时(实际上流速增大),边界层厚度变薄,C_{pv} 值略有下降。

最后还应指出,实船与船模的雷诺数相差很大,虽然两者几何相似,但边界层分离现象却并不一定相似。往往船模上发生边界层分离,而实船却不一定发生。

3. 降低黏压阻力的船型要求

由上知船体黏压阻力与船型有密切关系,因此,在船舶设计时应该注意船型参数的选取,具体要求是

（1）应注意船的后体形状。去流段长度满足 $L_r \geqslant 4.08\sqrt{A_m}$；对于低速肥大船型可满足 $L_r \geqslant 2.5\sqrt{A_m}$。同时，后体收缩要缓和，例如船尾水线与中线间的夹角对不同速度的船可考虑贝克提出的要求，以避免尾部产生大量旋涡，降低黏压阻力。

（2）应避免船体曲率变化过大。在横剖面面积曲线上，前肩切勿过于隆起，后肩切勿过于内凹，否则两肩部容易产生旋涡，增大黏压阻力。

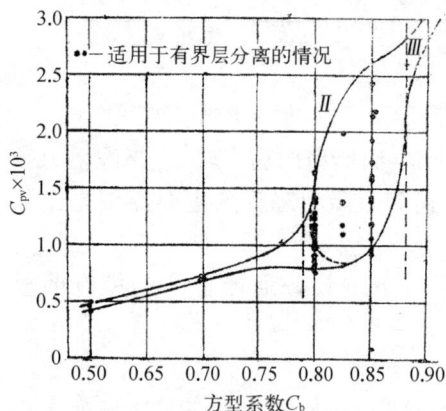

图 2-26　黏压阻力与方形系数的统计关系

（3）前体线型应予适当注意。特别对低速肥大型船，其舭涡阻力是黏压阻力的重要组成部分，采用球鼻型船首有可能减小这一部分阻力。

黏压阻力系数与方形系数的统计关系见图 2-26，从图上看，总的趋势是方形系数增大，黏压阻力系数增加，对于 $C_b > 0.8$ 的肥大船型，船模试验表明：分离现象几乎是不可避免的，而分离区的大小与后体棱形系数关系甚密，$C_b = 0.8 \sim 0.88$ 范围内，黏压阻力系数易受外界条件影响，其数值差异很大，需要十分注意尾部船型。$C_b > 0.88$ 以后，C_{pv} 虽然仍随方形系数增加，但变化趋缓。

4. 船体黏压阻力处理方法

由于目前尚无法单独确定黏压阻力，因此用船模试验确定实船阻力时对黏压阻力的处理有两种不同的方法。一种是 19 世纪 70 年代傅汝德提出的换算方法，即二因次法，将黏压阻力归并入兴波阻力而统称为剩余阻力；另一种是 20 世纪 50 年代提出的三因次换算方法或称为 $(1+k)$ 法，将黏压阻力以形状因子的形式与摩擦阻力联系在一起而统称为黏性阻力。

1）傅汝德法对黏压阻力的处理

傅汝德法处理船体黏压阻力的基本思想是认为在低速时黏压阻力系数的结论可以推广应用于实船。根据船模试验结果可以绘制如图 2-27 的船模总阻力系数 C_{tm} 和按相当平板计算所得的摩擦阻力系数 C_f 随雷诺数的变化曲线。由图可看到，在低速时，即低雷诺数范围内，这两条曲线几乎是平行的。由于低速时兴波阻力极小，若予以忽略不计的话，则可以把船模总阻力系数 C_{tm} 与相当平板摩擦阻力系数 C_{fm} 之差值，即剩余阻力系数近似作为黏压阻力系数 C_{pvm}。因为 $C_{pvm} = C_{rm} - C_{wm} = (C_{tm} - C_{fm}) - C_{wm}$。低速时，由于认为 $C_{wm} \to 0$，故有：$C_{pvm} \approx C_{tm} - C_{fm} = $ 常数。因此，可以认为在低速范围内，黏压阻力系数是常数，如图中 CB 值所示。傅

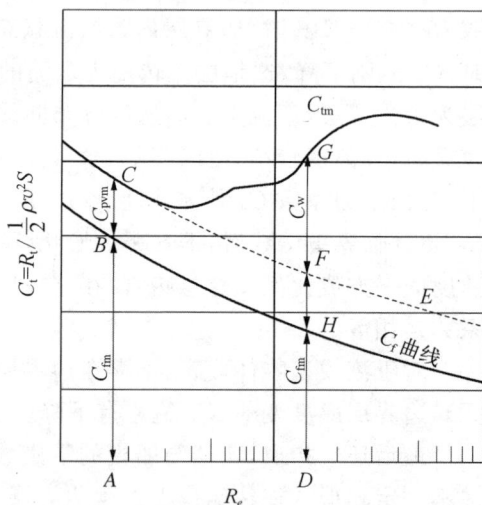

图 2-27　船模阻力系数成分示意图

汝德提出的换算法意味着假定同型船的黏压阻力系数不随 Re 而变化，这样从 C_{tm} 曲线上 C 点开始作 C_f 曲线的平行线 CE，则在任一速度时各阻力成分可以清楚表明，CE 曲线与 C_f 曲线之

间的纵坐标差值,如图中 FH,就是黏压阻力系数,而 GF 代表兴波阻力系数,两者之和就是剩余阻力系数。

根据同型船的黏压阻力系数为常数的假定,同样意味着,实船和船模的黏压阻力系数是相等的,即认为 $C_{pvm}=C_{pvs}$,这一假定是现行的傅汝德换算法的关键所在。换句话说,只有在上述假定下,傅汝德换算法才成立。现证明如下,由于

实船总阻力系数 $$C_{ts}=C_{fs}+C_{pvs}+C_{ws}$$

船模总阻力系数 $$C_{tm}=C_{fm}+C_{pvm}+C_{wm}$$

其中下标 s,m 分别表示实船和船模。

速度相应时,有 $$C_{ws}=C_{wm}$$

今同型船认为 $C_{pv}=$ 常数,或 $C_{pvs}=C_{pvm}$,故得

剩余阻力系数 $$C_{rs}=C_{pvs}+C_{ws}=C_{pvm}+C_{wm}=C_{rm}$$

由此证明,黏压阻力可以与兴波阻力合并计算,并符合比较定律。而实船总阻力系数换算式为

$$C_{ts}=C_{fs}+C_{rs}+\Delta C_f=C_{fs}+C_{rm}+\Delta C_f$$

或 $$C_{ts}=C_{fs}+(C_{tm}-C_{fm})+\Delta C_f=C_{tm}-(C_{fm}-C_{fs})+\Delta C_f$$

这就是式(1-32)的傅汝德换算式。

应该指出,按照同型船的黏压阻力系数等于常数的处理方法,船体黏压阻力系数实际上是由几部分组成:有因分离时漩涡产生的黏压阻力或无分离时由边界层排挤厚度而引起的压差阻力,这部分是真正的黏压阻力;此外,还包括在低速时极小的兴波阻力以及由于船体表面弯曲,使船的摩擦阻力较之按相当平板情况计算所得的阻力增加值。

将黏性阻力与兴波阻力合并处理并认为适用比较定律,所得结果的准确性尚能满足工程实际的要求。对此可以分别解释认为

(1)若船型优良,尾部不出现边界层分离,则黏压阻力在总阻力中所占的百分比很小,将其并入兴波阻力进行换算不致引起太大误差。

(2)若船型较差,边界层有分离,黏压阻力在总阻力中所占比重较大,但在分离情况下,黏压阻力系数与雷诺数关系不大,即近似为常数,因此将其作为剩余阻力的一部分进行换算也不至于有明显误差。

正因为上述缘故,应用傅汝德假定进行的船模阻力换算方法一直沿用至今。

随着世界造船工业的发展,船舶尺度随之增大,到 20 纪 50 年代以后,逐渐发现大型船舶的试航结果与按上述傅汝德法估算所得结果相比较,一般有较大的出入。例如按船模试验预估所得到的航速偏低,即实船的试航速度远超过预估的数值,如果将实船试航结果与相应的船模数据进行分析比较,则需对粗糙度补贴系数 ΔC_f 取负值才能使两者一致,这在理论上无论如何是说不通的。

按照傅汝德换算法,造成 ΔC_f 为负值的因素有两种。一种是计算摩擦阻力公式准确性不够,一是黏压阻力与兴波阻力合并后适用于比较定律的成分偏大。当时试图解决这一问题亦有两种方法。另一种是在保持傅汝德换算法的前提下,修正摩擦阻力计算公式,即认为造成不正确的主要原因是摩擦阻力公式有问题。为此,1957 年的国际船模试验池会议推荐了1957ITTC 公式。由于该公式所得的摩擦阻力系数曲线在低雷诺数时的坡度有所增加,使适用于比较定律的成分有所下降,似乎可望解决 ΔC_f 出现负值问题。但在 20 世纪 60 年代以后,发现即使应用此公式也不能避免出现负值的情况。这就不得不求助于以下另外的解决办法。

在 1-4 中讨论过,傅汝德假定将两种不同性质的力即黏压阻力和兴波阻力合并进行换算,在理论上是不妥当的。因此要从根本上解决船模与实船的阻力换算问题,只有建立新的换算方法。

2) 三因次换算法

又称 $(1+k)$ 法。由于傅汝德法将黏压阻力和兴波阻力两种不同性质的力合并进行换算,不但在理论上不妥,而且在实用上,特别是对于肥大船将出现 ΔC_f 为负值等问题,因此休斯于 20 世纪 50 年代提出了三因次换算法。经过 20 多年不少学者的研究补充,在实用上趋于完善。在 1978 年的 ITTC 会议上,被推荐为标准的换算方法。

(1) 三因次换算方法的基本思想

休斯提出的三因次换算方法对几种阻力成分的处理主要有

① 黏压阻力与摩擦阻力合并为黏性阻力并与雷诺数有关,兴波阻力与傅汝德数有关。即

$$R_t = (R_f + R_{pv}) + R_w = R_v + R_w$$

其中

$$R_v = R_f + R_{pv} = f_1(Re); \quad R_w = f_2(Fr)$$

② 根据船模试验结果,认为黏压阻力系数 C_{pv} 与摩擦阻力系数 C_f 之比是一常数 k,则有

$$k = C_{pv}/C_f \quad 或 \quad 1+k = C_v/C_f \tag{2-44}$$

式中 k 称为形状系数,$(1+k)$ 为形状因子,仅与船体形状有关。

由于休斯提出的这一换算法与船体形状有关,并引入形状因子 $(1+k)$。因此该法称为三因次换算法,又称 $(1+k)$ 法。

(2) 三因次换算方法的阻力换算关系

对于几何相似的船模和实船来说,形状因子相等,这样船模的总阻力系数可以写作

$$C_{tm} = (1+k)C_{fm} + C_{wm} \tag{2-45}$$

在相应速度时,由于兴波阻力符合比较定律,故实船在相应速度时的总阻力系数换算式为

$$C_{ts} = (1+k)C_{fs} + C_{wm} + \Delta C_f \tag{2-46}$$

考虑到式 (2-45),则有

$$C_{ts} = C_{tm} - (1+k)(C_{fm} - C_{fs}) + \Delta C_f \tag{2-47}$$

式中,C_{fm}、C_{fs} 分别为船模和实船的摩擦阻力系数,可使用相当平板的理论公式进行计算,而 C_{tm}、$(1+k)$ 值则由试验来确定。

15 届 ITTC 推荐的 $(1+k)$ 法计算式为

无舭龙骨时,

$$C_{ts} = C_{tm} - (1+k)(C_{fm} - C_{fs}) + \Delta C_f + C_{aa} \tag{2-48}$$

装有舭龙骨时,

$$C_{ts} = \frac{S + S_{bk}}{S}[(1+k)C_{fs} + \Delta C_f] + C_{wm} + C_{aa} \tag{2-49}$$

式中,ΔC_f 及 C_{aa} 分别为粗糙度补贴系数和空气阻力系数;S 及 S_{bk} 分别为实船的湿表面积和舭龙骨面积。

(3) 计算步骤

按式 (2-48) 或式 (2-49) 由船模阻力试验可以换算得到实船的总阻力。

① C_{fm}、C_{fs} 分别为船模和实船的摩擦阻力系数,可用 1957 - ITTC 公式计算。

② 目前主要采用以下两种方法,根据傅汝德数 $Fr = 0.1 \sim 0.2$ 范围内的试验结果,确定 $(1+k)$ 值。

a. 普鲁哈斯卡法：可按下式决定

$$C_{tm}/C_{fm} = (1+k) + y\frac{Fr^4}{C_{fm}} \qquad (2\text{-}50)$$

上式中 C_{tm}、C_{fm} 及 Fr 都可根据船模阻力试验数据求得。将 C_{tm}/C_{fm} 与 Fr^4/C_{fm} 作成线性关系图，则该直线的截距就是形状因子 $(1+k)$ 值。如图 2-28 所示。

b. 15 届 ITTC 推荐方法：可按下式决定

$$C_{tm}/C_{fm} = (1+k) + y\frac{Fr^n}{C_{fm}} \qquad (2\text{-}51)$$

式中 Fr 的指数 n 视船型而异，其数值在 $2\sim6$ 范围内变化。式(2-51)中的 $(1+k)$、y 和 n 三个未知数根据船模试验结果用最小二乘法决定。

③ ΔC_f 及 C_{aa} 按 15 届 ITTC 推荐的公式决定

$$\Delta C_f = \left[105\left(\frac{k_s}{L_{wl}}\right)^{\frac{1}{3}} - 0.64\right] \times 10^{-3} \qquad (2\text{-}52)$$

式中 k_s 为船体表面粗糙度，取 $k_s = 150 \times 10^{-6}(\mathrm{m})$；$L_{wl}$ 为水线长度(m)。

$$C_{aa} = 0.001 A_T/S \qquad (2\text{-}53)$$

式中，A_T 为水线以上船体及上层建筑在横中剖面上的投影面积；S 为湿面积。

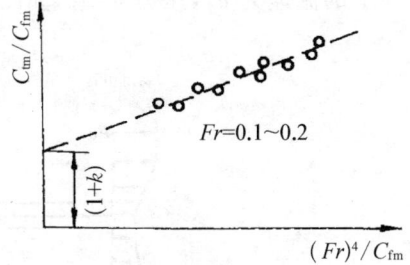

图 2-28 普鲁哈斯卡法
确定形状因子

由上述讨论可知，傅汝德法中，分成摩擦阻力和剩余阻力两个因素考虑，因此可叫二因次换算法，由船模阻力试验测量的是总阻力 R_{tm}，在扣除相当平板摩擦阻力 R_{fm} 后得到剩余阻力 R_{rm}，其中 R_{fm} 由平板公式计算所得，模型试验所要求解决的只是 R_{rm}；而在三因次法中，分成摩擦阻力、黏压阻力和兴波阻力来考虑，所以叫三因次法，并引进认为形状因子得到黏压阻力，但在三因次换算中，兴波阻力 R_{wm} 及形状因子 $(1+k)$ 都需要靠船模试验决定。

利用船模试验来估算实船阻力是傅汝德于 19 世纪 60 年代所创立，他是船模试验的奠基人。由于试验测量得到的是总阻力，而船模试验又无法满足全相似，限于当时流体力学的研究水平，傅汝德才做出了二因次换算的假定，即认为船体的摩擦阻力与相当平板的阻力相等。从所得的总阻力中扣除相当平板阻力所剩余的部分，称为剩余阻力 R_r。这样便能根据船模试验的阻力经换算后得到相应速度时的实船总阻力。于是世界各主要造船国家，纷纷建立了许多船模试验池，广泛开展船舶阻力与船型方面的研究工作。为了交流有关研究情况以及探讨船模试验的分析方法、试验技术和实船换算方法等有关问题，于 1932 年创立了国际船模试验池会议(ITTC)。三因次换算方法在原来傅汝德方法假定的基础上更为完善，使得适用于比较定律的阻力成分较傅汝德法大为减小，更加符合实际物理情况。但由于雷诺数无法相似所带来的尺度作用以及黏性与兴波相互干扰等问题尚需作进一步的研究。

2-9 确定黏性阻力的尾流测量法

近年来，在研究船体阻力分类时，通常把船体阻力分成兴波阻力和黏性阻力两部分。前者可利用波型分析法确定，后者一般可应用尾流测量法进行实验测量得到。本书介绍通过实验测量琼斯(Jones)尾流测量法的基本原理和测量方法。

1. 尾流测量法的基本原理

应用运动转换原理,水流自远前方以船速 v_S 流向船体。设远前方及远后方控制面为 S_0 和 S_∞,由于两控制面距物体足够远,因此压力均为 p_0;远前方的速度为 v_S,水流流经船体后,因黏性作用,所以远后方控制面上的速度为 u_∞。此外,设船模近后方测量平面为 S_1,在该平面上的流速为 u_1,压力为 p_1,如图 2-29 所示。现假定如下。

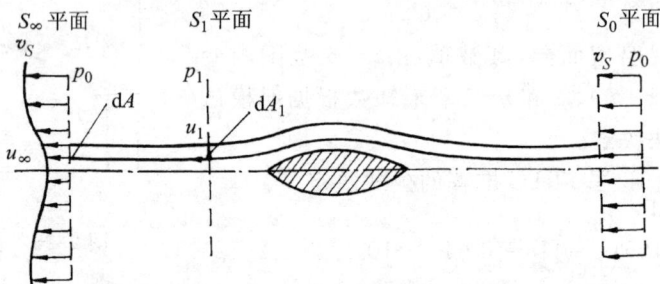

图 2-29　尾流测量法的原理

(1)船后尾流平面内的动量损失,完全由黏性所致。

(2)船模的近后方测量平面 S_1 与船后足够远处 S_∞ 平面之间无能量损失,即无总压头损失。

在 S_∞ 平面处,可认为无波浪存在,由假定(1)知,$\mathrm{d}A$ 微面积上的黏性力 $\mathrm{d}R_v$ 应等于该面积上单位时间内的动量损失,即为

$$\mathrm{d}R_v = \rho \mathrm{d}A u_\infty (v_S - u_\infty)$$

于是船模所受的黏性阻力,可由沿整个 S_∞ 平面积分得到

$$R_v = \rho \iint\limits_S u_\infty (v_S - u_\infty) \mathrm{d}A \tag{2-54}$$

在实用上由式(2-54)直接确定黏性阻力是困难的,这是因为在船后足够远处尾流很小,且由于来自池壁的反射波干扰,因而不可能在该平面内进行实际测量。根据假定(2)在远后方平面与船的近后方测量平面间无能量损失,故式(2-54)可用船后测量平面上的相应参数来表达。在该平面上相应的微面积为 $\mathrm{d}A_1$,由连续性方程知

$$u_1 \cos \alpha \mathrm{d}A_1 = u_\infty \mathrm{d}A \tag{2-55}$$

式中 α 为 S_1 平面的法线方向与流速 u_1 之间的夹角,若测量平面 S_1 取在船后半个船长处,则可认为 $\cos\alpha \approx 1.0$,以式(2-55)代入式(2-54),得

$$R_v = \rho \iint\limits_{S_1} u_1 (u_S - u_\infty) \mathrm{d}A_1$$

$$= \frac{1}{2} \rho v_S^2 \iint\limits_{S_1} 2 \frac{u_1}{v_S} \left(1 - \frac{u_\infty}{v_S}\right) \mathrm{d}A_1$$

$$= G_0 \iint\limits_{S_1} 2 \frac{u_1}{v_S} \left(1 - \frac{u_\infty}{v_S}\right) \mathrm{d}A_1 \tag{2-56}$$

式中 $G_0 = \frac{1}{2} \rho v_S^2$ 为来流动压力。

212

至于式(2-56)中的 u_∞ 可通过 S_∞ 与 S_1 之间根据伯努利定律建立的关系而成为 S_1 平面上的数值。根据伯努利定律有

$$p_0 + \frac{1}{2}\rho u_\infty^2 = p_1 + \frac{1}{2}\rho u_1^2 = G$$

式中 G 为总压头。远后方的压力为大气压力 p_0，则有

$$\begin{cases} \dfrac{1}{2}\rho u_\infty^2 = G - p_0 \\ (p_1 - p_0) + \dfrac{1}{2}\rho u_1^2 = G - p_0 \end{cases}$$

设 $G_1 = G - p_0$，$P_1 = p_1 - p_0$，则可写成

$$\begin{cases} \dfrac{1}{2}\rho u_\infty^2 = G_1 \\ \dfrac{1}{2}\rho u_1^2 = G_1 - P_1 \end{cases} \tag{2-57}$$

式中 $G_1 = G - p_0$，即表示 S_1 截面处的相对总压力（与 S_∞ 截面处相等）；$P_1 = p_1 - p_0$，表示 S_1 截面处的相对静压力。

如以 $\dfrac{1}{2}\rho v_s^2 = G_0$ 除式(2-57)两端得

$$\frac{u_\infty}{v_S} = \sqrt{\frac{G_1}{G_0}} \qquad 和 \qquad \frac{u_1}{v_S} = \sqrt{\frac{G_1 - P_1}{G_0}}$$

代入式(2-56)，得

$$R_v = G_0 \iint\limits_{S_1} 2\sqrt{\frac{G_1 - P_1}{G_0}}\left(1 - \sqrt{\frac{G_1}{G_0}}\right) \mathrm{d}A_1 = G_0 \iint\limits_{S_1} D\,\mathrm{d}y\,\mathrm{d}z \tag{2-58}$$

式中，$D = 2\sqrt{\dfrac{G_1 - P_1}{G_0}}\left(1 - \sqrt{\dfrac{G_1}{G_0}}\right)$；$y$ 指测量平面处的横向轴，而 z 为垂向轴。

从上述推导中知，通过在船的近后方 S_1 面上相关数据的测量即可确定 R_v，而且实际测量过程是以压力测量来实现的。

2. 尾流测量法的具体方法

在船的近后方测量平面 S_1 上，在某一深度横向布置一组毕托管，在随船模一起前进的过程中，测量得各点的相对总压力 G_1 和相对静压力 P_1。对应于某一给定速度，改变毕托管的深度，反复进行多次拖曳。这样就可测得在该速度下的不同深度和宽度范围内各点的压力值 G_1 和 P_1。然后计算出 $D = 2\sqrt{\dfrac{G_1 - P_1}{G_0}}\left(1 - \sqrt{\dfrac{G_1}{G_0}}\right)$，并应用式(2-58)通过二次积分求得对应于该速度时的船模黏性阻力。

图 2-30 是某船在给定航速下，尾流测压所得的不同深度的水头损失沿船宽方向的变化情况（取船模中心线为 $y = 0$）。显然，在不同航速下，可重复测得类似的变化曲线。由图 2-30 可知，黏性影响主要在船宽范围内。同时，超过一定水深后，黏性影响是很小的。

图 2-31 是由尾流测量法得到的某船的黏性阻力系数曲线。由图知，该曲线随傅汝德数呈波浪形变化，可见波浪对黏性阻力有一定影响。图中同时绘出了按休斯法计算所得的结果，它

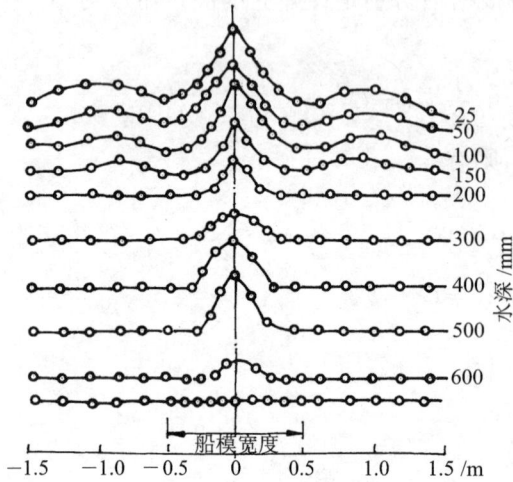

图 2-30 尾流压力的测量结果($Fr=0.24$)

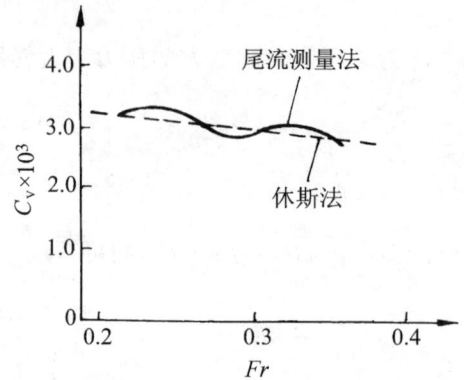

图 2-31 黏性阻力系数比较

与尾流测量法所得结果的平均值极为接近。

2-10 船舶黏性阻力理论计算概述

为了正确求得船体总阻力中的各阻力成分和解决船模和实船之间的阻力换算,造船工作者一直企图用理论方法计算船体的黏性阻力和兴波阻力。有关这两方面的理论研究虽已取得了相当进展,但就目前理论计算的结果看来,尚不能用之于造船工程的实际。本节对船舶黏性阻力理论研究的发展仅作概略介绍。

1. 黏性理论的控制方程

对于黏性问题基本方程为不可压缩的 N-S 方程

$$\frac{\partial u_i}{\partial t} + u_j \frac{\partial u_i}{\partial x_j} = -\frac{1}{\rho}\frac{\partial p}{\partial x_i} + \frac{u}{\rho}\frac{\partial^2 u_i}{\partial x_j \partial x_j} + f_i \tag{2-59}$$

以及连续方程

$$\frac{\partial u_i}{\partial x_i} = 0 \tag{2-60}$$

这里 x_i 和 u_i 分别表示笛卡尔坐标与速度张量,f_i 为外力张量。对于船舶阻力问题,如考虑兴波的话,外力就是重力,$f_i=(0,0,-g)$。 如像 2-1 所述,不考虑兴波影响的计算黏性阻力时,可采用叠模假定,这时重力可以不考虑。

N-S 方程是一个很复杂的非线性偏微分方程,在低雷诺数时,可认为流动为层流,可以通过上述方程直接计算,而高雷诺数时,一般流体都进入紊(湍)流状态,像我们船舶流体力学所关心的问题,模型船的 $Re \sim 10^6$,实船 $Re \sim 10^8$,因此基本上属于紊流状态。

湍流的考虑方法是将速度分成两部分,即 $u=\overline{u}+u'$, $v=\overline{v}+v'$, $w=\overline{w}+w'$。

$\overline{u}, \overline{v}, \overline{w}$,时间平均速度(或统计平均速度),$u', v', w'$,湍流部分的流速(或脉动部分流速),将 $u=\overline{u}+u'$, $v=\overline{v}+v'$, $w=\overline{w}+w'$ 代入 N-S 方程,再取时间平均,得到时间平均雷诺方程 RANS 方程

$$\frac{\partial \overline{u_i}}{\partial t} + \overline{u_j}\frac{\partial \overline{u_i}}{\partial x_j} = -\frac{1}{\rho}\frac{\partial \overline{p}}{\partial x_i} + \frac{1}{\rho}\frac{\partial}{\partial x_j}\left(\mu\frac{\partial \overline{u_i}}{\partial x_j} - \rho\overline{u'_i u'_j}\right) \tag{2-61}$$

RANS 方程与前面的 N-S 方程比较多了最后一项湍流应力项(或雷诺应力项),而这些项反映了湍流对时间平均速度的影响。由于多了湍流应力项,RANS 方程是不封闭的,要从理论上求解湍流雷诺应力是极为困难的,必须要借助于湍流模式才能求解。湍流模式一般建立在假定与实验为依据的基础之上,湍流应力根据所需要的方程数,通常可分为零方程模式、1方程模式、2方程模式、多方程模式等。

2. 边界层理论计算概述

边界层概念是 Prandtl 普朗特(1904 年)引入的,是流体力学经典,走向近代的一个里程碑,在这之前都是理想流体。理想流体是水、空气这类小黏性流体的天然合理的简化。

淡水 15℃ $\qquad\mu = 1.137\,88\times10^{-3}\,\mathrm{pa.s},\ \rho = 994.0\ \mathrm{kg/m^3}$

$$\nu = 1.130\,92\times10^{-6}\ \mathrm{m^2/s}$$

空气 15℃ $\qquad\mu = 1.795\times10^{-3}\,\mathrm{pa.s},\ \rho = 1.226\ \mathrm{kg/m^3}$

$$\nu = 1.46\times10^{-5}\ \mathrm{m^2/s}$$

大部分问题可以通过理想流体解释,但有些不行,典型的事例有 D'Alembert 谬论(paradox)。Prandtl 注意到这一点,认识到近固壁处总是黏合的。于是引进了边界层的概念,解释了 D'Alembert 的谬论,这是定性的贡献。

如前 2-2 所述,在雷诺数较大情况下,流体的黏性主要表现在离壁面很近的薄层边界层之内,边界层厚度与物体尺度相比是一个小量,即根据量阶分析

$$x = o(1),\ z = o(1),\ y = o(\delta)(o\ 为量级)$$

此时 $\dfrac{\partial}{\partial x},\ \dfrac{\partial}{\partial z}\ll\dfrac{\partial}{\partial y}$(由于 y 的量级小)。

由连续方程可知,$u = w = o(1)$,$v = o(\delta)$,同样对于动量方程中的各项进行量级分析,忽略量级小于 1 的项,可得到下列的边界层方程

$$\frac{\partial \overline{u}}{\partial x} + \frac{\partial \overline{v}}{\partial y} + \frac{\partial \overline{w}}{\partial z} = 0$$

$$\frac{\partial \overline{u}}{\partial t} + \overline{u}\frac{\partial \overline{u}}{\partial x} + \overline{v}\frac{\partial \overline{u}}{\partial y} + \overline{w}\frac{\partial \overline{u}}{\partial z} = -\frac{1}{\rho}\frac{\partial \overline{p}}{\partial x} + \nu\frac{\partial^2 \overline{u}}{\partial y^2} - \frac{\partial \overline{(u'v')}}{\partial y} - \frac{1}{\rho}\frac{\partial \overline{p}}{\partial y} = 0,$$

表明边界层内压力不变

$$\frac{\partial \overline{w}}{\partial t} + \overline{u}\frac{\partial \overline{w}}{\partial x} + \overline{v}\frac{\partial \overline{w}}{\partial y} + \overline{w}\frac{\partial \overline{w}}{\partial z} = -\frac{1}{\rho}\frac{\partial \overline{p}}{\partial z} + \nu\frac{\partial^2 \overline{w}}{\partial y^2} - \frac{\partial \overline{(w'v')}}{\partial y}$$

如果考虑二维平板在均流问题,这时边界层方程可写成

$$\overline{u}\frac{\partial \overline{u}}{\partial x} + \overline{v}\frac{\partial \overline{u}}{\partial y} = \nu\frac{\partial^2 \overline{u}}{\partial y^2} - \frac{\partial \overline{(u'v')}}{\partial y} \tag{2-62}$$

$$\frac{\partial \overline{u}}{\partial x} + \frac{\partial \overline{v}}{\partial y} = 0$$

层流情况下,上式最后一项为零,边界层方程是封闭的。光滑平板的层流摩擦阻力就是 Blasius 求解此方程得到。

20 世纪初柏兰特等人创立了边界层理论,为研究船舶黏性阻力奠定了理论基础。薄边界

层是抛物型的微分方程,虽然相对计算简单,但还是非线性的偏微分方程,求解也不是非常容易,由于船体形状比较复杂和限于当时计算手段等条件,不可能直接计算船舶的黏性阻力,另外,那时造船界普遍采用傅汝德的相当平板假定,因此,边界层理论的早期只限于计算平板的摩擦阻力。对于光滑平板层流的摩擦阻力在理论上得到了精确的解(见式(2-6))。

但是紊流边界层由于雷诺应力项 $\dfrac{\partial(\overline{u'v'})}{\partial y}$ 作用,方程并不封闭,求解比较困难.不过在许多工程问题中,有时边界层内的速度分布并不重要,只要求了解壁面的摩擦阻力,边界层厚度等一些宏观量就足够了,这时我们可以用积分法。

积分法采用动量积分方程作为基本方程,动量积分方程可通过将上式边界层方程沿 y 方向积分求得。沿边界层方向积分,可得到 Karmann 提出的边界层动量积分方程

$$\frac{\partial(U\delta^*)}{\partial t}+\frac{\partial(U\theta)}{\partial x}+U\delta^*\frac{\partial U}{\partial x}=\frac{\tau_w}{\rho} \tag{2-63}$$

这里,边界层动量损失厚度 $\theta=\displaystyle\int_0^\delta\frac{\overline{u}}{U}\left(1-\frac{\overline{u}}{U}\right)\mathrm{d}y$,边界层排挤厚度 $\delta^*=\displaystyle\int_0^\delta\left(1-\frac{\overline{u}}{U}\right)\mathrm{d}y$,$U$ 为边界层外势流速度,u 为边界层内速度。

光滑平板紊流的摩擦阻力主要用边界层动量积分方程求解,但需要给出边界层中的速度分布。为此不少学者假定边界层中的速度为指数分布或对数分布,其中指数或对数分布中的有关常数往往靠平板或圆管中的试验来确定,于是得出了诸多不同的平板摩擦阻力公式,但为造船实际采用的也只有少数几个公式。随着电子计算机的出现,船体边界层的理论研究从 20 世纪 60 年代开始并逐步发展起来,当时研究得最多的是所谓薄边界层理论,即假定边界层的厚度与该处物体表面的曲率半径相比较是可以忽略的小量。人们在用理论方法计算黏性阻力的同时,开始致力于船尾黏性流场的计算,以便给出螺旋桨盘面处的流动状况。由于船体尾部的线型变化迅速,导致流线急剧收缩而使边界层厚度增大,因而需要考虑船体表面曲率及边界层内法向的压力变化,这就是所谓厚边界层理论。船体边界层的理论计算可分为积分法和微分法两种。积分法以边界层的动量积分方程为基础求解,但遇到的困难是无法求出边界层内的速度分布,相反要求在计算之前先假定某种速度分布形式,所假定的速度分布形式又带有经验性质,且多半是根据特定条件下的实验资料得出。从理论上来说,边界层的动量积分方程式(2-63)本身是不封闭的,需要采用附加的经验关系式补充才能进行计算,由于采用的经验关系式不同,派生出许多不同的解法。微分法是直接求解边界层的偏微分方程式(2-62),它不需假定边界层内的速度分布或补充其他经验公式,表面看来似乎比较严格和精确。但是,对于紊流边界层方程说来,其中的雷诺应力须给出定量的描述,否则紊流边界层方程也是不封闭的。雷诺应力与边界层中的紊流情况有关,它牵涉到紊流(或称湍流)的结构机理。因此,在用微分方法求解紊流边界层方程时,须引进所谓湍流模式来定量描述雷诺应力项,这在一定程度上也是带有经验或假定性质,采用不同的湍流模式,会给出不同的计算结果。20 世纪 70 年代以来,有关用边界层理论方法计算船体黏性阻力发表的论文很多,不少学者声称他们计算得到的船体黏性阻力与实验结果相当吻合,似乎已可定量解决。国际船模试验池会议为了全面评价这方面的研究成果,由阻力委员会邀请各研究工作者计算同一船型的黏性阻力,除要求他们提供黏性阻力的计算结果外,还需说明采用的理论计算方法,即薄边界层理论或厚边界层理论;积分法或微分法。ITTC 阻力委员会收到了 40 多位研究者的计算结果,经归纳整理后发

现：对于同一船型各家提供的黏性阻力相差很大，表明理论计算结果用于船舶实际的条件尚不成熟。

3. N-S 方程理论计算概述

奈维-斯托克司方程（简称 N-S 方程），即式（2-59）是黏性流体力学的基本方程。对于紊流状态而言，一般都求解完整的雷诺平均的 N-S 方程，即所谓 RANS 方程（式（2-61））。20 世纪 80 年代中期，开始计算重叠船模周围的黏性流场，大多数学者仅计算尾部流场，只有少数计算了包括首部在内的整个船体流场。由于 RANS 方程本身并不封闭，需要引进湍流模式来定量描述雷诺应力，能否正确给出湍流模式至关重要。对于不同的紊流状况（与雷诺数密切相关），其湍流模式有相当差别，现所采用的湍流模式含有的人为经验因素较多，对计算结果有很大的影响，促使一些学者从实验和数值计算两方面研究探讨湍流模式问题。

影响理论计算结果的另一重要方面是数值计算的方法和技巧问题，这属于计算流体力学或计算船舶流体力学（通常简称 CFD）的范畴。由于船体形状十分复杂，不可能用解析式来表达，所以在进行理论计算时只能把有关的物理量离散到网格点上，于是通常的微分或积分由这些离散点上的函数值来表示（称为数值离散），微分或积分方程经离散后得到线性的代数方程组。离散方法主要有边界元法、有限元法、有限差分法（包括有限体积法和有限解析法）等等。在网格划分方面主要采用曲线贴体网格以便能更好地满足船体表面的边界条件。网格的划分是否恰当，不仅直接关系到计算机的内存和计算速度，还会影响到计算的精度乃至计算的成败。因此，计算网格划分的选取及其自动生成在数值计算中十分重要。同一船型、同一湍流模式的 RANS 方程，如采用不同的离散方法和不同的网格划分，会得到不同的计算结果。

20 世纪 90 年代中期针对重叠船模用 RANS 方程作进一步的计算比较后认为，CFD 用于船尾黏性流场的计算已取得很大的进展，在定性上能给出流场的基本特征，与试验数据的比较结果是：船尾流动速度场是相似的，但在螺旋桨盘面处速度分布数值上还有一定差别，表明还需进一步的研究和改进。一部分学者认为采用更高阶的离散格式和精细的网格是计算成功的先决条件，多数学者认为湍流模式才是至关重要的问题。其实两方面都要作进一步的研究改进，前者是精确的数值计算方法问题，后者是 RANS 方程所需要正确的封闭补充条件问题。

以上所介绍的是关于不考虑自由表面重叠船模的黏性流场的计算概况。由于黏性与兴波的相互影响是船舶流体力学领域所关心的重要问题。90 年代后期已有不少学者从事带有自由表面的黏性流场计算工作，这是真正意义上计算船体航行时的总阻力（兴波阻力＋黏性阻力）。这时计算的难点在于自由表面条件的处理，根据要求必须在自由表面处满足波面的边界条件，但实际上自由表面是未知的。目前一类方法是通过迭代不断调整波面来解决问题，这样要求自由表面处重新生成网格，大大增加了计算工作量。另一类方法是在每个计算网格中引入了一个标量函数 F，如 VOF 法等，F 为 1 表示水，F 为 0 表示空气，F 介于 1 和 0 之间表示自由表面，这一方法的优点是由于网格是固定的，不用在每个时间步重新生成网格，大大减少了计算工作量。虽然现在已能通过考虑自由表面影响的黏性流体计算出船体的总阻力，但是由于湍流模式、离散格式、网格精度等问题，尚不能精确地给出总阻力值。

综上所述,目前用理论方法还不能正确地计算船舶阻力,以致仍采用传统的实用方法。但是,理论计算已能定性地给出船舶阻力方面许多规律性的东西,这对指导船型的改进十分有用。不少学者仍致力于计算船舶流体力学的研究工作,相信船舶阻力的计算乃至船体尺度与形状的优化设计必定会在理论指导下取得长足的进步。

第3章 兴波阻力

本章将着重讨论有关兴波阻力问题。首先介绍船波的形成,然后重点讨论兴波阻力的特性及其与船型的关系,并对确定兴波阻力和减小兴波阻力的方法作一些扼要介绍。

3-1 船行波的形成和凯尔文波系

在前文中已经指出,兴波阻力是压强阻力的一部分,是由重力引起的,工程上考虑兴波阻力时,不考虑黏性产生的相互影响,除了船型因素外,只是傅汝德数的函数。

1. 兴波阻力的组成

船舶在空气与水界面上航行时,扰动了自由表面,由于重力作用,水粒子上下运动,会产生波浪即所谓船舶兴波。船体兴起的波浪分成两类。一类是在船舶驶过之后,留在船体后方并不断向外传播的波浪称为船行波,如图 3-1 所示;另一类是被船体兴起后很快就破碎的波浪,称为破波,并不以波浪的形式留在船后,且主要发生在肥大型船舶。这部分将在 3-7 节中作详细讨论。

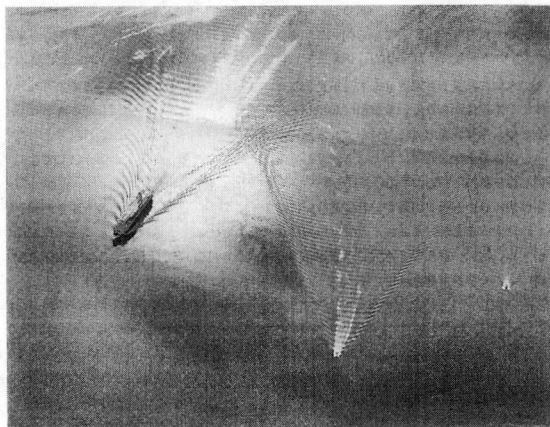

图 3-1 实船船行波照片

2. 平面进行波的特征

首先我们考虑船行波,任何一种复杂的波系,如海浪、船行波等都可看作是无数个简单的平面进行波或基元波叠加而成,因此平面进行波是研究船行波的基础。下面简要介绍深水平面进行波的有关结果,以便应用。

1)波形

平面进行波的波形是余弦或正弦曲线形状,如图 3-2 所示。若波幅为 A,沿 x 轴方向传播的余弦波,其波面方程式为

$$\zeta = A\cos(kx - \omega t) \tag{3-1}$$

正弦波与余弦波只差 $\pi/2$ 相位。

2)波幅和波高

波形离静水面的最大升高或下降之距离 A 称为波幅;波峰与波谷之间的距离称为波高 H,显然 $H = 2A$,A 为波幅。

由波浪理论知,深水平面进行波的水质点是以半径 $r = Ae^{kz}$ 作轨圆运动,在自由表面上,$z = 0$,所以水质点的轨圆半径即为波幅 A;在自由表面以下的波动面称为次波面,其波幅将随深度增加($z < 0$)而迅速衰减,当水深等于一个波长时,则有

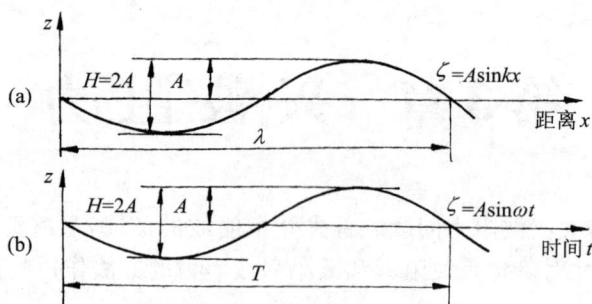

图 3-2　余弦波波形曲线

$$r = A\mathrm{e}^{-k\lambda} = A\mathrm{e}^{-2\pi} \approx \frac{1}{535}A$$

可见,波浪运动主要发生在自由表面附近,而在较深的次波面,实际上波幅是极小的。

3）波长 λ

相邻两波峰或波谷间的距离,称为波长 λ,由式(3-1)不难得出 $\lambda = \dfrac{2\pi}{k}$,$k$ 表示在 2π 距离内的波的数目,称为波数。

4）波浪周期

波形每前进一个波长距离所需的时间称为周期 T,如图 3-1(b)所示。同样由波形方程式(3-1)可以得到 $T = \dfrac{2\pi}{\omega}$。

5）波速 c

波形的传播速度 $c = \lambda/T$。由水质点的轨圆运动及波峰、波谷处的伯努利方程,可以得到波速与圆频率 ω 的关系为 $c = g/\omega$;由于波浪周期与圆频率的关系 $T = 2\pi/\omega$,则

$$c = \frac{gT}{2\pi} \tag{3-2}$$

由于 $c = \lambda/T$,所以波速、周期表达式亦可写成

$$c = \sqrt{\frac{g\lambda}{2\pi}} \approx 1.25\sqrt{\lambda} \tag{3-3}$$

$$T = \frac{2\pi}{\omega} = \sqrt{\frac{2\pi\lambda}{g}} \approx 0.8\sqrt{\lambda} \tag{3-4}$$

可见波长越大,周期越大,传播速度也越快;反之,波速越大,周期越大,则波长越大。由于船舶在航行过程中,波速与船速相同,即 $c = v$,所以由式(3-3)可得,

$$\lambda = \frac{2\pi v^2}{g}$$

因此船行波的波长与船速的平方成正比,即船速越高,船行波的波长越长。

由上述波长与波数 k,波速与波长和周期及周期与圆频率的相互关系,又可把波速写成

$$c = \omega/k = \sqrt{g/k} \tag{3-5}$$

由此可将波数写成

$$k = \omega^2/g = g/c^2 \tag{3-6}$$

式(3-6)称为"色散"关系式。当具有不同波数或波频的平面进行波在水中传播时,存在

220

传播速度不同的"色散"现象。

6) 波能

波浪运动所具有的总能量包括波浪的动能和位能两部分。在单位自由表面上，平面进行波的时间平均总能量

$$E_0 = E_k + E_p$$

由流体力学知，波浪的动能 E_k 和位能 E_p 两部分相等，且均等于 $\frac{1}{4}\rho g A^2$，因此单位波面的总能量

$$E_0 = \frac{1}{2}\rho g A^2 = \frac{1}{8}\rho g H^2 \tag{3-7}$$

对于波长为 λ、波宽为 b 的波面的波能为

$$E_b = \frac{1}{2}\rho g A^2 b\lambda \tag{3-8}$$

显见，波浪的总能量与波长、波宽和波幅平方成正比，而与水深无关。

7) 波能传播速度

波能沿着波形传播方向的转移速度称为波能传播速度。由于水质点以一定的半径作轨圆运动，在运动过程中其动能保持不变，但位能却发生周期性变化，以致引起波能沿波形传播方向转移，显然，位能的转移速度也就是波形的传播速度。由于位能和动能各占总能量之半，且动能不沿波形传播方向转移，因此就波浪总能量而言，其传播速度仅为波速之半，即

$$c_E = \frac{1}{2}c \tag{3-9}$$

8) 船行自由波

考虑与船行方向 (x) 呈 θ 角方向传播的基元波，若取随船运动坐标，则此基元波相对于船为定常，即其波形表达式中不含时间 t 项。若同时考虑正、余弦波两种情况，则此基元波形表达式

$$a(\theta) = C(\theta)\cos[k(\theta)p] + S(\theta)\sin[k(\theta)p]$$

式中 θ 为基元波相对于船行方向 x 的传播方向；$p = x\cos\theta + y\sin\theta$，为在 θ 方向的位置坐标；$C(\theta)$、$S(\theta)$ 为余弦、正弦波之波幅，它是 θ 的函数，故也称波幅函数；$k(\theta)$ 为 θ 方向传播之基元波的波数，按色散关系，它与 θ 方向的传播速度 v_θ 间之关系为

$$k(\theta) = g/v_\theta^2$$

对于定常情况，按图 3-3 有

$$v_\theta = v\cos\theta$$

于是

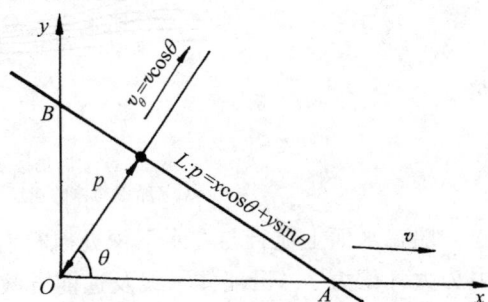

图 3-3 基元波的传播

$$k(\theta) = g/(v\cos\theta)^2 = K_0\sec^2\theta \tag{3-10}$$

式中 $K_0 = g/v^2$ 为沿 x 方向传播，波速等于船速 v 之波数，称为基本波数。

若将所有可能的不同传播方向之基元波叠加起来，可以写出船行自由波表达式如下

$$\zeta(x,y) = \int_{-\pi/2}^{\pi/2} \{C(\theta)\cos[K_0\sec^2\theta(x\cos\theta + y\sin\theta)] +$$
$$S(\theta)\sin[K_0\sec^2\theta(x\cos\theta + y\sin\theta)]\}\mathrm{d}\theta \qquad (3\text{-}11)$$

式中 $k(\theta)p = K_0\sec^2\theta(x\cos\theta + y\sin\theta)$ 称为相位函数。

3. 船行波形成的原因

船舶在水面上航行时产生波浪的原因主要在于：水流流经弯曲的船体时,沿船体表面的压力分布不一样,导致船体周围的水面升高或下降,在重力和惯性的作用下,在船后形成实际的船波。

船形物体在水下深处做匀速直线运动,由运动转换原理,可视为物体在深水中不动,而无穷远处水流以速度 v 流向物体,如图 3-4 所示。其中,图(d)为该物体周围的流动图,图(c)和图(b)分别为物体表面速度分布和压力分布图,驻点 A 和 C 处的流速为零,压力值最高。

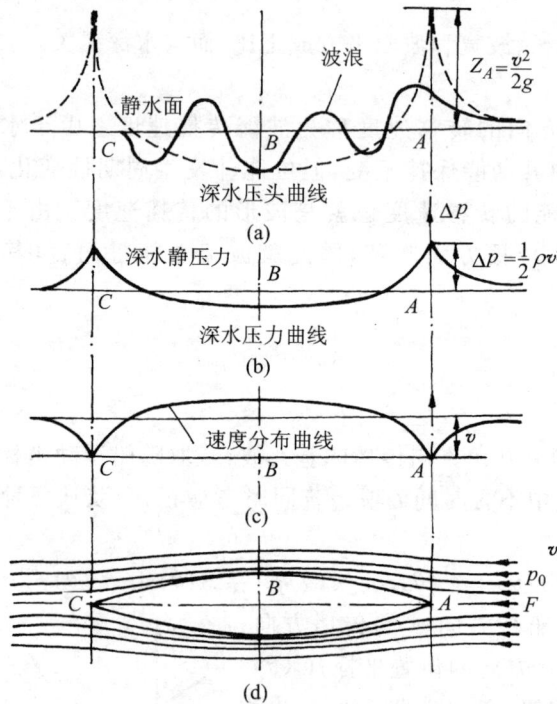

图 3-4 船行波的形成

(a) 实际形成的船行波；(b) 深水压力分布；
(c) 船形物体的速度分布；(d) 船形物体周围的流动情况

船在水面上航行与在水下深处航行有所不同。设远处 F 点的来流速度为 v,水表面的压力为大气压力 p_0,沿船体水线及远前方液面应用伯努利方程,则驻点 A 和远方点 F,有

$$\frac{v_A^2}{2g} + \frac{p_0}{\gamma} + Z_A = \frac{v^2}{2g} + \frac{p_0}{\gamma}$$

由于驻点的流速 $v_A = 0$,故得 A 点波面的升高

$$Z_A = \frac{v^2}{2g} > 0$$

同理可得 B 点和 C 点的波面升高分别为

$$Z_B = \frac{v^2 - v_B^2}{2g} < 0$$

$$Z_C = \frac{v^2}{2g} > 0 \qquad (3\text{-}12)$$

由此可见，A 和 C 点处的水面被抬高，而 B 点的水面下降，整个水面高度的变化情况即船侧兴波如图 3-4(a)中的实线所示。同时可见，水面高度的变化与速度平方成比例，由此推想，船行波的波高将正比于船速的平方。

实际上，船行波与上述船体周围的水面变化是有差别的，其主要表现如下 3 个方面。

(1) 实际水面抬高小于 $Z_A = \frac{v^2}{2g}$。这是因为水流流向 A、C 点处时，压力已渐增，水面处的水质点已具有向上的速度，并非如深水中 $v_A = v_C = 0$，所有的动能全部转换成位能。实际上 A 和 C 点不是真正的驻点。

(2) 由于惯性作用，最高水面位置存在滞后现象。水质点经过 A 点以后，动能增加，水面本应下降，但由于水质点运动的惯性作用，在 A 点后将继续上升到某一位置才开始下降。所以实际船行波的首波峰总是在船首柱稍后的地方；尾波峰位于尾柱之后，尾柱前总为一波谷。

(3) 水质点一旦受到流体动压力的扰动而离开其平衡位置后，便在重力和惯性力的相互作用下，绕其平衡位置发生震荡，形成波浪，如图 3-5 所示。这里重力是震荡的回复力，因此船行波是重力波。

综上可知，船体在航行过程中形成的波形如图 3-4(a)中实线所示。

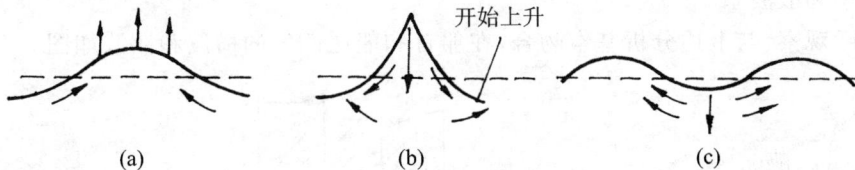

图 3-5　重力波的兴波过程

4. 压力点的兴波图形

上面只是定性、直观地解释了船行波的形成，实际船行波比较复杂。能够比较正确描述船行波的是凯尔文(Kelvin)的压力点兴波理论。如前所述，船波是由于船舶在水面上航行时船体周围流体压力变化引起的。船体首尾驻点附近形成两个最大压力区，其兴波作用最强，这两个最大压力区的兴波可以简化成两个压力点的兴波情况。为此，首先研究单个压力点的兴波图形。

凯尔文(Kelvin)根据流体力学理论求得一个压力点在水面上做匀速直线运动时的波形图，如图 3-6。图中 O 为压力点，它做匀速运动时形成了两个波系。一为与运动方向垂直的横波；一为与运动方向斜交的散波，图中实线为波峰线。横波和散波相交处成尖角，各尖角与原点的连线称为尖点线，它与运动方向的夹角为 $19°28'$，该角称为凯尔文角。尖角处的切线与运动方向的夹角均为 $54°44'$，这种波形称为凯尔文波。

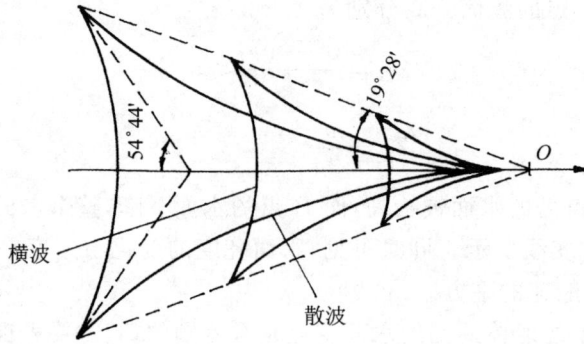

图 3-6　凯尔文波系

3-2　船的首尾波系及其干扰

上节讲述了船行波研究基础的平面进行波及压力点的兴波图形等,现进一步讨论船行波特性、首尾波系的干扰及其与兴波阻力的有关问题。

1. 船行波图形及组成

船舶航行过程中,船体周围的压力均发生变化,相当于很多压力点在水面运动,且都可以产生波浪。但兴波作用最强的只是在船首尾两端处,因此可用两个压力点的兴波近似描绘整个船的兴波,即船行波可由与单个压力点兴波图形相似的首波系和尾波系组成,每个波系均有各自的横波系和散波系。

根据实际观察,与上述分析基本吻合,在船首和船尾产生的横波和散波如图 3-7(a)所示。

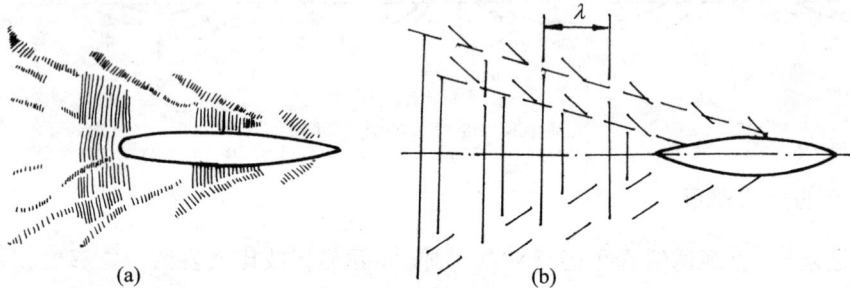

图 3-7　船 行 波 图 形
(a) 实际船行波;(b) 简化船行波

2. 船行波的主要特性

由观察和测量,实际船舶兴波图形有如下主要特征。

(1) 整个船行波可分成首尾两大波系,各由横波和散波组成,相应称为船首横波、船首散波和船尾横波、船尾散波,图 3-7(b)是实际波系的简化示意图。

(2) 整个船波系基本上集中在凯尔文角所限定的扇形面范围之内。

(3) 船首横波通常在船首柱略后处为波峰,而船尾横波则在尾柱略前处由波谷开始。如图 3-8 所示。

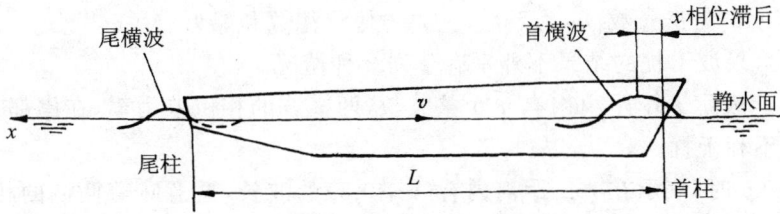

图 3-8　首尾横波示意图

（4）整个波系的各散波之间及散波与横波之间互不干扰。

（5）船首尾两横波在船尾部分互相混合,组成合成横波,因此通常在船尾及其后方所观察到的已是两横波干扰后的合成波。

由实际观察知,船行波的另一特点是船波随船一起前进。这说明船行波的传播速度等于船速。

此外,根据压力点的兴波可以想象,若船体型线的曲线在某处有突变,例如丰满船的前肩或后肩处,则该处的压力也会随之突变,以致产生一个明显的波系,称为肩波。肩波系的存在不但使兴波阻力增加,而且有可能产生不利兴波干扰。

以上船行波图形的特征成为研究船体兴波阻力的重要条件与依据。

3. 首尾横波的干扰

由于实际船体兴波存在船首波系和船尾波系,且两波系中的横波在船尾处相遇而叠加,这种现象称为兴波干扰。首尾横波干扰形成的合成横波有可能增大,也有可能减小。从受力观点看,如果船首横波波谷和船尾横波波谷相叠,则合成波的波谷增大。由于尾柱前总为波谷,波谷增大使船的后体流体压力变得更小,水压力向前的分力更小,故兴波阻力增大。从能量观点看,若首尾横波波谷相叠,则合成波的波幅增大,波能必然增大,因而兴波阻力随之增大。这种情况称为不利干扰,如图 3-9(a)所示。相反,如果首波波峰在船尾与尾波波谷相叠加,则合成横波波幅减小,兴波阻力减小,这种情况称为有利干扰,如图 3-9(b)所示。

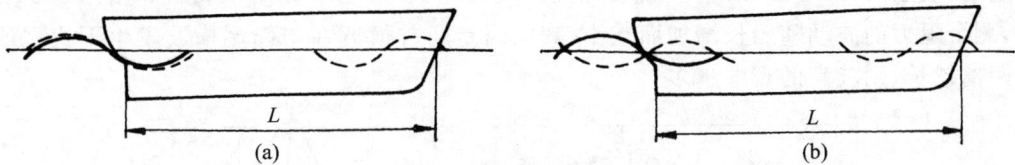

图 3-9　有利和不利干扰示意
（虚线为首横波,实线为尾横波）
(a) 不利干扰;(b) 有利干扰

影响首尾横波干扰结果的因素主要取决于首尾两横波的相对位置。船首横波的第一个波峰和船尾横波第一个波峰之间的距离称为兴波长度,用 mL 表示,其中 L 为船的长度,m 为随船及速度有关的系数,如图 3-10 所示。显然首尾横波的干扰情况是由兴波长度 mL 和波长 λ 决定的,两者之间的关系可以用下式表示

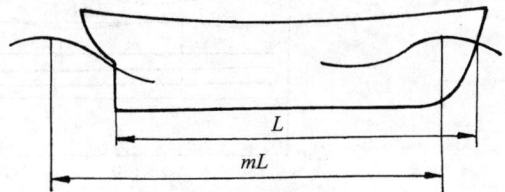

图 3-10　兴波长度

$$mL = n\lambda + q\lambda \qquad (3-13)$$

225

式中，n 为正整数；q 为正分数；m 为系数，主要与傅汝德数和船型有关。

由式(3-13)，兴波干扰的结果不外乎有下列 3 种情况。

(1) 当 $q=0$，表示 mL 距离内有 n 个整波长，两横波的相位差为零，在尾部完全是波峰与波峰重叠，出现不利干扰。

(2) 当 $q=0.5$ 时，表示在 mL 距离内有 $(n+0.5)$ 的波长，这意味着两波的相位差为 π，首波波峰与尾波波谷相叠加，则发生有利干扰。

(3) 当 q 为任意分数时，两波相位差为 $2\pi q$，出现一般干扰。

显然，兴波长度 mL 和波长 λ 的关系决定兴波干扰之结果。按深水中平面进行波理论，波长与波速(即船速)平方成正比关系 $\left(\lambda=\dfrac{2\pi v^2}{g}\right)$，因此式(3-13)又可写成

$$mL=(n+q)\frac{2\pi v^2}{g} \tag{3-14}$$

考虑到 $Fr=v/\sqrt{gL}$，由上式可得在 mL 距离内的横波数为

$$n+q=\frac{m}{2\pi Fr^2} \tag{3-15}$$

上式说明兴波干扰与傅汝德数 Fr 和船型有关。

兴波长度 mL 与船型有关，其物理意义表示在兴波长度 mL 范围内有多少个整波长和分波长，或首尾横波的相位差。因此如改变船长，即可改变首尾横波之间的距离，因而将产生不同的干扰结果。

1877 年傅汝德进行了变化平行中体长度的船模系列试验，以证明船长对兴波干扰作用的影响。傅汝德所试验的实船除平行中体长度外，其他的尺度均相同，具体为：宽度 $=11.58$ m，吃水 $=4.39$ m，进流段长度 $=24.38$ m，去流段长度 $=24.38$ m，而各船的平行中体长度在 $0\sim103.63$ m，故相应的船长为 $48.8\sim152.4$。试验所得剩余阻力如图 3-11 所示，由图可见，因平行中体的变化，结果有间距均匀的阻力峰点连续发生，这间距约等于不同航速下的波长。且速度越高，剩余阻力 R_r 波动越大，说明相应的波高越大，这与实测结果相符。由图 3-11 还可看出，剩余阻力的波动随船长增加而减小，其原因是船首横波在与船尾横波发生干扰之前，经过的距离越长，则波高的衰减越多。

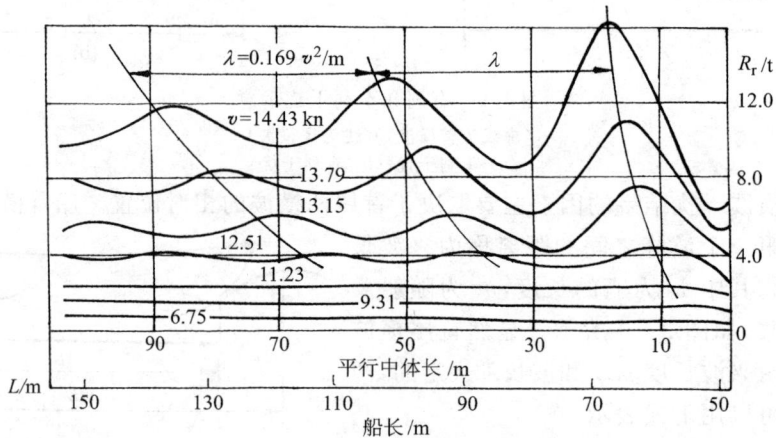

图 3-11 平行中体长度的试验结果

226

图 3-11 虽用剩余阻力来表示,但剩余阻力中兴波阻力所占的比重很大,特别是对高航速的情况,故实际上说明了兴波的干扰作用。

3-3 兴波阻力特性

船舶在水面航行时产生波浪,船体必须提供兴波的波能,即要克服兴波阻力做功,这就是从能量观点解释兴波阻力的由来,由此可见,兴波阻力与船舶在水面上所产生的波浪有关。然而船体兴起的波浪又取决于船型及航速,可见船体兴波阻力和船型、航速直接有关。所以在船舶工程研究中改进或优化设计船型的一个重要方面就是为了减小兴波阻力。本节从直观、定性的角度分析船舶在深水区域航行时的兴波阻力问题,所得出的表达式虽不能用于计算船体兴波阻力,但对于分析船体兴波阻力的一般特性还是有意义的。

1. 兴波阻力与波浪参数的关系

当船舶航行时,整个船波随同船体一起前进,所以船波的传播速度与航速相等。假定船体产生的波浪是平面进行波。现取一宽度为 b,长度为一个波长的封闭波域。

由式(3-8)可知,一个波长平面进行波的波能为

$$E = \frac{1}{2}\rho g \lambda b A^2 = \frac{1}{8}\rho g \lambda b H^2$$

据前述的波浪理论知,波能中动能和势能各占一半,其中动能在航行过程中保持不变,只是位能部分向传播方向转移,因此波能传播速度仅为波速之半,亦即船速之半。也就是说这部分传播出去的波能是由于船体克服兴波阻力所做的功。因此根据能量守恒,则有

$$R_{w0}\lambda = \frac{1}{2} \times \frac{1}{8}\rho g \lambda b H^2$$

由此可得

$$R_{w0} = \frac{1}{16}\rho g b H^2 \tag{3-16}$$

或

$$R_{w0} \propto bH^2$$

式(3-16)是单一的平面进行波的兴波阻力 R_{w0} 的关系式。定性地给出了兴波阻力与波浪参数之间的关系,即兴波阻力与波高平方和波宽成正比关系,当船舶航行的兴波波高增大时,兴波阻力必然急剧增大。

2. 船体兴波阻力表达式

由前述知,实际船体兴波有首波系和尾波系,而其中的首尾横波在船后将发生干扰作用,因此船体兴波阻力必须计及以下 3 方面产生的波阻。

(1)船首横波中未受干扰部分的波阻。

(2)船首尾横波干扰后合成波的波阻。

(3)船首尾波系中散波的波阻。

为此,首先在船首波区内任选截面 A-A,在船后与 A-A 截面相距 mL 处选定包含该 3 部分波浪的计算截面 B-B,如图 3-12 所示。然后计算各部分兴波的波浪参数,并确定相应的波能,最后得船体兴波阻力。

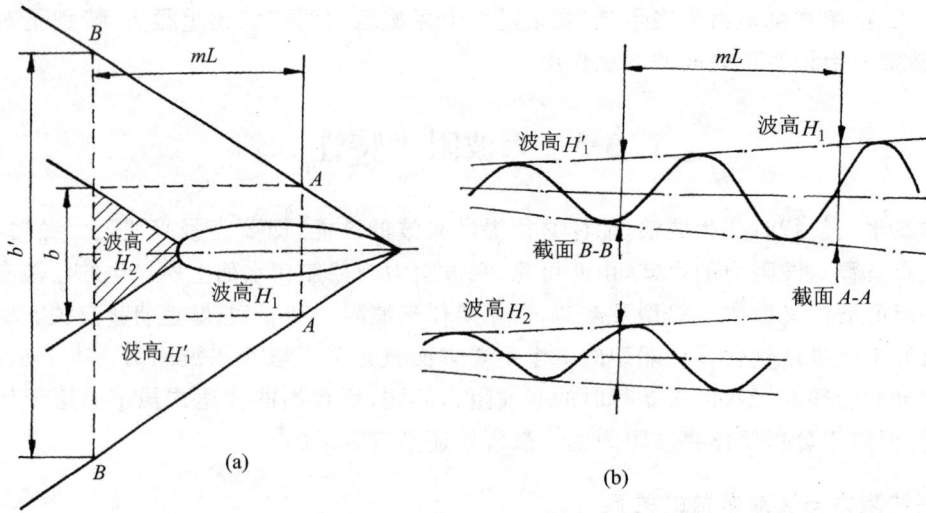

图 3-12　横波系的波能计算

(a) 横波的传播；(b) 不同截面上的波高

1）确定各部分波浪的参数及其波能

首先计算波长相同的两横波在船后相叠加后的合成波的波浪要素。

设船首横波在截面 A-A 处的波高为 H_1，波宽为 b；船尾横波在截面 B-B 处的波高为 H_2，其波宽可以证明也等于 b。假定波浪在传播过程中波能无损耗，则在两个截面处的首横波应具有相同的波能，即

$$\frac{1}{8}\rho g b \lambda H_1^2 = \frac{1}{8}\rho g b' H_1'^2 \lambda$$

式中 b' 和 H_1' 分别为船首横波在截面 B-B 处的波宽和波高，如波高表示为 $H_1' = KH_1$（K 为常数），则波宽必有

$$b' = b/K^2$$

两波长相等，波高分别为 H_1' 和 H_2，而相位差为 $2\pi q$ 的两横波相叠加，其合成波波长不变，而合成波波高 H 平方为

$$H^2 = H_1'^2 + H_2^2 - 2H_1'H_2 \cos(\pi - 2\pi q)$$
$$= K^2 H_1^2 + H_2^2 + 2KH_1H_2 \cos 2\pi q$$

因此，合成横波每一波长的能量

$$E_1 = \frac{1}{8}\rho g \lambda b H^2 = \frac{1}{8}\rho g \lambda b (K^2 H_1^2 + H_2^2 + 2KH_1H_2 \cos 2\pi q)$$

同样可得船首横波在船后 B-B 处未受干扰部分的波能

$$E_2 = \frac{1}{8}\rho g \lambda (b' - b) H_1'^2 = \frac{1}{8}\rho g \lambda b (H_1^2 - K^2 H_1^2)$$

船首及船尾横波的总能量

$$E_B = E_1 + E_2 = \frac{1}{8}\rho g \lambda b (H_1^2 + H_2^2 + 2KH_1H_2 \cos 2\pi q) \tag{3-17}$$

此外，首尾波系中散波系的能量

$$E_D = \frac{1}{8}\rho g K_d b \lambda H_3^2 \qquad (3\text{-}18)$$

式中,H_3 为散波波高;K_d 为系数。

整个船体波系的总能量应该是首尾横波系和散波系的能量之和,即

$$E = E_B + E_D \propto \lambda b(H_1^2 + H_2^2 + K_d H_3^2 + 2K H_1 H_2 \cos 2\pi q) \qquad (3\text{-}19)$$

2)整个船体兴波阻力

船体波浪在一个波长内的总能量,等于兴波阻力在 2λ 距离内所做的功,即 $E/2 = R_w \cdot \lambda$,则有

$$R_w \propto b(H_1^2 + H_2^2 + K_d H_3^2 + 2K H_1 H_2 \cos 2\pi q)$$

由于船波仅限在船后的扇形区内,显然波宽与波长是成正比的,即 $b \propto \lambda$,而由式(3-3)知,波长与波速(即船速)的平方成正比,即 $\lambda \propto v^2$,故 $b \propto v^2$;同时由式(3-12)知船行波的波高也与速度平方成比例,即 $H \propto v^2$,这样 R_w 可写成

$$R_w \propto (A + B\cos 2\pi q)v^6$$

式中 A,B 为常数。考虑到兴波长度 $mL = (n+q)\lambda$,则

$$\cos 2\pi q = \cos 2\pi(n+q) = \cos 2\pi \frac{mL}{\lambda}$$

最终得船体兴波阻力 R_w 的表达式为

$$R_w = \left(A + B\cos \frac{2\pi mL}{\lambda}\right)v^6 \qquad (3\text{-}20)$$

兴波阻力系数为

$$C_w = \frac{R_w}{\frac{1}{2}\rho v^2 S} = \left[C + D\cos \frac{2\pi mL}{\lambda}\right]\left[\frac{v}{\sqrt{gL}}\right]^4 \qquad (3\text{-}21)$$

式中,C 和 D 为常数;S 为船体湿表面积。

式(3-21)所示是船体兴波阻力近似表达式,虽不能直接计算船体兴波阻力,但可用于定性分析船体兴波阻力的特性。

推导更精确的船体兴波阻力表达式可利用船行自由波表达式(3-11)进行波能计算。在船体后方取一个挖制面,它随船一起运动,在挖制面内的波能与船体克服兴波阻力做功相等,经较繁复的推导得出

$$R_w = \frac{1}{2}\pi\rho v^2 \int_{-\pi/2}^{\pi/2} [C^2(\theta) + S^2(\theta)]\cos^3\theta\,d\theta$$

上式对波形分析和理论计算船舶兴波阻力有重要意义。

3. 船体兴波阻力特性

1)兴波阻力的一般规律

根据傅汝德定律,对给定船型,船体兴波阻力系数仅仅是傅汝德数的函数。今由式(3-21)知,C_w 与傅汝德数 Fr 的 4 次方成比例。该式虽是以平面进行波来处理船行波所得到的结果,但对分析兴波阻力还是有意义的。

由式(3-20)知,兴波阻力 R_w 与 v^6 成比例。由此可看出,随船速增加,兴波阻力将很快增加;同时说明对低速船而言,兴波阻力在总阻力中所占比例很小,而对高速船来说,兴波阻力将

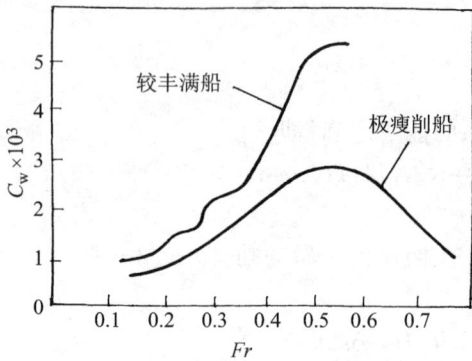

图 3-13 兴波阻力系数曲线

占很大的比例。

2）兴波阻力的组成和兴波阻力曲线的形状

由式（3-20）知，兴波阻力 R_w 由两部分组成，式中第一项为首尾波系中未受干扰的横波以及两波系的散波所产生的兴波阻力，称为"自然兴波阻力"；第二项是首尾横波干扰后的兴波阻力。由于 $\cos(2\pi mL/\lambda)$ 的数值在 +1.0 和 −1.0 之间变动，因此兴波阻力系数 C_w-Fr 曲线上总是出现凸起和凹陷的"峰"和"谷"，如图 3-13 所示。当 $\cos(2\pi mL/\lambda) = 1.0$ 时，也就是当 $mL/\lambda = 1, 2, 3, \cdots$ 时，兴波阻力系数曲线上出现凸起，称为波阻峰点，显然这表示船首横波与船尾横波发生不利干扰，以致兴波阻力增大。而当 $\cos(2\pi mL/\lambda) = -1.0$ 时，也就是 $mL/\lambda = 0.5, 1.5, 2.5, \cdots$ 时，船首横波与船尾横波发生有利干扰，兴波阻力有所减小，在兴波阻力系数曲线上出现"凹陷"，成为波阻谷点。

3）不同船型的兴波阻力差异

图 3-13 给出了丰满船和瘦削船两种船型兴波阻力系数曲线的示意图。由图清楚可见，不同船型的 C_w 曲线之差异。

（1）当 $Fr < 0.15$ 时，无论是一般丰满船还是高速的瘦削船，C_w 值均很小。这说明低速时，兴波阻力成分很小。

（2）在整个速度范围内，在相同 Fr 数时，较丰满船的 C_w 比瘦削的高速船的 C_w 均大，特别当 Fr 增大时，两者的差异极为明显。

（3）丰满船对应于较低的 Fr 数，C_w 出现峰谷现象，而瘦削船仅在 $Fr = 0.5$ 附近存在 C_w 峰值区，当 $Fr > 0.5$ 时，C_w 随 Fr 增大而趋减小。

3-4 兴波阻力与船型关系及干扰预测

兴波阻力是中高速船体阻力的重要组成部分且与船型密切相关，因此研究兴波阻力与船型之间的关系在船舶设计中具有重要意义。

1. 船型对兴波阻力的影响

船型对兴波阻力的影响可由以下几方面说明。

（1）在式（3-20）兴波阻力中第一项，即自然兴波阻力部分的大小与首尾横波、散波的波高关系甚密，而这些波浪的波高受船体形状（主要是首尾端部形状）的影响，特别是首部形状的影响尤为突出。

（2）由图 3-13 可见，在相同傅汝德数 Fr 时丰满船的 C_w 值比瘦削船的 C_w 值为大，且 C_w 曲线有更明显的峰谷现象，这是由于前者船型较后者肥大，故同样 Fr 时其兴波阻力系数 C_w 较大。

（3）在兴波阻力表达式（3-20）中，受干扰影响的第二项数值的大小取决于兴波长度与波长 λ 之比，即 mL/λ。而兴波长度 mL 与船型、速度有关；但波长仅与船速有关。因此可以认为：由于船型不同,将影响兴波干扰,以致对兴波阻力造成不同影响。

（4）兴波干扰主要与 L 和 C_p 有关。由于船体产生的横波波长取决于船速,当船速一定,则波长一定。若改变船长即可改变首尾横波之间的距离,亦即改变它们之间的相位差,因而船长不同也可以有不同的干扰结果。相应于有利干扰的船长,称为有利船长,反之称为不利船长。此外,船体形状,特别是表征船体首尾肥瘦程度的棱形系数 C_p,不但直接影响兴波的大小,而且对首尾横波的干扰作用有较大影响。两端瘦削者,水压力较小,两横波波峰间的距离较小;反之,两端较钝,水压力较大,首尾波峰距离较大。因此,兴波干扰作用与船型关系,主要与 L 和 C_p 有关,可用函数表示为

$$mL = f(L, \lambda, C_p) \quad \lambda = f_1(v) \tag{3-22}$$

2. Ⓟ理论预测兴波干扰

由于兴波干扰作用,船舶兴波阻力系数曲线总是出现波阻峰点与波阻谷点。因此在船舶设计时要根据规定的航速合理地选择船型,力求避免波阻峰点,设法能处于波阻谷点。为此,在船舶设计阶段希望能预测设计的船舶是否满足这一要求。

由前述知,在一定的航速下波长 λ 一定,兴波长度 mL 决定了首尾横波的相对位置,亦即决定了兴波干扰的结果。兴波长度 mL 与船形、船速的关系如式（3-22）所示。大量的试验资料分析表明:不同形状的船舶在不同速度下,虽然兴波长度不同,但自船首横波第一个波节点至尾横波第一个波谷之间的距离均可以表示为 C_pL,如图 3-14 所示。于是兴波长度可以表示为

$$mL = C_pL + \frac{3}{4}\lambda \tag{3-23}$$

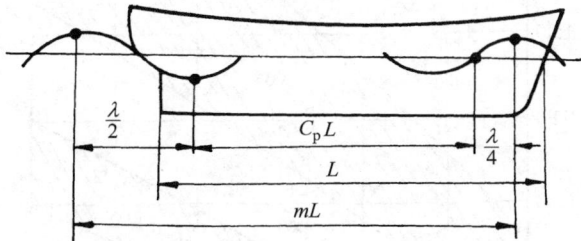

图 3-14　船首、船尾横波的相对位置

考虑到式（3-13）,则有

$$C_pL/\lambda = (n+q) - \frac{3}{4} \tag{3-24}$$

这样,对应于有利干扰和不利干扰分别为

当 $q=0.5$ 时,有利干扰为 $\qquad C_pL/\lambda = n-1/4$

当 $q=0$ 时,不利干扰为 $\qquad C_pL/\lambda = n-3/4$ $\hspace{1cm}$ (3-25)

由此可知,根据 L, C_p 和 λ 组成的函数Ⓟ就可以预测波阻峰点和谷点。定义Ⓟ为船速 v 与波长为 C_pL 的波速之比,即

$$Ⓟ = v\Big/\sqrt{\frac{gC_pL}{2\pi}} = \sqrt{\frac{g\lambda}{2\pi}}\Big/\sqrt{\frac{gC_pL}{2\pi}} = \sqrt{\frac{\lambda}{C_pL}} \tag{3-26}$$

将式（3-25）代入Ⓟ定义式（3-26）,可得对应于波阻峰点和谷点所对应的Ⓟ值分别为

波阻峰点为
$$\mathbb{P}=\sqrt{1\Big/\Big(n-\frac{3}{4}\Big)}=\sqrt{4},\sqrt{4/5},\sqrt{4/9},\sqrt{4/13},\cdots$$
$$=2.00,0.895,0.666,0.556,\cdots \tag{3-27}$$

波阻谷点为
$$\mathbb{P}=\sqrt{1\Big/\Big(n-\frac{1}{4}\Big)}=\sqrt{4/3},\sqrt{4/7},\sqrt{4/11},\sqrt{4/15},\cdots$$
$$=1.15,0.756,0.604,0.517,\cdots \tag{3-28}$$

一般情况下,根据所设计船舶的参数 v、C_p 和 L 可以计算得相应的 $\mathbb{P}$ 值,以此判别该船是处于有利干扰或不利干扰。实际上 $\mathbb{P}$ 理论的应用是预先作成图谱,供船舶设计过程中查阅,这样更简单方便。因为由式(3-26)知

$$\mathbb{P}=\sqrt{\frac{\lambda}{C_pL}}=v\Big/\sqrt{\frac{gC_pL}{2\pi}}=2.5066\frac{Fr}{\sqrt{C_p}} \tag{3-29}$$

根据这一关系式,分别以 C_p 和 Fr 为参数作成如图 3-15 所示的 $\mathbb{P}$ 等值曲线图谱,供船舶初步设计时应用。图中空白部分代表"有利干扰"区,而阴影部分代表"不利干扰"区,此图仅适用于 $\mathbb{P}=1.15$ 以下的情况。由图可见,长度较大而棱形系数较小的船与长度较短而棱形系数较大的船会发生相同的兴波干扰作用。

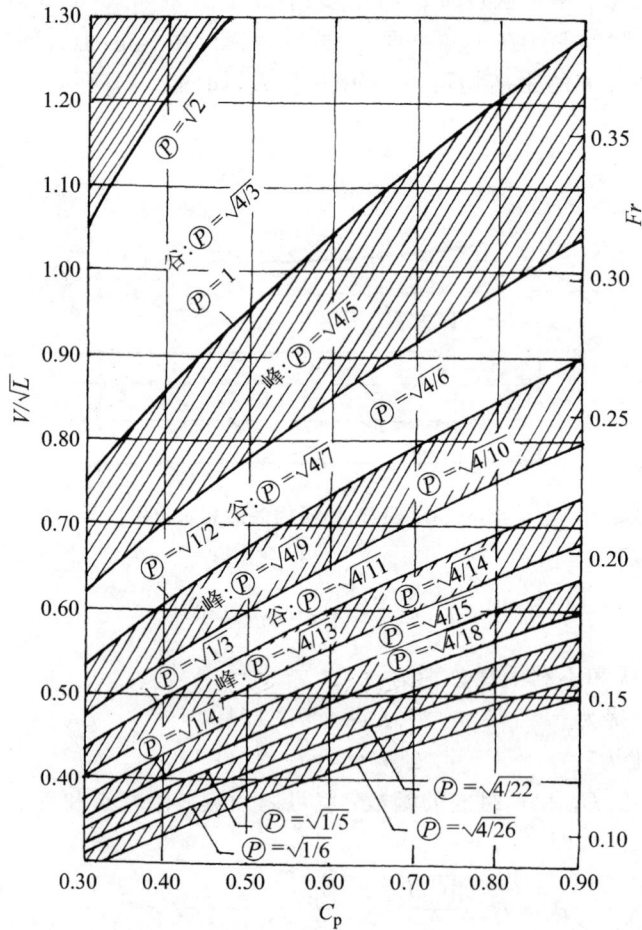

图 3-15　$\mathbb{P}$ 等值图谱

应用ℙ理论预测一般民用船的波阻峰点和波阻谷点的准确性较高。

将ℙ理论应用于图 3-11 所示的傅汝德的关于不同平行中体长度的船模试验结果,两者相当一致。

3. 应用傅汝德数预测波阻峰点和谷点

在实际船舶设计中,特别是民用船舶设计中,一般说来,当船长和船速确定后,其相应的 Fr 数(或速长比)即被确定。而棱形系数 C_p 通常根据 Fr 选定。这样船舶兴波的干扰情况亦随之而定。

艾亚根据各种民用船的模型试验和实船试验结果,得出 Fr 或 $V_s/\sqrt{L}$ 与波阻峰点和波阻谷点的对应关系如下。

Fr	0.200	0.214	0.232	0.256	0.283	0.342
$V_s/\sqrt{L}$	0.673	0.720	0.780	0.860	0.950	1.150
峰点或谷点	峰点	谷点	峰点	谷点	峰点	谷点

最后,需要说明一下前肩波的干扰预测。一般较丰满的民船都有一定的平行中体长度,但如前肩过于隆起,则该处将产生另一波系,称为前肩波系,这波系可能与船首波系发生不利干扰,使阻力增加。

据高恩、贝克、肯脱和魏格来等人分析研究,认为前肩波系与船首波系发生不利干扰的航速

$$V_s = (1.956 \sim 1.992)\sqrt{L_e} \tag{3-30}$$

式中,L_e 进流段长度(m);V_s 航速(kn),特别是 $V_s = 1.974\sqrt{L_e}$ 应该极力避免。

总之,在船舶设计时应不使其处于或接近波阻峰点,这对于 $Fr \leqslant 0.30$ 的中、低速船舶尤为重要。如若无法避免时,应适当修改船体型线图或采取其他措施,如用球鼻首等。

3-5 确定兴波阻力的方法

1. 船模试验法

船模兴波阻力系数可表示为

$$C_{wm} = C_{tm} - C_{vm} \tag{3-31}$$

式中船模总阻力系数 C_{tm} 和黏性阻力系数 C_{vm} 可由船模和重叠船模试验求得,从而可以得到船模兴波阻力系数。但由于重叠船模试验存在许多难以解决的困难,因而实际上并不被采用。

早期的模型试验法是依据傅汝德法,即二因次法的 $C_r = C_{tm} - C_{fm}$ 关系式,通过模型试验确定剩余阻力系数 C_r 来确定、分析兴波阻力。采用这种方法的原因是:船模试验很难将兴波阻力与黏压阻力分开,而且黏压阻力系数基本上不随船速变化。因此兴波阻力的基本特性,诸如峰、谷点等在剩余阻力曲线中均有反映。同时从不同航速的船舶来看,将兴波阻力从剩余阻力中分出来的意义并不大,因为低速船的兴波阻力很小,不是研究重点;而对高速船,剩余阻力中的绝大部分是兴波阻力,因此,已足以反映兴波阻力的特性。现行的模型试验方法是依据 $(1+k)$ 法即三因次法 $C_w = C_{tm} - (1+k)C_{fm}$ 的关系式,通过模型试验确定兴波阻力系数来研

究、分析兴波阻力,可较二因次分析法更正确地反映兴波阻力的特性。

2. 兴波阻力理论计算概况

自 1898 年密契尔(Michell)建立深水、无限水域、薄船的兴波阻力公式开始,兴波阻力和兴波现象一直是许多学者从事的研究领域。20 世纪初,经海佛洛克(Havelock)、柯钦(Kochin)等学者的长期研究,线性兴波问题的理论日趋完善。然而,几乎相隔半个多世纪,直到 20 世纪 60 年代初,由于电子计算机的出现和迅速发展,兴波阻力理论在船舶设计中才得到实际运用,如以线性兴波理论为基础的波形分析和船型优化技术等,下面简要介绍线性兴波阻力理论。

线性兴波理论的基本假定为水是不可压缩和无黏性的理想流体,流动是无旋的有势运动;波面抬高与波长相比是小量,因而波浪表面水质点的扰动速度是小量,其平方以上的高阶项均可忽略。

图 3-16 是固定在等速直线航行船上的直角坐标系(随船坐标系),Ox,Oy 轴位于未被扰动的静水面上,Oz 轴垂直向上,Ox 轴与运动方向一致。

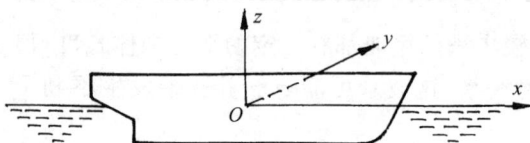

图 3-16　船体坐标系

由于波浪运动是无旋的有势运动,如能求得速度势 Φ,则可得出流场中任意点处的速度和压力,从而求得兴波阻力。

根据运动转换原理,可将船舶视为处在速度为 $-v$ 的均匀来流之中,则速度势

$$\Phi = -vx + \varphi \qquad (3\text{-}32)$$

式中 $-vx$ 为均流速度势;φ 为扰动速度势。

速度势 Φ(或扰动势 φ)是拉普拉斯方程 $\nabla^2 \varphi = 0$ 的解,为使 φ 是唯一确定的解,则需满足下列边界条件。

1)线性自由波面的条件

运动学条件

$$v\zeta_x = -\varphi_z \qquad (3\text{-}33)$$

动力学条件

$$\zeta = \frac{v}{g}\varphi_x \qquad (3\text{-}34)$$

以上两式可合写成总的边界条件

$$\varphi_{xx} + k_0\varphi_z = 0 \qquad (3\text{-}35)$$

式中,ζ 为波面抬高;$k_0 = g/v^2$ 称为基本波数。

自由波面条件应该在 $z = \zeta$ 上满足,根据微波假定,可认为在 $z = 0$ 处满足。因此,线性理论的自由面条件在静水面上满足。

2)船体表面边界条件(物面不可穿透)

$$\varphi_n = v\cos(n,x) \qquad (3\text{-}36)$$

式中 n 为物体表面的法线方向。

3)固壁条件

$$\varphi_n = 0 \qquad (3\text{-}37)$$

对于无限水深,则

$$\varphi_z \mid_{z \to -\infty} = 0$$

4) 辐射条件

即在物体的远前方 $x \rightarrow \infty$ 处满足无波条件, $\nabla \varphi = 0$。

求解船体兴波的速度势 φ, 可用源汇分布法替代船体。在线性兴波理论中, 使用的格林函数是移动兴波源(又称凯尔文源或海佛洛克源), 即单位点源在水面附近匀速直线运动时的速度势或格林函数

$$G(p,q) = \frac{1}{r(p,q)} + \varphi_{\mathrm{w}} \tag{3-38}$$

式中, q 是单位点源的坐标 (ξ, η, ζ); p 为场点的坐标 (x, y, z); φ_{w} 为移动点源引起的附加速度势。

根据上述自由表面的条件及辐射条件, 可得到无限水域、深水的单位点源兴波速度势或格林函数

$$\begin{aligned}
G(p,q) = {} & \frac{1}{r(p,q)} - \frac{1}{r(p,q')} - \\
& \frac{k_0}{\pi} \int_{-\pi}^{\pi} \sec^2\theta \mathrm{d}\theta \int_0^{\infty} \frac{\mathrm{e}^{k(z+\zeta)}}{k - k_0 \sec^2\theta} \cos[k(x-\xi)\cos\theta] \cos[k(y-\eta)\sin\theta] \mathrm{d}k - \\
& 2k_0 \int_{-\pi/2}^{\pi/2} \mathrm{e}^{k_0 \sec^2\theta(z+\zeta)} \sin[k_0(x-\xi)\sec\theta] \cos[k_0(y-\eta)\sec^2\theta\sin\theta] \sec^2\theta \mathrm{d}\theta \tag{3-39}
\end{aligned}$$

式中
$$r^2(p,q) = (x-\xi)^2 + (y-\eta)^2 + (z-\zeta)^2$$
$$r^2(p,q') = (x-\xi)^2 + (y-\eta)^2 + (z+\zeta)^2$$

由于上式格林函数是移动兴波源, 已满足了线性自由表面条件和远方条件。此源函数虽然十分复杂, 但应用叠加原理把源汇直接分布在物体表面, 就能得到任意形状船体的兴波速度势。

$$\varphi = \frac{1}{4\pi} \int_S \sigma(q) G(p,q) \mathrm{d}S \tag{3-40}$$

其分布可根据物面条件来决定, 即满足

$$\varphi_n = v\cos(n,x)$$

$$\int_S \sigma(q) \mathrm{d}S = 0$$

式(3-40)中, q 为物体表面上源点位置; p 为场点位置, $\sigma(q)$ 为 q 点的源强; S 为船体表面。

船体表面形状可用下列函数来表示:

$$y = \pm f(x,z) \tag{3-41}$$

假定船宽与船长相比是小量, 即 $B \ll L$, 则称为"薄船", 可以把源汇分布在船的纵中剖面上, 这时, σ 分布的源强

$$\sigma(q) = \frac{v}{2\pi} \frac{\partial f(x,z)}{\partial x} \tag{3-42}$$

这便是物面的线性化, 或称为线性的物面条件。

至此, 对于"薄船"的兴波速度势已经完全确定, 经过推导可得到兴波阻力 R_{w} 的公式为

$$R_{\mathrm{w}} = \frac{2\rho g^2}{\pi v^2} \int_{-\pi/2}^{\pi/2} (I^2 + J^2) \sec^3\theta \mathrm{d}\theta \tag{3-43}$$

$$I + \mathrm{i}J = \int_{-T}^{0} \mathrm{d}z \int_0^L \frac{\partial f(x,z)}{\partial x} \mathrm{e}^{k_0 \sec\theta(z+\mathrm{i}x)} \mathrm{d}x$$

式中，T 是船的吃水；L 为船长；v 是船沿 x 方向的航速。

上式即为著名的密契尔公式，它表示了兴波阻力与船型函数（限于薄船）及航速之间的关系。

从该公式可以看出：影响船舶兴波阻力主要是水线的纵向梯度 $\dfrac{\partial f}{\partial x}$。由于积分中指数 $z<0$，近水面处的线型对兴波阻力影响大，离水面深处的线型影响小。考虑到 $k_0 = g/v^2$ 的加权作用，船速越低，线型的影响范围越向水面处集中。从波浪理论可知，θ 是船所产生波系中基元波与船前进方向之间的夹角，而对船波及兴波阻力有贡献者限于来自 $\left(-\dfrac{\pi}{2}, +\dfrac{\pi}{2}\right)$ 之间的基元波。

研究表明，密契尔积分公式可以用于计算高速瘦长船型的兴波阻力和作为阻力优化目标函数。但对于一般船舶按上述理论计算所得结果与试验值相差甚远，因此在船舶设计中的实际应用并不广泛。1960 年前后，日本乾崇夫教授对球鼻首的发现是一种观念上的突破。造船界原先熟知的是：船舶首尾横波的干扰是造成阻力曲线出现峰谷的根源，因此在设计时总是力图调整船长和航速之间的关系，使船舶在设计航速时位于阻力谷的附近，这是一种主尺度的选择。乾崇夫提出：采用球鼻首，使其兴起的波谷与船首波峰相抵消，这是一种局部兴波干扰和局部船型优化的概念。乾崇夫依据的仍然是线性的薄船理论，以此估计球鼻的大小、位置，以获得最佳的减阻效果。但实际的阻力数值并不依赖理论计算而是由试验决定。此外，乾崇夫还提出了用试验中直接测量波形以计算兴波阻力，其结果较线性理论计算所得者与实际更为接近。这种观念的改变，使当时已建立了近 70 年之久的线性兴波理论有了用武之地。一个时期以来，波形分析法及利用线性兴波理论进行船型优化成为一种时尚，从而极大地促进了船型学的发展。

自 1970 年以来，人们开始着手非线性兴波理论的研究。线性兴波理论的线性性质表现在两个方面，即线性的物面条件和线性的自由面条件。早先有人试图应用非线性的物面条件，即物面条件正确地在船体的湿表面上满足，而自由表面条件仍然是线性的，在静水面上满足。所得计算结果并不理想，可见要得到满意的结果必须考虑非线性的自由面条件。在发展过程中曾出现过多种弱非线性理论，其中最有影响的是道森（Dawson）方法，它在本质上是一种数值计算方法。弱非线性理论总是计及在一定基本流动上的摄动。道森方法的特点之一，是以叠模绕流为基本流动代替薄船理论中的均匀流动，即首先算出叠模的绕流作为船体周围的基本流动，再在这个基本流动上进行摄动，并假设船体兴波相对于叠模绕流是小量，相应的自由面条件也可以线性化。当船速较低而计及兴波时，道森方法在理论上是合理的，故称为慢船理论。它在叠模绕流基础上的线性化，其局限性在于

（1）在自由表面条件中，相对叠模流动忽略了兴波成分的非线性项。

（2）把自由面条件满足的位置从真正的自由面转移到静水面上。道森方法的另一个特点采用基本源（又称 Rankine 源）作为格林函数，即

$$G(p,q) = \frac{1}{r(p,q)} \tag{3-44}$$

现在流行的势流兴波计算都是基于边界元法，仅以分布源汇为例，速度势可写为

$$\varphi(p) = \frac{1}{4\pi} \int_s \sigma(q) G(p,q) \mathrm{d}S_q \tag{3-45}$$

式中，S 是流场的边界；$\sigma(q)$ 是分布在边界上的源汇强度；p 代表场点坐标；q 是边界上的源汇坐标。由于道森使用的是非常简单的格林函数，因此在所有的边界面上（如物体表面、自由面及其他控制面）都要布置源汇。当今有关势流的兴波问题，物体在波浪中的运动问题，已基本

上统一在道森型算法的基础上。道森方法虽然获得很大成功,但毕竟是叠模绕流基础上的线性化,本质上只是一种慢船理论,因此往往不能获得满意的结果。1986年前后,有人考虑把道森的方法加以发展,用完全非线性的自由面条件求解兴波阻力问题。其基本思想是:首先仿照道森方法获得叠模绕流的线性解,然后以这个解为基本流动,重新进行摄动,相对这个新的基本解使自由面条件上的边界条件线性化,并在新得到的自由面上满足,依次类推,直到完全满足非线性的自由面条件和位置为止。实际上,这是应用摄动理论反复迭代、步步迫近的方法。对于这种方法的收敛性虽然还无法证明,但为许多计算实践证实行之有效,而且已为所有从事兴波阻力计算的人们所接受,成为当前实用上的主要方法。

迄今为止,以道森方法为基础的完全非线性兴波计算已经比较成熟,并且正在成功地应用于实际的船舶设计。总的说来,非线性的兴波理论计算可以预报波形、流线、船体表面压力分布、航行的纵倾和升沉、船型改变对兴波阻力的影响;可以计算双体、多体船的兴波问题,船在浅水、狭航道中定常航行的兴波问题等等。

上述兴波理论没有考虑黏性的影响,以致计算结果仍有局限,例如不能正确预报船尾的波系和低速时方尾后的旋涡区域;计算的尾波总是偏高,如不采用经验修正,难以正确求得兴波阻力以及无法计算波浪行将破碎时的情形等等。因此,不少学者已经开始应用雷诺平均方程(RANS方程)来研究船舶航行时的问题,这样不仅可以同时计算黏性绕流和兴波问题,而且在获得兴波阻力的同时也得到了黏性阻力。总的说来,有关这方面的研究尚处于起步阶段,并取得了良好的开端。

3. 波型分析法

1) 波型分析法原理

Havelock认为船航行时,船体周围的波浪由两部分组成:一是船体加速过程中形成的波系,当航速一定时,这种波系成为稳定波系,它总是留在船体周围,随船一起前进,并不向外传播,不再需要船对它提供能量,称为局部波系;另一部分是在船前进时不断向船后扩散的波,它需要船不断提供能量以维持其稳定的波系,称为自由波系。显然船舶兴波阻力是与船后自由波系相对应的。

所以讨论兴波阻力,只需讨论自由波系,Havelock给出了自由波系表达式

$$\zeta_{\mathrm{w}}(x,y) = \int_{-\pi/2}^{\pi/2} C(\theta)\cos[k_0\sec^2\theta(x\cos\theta + y\sin\theta)]\mathrm{d}\theta +$$

$$\int_{-\pi/2}^{\pi/2} S(\theta)\sin[k_0\sec^2\theta(x\cos\theta + y\sin\theta)]\mathrm{d}\theta \qquad (3\text{-}46)$$

式中,$k_0 = g/v^2$ 称为基本波数;g、v 分别为重力加速度和航速;$C(\theta)$ 和 $S(\theta)$ 分别称为余弦波波幅函数和正弦波波幅函数。

式(3-46)的实质是认为自由波系是由一系列分布在 x 轴两侧 $\pi/2$ 范围内的单维正弦波和余弦波相叠加而成。

从能量观点可给出与上式相对应的兴波阻力

$$R_{\mathrm{w}} = \pi\rho v^2 \int_0^{\pi/2} \left[C^2(\theta) + S^2(\theta) \right]\cos^3\theta\mathrm{d}\theta \qquad (3\text{-}47)$$

式(3-47)把兴波阻力和船后自由波系的波幅函数联系起来,因此通过测量得到的自由波系 $\zeta_{\mathrm{w}}(x,y)$ 进行富里埃变换,得到波幅函数 $C(\theta)$ 和 $S(\theta)$,从而可计算兴波阻力,这种由波形

测量得到的兴波阻力称为波型阻力。

按照波形测量线是平行还是垂直于船行方向,波型分析法分为纵切法和横切法两种。波形测量线可以是一条,亦可以是多条平行线。虽然只是在一条或有限的几条测量线上获取波形记录,但它包含了由$-\pi/2 \sim \pi/2$整个平面上所有基元波的信息,由此可求得自由波的波幅函数$C(\theta)$和$S(\theta)$及相应的波型阻力。

纵切法测量波形时,浪高仪探针在空间固定,如图 3-17 所示。这种方法的优点是装置简单,记录方便。由于水池宽度有限,船模兴波遇水池侧壁后要发生反射。为避开反射波的干扰,所记录的波形长度必须在反射波干扰前的某一点 M 处截断。在 M 点以前的波形长度 l 称为截取长度。显然用这种截断所得的纵向波形进行富里埃变换必然会产生误差,因此需要采取截断误差修正。按照修正方法的不同,波形分析又可分成几种不同的方法,其中应用最普遍的是纽曼-夏玛(Newman-Sharma)法(简称 N-S 法)。N-S 法采用一种渐近波形曲线,对截断点 M 以后的波形作理论延拓和拟合,即当$x \to -\infty$,则

$$\zeta = \frac{\zeta_0 \cos(x + \varepsilon)}{\sqrt{|x|}} \tag{3-48}$$

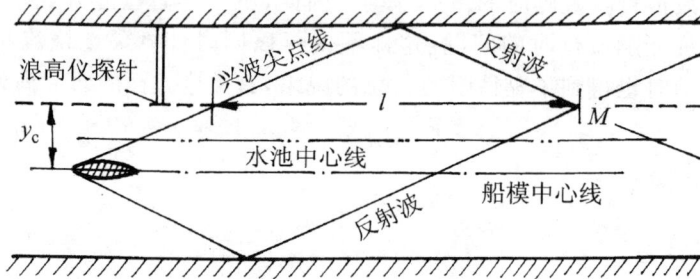

图 3-17　波形分析纵切法

式中ζ_0和ε是常数。当波形记录足够长时,其值可用 M 点前附近的一段波形进行拟合确定。

另一种是霍格宾(Hogben)的所谓矩阵法,该法是在船中线的一侧按一定距离布置四台浪高仪探针记录四条波形。这种方法无论是在试验技术或在计算上都较 N-S 法复杂得多,但其突出的优点是精确性随速度增加而得到改善,这是其他方法所不及的。

横切法则需要采用立体测量法,即通常在船后$L/2 \sim L$处垂直于前进方向的截面上测量波形。这样不但必须在拖车后面另装拖架以便安装浪高仪,而且为计算需要测量多道不同截面的波形。因此测量技术比较复杂,且测量精度也受到轨道高低不平及船后伴流等多种因素的影响。但该法主要优点在于测量波形不受池壁干扰,且上述的缺点也不是绝对的,如测量多道波形可以应用最小二乘法计算,有利于减少一些试验误差等,所以横切法仍然有人采用。

2) 影响波形测量精度的因素

因 N-S 纵切法应用最广泛,故主要讨论和分析该方法的波形测量精度问题。其影响因素主要有三方面,即波形的截取长度、纵切线距船模之距离以及船模预行段长度等。现分别讨论如下。

(1) 波形截取长度对精度的影响。

如前所述,截断波形加上其后的拟合波形,经富里埃变换后可求得自由波的波幅函数,进

而确定波型阻力。如若截取长度不足,则会影响拟合波形的质量与精度,从而影响到兴波阻力的计算结果。

截取长度主要取决于水池宽度,池宽越窄,则截取长度越小,此外,还取决于船模的尺度,即模型尺度越大,则相对截取长度也越小。通常水池的宽度是确定的,而船模尺度又不能太小,否则会影响波形的测量精度。因此增大截取长度的办法有两种:一是将船模中心线移向船池远离纵切线的一侧,如图 3-17 所示;二是采用全反射原理,使浪高仪探针贴近池壁,这样不仅能增大截断长度,而且又能使波形记录较无池壁时增大一倍,因此对于较窄的水池,通常采用后一种方法。

(2)纵切线距船模之距离对精度的影响。

纵切线距船模的距离,即浪高仪探针到船模中心线的距离 y_c 的大小,不仅影响到波形的截取长度,也影响波形测量精度,距离越小,纵切线越靠近船模,则波形截取长度越长,对提高波形测量的精度越有利,但 y_c 值不能过分小,否则记录波形将会受到局部波系的影响从而影响兴波阻力的计算精度。显然 y_c 值不能太大也不能太小。实验表明,对阻力影响不大的合适值为 $y_c/L = 0.21 \sim 1.67$。

(3)船模预行段长度对波形测量精度的影响。

实际的船模水池长度总是有限的,因此船模的行驶距离也有限。与常规直接测量阻力试验不同,船模加速到预定的速度并不能马上开始测量其波形,必须待其兴波得到充分发展和稳定后,才能开始记录波形,否则用不稳定的波形去计算兴波阻力将产生很大误差。

为测得充分稳定的波形,船模必须在达到预定速度后还要有足够的行进长度以使其兴波充分地发展和稳定,这个行进长度称为预行段长度。预行段长度对波形的影响如图 3-18 所示。由图中可见,若预行段长度不够,虽然船模已经达到预定的稳定速度,但其兴波尚未得到充分稳定,所记录下的波形是船模在加速过程中形成,如图中虚线所示,因此,预行段长度会影响记录波形的有效性,显然水池越长,对保证有足够的预行段长度和提高测量精度有利。

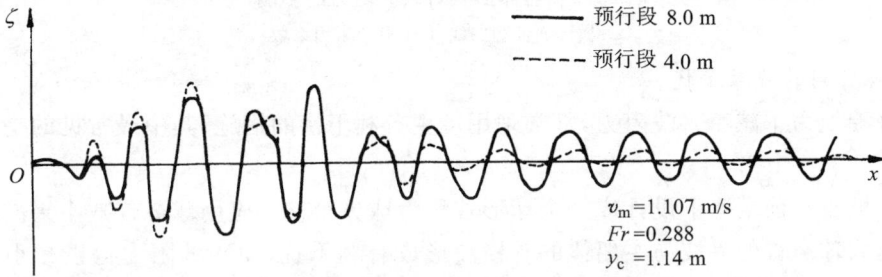

图 3-18　预行段长度对记录波形的影响

3-6　减小兴波阻力的方法

随着船速的提高,兴波阻力占船体总阻力的比重增大,对于高速船而言,可达 50% 以上。研究表明,改变船型对减小摩擦阻力收效甚微,而对兴波阻力却可能有相当显著的效果,因此,几十年来造船工作者一直致力于减小兴波阻力的研究工作,并取得了可喜的成果。

目前,为减小兴波阻力而采取的措施很多,但主要分为两类,第一类是常规船型设计时所采用的方法;第二类是采用某些特殊的新船型。

1. 减小常规船兴波阻力的方法

所谓常规船是指目前广泛应用的所有单体水面船舶的总称。按航速不同可以分为高速、中速和低速三种。对常规船,减小兴波阻力的方法是设法减小其兴波幅值,从而使兴波阻力有所减小。

1) 选择合理的船型参数

一般来说,在船舶设计阶段,根据要求达到预定航速,要选择恰当的主尺度和船型系数,如应用ℙ理论根据给定的航速,合理选取船长和棱形系数可以避免处于波阻峰点。同时注意选取适当的进流段长度以不致发生肩波不利干扰,从而得到较小的兴波阻力。

2) 设计良好的首尾形状

除了主尺度和船型系数外,船体形状,特别是首尾形状的改变对兴波阻力的影响有时极为显著。图 3-19(a)是日本长崎水池公布的两条 M29 和 M29B 船的横剖面面积曲线,两船的主尺度和船型系数完全相同,而仅仅由 M29 船的横剖面面积曲线形状作适当修改得 M29B 船。可以看出,后者主要对前者在首尾形状及进流段长度作了修改。图 3-19(b)是两条船试验所得的剩余阻力系数 C_r 曲线,当 $Fr=0.25$ 时,M29B 船的 C_r 值减小达 68%。可见船体形状的改进对兴波阻力的影响相当大。

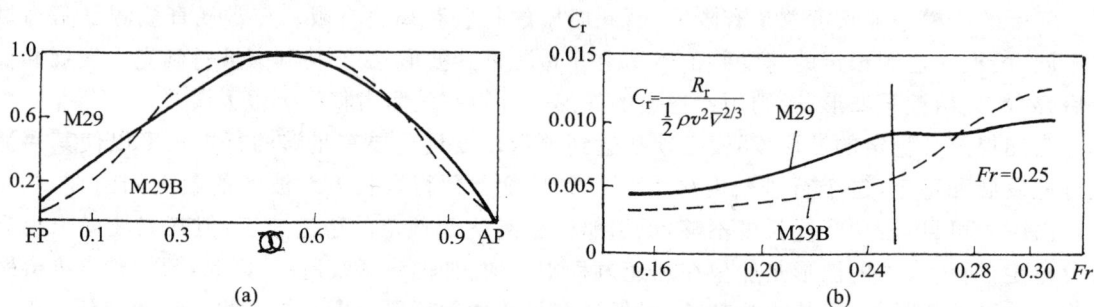

图 3-19　船体形状对兴波阻力的影响

(a) 横剖面面积曲线;(b) 剩余阻力系数

3) 造成有利的波系干扰

在常规船上为了减小兴波阻力,常常采用产生有利干扰的措施,其中最常见的是采用球鼻船首。

通常在船首柱前端水下设计成一个球形首称为球鼻船首。应用球鼻首减小兴波阻力的机理可以理解为球鼻首的兴波与主船体的首横波形成有利干扰,使兴波阻力得以减小。因为当船航行时,球鼻亦将产生波浪,如果球鼻的大小和位置选择恰当,则球鼻兴波的波谷和船首波的波峰正好处于相同位置,使合成波的波高较原来的船首波的波高有明显的减小,如图3-20所示。从而使兴波阻力有较大的下降。成功的球鼻首设计能使总阻力减小10%~15%。

顺便指正,近年来在航速较低的肥大型船上应用前伸型球鼻首有时亦会取得降阻效果。但其降阻机理并不是由于造成有利波系干扰的缘故。而是由于加装前伸型球鼻后,使得船体首部水线的坡度有明显的减小,以致船首波的陡直程度有所减小,波浪的破碎随之减小,从而使破波阻力下降。

4) 高速排水型艇安装消波水翼

高速军用船或高速排水型快艇,由于航速高,首波峰的位置随航速增加而后移,因此应用球鼻首并不能期望兴波阻力得到减小。但在这种船上应用消波水翼,当航速在 $Fr=0.80$ 左右时可使总阻力下降 10％以上。这是由于当船在高速航行时,安装在首柱后面的消波水翼之后部是一低压区,以致在翼后形成一波穴,如图 3-21 所示。如果水翼的位置、深度等选择适当,可以使船首波有所减小,因而兴波阻力下降。

此外,减小兴波阻力还可用另外一些措施,诸如采用压浪条或压浪板等。

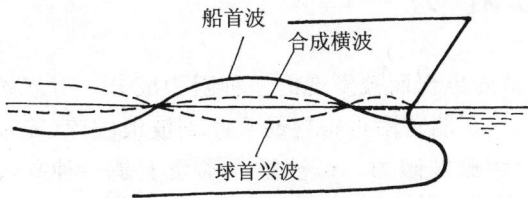

图 3-20 球鼻船首减小兴波的原理

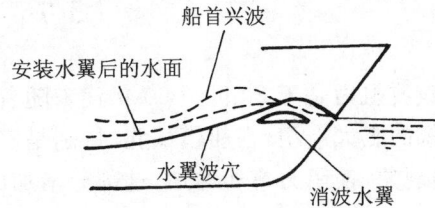

图 3-21 消波水翼的"消波"原理

2. 应用不同设计概念减小兴波阻力

为减小兴波阻力,可采取许多不同于常规船的水面航行状态方式,这便产生了不同的设计概念。成功的设计概念会导致一种新型船舶的出现,使船舶的某种性能有显著的改进。下面简要介绍已经出现的几种基本设计概念。

1）双体和多体船设计概念

双体船有两个片体,其摩擦阻力较同长度、同排长量的单体船要大。同时两片体之间的兴波干扰亦会使阻力增大。但是双体船的每个片体的长度排水体积系数 $L/\nabla^{1/3}$ 或长宽比 L/B 要大得多,因此可较大幅度地减小兴波阻力。在一定速度范围内,采用双体船方案的船体总阻力往往较单体船情况要小。

多体船,例如三体船,不仅增大了瘦长系数或长宽比,使兴波阻力系数 C_w 下降,而且可利用前后体间形成的兴波有利干扰,使兴波阻力进一步减小。

2）使船体抬出水面设计概念

将船体抬至水面滑行或使船体离开水面是减小兴波阻力的有效措施,属于这一类设计概念的有滑行艇,水翼艇和气垫船等。

滑行艇航行时,底部滑行面产生动升力使艇体大部分抬出水面,排水体积减小从而减小兴波阻力。

水翼艇在翼航状态下,水翼产生的升力使艇体全部抬出水面,仅水翼和附体在水中产生阻力,该阻力相对来说比较小,所以水翼艇能达到较高的速度。

气垫船是靠气垫的垫升压力使艇体离开水面,只有围裙或侧壁附体等产生阻力,因此可使兴波阻力减小。

3）船体下潜设计概念

由波浪理论知,兴波主要发生在自由表面附近,而随着浸深增加,波幅将按指数规律衰减。因此船体下潜设计概念是使船体排水体积部分或全部移向水面以下,使兴波减小,从而减小兴波阻力。

属于这种设计概念的船有小水面船、半潜船和潜水船,但潜水艇主要并非从减小阻力方面的原因来考虑,而是出于军事上的隐蔽性所需。

4）复合设计概念

复合设计概念是两种或多种设计概念的组合,从多方位来考虑减小船的阻力,提高航海性能,形成所谓的复合船型。属于此类概念的船舶有"半潜双体"复合船,如小水线面双体船,还有"双体气垫船"以及"双体水翼船"等复合船。

3-7 破 波 阻 力

破波阻力是于 20 世纪 60 年代末随着肥大船型的出现而被发现的一种阻力成分。对于航速较低的肥大船型,在船模试验、特别是实船航行中,在船首附近很容易观察到波浪破碎(简称破波)现象,使阻力有所增加,这部分增加的阻力称为破波阻力。破波阻力本质上是一种兴波阻力,但不能由波形测量得到,却可从尾流测量中获得。

在利用波形分析法研究兴波阻力时发现,对于线型瘦削的船型,在总阻力中减去$(1+k)$和摩擦阻力的乘积后,基本上等于由波形分析法求得的波形阻力。但对于较丰满的低速船型,即方形系数 C_b 较大的所谓肥大型船,两者并不相等,而是大于测量得到的波形阻力,且随傅汝德数的增大,两者的差别有随之增大的趋势。上述现象可以用下式表示

$$C_t = C_{wp} + (1+k)C_f + C_{wb} \tag{3-49}$$

式中,总阻力系数 C_t 由船模拖曳试验测得;波形阻力系数 C_{wp} 由波形分析获得;黏性阻力系数按式$(1+k)C_f$ 计算;而 C_{wb} 是一项新的阻力成分,这种阻力成分与丰满船型船首出现的破波现象有直接关系,故命名为破波阻力。

1. 破波阻力的成因

为了深入认识破波阻力,人们(多半是一些日本学者)在 20 世纪 60 年代末、特别是 80 年代初,对低速肥大船型进行了大量的模型试验和流态观察,测量了船体周围的流场,包括波形、流速分布、船首表面的压力分布和首部流动的湍流特征(主要指湍流动能和湍流应力的测量)。发现低速肥大船型与一般传统瘦削船型波浪形态有较大不同,从现象上认识到对于低速肥大船型来说,存在破波阻力,它是船体周围极其复杂的波浪运动的结果,这类波浪运动大体上包含 4 个发展阶段。

(1) 形成非常陡的非线性波。

(2) 波峰发生破碎,出现能量损耗。

(3) 这种能量损耗在破碎的波峰前后出现(自由表面)湍流向外扩散。

(4) 在船体远后方形成动量亏损的尾流。

对于方形系数较大的肥大型船,首部水线进角大,首柱又很陡直,对来流产生严重的阻塞作用,使船首附近的流速降低。根据伯努利方程,必然在当地形成高压区;又由于自由表面上的等压性质,只有抬高水面来维持水下部分的高压,于是形成陡峭的船首波,其波长较短,相对波高很大,波形极不稳定、容易发生破碎,如图 3-22,波陡足够大时,已不是线性(小扰动)波浪理论所能描述,当属于非线性波浪范畴。非线性波浪的一个显著特点,就是波形传播的速度与波

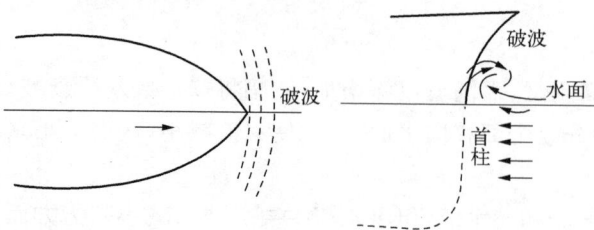

图 3-22 破波成因

高有关,波高越大,传播速度越快。同时,由基础水动力学知道,水波还有一种"色散"性质,促使各种波浪成分(以波数相区别)散开。然而,当波陡超过一定界限时(与吃水傅汝德数有关),波浪非线性作用超过了色散效果,波峰就会向前翻卷,形成一股射流,插向水面。这类波浪破碎的方式称为翻卷式,如图 3-23 所示。还有一种溢出式的波浪破碎方式,在有些试验中也可观察到。这种破碎方式中,波峰的前坡上附着一个不停回旋的旋涡,随着波浪一起前进。波浪一旦破碎,在破碎的波面周围和其后面形成湍流(简称自由面湍流),产生旋涡,同时卷入空气,出现白色泡沫,发出湍流噪声。湍流的形成伴随着有序运动的能量损耗(包括流动的动能损失和水面起伏的位能损失),它同时和周围流体掺混,扩大受到波浪破碎影响的范围,是谓扩散。同时由于水流的夹带,这部分扩散中的自由面湍流随来流向船后流去,进入船后尾流;由于有序流动的损失,显示出动量(速度)的亏损。这种能量的损失,或者动量的亏损,体现为破波阻力,图 3-24 为实船破波照片。破波比其他水波更具有表面特征,因此吃水浅、船宽大的肥大船型易产生破波阻力,而瘦削船型可以忽略此成分。

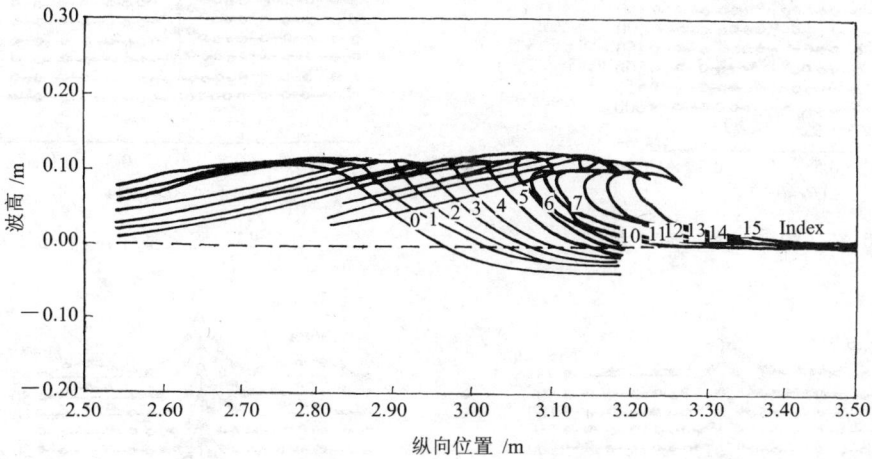

图 3-23　翻卷式波浪破碎

根据以上分析不难理解,破波阻力在本质上来源于兴波,服从傅汝德比较定律。由于位能的损失不能由波形测量得到;而动量的亏损却被来流带到船后,故可以从尾流测量中获得。事实上,有人曾沿船侧在不同断面上进行过流速分布的测量,跟踪这股自由面湍流沿途的发展过程,证实了各断面(包括船体尾流内)的动量亏损量是相等的。因此,在波浪破碎后船侧的任意端面上,都可测量得到破波阻力。

由于破波阻力属于兴波阻力范畴而服从傅汝德比较定律,因此在根据船模阻力试验来预报实船阻力时,不管是否存在破波阻力,仍以一般的换算方法进行实船阻力换算。

2. 破波阻力的测定

应用尾流测量法可证实破波阻力是存在的。图 3-25 是瘦削船型在 $Fr=0.17$ 时的尾流测压结果,图 3-26、图 3-27 和图

图 3-24　实船破波图片

3-28是某肥大型船在 $Fr=0.13$、0.20 和 0.24 时的尾流测量结果。比较所得结果可以看出：肥大型船在低速航行情况下的尾流测量结果是与瘦削船型相似的，即压力变化仅限于船模宽度范围以内，而在船模宽度以外压力没有什么变化。但是肥大型船在高速情况下，尾流中的压力变化不仅发生在船模宽度范围以内，而且在船宽以外的一定范围内也发生压力变化。这样，实际上存在两个尾流区。我们称船模宽度范围以内的压力变化区为"主尾流区"，而在主尾流区以外的压力变化区称为"次尾流区"。由试验结果知，次尾流区的宽度决定于傅汝德数的大小。

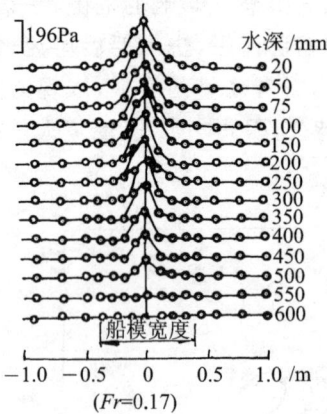

图 3-25　瘦削船型尾流压力

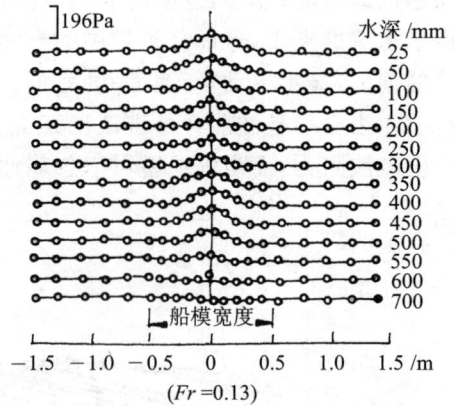

图 3-26　肥大型船尾流压力

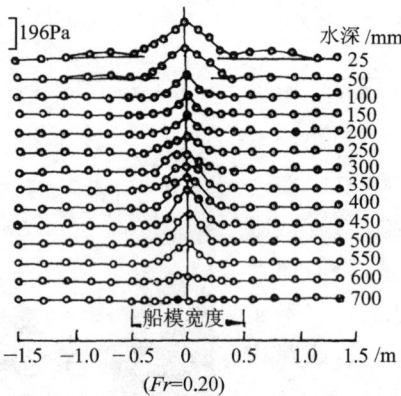

图 3-27　肥大型船尾流压力

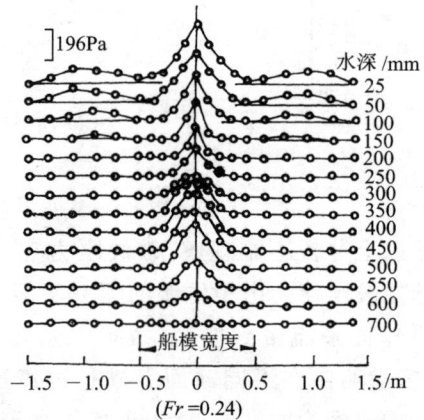

图 3-28　肥大型船尾流压力

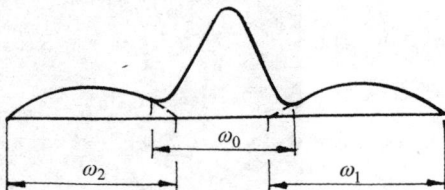

图 3-29　主尾流区和次尾流区

将尾流测量结果先对深度方向进行积分，得到如图 3-29 所示的尾流压力沿宽度方向的分布曲线，这样由尾流测量的总的阻力表达式可写成

$$R_{wake} = G_0 \iint_{S_1} D \mathrm{d}y \mathrm{d}z = G_0 \int_\omega D_z \mathrm{d}y \quad (3\text{-}50)$$

式中，D_z 为尾流压力测量结果沿深度积分所得值；ω 为整个船后尾流区的宽度范围。

对式（3-50）施行分段积分，有

244

$$R_{wake} = G_0 \int_\omega D_z \, \mathrm{d}y = G_0 \int_{\omega_0} D_z \, \mathrm{d}y + 2G_0 \int_{\omega_1} D_z \, \mathrm{d}y$$

或 $\qquad\qquad\qquad R_{wake} = R_v + R_{wb}$ （3-51）

式中 $R_v = G_0 \int_{\omega_0} D_z \, \mathrm{d}y$，$\omega_0$ 为主尾流区的宽度，接近于船模宽度。试验测量表明

$$R_{v_0} = (1 + k) \times \text{平板摩擦阻力}$$ （3-52）

因而可知，R_v 是由黏性引起的耗散在主尾流区的能量而产生的阻力，即为船体黏性阻力。而 $R_{wb} = 2G_0 \int_{\omega_t} D_z \, \mathrm{d}y$，$\omega_1$ 是次尾流区宽度。R_{wb} 是由波浪破碎耗散在次尾流区的能量而产生的阻力，故称为破波阻力。

这样式（3-51）可以表示成

$$R_{wake} = R_v + R_{wb} = (1 + k)R_f + R_{wb}$$ （3-53）

为区别于船体黏性阻力，常将尾流测量法所得的总阻力 R_{wake} 称为尾流阻力。显然对于瘦削型船，由于 $R_{wb} \approx 0$，所以尾流阻力就是船体黏性阻力 R_v。

3. 破波阻力的特性

破波阻力产生的条件是必须存在自由表面，将同一船型对叠船模进行深水拖曳试验并进行尾流测量，结果表明并不存在次尾流区。显然由于没有自由水表面，首柱前不会产生破波，故亦不存在破波阻力。总起来说，破波阻力具有如下特性。

（1）对于航速较高的丰满船型，破波阻力是一种不容忽视的阻力成分。

（2）破波阻力来源于船首非线性兴波的破碎，描述兴波现象的无量纲数是傅汝德数。破波阻力随 Fr 的增大而增加，由试验结果表明，对于丰满船型在较低的 Fr 数时，破波阻力极其微小，但随着 Fr 数增加，次尾流区亦增大，如图 3-26、图 3-27 和图 3-28 所示，因而破波阻力增加很快。同时破波阻力服从傅汝德比较定律，即实船和船模在 Fr 数相等时，它们的破波阻力系数也相等。

（3）破波发生在船首附近，是一个局部现象，在傅汝德数中船长的作用并不明显，代替船长的应该是船舶吃水。吃水浅的船型，整个船体更靠近水面，对水面的扰动较大，非线性效应明显，故起作用的应该是吃水傅汝德数 $Fr_T = v / \sqrt{gT}$，T 是吃水。

（4）对于同一丰满船，在同样航速时，压载情况的吃水小，吃水傅汝德数大，破波阻力比满载时为高。

（5）系统的试验表明，破波阻力与船型参数，主要是宽度吃水比 B/T、进流段长度、球首伸出长度等有关。减小 B/T、增加进流段长度、采用前伸的薄形球首，都对减小破波阻力有利。前伸球首实际上使水线在首部的坡度明显减小，可降低波陡、减缓波浪破碎。对丰满船的压载状态，球首的作用更为明显。

第4章　阻力的综合分析

研究船舶阻力的主要目的在于探讨如何正确预估实船阻力和设计低阻力的新船型,即所谓遭受阻力最小的最佳船型。前面分别阐述了水下部分裸船体阻力受到黏性阻力与兴波阻力的成因、特征以及处理方法,虽然这些手法能满足一定的工程要求,但在精确预估实船阻力方面还有改善余地。我们知道大多数船舶航行于水和空气的交界面上,同时存在着兴波与黏性的影响,理论上既涉及黏性流体力学问题又涉及自由表面问题,两者都难以得到精确解;另一方面模型试验也不能满足雷诺数、傅汝德数相等的全相似条件,因此兴波与黏性的相互干扰、尺度效应等深度问题还有待于解决,这章基于融会贯通角度,从现状出发,对船舶的总阻力进行综合分析。

4-1　阻力分类的比较与说明

由于破波阻力成分的出现,船体总阻力的分类及各种成分需要加以补充说明。

1. 基于不同观点总阻力分类

船体阻力可以按现有的几种不同观点进行分类。

(1) 从傅汝德观点分类。船体总阻力由相当平板摩擦阻力 R_f 和剩余阻力 R_r 两部分组成。

(2) 从力的观点分类。船体总阻力由水作用于船体表面上的切向力和法向力两部分组成,切向力沿船体表面积分在运动方向上的分量就是摩擦阻力 R_f,而法向力的积分在运动方向上的分量就是压阻力 R_p。

(3) 从能量耗散观点分类。总阻力 R_t 是由兴波阻力 R_w 和黏性阻力 R_v 两部分组成。这两部分力归因于尾流能量及波形能量的损耗。

兴波阻力 R_w 应分为两部分,一部分由测量波形得到的波形阻力 R_{wp};另一部分即耗散于黏性尾流中的破波阻力 R_{wb},可由黏性尾流的测量中得到。但这部分耗散能量根源在于兴波,所以波型阻力和破波阻力均与 Fr 数有关。

应用测量船舶尾流中动量的方法所求得的阻力叫尾流阻力 R_{wake}。从能量耗散观点,它应包括黏性耗散能量和破波耗散能量,即尾流阻力包括船体黏性阻力 R_v 和破波阻力 R_{wb}。从本质上说,船体黏性阻力由摩擦阻力 R_f 和黏压阻力 R_{pv} 组成,仅与 Re 数有关而与 Fr 数无关。

试验表明,由尾流测量得出的尾流阻力与由波形测量所得的波形阻力之和与拖曳试验所得的船模总阻力极为接近。因此,总阻力与各种阻力成分间的关系可按不同方法处理,如表4-1 所示。

研究船舶阻力的主要目的在于探讨如何正确预估实船阻力和设计低阻力的新船型,即所谓遭受阻力最小的最佳船型。长期以来,特别是发现破波阻力成分之后,许多人对船体总阻力的分类进行了很多试验研究,以期改进对实船阻力的预报方法。下表中归纳的各种阻力分类方法和相应的实船阻力的预估方法远没有达到完善程度。傅汝德法由于理论上有缺陷,以致

表 4-1 静水中船体总阻力分类

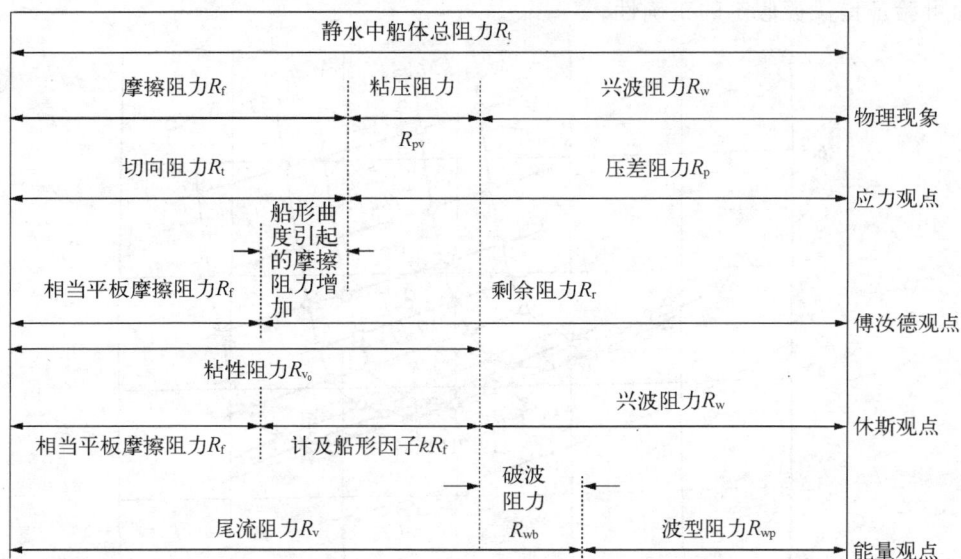

静水中船体总阻力R_t				
摩擦阻力R_f		粘压阻力 R_{pv}	兴波阻力R_w	物理现象
切向阻力R_t			压差阻力R_p	应力观点
相当平板摩擦阻力R_f	船形曲度引起的摩擦阻力增加		剩余阻力R_r	傅汝德观点
粘性阻力R_{v_0}			兴波阻力R_w	休斯观点
相当平板摩擦阻力R_f	计及船形因子kR_f	破波阻力 R_{wb}	波型阻力R_{wp}	能量观点
尾流阻力R_v				

实际使用上存在问题。$(1+k)$法除准确决定形状因子$(1+k)$值需要增加工作量外,从试验中还发现,较高速度时$(1+k)$值并不趋于常数,而与傅汝德数有关。

2. 兴波与黏性的相互干扰

从上面能量的观点来说,尾流测量法所得到尾流阻力和波型分析法得到的阻力相加,应该与船模阻力试验测得的总阻力相等,但是许多试验研究表明,尾流阻力与波型阻力之和,较之由阻力试验实测所得的总阻力要低$5\%\sim10\%$。存在这一系列问题的根本原因除测试分析技术外,还在于忽视了各种阻力成分之间的相互影响。有关试验研究已证明,从图 2-31 看到,由尾流测量给出的黏性阻力系数随 Fr 数而呈波浪形变化,可见波浪对黏性阻力有一定影响;应用几何相似船模组进行阻力试验发现,在相同 Fr 数时它们的兴波阻力系数并不相同。这说明由于各船模雷诺数不同而造成了兴波阻力系数的差别,可见黏性对波形阻力也有一定影响。

因此,准确的阻力分类和实船阻力的预估,有许多问题尚待深入研究解决。

4-2 几何相似船模组试验

几何相似船模组是指几何相似而大小不等的一系列船模的统称。通过几何相似船模组阻力试验研究不但可验证阻力换算方法的准确性,而且还可以比较不同换算方法的合理性,同时亦可研究形状因子及推进效率中各种成分的尺度作用等问题。

1. 验证傅汝德假定的正确性

图 4-1 是 24 000 t 油轮五条几何相似船模的总阻力系数对雷诺数的曲线。各船模的标号数就是所取的缩尺比,因此直接表示了各船模的尺度大小。图中每一船模的总阻力系数曲线

上各点的傅汝德数都不相同,连接各船模总阻力曲线上傅汝德数相同的点,可得傅汝德数等值线,从而可验证傅汝德假定的正确性。

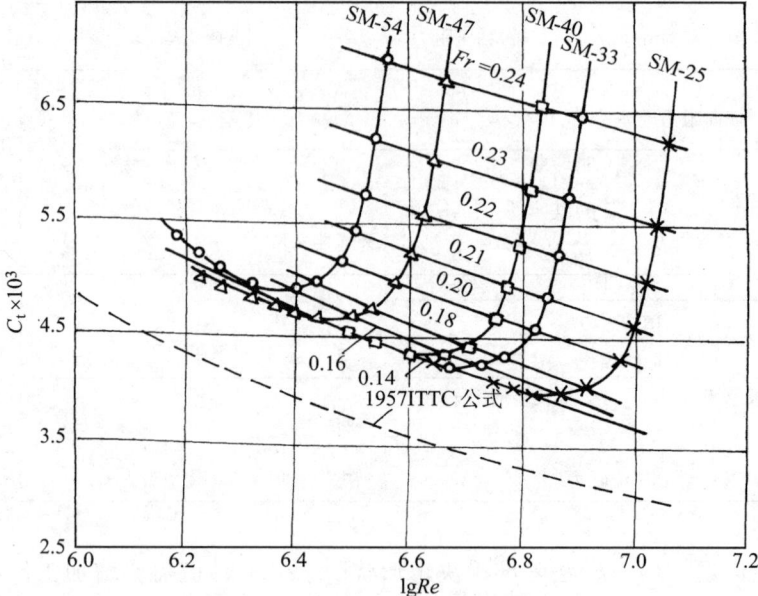

图 4-1　24 000 t 油轮相似船模组的 $C_t \times 10^3$-$\lg Re$ 曲线

按照傅汝德假定,总阻力系数可以分成两部分,分别与 Fr 与 Re 有关

$$C_t(Re, Fr) = C_f(Re) + C_r(Fr)$$

若这假定正确,则在某一相同的 Re 下,不同 Fr 时有

$$C_{t1} = C_f(Re) + C_{r1}(Fr_1)$$

$$C_{t2} = C_f(Re) + C_{r2}(Fr_2)$$

所以

$$C_{t1} - C_{t2} = C_{r1}(Fr_1) - C_{r2}(Fr_2)$$

说明 $(C_{t1} - C_{t2})$ 的值与雷诺数无关,推而广之,任意两傅汝德数等值线间的距离与雷诺数无关,也就是傅汝德数等值线都是互相平行的。因此如能证明:所有傅汝德数等值线都是互相平行的话,则就证明将总阻力分成互相独立的两部分的假定的正确性。但许多几何相似船模组的试验表明,傅汝德数等值线之间并不完全平行,甚至随 Re 变化而波动,这表明黏性和重力之间的影响是存在的,但是其平均线却保持相互平行的趋势,因此,傅汝德假定在实用上仍被采用。

2. 确定形状因子

在二因次阻力换算中,总阻力系数可写作

$$C_t = C_f(Re) + C_r(Fr)$$

当 Fr = 常数时,各船模的 C_r 值应该相等。因而在几何相似船模组的阻力系数曲线上,各 Fr 的等值线应相互平行。但从图 4-1 知,各 Fr 的等值线并不与 1957 ITTC 摩擦阻力系数曲线(可以看作 Fr = 0 的等值线)相平行。任意两傅汝德数等值线间的距离随船模尺度的增大而减小。由此可推知,剩余阻力系数亦随之减小。因此换算所得的实船总阻力系数亦将随船模尺度的增大而降低,这表明傅汝德法是不合理的。

如用三因次换算方法,则有

$$C_t = (1+k)C_f + C_w$$

当 Fr 一定时,C_w 为常数,故有

$$\frac{\partial C_t}{\partial C_f} = (1+k) = 常数 \tag{4-1}$$

为此将图 4-1 转绘成图 4-2 所示之 C_t-C_f 曲线,并在图中作出各 Fr 数的等值线。每一等值线的斜率即为对应于该 Fr 数时的形状因子 $(1+k)$ 值,纵轴上的截距则为 C_w 值。图 4-3 中给出了 $(1+k)$ 及 C_w 对 Fr 的关系曲线。由图 4-3 可以看出,形状因子 $(1+k)$ 在低速时为常数,而在较高速度 ($Fr > 0.16$) 时则随 Fr 的增大而下降,这也是前述 2-8 中确定 $(1+k)$ 的实验

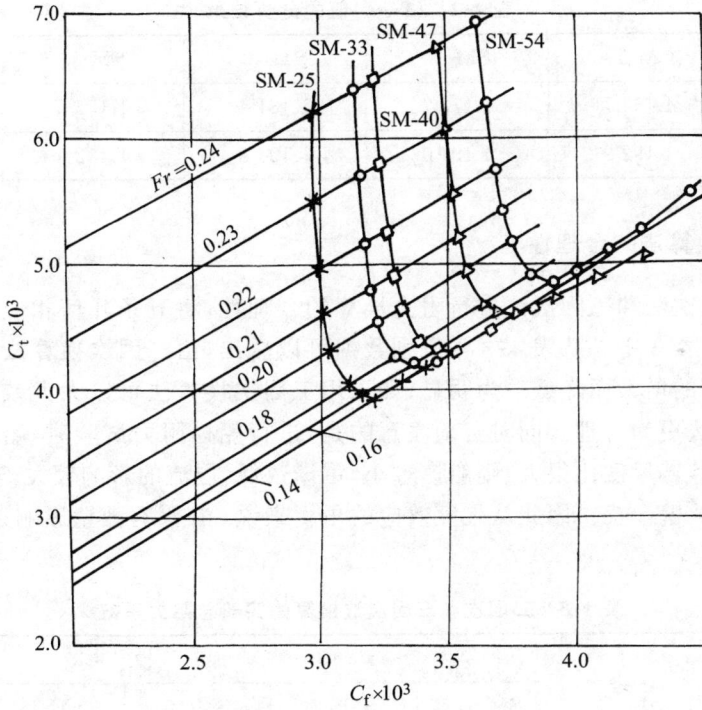

图 4-2 24 000 t 油轮相似船模组的 $C_t \times 10^3$-$C_f \times 10^3$ 曲线

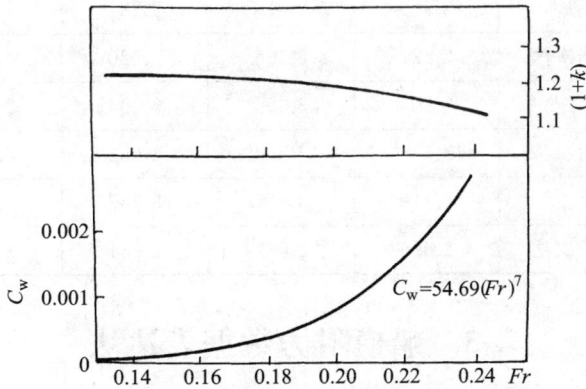

图 4-3 24 000 t 油轮的兴波阻力系数及 $(1+k)$ 值

249

必须在傅汝德数 $Fr=0.1\sim0.2$ 范围内的原因。其他许多试验资料亦表明 $(1+k)$ 是随 Fr 而变化的。因而休斯提出的 $(1+k)$ 为常数的假定是否正确有待于进一步探讨,而由图 4-3 可以看出兴波阻力系数 C_w 与 Fr 呈七次方的近似关系。

另外对五条几何相似船模分别应用普鲁哈斯卡法式 $C_{tm}/C_{fm}=(1+k)+y\dfrac{Fr^4}{C_{fm}}$ 和 15 届 ITTC 的表达式 $C_{tm}/C_{fm}=(1+k)+y\dfrac{Fr^n}{C_{fm}}$ 进行分析计算,所得的 $(1+k)$ 值列入表 4-2 中。总的说来用 ITTC 推荐的方法所得的各船模 $(1+k)$ 值比较接近,而用普鲁哈斯卡法所得各船模的 $(1+k)$ 值差异较大,由此看来,ITTC 推荐的方法较普鲁哈斯卡法更为合理。

表 4-2　$(1+k)$ 值的分析结果

	SM-54	SM-47	SM-40	SM-33	SM-26
普鲁哈斯卡法	1.165 7	1.173 7	1.181 4	1.155 5	1.176 9
ITTC 推荐法	1.192 9	1.194 0	1.194 8	1.192 9	1.198 3

3. 比较不同换算法的合理性

为了比较二因次法和三因次法进行阻力换算的合理性,将五条几何相似船模换算所得的总阻力系数列入表 4-3 中。从表 4-3 中所列数据可以看出,由二因次换算法得到的实船总阻力系数随船模尺度的增大而降低较为明显,如采用三因次换算法可以大大减小这种尺度的作用,因而较二因次法更为合理。同时必须注意的是,进行船模阻力试验时,船模尺度比的变化范围有一定的限制,若尺度比很大,则船模过小,雷诺数低,层流的影响较大;若尺度比很小,则船模过大,将产生池壁干扰。因此从尺度效应的角度来说,在没有池壁影响条件下,模型船尺度尽量大为好。

表 4-3　二因次和三因次法换算的实船总阻力系数

航　速	方　法	船　模				
		SM-54	SM-47	SM-40	SM-33	SM-26
		实船总阻力系数 $C_{ts}\times10^3$				
13.178 /kn	二因次法	2.969	2.918	2.881	2.883	2.855
	ITTC 三因次法	2.527	2.506	2.520	2.545	2.549
14.538 /kn	二因次法	3.105	3.058	3.004	2.985	2.919
	ITTC 三因次法	2.674	2.656	2.652	2.654	2.648
15.771 /kn	二因次法	3.319	3.277	3.227	3.216	3.171
	ITTC 三因次法	2.896	2.882	2.881	2.891	2.876

4-3　船模阻力数据表达法

由船模阻力试验可得到船模阻力与速度之间的关系曲线,进而通过阻力换算得到实船的阻力和有效功率曲线。从阻力的观点看,船型质量的优劣表现为阻力的大小,但是,阻力的大小不仅与船型有关,也同时与船舶尺度大小有关,同一船型其尺度大者阻力大,尺度小者阻力小,因此从经济性出发,通常认为单位排水量阻力 R_t/Δ 是比较合适的判断阻力优劣指标。另一方面同一船舶其单位排水量阻力是随速度而变的,因此只有把不同船型的船舶各按几何相似条件化为同一大小,然后在相同速度下比较其 R_t/Δ 才能正确反映出船型的优劣。但为了对所设计的船舶能更方便地进行船体阻力换算以及不同船型之间比较阻力性能的优劣,需要将船模试验所得的阻力(或功率)与速度之间的关系,以一定的参数、恰当的形式来表达,这称为船模数据表达法。

1. 表达法的目的和要求

船模阻力数据表达法的目的有以下两方面。

(1) 船体阻力换算。这是指船型相同、大小不同的船舶之间的阻力换算。显然按不同缩尺比均可由船模阻力资料换算得出大小不同船舶的阻力值。

(2) 比较船型阻力性能之优劣。这是指船型不同,但大小相同或相近的船舶之间阻力性能优劣的判别。

目前,尽管对船模数据表达尚未取得一致意见,因而国际船模试验池会议还不能推荐一种能被大家所共同接受的表达方法,但为了达到上述目的,倾向性的意见认为恰当的表达法应具有的几个基本要求是明确的。

(1) 无量纲化。为了具有普遍意义,表达式常采用无量纲形式表示。这样既避免绝对尺度对阻力值的影响,同时所表示的各参数的数值在任何单位系统中都是相同的。

(2) 选定 Fr 数或类似形式作速度参数。因为船体总阻力是 Re 和 Fr 数的函数,且按傅汝德假定认为

$$R_t = R_f(Re) + R_r(Fr)$$

由于船型变化对 R_r 影响显著,而对 R_f 影响不大,考虑到表达法的目的之一在于比较不同船型的阻力性能,因而取 Fr 作为速度参数为宜。而只有在讨论某些与摩擦阻力有关的问题时,才取 Re 作速度参数。

(3) 阻力与速度之间的函数形式既要便于进行阻力换算,又要能够比较不同船型的阻力性能的优劣。那种难以进行船型阻力性能比较的表达法不可能被广泛应用。

2. 介绍两种阻力数据表达法

由于应用的直接目的不同,因而船模阻力数据表达法的形式很多,这里介绍两种应用较为广泛的表达法。

1) 泰洛表达法及其换算关系

这种表达法应用比较普遍。其速度参数采用 Fr 数(亦有用 $V/\sqrt{L}$),阻力是用单位排水量总阻力 R_t/Δ 或单位排水量剩余阻力 R_r/Δ 或剩余阻力系数 C_r 的形式表达。

(1) R_r/Δ 对 Fr 的表达形式

当船模数据已表达为 R_{rm}/Δ_m 与 Fr 的关系时,则换算到相应的实船阻力和有效功率较为方便,因为实船有

$$R_{ts}/\Delta_s = R_{fs}/\Delta_s + R_{rs}/\Delta_s$$

式中,单位排水量摩擦阻力 R_{fs}/Δ_s 可应用平板摩擦阻力公式计算;而 R_{rs}/Δ_s 对于几何相似的船和船模,在速度相应时等于 R_{rm}/Δ_m,即由给定的表达曲线直接得到。

（2）R_t/Δ 对 Fr 的表达形式

如果船模试验数据以 R_{tm}/Δ_m 对 Fr 形式表示,则换算实船情况下的阻力表达关系由下列可得

因为
$$R_{ts}/\Delta_s = R_{fs}/\Delta_s + R_{rs}/\Delta_s$$

根据比较定律知,在相应速度时

$$R_{ts}/\Delta_s = R_{tm}/\Delta_m - (R_{fm}/\Delta_m - R_{fs}/\Delta_s) \tag{4-2}$$

实船的阻力换算关系式亦可表示为

$$\frac{R_{ts}}{\Delta_s} = \frac{R_{tm}}{\Delta_m} - Fr^2 \frac{\frac{1}{2}S_s}{C_b B_s T_s}(C_{fm} - C_{fs} - \Delta C_f) \tag{4-3}$$

式中 S_s、C_b、B_s、T_s 分别为实船的湿面积、方形系数、型宽和吃水。

因为阻力随 Fr 数而迅速增加,在实用上将纵坐标以横坐标 Fr 数的平方除之,使作图时比较方便,且可使波阻峰点和波阻谷点明显。因而泰洛表达法中亦有用 $R_t/\Delta Fr^2$-Fr 的形式表示,由式（4-3）可得对应的实船换算关系为

$$\frac{R_{ts}}{\Delta_s Fr^2} = \frac{R_{tm}}{\Delta_m Fr^2} - \frac{\frac{1}{2}S_s}{C_b B_s T_s}(C_{fm} - C_{fs} - \Delta C_f) \tag{4-4}$$

显然,式（4-3）及式（4-4）中的右端第二项是由于实船和船模的雷诺数 Re 及表面粗糙度不同引起的摩擦阻力系数的差别,所以称为摩擦阻力修正值。

2）傅汝德圆圈系数表达法及其换算关系

1888 年傅汝德提出的表达法中给出了一系列无量纲系数,而且以圆圈系数的形式表示的。这种系数形式的表达方法虽然主要在英国等一些国家仍有被采用,但由于历史原因,特别是这种表达法比较全面,因此有必要做简要介绍。

傅汝德表达法中的圆圈系数有 3 种。

第 1 种为表达船体几何尺度的系数。用以表示无量纲化的现行尺度取排水体积的 1/3 次方,即 $\nabla^{1/3}$,而不是 L。这些系数有长度系数Ⓜ=$L/\nabla^{1/3}$,宽度系数Ⓑ=$B/\nabla^{1/3}$,吃水系数Ⓓ=$T/\nabla^{1/3}$ 以及湿表面积Ⓢ=$S/\nabla^{2/3}$ 等。对于船模和实船,相应系数是必定相等的。

第 2 种是速度表达系数。有 3 种不同形式,除在第 3 章兴波阻力中已有说明的Ⓟ外,还有速度系数Ⓚ,其定义为船速 v 与波长为 $\frac{1}{2}\nabla^{1/3}$ 的波速之比,即

$$Ⓚ = v\bigg/\sqrt{\frac{g}{2\pi}\cdot\frac{1}{2}\nabla^{1/3}} = \sqrt{\frac{4\pi}{g}}\frac{v}{\nabla^{1/6}} \tag{4-5}$$

由Ⓚ定义可知,对几何相似船,在速度相应时,它们的Ⓚ值应相等。

此外,还有速度系数Ⓛ,其定义为船速 v 与波长为 $\frac{1}{2}L$ 的波速之比,所以可表示为

$$Ⓛ = \sqrt{\frac{4\pi}{g}}\frac{v}{\sqrt{L}}$$

第 3 种是阻力表达系数,有 3 种形式。总阻力系数Ⓒ定义为

$$\mathbb{C} = \frac{R_t}{\Delta}\frac{1\,000}{\mathbb{K}^2} = \frac{1\,000 R_t}{\rho g \nabla \times \dfrac{4\pi}{g}} \frac{\nabla^{1/3}}{v^2} = \frac{125}{\pi} \frac{R_t}{\dfrac{1}{2}\rho v^2 \ \nabla^{2/3}} \tag{4-6}$$

此外,有类似定义的摩擦阻力系数和剩余阻力系数分别为$\mathbb{F} = \dfrac{R_f}{\Delta}\dfrac{1\,000}{\mathbb{K}^2}$和$\mathbb{R} = \dfrac{R_r}{\Delta}\dfrac{1\,000}{\mathbb{K}^2}$。

采用$\mathbb{C}$形式的原因在于,如果直接用R_t/Δ对$\mathbb{K}$的形式来表达的话,则在高速时的R_t/Δ将急剧增加,以致阻力曲线非常陡直,掩盖了诸如兴波阻力的峰谷等重要特性。所以傅汝德用$\mathbb{C}$除以$\mathbb{K}^2$,并乘以$1\,000$,这样既可显示这些特性,又避免给出过小的阻力系数。

总阻力系数$\mathbb{C}$和$C_t = R_t \left/ \dfrac{1}{2}\rho v^2 S\right.$之形式不同,但都表示总阻力的特性。两者之间存在如下关系:

$$\mathbb{C}/C_t = \frac{125}{\pi} \times \mathbb{S} \qquad \text{或} \qquad \mathbb{C} = C_t \times \frac{125}{\pi} \times \mathbb{S} \tag{4-7}$$

由此可见,对几何相似的实船和船模,$\mathbb{C}$与总阻力系数C_t成正比关系。

根据上述给出的无量纲系数的定义,由模型试验所得船模阻力与速度的关系可用$\mathbb{C}_m$-$\mathbb{K}$的形式来表达,但常见的是用已换算到船长为$122\ \text{m}$的$\mathbb{C}_{122}$对$\mathbb{K}$的形式来表达。

由模型的$\mathbb{C}_m$-$\mathbb{K}$关系曲线,可以换算得实船的$\mathbb{C}_s$曲线。这是因阻力关系式为

$$C_{ts} = C_{fs} + (C_{tm} - C_{fm}) + \Delta C_f = C_{tm} - (C_{fm} - C_{fs} - \Delta C_f)$$

参照式(4-7),以相应的$\mathbb{C}$值代入上式,则有

$$\mathbb{C}_s = \mathbb{C}_m - \frac{125}{\pi}\mathbb{S}(C_{fm} - C_{fs} - \Delta C_f) \tag{4-8}$$

对于给定$\mathbb{C}_{122}$对$\mathbb{K}$的情况,则有

$$\mathbb{C}_s = \mathbb{C}_{122} - \frac{125}{\pi}\mathbb{S}(C_{f122} - C_{fs} - \Delta C_f) \tag{4-9}$$

式(4-8)和式(4-9)中的右端最后一项叫摩擦阻力修正值,同样是由于尺度作用和粗糙度引起的。该两式就是傅汝德表达法的实船与船模阻力的换算关系式。

3) 比较不同船型的阻力性能

在船舶设计过程中比较不同船型的优劣时,应首先把不同船型的阻力资料均换算到大小相同的船舶之阻力,然后在相同速度时比较单位排水量总阻力R_t/Δ的大小作为判别不同船型阻力性能优劣的衡量标准。采用这种船型优劣衡量标准主要考虑R_t/Δ实际上体现了船舶的经济性。但由于尺度作用的影响,即使船型相似,但大小不同的船,它们的R_t/Δ值是不同的。所以,只有对大小相同的船,在相同速度下才能准确地判别船型的优劣。根据上述船型衡量标准,对不同的阻力数据表达法,具体的比较方法亦不完全一样。

(1) 傅汝德表达法比较阻力性能

如果用傅汝德的$\mathbb{C}$对$\mathbb{K}$表达法比较不同船型的阻力性能时,应首先换算到同一排水量情况下的$\mathbb{C}$-$\mathbb{K}$曲线,这样相同$\mathbb{K}$值也就是速度相同,因此只要计算设计航速时的$\mathbb{K}$值,并在该$\mathbb{K}$值处绘一垂线,即可得相应于$\mathbb{C}$值最低的船型,如图4-4所示。现行习惯是将阻力换算到船长为$122\ \text{m}$的$\mathbb{C}_{122}$对$\mathbb{K}$的表达形式。因此在比较相同长度的不同船型的阻力性能时,必须在各船的排水量长度系数Δ/L^3保持相同的情况下进行,这样在相同的$\mathbb{K}$值就是在相同的速度情况下进行比较,如图4-5所示。

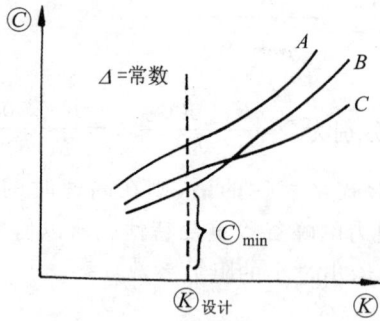

图 4-4 ⓒ-Ⓚ比较船型阻力性能

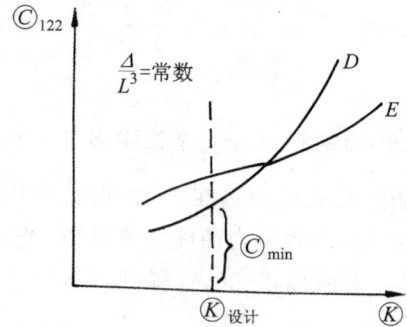

图 4-5 ⓒ₁₂₂-Ⓚ比较船型阻力性能

（2）泰洛表达法比较阻力性能

对于泰洛的 R_t/Δ 对 Fr 表达法只要换算到相同船长情况下的对应曲线，就可以比较不同船型的阻力性能，这样在相同 Fr 数时的阻力性能比较，实际上就是在速度相同情况下对不同船型阻力性能的比较。若在设计时船长和速度已知，则在相应的 Fr 数处绘一垂直线，即可得对应于 R_t/Δ 最低的船型。

如果用单位排水量剩余阻力 R_r/Δ 对 Fr 表达法比较不同船型的阻力时，同样应换算到相同船长情况下进行，相同的 Fr 数，即在相同速度下获得对应于 R_r/Δ 最低的船型就是阻力性能优良的船型，因为当船长一定时，船体形状变化对湿面积影响不大，亦即对摩擦阻力影响不大，因此 R_r/Δ 最低就意味着单位排水量总阻力 R_t/Δ 最低。

由上知，在设计过程中根据不同情况可以选用不同的表达法来比较不同船型的阻力性能。若在决定船型前船长 L 和船速 V 已确定，则可用泰洛表达法；而在排水量 Δ 和船速给定情况下，则选用傅汝德表达法较方便。

应该指出，船模阻力数据表达法的形式很多，但有些方法并不恰当，因其在相同的速度系数下并不能用来比较不同船型的单位排水量总阻力 R_t/Δ 的大小，亦即不能比较不同船型的阻力性能。

常见的ⓒ对 $V/\sqrt{L}$ 表达法就是一例。这是因为

$$\text{ⓒ} \propto \frac{R_t}{\Delta^{2/3}V^2} \propto \frac{R_t/\Delta}{(L/\Delta^{1/3})(V/\sqrt{L})^2} \tag{4-10}$$

用上面阻力系数ⓒ与速度系数 $V/\sqrt{L}$ 的表达式，判断阻力性能优劣的单位排水量阻力 R_t/Δ 时，还需保证比较的两船 $L/\Delta^{1/3}$ 相等，否则此种表达法不能用于比较不同船型的优劣。

第5章 附加阻力

排水量船在航行时,水下部分除了裸船体受到摩擦阻力、兴波阻力、黏压阻力和破波阻力之外,各种附属体也受到水阻力,水面以上的船体受到空气阻力,风浪亦使船的阻力相对静水时有一定增加。这三种因素产生的阻力合力称为附加阻力。本章就这三种阻力加以概述,并适当介绍这些阻力的确定方法及设计时应注意的事项。

5-1 附体阻力

一般船模试验在船体外面不安装舵、舭龙骨、轴包架、轴和支轴架等附体,实船必须安装一定的附体,由于水对附体作用而增加的那一部分阻力称为附体阻力。

由于船的附体通常安装在水线以下较深的位置,且相对尺寸较小,因而认为附体阻力的主要成分是摩擦阻力和黏压阻力。支轴架等这类较短的附体,其阻力成分主要是黏压阻力,并可认为其阻力系数与速度无关;而舭龙骨、轴包套等较长的沿流线方向安装的附体,主要是摩擦阻力。

1. 确定附体阻力的方法

目前要确定附体阻力尚有相当难度,其原因在于两方面。其一是由于附体阻力的复杂性所决定,因为确定附体阻力问题除要精确地确定各种附体的自身阻力外,还要确定附体与船体之间的干扰阻力;其二即使通过模型试验方法来确定附体阻力,由于船模速度低,附体尺度小,因而存在较严重的尺度效应问题。当附体阻力占总阻力的比例不大时,模型试验虽有尺度效应,但影响的量级相对较小,用船模带有附体的试验方法,尚能得到较满意的结果。工程上,确定附体阻力一般采用近似方法,主要有两种,一种是应用已有资料或经验公式进行估算,另一种是通过模型试验确定附体阻力。

1) 应用已有资料或经验公式确定附体阻力

这是一种不通过模型试验求取附体阻力的方法,用于船舶初步设计阶段,具体应用亦分两种类型,一种是分别求出每一附体阻力之后相加,可参照设计手册估算各个附体阻力,如各附体尚没有精确资料,可按表 5-1 估计附体增加的阻力;另一种方法是将所有各附体总起来计算,在船舶设计中,附体阻力常用附体系数(百分数)k_{ap} 的形式来表示,它是装置全部附体后较之裸体船所增加的有效功率(或阻力)与裸体船所需有效功率(或阻力)之比,因此附体系数又称附体阻力百分数,这样,计及附体后的实船有效功率 p_{el} 可由下式计算得到

$$p_{el} = p_{eb}(1 + k_{ap}) \tag{5-1}$$

式中,p_{eb} 为裸船体所需有效功率;k_{ap} 值可根据各类船舶统计值选取,如表 5-1 所示。

中、低速船的附体系数与速度的关系甚小,但高速船或军舰因兴波阻力占总阻力的主要部分,附体也影响兴波阻力的增大。表 5-1 中附体系数供正常设计情况下参考,若附体形状特殊或未按流线方向设计,则附体系数应适当加大。

表 5-1 不同类型船的附体系数

船　舶　种　类	$k_{ap}/\%$
单螺旋桨民用船	2～5
双螺旋桨民用船	7～13
双或四螺旋桨高速军舰	8～15

2）应用模型试验确定附体阻力

目前确定附体阻力比较普遍的方法是采用模型试验,具体做法是:通过带有附体的船模试验和裸船体船模试验所得到的总阻力之差来确定附体阻力。为了减少尺度效应,要采用尽可能大的模型进行船模试验。

设模型试验得到的裸体船模的总阻力为 R_m,加装全部附体后的总阻力为 $R_m+\Delta R_m$,则模型的附体阻力系数

$$C_{apm}=\Delta R_m \Big/ \frac{1}{2}\rho_m S_m v_m^2 \tag{5-2}$$

模型的附体系数 $k_{apm}=\Delta R_m/R_m$,相应实船的裸体阻力 R_s 可通过换算得到,而相应实船的附体阻力 ΔR_s 可由下面两种方法得到。

（1）认为实船的附体阻力系数 C_{aps} 等于船模的附体阻力系数 C_{apm},则有

$$\Delta R_s=C_{apm}\frac{1}{2}\rho_s S_s v_s^2 \tag{5-3}$$

若不计水密度的差别,由上式可得到

$$\Delta R_s=\lambda^3 \Delta R_m \tag{5-4}$$

式中 λ 为模型的缩尺比。

由于尺度效应的影响,按上式计算实船附体阻力结果偏大,为此引入一个附体尺度效应因子 β 进行修正,即有

$$\Delta R_s=\beta\lambda^3 \Delta R_m \tag{5-5}$$

或

$$C_{aps}=\beta C_{apm} \tag{5-6}$$

式中 β 的具体数值英国有关研究部门的建议可取 0.5 或 0.6,但尚未为各国广泛采用。

（2）认为实船的附体系数 k_{aps} 等于模型的附体系数 k_{apm},这样实船的附体阻力

$$\Delta R_s=k_{apm}R_s \tag{5-7}$$

实用上常用这种方法确定实船的附体阻力。

2. 附体设计应注意的事项

附体阻力的主要成分是黏压阻力和摩擦阻力,因此附体的设计应从减少这两种阻力成分入手,附体设计应注意的事项主要有

（1）附体应沿船体流线方向设置,其目的是减小由附体所产生的旋涡,从而减少黏压阻力。舭龙骨的长度通常为船长的 30%～50%,如布置得当,其阻力基本上仅为摩擦阻力,但如与流线交叉,将引起很大的黏压阻力,故其安装位置需经流线观察试验确定,同样轴包架、轴支架等也应尽可能沿水流方向装置。

（2）尽可能采用湿面积较小的附体,其目的在于减小附体所引起的摩擦阻力。

（3）一般附体沿水流方向应采用流线型对称剖面,这对减小附体阻力有显著的作用,常见的舵、轴支架、轴包架等沿水流方向的剖面形状均应设计成流线型。

5-2 空 气 阻 力

船舶在航行中,其船体水线以上部分和上层建筑将受到空气的阻力,包括摩擦阻力和黏压阻力两部分。因为空气的密度和黏性系数都比水要小,故摩擦阻力只占极小部分,就目前一般船舶而言,其所受到的空气阻力主要是黏压阻力,它与船舶水上部分的外形以及与风的相对速度大小和方向有关,但空气阻力通常只占船的总阻力的很小部分。

空气阻力可由下式计算

$$R_{aa} = C_{aa} \frac{1}{2} \rho_a A_t v_a^2 \tag{5-8}$$

式中,R_{aa}为空气阻力(N);C_{aa}为空气阻力系数;ρ_a为空气的质量密度,可取 1.226 kg/m³;A_t为船体水线以上部分在横剖面上的投影面积(m²);v_a为空气对船的相对速度(m/s);$v_a = v_s + u_w \cos\varphi_a$,这里 u_w 为风速,由表 5-2 查得;φ_a 为风速 u_w 与船速 v_s 之间的夹角。

表 5-2 蒲福(Beaufort)风级表

风级	名称	风速 /kn	风速 /(m/s)	海 面 情 况
0	无风	<1	0~0.2	水平如镜
1	软风	1~3	0.3~1.5	微波涟漪,没有浪花
2	轻风	4~5	1.6~3.3	小波、短波长,波形明显
3	微风	7~10	3.4~5.4	小波较大,波峰开始破碎、间或白浪
4	和风	11~16	5.5~7.9	小浪,波长变长,白浪成群
5	清劲风	17~21	8.0~10.7	中浪,有显著长波形状,白浪很多
6	强风	22~27	10.8~13.8	大浪形成、白色浪花的波峰触目皆是、有飞沫
7	疾风	28~33	13.9~17.1	大浪,碎浪的白色浪花开始被吹成带状
8	大风	34~40	17.2~20.7	长的大浪,浪峰边缘开始破碎成浪花、带状明显
9	烈风	41~47	20.8~24.4	狂浪,密集的白浪花带,飞沫影响能见度
10	狂风	48~55	24.5~28.4	狂涛,海面成白色,白色浪花大片被风削去
11	暴风	56~63	28.5~32.6	异常狂涛,浪峰边缘被吹到空中
12	飓风	64 以上	大于 32.6	空中充满白色浪花及飞沫,严重影响能见度

空气阻力可通过试验方法来确定,一种是在风洞中做船舶水上部分的模型试验,另一种是将带有上层建筑的船模倒置在水中进行拖曳试验。图 5-1 是三岛式船和客船的试验结果。

实用上所说的空气阻力,是指船舶在静止空气或风速小于 2 级情况下航行时所遭受的空气阻力。对一般船舶,特别是肥大船,可按下式估算空气阻力系数

$$C_{aa} = R_{aa} \Big/ \frac{1}{2}\rho v_s^2 S \approx 0.001 A_t/S \tag{5-9}$$

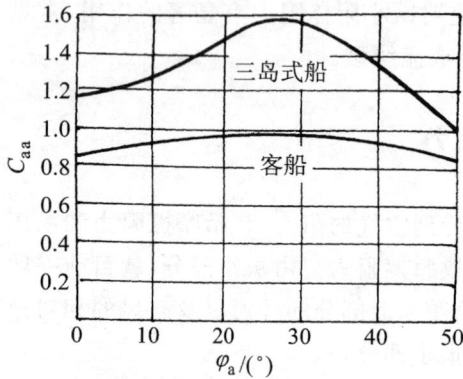

图 5-1 空气阻力系数 C_{aa} 值

式中，ρ 为水的质量密度；S 为船体湿表面积（m^2）；v_s 为船速（m/s）；A_t 为船体水线以上部分在横剖面上的投影面积（m^2）。

作为粗略估算，特别是在船舶设计中常以裸体阻力的百分数来估算空气阻力，不同的船舶空气阻力百分数 k_{aa} 是不同的，一般船舶，如风速不大于 2 级时，其空气阻力百分数 $k_{aa}=2\%\sim4\%$，而高速军舰则要大得多。如果已确定船的附体阻力和空气阻力，则实船的有效功率

$$p_{et}=p_{eb}(1+k_{ap}+k_{aa}) \qquad (5\text{-}10)$$

式中 p_{et} 又称静水有效功率。

在设计船体上层建筑时，应注意上层建筑尽可能低而长，尽可能减小水上部分在横舯剖面上的投影面积，这样可减小迎风面积；上层建筑前端应设计成流线型，后端可做成阶梯形。

根据风洞试验，空气阻力系数 C_{aa} 的平均值为

普通货船	$C_{aa}=0.1\times10^{-3}$
散装货船	$C_{aa}=0.08\times10^{-3}$
油船	$C_{aa}=0.08\times10^{-3}$
超级油船	$C_{aa}=0.04\times10^{-3}$
渔船	$C_{aa}=0.13\times10^{-3}$
客船	$C_{aa}=0.09\times10^{-3}$
渡船	$C_{aa}=0.1\times10^{-3}$
集装箱船	$C_{aa}=0.08\times10^{-3}$ （甲板上无集装箱）
	$C_{aa}=0.1\times10^{-3}$ （甲板上有集装箱）

5-3　波浪中的阻力增值

船舶在风浪中航行时的阻力将较在静水时为大，所增加的阻力称为波浪中的阻力增值，或称为汹涛阻力，记作 R_{aw}。R_{aw} 的大小与风浪大小、方向及船型、航速等因素有关。R_{aw} 是船体阻力在波浪中航行时的时间平均值与静水中阻力之差，因此与实际船体航行区域的平均海况相关，需参考波浪的长期统计资料。图 5-2(a) 和图 5-2(b) 分别为某船在规则波与不规则波中迎浪航行时的阻力增值曲线示意图。图中 R_s 是静水阻力，R_{aw} 是汹涛阻力的平均值。由图可知，在规则波情况下，R_{aw} 不随时间而变，汹涛阻力的瞬时值与平均值之差 ΔR_{aw} 按波浪遭遇周期有规则地变化。在不规则波中，R_{aw} 和 ΔR_{aw} 是服从概率正态分布的随机变量。R_{aw} 波浪中的阻力增值主要对船舶经济运营影响较大，ΔR_{aw} 与设计的恶劣海况相关，下面主要考虑 R_{aw} 波浪中的阻力增值。

1. 在波浪中引起阻力增加的主要原因

1）船体运动

船舶在波浪中航行时，将产生纵摇、升沉、横摇和摇首等各种运动，使阻力增加，航速降低。

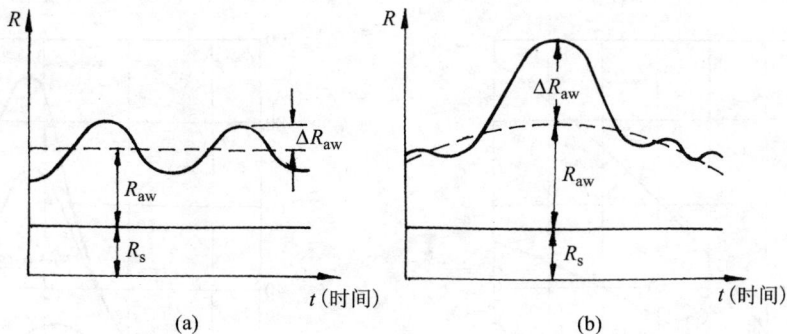

图 5-2　波浪中的阻力增值曲线

(a) 在规则波中；(b) 在不规则波中

一般认为引起船舶阻力增加主要是由纵摇、升沉运动所致,而横摇和摇首较为次要;而且船舶在波浪中所增加的阻力值与船体运动的振幅等参数有关。

2）船体对波浪的绕射作用

由于波浪遇到船体后,被船体绕射而产生反射水波,该水波的能量就是船体阻力增值的一部分。此外,由于波浪作用引起船体周围压力产生周期性变化,因而阻力随之发生变化,但其平均值较静水阻力为大;同时在波浪中船体严重的淹湿性使浸湿面积增大亦是造成阻力增加的因素之一。

2. 影响波浪中阻力增值的因素

波浪中的阻力增值问题相当复杂,但此直接影响到船运行成本的用油量,有关的速度损失问题又涉及波浪中的推进和操纵性等问题,因而近年来此类问题受到造船工程研究部门的重视。据已有的研究表明,影响波浪中阻力增值的因素主要有船型和波浪两方面。

（1）从波浪情况来看,根据多年来船模和实船在波浪中的试验和测量结果,可以得到以下几个普遍的结论。

① 不论船型的肥瘦情况如何,同一船舶的波浪中阻力增值随所遭遇的波高而增加,遭遇的波浪越大,船体运动愈剧烈,阻力愈大。大量的实验表明,波浪中的阻力增值与波高的平方成正比。图 5-3 是肯夫给出的不同方形系数的船舶在波浪上航行时的速度降低百分数与波高的关系。

② 波浪中的阻力增值主要取决于船舶的纵摇和升沉运动的强烈程度以及与波浪的相位关系。相对来说,横摇与首摇运动等产生的阻力增值较小,一般可不予考虑。当波浪周期与船的纵摇周期接近时,即使在波高相对来说并不大的情况下,也会发生相当大的纵摇运动,此时船体阻力增值可能很大;实用上可以变更船的航速或航向来避免这种情况。

③ 路易斯的研究指出,若所遇波浪的波长在船长 3/4 以下者产生的纵摇和升沉运动都较小,但等于或大于船长时所产生的运动将大为加剧,波浪中的阻力增值亦将显著增大。图 5-4 是在迎浪情况下的模型试验结果,在波长与船长比 $\lambda/L = 1.0$ 附近的区域,是纵摇谐振区,因而也是阻力增值 R_{aw}/Δ 的峰值区。

（2）从船型来看,船模在波浪上的试验和实船试验结果,在静水中阻力较低的船在波浪中的阻力增值也相对较低。但为了设计阻力较小的优良船型,不仅要研究各种船型的静水阻力性能,而且还要研究船型对波浪阻力增值的影响,以供设计时参考。

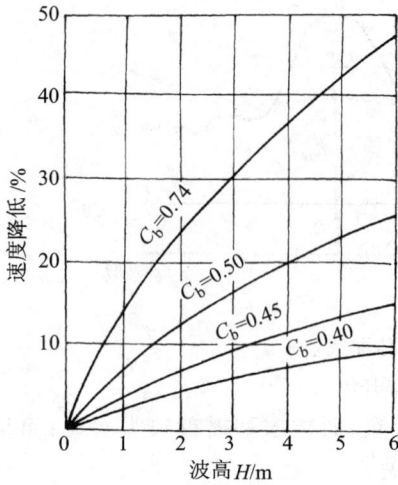

图 5-3　波高对船速的影响　　　　　　图 5-4　规则波中的阻力增值（迎浪情况）

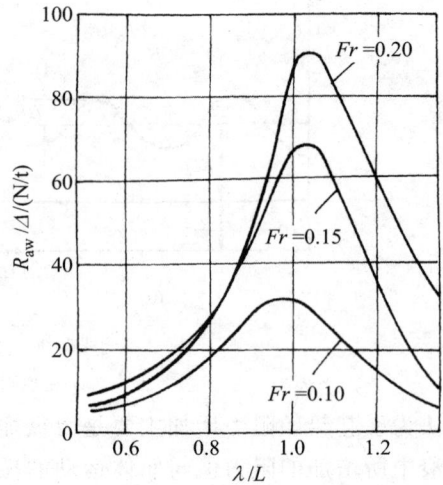

由图 5-3 同样可以看到,方形系数 C_b 不同的船在遭遇相同情况的波高时,它们的阻力增值是不同的。方形系数较小的船,在波浪中的速度损失受波高的影响也较小。当船的方形系数超过某值时(如 0.74),在波浪中的速度损失随波高的增大而迅速增长。

由路易斯研究结果可知,如所设计的船航行于经常出现波长与船长之比大于 3/4 范围的航区,必须对波浪中阻力增值予以一定重视。

此外,试验结果还表明,如果船首采用 V 型剖面则波浪中阻力增值较 U 型者为小。在同样风浪下,船舶处于满载状态的阻力增值较压载状态为小,这是因为前者的船体运动较后者为小的缘故。

3. 波浪中阻力增值的处理与储备功率

船舶在风浪中航行时,由于风浪作用而产生阻力增值,这样会出现下面两种情况。

(1) 由于波浪阻力增值的存在,如保持静水中相同功率时,航速必然会有所下降,这种航速的减少称为速度损失或简称失速。

(2) 考虑到波浪中的阻力增值,如要维持静水中的相同航速,则必须较原静水功率有所增加,所增加的功率称为储备功率。

在船舶设计时,通常总是综合考虑波浪中的阻力增值、强风作用下所增加的空气阻力、污底增加的阻力、主机性能下降以及在风浪中由于操纵性恶化而增加的阻力等各种因素。因此,船舶在波浪中航行时的储备功率不仅与阻力的增加有关,而且与航行区域的海况及气候条件有关。

马隆(Malone)提出的船舶在风浪中平均有效功率增量 ΔP_e(kW)的经验公式,可供近似估算储备功率时使用,其公式为

$$\Delta P_e = 4.594 B \cdot \Delta (2\zeta_w + 0.152)^2 / (TL_{bp}^2) \tag{5-11}$$

式中 ζ_w 为波高(m)。可按 $\zeta_w = 0.02 v_w^2$ 确定。v_w 是风速,以 m/s 计。

若以 L 代替 L_{bp},则上式可改写为

$$\Delta P_e = 4.594 (2\zeta_w + 0.152)^2 \frac{C_b}{L/B} B \tag{5-12}$$

由式(5-12)可知,ΔP_{e}随方形系数和船宽的增大而增大,但随L/B的增大而减小。现举计算实例如下。

已知某滚装船的主尺度为$L_{\mathrm{bp}} \times B \times T = 167 \times 27.34 \times 9.12\ \mathrm{m}^3$,$\Delta = 29\,753\ \mathrm{t}$,$C_{\mathrm{b}} = 0.712$,试航时航速为$V_{\mathrm{s}} = 18\ \mathrm{kn}$,此时有效功率$P_{\mathrm{e}} = 7\,186\ \mathrm{kW}$,按马隆公式的计算结果如表5-3所列。

表 5-3　波浪中功率增量计算结果

蒲氏风级	4	5	6	7	8
平均风速/(m/s)	4	9.4	12.3	15.5	19
浪高/m	4	1.77	3	4.8	7.2
ΔP_{e}/kW	4	224.2	622.5	1564.4	3483.3
$\Delta P_{\mathrm{e}}/P_{\mathrm{e}} \times 100$	4	3.12	8.66	21.77	48.5

从表5-3可见,在4级风以下或浪高小于1 m时,风浪对该船的阻力性能影响很小;但在6~7级风或浪高为3~5 m时,波浪引起的功率增量约为10%~20%。当浪高达7 m时,此增量将近50%,可见影响很大。

船舶设计中常用储备功率百分数(或称附加数)来表示储备功率的大小。该百分数是在已计入附体阻力、空气阻力以后所需静水航行功率后再增加的功率百分数,记为k_{aw}。这样计及波浪中阻力增值等因素后的实际有效功率p_{ew}与静水有效功率p_{et}的关系为

$$p_{\mathrm{ew}} = p_{\mathrm{et}}(1 + k_{\mathrm{aw}}) \tag{5-13}$$

以式(5-10)代入,则有

$$p_{\mathrm{ew}} = p_{\mathrm{eb}}(1 + k_{\mathrm{ap}} + k_{\mathrm{aa}})(1 + k_{\mathrm{aw}}) \tag{5-14}$$

并以此来确定主机功率。船舶建成后,在要求装载情况下,且主机额定功率在平静水域中所能达到的速度叫试航速度。但考虑到船舶在航行中因受风浪和污底等原因致使增加阻力,故实际航速总是低于试航速度。因此常以持久功率(约为额定功率的85%~90%)在平均海况下船舶所能达到的航速称为服务速度。

储备功率的多少应视船长、船型、航道和船的业务性质而异,通常根据船长和方形系数相近的同型船舶在同样条件下航行的经验加以确定,一般取$k_{\mathrm{aw}} = 15\%~30\%$,或者由耐波性试验求得,但备用功率不宜过大,否则在良好气候中,其结果很不经济;而在恶劣气候下,为防止发生危险事故,机器功率必须减低,也不能发挥储备功率的作用。

考虑汹涛阻力的另一种方法是将服务速度另加0.5~1.0 kn作为试航速度,然后以此试航速度为基础来估算功率。但不论哪种方法,都仅适用于民用船。至于军舰,因对作战能力的特殊需要,在航速上有巡航速度和最大航速之分,且两者相差很大(50%或更多)。其主机的功率配备都是以满足在静水中能达到最大航速为标准。所以功率估计仅考虑其在静水中的需要,在波浪中则尽力维持其可能达到的最大速度。相对于巡航速度而言,军舰已具有极大的备用功率,所以这时的备用功率问题自然无须考虑。

第6章　船型对阻力的影响

船舶设计中的一个重要步骤是确定船型参数,就是确定表征船体水线以下部分的一些特征参数的数值和几何形状。但应该指出,船舶设计是一个必须考虑各种因素的综合性问题,船型参数的选择应顾及总体布置、工艺结构、快速性、耐波性、稳性、航区和经济性等诸方面既有联系又有矛盾的各种要求。

本章主要应用船舶阻力的基本知识,在分析船模试验和实船试航的基础上讨论船型对阻力的影响,便于在船舶设计过程中考虑选择阻力较低的船型参数;同时亦可对某些给定船舶的阻力性能进行分析,以期供设计或改型时考虑。

6-1　船型对阻力影响的基本概念

为便于叙述和理解船型对阻力的影响,有几个概念应先阐述。

1. 船型、航速与阻力性能之间的关系

1) 优良船型的含义

船型对阻力性能的影响是与船速密切联系的,在不同速度范围内,船型参数对阻力的影响不仅程度上不同,甚至还有本质上的差别。因此,所谓阻力性能优良的船型是对某一定速度范围而言。换句话说,优良的船型将随速度而异,低速时阻力性能良好的船型,在高速时可能反而不佳。由此可以推断,对于不同速度范围内的船舶说来,影响船体阻力的主要船型参数应该是不同的,为此,在船舶设计过程中考虑参数选择的出发点应视具体情况而定。

由此可知,讨论船型对阻力的影响问题,必须与设计船的速度范围联系在一起。但是应该看到,对于同一设计船的航速也有不同的要求,如民用船舶,速度有服务速度和试航速度之分。前者是在平均海面情况中所能达到的速度,后者是在试航时使用全部功率所达到的速度。过去惯例是在任务书中规定试航速度,但对实际服务情况未必经济合理;对军舰,其巡航速度与最大速度相差甚大,对船型的要求常相矛盾。所以这些不同的航速要求,在设计中应根据具体情况予以注意。

2) 船舶分类及其主要阻力成分

讨论船型对阻力性能的影响问题,必须与设计船的速度范围联系在一起。

目前研究一般水面排水型船的阻力问题,较普遍的是按照傅汝德数将各类船舶分为低速船($Fr<0.20$)、中速船($0.20<Fr<0.30$)和高速船($Fr>0.30$)。一般民用船大多属于中、低速船的范围;而军舰乃属于高速船之列。各类船舶的速度范围不同,因而它们的主要阻力成分亦不一样,所以船型设计所考虑的侧重面各不相同。

低速船航速较低,兴波阻力很小,其总阻力中摩擦阻力与黏压阻力占主要成分,因此在设计这类船舶时,重点在于减小摩擦阻力和黏压阻力。摩擦阻力主要决定于船体的湿面积,因而这类船的形状比较肥短,其目的是为了获得较小的船体湿表面积以减小摩擦阻力。但这类船

的尾部易于产生旋涡,因此必须注意去流段的设计,以防止黏压阻力的增大。

中速船的航速较低速船有所增大,兴波阻力成分随之增大,故在设计过程中既要注意减小兴波阻力,又要防止其他阻力成分的增长。为此,一方面要恰当地选择船型参数以造成首尾波系的有利干扰;另一方面,船型适当地趋于瘦削,这样可以避免产生大量旋涡,有利于减小黏压阻力。

高速船的兴波阻力是总阻力中的主要成分,有时可达50%以上。为此,设计中应力求减少兴波阻力。一般说来,高速船兴起的波浪长度都比较长,首尾波系在船尾产生有利干扰的可能性很小,所以在设计时致力于减小船首波系的波高,因而这类船都比较瘦长,特别是前体更甚,其目的就在于尽可能减小兴波阻力。

2. 确定影响阻力的船型参数

船体表面形状是一个复杂的几何曲面,不同的船型只能用各自的型线图来表达。但为了用具体的数量概念来表达各种船型特征以及不同船型之间的差别,为此必须用各种参数,即船型参数来表示各种船型特征。

由船舶阻力相似定律知,对于一定的船型,其总阻力系数是 Re 和 Fr 数的函数。若考虑船型变化,则总阻力系数表达式可改写为

$$C_t = f(Re, Fr, \text{船型参数}) \tag{6-1}$$

其中,船型参数主要包括3个方面。

(1) 主尺度比。有长宽比 L/B,宽度吃水比 B/T,由于该两比值确定后,长度吃水比 L/T 随之而定,故 L/T 不作独立参数。

(2) 船型系数。有方形系数 C_b 和棱形系数 C_p、船中横剖面系数 C_m 以及排水体积长度系数 ∇/L^3 $\left(\text{亦有采用排水量长度系数} \dfrac{\Delta}{(0.01L)^3}, \text{或者长度排水体积系数} \dfrac{L}{\nabla^{1/3}} \text{等系数}\right)$。这些船型系数都可通过横剖面面积曲线来表达和计算得到。

这里所述的六个船型参数,并非完全独立,存在如下关系

$$C_p = C_b/C_m$$

又有

$$\frac{\nabla}{L^3} = \frac{C_p A_m L}{L^3} = \frac{C_p(C_m BT)}{L^2} = C_p C_m \Big/ \left[\left(\frac{L}{B}\right)^2 \frac{B}{T}\right]$$

因而上述六个参数中,可取四个作独立参数。由于 ∇/L^3 代表了船的排水体积和船长之间的关系,因而较之 L/B 更能表示船体的肥瘦程度,所以一般选取 ∇/L^3 作独立参数;至于船型系数,除 C_m 外,根据所讨论的船舶,可在 C_p、C_b 之间选取一个作为讨论参数。

(3) 船体形状。表征船体形状的因素很多,可归纳为3个主要方面。

① 横剖面面积曲线的形状,可由浮心纵向位置 x_c,平行中体长度 L_p 和位置,以及曲线两端的形状来表征。

② 满载水线面的形状,可以由满载水线面的面积,满载水线平行中段,满载水线首尾端的形状以及满载水线首端半进角等因素表征。

③ 首尾形状,包括首尾横剖面形状和纵剖面形状。

若上述诸方面的各项参数、特征一定时,船的形状可以说基本上确定,故总阻力系数表达式可改写成

$$C_t = f\left(\frac{\nabla}{L^3}, \frac{B}{T}, C_p, C_m, \text{船体形状}, Fr\right) \tag{6-2}$$

式(6-2)中没有考虑 Re 的影响。这是因为在一定范围内改变船型对摩擦阻力影响甚小,且摩擦阻力可以通过计算得到;而 Fr 对剩余阻力有较大影响。

3. 船型对阻力影响问题的研究方法

由于目前还不可能用理论计算方法来确定船型诸参数对船体阻力的影响,所以现在解决这个问题的主要手段是船模系列试验方法。所谓船模系列试验,就是对所研究的问题,选定母型船,并系统地变化影响船体阻力的船型参数,制成一系列船模。然后这些系列船模在各对应装载情况下进行拖曳试验,最后根据试验结果分析得出船型参数对阻力影响的关系。

派生系列船模改变船型的方法有两种,一种是仿射变化,将船体表面上各对应坐标分别按一定比例放大或缩小,从而得到不同的系列船模。例如,将母型船横剖面的半宽和水线间距都乘以常数 K,即可得到一组仅 $\dfrac{\Delta}{(0.01L)^3}$ 不同的船模。如将横剖面的半宽乘以常数 K 而将水线间距乘以 $\dfrac{1}{K}$,可导得另一组仅 $\dfrac{B}{T}$ 不同的船模。如将这两种变化合并,则可导得一组 $\dfrac{\Delta}{(0.01L)^3}$ 和 $\dfrac{B}{T}$ 都不同的船模。但必须注意,这组船模的棱形系数 C_p 是完全相同的,也就是说如以船中横剖面面积为 100% 所绘制的横剖面面积曲线完全相同。

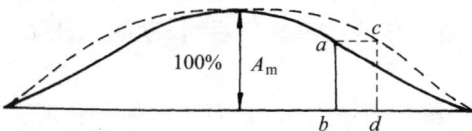

图 6-1　绘制系列船模横剖面面积曲线的方法

另一种是改变线型特征的方式,例如要得到 C_p 不同的船模,则要另行绘制一新的横剖面面积曲线。如图 6-1 中虚线所示,将母型船模相当于 ab 位置的横剖面向前移至 cd 处的新剖面,这样可以得到另一组与母型船模相比,不仅 $\dfrac{\Delta}{(0.01L)^3}$ 和 $\dfrac{B}{T}$ 都不相同,而且 C_p 亦不同的新船模。

比较著名的船模系列试验研究有泰洛(Taylor)标准组船模系列和陶德系列 60。前者以某军舰作为母型船,后者在分析某些单桨运输船基础上分别派生出不同的系列船模进行了船模系列试验研究。

6-2　船体主尺度的影响

1. 排水量长度系数对阻力的影响

排水量长度系数 $\dfrac{\Delta}{(0.01L)^3}$ 又称瘦长系数,代表了船舶的瘦长程度,系数大者意味着在同样的长度范围内分布有更多的排水量,或者把同样的排水量分配在较短的船长范围内,因此表示船体肥而短;反之,该系数小者表示船体瘦长。

船型参数 $\dfrac{\Delta}{(0.01L)^3}$ 的变化可以由以下两种情况所引起。

(1) 若在排水量 Δ 一定时,要求船中横剖面系数 C_m、C_p 和 $\dfrac{B}{T}$ 都保持不变,则 $\dfrac{\Delta}{(0.01L)^3}$ 的

变化是由同时改变宽度和吃水并相应改变船长 L 而得到的。

(2) 若船长 L 一定时：要求 C_m、C_p 和 $\dfrac{B}{T}$ 均保持不变，则 $\dfrac{\Delta}{(0.01L)^3}$ 的变化是由同时改变 B 和 T 以致由 Δ 变化而得到的。

现在分别讨论这两种情况下的阻力变化情况。

1）由船长变化，讨论 $\dfrac{\Delta}{(0.01L)^3}$ 的影响

在 Δ 一定时，讨论 $\dfrac{\Delta}{(0.01L)^3}$ 的影响，实际上是讨论船长的影响问题。

(1) 对摩擦阻力影响

由于湿面积可按 $S = C_s \sqrt{\nabla L}$ 估算，在参数 C_m、C_p 和 $\dfrac{B}{T}$ 不变情况下，C_s 近似为常数，因此可认为在排水量一定时，S 与 $L^{1/2}$ 成正比关系。

由此可知，船长增大时，湿面积将随之增加，而一般说来船长增大时，Re 增大所引起的摩擦阻力系数减小是极微的。因此增大船长 $\left(\text{或减小} \dfrac{\Delta}{(0.01L)^3}\right)$ 将使摩擦阻力增加。

(2) 对剩余阻力的影响

因为在排水量 Δ 一定时，增加船长，必定要求 B、T 同时减小，因而 L/B 增大，所以船型变得较瘦长，这样对剩余阻力产生的影响反映在两个方面：一方面，船型瘦长，将使黏压阻力下降；另一方面，船宽 B、吃水 T 减小，将使兴波阻力下降。

显然，在 Δ 一定时，增加 L 将使剩余阻力下降，图 6-2 是泰洛的试验结果，由图中表格知，随着 L 增加，剩余阻力 R_r 下降相当明显。

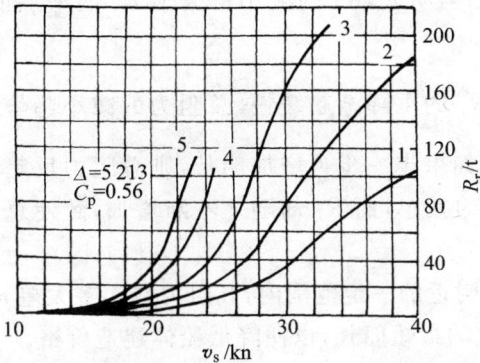

No	L/m	B/m	T/m	A_m/m^2
1	169.1	13.0	4.45	53.60
2	142.7	14.16	4.85	63.54
3	121.9	15.32	5.24	74.32
4	103.7	16.6	5.68	87.33
5	93.02	17.52	6.00	97.45

图 6-2 船长对剩余阻力的影响

(3) 对总阻力的影响

由于在一定 Δ 时，增长 L 的结果使摩擦阻力 R_f 和剩余阻力 R_r 产生完全相反的影响，因而对总阻力的影响取决于 R_f 与 R_r 两者增减的数值而定。但由前知，对于不同航速的船舶说来，R_f 和 R_r 占总阻力的比重是不同的，因而船长对总阻力的影响也将是不同的。

① 对低速船，R_f 占总阻力的主要成分，可达总阻力的 70% 以上。而 R_r 所占比例较小，因此当排水量一定时，增长 L $\left(\text{即减小} \dfrac{\Delta}{(0.01L)^3}\right)$，剩余阻力的减小值不大，因此总阻力几乎无甚下降，如果 L 过大时，总阻力反而增大，如图 6-3(a) 所示。因此在实用上，低速船的船长尽量

取得小些，$\dfrac{\Delta}{(0.01L)^3}$尽量大些，船型为短而肥，这不仅从阻力观点，而且从增大舱容，降低造价等均有利。

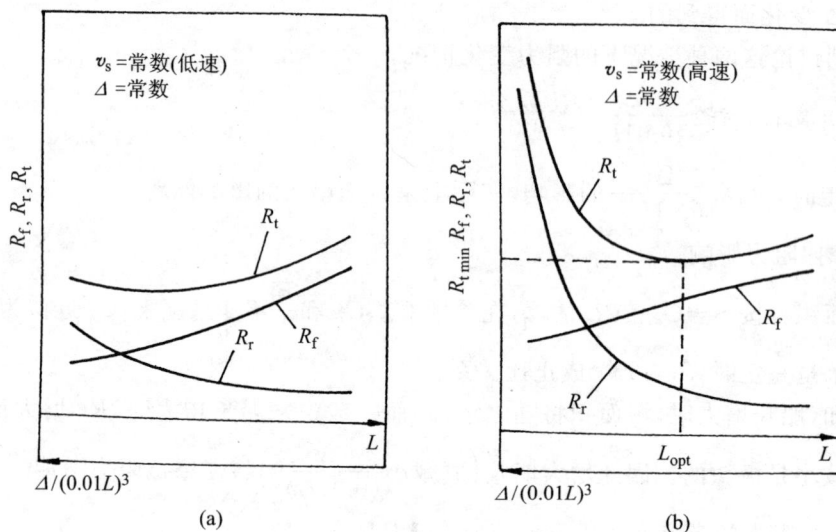

图 6-3　排水量长度系数对阻力影响的示意图
(a) 低速船情况(当 Δ＝常数)；(b) 高速船情况(当 Δ＝常数)

② 对高速船，由于 R_r 占总阻力的比例很大，因此随着船长增大，即$\dfrac{\Delta}{(0.01L)^3}$减小，总阻力的变化情况与低速船有所不同，如图 6-3(b)所示，当航速 v_s 一定时：

如果船长较短，R_r 很大，则增大船长，R_r 下降相当明显，R_r 的减小值大于 R_f 的增加值，因而总阻力的减小相当显著。

随着船长继续增加，或$\dfrac{\Delta}{(0.01L)^3}$继续减小，则 R_r 的下降渐趋缓慢，总阻力的减小趋势减缓，直至出现对应于总阻力最低点的最佳船长 L_{opt}；如果进一步再增加船长，则总阻力反趋增大。因为当船长增加到一定程度后，R_r 并没有更多的减小，而 R_f 却随之不断增加，致使总阻力反而变大。

应该指出的是，在一定航速情况下，在最佳船长附近的一定范围内，其阻力并无多大差异，如图 6-3(b)所示。所以设计者常选用阻力变化不大的最短船长，以便降低船体建造价格。

因此，高速船的船型特点是：由于一定范围内增加船长是有利的，所以其$\dfrac{\Delta}{(0.01L)^3}$较低速船要小得多，故船型显得比较瘦长，$L/B$ 值较大。

(4) 船长的选择必须考虑几个方面的要求

① 布置要求。满足船舶使用要求，使舱室布置符合要求。

② 阻力性能。尽量选择对应于船体阻力性能良好的船长。

③ 操纵性。船长与操纵性关系密切，船过长，其回转性差，要考虑港口、航道内的操纵性问题。

④ 经济性。在最佳船长附近范围的总阻力差别不大时，应选用阻力变化不大的最短船

长,以降低船体造价。

确定船体长度可以按设计任务规定的设计航速等要求,根据阻力理论,诸如考虑有利的兴波干扰,选择接近最低阻力时所对应的最短船体长度等,然后再考虑总布置和其他性能的要求。

此外,船体长度亦可按照经验公式进行估算,然后再用阻力理论校验作最后确定。

这里仅给出比较简单的诺吉德公式

$$\frac{L}{\nabla^{1/3}} = 2.3 v_{\mathrm{s}}^{1/3}$$

2)由排水量变化,讨论$\frac{\Delta}{(0.01L)^3}$的影响

在船长一定时,讨论$\frac{\Delta}{(0.01L)^3}$变化对阻力的影响问题与讨论排水量Δ变化的影响是一致的。由于排水量是一个变数,因此在比较阻力性能时将讨论单位排水量阻力的变化情况。

(1)对摩擦阻力影响

因为在一定船长时,$\frac{R_{\mathrm{f}}}{\Delta}$随$\frac{S}{\Delta}$而变,并且

$$\frac{R_{\mathrm{f}}}{\Delta} \propto \frac{S}{\Delta} \propto \frac{\sqrt{\nabla L}}{\Delta} \propto \frac{1}{\sqrt{\Delta}}$$

由此知增大排水量,即排水量长度系数$\frac{\Delta}{(0.01L)^3}$增加时,单位排水量摩擦阻力$\frac{R_{\mathrm{f}}}{\Delta}$将减小。

(2)对剩余阻力的影响

当船长不变时,增大排水量Δ是由同时增大B、T实现的,因此船型变肥,所以,不但兴波阻力将增大,而且黏压阻力亦增大,剩余阻力R_{r}必然增大。图6-4分别为泰洛系列船模资料在较低速度($Fr = 0.208$)和较高速度($Fr = 0.298$)时的单位排水量剩余阻力R_{r}/Δ曲线。

对于低速船,其相应的棱形系数C_{p}较大,由图6-4(a)知,随着$\frac{\Delta}{(0.01L)^3}$增加,$\frac{R_{\mathrm{r}}}{\Delta}$几乎保持常数,因此可以认为$\frac{\Delta}{(0.01L)^3}$对$\frac{R_{\mathrm{r}}}{\Delta}$的影响是不大的。

对于高速船,由图6-4(b)知,$\frac{\Delta}{(0.01L)^3}$的影响相当敏感,随着该系数增大,$\frac{R_{\mathrm{r}}}{\Delta}$将有明显增加。这是因为高速船的兴波阻力成分较大。增大$\frac{\Delta}{(0.01L)^3}$值,意味着在相同的船长下,分布较多的排水量,船型变得丰满,故兴波阻力明显增大。由于低速船的兴波阻力极小,尽管$\frac{\Delta}{(0.01L)^3}$增大会引起船型变化,但对R_{r}/Δ的影响是不明显的。

(3)对总阻力的影响

$\frac{\Delta}{(0.01L)^3}$对R_{t}/Δ的影响同样取决于R_{f}/Δ和R_{r}/Δ中哪一项的影响占主要地位。显然,对于低速船、高速船来说将是不同的。

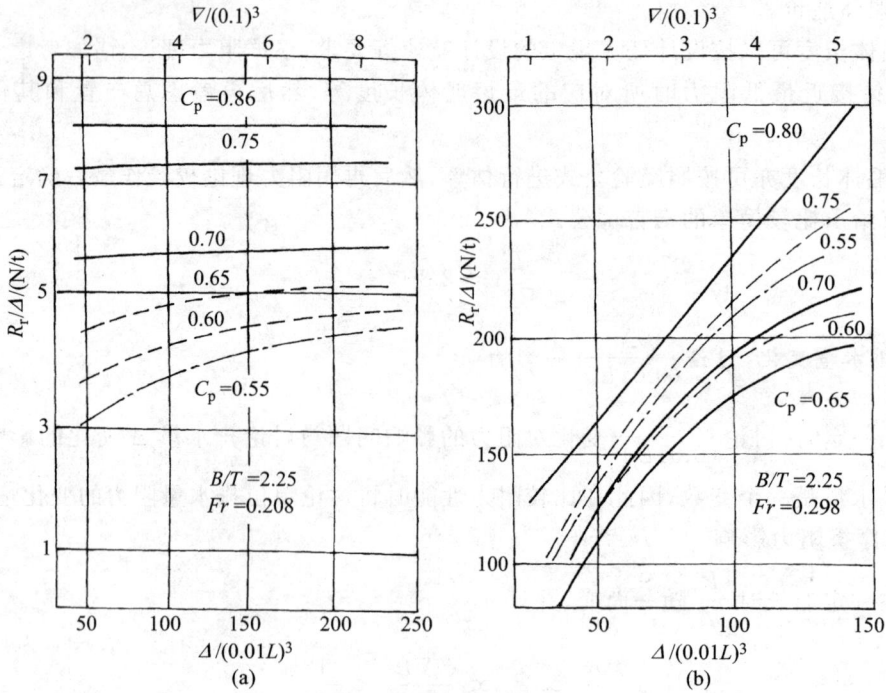

图 6-4　排水量长度系数对 R_r/Δ 影响

(a) $Fr=0.208$；(b) $Fr=0.298$

低速船，当增大 $\dfrac{\Delta}{(0.01L)^3}$ 时，R_f/Δ 将减小，但 R_r/Δ 却几乎不受影响。由于低速船的 R_f 在总阻力中占主要成分，因此其 $\dfrac{\Delta}{(0.01L)^3}$ 值尽可能取大些，以使 R_t/Δ 值有所下降。

高速船，由于 R_r/Δ 在总阻力中占重要比重，且其受 $\dfrac{\Delta}{(0.01L)^3}$ 的影响较之 R_f/Δ 更为显著，所以一般说来，当 $\dfrac{\Delta}{(0.01L)^3}$ 值减小时，R_r/Δ 将下降，R_t/Δ 亦是下降的。

3）不同船舶的 $\dfrac{\Delta}{(0.01L)^3}$ 选取

根据上述 $\dfrac{\Delta}{(0.01L)^3}$ 对阻力影响的分析，对于不同速度船舶 $\dfrac{\Delta}{(0.01L)^3}$ 值的选取，可以归纳为如下几点。

（1）低、中速船的 $\dfrac{\Delta}{(0.01L)^3}$ 宜取适当大一些；随着航速增大，降低 $\dfrac{\Delta}{(0.01L)^3}$ 值对阻力性能是有利的。

（2）高速船的 $\dfrac{\Delta}{(0.01L)^3}$ 较低速船要小得多，所以高速船船型瘦长，低速船短而肥。

（3）由于 $\dfrac{\Delta}{(0.01L)^3}$ 的变化对摩擦阻力和剩余阻力两种阻力成分产生相反的影响，因此实际上对于给定航速的船存在一个对应于最低阻力的 $\dfrac{\Delta}{(0.01L)^3}$ 最佳值。而对应于不同航速应

该存在 $\dfrac{\Delta}{(0.01L)^3}$ 的最佳曲线。图 6-5 是桑地（Sundy）给出的接近最佳曲线的排水量长度系数和棱形系数 C_p 的设计范围。

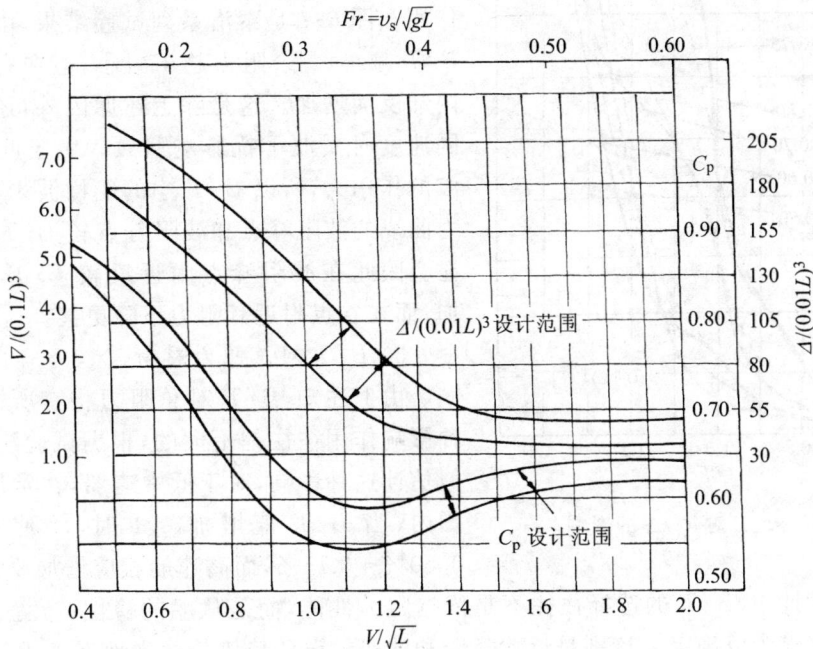

图 6-5　C_p 和 $\Delta/(0.01L)^3$ 的设计范围

2. 宽度吃水比的影响

B/T 的几何意义是表征船体的扁平程度。若船的排水量、长度和棱形系数保持不变，改变船宽（如乘 K 倍），并按其变化比例的倒数关系来改变吃水$\left(\text{如乘以}\dfrac{1}{K}\text{倍}\right)$，这样所得的一组船模可以分析研究 B/T 对阻力的影响。

1）B/T 对摩擦阻力的影响

讨论 B/T 对摩擦阻力的影响，亦即讨论 B/T 变化对湿面积的影响，图 6-6 给出了不同方形系数 C_b 时所对应的最小湿面积 $S_{\min}$ 与 B/T 的关系曲线。根据该试验资料可认为：当 $B/T=3.0$ 附近时，船体湿面积最小。图中同时给出了湿面积增加不超过 2% 的 B/T 的上下界限。由图知，改变 B/T 对湿面积影响并不很敏感。因而可近似认为在 $B/T=2.25\sim3.75$ 的实用范围内变化时，其湿面积的增加约为 2.5%，所以认为 B/T 对摩擦阻力的影响很小。

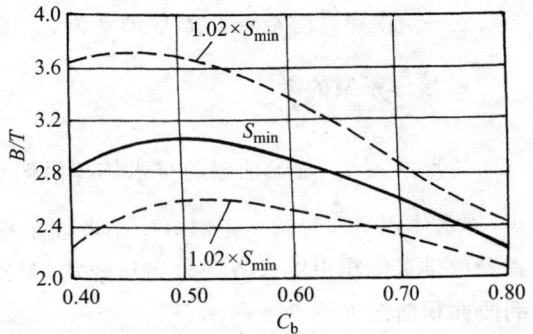

图 6-6　对应最小湿面积的 B/T 值

2）B/T 对剩余阻力的影响

B/T 对剩余阻力的影响要看 B 和 T 分别影响的大小而定。一般认为船宽 B 增大时，船

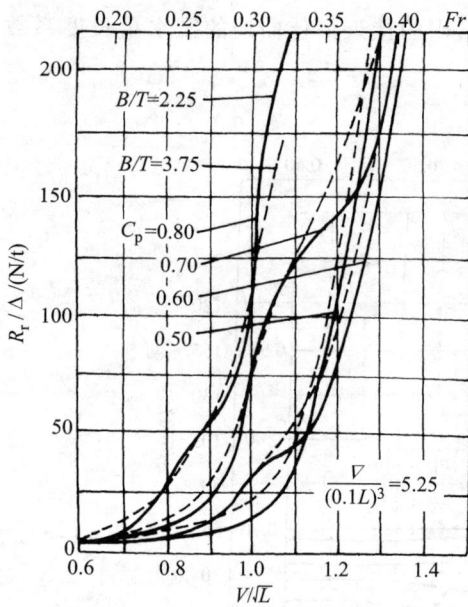

图 6-7 B/T 对 R_r/Δ 的影响

体的散波波高增大；吃水 T 增大时横波的波高增大。而改变 B/T 是由 B、T 两者相反变化而得，因此两者对兴波的影响，反映在剩余阻力有相反影响作用。图 6-7 是泰洛系列试验结果，由图可见随着 B/T 减小，剩余阻力趋于减小，但在有的速度范围内却反而增加。这是除上述原因外，还可能由于不同速度时横波干扰影响所致。由于吃水对形成横波的作用大，所以 B/T 小的船横波影响明显，其阻力曲线的波阻峰点和波阻谷点较 B/T 大的船更明显。因此在波阻峰点附近反较 B/T 大者有所增加；而在谷点附近其阻力下降更甚。

3）B/T 对总阻力影响

由上述知，B/T 对总阻力将有所影响，但是这种影响作用往往是不大的，根据试验统计资料可近似估计这种影响，对于低中速船，在常用的 B/T 范围内，当 B/T 值增加 0.1 时，将使总阻力增加 0.50%～0.75%，而高速船相应增加要大些。

在船舶设计中，B/T 的选择往往不是依据阻力性能，而是从船的稳性、布置、航道水深限制等方面的要求予以确定。特别是近代货船和油船的设计趋势是适当地增大 B，以减小 L/B 值、增大 B/T 值。同时相应地使方形系数值 C_b 降低。这样不但能使阻力有所减小，而且有利于船体结构重量的减轻和降低造价，同时，增大船宽，将提高稳性，而吃水的减小又缩小了航道和港口的水深限制。这种在排水量一定的前提下，选用较大的 B/T 值和较小的方形系数的措施，在不少设计中已取得成功。

6-3 主要船型系数的影响

这一节主要讨论船型系数，棱形系数 C_p，船中横剖面系数 C_m 和方形系数 C_b 对阻力的影响。

1. 棱形系数的影响

棱形系数 C_p 是表征船的排水体积沿船长方向的分布情况。由棱形系数的定义 $C_p = \dfrac{\nabla}{LA_m}$ 知，排水体积 ∇ 和船长一定时，C_p 小者表示排水体积集中于船中部，船首尾两端较瘦削；C_p 大者表示排水体积沿船长方向分布比较均匀，因此船首尾两端比较丰满。不同的 C_p 与相应的横剖面面积曲线如图 6-8 所示。

1）棱形系数对阻力的影响

（1）棱形系数对摩擦阻力的影响

当船的排水量和长度不变时，由于改变棱形系数所引起的船形变化对船体湿面积的影响是很小的，一般认为 C_p 对摩

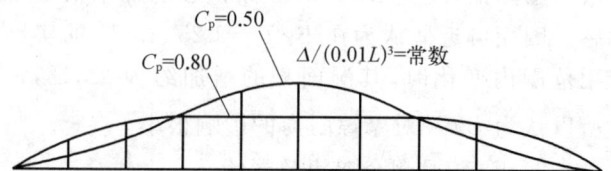

图 6-8 不同 C_p 值的横剖面面积曲线

擦阻力的影响可以不予考虑。

（2）棱形系数对剩余阻力的影响

棱形系数对剩余阻力影响很大。图 6-9 是根据泰洛系列资料绘制的在不同航速时的单位排水量剩余阻力随 C_p 的变化曲线。由图知 C_p 对 R_r 的影响与航速密切相关。

在低速时，当 $Fr<0.20$，虽然棱形系数小者，剩余阻力亦小，但 C_p 的影响极小。

在中等速度，即 $0.20<Fr<0.30$ 时，棱形系数小者，剩余阻力亦小，C_p 对 R_r 有显著的影响。

在高速时，当 $Fr>0.30$ 时，取过分小的棱形系数并不有利，如取适当大的 C_p 值，其剩余阻力反而低。

由于棱形系数的大小表示船体首尾端的肥瘦情况不同，因此它对剩余阻力的影响主要与不同航速时的兴波情况有关，现解释如下。

低速时，由于兴波阻力极小，因而棱形系数对阻力的影响甚微。

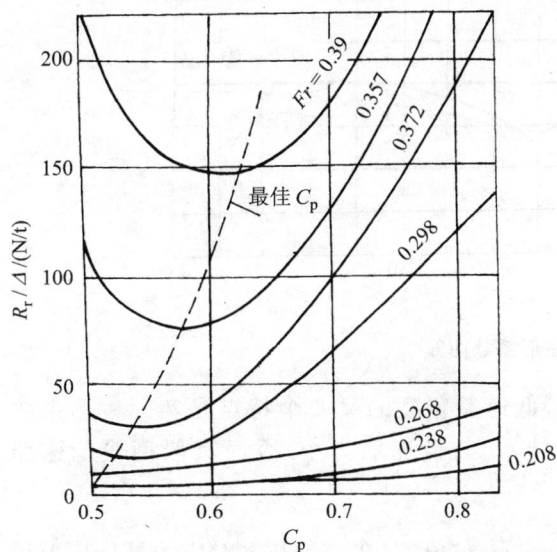

图 6-9　R_r/Δ 随 C_p 的变化曲线（根据泰洛资料）

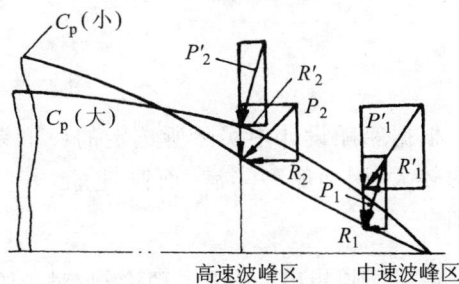

图 6-10　C_p 值与船首形状、水压力的关系

中速时，船的兴波作用主要在船首尾两端，棱形系数 C_p 小者，首尾尖瘦，对减小兴波有利。同时，由于首波峰的高压区在首端附近，由图 6-10 所表示的 C_p 值大小不同的两种横剖面面积曲线可知，如果船的 C_p 较小，船首端部比较尖瘦，因而水压力在运动方向的分量较小（图中 $R_1<R_1'$），阻力亦小，所以设计时，选择较小的 C_p 值有利。

高速时，整个船体均产生较大的兴波作用，若排水体积沿船长分布比较均匀，则有利于缓和兴波作用。因此取适当大的 C_p 值，其剩余阻力反而较小。而取过小的 C_p 是不利的。同时其首波峰位置将随航速提高而后移至横剖面面积曲线转折点处，如图 6-10 所示的"高速波峰区"位置，此时取适当大的 C_p 值，有利于减小水压力在运动方向的分量，如图中所示 $R_2'<R_2$ 将使阻力下降，所以，在实际设计时，要求取适当大的棱形系数。

2）最佳棱形系数曲线

由上述分析可知，棱形系数的变化将改变船型，因而对兴波阻力产生不同的影响。由于不同航速时兴波情况不同，所以从阻力观点来看，所要求的 C_p 值是不同的。

由图 6-9 清楚可见,当 $\dfrac{\Delta}{(0.01L)^3}$ 给定时,每一个 Fr(或 $V/\sqrt{L}$)有一个对应于最小剩余阻力的最佳 C_p 值。在整个速度范围内可以得出一条最佳棱形系数曲线,称为理论最佳 C_p 曲线,如图 6-11 中的实线所示。

但在实际船舶设计中,主要从船舶的使用性和经济性出发选取棱形系数值。对于低速船,实用上所取的 C_p 值远较理论最佳 C_p 值要大。这样阻力值增加不大,但可以得到较大的排水量,提高了船舶的经济效益;而对高速军舰,因照顾到经常使用的巡航速度情况下的经济性,所以实际选用的 C_p 较理论最佳值反而为低。在图 6-11 中也给出了实际上的最佳 C_p 值曲线,如虚线所示。

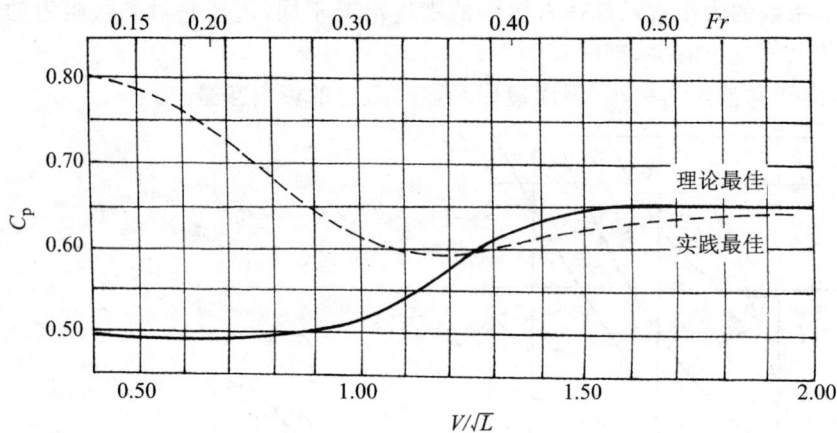

图 6-11　最佳棱形系数曲线

根据船舶设计中实际所选定的棱形系数知,低速船船型的又一个特点是实际棱形系数值均较大,因而船型丰满;而高速船,其实际最佳 C_p 较低速船为小,因而其船型较低速船瘦削。

最后还须指出:从阻力理论知,对于给定的 $\dfrac{\Delta}{(0.01L)^3}$ 值,存在一条与之对应的最佳棱形系数曲线,但由上节知,实际设计中,$\dfrac{\Delta}{(0.01L)^3}$ 有一定的选择范围,因而棱形系数的最佳选择亦是有一个相应的变化范围,图 6-5 表示了这两者的设计范围。

3) 经验公式确定棱形系数

棱形系数的确定除按最佳棱形系数曲线选择外,还可由经验公式进行估算。

(1) 楚思德(Troost)公式

1955 年楚思德基于荷兰船模试验池 20 多年来许多单桨船模试验结果给出下列公式

$$\frac{V_s}{\sqrt{L_{bp}}} = 1.85 - 1.6C_p \tag{6-3}$$

式中,V_s 为海上持久速度(kn),亦即服务速度;如给定试航速度 V_t,则可按 $V_t = 1.06V_s$ 估算。

(2) 贝克(Baker)公式

$$C_p = 1.02 - \frac{V_s}{10\Delta^{1/6}} \tag{6-4}$$

式中，V_s 为服务速度(kn)；Δ 为排水量(t)。

按贝克公式所得的 C_p 为极限值，其意义表示，若棱形系数超过此值，或速度大于上述对应关系时，阻力将迅速增加。

（3）直接利用设计资料

实际棱形系数可按图 6-5 选取；也可由下式计算

$$Fr<0.24 \text{ 时} \qquad C_p=1.015-1.46Fr \qquad (6-5)$$

$$Fr=0.24\sim0.30 \text{ 时} \qquad C_p=0.325Fr^{-1/2} \qquad (6-6)$$

2. 船中横剖面系数的影响

船中横剖面系数 C_m 表示船中横剖面的丰满程度。若船的排水量、长度、C_p 和 B/T 都维持不变，在给定船中横剖面面积的前提下，按一定的比例同时改变 B 和 T，这样可以检验 C_m 对阻力的影响。

1）C_m 对阻力的影响

根据泰洛试验结果知，C_m 在 0.70～1.10 很大的范围内变化，不但对湿面积影响不大，即对摩擦阻力影响不大，而且其剩余阻力的差别也甚微。对于图 6-12 所标明的两种极端中横剖面形状的船模，当航速在 $Fr=0.25\sim0.35$ 时，由试验测得的总阻力差值均在 2% 之内。基于泰洛的试验结果和其他类似试验结果，认为 C_m 对阻力的影响并不重要。

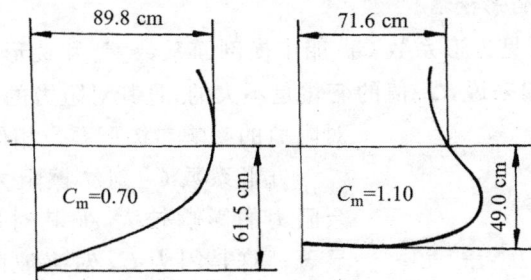

图 6-12　两种船中横剖面形状

2）C_m 值的选取

对于中低速船，一般认为船中横剖面系数 C_m 以取大为好。因为当方形系数 C_b 给定时，可使棱形系数 C_p 减小，从而使船首尾两端较瘦削，以期降低兴波阻力，故中低速船的 C_m 均在 0.985～0.990 之间。

对于高速船，由于其方形系数 C_b 较小，因此 C_m 的选取主要考虑到船体线型能保持光顺。一般要求 C_m 随着方形系数 C_b 减小而下降。因为采用过大的 C_m 值时，型线图的曲率变化很大，不易光顺。高速船在 C_b 给定情况下，如能满足线型光顺的要求，C_m 的选择应尽量使 C_p 接近最佳值，以利于阻力性能。

综上所述，C_m 值的选取实际上是取决于方形系数 C_b。高速船由于希望有较小的 C_m 值，所以其船中横剖面具有相当大的舭部升高和舭部半径；而低速船无舭部升高，其目的在于获得尽可能大的船中横剖面系数。图 6-13 是有关研究者提出的一般民用船的 C_m 对 C_b 的关系曲线。

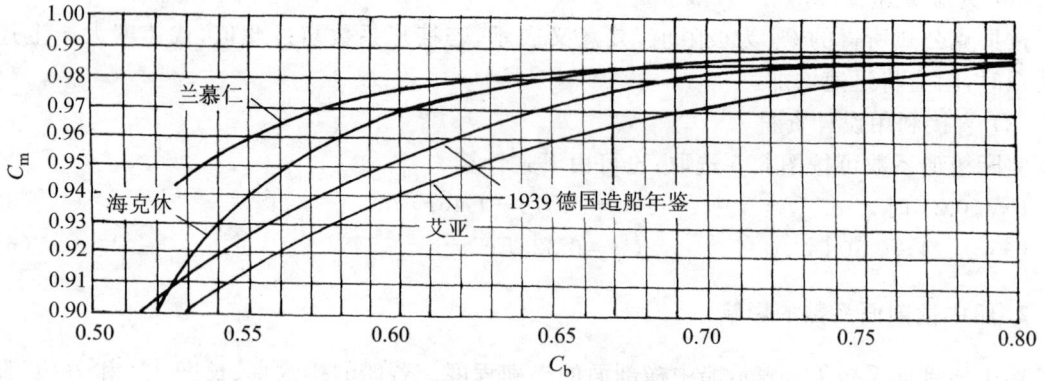

图 6-13　民用船的 C_m 与对应的 C_b 曲线

3. 方形系数的影响

方形系数 $C_b = \nabla/LBT$ 是表征船体水下部分肥瘦程度的一个重要参数。商船设计时,主要从经济性,即考虑装载量大小,因此当确定船的排水量和长度等之后,紧接着就决定方形系数 C_b。而对于高速船,主要考虑如何减小兴波阻力,故首先决定的是棱形系数 C_p,因此从实用意义看,方形系数对阻力影响的讨论,主要针对中低速的民用船而言。

1) 方形系数对阻力的影响

由于 $C_b = C_m C_p$,可见方形系数 C_b、船中横剖面系数 C_m 和棱形系数 C_p 三者之间有着密切的联系。对于中低速船来说,C_m 值的变化是不大的,且其对阻力的影响很小,因此方形系数对阻力的影响与棱形系数相似。

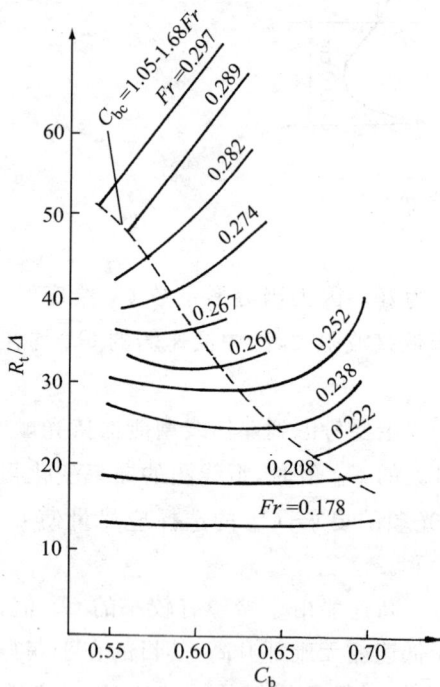

图 6-14　C_b 对阻力性能的影响
（林勃赖特资料）

方形系数 C_b 对摩擦阻力的影响比较小,但对剩余阻力的影响较大,尤其对航速较高的船影响更为显著。这是因为 C_b 对兴波阻力影响敏感。图 6-14 是林勃赖特(Lindblad)根据船模试验所得的资料,表示在不同傅汝德数 Fr 时,方形系数 C_b 对阻力的影响情况。从图中可看出,当方形系数 C_b 增大时,其单位排水量阻力 R_t/Δ 随之增加。而且从某一 C_b 值开始,R_t/Δ 的增加将更快,对于中速船尤其明显。此 C_b 值称为在该傅汝德数 Fr 时的临界方形系数,记作 C_{bc}。显然,对应于服务航速的最大方形系数应以临界方形系数 C_{bc} 为限,否则会使阻力增加很快。图 6-14 中的虚线为临界方形系数 C_{bc} 对傅汝德数 Fr 的曲线。

2) 方形系数 C_b 的选取

方形系数对阻力的影响十分重要。在一定的速度范围内,较小的方形系数对应了较低的阻力。对于 $Fr < 0.30$ 的商船,当航速较高时应选用较小的 C_b 值。下面介绍确定 C_b 值的两种方法。

(1) 根据不同 Fr 数,可确定临界方形系数

$$C_{bc} = 1.05 - 1.68Fr \text{(对于服务速度)}$$
$$C_{bc} = 1.08 - 1.68Fr \text{(对于试航速度)} \Biggr\} \quad (6\text{-}7)$$

(2) 根据 C_p、C_m 和 C_b 三者关系确定。

由于 C_p、C_m 和 C_b 三者之间存在着密切联系,图 6-15 是商船在不同 Fr 数时三者的相应曲线值,可供设计时应用。

最后应该指出,考虑到使用上和建造价格等方面的要求,实际设计时不应片面地强调阻力性能而选用过小的方形系数。特别是对于航速较高的民用船,如果 C_b 值过小,势必影响舱容和布置;而从造价要求来说,总是要求将船设计得短些、丰满些。因此,在阻力增加不很大的前提下尽量取较大的 C_b 值。

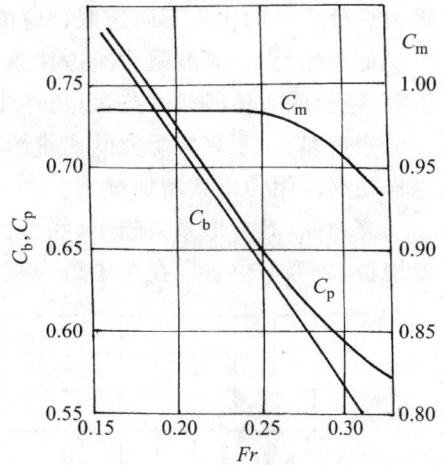

图 6-15　不同 Fr 时的 C_b、C_p、C_m 相应关系

6-4　横剖面面积曲线形状的影响

若船的排水量、长度和棱形系数一定时,可以讨论横剖面面积曲线形状变化的影响。横剖面面积曲线形状可以由下列几方面来表征,浮心纵向位置 x_c、平行中体长度 L_p 和位置、横剖面面积曲线两端的形状。

1. 浮心纵向位置的影响

浮心纵向位置即横剖面面积曲线所围面积的形心纵向位置。在一定的棱形系数下,它表示排水体积对于船中分布不对称的程度。浮心离船中越后,表示船尾部越肥,船首部越瘦;反之,浮心离船中越前则表示尾部越瘦,首部越肥。

浮心的纵向位置 x_c 一般用两柱间长 L_{bp} 的百分数来表达,在船中前为正值,在船中后为负值。

1) 浮心纵向位置对阻力的影响

浮心纵向位置的改变对船体湿面积影响不大,故对摩擦阻力影响很小,然而对剩余阻力的影响比较大。这是因为由阻力理论知,前体形状特别是船首丰满会使兴波阻力增加;船尾丰满将使黏压阻力增加。如果浮心纵向位置发生变化,实质是船体的前体形状和后体形状将发生相应的变化。因而船体兴波阻力和黏压阻力必然随之改变。其结果将对剩余阻力产生一定影响,列表说明如下。

浮心位置变化	x_c:由船中之前→船中之后
船体形状改变	船型:首部肥、尾部瘦→首部瘦、尾部肥
剩余阻力的影响	黏压阻力:由较小→变为较大 兴波阻力:由较大→减小

2) 不同船型的 x_c 选择

由于 x_c 的变化会引起黏压阻力和兴波阻力完全不同的变化,为此应该根据各类船舶的各

阻力成分所占的比重不同选取相应的 x_c 值。

低速船，由于兴波阻力所占比重较小，应注意减小黏压阻力，所以浮心纵向位置在船中前为宜，使船的去流段瘦一些，以免产生旋涡，增加黏压阻力。

中速船，由于兴波阻力的比重渐趋增加，首部不能过肥，因而浮心位置应适当移向船中部，这样使兴波阻力不致增加过大。

高速船，其方形系数较小，船型比较瘦削，一般不致产生大量旋涡，而且兴波阻力占相当重要地位，故浮心位置取在船中后为宜，这样使船首尖瘦，有利于减少兴波阻力。

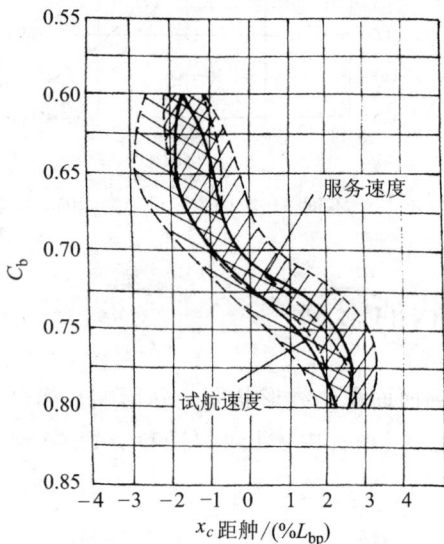

图 6-16　系列 60 的最佳浮心位置

由上述分析知，对应于某一给定速度的船，存在有对应最小阻力的最佳浮心纵向位置。因此对不同速度范围的船舶，必定存在一条最佳浮心位置曲线。由于一般船舶系根据航速来确定最佳棱形系数 C_p。因此最佳浮心纵向位置可以表示为随棱形系数而变化的关系曲线（民用船直接表示为与方形系数的关系曲线）。图 6-16 是系列 60 方形参数 C_b 与最佳浮心位置 x_c 的关系，图中阴影部分是阻力增加不超过 1％时所允许的浮心位置的变化范围。由此知，浮心在其对应的最佳位置附近偏移 $\pm0.5\%L$ 时，对阻力影响不大。

目前，各方面所推荐的浮心最佳曲线颇不一致，甚至差异较大。其原因一方面由于各资料来源不同，另一方面由于其他船型参数并不完全相同，对应的最佳浮心位置亦将有所差别。

据研究表明，浮心位置不但对阻力有影响，而且对推进亦有影响。浮心略向后移可增大伴流，对推进效率有利，但过分后移又将产生不利影响，对双桨船尤为显著。因此在设计时，浮心纵向位置的选择除考虑阻力性能外，尚需顾及推进方面的影响以及船在各种载重情况下的重心位置。

2. 平行中体长度和位置的影响

对于中低速船，船体长度大致分为 3 段，即进流段、平行中体和去流段。平行中体是指在船体中部附近与船中横剖面完全相同的一段船体。

采用平行中体可以简化施工工艺，降低造价。同时又能增加舱容，满足船的载重量要求，此外，有时对阻力性能产生有利影响。

1）平行中体对阻力的影响

采用平行中体的经济性和实用性是显而易见的。其对阻力性能的影响是由采用平行中体后引起船体形状变化所决定的。

在排水体积一定的情况下，适当地设置平行中体可使船首尾两端尖瘦，在中低速情况下，对减小兴波阻力和黏压阻力均有利，这是对阻力性能有利的一面。但另一方面，由于平行中体的存在，船的前体（进流段）和后体（去流段）与平行中体之间将形成"前肩"和"后肩"，易于产生肩波和旋涡，这是对阻力性能不利的一面。对于中低速船来说，适当地采用平行中体，对阻力

276

性能是有利的。因此,一般中低速船均设有平行中体,其长度选取考虑不使阻力性能恶化的最佳长度。

对高速船,如果设置平行中体,必然使船首过分瘦削,水线成为 S 形,这样在较高航速时,首部波浪水压力的水平分量将增大,因而阻力增大。同时,由于高速时产生的肩波系和肩部附近的严重旋涡将使阻力性能恶化。所以高速船均不宜设平行中体。

由以上分析知,随着航速增高,设置平行中体对阻力性能的有利因素将下降,不利因素增加,故平行中体长度随之缩短,直至达到某一航速时,完全不宜采用平行中体。由此可得结论,最佳平行中体长度主要与船速有关。

2) 确定平行中体长度和位置

一般说来,低速船,为了尽量减小黏压阻力,因而要保证去流段有足够的长度,所以平行中体的中心在船中之前,致使其进流段较短。随着航速增加,最佳平行中体长度将缩短。且由于兴波阻力成分逐渐增长,尤其为避免前肩波系与船首波系发生不良干扰,因而要求进流段 L_e 有一定的长度,以满足 $L_e > 0.257V_s^2$ 的要求。这样平行中体的中心将逐渐后移接近船中央处。故结论是平行中体的位置同样与航速等有关。

一般认为,当 $\dfrac{V}{\sqrt{L}} > 0.85$ 时(即 $Fr > 0.253$),不宜设平行中体,试验结果表明,适宜的平行中体长度和速长比 $\dfrac{V}{\sqrt{L}}$ 之间的关系如图 6-17(a) 所示。图 6-17(b) 为系列 60 母型船的平行中体长度 L_p 和进流段长度 L_e 随方形系数 C_b 的变化图。根据进流段长度就可确定平行中体的位置。

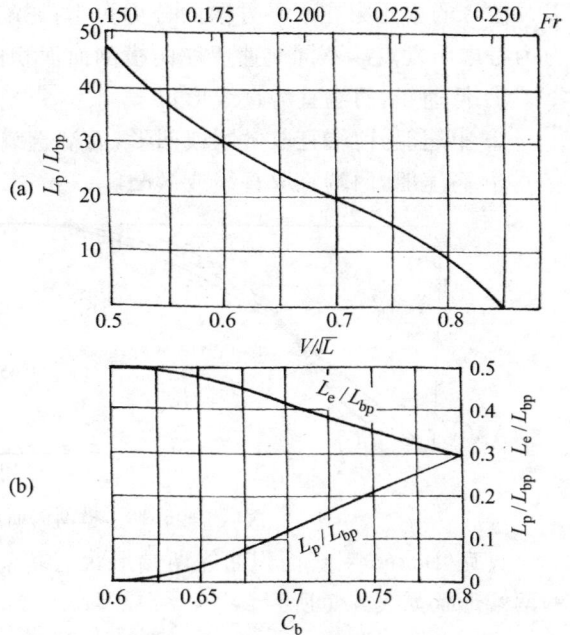

图 6-17 平行中体长度和位置的确定

(a) L_p/L_{bp} 与 $\dfrac{V}{\sqrt{L}}$ 的关系;(b) 系列 60 的 L_p 和 L_e 值

此外,平行中体长度和位置亦可直接根据最短进流段和最短去流段要求而确定。由兴波阻力和黏压阻力部分讨论,

避免前肩波系干扰的最短进流段要求为

$$L_e = 0.257V_s^2 \qquad 即 \left(\frac{L_e}{L}\right)_{\min} = 9.474Fr^2 \qquad (6-8)$$

避免严重旋涡的最短去流段要求为

$$L_r = 4.08\sqrt{A_m} \qquad 即 \left(\frac{L_r}{L}\right)_{\min} = 4.08\frac{B}{L}\sqrt{C_m\frac{T}{B}} \qquad (6-9)$$

如果 L_e, L_r 确定后,则平行中体长度和位置亦随之而定了。L_e, L_r 以米(m)计;V_s 以节(kn)计。

由上述知,最佳平行中体长度和位置除主要与航速有关外,还与 $L/B, B/T, C_m$ 等有一定关系。

$Fr>0.24$ 的船很少有采用平行中体者。随着速度的增加,其最大剖面位置宜逐步向后移动,以尽可能减少其兴波阻力。如果 Fr 不大于 0.30 时,最大剖面位于船中附近;当 $Fr\geqslant0.50$ 时,则宜渐向船尾方向移动约 2%~5%船长。

3. 横剖面面积曲线两端形状的影响

在排水体积、棱形系数、平行中体长度和浮心纵向位置等确定后,横剖面面积曲线形状亦基本确定,但其两端的形状尚可有所改变。一般地说,有三种形状,如图 6-18 所示,图中曲线 Ⅰ 为凹形,Ⅱ 为微凹形,Ⅲ 为直线形。选择依据是首端形状取决于不同速度时兴波阻力的比重以及波峰的水压力在水平方向的分力大小;尾端形状以不使后体压力梯度过大,以减小黏压阻力为考虑出发点。不同航速船舶的横剖面面积曲线两端的形状可概括为

① 低速船,两端宜为直线形;
② 中速船,前端宜取微凹或凹形,后端直线或微凹;
③ 高速船,两端宜取直线或微凸。

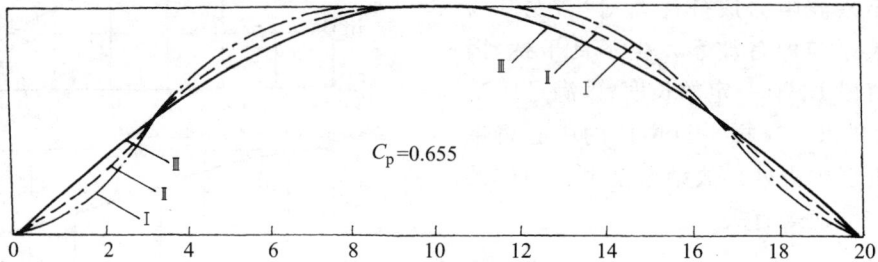

图 6-18　横剖面面积曲线的两端形状

贝克(Baker)对于面积曲线两端形状对剩余阻力的影响作过详细的船模试验研究,其推荐的两端形状如表 6-1 所列。

表 6-1　横剖面面积曲线两端形状

序号	C_p	Fr	横剖面面积曲线两端形状	情　况　说　明
1	>0.785		两端均用直线形	前肩曲度尽量小
2	0.75~0.78	<0.182 >0.182	两端均用直线形 前端微凹,后端直线形	据爱末生试验 $C_p=0.7\sim$ 0.78时前肩曲度尽量小,船首下部切去使船首倾斜,对阻力有利
3	0.70~0.75	<0.238 >0.238	前端微凹,后端直线形 前后端均应微凹	当 $Fr<0.209$ 时,后端形状稍变对阻力影响不大
4	0.65~0.70	0.164~0.253 >0.268	前端以凹形为佳,决不能用直线形;后端为直线或微凹 前端为直线,后端直线或微凹均可	
5	<0.65	0.224~0.253 0.283~0.313 =0.358 =0.537	前后端均宜用微凹 两端均应用直线形 前端为直线,后端微凸 前后端均微凸	此时后端对阻力影响较微

278

6-5 满载水线形状的影响

当设计船体线型时,在横剖面面积曲线决定后,最重要的问题是确定满载水线的形状。由于满载水线面的兴波影响大于其他水线。因而有了合适的横剖面面积曲线,尚须有适宜的满载水线,这样才能达到降低阻力的目的。

表征满载水线形状的主要因素是满载水线面的面积,满载水线平行中段的长度,满载水线首尾端的形状及满载水线首部的半进角。

1. 满载水线面面积

满载水线面面积可以用水线面系数 C_{wp} 来表示。C_{wp} 的选定与船速有关,速度大者,C_{wp} 应小。由于在选取方形系数 C_b 或棱形系数 C_p 时已考虑到对应的速度关系,故 C_{wp} 可用与 C_b 或 C_p 的关系来表示,近似地有

$$C_{wp} = \frac{1 + 2C_b}{3} \tag{6-10}$$

系列 60 用下列近似公式

$$C_{wp} = 0.18 + 0.86C_p \tag{6-11}$$

根据船模试验统计资料,水线面系数的选择范围为

$$C_{wp} = (0.97 \sim 1.01)C_p \tag{6-12}$$

2. 满载水线平行中段的长度

满载水线面面积决定后,应考虑满载水线中部宽度不变的这一段长度,亦即满载水线平行中段长度。事实上,各水线面都可以有平行中段,但自满载水线面至龙骨基线的各水线面的平行中段长度逐渐减小。通常中低速船的满载水线平行中段长度约为平行中体长度 L_p 的1.5~2.0 倍。

3. 满载水线首尾端的形状

满载水线两端的形状共有 3 种,即凸形、直线形和凹形。

(1) 满载水线首尾端形状对兴波阻力影响甚大,因此该形状的选择与船速密切相关,可简单概括如下。

① 低速船,可呈凸形,其凸出的程度随航速提高而减少,直至 $Fr = 0.20$ 时,可呈直线形;

② 中速船,呈凹形;

③ 高速船,应为直线形甚至微凸形。

满载水线首端形状随航速而发生演变情况可作如下解释。低速时,为了减小后体水线的坡度,以利减小黏压阻力,所以首部作成凸形。中速时采用凹形水线可以减小波浪高压区沿水平方向的分力,从而减小兴波阻力。随着航速的增高,波浪高压区后移,水线前端采用直线或微凸形有利于减小水压力的水平分力,这与前述横剖面面积曲线首部形状的分析是类同的。

(2) 满载水线尾端形状主要影响黏压阻力。其重要性较之首端形状要小。一般为保证线型光顺,不易发生旋涡,减小黏压阻力,常采用直线形为宜。

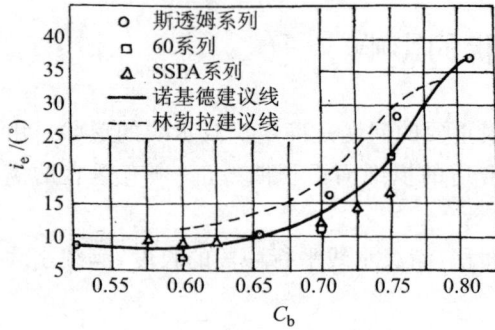

图 6-19　i_e 与 C_b 的关系

4. 满载水线首端半进角

所谓水线半进角 i_e，它表示水线在船首水平面上与船纵中剖面的夹角(不计首柱具体形状)。一般来说，i_e 的大小是随航速的增加而减小的，低速船约为 30°，甚至可达 40°左右，如系列 60；中速船约为 15°~25°；而高速船为 6°~12°。图 6-19 为水线半进角 i_e 与方形系数的关系。

表 6-2 是由贝克根据船模试验结果所建议的中低速船的满载水线首端形状和半进角 i_e 值。表中 v_s(kn) 为航速，L_e(m) 为进流段长度。

表 6-2　满载水线首端形状和半进角

序号	C_p	Fr	满载水线首端形状	半进角 i_e
1	＞0.78		首端形状可较丰满，或可稍凸起	30°左右
2	0.75~0.78	＜0.182	首端形状可较丰满，或可稍凸起	26°~28°
3	0.70~0.75	$v_s=1.974\sqrt{L_e}$	可用直线或微凹	12°左右
		$v_s＞1.974\sqrt{L_e}$	可用直线或微凹	较小
		$v_s＜1.974\sqrt{L_e}$	首端形状可较丰满，或为直线	不宜过小
4	0.65~0.70	0.194~0.238	首端可用直线或用较小的半进角而成微凹	12°~18°
5	0.60~0.65	＞0.283	首端尽可能尖削呈凹形	尽可能小

6-6　首尾端形状的影响

1. 首尾横剖面形状

船的横剖面形状，特别是首尾附近的横剖面形状不仅对阻力性能有影响，而且对船的推进性能及耐波性等都有一定影响，因此在选择横剖面形状时要综合考虑。

1) 横剖面形状的形式

在一定的横剖面面积曲线下首尾各站的横剖面面积也就确定了。但具体的横剖面形状与满载水线形状密切相关。换句话说，横剖面形状在很大程度上已为满载水线形状所决定。横剖面形状通常有两种形式，即 U 形和 V 形。按程度不同又可分为极端 U 形、V 形和缓和 U 形、V 形(又称中 U 形和中 V 形)，如图 6-20 所示。

U 形剖面的特点是横剖面面积沿垂直方向分布比较均匀，它在满载水线处较窄，故应与凹形水线相配合；而 V 形剖面的特点是横剖面面积比较集中于上部，因此它在满载水线处较宽，故应与凸形或直线形水线相配合。

2) 横剖面形状对阻力影响及选择

横剖面形状的变化对摩擦阻力的影响较小，对剩余阻力影响较大，对于不同速度的船舶应兼顾阻力、推进和耐波性等方面的要求选择首尾横剖面形状。

(1) 首部横剖面形状。低速船取 V 形较佳,因为它的湿面积较 U 形略小,可减小摩擦阻力。同时它的水下部分较瘦,且易于使水流沿纵剖线方向流动,以减少艏部产生的旋涡,所以对阻力性能有利;一般对中高速船以采用 U 形为佳,虽然 U 形的湿面积相对于 V 形略大,但 U 形可使较多的排水体积分布于满载水线以下,满载水线处较尖瘦,可以减小兴波阻力。但应注意对中、高速船避免采用极端 U 形,否则由于艏部曲率半径过小,易于产生艏涡,对阻力性能反而不利。另外对于更高速的快艇均采用 V 形剖面,这主要考虑提高水动力特性和改善耐波性。

(2) 尾部横剖面形状。从阻力观点来看,采用 V 形剖面的优点除湿面积略小外,主要是 V 形剖面与较宽的满载水线相配合,使水下部分较瘦削,尾部纵剖线较平顺不易产生分离,不但对阻力性能有利,且螺旋桨效率不受影响。另外较宽的水线更适于布置双桨,因此双桨船的尾部一般均采用 V 形剖面。但从推进观点来看,尾部采用 U 形剖面可使伴流比较均匀,船体振动较小,特别对提高单螺旋桨船的推进效率有利。所以实际应用中,有的将尾部 V 形横剖面在接近推进器处逐渐改为 U 形,以获得两种剖面线型都有的优点。

船首尾剖面形状的配合目前尚无定论。一般认为首部剖面形状主要从阻力和波浪中的失速来考虑;尾部剖面形状应结合推进效率考虑,同时要注意首尾部线型的平顺过渡。

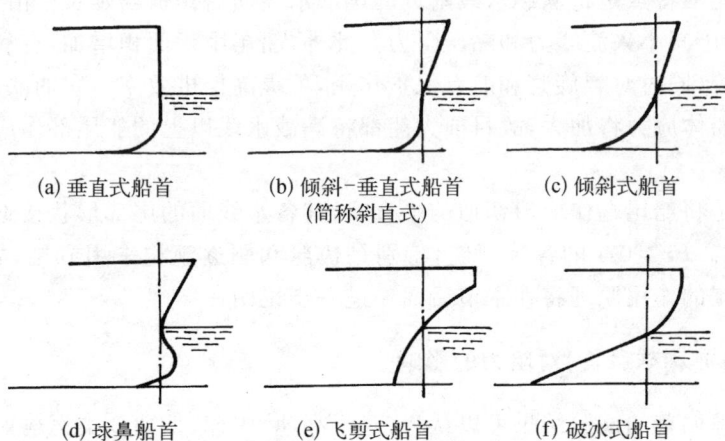

——·—— 极端U形 ———— 极端V形
———— 缓和U形 ———— 缓和V形

图 6-20 不同的横剖面形状

2. 船首柱、尾柱形状

1) 船首柱形状

船舶最前端部分,由龙骨线到船体的顶部,称为首柱。其侧形具有不同的形式,如图 6-21 所示。

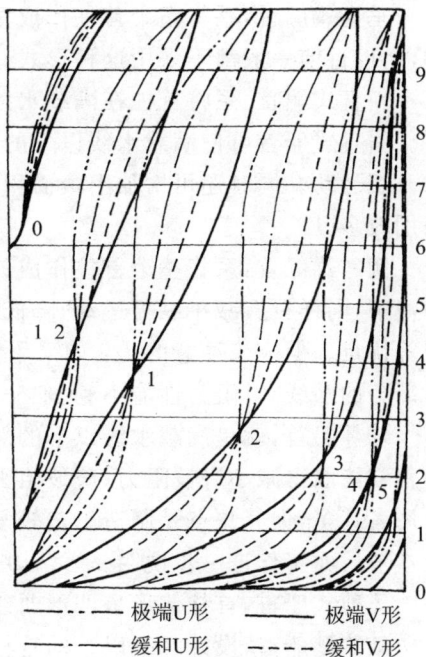

(a) 垂直式船首　　(b) 倾斜-垂直式船首　　(c) 倾斜式船首
　　　　　　　　　　(简称斜直式)

(d) 球鼻船首　　(e) 飞剪式船首　　(f) 破冰式船首

图 6-21 各种船首型

281

垂直式船首,系将整个首柱作成垂直形式,当航行过程中产生尾倾时,船的首柱将向后倾倒,所以目前一般都不采用这种形式。

斜直式船首,系将首柱在满载水线以上部分作成前伸形式,满载水线以下部分仍保留垂直式。斜直式船首可使满载水线以上的首部变得瘦削,前肩缓和,有利于减小船在波浪中的纵摇和升沉运动。同时还可增加甲板面积,有利于甲板机械的布置。这种船首也比较美观,故目前采用较多。

倾斜式船首,系将整个首柱作成前倾形式。倾斜式船首可使满载水线以上部分的水线较为瘦削,同样具有减小纵摇运动,降低波浪中的阻力增值,增加甲板面积,改善淹湿性和比较美观等优点。但应该注意的是:如采用倾斜式船首,满载水线以下不宜切去过多,否则缩短了水下部分的水线,对阻力性能不利。

球鼻船首,就是满载水线以下的船首柱处加装一个球形突出体。在不同船舶上采用球鼻船首常能取得减小兴波阻力、破波阻力和舭涡阻力等效果。因此不少船,特别是一些大型船舶采用者甚多,但其缺点是制造工艺较复杂,对首锚的使用有时会受到一定影响。关于球鼻船首在本节后面将作进一步说明。

飞剪式船首,首柱侧形呈凹形曲线向前伸出在设计水线之前,且有一较大的悬伸部。

破冰型船首,设计水线以下的首柱侧形与基线间夹角小于 $45°$,此种船首用于破冰船。

2) 船尾柱形状

船尾部形状常见的有 3 种,如图 6-22 所示。

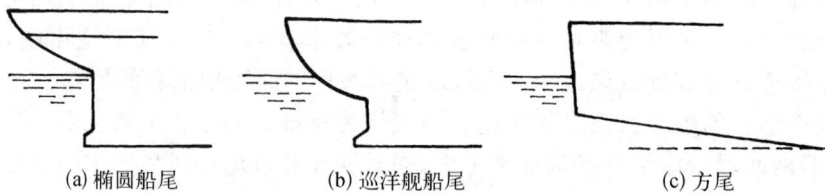

(a) 椭圆船尾   (b) 巡洋舰船尾   (c) 方尾

图 6-22　各种船尾外形

椭圆形船尾的特点是尾柱取垂直形式,因其尾部甲板呈椭圆形而得名。以往民用船都采用这种结构简单的船尾形式,目前已为巡洋舰型船尾所代替。

巡洋舰型船尾的特点是将满载水线附近的尾部水线向后作适当延长。由于其相当于增加水线长度,可有利于减小兴波阻力和黏压阻力。此外,船尾甲板面积增加,有利于增加初稳性,并便于布置舵机等,同时对螺旋桨和舵有保护作用,可提高推进效率。它的缺点是构造较为复杂且后垂线处的船体应力将加大,故目前大船都将满载水线以上的船尾部作成斜直平面,便于施工。

方尾的特点是将船尾端作成刀切似的平直状,其各水线面的尾部形状接近方形,或呈弧形方角,故称为方尾。$Fr>0.4$ 的各种舰艇,特别是快艇和驱逐舰均采用方尾,故也称为驱逐舰式船尾。有关方尾的作用原理将在本节后面作进一步说明。

3. 球鼻船首(亦称球鼻首)对阻力的影响

根据有关球鼻船首的试验结果可以认为,对于高速、中速、低速 3 类运输船舶,如果安装适当的球鼻船首都能起到减小阻力的作用。现将球鼻船首的有关研究结果简要介绍如下。

1) 球鼻船首的减阻机理

安装球鼻船首在不同情况可以减小不同的阻力成分。

（1）减小兴波阻力。对于 Fr 在 0.27～0.34 之间的中高速船,安装球鼻船首可以降低兴波阻力。魏格来曾作过理论研究,认为在水下运动的球鼻船首亦将产生波浪。如球鼻的大小和位置选择适当,则在一定速度范围内,球鼻船首产生的波系与船体波系可能发生有利干扰作用,合成波的波高将降低,兴波阻力将下降。

（2）减小舭涡阻力。多少年来球鼻船首仅应用于速度较高的瘦削船型,但近年来许多低速度的肥大船型采用球鼻船首后,阻力性能亦得到明显改善。

按照目前一般的看法,对于航速在 $Fr=0.20$ 以下的肥大型船(通常指 C_b 在 0.80 左右的大型散装货船和油轮等),加装球鼻船首后减少阻力的原因是满载时主要是减小首部舭涡,压载时主要是减小破波阻力。

肥大船在航行时常常会产生埋首现象。这是由于船首底部发生大量旋涡,并在该处形成低压区以致船首下沉,其结果消耗能量,增大阻力。当肥大型船安装球鼻船首后,可使水流近于径向对称流动,船首底部漩涡运动减少,从而达到降低阻力和减小埋首现象的目的。

（3）减小破波阻力。对于一些低速肥大型船舶,如采用球鼻船首,在压载状态下,在低速时,其阻力较普通船首者高,而在较高速时,却能显示较大的减阻效果。图 6-23 为一载重量约为 5 万吨级油轮($C_b=0.798$)在压载情况的尾流测量和波形测量所得的阻力系数。由图知,这类船舶的兴波阻力占总阻力的比重很小。但由于船首部水流情况恶化,所以破波阻力相当明显。因此加装球鼻船首后,首部船体前伸,使该处横剖面面积曲线的坡度和首部水线进角减小,大大改善了船首柱附近的压力分布,缓和了船首破波情况,从而降低了破波阻力,取得较大的减阻效果。

2) 球鼻船首的形式

球鼻船首的设计原则在保持棱形系数一定的情况下,可以采取两种方法绘制。

第一种是,将一部分排水体积自满载水线附近向下移至龙骨附近,保持横剖面面积曲线不变,但必须减小前体的满载水线面面积系数;另一种是,将前体后部的排水体积向前移至船首端附近,保持满载水线面系数不变,但横剖面面积曲线有改变,并使浮心纵向位置向前移动。

球鼻船首的形式很多,现介绍几种常见的形式,如图 6-24 所示。

（1）水滴形球鼻是出现最早、应用较广的一种球鼻船首。其横剖面的形状是上部小,下部大,呈水滴形,因而得名。在船型较瘦航速较高的船上常采用这种球鼻船首。

（2）S-V 形球鼻,这种球鼻的纵剖面呈 S 形,而横剖面呈 V 形。故称为 S-V 形球鼻。这种

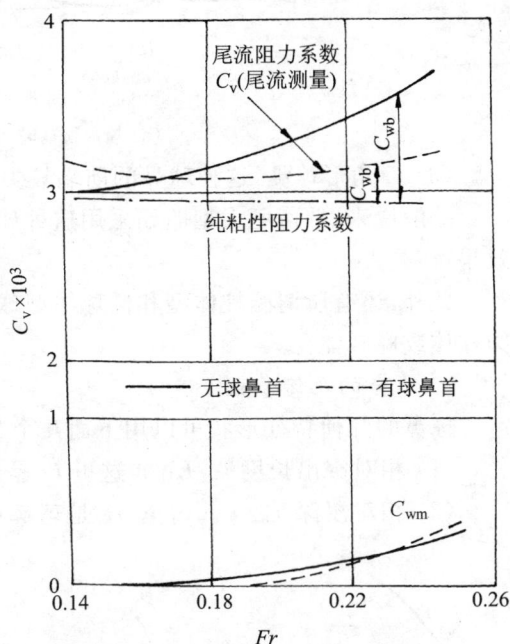

图 6-23 某油轮安装球鼻船首
对阻力影响（压载情况）

球鼻的适用性较广,不但适用于高速和中低速船,而且在满载和压载状态下一般都能起到减阻作用。

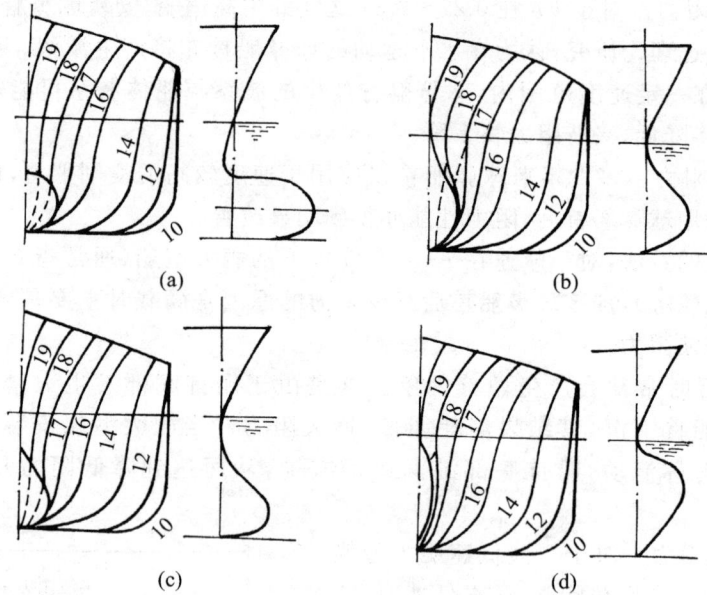

图 6-24 球首形状

(a) 撞角形;(b) 水滴形;(c) 梨形;(d) S-V 形

(3) 撞角形球鼻,这种球鼻的前端较尖,呈尖角状。其横剖面形状大致呈椭圆形。

一般说来,低速肥大型船如采用这种球鼻船首,在满载和压载状态下可望获得良好的减阻效果。

此外,还有所谓圆柱体型和椭球体型球鼻,其特点是前端呈球面,而球鼻本身的形状是一圆柱体或椭圆体。

3) 球鼻的几何参数

球鼻的几何特征形状可以用下面几个参数表示。

(1) 相对突出长度 l_b/L_{bp}。这里 l_b 是球鼻最前端至首柱的距离,L_{bp} 是船的两柱间长。

(2) 相对浸深 h_b/T。这里 h_b 是球鼻中心或球鼻最前点或者最大宽度处距静水面的距离,T 为船的吃水。

(3) 最大宽度比 b_{max}/B。b_{max} 是首柱处球鼻横剖面的最大宽度,B 为船宽。

(4) 球鼻面积比 A_{fb}/A_m。这里 A_{fb} 是首柱处球鼻横剖面面积,A_m 是船中横剖面的面积。

(5) 相对排水体积比 δ/∇。这里 δ 是球鼻所增加的排水体积,∇ 为船体排水体积。

上述参数可由图 6-25 予以说明。这些参数基本上表示了球鼻的几何形状特征。研究球鼻船首对船体阻力的影响,主要是研究这些几何参数变化对阻力的影响。

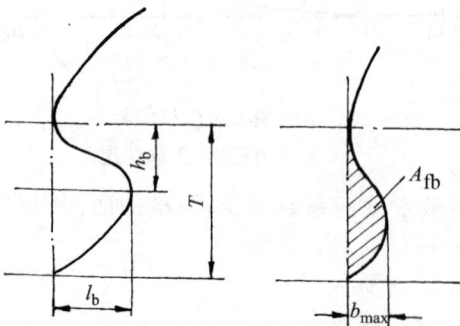

图 6-25 球鼻船首的几何参数

4) 球鼻船首的效果与几何参数的选择

球鼻船首的设计是合理选择球鼻的几何参数,使之能起到降低阻力、提高航速的作用。可是由于目前有关球鼻的资料都针对某一特定船型,有些认为十分成功的球首,在其他船上应用并不一定能获得满意的结果。现有的球鼻船首的形状和参数变化范围各不相同,而最重要的是球鼻形状及参数等和船体必须有恰当的配合。为此,设计时最好按下述进行:一方面根据母型船的船型特征和航速合理地选择球鼻的几何参数;另一方面对具体产品可设计几种方案,通过船模试验(包括阻力和自航试验)来进行选择和作进一步改进。

下面介绍在球鼻型船首设计中,关于选用球鼻时需要注意的问题。

(1) 选用球鼻船首的"界限速度"

对于给定方形系数的船舶,采用球鼻船首的减阻效果直接与航速有关。一般说来,只有当航速大于某一值时,球鼻船首才会显示其减阻作用,该航速值称为球鼻船首的"界限速度",因此"界限速度"实际上可以成为是否选用球鼻船首的衡量标准。根据已有资料,对于中、低速船所对应的界限速度的傅汝德数 $[Fr]_b$ 可用如下公式估算

① 中速货船,$[Fr]_b = 0.644 - 0.641C_b$;

② 低速肥大型船,$[Fr]_b = 0.582 - 0.493C_b$。

一般先要判定设计航速时的 Fr 数是否大于 $[Fr]_b$,然后决定是否选用球鼻船首。

(2) 球鼻几何参数范围

有关资料介绍的 3 种货船船型采用球鼻时的几何参数范围及其一般选定原则,如表 6-3 所示。

表 6-3   3 种货船采用球鼻船首的参数

球首参数 ＼ 船型	低速丰满船 ($C_b \geqslant 0.80, Fr \leqslant 0.22$)	中速货船 ($C_b = 0.67$, $Fr = 0.22 \sim 0.26$)	高速货船 ($C_b = 0.55 \sim 0.58$, $Fr = 0.27 \sim 0.38$)
δ / ∇	$= 0.002 \sim 0.005$	< 0.014	
	设计航速超过界限速度越大,在使用允许情况下选用大些的 δ / ∇ 值有利。对尺度较小的低速丰满船,取 δ / ∇ 值小些好,反之应取大些		
A_{fb} / A_m	$= 0.15 \sim 0.12$	$\leqslant 0.11$	$= 0.06 \sim 0.09$
	此项与 δ / ∇ 有密切关系。对中、高速船,较大的 A_{fb}/A_m 值在速度较高时阻力收益大,但在压载状态时将引起阻力恶化		
l_p	圆柱形球首:球首中心应在首柱前$(1.0 \sim 1.5)\%L$;S-V 形和水滴形:$l_b / b_{max} = 1.0 \sim 1.4$	$= (3 \sim 3.5)\%L$ (L——船长)	$= (2.5 \sim 5)\%L$
h_b / T	水滴形$=0.70 \sim 0.65$ S-V 形$=0.55 \sim 0.65$	S-V 形$=0.40 \sim 0.50$	水滴形$=0.75$ S-V 形$=0.35 \sim 0.40$ 圆柱形$=0.65 \sim 0.70$
	此项与球首形式有关。过大的浸深在低速时效果不明显		

4. 特殊船尾形状

对于常规船型而言,大多数船舶采用巡洋舰型船尾。但往往为了阻力或推进等方面的原因,特别是为了提高推进效率以及改善船尾激振,在某些船上对一些特殊船尾形状的研究取得了较明显的收效。

1) 方尾

方尾几乎是高速水面舰艇普遍采用的船尾形式。采用方尾的最主要优点在于它的尾部纵剖线坡度缓和近于直线。这样可使水流大致沿纵剖线方向流动,减少高速水流的扭转和弯曲程度,如图 6-26(a)所示,从而可减少能量损失,改善阻力性能。更重要的是由图 6-26(b)可见,高速水流沿着方尾边缘一直延伸到尾后相当距离处,其作用相当于增加了船体的有效长度,在湿表面积不变的情况下,摩擦阻力并未增加,但对减小剩余阻力有利。方尾的这种作用通常称为虚长度作用。此外,由于方尾的尾部排水体积较大,可减小航行过程中的尾倾现象,从而使尾部产生的"鸡尾流"波浪情况得到改善。综上所述,对于高速舰艇采用方尾可以得到较小的阻力,有利于提高航速。

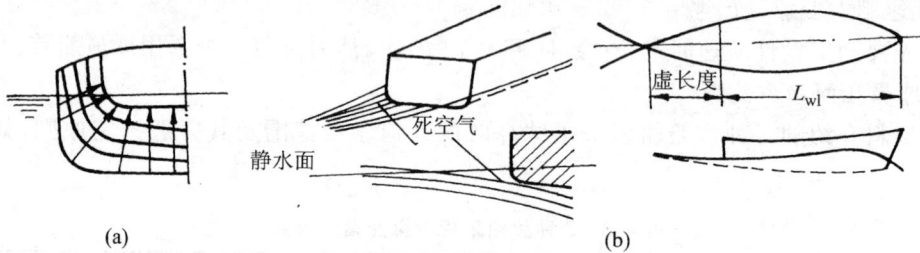

图 6-26 方 尾
(a) 方尾尾部流动状态;(b) 方尾的"虚长度"

除了阻力性能外,方尾还具有结构简单并有较好的回转性、对螺旋桨等有良好的保护作用等好处。

方尾可以用尾板相对面积和相对宽度等参数来表示。尾板相对面积 A_t/A_m 是指尾封板处横剖面面积与船中横剖面面积之比。默西尔认为该参数是影响方尾舰艇阻力性能的主要参数之一。该参数可根据桑地对 $L/\nabla^{1/3}=8.50$,$C_p=0.65$ 的驱逐舰方尾船模试验结果进行选择,如图 6-27 所示。相对宽度 B_t/B_m 是指尾板处设计水线宽与设计水线最大宽之比。有关试验结果指出,该参数对阻力的影响甚至较 A_t/A_m 要敏感,其选择范围是 $B_t/B_m=0.60\sim0.90$,且随着 Fr 数增大该参数亦应取较大值。

此外,按照桑地的意见,方尾处静止时吃水 t 应随速度而异,一般可按 $\dfrac{v}{\sqrt{gt}}\geqslant 5$ 选取。方尾的尾部纵剖线斜升角对尾部水流流动和波浪中的拍击都有影响,因此不仅要考虑阻力,而且还要顾及推进和耐波性等要求。

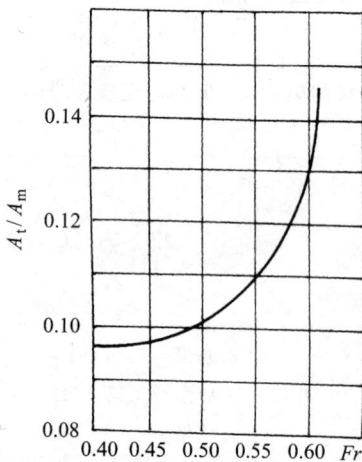

图 6-27 方尾尾板相对面积的选取

2）球鼻形船尾

近年来在某些大型民用船舶上相继出现球鼻型尾的船型。不过,相对于球首而言,对球尾的研究工作进行得较少。瑞典船模试验池在 1977 年,对 $C_b = 0.84$ 的肥大型船,在保持相同的前体型线下,其尾部分别设计成 V 形、U 形和球尾形,如图 6-28 所示。

船体尾部形状除与阻力性能有关外,更大程度上与推进性能关系密切。一般船舶的尾部对兴波阻力的作用较小,但尾部形状对于螺旋桨盘面处的水流情况影响很大,直接影响到平均伴流的大小、伴流分布的均匀程度,因此对推进性能、空泡和激振等有密切关系。所以研究尾部形状问题时,一般应综合考虑它对阻力、推进、空泡和脉动压力等影响。

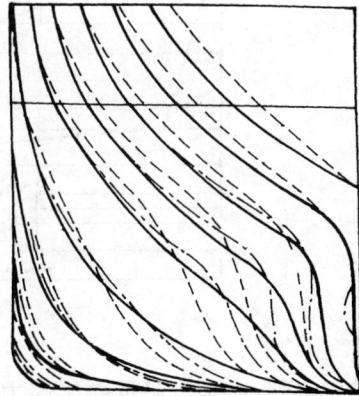

图 6-28　瑞典试验池的三种尾部线型
—— V 形尾;－－－ U 形尾;－·－·－球尾

瑞典船模试验池的试验结果指出:U 形尾的阻力较球尾形者的阻力约高 5%;而较 V 形尾高 7%。其原因主要是黏压阻力较高所造成。这已被流线试验所证实,U 形尾部存在较严重的舭涡;球尾形船尾的舭涡有明显减弱,而 V 形尾部几乎未发现有类似的舭涡存在。

用同样螺旋桨进行模型自航试验,由所得结果发现:在相同航速时($v_s = 16$ kn),球尾形的所需功率最低,较 V 形者低 4%。其主要原因是球尾具有较高的船身效率;U 形尾虽然也具有较高的船身效率,但因其阻力过大,故其所需功率不但较球尾有明显的增大,而且较 V 形者亦高约 3%。这一试验结果,同样可以用 3 种尾部形状所产生的不同舭涡情况作解释:舭涡的存在虽然使阻力增大,但由于舭涡的运动吸引了边界层中低动能的水分子并将其送至桨盘处,因而增大了伴流分数及船身效率,同时舭涡还可使伴流分数较为均匀。因而尽管 V 形尾的阻力性能最佳,但其所需的机器马力反较球尾形者有明显增大,而较 U 形者亦不如阻力性能的收益大。

此外,同一桨模分别置于 3 种尾部情况的空泡试验表明,螺旋桨在 V 形尾后的空泡情况远较 U 形尾及球尾者为严重;而且 V 形尾的脉动压力幅值均高于 U 形及球尾情况。

综上所述,目前对尾部形状研究的一般结论是 V 形尾阻力性能最佳,但推进性能较差,伴流分布最不均匀,螺旋桨的空泡及激振都比较严重。如果综合各方面的因素来考虑,则似乎可以认为球尾最佳,U 形尾次之,V 形尾最差。

3）双尾和双尾鳍

目前,浅吃水船或超浅吃水船由于吃水小,因此普遍采用双桨船型。但常规双桨船的推进效率较低,附体阻力也大。为了克服常规双桨船的这些缺点,国内外相继研究了双尾和双尾鳍线型。根据国内外已有试验资料表明,与常规双桨船型相比,采用这两种尾部线型都能提高推进效率,而其总阻力增加不大,甚至几乎无甚增加。

双尾船型的尾部是由通过两推进器轴的垂直平面为其纵中剖面形成的两个尾体所组成。两尾体不一定对称于其本身的纵中剖面,如图 6-29 所示。

双尾船型与常规双桨船相比,在阻力和推进性能方面均有一定的特点。从阻力观点看,双尾船型的单个尾体宽度约为整个船宽的 40%～60%,因而相当于增大了长宽比,特别是后体

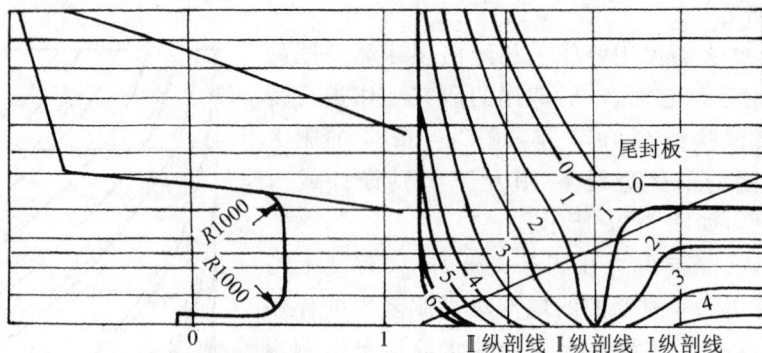

图 6-29 双尾型线

变得较瘦削,有利于降低黏压阻力。同时,采用双尾船型后,后体相当于"分解"成较瘦削的 3 部分,因而最大剖面位置可以后移,增长了进流段,必将有利于改善船首的兴波情况。此外,采用双尾船型,虽然尾部湿表面积较常规双桨船有所增大,但其附体阻力较后者有明显的下降。综上诸因素,可以说明采用双尾船型的总阻力并不比常规双桨船增大的原因。从推进观点看,由于将螺旋桨置于两个尾体之后,所处的摩擦伴流较大,且又能得到充分的供水,因而可望获得较高的推进效率。有关推进试验结果表明:尾部设计成双尾型后,伴流分数增大,推力减额下降,与相应的双桨船相比,其推进效率确有提高。

在双尾船型的基础上,可以将尾部设计成两个导流尾鳍,如图 6-30 所示。其好处主要可以针对螺旋桨的工作状态(如内旋或外旋),尾鳍的形状可以作相应变化,从而达到进一步提高推进效率的目的。

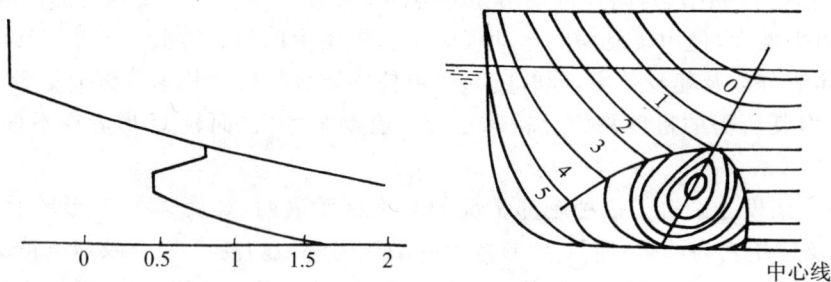

图 6-30 双尾鳍型线

4) 涡尾及不对称船尾

近年来,国内外都在进行涡尾及不对称船尾的研究工作。其目的亦是在于提高推进效率。

涡尾实际上是一种变形尾鳍,如图 6-31(a)所示。它是在吸收国外蜗槽型船尾的基础上发展起来的一种特殊船尾形式。目前在我国内河船上已被采用。涡尾的主要功能是使水流流经船尾后,形成一股与螺旋桨旋向相反的旋转水流,并以螺旋面的形式流向螺旋桨。这样可以改善螺旋桨的周向诱导速度,从而使推进效率有所提高。

不对称船尾形状如图 6-31(b)所示。其应用原理与涡尾类似,如果水流流经专门设计的不对称船尾后,产生的旋向伴流能与螺旋桨的预旋流配合得好的话,无疑同样可以提高推进效率。一般说来,不对称船尾适用于单桨船,而涡尾较多的用于内河双桨船。

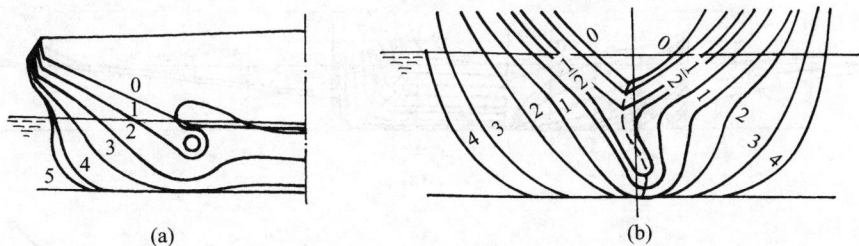

图 6-31　涡尾及不对称尾

(a) 涡尾;(b) 不对称尾型

5) 隧道型船尾

某些内河船,由于吃水受到限制,为了增大螺旋桨直径,提高螺旋桨效率,故常采用隧道型船尾。隧道型船尾的形式,从纵剖面图看,有开式和闭式两种。前者指隧道顶线的尾端在水面之上;后者则浅埋在水线之下,分别如图 6-32(a)、(b)所示。如从横剖面图看,则有深隧道和浅隧道之分;如按对应于单桨船、双桨船则又有单隧道和双隧道两种。

闭式隧道的阻力比开式的大。但倒车性能较好,一般适用于螺旋桨直径与吃水比 $D/T = 1.0 \sim 1.1$ 的浅隧道,而且较多地出现在双隧道情况。开式隧道适用的 D/T 值更大,且一般与深隧道相对应,用于单隧道船居多。

应该指出的是,无论哪种隧道形式,为了保证螺旋桨充足的供水,使尾部水流顺畅地流向螺旋桨,因此隧道都应适当长些,且取开敞式为佳。

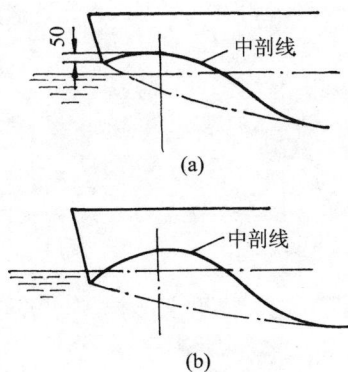

图 6-32　开式和闭式隧道

(a) 开式隧道;(b) 闭式隧道

5. 纵流船型

这是为了适应内河船舶吃水浅、船宽大的特点而开发的又一种船型。由于内河船舶的主尺度比 B/T、L/T 都比较大,L/B 偏小。因此在要求较高航速情况下,如仍采用常规船型,则其船首兴波,特别是船首散波必然较大。其后果不但阻力性能较差,而且船首兴波对中小型船舶的安全和堤岸保护都极为不利。根据有关研究结果认为:如果采用纵流船型,则在快速性和消波性能方面都将显示很大的优越性。因此这种船型颇受内河船设计部门的重视。

纵流船型如图 6-33 所示。这种船型的特点主要表现在纵剖线非常平顺;首部伸出水线之上,并与水面之间的夹角较小。因此在 B/T 很大的情况下(B 很大,T 很小),采用这种线型后,可压抑首部水面升高,并迫使水流主要沿着纵剖线向底部流动,起到了"压浪消波"的作用。有关试验资料指出,采用纵流船型后的波高仅为常规船型的 $40\% \sim 70\%$。显然,其相应的兴波阻力必然有较大的下降。

纵流船型的具体应用可以取不同首尾形状相结合的方式。它们主要有纵流船首配以常规巡洋舰尾,纵流首尾型线,以及纵流涡尾又称平头涡尾等多种形式。

纵流船型不但具有降阻和消波的优点,而且由于水线面较大,所以对稳性有利。但这种船型的主要缺点是首部过于平坦,以致在风浪中的拍击现象较严重。

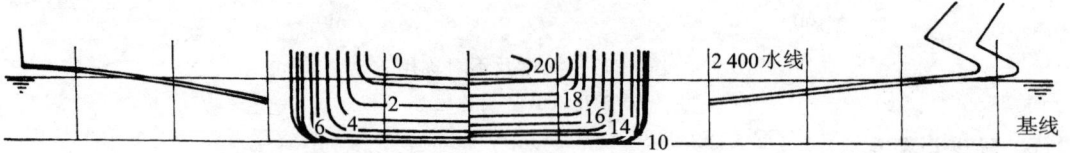

图 6-33 纵 流 船 型

（a）常规尾纵流首型线；（b）纵流首尾型线

第7章 阻力的近似估算方法

在船舶设计过程中,特别是在方案设计的初期阶段,由于船舶线型尚未确定,因而还不能应用船模试验或其他方法来确定阻力,只能用近似方法进行估算。另外,在船舶设计初始阶段,当主尺度和船型系数初步确定以后,必须知道主机功率以保持船舶能达到设计航速;如果主机功率已知,则需要估计阻力,以确定船的航速,便于分析比较各种方案的优劣。此外对某些不准备做船模试验的小型船舶,在设计过程中,只要用近似方法来确定其阻力值。因此寻求近似求取船舶阻力的估算方法,对于船舶设计是很有实用价值的。

近似估算阻力的方法很多,但所有这些方法几乎都是根据船模系列试验结果或是在总结、分析大量的船模试验或实船试验的基础上得出的。因此应用阻力近似估算方法所得结果的准确程度取决于设计船与母型船或设计船与各图谱所依据的船模系列之间的相似程度。为了尽可能提高近似估算的准确性,应该对估算方法的原始资料情况有所了解,有针对性地选择估算方法。

所有近似估算方法都是把阻力(或功率)表达为船型系数和速度的函数。至于函数的表达形式在早期通常以图谱形式来表达,随着计算机应用的发展,近期多采用回归曲线的形式,更简单的是直接列出计算公式的简易估算法。若根据估算方法的资料来源进行分类,则可分为船模系列资料估算法、经验公式估算法和母型船数据估算法等 3 类近似方法。

7-1 根据船模系列试验资料估算阻力

这类方法都根据船模系列试验资料,直接给出阻力图表或回归公式等供实际估算使用。

1. 应用图谱估算阻力

过去几十年中,各国船模试验池进行了大量的系列船模试验,当时为适应造船工作者手工计算的需要,一些著名的标准系列船模或经验统计得出的资料,常用图谱的形式来表示,这种方法比较直观。

用来研究船型对阻力影响的标准系列有泰洛(Taylor)系列、陶德(Todd)系列(又称系列60)、英国的 BSRA 系列和瑞典的 SSPA 系列、日本的肥大船系列、中国的长江客货船模系列和浅吃水肥大型船系列等,这些系列都给出了相应的船型系数适用范围(见表 7-1)。其中大部分按傅汝德假设将总阻力分为摩擦阻力和剩余阻力两大部分,对于摩擦阻力,则采用相当平板公式进行计算,而对于剩余阻力则配有相应的图谱。这里仅对泰洛估算法进行比较详细的说明。

泰洛估算法是根据泰洛标准系列船模试验结果整理得到的,其所用母型船虽为军舰,但也可用于民用船,特别是双螺旋桨客船的阻力估算。泰洛估算法将总阻力分为剩余阻力和摩擦阻力分别估算,最初的泰洛法其阻力数据绘制成单位排水量剩余阻力的等值线,并均采用英制单位。1954 年盖脱勒(Gertler)将泰洛标准组阻力数据进行分析整理,并对水温、层流和限制

表 7-1 估算阻力用船模系列试验资料

系 列 名 称	阻力表达形式	适 用 范 围	计 算 结 果
扩展的泰勒系列 $C_p = 0.5 \sim 0.8$	$\dfrac{R_R}{\Delta} - Fr$	适用于双桨高速瘦削船型	裸船体有效功率,计算的阻力一般偏低
60 系列 $C_b = 0.6 \sim 0.8$	$\mathbb{C} - V/\sqrt{L}$	适用于尺度较大,航速较高的单桨商船,首、尾横剖面呈 U 形	裸船体有效功率,计算的阻力值略低
BSRA 运输船系列 $C_b = 0.55 \sim 0.85$	$\mathbb{C} - V/\sqrt{L}$	适用于 $V/\sqrt{L} = 0.6 \sim 0.85$ 的中速单桨海船,尾横剖面呈中 U 形	裸船体有效功率,计算的数值略低于实船
SSPA 系列 $C_b = 0.525 \sim 0.75$	$C_R - Fr$	适用于中、高速单桨中小型运输船,首横剖面呈 V 形,低速船呈中 U 形	裸船体有效功率,对船长大于 150 m 的船,其数值略高
日本肥大型船系列 $(C_b = 0.78 \sim 0.84)$	$C_R - Fr$	适用于低速肥大型船,横剖面呈 U 形	裸船体有效功率,数值比 60 系列略高
浅吃水肥大型船系列 $(C_b = 0.79 \sim 0.85)$	$C_R - Fr$	适用于低速单桨浅吃水运输船,有球首和球尾含不同装载情况	裸船体有效功率
长江船系列 $(C_b = 0.52 \sim 0.64)$	$C_R - Fr$	适用于长江双桨、高速、B/T 较大的客货船,首横剖面呈中 U 形、尾呈 V 形	裸船体有效功率

航道的影响分别加以修正,最后整理出一套无量纲剩余阻力系数图表,其中摩擦阻力按桑海公式计算,计算所用的船体湿面积可以由无量纲湿面积系数图谱求得,因此该估算法又称泰洛-盖脱勒法。

1) 泰洛法给出的图谱形式和参数范围

(1) 剩余阻力系数 C_r 图谱

给出的函数关系为

$$C_r = f_1 \left(\frac{B}{T}, C_p, \frac{\nabla}{L^3}, Fr \right) \tag{7-1}$$

当 $B/T, C_p$ 一定时,上式的函数关系可表达为

$$C_r = f_2 \left(\frac{\nabla}{L^3}, Fr \right) \tag{7-2}$$

所以给出的图谱形式是对每一组 B/T,以每一棱形系数 C_p 给出一张图谱,图中以不同排水体积系数 $\dfrac{\nabla}{L^3}$ 为参数,作出剩余阻力系数 C_r 对 Fr(或 $v/\sqrt{L}$)的曲线,如图 7-1 所示。根据设计船的 B/T、C_p、∇/L^3 和 Fr 值,由所给出的图谱很方便地求得 C_r 值。限于篇幅,本书中仅给出部分泰洛图谱,详细资料请参见《船舶设计实用手册》等有关文献。表 7-2(a)、表 7-2(b)、表 7-2(c)为重新分析后的泰洛标准组剩余阻力系数数据摘要,因此亦可由该表采用内插法求得 C_r 值。

$$Fr = \dfrac{v}{\sqrt{gL}}$$

0.15 0.16 0.17 0.18 0.19 0.20 0.21 0.22 0.23 0.24 0.25 0.26 0.27 0.28 0.29

$B/T=3.00$
$C_p=0.62$

$\dfrac{\nabla}{L^3}=7.0\times10^{-3}$
6.0
5.0
4.0
3.0
2.0
1.0

$C_r \times 10^3$

3.0

2.0

1.0

0

0.5　0.6　0.7　0.8　0.9　1.0

$V/\sqrt{L}$

(a)

$$Fr = \dfrac{v}{\sqrt{gL}}$$

0.30 0.32 0.34 0.36 0.38 0.40 0.42 0.44 0.46 0.48 0.50 0.52 0.54 0.56 0.58

$B/T=3.00$
$C_p=0.62$

4.0
2.5
2.0
1.5
1.0
3.5
3.0
$\dfrac{\nabla}{L^3}=5.5\times10^{-3}$
5.0
4.5

$C_r \times 10^3$

6.0

5.0

4.0

3.0

2.0

1.0

0

1.0　1.1　1.2　1.3　1.4　1.5　1.6　1.7　1.8　1.9　2.0

$V/\sqrt{L}$

(b)

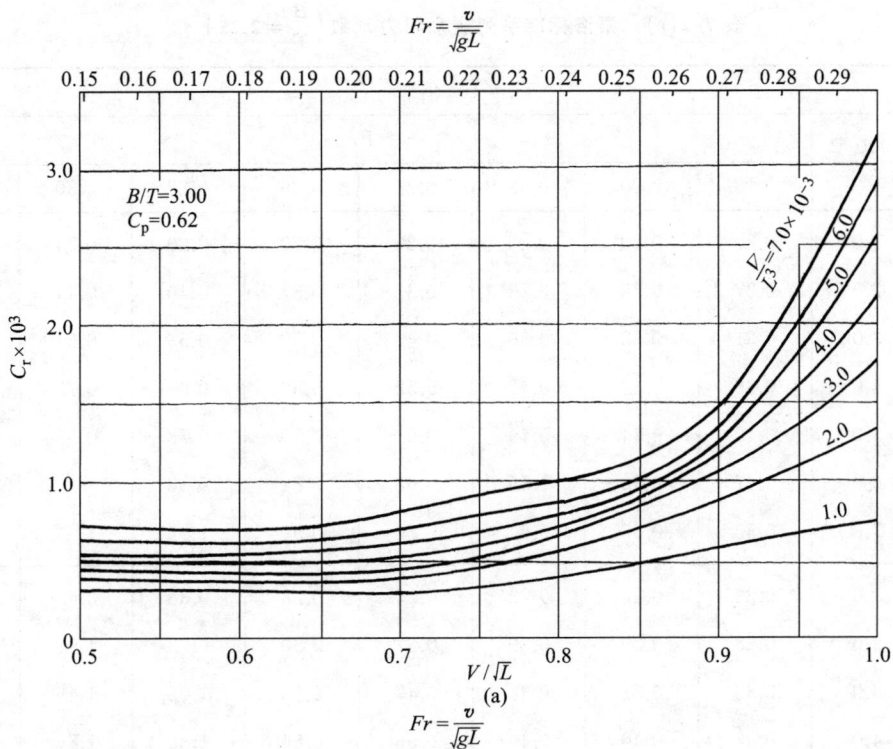

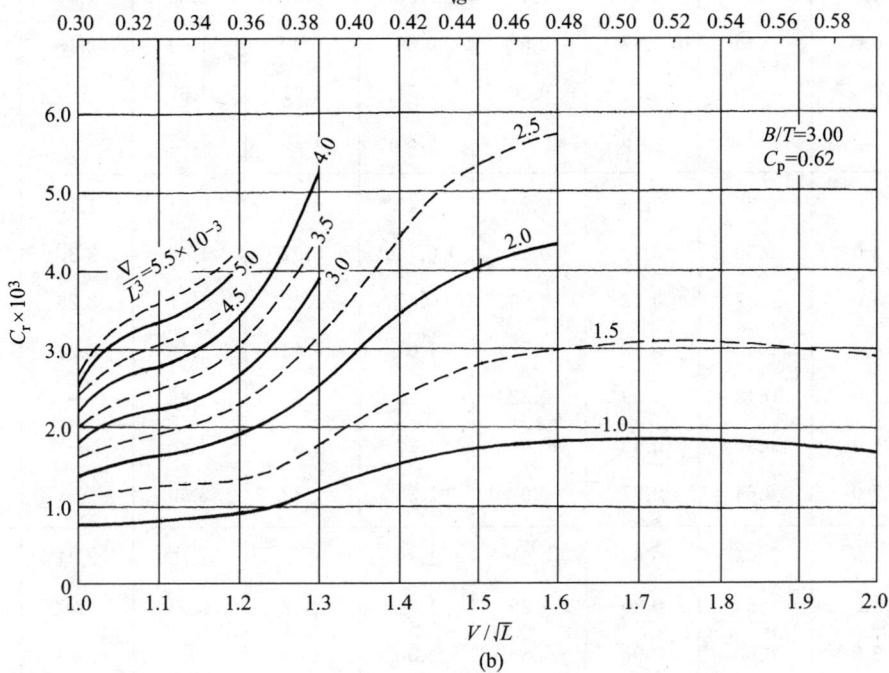

图 7-1　泰洛系列剩余阻力系数 C_r 图谱

（a）中低速部分（$Fr<0.3$）；（b）高速部分（$Fr\geqslant0.3$）

表 7-2(a)　泰洛标准系列剩余阻力系数 $\left(\dfrac{B}{T}=2.25\right)$

$C_r \times 10^3$ 值

C_p	$\dfrac{1000\ \nabla}{L^3}$	Fr							
		0.18	0.20	0.22	0.24	0.26	0.28	0.30	0.32
0.50	1.0	0.20	0.20	0.20	0.20	0.20	0.20	0.24	0.40
	2.0	0.27	0.28	0.28	0.32	0.37	0.40	0.44	0.72
	3.0	0.31	0.32	0.36	0.43	0.50	0.53	0.61	1.00
	4.0	0.36	0.38	0.42	0.52	0.59	0.64	0.77	1.26
	5.0	0.42	0.44	0.49	0.60	0.70	0.73	0.93	1.54
	6.0	0.47	0.49	0.55	0.68	0.82	0.88	—	—
	7.0	0.53	0.56	0.64	0.80	0.99	1.04	—	—
0.60	1.0	0.23	0.23	0.23	0.25	0.28	0.38	0.45	0.46
	2.0	0.28	0.29	0.30	0.37	0.50	0.73	1.01	1.03
	3.0	0.33	0.33	0.38	0.47	0.66	1.02	1.45	1.54
	4.0	0.38	0.40	0.46	0.56	0.80	1.32	1.86	2.00
	5.0	0.45	0.47	0.53	0.64	0.90	1.49	2.18	2.41
	6.0	0.50	0.52	0.60	0.71	1.01	1.67	—	—
	7.0	0.56	0.59	0.68	0.81	1.10	1.82	—	—
0.70	1.0	0.23	0.23	0.28	0.40	0.55	0.81	1.13	1.23
	2.0	0.30	0.32	0.47	0.71	0.97	1.46	2.30	2.47
	3.0	0.37	0.42	0.60	0.87	1.22	1.97	3.26	3.77
	4.0	0.42	0.52	0.71	1.01	1.43	2.48	4.28	5.02
	5.0	0.49	0.59	0.82	1.10	1.56	2.88	—	—
	6.0	0.56	0.68	0.90	1.20	1.68	3.20	—	—
	7.0	0.64	0.77	0.97	1.28	1.82	3.50	—	—
0.80	1.0	0.45	0.62	0.91	1.30	1.45	1.70	2.21	2.18
	2.0	0.53	0.80	1.29	1.94	2.32	2.63	3.77	4.36
	3.0	0.60	0.96	1.58	2.30	3.02	—	5.38	6.64
	4.0	0.67	1.13	1.80	2.54	3.43	—	—	—
	5.0	0.75	1.22	1.96	2.75	—	—	—	—
	6.0	0.83	1.31	2.10	—	—	—	—	—
	7.0	0.90	1.41	2.23	—	—	—	—	—

表 7-2(b)　泰洛标准系列剩余阻力系数 $\left(\dfrac{B}{T}=3.00\right)$

C_p	$\dfrac{1000\ \nabla}{L^3}$	Fr							
		0.18	0.20	0.22	0.24	0.26	0.28	0.30	0.32
0.50	1.0	0.25	0.25	0.27	0.33	0.38	0.38	0.43	0.59
	2.0	0.30	0.30	0.38	0.52	0.61	0.60	0.63	0.90
	3.0	0.36	0.36	0.44	0.63	0.74	0.77	0.85	1.18
	4.0	0.43	0.43	0.50	0.74	0.86	0.87	1.02	1.50
	5.0	0.48	0.50	0.60	0.82	0.96	0.97	1.19	1.86
	6.0	0.55	0.60	0.72	0.96	1.11	1.11	1.39	2.20
	7.0	0.62	0.68	0.88	1.24	1.31	1.28	—	—
0.60	1.0	0.30	0.30	0.35	0.46	0.56	0.64	0.70	0.74
	2.0	0.38	0.38	0.44	0.58	0.75	0.97	1.17	1.28
	3.0	0.42	0.42	0.50	0.65	0.87	1.20	1.57	1.74
	4.0	0.47	0.49	0.57	0.71	0.93	1.30	1.89	2.19
	5.0	0.55	0.57	0.63	0.76	0.99	1.42	2.20	2.63
	6.0	0.61	0.64	0.74	0.86	1.04	1.63	2.45	—
	7.0	0.66	0.74	0.88	1.00	1.20	1.79	—	—
0.70	1.0	—	—	—	—	—	—	—	—
	2.0	0.42	0.48	0.63	0.82	1.08	1.58	2.40	2.69
	3.0	0.49	0.58	0.82	1.10	1.40	2.15	3.40	3.98
	4.0	0.56	0.68	0.95	1.24	1.60	2.57	4.22	5.16
	5.0	0.63	0.77	1.04	1.33	1.72	2.89	—	—
	6.0	0.72	0.87	1.11	1.40	1.85	3.13	—	—
	7.0	0.82	0.97	1.17	1.52	1.99	3.52	—	—
0.80	1.0	—	—	—	—	—	—	—	—
	2.0	0.65	0.93	1.39	2.05	2.61	3.03	4.15	4.97
	3.0	0.86	1.14	1.65	2.60	3.48	—	—	—
	4.0	0.93	1.25	1.77	2.82	—	—	—	—
	5.0	0.99	1.30	1.85	2.93	—	—	—	—
	6.0	1.03	1.33	1.92	3.05	—	—	—	—
	7.0	1.07	1.38	1.99	3.14	—	—	—	—

$C_r \times 10^3$ 值

表 7-2(c)　泰洛标准系列剩余阻力系数$\left(\dfrac{B}{T}=3.75\right)$

		$C_r \times 10^3$ 值							
C_p	$\dfrac{1\,000\,\nabla}{L^3}$	Fr							
		0.18	0.20	0.22	0.24	0.26	0.28	0.30	0.32
0.50	1.0	0.33	0.33	0.37	0.43	0.48	0.47	0.46	0.58
	2.0	0.38	0.40	0.46	0.55	0.63	0.64	0.66	0.85
	3.0	0.47	0.48	0.55	0.67	0.78	0.83	0.90	1.21
	4.0	0.53	0.56	0.68	0.83	0.96	1.02	1.16	1.61
	5.0	0.58	0.61	0.74	0.96	1.14	1.19	1.43	2.10
	6.0	0.67	0.71	0.84	1.12	1.33	1.40	1.66	2.55
	7.0	0.74	0.78	0.94	1.27	1.53	1.60	—	—
0.60	1.0	0.42	0.42	0.43	0.45	0.49	0.56	0.62	0.70
	2.0	0.50	0.50	0.52	0.56	0.71	0.92	1.13	1.30
	3.0	0.55	0.56	0.59	0.66	0.87	1.16	1.50	1.80
	4.0	0.61	0.63	0.70	0.77	0.96	1.38	1.83	2.24
	5.0	0.70	0.72	0.80	0.87	1.07	1.58	2.20	2.70
	6.0	0.77	0.81	0.90	0.97	1.22	1.79	2.50	—
	7.0	0.84	0.90	1.00	1.10	1.34	1.88	—	—
0.70	1.0	—	—	—	—	—	—	—	—
	2.0	0.58	0.62	0.74	0.91	1.15	1.67	2.40	2.70
	3.0	0.65	0.70	0.87	1.12	1.42	2.20	3.36	3.98
	4.0	0.71	0.79	0.98	1.26	1.64	2.62	4.05	4.98
	5.0	0.77	0.87	1.08	1.36	1.82	2.98	—	—
	6.0	0.83	0.96	1.20	1.48	2.00	3.22	—	—
	7.0	0.92	1.05	1.30	1.58	2.08	3.39	—	—
0.80	1.0	—	—	—	—	—	—	—	—
	2.0	0.76	1.07	1.55	2.17	2.61	3.08	3.97	4.68
	3.0	0.84	1.14	1.68	2.52	3.23	—	—	—
	4.0	0.91	1.22	1.78	2.67	—	—	—	—
	5.0	0.97	1.29	1.88	2.78	—	—	—	—
	6.0	1.06	1.38	1.98	2.91	—	—	—	—
	7.0	1.13	1.46	2.11	3.11	—	—	—	—

（2）无量纲湿面积系数 C_S 图谱

给出的函数关系为

$$C_S = f_3\left(\frac{B}{T}, C_p, \frac{\nabla}{L^3}\right) \tag{7-3}$$

当 $\dfrac{B}{T}$ 一定时，上式成为

$$C_S = f_4\left(C_p, \frac{\nabla}{L^3}\right) \tag{7-4}$$

所以 C_S 图谱的形式是以每一组 $\dfrac{B}{T}$ 值给出一张图谱，表示在不同 C_p 和 $\dfrac{\nabla}{L^3}$ 时的 C_S 等值曲线，如图 7-2 所示。根据设计船的 $\dfrac{B}{T}$、C_p 和 ∇/L^3 值，由该图谱可查得 C_S 值，进而可按下式求得船体湿面积为

$$S = C_S \sqrt{\nabla L} \tag{7-5}$$

（3）适用的参数范围

泰洛标准系列的船型参数范围分别为

第一组　$\dfrac{B}{T} = 2.25$，　$L/B = 5.0 \sim 14.5$，　$C_b = 0.44 \sim 0.80$，　$C_p = 0.48 \sim 0.86$

第二组　$\dfrac{B}{T} = 3.00$，　$L/B = 4.6 \sim 15.1$，　$C_b = 0.44 \sim 0.74$，　$C_p = 0.48 \sim 0.80$

第三组　$\dfrac{B}{T} = 3.75$，　$L/B = 4.0 \sim 13.4$，　$C_b = 0.44 \sim 0.80$，　$C_p = 0.48 \sim 0.86$

显见，泰洛系列的适用范围很广。

2）泰洛法阻力估算的具体步骤

应用泰洛法估算阻力的步骤及其要点可归纳如下。

（1）计算设计船的船型参数值

参数值有 $\dfrac{B}{T}$、C_p、∇/L^3 和 Fr。

（2）求湿面积系数 C_S 值

一般可由船体型线图计算湿面积，进而求得湿面积系数。如果在估算设计船的有效功率时尚无型线图，则可近似认为其湿面积与标准船型的湿面积相等，这样可按给定 B/T 值选用与其最接近的两张 C_S 图谱，并由给定的 C_p 和 ∇/L^3 值查得 C_S 值，然后对 B/T 进行线性内插，求得给定参数值时标准船型的 C_S 值。

（3）计算摩擦阻力系数 C_f 值

在泰洛法中，C_f 值是按桑海公式进行计算的，可先计算雷诺数，然后可查表或直接计算得到。计算雷诺数的船长应取水线长度，粗糙度附加值 ΔC_f 一般取 0.4×10^{-3}。

（4）求剩余阻力系数 C_r 值

根据设计船的参数 B/T、C_p、∇/L^3 和 Fr 值，可选对应的 C_r 图谱，经各参数内插求得 C_r 值。应该注意，如果实船的湿面积 S' 已知时，则可求得实船之湿面积系数 C'_S 为

$$C'_S = S' / \sqrt{\nabla L} \tag{7-6}$$

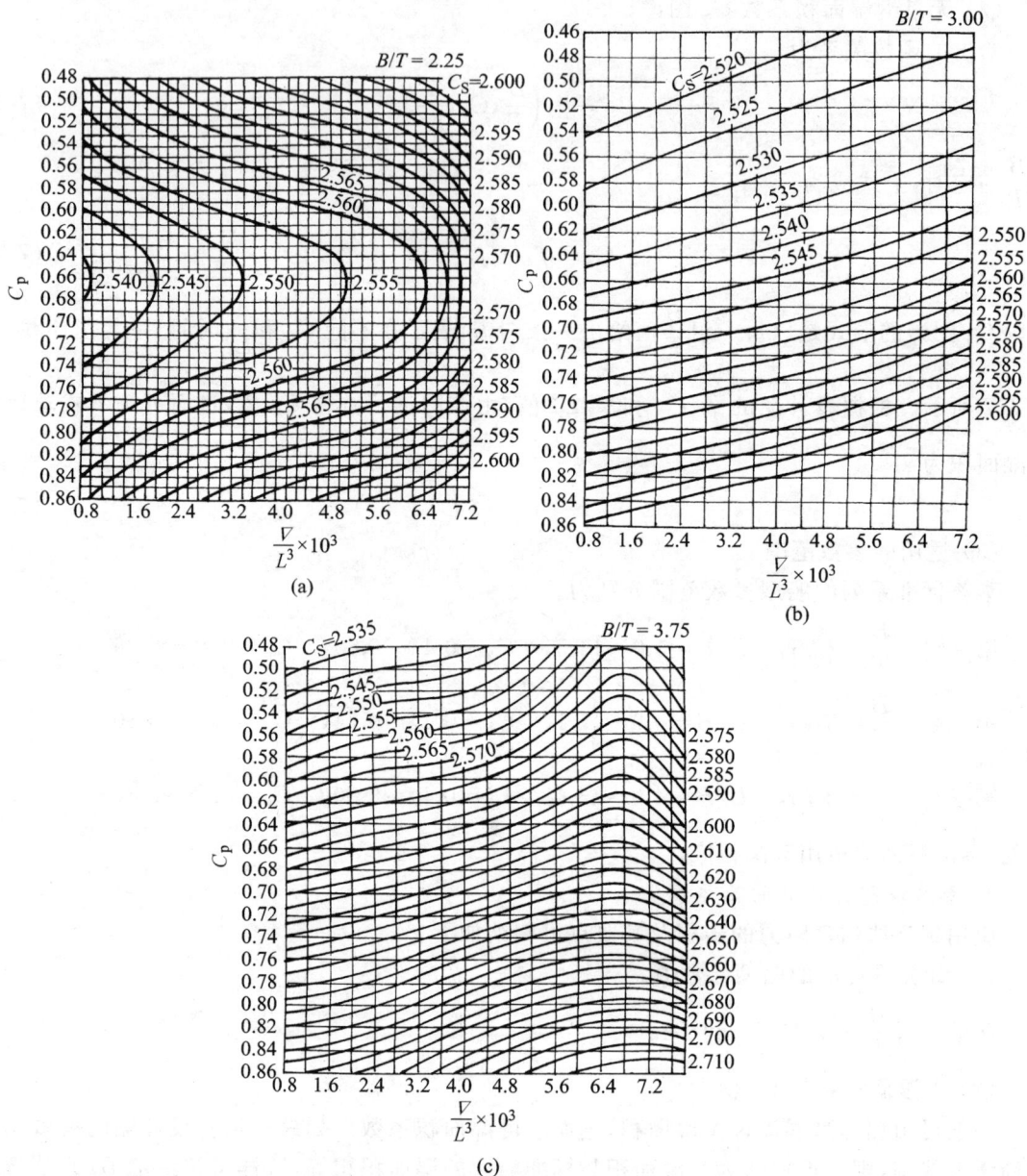

图 7-2　泰洛系列湿面积系数 C_S 等值线图

(a) $B/T=2.25$; (b) $B/T=3.00$; (c) $B/T=3.75$

其值如与标准船型湿面积系数 C_S 不同,则必须对所得到的剩余阻力系数值 C_r 进行修正,修正后的实船剩余阻力系数 C'_r 为

$$C'_r = C_r C_S / C'_S \qquad (7\text{-}7)$$

若在计算时不知船的湿面积系数,则可假定 $C'_S = C_S$,则有

$$C'_r = C_r \qquad (7\text{-}8)$$

(5) 计算总阻力 R_{tS} 和有效功率 P_e 值

总阻力系数为

$$C_{tS} = C'_r + C_f + \Delta C_f \qquad (7\text{-}9)$$

总阻力（N）为
$$R_{tS} = C_{tS}\frac{1}{2}\rho v^2 S'$$
(7-10)

有效功率（kW）为
$$P_e = \frac{R_{tS}v}{1\,000}$$
(7-11)

对不同航速，重复上述计算步骤可以得到有效功率曲线，具体计算时一般列表进行。

最后应该指出，泰洛标准船型的母型为一巡洋舰，其阻力性能较好，因此对航速较高、船型较瘦的双螺旋桨船用此法计算比较适当，而用于估算一般商船，所得结果往往偏低。

2. 应用回归公式估算阻力

随着电子计算机的发展，人们普遍采用计算机进行阻力分析计算及船型参数的优选，其中回归分析方法有很多优越性，根据不同的系列试验有相应的回归公式，表 7-3 介绍了统计回归的各种船型资料。这里我们重点介绍陶德系列 60 的阻力回归公式，其他资料可参阅有关的设计手册。

表 7-3　统计回归的船型资料

系列名称 参数和形式		系列船型				非系列船型
		60 系列	BSRA 系列	SSPA 系列	NPL 沿海船系列	MARIN 的 统计回归资料
系数尺度比相对速度范围	C_b	0.60～0.80	0.65～0.80	0.525～0.725	0.625～0.675	
	C_p					0.55～0.85
	L/B	5.5～8.5			5.5～6.5	3.9～9.5
	B/T	2.5～3.5	2.12～3.96	2.1～3.0	2.0～3.0	
	Fr	0.15～0.25	0.149～0.238	0.18～0.30	0.169～0.256	最大 0.45
主要变化参数		$C_b, L/B$ $B/T, x_{CB}$	$L/\nabla^{1/3}, C_b$ $B/T, x_{CB}$	同左	$L/B, C_b$ $B/T, x_{CB}$	$B/L, C_p$ C_M, C_{WP}
回归方程形式		幂函数	线性多项式	线性多项式	幂函数	兴波阻力幂函数
结果表达形式		C_r	ⓒ	C_r	C_{TL}	R_W, R_V

系列 60 的阻力回归公式是用线性回归分析方法处理系列 60 的试验图谱得到的，其总阻力系数表示为下列函数形式

$$C_t = f\left(\frac{V_S}{\sqrt{L_{wl}}}, \frac{L}{B}, \frac{B}{T}, C_b, x_b\right)$$
(7-12)

对于标准船长为 122 m 的船，其总阻力系数 C_{t122} 的回归多项式可表示为

$$C_{t122} = A_1 + A_2\left(\frac{L}{B}\right) + A_3\left(\frac{B}{T}\right) + A_4 C_b + A_5 x_b + A_6\left(\frac{L}{B}\right)^2 + A_7\left(\frac{B}{T}\right)^2 +$$

$$A_8(C_b)^2 + A_9(x_b)^2 + A_{10}\left(\frac{L}{B}\right)\left(\frac{B}{T}\right) + A_{11}\left(\frac{L}{B}\right)C_b + A_{12}\left(\frac{L}{B}\right)x_b + A_{13}\left(\frac{B}{T}\right)C_b +$$

$$A_{14}\left(\frac{B}{T}\right)x_b + A_{15}C_b x_b + A_{16}(C_b)^2$$
(7-13)

式(7-12)中
$$C_t = 0.949\,2\,\frac{R_t L}{\Delta V_s^2} \tag{7-14}$$

式中，R_t 为总阻力(N)；Δ 为排水量(t)；V_s 为航速(kn)；L 为垂线间长(m)；L_{wl} 为水线长(m)；C_{t122} 为垂线间长为 122 m 船的总阻力系数；x_b 为浮心纵向位置，以距船中½L 计，舯前为正。

为便于确定回归系数，将式(7-13)化为下列线性形式。

$$Y_{122} = a_1 x_1 + a_2 x_2 + a_3 x_3 + a_4 x_4 + a_5 x_5 + a_6 x_6 + a_7 x_7 + a_8 x_8 + a_9 x_9 +$$
$$a_{10} x_{10} + a_{11} x_{11} + a_{12} x_{12} + a_{13} x_{13} + a_{14} x_{14} + a_{15} x_{15} + a_{16} x_{16} \tag{7-15}$$

式中 $x_1=1$；$x_2=2(L/B-7)/3$；$x_3=2(B/T-3)$；$x_4=10(C_b-0.7)$；$x_5=(x_b-0.515)/2.995$；$x_6=x_2^2$；$x_7=x_3^2$；$x_8=x_4^2$；$x_9=x_5^2$；$x_{10}=x_2 x_3$；$x_{11}=x_2 x_4$；$x_{12}=x_2 x_5$；$x_{13}=x_3 x_4$；$x_{14}=x_3 x_5$；$x_{15}=x_4 x_5$；$x_{16}=x_5 x_4^2$；$Y_{122}=(C_{t122}-17.350\,5)/8.337\,5$。

对于不同的速长比 $V_s/\sqrt{L_{wl}}$，式(7-15)中系数列于表 7-4。

表 7-4 陶德法的回归方程系数

式(7-15)中系数	$V_s/\sqrt{L_{wl}}$								
	0.905 5	0.996 1	1.086 6	1.177 2	1.267 8	1.358 3	1.448 9	1.539 4	1.63
a_1	−0.824 4	−0.824 9	−0.827 8	−0.797 0	−0.756 2	−0.661 9	−0.520 0	−0.357 0	−0.026 7
a_2	+0.190 6	+0.186 5	+0.205 0	+0.233 2	+0.249 6	+0.260 7	+0.318 5	+0.352 8	+0.133 3
a_3	+0.116 4	+0.113 3	+0.104 2	+0.111 6	+0.122 1	+0.129 8	+0.130 2	+0.153 3	+0.101 5
a_4	−0.051 9	+0.006 0	+0.083 2	+0.107 5	+0.149 4	+0.260 3	+0.523 6	+0.545 5	+0.456 8
a_5	+0.005 7	−0.010 9	−0.045 1	−0.016 5	+0.047 2	+0.149 1	+0.228 9	+0.400 1	+0.467 7
a_6	+0.007 2	+0.019 8	+0.021 1	+0.017 2	+0.021 6	+0.036 1	−0.001 7	−0.002 7	+0.018 1
a_7	−0.005 2	−0.003 6	+0.006 7	+0.006 8	+0.006 4	+0.003 3	−0.002 3	−0.002 5	+0.017 5
a_8	+0.113 4	+0.110 9	+0.093 3	+0.104 1	+0.158 5	+0.185 9	+0.293 0	+0.257 9	+0.050 6
a_9	+0.067 0	+0.091 7	+0.070 8	+0.082 6	+0.142 8	+0.156 2	+0.174 2	+0.186 1	+0.155 8
a_{10}	+0.048 3	+0.051 0	+0.040 0	+0.040 0	+0.041 4	+0.040 3	+0.036 8	+0.011 8	+0.027 9
a_{11}	−0.127 6	−0.074 5	−0.072 9	−0.087 9	−0.074 4	−0.063 6	−0.117 1	−0.150 0	−0.098 8
a_{12}	+0.112 5	+0.097 1	+0.126 9	+0.188 2	+0.211 5	+0.228 9	+0.331 5	+0.425 3	+0.083 4
a_{13}	−0.048 1	−0.021 3	+0.023 2	+0.026 5	+0.018 8	+0.010 3	+0.013 2	−0.006 8	−0.015 1
a_{14}	+0.037 2	+0.020 6	−0.010 5	−0.004 9	+0.013 5	+0.037 8	+0.019 0	+0.078 9	+0.058 2
a_{15}	−0.095 4	−0.192 4	−0.085 5	−0.018 9	+0.001 8	+0.079 3	+0.124 7	+0.256 2	+0.337 6
a_{16}	−0.062 9	+0.010 8	+0.003 6	+0.058 1	+0.088 4	+0.067 1	−0.005 3	+0.060 1	+0.142 9

船长为 L 的设计船的总阻力系数 C_{tL} 可通过对标准船长的总阻力系数加以修正得到

$$C_{tL} = C_{t122} + SFC \tag{7-16}$$

式中 SFC 是船长为 $L(m)$ 时的摩擦阻力尺度作用的修正值，可按下式计算

$$SFC = 99.181 C_s \frac{L}{\nabla^{1/3}}(C_{fL} - C_{f122}) \tag{7-17}$$

式中 C_f 为桑海光滑平板的摩擦阻力系数，亦可按下式计算

$$C_f = 0.083(\lg Re - 1.65)^{-2} \tag{7-18}$$

C_S 为湿面积系数，其回归公式为

$$C_S = 3.432 + 0.305\left(\frac{L}{B}\right) + 0.443\left(\frac{B}{T}\right) - 0.643 C_b \tag{7-19}$$

式中 ∇ 为排水体积(m^3)。

不同速长比时的有效功率(kW)为

$$P_e = \frac{C_{tL}\Delta V_s^3}{1\,476.3L} \qquad\qquad (7\text{-}20)$$

此回归方程适用范围为

$0.60 \leqslant C_b \leqslant 0.675$	$V_s/\sqrt{L_{wl}} = 1.086\,6 \sim 1.63$
$0.675 \leqslant C_b \leqslant 0.725$	$V_s/\sqrt{L_{wl}} = 0.905\,5 \sim 1.63$
$0.725 \leqslant C_b \leqslant 0.775$	$V_s/\sqrt{L_{wl}} = 0.955\,5 \sim 1.539\,4$
$0.775 \leqslant C_b \leqslant 0.8$	$V_s/\sqrt{L_{wl}} = 0.905\,5 \sim 1.448\,9$

应用船模系列试验结果估算阻力的方法甚多,特别是对于不同类型的船舶几乎都有相应的系列资料可以借鉴。

7-2 根据经验公式估算

这类方法都是在分析大量非系列船模试验和实船试航结果的基础上,总结归纳曲线图表或给出阻力回归公式,以供计算阻力或有效功率。

1. 艾亚(Ayre)法(或称爱尔法)

艾亚曾分析大量船模和实船试验结果,并绘制了用于阻力估算的曲线图表,其适用范围较广,一般对中、低速商船比较适用,也可用于正常尺度的海洋拖轮,但对于近代高速商船和大型丰满船型,此法可能偏差较大。

按照艾亚法估算得到的是公制有效功率,其数值中包含了单桨船通常具有的舭龙骨、舵等附体阻力以及一般货船的空气阻力,合计约占裸船体阻力的8%。所以对双桨或多桨船的阻力和对高大上层建筑的空气阻力应另加修正。

1) 艾亚法的基本思想

艾亚法首先针对标准船型直接估算有效功率,然后根据设计船与标准船型之间的差异逐一进行修正,最后得到设计船的有效功率值。

艾亚法标准船型的相应参数为

(1) 标准方形系数 C_{bc},可用下列公式表示

单桨船 $\qquad\qquad\qquad\qquad\qquad\qquad C_{bc} = 1.08 - 1.68Fr$

双桨船 $\qquad\qquad\qquad\qquad\qquad\qquad C_{bc} = 1.09 - 1.68Fr$

(2) 标准宽度吃水比 $\qquad\qquad\qquad\qquad B/T = 2.0$

(3) 标准浮心纵向位置 x_c,其值在表 7-5 中列出

(4) 标准水线长 $\qquad\qquad\qquad\qquad\qquad L_{wl} = 1.025L_{bp}$

艾亚法给出的标准船型的有效功率 P_e(kW)

$$P_e = \frac{\Delta^{0.64}V_s^3}{C_0} \cdot 0.735 \qquad\qquad (7\text{-}21)$$

式中,V_s 为静水试航速度,以节(kn)计;Δ 为排水量以吨(t)计,对排水量 Δ 的指数不用 2/3 而用 0.64 乃是照顾到摩擦阻力随尺度的增长比剩余阻力随尺度的增长缓慢。若设计船为巡洋舰船尾,其排水量也应包括在 Δ 内,但在求浮心纵向位置 x_c 时,则不需将巡洋舰型尾的排水量计入。

式(7-21)中的系数 C_0 可根据长度排水量系数 $L/\Delta^{1/3}$ 和速长比 $V/\sqrt{L}$（或 Fr）由图 7-3 查得，这里所用 L 均为垂线间长，图中 C_0 值仅适用于标准船型。

求得标准船型的 C_0 值以后，根据设计船与标准船型间的差异，按统计分析结果对系数 C_0 进行修正，将修正后的数值代入式(7-21)进行计算即可求得设计船的有效功率值。

表 7-5　标准方形系数 C_{bc} 及标准浮心纵向位置 x_c

$V_s/\sqrt{gL}$	$V/\sqrt{L}$	标准 C_{bc}（单桨船）[①]	标准 x_c 位置（距船中%L）	
			单桨船	双桨船
0.148	0.50	0.83	2.00	1.00
0.154	0.52	0.82	1.96	0.96
0.160	0.54	0.81	1.93	0.93
0.166	0.56	0.80	1.90	0.90
0.172	0.58	0.79	1.85	0.85
0.178	0.60	0.78	1.80	0.80
0.184	0.62	0.77	1.73	0.73
0.190	0.64	0.76	1.65　前	0.65　前
0.196	0.66	0.75	1.55	0.55
0.202	0.68	0.74	1.44	0.44
0.208	0.70	0.73	1.31	0.31
0.214	0.72	0.72	1.16	0.16
0.220	0.74	0.71	0.99	—
0.226	0.76	0.70	0.80	0.20
0.232	0.78	0.69	0.55	0.45
0.238	0.80	0.68	0.20	0.80
0.244	0.82	0.67	0.12	1.11
0.250	0.84	0.66	0.45	1.37
0.256	0.86	0.65	0.75	1.57
0.261	0.88	0.64	1.00	1.72
0.267	0.90	0.63	1.20	1.85
0.273	0.92	0.62	1.40	1.96
0.279	0.94	0.61	1.58	2.05
0.285	0.96	0.60	1.74	2.12
0.291	0.98	0.59	1.88	2.19
0.297	1.00	0.58	1.99	2.24
0.303	1.02	0.573	2.09	2.29
0.309	1.04	0.568	2.18	2.33　后
0.315	1.06	0.564	2.25　后	2.37
0.321	1.08	0.560	2.32	2.40
0.327	1.10	0.557	2.37	2.43
0.333	1.12	0.554	2.41	2.45
0.339	1.14	0.552	2.44	2.47
0.345	1.16	0.549	2.47	2.48
0.351	1.18	0.547	2.49	2.49
0.357	1.20	0.545	2.50	2.50
0.363	1.22	0.543	2.51	2.51
0.369	1.24	0.541	2.52	2.52
0.375	1.26	0.539	2.53	2.53
0.380	1.28	0.537	2.54	2.54
0.386	1.30	0.536	2.55	2.55

① 对双螺旋桨船，其 C_{bc} 数值加 0.01。

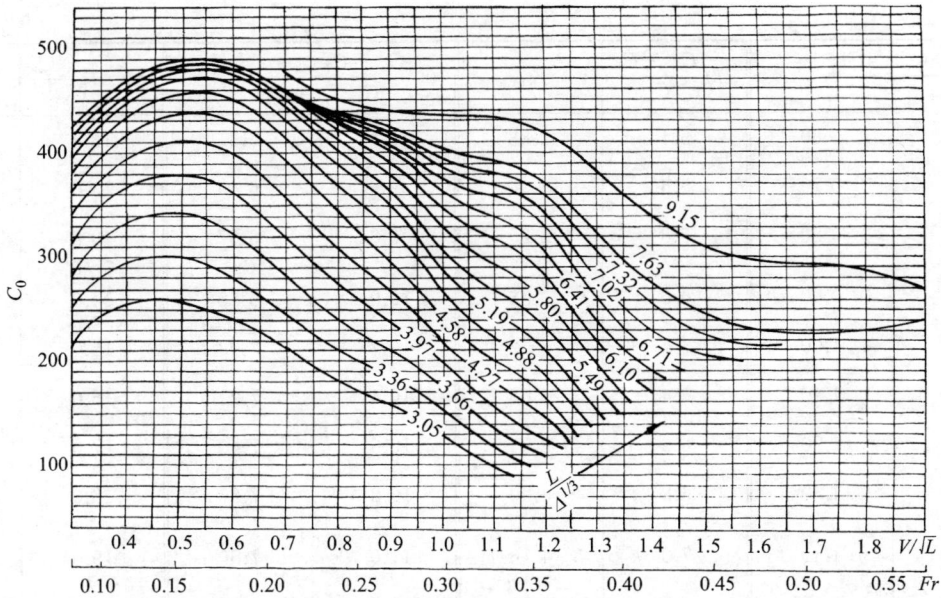

图 7-3　艾亚法标准船型的系数 C_0 值

2) 艾亚法估算阻力的步骤

对于需要进行有效功率 P_e 估算的设计船舶,关键在于修正式(7-21)中系数 C_0 值,其具体方法如下。

(1) 由设计船舶的 Fr 和 $V/\sqrt{L}$ 及 $L/\Delta^{1/3}$ 值在图 7-3 的曲线上查得相应于标准船型的 C_0 值。

(2) 根据 Fr 或 $V/\sqrt{L}$ 由表 7-5 查得对应于标准船型的方形系数 C_{bc} 的纵向浮心位置 x_c。

(3) 对实船进行修正,与标准船型的参数相比较,应作如下 4 项修正。

① 方形系数 C_b 的修正。若设计船方形系数 C_b 小于或大小标准船型的方形系数 C_{bc},应对标准船型的 C_0 值增加或减小一个修正值 Δ_1。

当 $C_b > C_{bc}$ 时,

$$\Delta_1 = -3 \times C_b \frac{C_b - C_{bc}}{C_{bc}} C_0 \qquad (7-22)$$

当 $C_b < C_{bc}$ 时,$\Delta_1 = C_0 \times K_{bc}$,这里 C_0 所增加的百分数 K_{bc}(%)由表 7-6 查得。

表 7-6　实际 C_b 较小时对 C_0 所增加的百分数 K_{bc}

$100\dfrac{C_{bc}-C_b}{C_{bc}}$	K_{bc}	$100\dfrac{C_{bc}-C_b}{C_{bc}}$	K_{bc}	$100\dfrac{C_{bc}-C_b}{C_{bc}}$	K_{bc}	$100\dfrac{C_{bc}-C_b}{C_{bc}}$	K_{bc}
—	—	4.0	2.00	8.0	5.05	12.0	8.70
0.2	0.08	4.2	2.12	8.2	5.23	12.2	8.88
0.4	0.16	4.4	2.24	8.4	5.41	12.4	9.06
0.6	0.24	4.6	2.36	8.6	5.59	12.6	9.23
0.8	0.32	4.8	2.48	8.8	5.77	12.8	9.39
1.0	0.40	5.0	2.60	9.0	5.95	13.0	9.55
1.2	0.50	5.2	2.74	9.2	6.13	13.2	9.71

$100\frac{C_{bc}-C_b}{C_{bc}}$	K_{bc}	$100\frac{C_{bc}-C_b}{C_{bc}}$	K_{bc}	$100\frac{C_{bc}-C_b}{C_{bc}}$	K_{bc}	$100\frac{C_{bc}-C_b}{C_{bc}}$	K_{bc}
1.4	0.60	5.4	2.88	9.4	6.31	13.4	9.87
1.6	0.70	5.6	3.04	9.6	6.49	13.6	10.02
1.8	0.80	5.8	3.20	9.8	6.67	13.8	10.16
2.0	0.90	6.0	3.36	10.0	6.85	14.0	10.30
2.2	1.00	6.2	3.52	10.2	7.03	15.0	11.00
2.4	1.10	6.4	3.68	10.4	7.21	16.0	11.60
2.6	1.20	6.6	3.84	10.6	7.40	17.0	12.05
2.8	1.30	6.8	4.00	10.8	7.60	18.0	12.35
3.0	1.40	7.0	4.16	11.0	7.80	19.0	12.60
3.2	1.52	7.2	4.33	11.2	8.00	20.0	12.80
3.4	1.64	7.4	4.51	11.4	8.20	21.0	12.90
3.6	1.76	7.6	4.69	11.6	8.38	22.0	13.00
3.8	1.88	7.8	4.87	11.8	8.54	—	—

经方形系数修正后的系数 C_1 值为

$$C_1 = C_0 + \Delta_1$$

② 宽度吃水比 $\frac{B}{T}$ 的修正。当设计船的 $\frac{B}{T}$ 不等于 2.0 时,则系数 C_1 需另加一个修正值 Δ_2。Δ_2 按下式计算

$$\Delta_2 = -10C_b\left(\frac{B}{T}-2\right)\% \times C_1 \tag{7-23}$$

经方形系数和 B/T 修正后的系数 C_2 值为

$$C_2 = C_1 + \Delta_2 = C_0 + \Delta_1 + \Delta_2$$

③ 浮心纵向位置 x_c 的修正。若设计船的浮心纵向位置不在标准位置时,应对系数 C_2 减小一个修正量 Δ_3。为了确定 Δ_3,应按下式(7-24)先算出 $(\Delta_3)_0$。

$$(\Delta_3)_0 = C_2 \times K_{xc} \tag{7-24}$$

式中减小百分数 $K_{xc}(\%)$ 由表 7-7(a) 或表 7-7(b) 查得。但这里需要注意,应根据实际 C_b 修正量来决定 x_c 影响的修正量 Δ_3。

当 $\Delta_1 > 0$,则 $\Delta_3 = -(\Delta_3)_0$

当 $\Delta_1 < 0$,且 $|(\Delta_3)_0| \leqslant \Delta_1$,则 $\Delta_3 = 0$。

当 $\Delta_1 < 0$,且 $|(\Delta_3)_0| > \Delta_1$,则 $\Delta_3 = -|(\Delta_3)_0| - \Delta_1$。

经 C_b、$\frac{B}{T}$ 和 x_c 的修正后的系数 C_3 值为

$$C_3 = C_2 + \Delta_3 = C_0 + \Delta_1 + \Delta_2 + \Delta_3$$

表 7-7(a)　实际 x_c 位置在标准 x_c 位置前时,对 C_2 应减少的百分数 K_{xc}

$V/\sqrt{L}$	实际 x_c 位置在标准 x_c 位置前的距离以船长 L 的百分数计									
	0.2	0.4	0.6	0.8	1.0	1.2	1.4	1.6	1.8	2.0
0.40	0.4	0.8	1.2	1.6	2.0	2.6	3.2	3.8	4.4	5.0
0.42	0.3	0.7	1.0	1.4	1.8	2.4	3.0	3.6	4.2	4.8
0.44	0.2	0.6	0.9	1.2	1.6	2.2	2.8	3.4	4.0	4.6
0.46	0.2	0.5	0.8	1.0	1.4	2.0	2.6	3.2	3.8	4.4
0.48	0.2	0.4	0.7	0.9	1.2	1.8	2.4	3.0	3.6	4.2
0.50	0.2	0.4	0.6	0.8	1.0	1.6	2.2	2.8	3.4	4.0
0.52	0.2	0.4	0.6	0.8	1.0	1.6	2.2	2.8	3.4	4.0
0.54	0.2	0.4	0.6	0.8	1.0	1.6	2.2	2.8	3.4	4.0
0.56	0.2	0.4	0.6	0.8	1.0	1.6	2.2	2.8	3.4	4.0
0.58	0.2	0.4	0.6	0.8	1.0	1.6	2.2	2.8	3.4	4.0
0.60	0.2	0.4	0.6	0.8	1.0	1.0	2.2	2.8	3.4	4.0
0.62	0.2	0.5	0.8	1.1	1.4	2.0	2.6	3.2	3.8	4.4
0.64	0.3	0.7	1.0	1.4	1.8	2.4	3.0	3.6	4.2	4.8
0.66	0.4	0.8	1.3	1.7	2.2	2.8	3.4	4.0	4.6	5.2
0.68	0.5	1.0	1.5	2.0	2.6	3.2	3.8	4.4	5.0	5.6
0.70	0.6	1.2	1.8	2.4	3.0	3.6	4.2	4.8	5.4	6.0
0.72	0.6	1.3	2.0	2.7	3.4	4.1	4.7	5.4	6.1	6.8
0.74	0.7	1.5	2.2	3.0	3.8	4.5	5.3	6.0	6.8	7.6
0.76	0.8	1.6	2.5	3.3	4.2	5.0	5.8	6.7	7.5	8.4
0.78	0.8	1.8	2.7	3.6	4.6	5.5	6.4	7.3	8.2	9.2
0.80	1.0	2.0	3.0	4.0	5.0	6.0	7.0	8.0	9.0	10.0
0.82	1.0	2.1	3.2	4.3	5.4	6.5	7.6	8.6	9.7	10.8
0.84	1.1	2.3	3.4	4.6	5.8	7.0	8.1	9.2	10.4	11.6
0.86	1.2	2.4	3.7	4.9	6.2	7.5	8.7	9.9	11.1	12.4
0.88	1.2	2.6	3.9	5.2	6.6	8.0	9.2	10.5	11.8	13.2
0.90	1.4	2.8	4.2	5.6	7.0	8.4	9.8	11.2	12.6	14.0
0.92	1.4	2.9	4.4	5.9	7.4	8.9	10.4	11.8	13.3	14.8
0.94	1.5	3.1	4.6	6.2	7.8	9.3	10.9	12.4	14.0	15.6
0.96	1.6	3.2	4.9	6.5	8.2	9.8	11.5	13.1	14.7	16.4
0.98	1.6	3.4	5.1	6.8	8.6	10.3	12.0	13.7	15.4	17.2
1.00	1.8	3.6	5.4	7.2	9.0	10.8	12.6	14.4	16.2	18.0
1.02	1.8	3.7	5.6	7.5	9.4	11.3	13.2	15.0	16.9	18.8
1.04	1.9	3.9	5.8	7.8	9.8	11.8	13.7	15.6	17.6	19.6
1.06	2.0	4.0	6.1	8.1	10.2	12.3	14.3	16.3	18.3	20.4
1.08	2.1	4.2	6.3	8.4	10.6	12.7	14.8	16.9	19.1	21.2
1.10	2.2	4.4	6.6	8.8	11.0	13.2	15.4	17.6	19.8	22.0
1.15	2.4	4.8	7.2	9.6	12.0	14.4	16.8	19.2	21.6	24.0
1.20	2.6	5.2	7.8	10.4	13.0	15.6	18.2	20.8	23.4	26.0

表 7-7(b)　实际 x_c 位置在标准 x_c 位置后时,对 C_2 应减少的百分数 K_{xc}

$V/\sqrt{L}$	实际 x_c 位置在标准 x_c 位置后的距离以船长 L 的百分数计									
	0.2	0.4	0.6	0.8	1.0	1.2	1.4	1.6	1.8	2.0
0.40	1.0	2.0	3.0	4.0	5.0	6.4	7.8	9.2	10.6	12.0
0.42	1.9	1.9	2.8	3.8	4.8	6.1	7.5	8.9	10.2	11.6
0.44	0.8	1.8	2.7	3.6	4.6	5.8	7.2	8.6	9.8	11.2
0.46	0.8	1.7	2.6	3.5	4.4	5.6	6.9	8.3	9.5	10.8
0.48	0.8	1.7	2.5	3.4	4.2	5.4	6.6	8.0	9.2	10.4
0.50	0.8	1.6	2.4	3.2	4.0	5.2	6.4	7.6	8.8	10.0
0.52	0.7	1.5	2.3	3.1	3.8	4.9	6.1	7.2	8.4	9.6
0.54	0.6	1.4	2.2	2.9	3.6	4.6	5.8	6.9	8.0	9.2
0.56	0.6	1.3	2.0	2.8	3.4	4.4	5.6	6.6	7.6	8.8
0.58	0.6	1.2	1.9	2.6	3.2	4.2	5.2	6.3	7.3	8.4
0.60	0.6	1.2	1.8	2.4	3.0	4.0	5.0	6.0	7.0	8.0
0.62	0.6	1.1	1.7	2.3	2.8	3.7	4.7	5.6	6.6	7.6
0.64	0.5	1.1	1.6	2.1	2.6	3.4	4.4	5.3	6.2	7.2
0.66	0.5	1.0	1.4	1.9	2.4	3.2	4.1	5.0	5.8	6.8
0.68	0.5	0.9	1.3	1.7	2.2	3.0	3.8	4.7	5.5	6.4
0.70	0.4	0.8	1.2	1.6	2.0	2.8	3.6	4.4	5.2	6.0
0.72	0.4	0.7	1.0	1.4	1.8	2.5	3.2	4.0	4.8	5.6
0.74	0.3	0.6	0.9	1.2	1.6	2.3	2.9	3.6	4.4	5.2
0.76	0.3	0.5	0.8	1.0	1.4	2.0	2.6	3.3	4.0	4.8
0.78	0.2	0.4	0.7	0.9	1.2	1.8	2.4	3.0	3.6	4.4
0.80	0.2	0.4	0.6	0.8	1.0	1.6	2.2	2.8	3.4	4.0
0.82	—	0.2	0.4	0.6	0.8	1.3	1.8	2.4	3.0	3.6
0.84	—	—	0.2	0.4	0.6	1.1	1.6	2.1	2.6	3.2
0.86	—	—	—	0.2	0.4	0.8	1.3	1.8	2.3	2.8
0.88	—	—	—	—	0.2	0.6	1.0	1.4	1.9	2.4
0.90	—	—	—	—	—	0.4	0.8	1.2	1.6	2.0
0.92	—	—	—	—	—	0.3	0.6	1.0	1.4	1.6
0.94	—	—	—	—	—	0.3	0.5	0.7	1.0	1.2
0.96	—	—	—	—	—	0.2	0.4	0.7	1.0	1.2
0.98	—	—	—	—	—	0.3	0.6	0.9	1.2	1.6
1.00	—	—	—	—	—	0.4	0.8	1.2	1.6	2.0
1.02	—	—	—	—	0.2	0.6	1.0	1.5	1.9	2.4
1.04	—	—	—	0.2	0.4	0.8	1.3	1.8	2.3	2.8
1.06	—	—	0.2	0.4	0.6	1.1	1.6	2.1	2.6	3.2
1.08	—	0.2	0.4	0.6	0.8	1.3	1.9	2.4	3.0	3.6
1.10	0.2	0.4	0.6	0.8	1.0	1.6	2.2	2.8	3.4	4.0
1.15	0.3	0.6	0.9	1.2	1.5	2.2	2.9	3.6	4.3	5.0
1.20	0.4	0.8	1.2	1.6	2.0	2.8	3.6	4.4	5.2	6.0

④ 水线长度 L_{wl} 的修正：对于实际水线长 L_{wl} 大于或小于标准水线长度，则应将系数 C_3 进行修正

$$\Delta_4 = \frac{L_{wl} - 1.025L_{bp}}{1.025L_{bp}} \times C_3 \tag{7-25}$$

经过上述四项修正后的系数 C_4 值为

$$C_4 = C_3 + \Delta_4 = C_0 + \Delta_1 + \Delta_2 + \Delta_3 + \Delta_4$$

3）实际设计船的有效功率

$$P_e = \frac{\Delta^{0.64} V_s^3}{C_4} \times 0.735 \tag{7-26}$$

式(7-26)所得到 P_e(kW)是包括 8% 的附加阻力在内的有效功率，其相应的裸船体有效功率

$$p_{eb} = P_e/1.08 \tag{7-27}$$

艾亚法的计算过程可列表进行，表 7-8 是具体估算一例。

表 7-8　艾亚法有效功率估算表

水线长　$L_{wl} = 125.5$ m	宽度吃水比数　$B/T = 2.12$
垂线间长　$L_{bp} = 122.0$ m	方形系数　$C_b = 0.721$
宽度　$B = 16.8$ m	纵向浮心位置　$x_c = 0.5\%L$，船中前
吃水　$T = 7.94$ m	$L/\Delta^{1/3} = 5.33$
排水量(海水)$\Delta = 11\,970$ t	$\Delta^{0.64} = 406$

速度 v(kn)	14	15
傅汝德数 $v_s/\sqrt{gL}$	0.208	0.222
标准 C_0 查图 7-3	449	424
标准 C_{bc}，查表 7-5	0.730	0.705
实际 C_b(肥或瘦)(%)	1.23 瘦	2.27，肥
C_b 修正(%) $\begin{cases}$ 若肥：$-C_b$ 肥(%)$\times 3\times$ 实际 C_b	+	−4.91
$\qquad\qquad\quad$ 若瘦：查表 7-6	0.51	
C_b 修正数量 Δ_1	+2	−21
已修正 C_b 之 C_1	451	403
B/T 修正(%)$= -10C_b\left(\dfrac{B}{T}-2\right)\%$	−0.86	−0.86
B/T 修正数量，Δ_2[式(7-23)]	−4	−3
已修正 B/T 之 C_2	447	400
标准 x_c，%L，船中前或后，查表 7-5	1.31，船中前	0.90，船中前
实际 x_c，%L，船中前或后	0.50，船中前	0.50，船中前
相差%L，在标准者前或后	0.81，后	0.40，后
x_c 修正(%)，查表 7-7(b)	−1.62	−0.55
x_c 修正数量，Δ_3[式(7-24)]	−7	−2 免
已修正 x_c 之 C_3	440	400
长度修正(%)$= \dfrac{L_{wl} - 1.025L_{bp}}{L_{wl}} \times 100\%$	+0.3	+0.3

	+1	+1
长度修正数量，Δ_4［式(7-25)］	441	401
已修正长度 C_4		
V_s^3	2 744	3 375
$P_e=\dfrac{\Delta^{0.64}V_s^3}{C_4}\times 0.735(\mathrm{kW})$	1 860	2 521

　　一般说来，艾亚法的适用范围较广，特别对中、低速船的估算结果与船模试验的吻合程度尚好，因而有一定的实用价值。但其所统计的资料仅代表 20 世纪 40 年代以前的船型，因此用于近代的船型，如肥大船往往误差较大，甚至船型要素超出艾亚法所给定的范围。此外，该估算法纯属统计资料所得，故不仅有理论上难以解释之处，而且某些重要的船型要素对阻力性能的影响没有给以考虑，这是该方法的不足之处。

2. 兰泼 - 凯勒（Lap-Keller）法

　　此法是荷兰瓦根宁船模水池所做的 107 艘单螺旋桨大型船舶的模型试验结果分析整理而给出的，1954 年凯勒对兰泼发表的图谱进行修正和扩充后给出了供单螺旋桨民用船估算阻力的图谱。

　　兰泼 - 凯勒阻力估算法将船的剩余阻力和摩擦阻力分开进行计算，其中摩擦阻力按照桑海公式计算，而粗糙度补贴系数 ΔC_f 根据船长选取（如本篇第 2 章中表 2-3 所列）。剩余阻力可由整理所得的 $C_r\dfrac{S}{A_m}$ 对 $V_s/\sqrt{C_p L}$ 曲线图谱查得。这里 C_r 为剩余阻力系数，S 为船体湿表面积，A_m 为船中横剖面面积，V_s 为船速以 m/s 计。

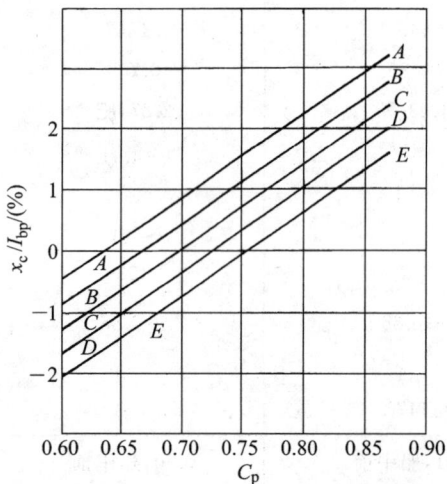

图 7-4　兰泼 - 凯勒法的浮心位置分组图

　　剩余阻力图谱共分为 A、B、C、D、E 五组，各组的浮心位置 x_c 与棱形系数 C_p 均满足一定的关系，该关系如图 7-4 所示。每组各对应一张阻力图谱，如图 7-5 所示。计算中船长取 $L_{\mathrm{disp}}=1.01L_{\mathrm{bp}}$ 或者 L_{wl}，视何者较大而定。

　　确定剩余阻力的方法有

　　（1）根据设计船的 C_p 和 x_c 值，由图 7-4 确定使用何组图谱或哪两组图谱进行内插。

　　（2）根据实船的 $\dfrac{V_s}{\sqrt{C_p L}}$ 及 C_p 值由图 7-5（a）～7-5（e）中相应的阻力图谱查得 $C_r\dfrac{S}{A_m}$ 值。

　　（3）因图谱以 $L/B=6.5$ 给出，故根据计算船的 L/B 值依图 7-6 对 C_r 进行修正。

　　（4）计算 C_r 值，进而得剩余阻力 R_r，并与摩擦阻力相加，求得总阻力 R_t。

　　（5）图谱以 $B/T=2.4$ 给出，故在获得总阻力 R_t 后，对总阻力应作如下修正

$$\Delta R_t=\pm 10\left(\frac{B}{T}-2.4\right)\times 0.5\% R_t$$

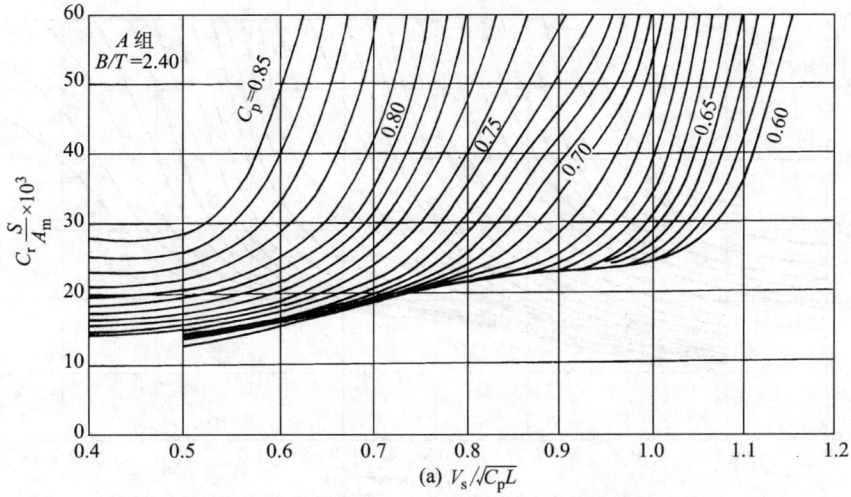

图 7-5(a)　兰泼-凯勒法：A 组的 $C_r\dfrac{S}{A_m}$ 图谱

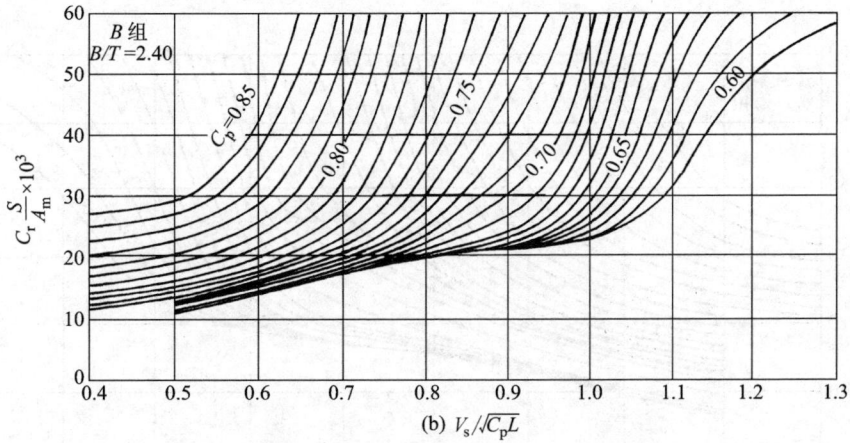

图 7-5(b)　兰泼-凯勒法：B 组的 $C_r\dfrac{S}{A_m}$ 图谱

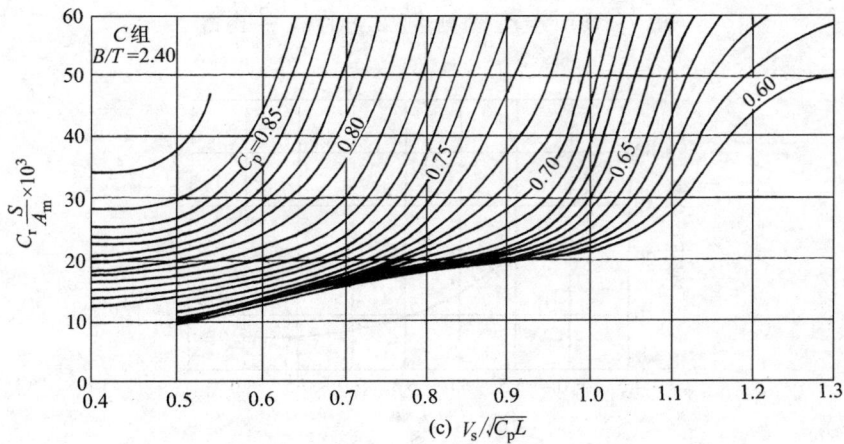

图 7-5(c)　兰泼-凯勒法：C 组的 $C_r\dfrac{S}{A_m}$ 图谱

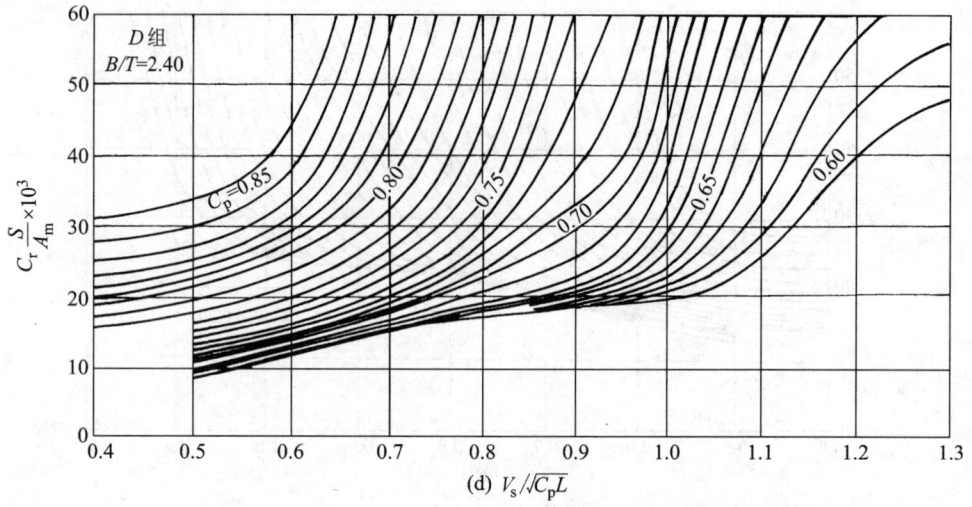

(d) $V_s/\sqrt{C_pL}$

图 7-5(d)　兰泼-凯勒法：D 组的 $C_r\dfrac{S}{A_m}$ 图谱

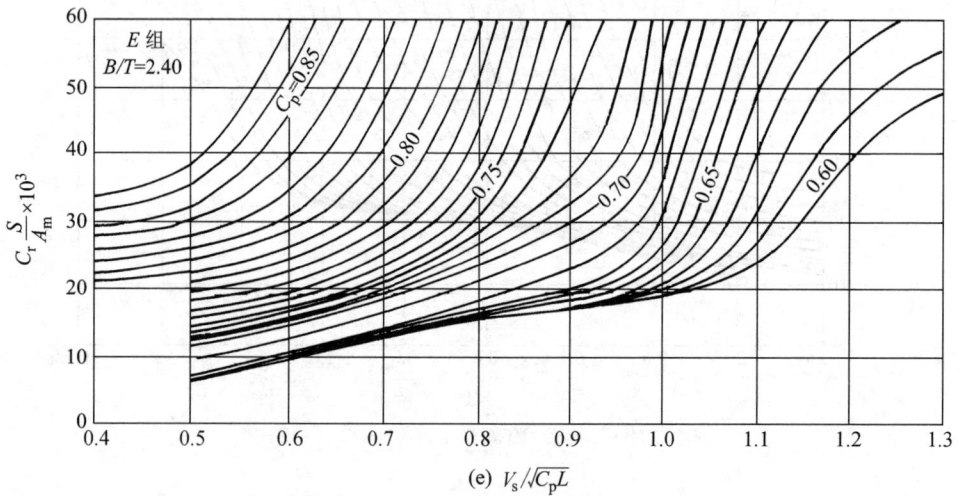

(e) $V_s/\sqrt{C_pL}$

图 7-5(e)　兰泼-凯勒法：E 组的 $C_r\dfrac{S}{A_m}$ 图谱

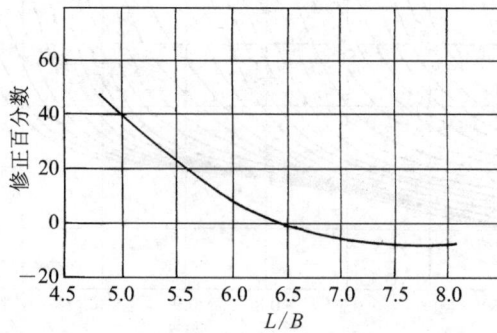

图 7-6　L/B 对 $C_r\dfrac{S}{A_m}$ 值的修正百分数

当 $2.4 < \dfrac{B}{T} < 3.0$ 时,上述修正量取正号,否则取负号。

经过修正后的实船总阻力为 $R_t + \Delta R_t$。

3. Holtrop 阻力估算法

荷兰 MARIN 水池的 Hohrop 根据 334 个模型的试验数据,总结提出了此估算方法。由于其所依托的船模与实船资料十分丰富,并涵盖至傅氏德数 0.55 以上高速船,因此目前这回归公式被许多造船程序用于航速估算。下面为 Holtrop 阻力估算公式

$$R_t = R_f(1 + k) + R_w + \Delta R + R_b + R_{tr} + R_a \tag{7-28}$$

式中,R_f 为依据 1957ITTC 阻力计算公式得到的摩擦阻力;$1 + k$ 为形状因子,表示黏性阻力与摩擦阻力的比值;R_w 表示兴波阻力和破波阻力;ΔR 表示附体阻力;R_b 表示球鼻艏产生的附加阻力;R_{tr} 表示方艉产生的附加阻力;R_a 为模型和实船之间的阻力修正项。下面介绍各个阻力部分的估算公式,其中回归公式中的一些参数后人根据不同类型船体有些修改,这里只大致说明其思路。

对于形状因子,采用如下的计算公式

$$1 + k = C_{13}\{0.93 + C_{12}(B/L_R)^{0.924\,97}(0.95 - C_P)^{-0.521\,448}(1 - C_P + 0.022\,5x_c)^{0.690\,6}\} \tag{7-29}$$

式中,C_P 为基于水线长度 L 的棱形系数;x_c 为浮心的纵向位置;L_R 去流段的长度可按下式计算

$$L_R/L = 1 - C_P + 0.06C_Px_c/(4C_P - 1)$$

式(7-29)中的系数 C_{12} 分如下三种情况分别计算

$$C_{12} = \begin{cases} (T/L)^{0.222\,844\,6}, & T/L > 0.05 \\ 48.20(T/L - 0.02)^{2.078} + 0.479\,948, & 0.02 < T/L < 0.05 \\ 0.479\,948, & T/L < 0.02 \end{cases}$$

上式中的 T 代表平均型吃水。

式(7-29)中的系数 C_{13} 是表示船舶尾部形状特征的一个参数,它与船尾系数 C_{stern} 有如下的关系为

$$C_{13} = 1 + 0.003C_{stern}$$

对于船尾系数 C_{stern} 的取值,有如下的经验数据可供参考。

船尾形状	C_{stern}
V 型横剖面	−10
正常尾部形状	0
U 型横剖面 Hogner 尾部形状	10

船体的湿表面积可以采用如下的公式近似计算

$$S = L(2T + B)\sqrt{C_m}(0.453 + 0.442\,5C_b - 0.286\,2C_m -$$
$$0.003\,467B/T + 0.369\,6C_{wp}) + 2.38A_{fb}/C_b \tag{7-30}$$

式 (7-30) 中，C_m 为船舶的中横剖面系数；C_b 为方形系数；C_{wp} 为水线面系数；A_{fb} 为静水面与船艏柱相交处球鼻艏的横剖面面积。

对于兴波阻力，采用如下的计算公式

$$R_w = C_1 C_2 C_5 \, \nabla \rho g \, \exp[m_1 F_r^{-0.9} + m_2 \cos(\lambda F_r^{-2})] \qquad (7\text{-}31)$$

式中

$$C_1 = 222\,310\,5 C_7^{3.786\,13} \, (T/B)^{1.079\,61} (90 - i_E)^{-1.375\,65}$$

$$C_7 = \begin{cases} 0.229\,577(B/L)^{0.333\,33}, & B/L < 0.11 \\ B/L, & 0.11 < B/L < 0.25 \\ 0.5 - 0.062\,5L/B, & B/L > 0.25 \end{cases}$$

$$C_2 = e^{-1.89\sqrt{C_3}}$$

$$C_5 = 1 - 0.8A_t/(BTC_m)$$

上述的几个公式中，C_2 是用来表示球鼻艏对阻力减小作用的一个参数，C_5 表示方艉对阻力的影响，A_t 表示零航速下方艉的横剖面浸水面积，其中需要包括放置于方艉处的楔形块的横剖面面积。

式 (7-31) 中，F_r 表示傅汝德数，其余参数的定义分别如下所示

$$\lambda = \begin{cases} 1.446C_P - 0.03L/B, & L/B < 12 \\ 1.446C_P - 0.36, & L/B > 12 \end{cases}$$

$$m_1 = 0.014\,040\,7L/T - 1.752\,54\,\nabla^{1/3}/L - 4.793\,23B/L - C_{16}$$

$$C_{16} = \begin{cases} 8.079\,81C_P - 13.867\,3C_P^2 + 6.984\,388C_P^3, & C_P < 0.80 \\ 1.730\,14 - 0.706\,7C_P, & C_P > 0.80 \end{cases}$$

$$m_2 = C_{15}C_P^2 e^{-0.1F_r^{-2}}$$

$$C_{15} = \begin{cases} -1.693\,85, & L^3/\nabla < 512 - \\ 1.693\,85 + (L/\nabla^{1/3} - 8.0)/2.36, & 512 < L^3/\nabla < 1\,727 \\ 0, & L^3/\nabla > 1\,727 \end{cases}$$

半进水角 i_E 是水线在船艏与中线面的夹角，在 i_E 未知的情况下，可以采用如下的公式计算

$$i_E = 1 + 89\exp[-(L/B)^{0.808\,56} \cdot (1 - C_{wp})^{0.304\,84} \cdot (1 - C_P - 0.022\,5x_c)^{0.636\,7} \cdot$$
$$(L_R/B)^{0.345\,74} \cdot (100\nabla/L^3)^{0.163\,02}] \qquad (7\text{-}32)$$

式 (7-32) 是通过对 200 多种船型进行回归分析得到的，这样计算得到的 i_E 值位于 1° 到 90° 之间。Holtrop 论文中的公式在求解 i_E 时，对于某些特殊的船型会得到负的角度。

附体阻力可以由如下的公式计算得到

$$\Delta R = 0.5\rho V^2 S_{APP}(1 + k_1)_{eq} C_f \qquad (7\text{-}33)$$

式中，ρ 为水的密度；V 为船行速度；S_{APP} 为附体的湿表面面积；$1 + k_1$ 为附体阻力系数；C_f 为根据 ITTC - 1957 公式计算得到的摩擦阻力系数。

在如下的表格中，给出了流线型附体的 $1 + k_1$ 的值，这些数据通过对无附体和有附体的船模进行试验得到。一些试验中，在附体前方安置了激流装置。

$1+k_1$的近似值	
龙骨后方的舵	1.5—2.0
船尾后方的舵	1.3—1.5
双螺旋桨平衡舵	2.8
艉轴架	3.0
龙骨	1.5—2.0
支柱包架	3.0
船体包架	2.0
艉轴	2.0—4.0
减摇鳍	2.8
导流罩	2.7
舭龙骨	1.4

对于一组附体的叠加，等价的 $1+k_1$ 可以由如下的公式确定

$$(1+k_1)_{eq} = \frac{\sum (1+k_1)S_{APP}}{\sum S_{APP}}$$

球鼻艏对阻力的影响通过如下参数确定

$$C_3 = 0.56A_{fb}^{1.5}/[BT(0.31\sqrt{A_{fb}} + T_f - h_b)]$$

式中，h_b 是横剖面 A_{fb} 的中心位于龙骨线上方的高度；T_f 为船舶吃水。

由于球鼻艏而产生的附加阻力可由下式计算

$$R_b = 0.11e^{-3P_B^{-2}}F_{ri}^3 A_{BT}^{1.5}\rho g(1+F_{ri}^2) \tag{7-34}$$

式中，系数 P_B 是表示球鼻艏出水高度的一个参数；F_{ri} 是基于浸水量的傅汝德数。二者可由如下的公式计算

$$P_B = 0.56\sqrt{A_{fb}}/(T_f - 1.5h_B)$$

$$F_{ri} = V/\sqrt{g(T_f - h_b - 0.25\sqrt{A_{fb}}) + 0.15V^2}$$

采用同样的处理方式，浸水方艉产生的附加阻力可以表示为

$$R_{tr} = 0.5\rho V^2 A_T C_6 \tag{7-35}$$

系数 C_6 的取值与浸水方艉的傅汝德数有关

$$C_6 = \begin{cases} 0.2(1-0.2F_{rT}), & F_{rT} < 5 \\ 0, & F_{rT} \geqslant 5 \end{cases}$$

浸水方艉的傅汝德数定义如下

$$F_{rT} = V/\sqrt{2gA_T/(B + BC_{wp})}$$

模型与实船间的阻力修正项 R_a 可以表示为

$$R_a = 1/2\rho V^2 SC_a \tag{7-36}$$

R_a 主要表示了船体粗糙度和空气对阻力的影响。通过对不同速度下的船模试验结果进行分析，得到了修正项中系数 C_a 的计算公式

$$C_a = 0.006(L + 100)^{-0.16} - 0.002\,05 + 0.003\sqrt{L/7.5}\,C_b^4 C_2(0.04 - C_4)$$

其中,

$$C_4 = \begin{cases} T_f/L, & T_f/L \leqslant 0.04 \\ 0.04, & T_f/L > 0.04 \end{cases}$$

另外,当船体的粗糙度超过了标准值 $k_s = 150\ \mu\mathrm{m}$ 时,可以采用 ITTC – 1978 公式来计算 C_a 增加的值

$$C_a = (0.105 k_s^{1/3} - 0.005\,579)/L^{1/3}$$

式中,L 和 k_s 的单位均为米。

7-3 根据母型船数据估算

若设计船与母型船相似,且母型船的数据可靠,可通过母型船与设计船的某些线型的主要特征,计算出修正系数,来确定设计船的阻力或有效功率。应用这类方法所得结果的准确性与母型船和设计船之间相似程度有关。虽然所得结果的精确性不一定很高,但由于使用这类方法简单易行,因而被用于比较多种设计方案的阻力性能估算,以及某些仅要求对阻力性能作粗略估算的情况。

1. 海军系数法

海军系数法是母型船数据估算法中最为简便常用的一种方法,从计算的观点来看,比较简单。此法要求母型船与设计船的主尺度比、船型系数、型线的形状以及相应速度应比较接近。这个方法的基础是假定设计船与母型船在傅氏数 Fr 相等时,两者的海军系数相等,其出发点是:

(1) 对于形状近似的船,湿面积大致与排水量 Δ 的 2/3 次方成比例,即 $S \propto \Delta^{2/3}$。

(2) 对两形状相近且大小、速度相差不多的船,可认为两者的雷诺数 Re 相近,故可认为两者 $C_f(Re)$ 近似相等,即等于常数。

这样,两船的摩擦阻力

$$R_f \propto \Delta^{2/3} V^2 \tag{7-37a}$$

(3) 同样对于剩余阻力,若在低速或傅汝德数相近时,则近似有 $C_r(Fr)$ 等于常数,两船的剩余阻力

$$R_r \propto \Delta^{2/3} V^2 \tag{7-37b}$$

由式(7-37a)和(7-37b),得总阻力和有效功率分别为

$$R_t = R_f + R_r \propto \Delta^{2/3} V^2 \tag{7-37c}$$

$$P_e \propto \Delta^{2/3} V^3 \qquad 或 \qquad C_e = \frac{\Delta^{2/3} V^3}{P_e} \tag{7-38}$$

式中,Δ 为排水量(t);V 为航速(kn);C_e 称为海军系数。对于船型近似,尺度和航速相近的船,它们的海军系数大致相同。

因此,通常估算设计船的有效功率时,若能找到母型船,即与设计船的船型相近,大小和航速相差不多的母型船,则可由母型船的资料按式(7-38)求得其海军系数,这样设计船的有效功率

$$P_e = \frac{\Delta^{2/3} V^3}{C_e} \tag{7-39}$$

由于同类船的有效功率 P_e 和机器功率 P_m 之比大致亦为一常数,故也可用 P_m 代替 P_e,这样海军系数也可定义为

$$C_m = \frac{\Delta^{2/3} V^3}{P_m} \tag{7-40}$$

则设计船的机器功率

$$P_m = \frac{\Delta^{2/3} V^3}{C_m} \tag{7-41}$$

应该指出的是,系数 C_e 和 C_m 的含义是不同的,C_e 仅反映了船舶的阻力性能,而系数 C_m 则包含了阻力和推进的综合性能。C_e 值越大,表明船的阻力性能越好,C_m 值越大,表明船的快速性能越好。

海军系数一般由母型船的试航资料得到,若无相近的母型船,则可借助一些经验公式或经验数据确定海军系数。在使用海军系数法估计舰船有效功率时,不仅应当注意船型接近,傅氏数相同,而且要考虑主尺度及雷诺数相近。

2. 引申比较定律法

假定新船和母型船的形状相近,新船(以下角 2 表示)和母型船(下角 1 表示)排水量之比与长度之比为

$$L_2/L_1 = (\Delta_2/\Delta_1)^{1/3} \tag{7-42}$$

现若两船的尺度差别不大时,可将傅汝德用于剩余阻力的比较定律引申用至总阻力,所以在相应速度时,速度比为

$$\frac{V_2}{V_1} = \frac{\sqrt{L_2}}{\sqrt{L_1}} = \left(\frac{\Delta_2}{\Delta_1}\right)^{\frac{1}{6}}$$

此时,其阻力比为

$$\frac{R_{t1}}{R_{t2}} = \frac{\Delta_2}{\Delta_1}$$

所以

$$\frac{P_{e2}}{P_{e1}} = \frac{R_{t2} V_2}{R_{t1} V_1} = \left(\frac{\Delta_2}{\Delta_1}\right)^{\frac{7}{6}} \tag{7-43}$$

假设新船和母型船的推进系数相同,则两船的主机功率比为

$$\frac{P_{m2}}{P_{m1}} = \left(\frac{\Delta_2}{\Delta_1}\right)^{\frac{7}{6}} \tag{7-44}$$

若有母型船的功率和速度曲线,可先算出新船在航速 V_2 时的母型船相应速度 $V_1 = V_2 \left(\frac{\Delta_1}{\Delta_2}\right)^{\frac{1}{6}}$,然后在母型船功率曲线上查得 V_1 时的功率 P_1,则新船在 V_2 时的功率 $P_2 = P_1 \left(\frac{\Delta_2}{\Delta_1}\right)^{\frac{7}{6}}$。

3. 母型船剩余阻力修正法

上述方法是根据母型船直接估算设计船的总阻力,这里介绍的是修正母型船的剩余阻力

方法。此法按傅汝德假定将总阻力分为摩擦阻力和剩余阻力两大部分,其中摩擦阻力则采用有关平板公式计算;剩余阻力则按基尔斯(Гирс)提出的影响系数的方法进行修正。基尔斯采用的影响系数分别为船舶的纵向棱形系数 C_p、长度排水量系数 $L/\Delta^{1/3}$ 和宽度吃水比 B/T。基尔斯根据泰洛标准系列,以一组标准参数船 $\left(C_p = 0.65、\dfrac{L}{\Delta^{1/3}} = 8.0、B/T = 3.0\right)$ 的剩余阻力系数 C_{r0} 为基准,将其他具有 C_p、$\dfrac{L}{\Delta^{1/3}}$、B/T 值的船的剩余阻力值 C_r 表达为

$$C_r = K_1 K_2 K_3 C_{r0} \tag{7-45}$$

式中 K_1、K_2、K_3 称为基尔斯影响系数。

$$K_1 = f_1(Fr, C_p) = \frac{C_r}{C_{r0}(C_p = 0.65)} \tag{7-46}$$

$$K_2 = f_2\left(Fr, \frac{L}{\Delta^{1/3}}\right) = \frac{C_r}{C_{r0}\left(\dfrac{L}{\Delta^{1/3}} = 8.0\right)} \tag{7-47}$$

$$K_3 = f_1\left(Fr, \frac{B}{T}\right) = \frac{C_r}{C_{r0}\left(\dfrac{B}{T} = 3.0\right)} \tag{7-48}$$

图 7-7、图 7-8、图 7-9 分别给出了 C_p、$L/\Delta^{1/3}$ 或 B/T 变化时对剩余阻力影响的修正曲线。由此可见,K_1 是在 $L/\Delta^{1/3}$、B/T 不变的情况下,不同 C_p 值的 C_r 与 $C_p = 0.65$ 时之 C_r 的比值,它表示 C_p 对剩余阻力系数的影响;K_2 是在 C_p、B/T 不变情况下,不同 $L/\Delta^{1/3}$ 值的 C_r 与 $L/\Delta^{1/3} =$ 8.0 时的 C_r 的比值,表示排水量长度系数 $L/\Delta^{1/3}$ 对剩余阻力的影响;K_3 是在 C_p、$L/\Delta^{1/3}$ 不变情况下,不同 B/T 值的 C_r 与 $B/T = 3.0$ 时之 C_r 的比值,表示 B/T 对剩余阻力系数的影响。显然上述各影响系数随 Fr 数的不同而变化,故 K_1、K_2、K_3 值同时是傅汝德数的函数。

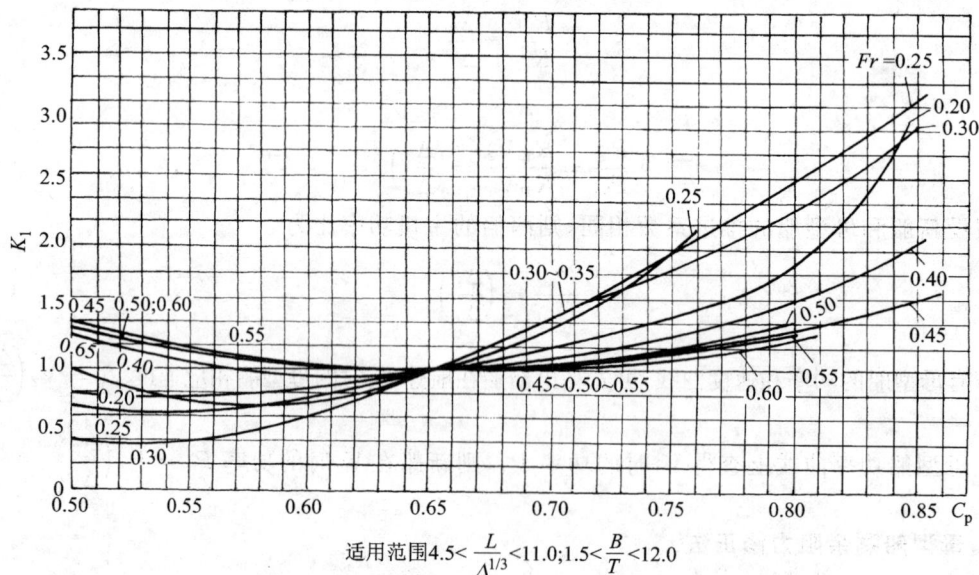

图 7-7　基尔斯法:剩余阻力修正系数 K_1

C_p=常数；$\dfrac{B}{T}$=常数

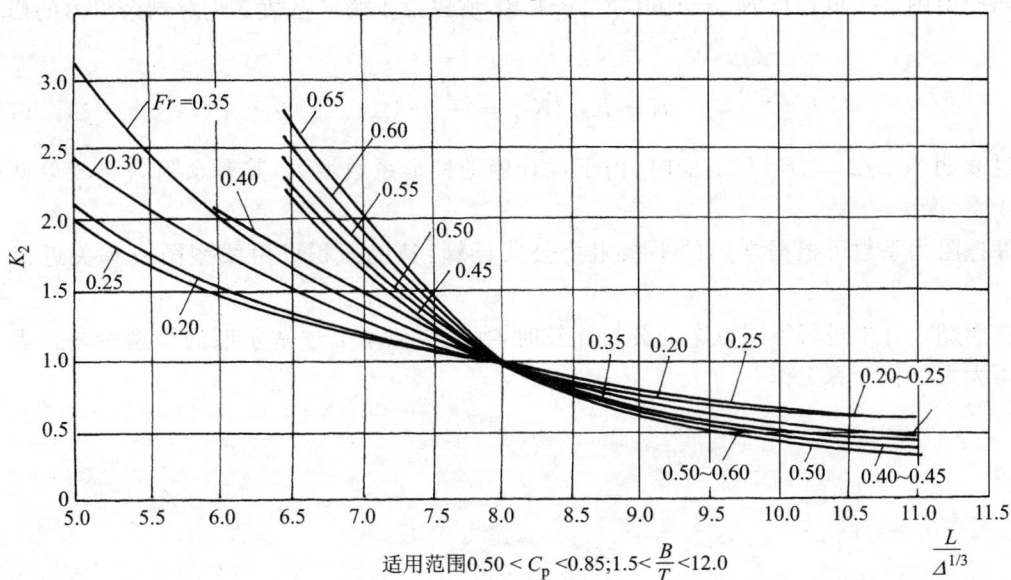

适用范围$0.50 < C_p < 0.85$；$1.5 < \dfrac{B}{T} < 12.0$

图 7-8　基尔斯法：剩余阻力修正系数 K_2

C_p=常数；$\dfrac{L}{\Delta^{1/3}}$=常数

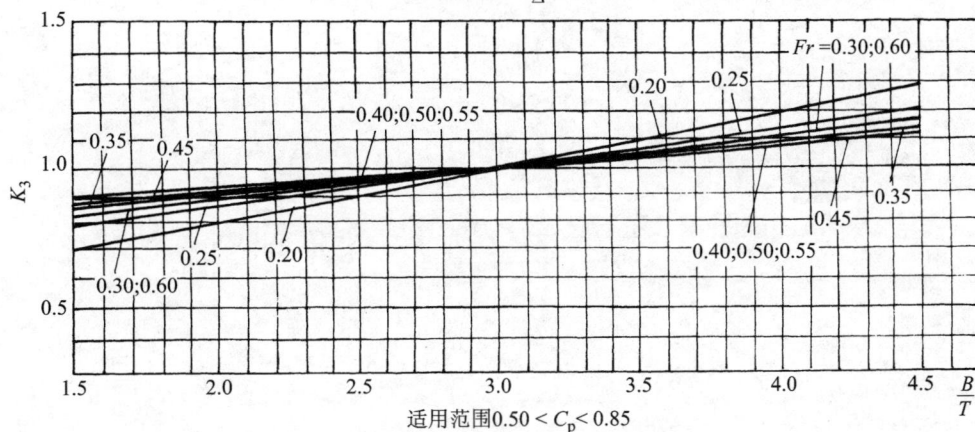

适用范围$0.50 < C_p < 0.85$

图 7-9　基尔斯法：剩余阻力修正系数 K_3

设计的新船及其母型船的参数都未必与基尔斯的标准参数船一致，但仍可应用该法根据母型船的剩余阻力系数 C_{rp} 确定新船在相同 Fr 数时的剩余阻力系数 C_{rd}，即

$$C_{rd} = KC_{rp} \quad 或 \quad K = C_{rd}/C_{rp} \tag{7-49}$$

这里 K 为剩余阻力修正系数。对于新设计船及母型船可根据他们各自的 C_p、$L/\Delta^{1/3}$、B/T 和船速从图 7-7、图 7-8、图 7-9 中查得相应的剩余阻力修正系数 K_1，K_2，K_3。则

$$K = \frac{K_{1d}}{K_{1p}} \frac{K_{2d}}{K_{2p}} \frac{K_{3d}}{K_{3p}} \tag{7-50}$$

式中下标 d 和 p 分别代表设计船和母型船。注意 $L/\Delta^{1/3}$ 中 L 以米（m）计，Δ 为海水中的排水量以吨（t）计。

例如在傅汝德数 $Fr=0.20$ 时母型船的棱形系数 $C_p=0.730$,而设计船的棱形系数 $C_p=0.777$,则由图 7-7 可查得 $K_{1d}=1.60$,$K_{1p}=1.40$,所以由于棱形系数变化对剩余阻力的修正系数为

$$K = K_{1d}/K_{1p} = \frac{1.6}{1.4} = 1.14 \qquad (7\text{-}51)$$

这表明当 $L/\Delta^{1/3}$、B/T 不变时,由于设计船的棱形系数增大,其剩余阻力将较母型船增加 14%。

摩擦阻力系数可根据常用的平板阻力公式计算,其湿面积可由线型图或有关近似方法求得。

在船舶设计中进行不同方案的分析比较时,利用类似于上述基尔斯的母型船剩余阻力修正法可大大简化计算工作。

第8章 船在限制航道中的阻力

以上各章所讨论的都是假定船在无限宽广深水中运动的阻力问题,这种航道边界不受限制的情况称为深水航道。实际上有的船舶常在浅海、内河等有边界限制的航道中航行,此种航道称为限制航道,其所受阻力与在深水中航行时的阻力并不一样。限制航道可分为:仅水深受到限制的浅水情况和深度及宽度都受限制的狭窄水道两种情况。应该指出的是,限制航道的概念不是绝对的,实际上任何航道都有边界,这里主要视其对船舶阻力是否产生影响而定。航道对阻力的影响主要取决于航道的深度、宽度和船的尺度及航速之间的相对情况。在航速很低时,航道对阻力不产生影响,因而可作深水航道情况处理。而在船速较高时,航道对船的阻力的影响可能相当显著,因而必须考虑限制航道问题。在当前对船速要求不断提高的情况下,原来可视作深水的航道也会有浅水的影响,所以浅水问题将日益重要。我国从南到北有漫长的海岸线,内河又是蛛网密布,船在限制航道中的阻力问题更显重要。此外,船模试验中船池边界对试验结果的影响也不可忽视。

本章主要从限制航道对阻力产生的影响来阐述船在限制航道中的阻力特性,并简要介绍确定浅水阻力的计算方法。

8-1 浅水对阻力的影响

船舶在浅水水域中航行时,其所受的黏性阻力与兴波阻力将不同于在深水水域中航行时的情况。浅水对阻力的影响主要由于船体周围的流场及兴波情况发生变化所引起,现分述如下。

1. 浅水对流场及黏性阻力的影响

船舶在浅水中航行时,由于水深受限制,船底和河底之间的流速增大,并使一部分水流被挤向船的两边舷侧方向流动,从而使船两侧的流速也增大。总之,浅水时船周围的流场发生变化,主要反映船侧、船底的流速比深水时为大,致使黏性阻力增加。同时,由于船底的流速增加、压力降低,从而使船的吃水增加和船的航态发生变化。

1) 回流速度增大

图 8-1 所示为一驳船以船速 v 不同情况下的运动状况,现应用运动转换原理来分析无穷远处流体以船速流经静止船体时的流动状态。图 8-1(a)为在水深 $h=\infty$ 的理想流体中的流动情况。当流体流经船体时,由于船体曲率的影响,除首尾两端外,船体周围水的流速将比来流速度有所增大,设其平均增量为 Δv_1,由于 Δv_1 与船速方向相反,所以称为回流速度。图 8-1(b)为在浅水理想流体中的流动情况。由于水深的限制,使船底和水底之间的间隙(称为剩余水深)较小,根据连续方程可知,当水流流经船体时,船体周围的流速较无限水深情况时为大,即回流速度增大,设此时的回流速度为 Δv_2,显然 $\Delta v_2 > \Delta v_1$。图 8-1(c)为在浅水实际流体中的流动情况。由于流体的黏性影响,在船底形成由前向后逐渐变厚的边界层,由于存在回流速

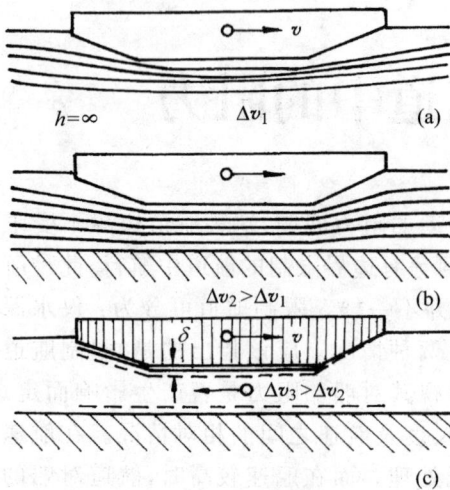

图 8-1 浅水中的流动状态比较

(a) 深水理想流体情况；
(b) 浅水理想流体情况；
(c) 浅水中实际的流体情况

度,在水底也将形成边界层,其厚度亦是前端薄、后端厚。图中虚线为边界层厚度 δ,实线为边界层排挤厚度。由于船底、水底边界层的存在,使两边界层之间的水流区变窄,故此时流体的速度更快,即回流速度进一步增大,设此时回流速度为 Δv_3,显然 $\Delta v_3 > \Delta v_2$。

由于浅水对流场影响使回流速度增大的现象称为浅水阻塞效应。实验结果表明,回流速度 Δv 与 $\dfrac{\sqrt{A_{\mathrm{m}}}}{h}$($A_{\mathrm{m}}$ 为舯横剖面面积)或水深吃水比 h/T 有关。

2) 航态变化

船舶在浅水中航行时,浅水对船体周围流场产生影响的同时,将伴随有航态发生变化:

(1) 由于船底流速增加,压力降低,从而使船体下沉,吃水增加。

(2) 由于船底和河床边界层厚度均自船首向船尾逐渐增加,因而船尾与河床的间隙较船首处为小,流速增加更大,压力降低更甚,船尾下沉较船首大,因而产生尾倾现象。

3) 对黏性阻力的影响

首先由于浅水船周围的流速比深水船为大,且其舷侧湿面积因船体下沉而有所增加,所以必然使摩擦阻力增大。

其次,因浅水中回流速度增加,即水流与船体的相对速度有明显的增大,压力下降亦大,所以压力梯度增大;同时船尾与河床的间隙小,易产生旋涡,所以黏压阻力随之增加。

综上分析可知,浅水航道将引起船体周围流场变化,从而使黏性阻力增加。图 8-2 是内河船模型试验所得到的不同水深情况下的黏性阻力。其中 R_{vh} 与 $R_{\mathrm{v\infty}}$ 分别表示浅水和深水时的黏性阻力。从图中曲线可见,当 $T/h \geqslant 0.25$ 时,即水深 $h \leqslant 4T$ 时,即使无分离现象,浅水对黏性阻力的影响明显存在,其影响程度随吃水与水深之比 T/h 的增加而增大。

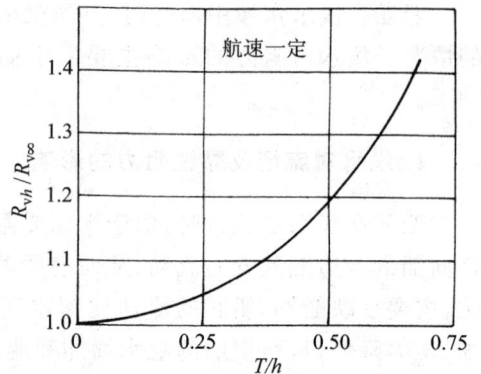

图 8-2 浅水对黏性阻力的影响

2. 浅水对兴波及兴波阻力的影响

在水深受到限制的情况下,兴波情况的变化很大。理论分析和试验结果都表明,水深傅汝德数

$$Fr_h = \frac{v_{\mathrm{s}}}{\sqrt{gh}} \qquad (8-1)$$

是影响兴波情况的最重要的参数,它可以表示为

$$Fr_h = \frac{v_s}{\sqrt{gh}} = \frac{v_s}{\sqrt{gL}}\sqrt{\frac{L}{h}} = Fr\sqrt{\frac{L}{h}} \qquad (8\text{-}2)$$

由此可知,浅水中的兴波情况不但取决于水深参数 L/h,而且与速度参数 Fr 有关。因而不难理解,当水深一定,航速变化时,浅水影响兴波情况亦将不同。讨论浅水影响兴波情况时,均用 Fr_h。

浅水对兴波的影响主要表现在:船舶在浅水中航行时兴起的波浪参数如波高、波速(或波长)与深水情况不同,而且兴波图形(即兴起波浪的形状)也发生明显变化。

1)浅水引起波浪参数的改变

按照波浪理论知,对深水,可认为波中水质点在其平衡位置附近作轨圆运动;而当水深有限时,轨圆运动相应变成椭圆运动。

按照有限水深的波浪理论,浅水中的波速

$$c_h = \sqrt{\frac{g\lambda}{2\pi}\tanh\frac{2\pi h}{\lambda}} = \sqrt{\frac{g\lambda}{2\pi}}\sqrt{\tanh\frac{2\pi h}{\lambda}}$$

$$= c\sqrt{\tanh\frac{2\pi h}{\lambda}} \qquad (8\text{-}3)$$

式中, $c = \sqrt{\dfrac{g\lambda}{2\pi}}$ 为深水情况下波长为 λ 时的波速; h 为水深。

由式(8-3)可知,深水中波速仅仅与波长有关,而浅水中的波速不但与波长有关,而且还与水深 h 有关;同时在波长相同的情况下,浅水中的波速与深水中波速的差别仅取决于双曲函数 $\tanh\dfrac{2\pi h}{\lambda}$ 的数值,该双曲线函数的曲线如图 8-3 所示,根据该曲线的性质,对以下几种不同情况进行讨论。

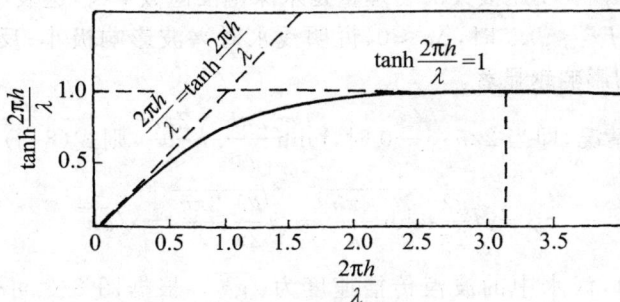

图 8-3 正切双曲函数曲线

(1)深水情况,即 h 很大或相对于波长而言水深为很大时,也就是当 $\dfrac{2\pi h}{\lambda}$ 很大时,由图中可知, $\tanh\dfrac{2\pi h}{\lambda} \approx 1.0$,则式(8-3)可写成

$$c_h \approx \sqrt{\frac{g\lambda}{2\pi}} = c \qquad (8\text{-}4)$$

根据正切双曲函数值知,当 $h > \dfrac{\lambda}{2}$ 时,则 $c_h = 0.998c$,因而水深满足 $h > \dfrac{\lambda}{2}$ 时,可以按深水处理。

（2）浅水情况，即 h 为有限值时，由图 8-3 知，$\tanh \dfrac{2\pi h}{\lambda} < 1.0$ 时，则此时

$$c_h < c \tag{8-5}$$

可见对于波长相同的波浪，浅水的波速将小于深水的波速，这种现象称为波速损失。显然，波速损失 Δc 应该为

$$\Delta c = c - c_h = \sqrt{\frac{g\lambda}{2\pi}} - \sqrt{\frac{g\lambda}{2\pi}\tanh\frac{2\pi h}{\lambda}} = c\left(1 - \sqrt{\tanh\frac{2\pi h}{\lambda}}\right) \tag{8-6}$$

或可写成

$$\Delta c = v_\infty\left(1 - \sqrt{\tanh\frac{1}{Fr_h^{\,2}}}\right) \tag{8-7}$$

式中 v_∞ 为深水中的船速，与深水中的波速 c 相等。

由此可作如下分析。

① 同一船如果在浅水中和深水中产生相同波长的波浪（即 λ 相同），则浅水中的波速较深水要减少 Δc，这意味着在浅水中航行时，船速将下降 Δc，表明浅水情况的兴波阻力较深水情况为大。

② 如果同一船在浅水中和深水中保持相同航速，亦就是兴起波浪的波速相同，则浅水中的波长 λ_h 必定较深水中的波长 λ 为大。式（8-3）可改写为

$$c_h = \sqrt{\frac{g\lambda_h}{2\pi}}\sqrt{\tanh\frac{2\pi h}{\lambda_h}} = \sqrt{\frac{g\lambda}{2\pi}}\sqrt{\frac{\lambda_h}{\lambda}\tanh\frac{2\pi h}{\lambda_h}} \tag{8-8}$$

因为 $\tanh\dfrac{2\pi h}{\lambda_h} < 1.0$，如要求 $c_h = c = \sqrt{\dfrac{g\lambda}{2\pi}}$，则必然有 $\lambda_h/\lambda > 1.0$，即 $\lambda_h > \lambda$，才能使 $\sqrt{\dfrac{\lambda_h}{\lambda}\tanh\dfrac{2\pi h}{\lambda_h}} = 1.0$，因此，浅水中兴波的能量必较深水情况为大，这同样可以说明同一船舶在浅水中航行时的兴波阻力较在深水中大。

③ 由式（8-7）知，影响波速损失的物理量是水深傅汝德数 Fr_h，这表明 Fr_h 确实是影响兴波最重要的参数。当 $Fr_h < 0.5$ 时，$\Delta c \approx 0$，说明浅水对兴波影响极小；反之，Fr_h 越大，则 Δc 值越大，浅水对兴波的影响越显著。

（3）水深极浅的情况，即当 $2\pi h/\lambda \to 0$ 时，$\tanh\dfrac{2\pi h}{\lambda} \to \dfrac{2\pi h}{\lambda}$，则式（8-3）为

$$c_h = \sqrt{\frac{g\lambda}{2\pi}\tanh\frac{2\pi h}{\lambda}} = \sqrt{\frac{g\lambda}{2\pi}\frac{2\pi h}{\lambda}} = \sqrt{gh} \tag{8-9}$$

这说明水深 h 极小时，浅水中的波浪传播速度为 $\sqrt{gh}$。根据图 8-3 可知，由于一般情况下 $\tanh\left(\dfrac{2\pi h}{\lambda}\right)$ 均小于 $2\pi h/\lambda$，故当 h 一定时，其波速总是小于 $\sqrt{gh}$，因此该速度为水深 h 时的极限波速，根据船速与极限波速的相对大小，可将船速分为 3 个区域。

① 亚临界速度区：当 $v_s < \sqrt{gh}$，即 $Fr_h < 1.0$；

② 临界速度区：当 $v_s = \sqrt{gh}$，即 $Fr_h = 1.0$；

③ 超临界速度区：当 $v_s > \sqrt{gh}$，即 $Fr_h > 1.0$。

Fr_h 实际上表示船速与极限波速的相对大小以及船舶所处的航速区。在不同的航速区，不仅船舶兴波阻力的变化不同，且兴波图形也有明显变化。

2）浅水引起波浪图形的变化

在深水情况下的船行波，可以近似用凯尔文波系来描述，根据观察，船波系的横波与散波

波峰交点的连线与纵中剖面间的夹角 β 为 $19°28'$（即凯尔文角），且不随航速变化。而在浅水情况下，β 角、波长以及船的航态均发生不同程度的变化，如图 8-4 所示。

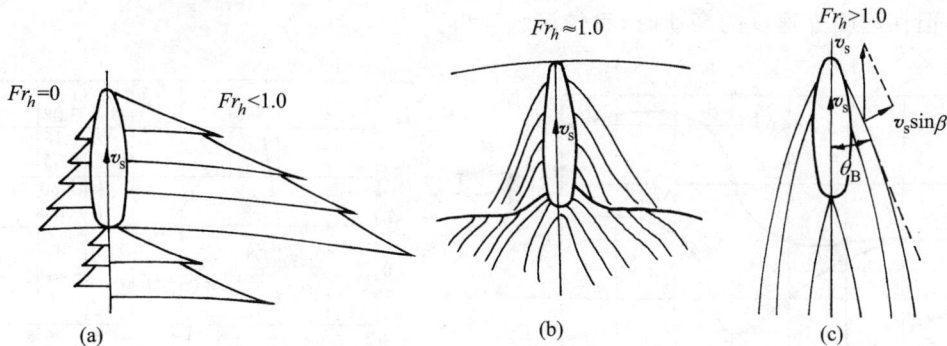

图 8-4　不同 Fr_h 时浅水对兴波图形的影响
(a) $Fr_h=0(h=\infty)$ 和 $Fr_h<1.0$；(b) $Fr_h\approx1.0$；(c) $Fr_h>1.0$

(1) 亚临界速度区。$v_s<\sqrt{gh}$，即 $Fr_h<1.0$ 的情况。在这一速度区域范围内，如果航速较低，当 $v_s<0.5\sqrt{gh}$，$Fr_h<0.5$ 时，由前述知，这种情况下的波速损失 $\Delta C\approx0$，因此兴波变化极小，β 角变化甚微，如图 8-4(a) 左侧兴波图形，可认为与深水情况相同。在较高航速段，当 $0.5\sqrt{gh}<v_s<\sqrt{gh}$ 或 $0.5<Fr_h<1.0$ 时，浅水中的波长将大于深水中相同航速下的船行波波长，同时 β 角随 Fr_h 的增大而变大，波浪的覆盖面即兴波的扇形面随之扩大，兴波图形如图 8-4(a) 右侧所示，因此兴波阻力随之增大。根据航态观察，在这一速度区内，特别是在接近 $Fr_h=1.0$ 时，船首明显上抬，尾部下沉严重，有明显的尾倾现象，如图 8-5 中的曲线所示。

(2) 临界速度区。当 $Fr_h\approx1.0$ 时，即 $v_s\approx\sqrt{gh}$ 时，β 角增大至 $90°$。船的横波和散波合并，在船首处形成一个很大的波峰，如图 8-4(b) 所示，兴波阻力剧增，此时船的尾倾最大。理论上该情况仅发生在 $v_s=\sqrt{gh}$ 时，但试验表明，在该速度附近 $v_s=(0.8\sim1.2)\sqrt{gh}$ 范围内，都可能不断出现以高于船速向前传播的孤立波，因此临界速度区确实存在，在这一速度区内，船舶的运动、阻力、波形往往呈不稳定现象。

(3) 超临界速度区。当 $Fr_h>1.0$，即 $v_s>\sqrt{gh}$ 时，说明船速已超过水波的极限移动速度，因此横波消失，孤独波亦不存在，仅剩有散波。因散波沿其波顶法线方向运动速度为 $v_s\sin\beta$（v_s 为船速），考虑波之极限传播速度为 $\sqrt{gh}$，故有

$$v_s\sin\beta\leqslant\sqrt{gh}$$

即

$$\sin\beta\leqslant\frac{\sqrt{gh}}{v_s}=\frac{1}{Fr_h} \tag{8-10}$$

可见，当 $v_s>\sqrt{gh}$ 时，β 将随船速的提高而减小，即波浪扇形面的范围变小，如图 8-4(c) 所示。由于横波消失，散波宽度随 Fr_h 增大而减小，因而兴波阻力急剧减小，达到某一船速后，浅水中的总阻力较深水中的阻力还要低。

另外从航态观察可见，船舶处在超临界速度航行时，如图 8-5 所示，尾倾虽有所减小，但仍较明显，平均吃水较深水情况要小。图中 ϕ 为尾倾角，ΔT_{cp} 为负值，表示船体下沉。

3) 浅水对兴波阻力的影响

由于浅水能引起兴波图形的变化，因此浅水中的兴波阻力较相同深水情况的兴波阻力也

有所变化。图 8-6 给出某驱逐舰在浅水中的阻力增加百分数,由该试验结果可知,所有曲线的峰点所对应的速度均为 $v_s/\sqrt{gh}=0.8\sim1.0$,在该速度范围时的阻力较深水情况的阻力值要大得多,但在超临界速度的高速时,反较深水为小。

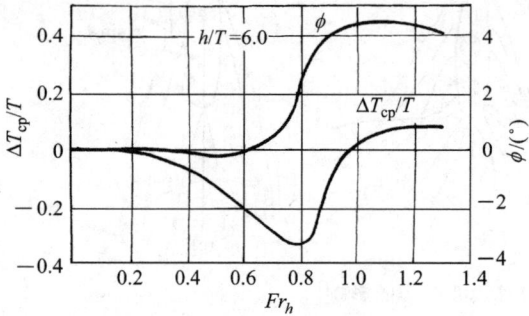

图 8-5 浅水中船的纵倾及平均下沉

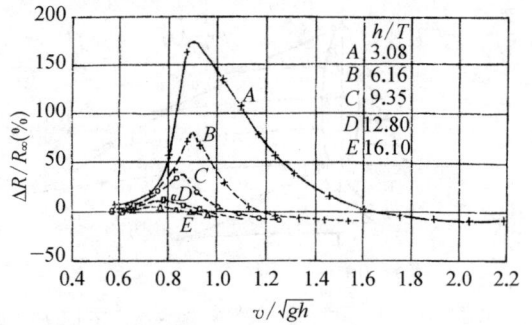

图 8-6 浅水中阻力增加百分数

3. 浅水阻力曲线的特点

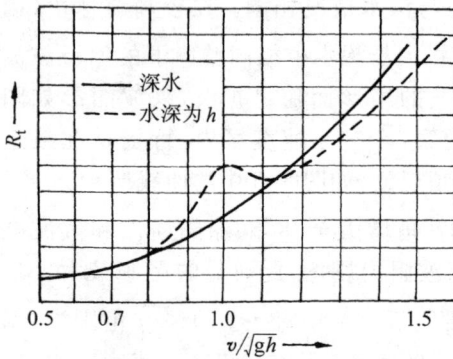

图 8-7 浅水和深水中阻力曲线比较

综上所述,船舶在有限水深中航行时,由于水浅,而使水与船体的相对速度增大,对黏性阻力产生影响;同时,兴波图形变化很大,以致使船的阻力性能和船的航态等均发生变化,这种现象统称为浅水效应。图 8-7 是船在浅水和深水情况下的阻力曲线示意图。

(1) 当 $Fr_h<0.5$ 即 $v_s<0.5\sqrt{gh}$ 时,船在浅水中的阻力和在深水中的阻力极为接近,没有明显增加。这是因为航速较低时,浅水对流场和兴波情况的影响极小,所以在这个速度范围内一般可以不考虑浅水的影响。

(2) 当 $0.5<Fr_h<1.0$,即 $0.5\sqrt{gh}<v_s<\sqrt{gh}$ 时,由于航速增大,浅水的影响尤其是浅水对兴波的影响渐趋明显,直至在船首尾出现"孤立波",因而浅水时的阻力较深水时的阻力有显著的增加。

(3) 当 $Fr_h=1.0$,即 $v_s=\sqrt{gh}$ 时,船速达到临界速度,此时兴波阻力出现极大值,所以阻力曲线出现峰值,较深水中的阻力值有很大增加。

(4) 当 $Fr_h>1.0$,即 $v_s>\sqrt{gh}$ 时,船速已超过波浪传播的极限速度,横波消失,散波的覆盖面减少,由于高速时的兴波阻力下降较多,所以此时船的总阻力甚至较深水阻力还要低。

4. 不影响阻力的水深条件

浅水对船体阻力的影响在一定情况下相当明显,特别是实船试航时,如不能正确考虑浅水影响,往往会得出错误的结果。因而确定不影响阻力的水深条件是很有意义的。通常认为,满足下列相应的条件可不考虑浅水对阻力的影响。

1) 从航速来看

由浅水试验知,在低速时,浅水对阻力影响很小,一般认为在 $Fr_h < 0.5$ 时,可以不计浅水影响,这里 $Fr_h = v_s / \sqrt{gh}$,其中 h 为水深。因此,不受浅水影响的最小水深为 $h_{min} = \dfrac{4v_s^2}{g}$。

2) 从船型来看

(1) 泰洛给出的最小水深,对于 $C_b < 0.65$ 的船,当 $Fr < 0.27$ 时,$h_{min} = 33.6FrT$;当 $Fr > 0.27$ 时,$h_{min} = 41.7(Fr - 0.06)T$,$Fr = v_s / \sqrt{gL}$,式中 T 为吃水。

(2) 高速货船:$h_{min} / T > 7.0$。

(3) 军舰,如巡洋舰、驱逐舰:$h_{min} / T > 7 \sim 12$。

(4) 滑行艇:$h_{min} / L > 0.8$ 或 $h_{min} / B > 3.0$。

3) ITTC 最小水深公式

12 届 ITTC 推荐的实船试验不计浅水影响的最小水深公式为

$$h > 3\sqrt{BT} \tag{8-11}$$

$$h > 2.75 v_s^2 / g \tag{8-12}$$

式中,h 为水深;v_s 为航速。

分别按式(8-11)和式(8-12)计算,并取两者之较大值作为试航时的最小水深,由物理意义知,式(8-11)为考虑浅水对回流的影响,式(8-12)则是对兴波的影响。

8-2 确定浅水阻力的方法

确定浅水阻力或狭水道阻力的最好方法是进行船模试验,但相当多的船模试验池往往不具备该类试验的条件。因此常采用近似方法进行估算,这里对主要的近似方法介绍如下:

1. 许立汀(Schlichting)中间速度法

许立汀根据理论分析和大量的船模试验结果,提出了确定浅水阻力的中间速度法,其基本思想是:对于给定的船舶,在已知深水阻力的基础上,只要分别计及浅水对兴波和流场的影响,就可得到在浅水情况的阻力值。浅水对兴波影响是用浅水中的波速损失来体现的,而对流场影响则用浅水中的回流速度 Δv 来体现。

1) 两个假定

为具体计算浅水对兴波和流场的影响,许立汀作出如下两个假定,从而建立了深水阻力和浅水阻力之间的关系。

(1) 由于相同波长的波浪在浅水中的波速较深水中要减小 Δc,所以假定船在深水中以速度 v_∞ 航行时的兴波阻力与在浅水中航速为 $v_i = v_\infty - \Delta c$ 航行时的兴波阻力相等。这里 v_i 称为中间速度。实际计算时,上述兴波阻力的假定可以推广应用于剩余阻力。

(2) 由于在浅水中存在回流速度 Δv,所以假定船在深水中航速为 v_i 时的摩擦阻力与浅水中航速为 $v_h = v_i - \Delta v$ 时的摩擦阻力相当。

根据许立汀假定所给出的相等阻力情况下,在不同流场中相应速度关系如表 8-1 所列。

表 8-1 许立汀中间速度法的相应速度关系

相等的阻力	相应流场中的速度	
	深水情况	浅水情况
R_w 或 R_r	v_∞	$v_i = v_\infty - \Delta c$
R_f	v_i	$v_h = v_i - \Delta v$

2）确定 Δc 和 Δv 值

（1）Δc 或中间速度 v_i 的确定

由式（8-7）知，当已知水深 h 和 v_∞ 时，即可求得相应的 Δc 值。但实用上为了方便起见，作出中间速度 v_i 曲线图，可直接查得 v_i 值。式（8-7）可化为

$$\frac{v_i}{v_\infty} = \frac{v_\infty - \Delta c}{v_\infty} = \sqrt{\tanh \frac{1}{Fr_h^2}} \tag{8-13}$$

可见 v_i/v_∞ 随 Fr_h 而异，图 8-8 是式（8-13）的曲线表示形式。由图可见，当 $Fr_h < 0.5$ 时，v_i/v_∞ 趋于 1.0，说明浅水对兴波阻力的影响可不计。

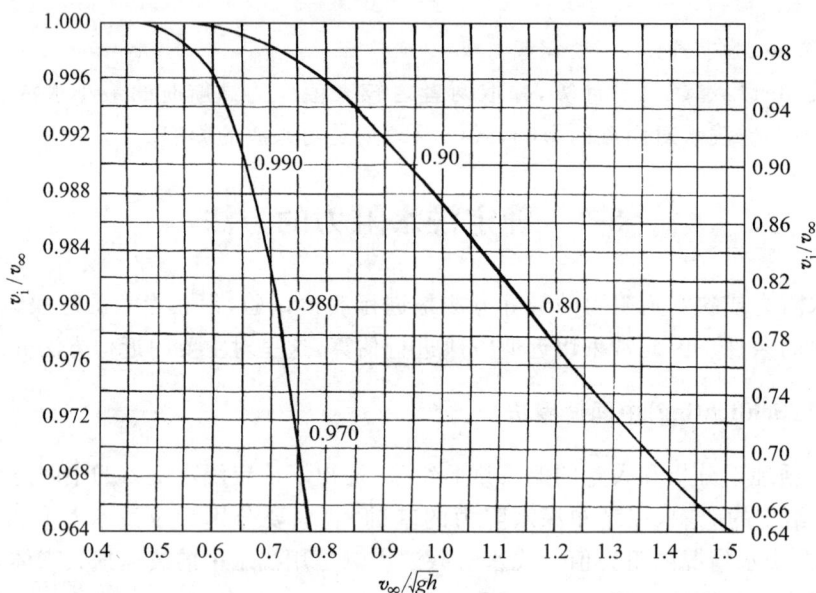

图 8-8　计算浅水阻力的中间速度比 v_i/v_∞

（2）Δv 或 v_h 的确定

由试验结果表明，回流速度 Δv 与 $\dfrac{\sqrt{A_m}}{h}$ 有关，这里 A_m 为船中横剖面面积。当已知中间速度 v_i 时，计入回流影响，则船对于静止水的相对速度为 $v_h = v_i - \Delta v$，所以许立汀根据模型试验结果直接给出了 v_h/v_i 与 $\sqrt{A_m}/h$ 的关系，如图 8-9 所示。

3）浅水阻力曲线的作法

如已知某船的深水总阻力曲线和摩擦阻力曲线，如图 8-10 所示，则按照许立汀假定可求得该船的浅水阻力曲线。具体作法如下。

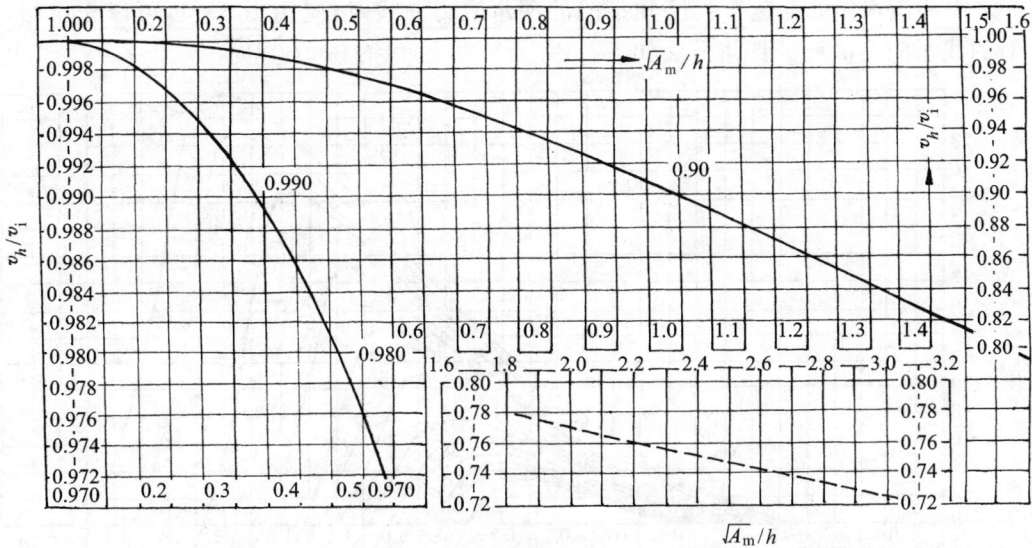

图 8-9 速度比 $\dfrac{v_h}{v_i}$ 与 $\dfrac{\sqrt{A_m}}{h}$ 的关系曲线

（1）设给定船速 v_∞，则在深水总阻力曲线 $R_{t\infty}$ 和摩擦阻力曲线 $R_{f\infty}$ 上分别得到 A、B 两点，AB 表示在深水中速度为 v_∞ 时的剩余阻力 R_r。

（2）根据已知水深 h 及 v_∞，算得相应的 $Fr_h = v_\infty / \sqrt{gh}$ 值，并由图 8-8 查得 v_i/v_∞ 值，进而得中间速度 v_i 值。

（3）在 $R_{f\infty}$ 曲线上，在 v_i 处得 C 点，并由 C 点向上量取已得的 R_r 值，得 D 点。

（4）由已知 $\sqrt{A_m}/h$ 值，可从图 8-9 得到 v_h/v_i 值，进而得相应于 v_∞ 时在浅水中的航速 v_h 值。

（5）在速度坐标轴上（见图 8-10）截取 v_h 距离，并作垂直线与过 D 点的水平线相交于 E 点，则 E 点就是水深为 h 时该船的浅水总阻力曲线上的一点。

同理可作出其他航速时的各相应点，从而得该船的浅水总阻力曲线。

最后，必须指出的是，许立汀中间速度法仅适用亚临界速度，即适用于船速 $v < \sqrt{gh}$ 的情况。

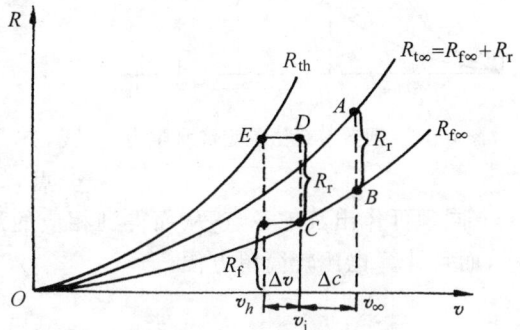

图 8-10 许立汀中间速度法确定浅水阻力

2. 阿普赫金（Apushigen）法

阿普赫金法是根据比较尖瘦船舶的浅水模型试验结果得到的。对于亚临界速度和超临界速度的船舶均可适用。

根据在不同水深 h 情况下的试验结果，绘制成不同 h/T 时的船速损失比 $\dfrac{v_\infty - v_h}{v_\infty} = \dfrac{\Delta v_{sh}}{v_\infty}$ 与 Fr_h 之间的关系曲线，如图 8-11 所示。这里 T 为吃水，Δv_{sh} 为浅水影响造成的航速损失。当 Δv_{sh} 为正时，表示航速增加；负值时，表示船速下降。而 v_∞ 和 v_h 分别为对应于相同阻力值时的深水中和浅水中的船速。当已知某船的深水阻力曲线时,应用图 8-11,可以作出给定水深 h 时的浅水阻力曲线。具体方法如下。

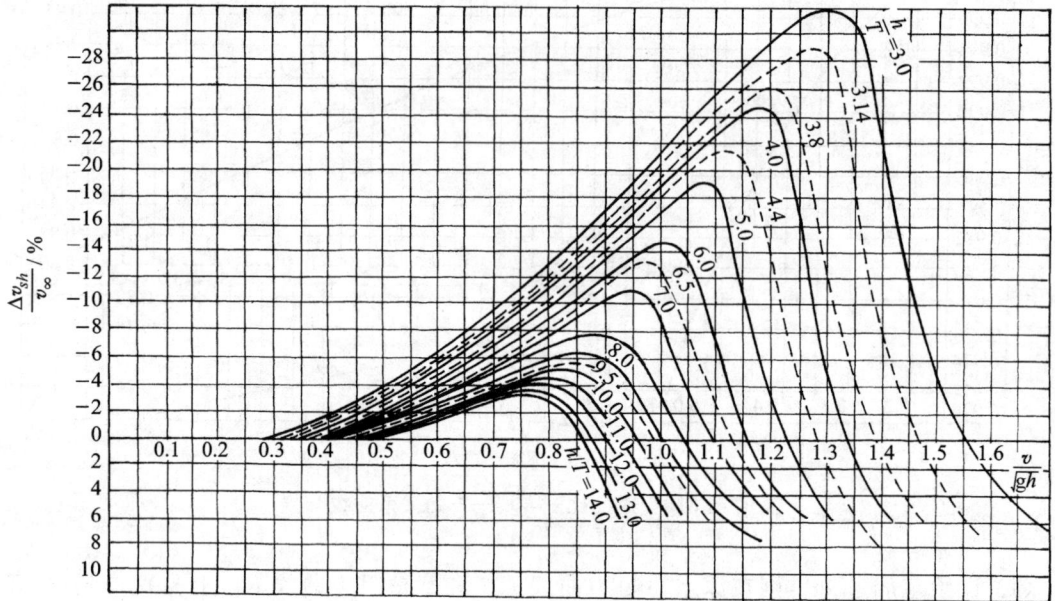

图 8-11　阿普赫金法估算浅水阻力图谱

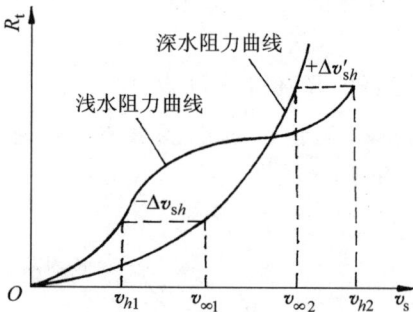

图 8-12　阿普赫金法确定浅水阻力

（1）根据已知水深 h 和深水航速 $v_{\infty 1}$,计算 h/T, $Fr_{h1} = v_{\infty 1}/\sqrt{gh}$ 值。

（2）由计算得 h/T、Fr_{h1} 值,用内插法查图 8-11 得 $\dfrac{\Delta v_{sh}}{v_{\infty 1}}$ 值。

（3）相应于 $v_{\infty 1}$ 时具有相等阻力值的浅水航速 $v_{h1} = v_{\infty 1} + \Delta v_{sh}$。

（4）在深水阻力曲线的航速坐标轴上 v_{h1} 处作垂直线,并截取 $v_{\infty 1}$ 时的深水阻力值,即为浅水阻力曲线上的一点,如图 8-12 所示。

同理可作出其他各点,从而得到相应的浅水阻力曲线。显见阿普赫金法不但应用范围较广,而且计算也比较简单方便。

8-3　狭水道对阻力的影响

船在运河或内河等狭水道中航行时与在浅水中航行时的特点基本相同,但由于狭水道宽度方面也受到了限制,所以其特点表现得更为显著。

1. 船舶在狭水道和浅水中航行时的主要差别

（1）表征参数,描述狭航道受限制的程度常采用下列参数。水深吃水比 h/T,相对宽度 b/B（或 b/L）和断面系数 $F/A_{\rm m}$,这里 b 为狭水道的宽度,h 为狭水道的深度;B、L、T 分别为船宽、船长和吃水;F 为狭水道剖面面积,A_m 为船中横剖面面积。

(2) 回流和兴波情况。船在狭水道中航行时,不仅回流速度较浅水时有明显变化,且由于侧壁的存在导致散波反射,因而与船体波系相互叠加,使兴波阻力发生变化。

(3) 阻力曲线的特点。船在狭水道中阻力曲线的特点是在 $Fr_h = 1.0$ 附近存在一个临界区,在这个区域内阻力值有极为明显的增加;而临界区的范围与狭水道的宽度、船型有关。在相同情况下,若狭水道的宽度增加,临界区域变窄;当趋于无限宽时,则仅在临界速度时最高,也就是一般浅水问题,所以浅水可以看作是狭水道的特例。

由于船在狭水道中高速航行,特别是在临界区航行时,不但阻力很大,而且由于波浪的冲刷可能损毁堤岸,破坏河床,所以在狭水道中航行的船大多为低速船,极少有接近或超过临界速度的。

2. 船舶在狭水道中运动时的特点

解释船舶在狭水道中运动时的一般特点和近似确定临界速度值的最简单的方法是把问题简化为一维的问题并应用运动转换原理,如图 8-13 所示。为了方便起见,我们研究在横截面不变的矩形水道中绕静止船舶的流动问题,并假定船体横剖面沿船长变化不大,船体无纵倾以及沿船长方向的水面下降相等。此外认为船的傅汝德数 Fr 较小,可忽略兴波对水面变形的影响,基于这样的处理方法,则由连续方程得

$$bhv_s = (bh - A_m - b\Delta h)v_m \tag{8-14}$$

式中 v_m 为水流与船体间的相对速度,Δh 为水面下降值,根据伯努利方程得

$$\rho g \Delta h = \frac{1}{2}\rho(v_m^2 - v_s^2) \tag{8-15}$$

通过上式可得到船舶所在区域内的水面下降值为

$$\Delta h = (v_m^2 - v_s^2)/2g$$

由式(8-14)和式(8-15),最终得

$$\frac{v_s}{v_m} = 1 - m - \frac{v_m^2 - v_s^2}{2c^2} \tag{8-16}$$

或

$$\frac{v_s}{c} = \frac{v_m}{c}\left[1 - m - \frac{\left(\frac{v_m}{c}\right)^2 - \left(\frac{v_s}{c}\right)^2}{2}\right] \tag{8-17}$$

式中,$c = \sqrt{gh}$;$m = A_m/bh$ 称为阻塞系数。

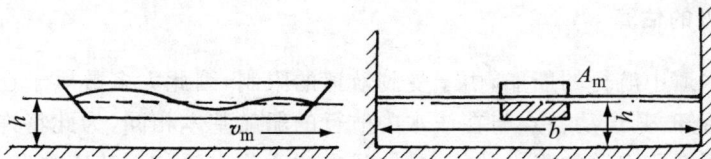

图 8-13　狭水道剖面图

对式(8-17)分析表明,当参数 m 为常数时,如 v_s/c 给定的话,上式为关于 v_m/c 的三次方程式。图 8-14 为 $m = \dfrac{A_m}{bh} = 0.1$ 时此方程的解,从方程式的数字解来说,对应一个 v_s/c 值,速

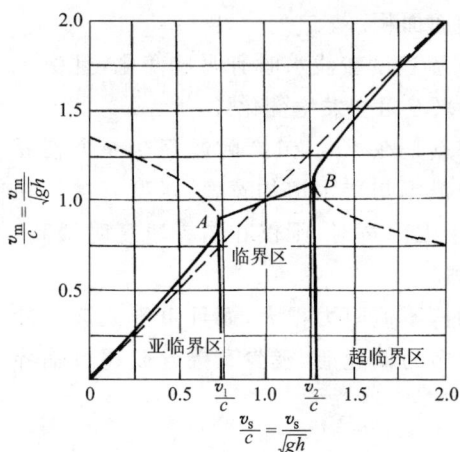

图 8-14　狭水道中不同的速度区域

度 v_{m}/c 可能有两个值，但是从物理意义和试验结果分析表明，虚线部分仅是数字解，而只有实线所对应的值才是实际存在的解。在图 8-14 中 $v_1 < v < v_2$ 的速度区域内（A、B 两点之间）存在临界区域，A、B 两点对应的速度 v_1、v_2 分别称为第一临界速度和第二临界速度。所以船在狭水道中航行时，就速度的不同可划分为如下 3 个不同区域（见图8-14）。

（1）亚临界速度区域，即在 $v_{\mathrm{s}}/c < v_1/c$ 范围内。在这个区域内，由图 8-14 知，$v_{\mathrm{m}}/c > v_{\mathrm{s}}/c$，说明水与船体的相对速度 v_{m} 大于船速 v_{s}，因而有 $v_{\mathrm{m}} = v_{\mathrm{s}} + \Delta v_{\mathrm{s}}$，这里 Δv_{s} 就是回流速度。在狭水道的回流速度较浅水情况为大，所以摩擦阻力有较大的增加；同时回流速度的增大使狭水道中沿船体纵向压降增大，由于压降的增大，不但可能引起边界层分离，且使兴波的波幅较浅水情况要大。试验表明，在较低速时，所增加的阻力主要是黏性阻力。但当 $Fr_h > 0.5$ 时，则主要是兴波阻力增加所造成，特别是当船速接近第一临界速度时，孤立波以船舶相同的速度一起前进，船体兴波阻力急剧增加。

此外，由于回流速度比浅水时大，故相应带来的压力降低程度比浅水时大，从而使船体下沉和尾倾比浅水时大，以致可能会出现船底与河底相撞的危险。特别是在航速较高时，不但这种危险性增大，而且船体阻力增加很大。兴波对航道的破坏作用相当明显，为此一般在狭水道中航行的船舶，其航速都受到一定限制，要求 $v_{\mathrm{s}} < 0.55\sqrt{gh}$ 。

（2）临界速度区域，即在 $v_1/c < v_{\mathrm{s}}/c < v_2/c$ 范围内。在这个速度区域内船体周围的流动既复杂又不稳定。当航速超过第一临界速度 v_1 值之后，船体阻力的增大情况变得较为缓慢，直至达到第二临界速度 v_2 值，此时阻力达到最大值。总的来看，在整个临界速度区域内，由于流态不稳定，船的浮态亦很不稳定。

（3）超临界速度区域，即在 $v_{\mathrm{s}}/c > v_2/c$ 范围内。在这个速度区域内，情况与亚临界区域相反，由于 $v_{\mathrm{m}}/c < v_{\mathrm{s}}/c$，即 $v_{\mathrm{m}} = v_{\mathrm{s}} - \Delta v_{\mathrm{s}}$，说明出现了负的回流速度，船体与水的相对速度小于船速。此时不但摩擦阻力较深水情况为小，且横波已跟不上船速，在船体附近仅剩下扩散逐渐缩小的散波，因而在该区域内的阻力反而骤然下降。在超临界速度范围内由于水与船体相对速度减小，所以水面升高，船体正浮，纵倾角也较临界速度区减小。

3. 狭水道阻力的估算

实际上在狭水道中航行的船舶，由于受到航道的限制，因此大多数属于在亚临界速度范围内航行。由前分析知，其运动特点与在浅水中航行的船舶基本相同，为此将许立汀中间速度法作适当引申即可用于狭水道的阻力估算，具体只需注意狭水道如下特殊情况，并作适当处理。

（1）由于船舶在狭水道中速度较低，其较深水情况的阻力增加值认为主要是黏性阻力。因此估算狭水道阻力时，只考虑回流速度较浅水时为大，可以不考虑兴波影响的修正。

（2）考虑到狭水道的表征参数与浅水不同，所以在求取狭水道中许立汀回流速度值时，用参数 $\sqrt{A_{\mathrm{m}}}/r_h$ 代替浅水问题中的参数 $\sqrt{A_{\mathrm{m}}}/h$，其中 r_h 称为水力半径，其数值可按下式计算

$$r_h = \frac{bh - A_{\mathrm{m}}}{b + 2h + G_{\mathrm{m}}}$$ (8-18)

其中 G_{m} 为船中横剖面的湿围长度,显然当 b 趋向于无穷大时, r_h 趋于 h ,就是浅水问题。

考虑上述处理后,狭水道中阻力的估算问题可根据同一船舶的深水阻力曲线,按照许立汀中间速度法的相同步骤得到相应狭水道阻力曲线。实践证明所得结果尚属满意。

第9章　高性能船的阻力特性

高性能船是当前世界造船事业的热门课题。世界各国十分重视对各种形式的高性能船的开发与研制。高性能船被预言是21世纪海上主要的运输工具之一,本章将简要介绍那些应用较广或颇具发展前景的各类高性能船的阻力特性。

9-1　船舶航行中的航态和高性能船的种类

由于各类船舶所处的航速范围不同,所以航行中的航态情况亦各不相同。航态变化往往与阻力特性的变化联系在一起,通常的排水型船舶由于其航速处于排水航行状态,航态变化极小,所以通常不考虑航态对阻力的影响。但对各种快艇而言,航态对阻力影响相当重要,因此在讨论阻力特性时必须与航态联系在一起。

1. 不同船舶的航态特点

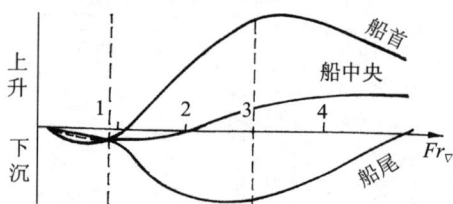

图 9-1　船舶运动中的航态与 $Fr_\triangledown$ 的关系

有关研究表明,船舶在航行时的航态与静态是不同的,而且航态随航速变化而变化。图 9-1 是巴甫连柯根据试验给出的船舶在不同速度下,船首、船尾和船中央处的吃水变化情况,这里速度参数为体积傅汝德数 $Fr_\triangledown = \dfrac{v_s}{\sqrt{g\ \triangledown^{1/3}}}$($\triangledown$ 为排水体积)。船舶航行过程中,伴有航态变化,在垂直方向出现运动和位移,表明其不但受静力作用,而且必然存在着流体动力的作用。

设 Δ 为船体排水量,$\triangledown$ 为船体静浮时的排水体积,$\triangledown_1$ 为船体在航行过程中的排水体积,L 为沿垂直方向作用在船体上的流体动力或称升力,则船体在航行时,沿垂直方向的力平衡关系为

$$\Delta = \rho g \triangledown_1 + L$$

实际航行表明,根据船舶航速的 $Fr_\triangledown$ 值,所有水面船舶大致可以划分为 3 种航态。

(1)排水航行状态。当 $Fr_\triangledown < 1.0$。此时航速较低,流体动力所占比重极小,船体基本上由静浮力支持,船体航态与静浮时变化不大,因而可以认为 $L/\Delta \to 0$,$\triangledown_1 \approx \triangledown$。在这个速度范围内的各种船舶,它们的阻力问题可以认为与航态无关。大多数的民用船都属于这种航态。所以,在这一航速范围内的船舶,统称为水面排水型船舶。

(2)过渡状态(半滑行状态)。在 $1.0 < Fr_\triangledown < 3.0$。此时随航速增高,航态较静浮状态变化明显,船首上抬较大,船尾下沉,整个船体明显尾倾,在这种状态下,流体动力较排水航行状态增大,船的排水体积减小,即 $\triangledown_1 < \triangledown$。在该速度范围内的各种船舶的阻力特性与航态关系较密切,如高速炮艇、巡逻艇、交通艇。尽管这些船舶航速较高,流体动力 L 占支持艇体总浮力的比重不可忽视,但航态基本上仍处于排水型状态,故称之为高速排水型艇,或过渡型艇。

(3)滑行状态。当 $Fr_\triangledown > 3.0$ 时,此时航速很高,船首、船尾的吃水变化很大,且整个船体

被托向水面"滑行"前进,处于这种航态下的船称为滑行艇。滑行艇处在滑行阶段时,静浮力很小,艇体几乎完全由流体动力 L 来支持,即 $L \approx \Delta$,而 $\nabla_1 \approx 0$。滑行艇的阻力特性与航态的关系更为密切。

2. 高性能船的种类

近年来高性能船迅速发展,种类繁多,涉及面广。特别是随着船舶航速的不断提高,航态和支持船体的流体动力以及船体相对于水表面的位置均会发生明显变化。对这些船舶除阻力性能外,对耐波性等其他航行性能均有更高的要求,因而也就相继出现了以不同原理、不同新概念发展而成的各类新型高性能船舶。

按航行时船舶相对水表面的位置和状态,把船舶分成为掠海型、腾空型、水面型、半潜型和全潜型五种类型。以改变船舶相对水面空间位置来提高快速性和耐波性,从而导致船型的演变和发展如图 9-2 所示。其中水面型的船舶包括单体圆舭型船、深 V 型船、双体船、多体船、半滑行艇、滑行艇、翼滑艇等;半潜型的船舶包括小水线面船、半潜船等;全潜型船舶包括浅潜(近水面)船、深潜水船(艇)等。从水面向上腾空型的船舶有气垫船、水翼艇等;掠海型船舶有地效翼船、水上飞机。

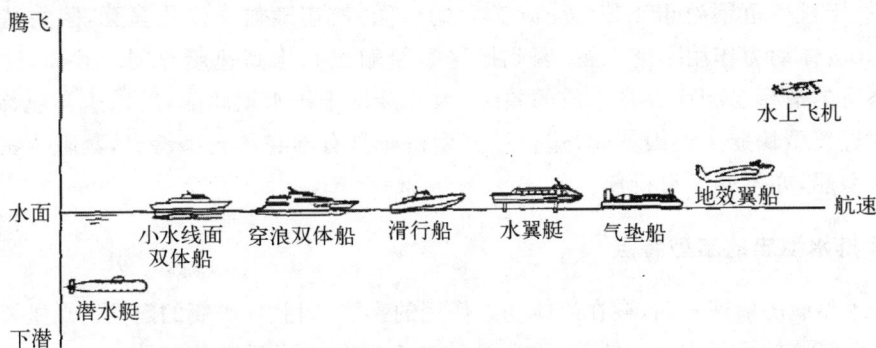

图 9-2　航速、耐波性的提高与船型的演变

如图 9-3 所示,高性能船按船舶水动力学特性及其支承原理可分为静水浮力型、水动升力型、空气静升力型、空气动升力型和复合型。

(1)静水浮力型高性能船是利用静水浮力支撑船体的重量,它与排水型船相似。但是,它的船型有所改善,从而减少了水的阻力和波浪干扰,其航行性能也有较大的提高。如双体船、小水线面双体船及双体船派生的多体船和穿浪双体船等皆属于静水浮力型高性能船。

(2)水动升力型高性能船是利用高速运动时船底的滑行面或水翼所产生的水动升力支撑。使船体脱离或部分脱离水面,减

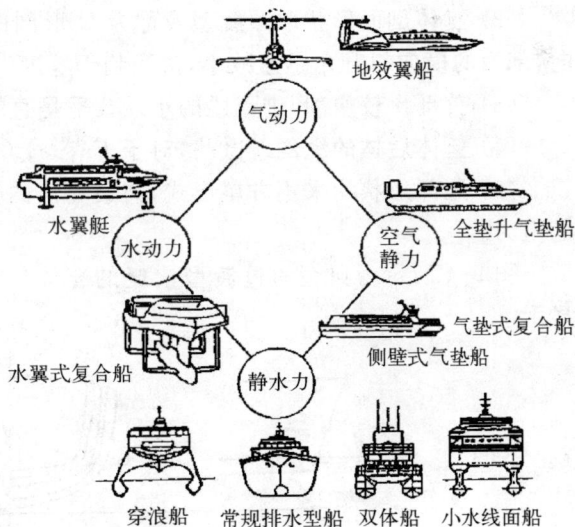

图 9-3　高性能船分类

少了水的阻力和波浪的影响。如滑行艇、水翼艇。这些高性能船具有较高的航速。

（3）空气静升力型高性能船是利用船底和特制的围裙形成的封闭气垫产生的静压力，把船体全部抬离水面，大大减少了水的阻力，船舶航速有较大的提高。如全垫升气垫船、侧壁式气垫船皆属空气静升力型高性能船。这型高性能船不仅航速高，其中全垫升气垫船还具有两栖性，适用于狭窄水道、沼泽地航行，也可用作两栖作战。

（4）空气动升力型高性能船是凭借带有翼形的船身贴近水面高速航行时表面效应产生的气动升力支撑船体重量并把船体抬离水面的船舶，如地效翼船；这种高性能船既具有小型船舶的装载能力，也具有排水型船和其他高性能船不能相比的高速度。

（5）复合型高性能船是多型高性能船相互杂交形成的新型高性能船。它集各型高性能船之长，性能优异，如水翼双体船、双体气垫船、水翼气垫船等，代表了高性能船的发展方向。

9-2　高速排水型艇的艇型和阻力性能

常规水面船舶，由于所对应的航速范围较低，相应于 $Fr_\nabla \leqslant 1.0$，航行中的航态与静浮时变化不大，故这一类船舶又统称为排水型船舶。

但是，对于航速范围处于 $1.0 < Fr_\nabla < 3.0$ 的船舶，航态随航速变化显著，阻力特性与航态关系甚密，其流体动力作用不能忽视，因此把这类船舶也归于高速艇范围。然而，这类艇与处于滑行状态下的滑行艇相比存在本质的差别，因其接近于排水型船舶，所以这类艇称为高速排水型艇或称过渡型快艇。正因如此，这种过渡型快艇具有本身的艇型特点，其阻力特性既不同于常规排水型船，亦不同于滑行艇。

1. 高速排水型艇的艇型特点

高速排水型艇的航速较高，存在流体动力作用的影响，因此这类艇的艇型特点主要表现为

（1）整个艇体较瘦长，L/B 较大，排水量长度系数和方形系数均较小，以减小高速情况下的剩余阻力。

（2）艇体剖面形状取圆舭型或称为 U 形剖面居多，这种艇又称为圆舭艇。由艇首向尾方向，剖面的横向斜升角迅速减小，甚至趋于零度。

（3）首部比较瘦削，进流段的水线几乎呈直线，水线的进角较小，以减小兴波阻力。

（4）艇体后体的纵剖线微凸，对于 $Fr_\nabla > 1.0$ 的艇则几乎呈直线。

（5）尾部形状均采用方尾形式，其最突出的优点在于增加艇体的"虚长度"以降低高速时的阻力。

图 9-4 所示为典型的过渡型快艇的艇体线型，上述艇型特点的诸方面在图中均可得到显示。

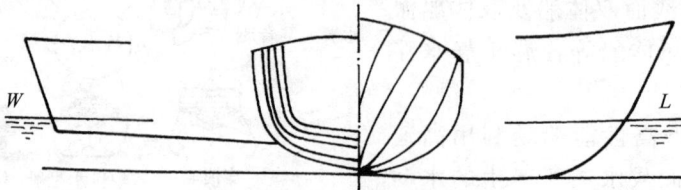

图 9-4　典型的圆舭艇艇型

2. 高速排水型艇的阻力特性

这种艇的航速较高,下面介绍其航行中的航态现象及相应的阻力特性。

1) 影响阻力特性的两种航态现象

(1) 航行纵倾随航速变化。过渡型快艇航行中的纵倾和艇体各部位吃水变化必然对各种阻力成分,诸如摩擦阻力、兴波阻力以及飞溅阻力产生影响。

(2) 兴波和飞溅现象。随着航速增大,除兴波现象外,还出现明显的飞溅现象。因而过渡型快艇的阻力除具有常规排水型船相同的阻力成分之外,同时还产生飞溅阻力。

2) 典型的阻力曲线形状

图 9-5 是排水型船舶和其他各种水面高速艇的阻力曲线的比较。由图 9-5 知,在低速情况,过渡型快艇的阻力特性可以认为与排水型船基本相同,实际上此时未出现飞溅现象,艇底水动力无甚影响,就阻力成分而言两者亦是相同的。低速时,由于摩擦阻力占主要成分,排水型船的排水量长度系数较过渡型快艇为大,因而其相应的单位排水量总阻力 R_t/Δ 显得小些。

随着航速增大,由于流体动力的作用,一方面出现飞溅现象,另一方面,在流体动力作用下艇体上抬,使兴波阻力有所减小,因此阻力曲线随航速变化比较缓和,如图 9-5 所示,在一定航速范围内(约 $Fr < 1.0$),过渡型快艇的阻力不但较排水型船低得多,且较其他各种快艇要小。

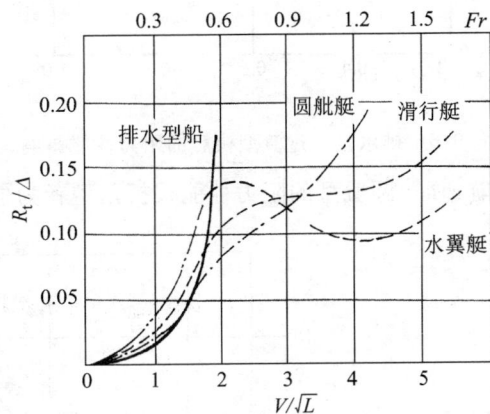

图 9-5 水面快艇的阻力曲线比较

如航速继续增大,一般认为 $Fr > 1.0$ 时,过渡型快艇由于出现严重的飞溅,因此总阻力中飞溅阻力成分急剧增大,以致其阻力曲线随航速增加而变得更陡,正因为如此,一般认为过渡型快艇的适用范围在 $Fr < 1.0$ 之内。

3) 剩余阻力系数曲线的特点

过渡型快艇的航速较高,剩余阻力在总阻力中为主要部分,图 9-6 是亨许克(Henschke)试验所得的剩余阻力系数曲线。由图知,不论艇体载荷情况如何,在 $Fr = 0.50$ 附近均存在明显的阻力峰值区。

3. 影响过渡型快艇阻力的艇型因素

格罗特(Groot)和亨许克等认为,影响过渡型快艇阻力的主要因素是速度、长度和排水量,如这些要素确定后,则阻力还受其他船型要素的影响,其中包括横剖面形状、宽度吃水比(B/T)、棱形系数、水线面系数、船中横剖面系数以及浮心纵向位置等。

一般当设计艇达不到预定速度时,设法减少艇的排水量或增加艇体长度最为有效,当然,从设计质量更高的要求而言,其他参数应尽量选择恰当。

1) 排水量及排水量长度系数的影响

试验证明,排水量对过渡型快艇阻力的影响是很敏感的,如图 9-6 所示。在剩余阻力系数

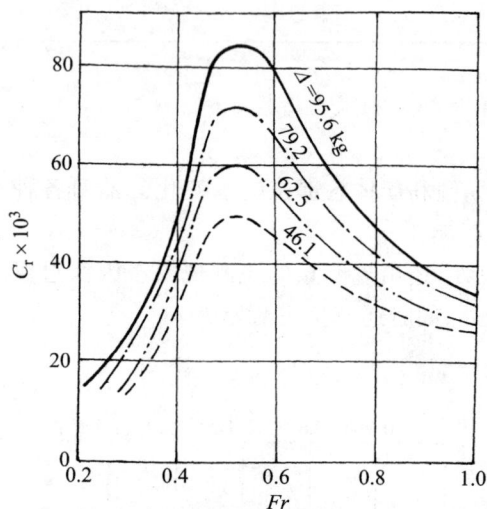

图 9-6　排水量对过渡型快艇的阻力性能影响

曲线的峰值区内,排水量的变化将引起阻力显著的变化。

归纳所有资料,几乎一致认为排水量长度系数 $C_\nabla = \dfrac{\Delta}{(0.1L)^3}$ 是影响阻力的重要参数,有人甚至称为是唯一的影响因素。显然该系数是由 Δ、L 两参数组成的,因而可以想象其对阻力性能产生的重要影响。由图 9-7 的瑞典 Nordstrom 资料知,剩余阻力系数随 C_∇ 的增加而增加,且在阻力系数曲线"峰值"区内影响最显著。

2) 横剖面形状的影响

过渡型快艇的剖面形状一般有 U 形(即圆舭型)和 V 形(即折角型)两种。不少研究资料表明,从阻力观点来看,在相同的 C_∇ 情况下,在较低航速时,圆舭型的阻力性能较折角型者为佳。一般认为 U 形艇适用的速度范围为 $Fr<1.0$。

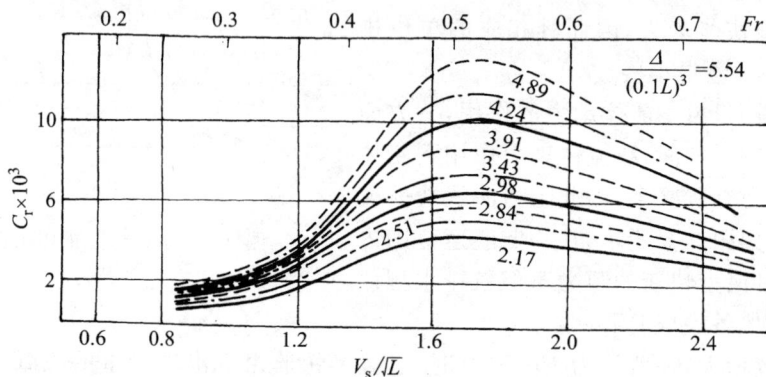

图 9-7　Nordstrom U 型艇剩余阻力系数

3) 横剖面面积曲线形状的影响

横剖面面积曲线形状主要以棱形系数、浮心纵向位置和尾板浸湿面积比来体现。

过渡型快艇的棱形系数的选取与设计航速有关。泰洛建议的最小阻力的棱形系数值是以 C_∇ 和 Fr 为参数,如表 9-1 所列,可供实际设计时应用。其他有关试验资料亦给出了棱形系数的选择曲线。

表 9-1　泰洛建议的 C_p 值(表中数值为 $C_p\times10^2$)

Fr \ C_∇	2	3	4	5	6	7	8	9
0.298	51.0	51.7	52.2	52.6	53.0	53.1	53.2	53.3
0.327	52.6	53.3	54.0	54.2	54.6	54.9	55.0	55.5
0.357	56.2	56.0	56.2	57.0	57.9	58.5	59.0	59.9
0.387	60.5	60.5	60.5	60.5	60.5	60.5	—	—
0.417	62.0	62.5	62.5	—	—	—	—	—

Fr \ $C_\triangledown$	2	3	4	5	6	7	8	9
0.447	66.0	66.0	66.0	—	—	—	—	—
0.476	68.0	70.0	—	—	—	—	—	—
0.536	68.4	—	—	—	—	—	—	—
0.595	69.0	—	—	—	—	—	—	—

由于过渡型艇的航速较高,从所有变化浮心位置的模型试验结果来看,剩余阻力为最小的情况均发生在浮心位置处于船中之后,因此浮心位置适当移后对阻力性能是有利的。

由于尾板相对浸湿面积 A_t/A_m（其中 A_t、A_m 分别为尾板和船中部的剖面面积）与尾部流动有关,因而有人认为是影响阻力的参数之一。但试验证明相对尾板宽度 B_t/B_m（其中 B_t、B_m 分别为尾板和船中剖面的水线宽度）对阻力亦有影响作用,尾板宽度的选取与 Fr 数有关。原苏联沃洛勤系列试验指出:当 $Fr \geqslant 0.45$ 时,选取较大的船尾宽度对阻力性能是有利的。

另外,还有一些船型因素对阻力虽有影响,但并不明显。如宽度吃水比 B/T 较大的情况,其相应的阻力值略高一些;而船中横剖面面积系数对于航速较高的艇取得小一些有利。

4. 应用系列资料估算过渡型快艇的阻力

船模试验是确定过渡型艇阻力的主要方法之一,该方法原则上与排水型船舶的模型试验相同,但为了便于阻力分析和准确换算,因此更强调同时测量航态。

近二、三十年来各国根据各自的使用要求,相继进行了过渡型快艇的系列试验研究,并提出了用于估算静水阻力的各种图谱,现扼要介绍两种系列资料估算方法。

1) NPL 系列

原英国国家物理实验室(NPL)圆舭艇系列试验研究工作的内容相当广泛,涉及船舶阻力性能,航行中的横稳性、推进、操纵性和耐波性等各个方面。这些资料可供高速排水型艇,诸如工作艇、汽艇、巡逻艇以及驱逐舰型的驱潜快艇和高速护卫艇等艇种的设计、研制时参考使用。

NPL 系列适用的航速范围为 $Fr = 0.3 \sim 1.20 \left(\text{或} \dfrac{v_s}{\sqrt{L}} = 1.0 \sim 4.0\right)$。

图 9-8 是该系列母型船模的横剖面示意图。该系列的主要参数范围如下。

长宽比: $L/B = 3.33 \sim 6.25$;

宽度-吃水比: $B/T = 1.72 \sim 10.2$;

浮心位置: LCB $= (2.0 \sim 6.4)\%L$(舯后);

长度排水量系数: Ⓜ $= 4.47 \sim 8.3$。

这里Ⓜ $= L/\nabla^{1/3}$。

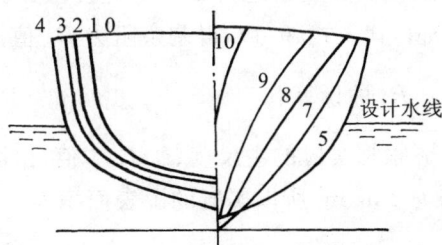

图 9-8 NPL 系列母型船模的横剖面示意图

主要船型系数均为常数。方形系数 $C_b = 0.397$,最大横剖面系数 $C_m = 0.573$,棱形系数 $C_p = 0.693$。

由试验结果给出的用于估算静水阻力的图谱有两种。

（1）每吨排水量剩余阻力图谱。其表示为 $R_r/\Delta = f_1(Fr_\nabla、\text{Ⓜ}、L/B)$ 的函数关系。以 5 个 L/B 值分别给出相应的 R_r/Δ 图谱，如图 9-9 所示。

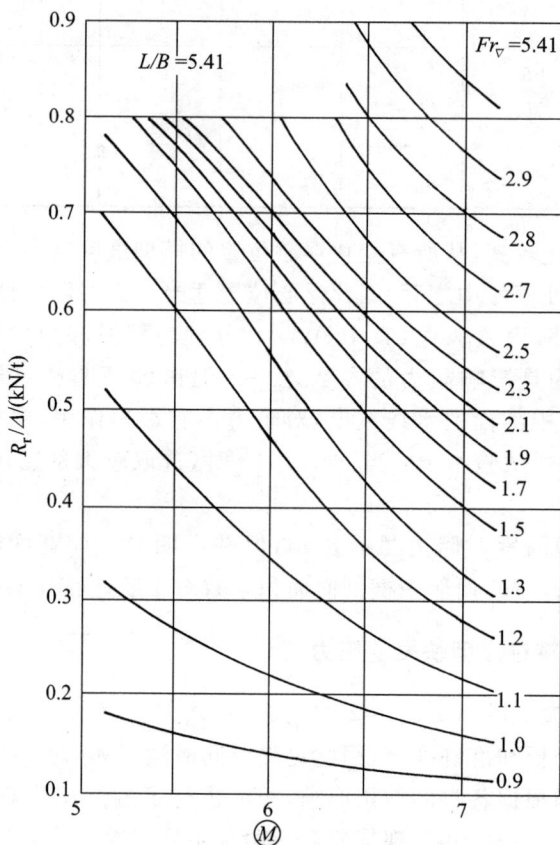

图 9-9　NPL 系列的剩余阻力图谱

（2）湿表面积图谱。系列船模静浮状态下的船模湿表面积表示为 $S_m = f_2(L/B,\text{Ⓜ})$ 的函数关系，如图 9-10 所示。

根据上述两种图谱，可以分别估算实艇的剩余阻力 R_r 和摩擦阻力 R_f。

R_r(kN)的计算
$$R_r = (R_r/\Delta)\Delta \tag{9-1}$$

根据实艇给定的 L/B、Ⓜ值，在要求航速下的 Fr_∇ 可选定 R_r/Δ 图谱，并求得相应的(R_r/Δ)值，代入式(9-1)，得剩余阻力 R_r 值。

R_f 的计算
$$R_f = C_f \cdot \frac{1}{2}\rho_s v_s^2 S_m \tag{9-2}$$

根据实艇的主尺度、L/B、Ⓜ值，由图 9-8 得到相应船模的湿表面积 S_m 值。由于船模长度均为 2.54 m，所以实艇的湿表面积为

$$S = S_m(L_{wl}/2.54)^2 \tag{9-3}$$

式中 L_{wl} 为实艇水线长，求得 S 后，按式(9-2)得 R_f。

顺便指出，NPL 系列资料中除了给出阻力图谱外，还直接给出了不同艇长情况下有效功率图谱。同时还给出了航行中的湿表面积图谱，据此，可以认为航行中的湿表面积随航速增大而增加。

338

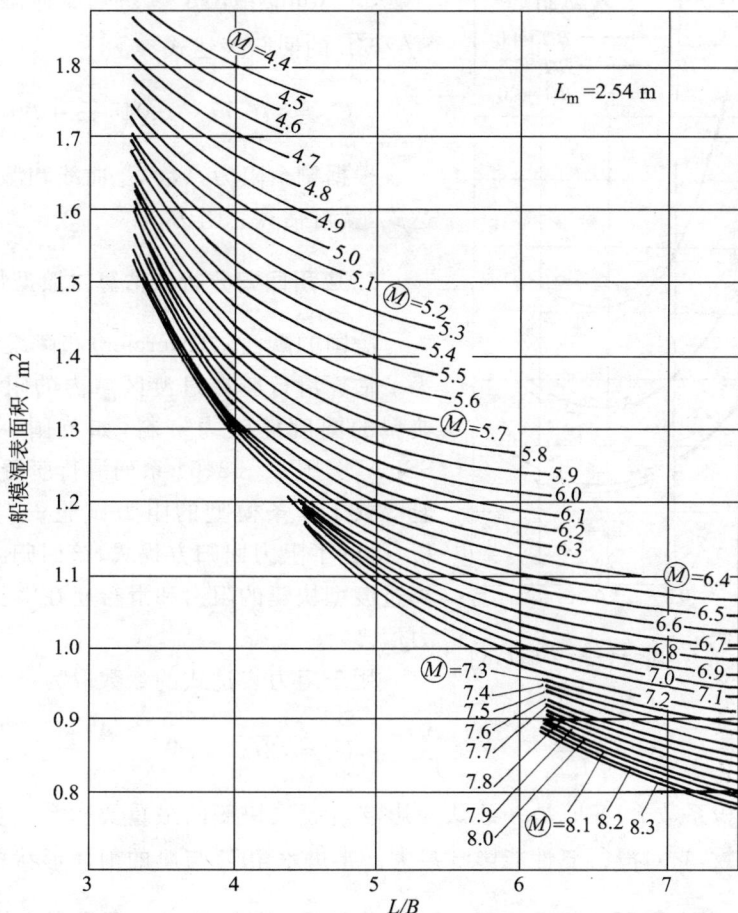

图 9-10　静浮时船壳湿表面积

2）SSPA 系列

瑞典船模试验池小型高速排水型艇系列（SSPA 系列），适用于 100～400t 级的高速快艇，航速范围可达 $Fr=1.30$。图 9-11 是该系列的方形系数 $C_b=0.40$ 母型艇的横剖面线型。该系列是在保持方形系数、横剖面面积系数和浮心位置不变的情况下，取 3 种 B/T 和 $L/\nabla^{1/3}$，得到 9 条模型。分别进行静水和波浪中的试验。

该系列的主要参数范围为

长度排水体积系数：$\dfrac{L}{\nabla^{1/3}}=6,7,8$；

宽度吃水比：$\dfrac{B}{T}=3.0,3.5,4.0$；

方形系数：$C_b=0.40$ 和 0.45；

横剖面面积系数：$C_m=0.59$；

浮心纵向位置：$x_c=-4.15\%L$（舯后）。

根据 SSPA 系列试验结果，给出 3 种 B/T 情况下的剩余阻力系数曲线，如图 9-12 所示。

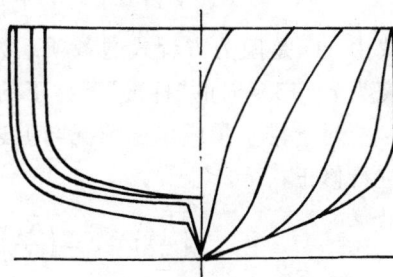

图 9-11　瑞典 SSPA 系列
母型艇（$C_b=0.40$）

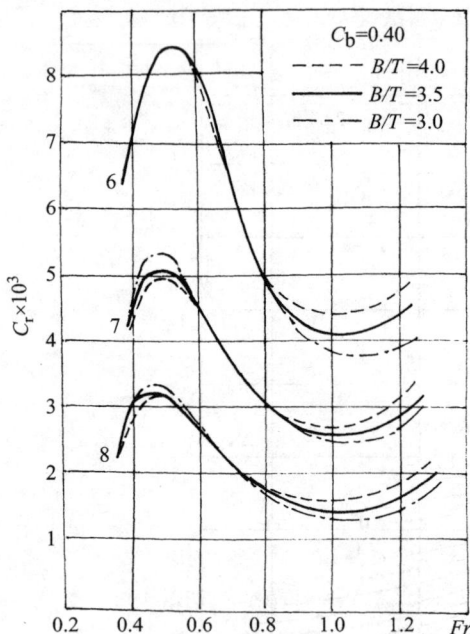

图 9-12　不同 $\dfrac{B}{T}$ 的 C_r 曲线 $\left(\dfrac{L}{\nabla^{\frac{1}{3}}}=6,7,8\right)$

S.C.Fung 给出了该系列艇体湿面积系数 $C_s = S/\sqrt{\nabla L}$ 的回归表达式

$$C_s = 4\left[0.77 - 0.045\frac{B}{T} + 0.01\left(\frac{B}{T}\right)^2\right] \quad (9\text{-}4)$$

根据剩余阻力系数 C_r 曲线和湿面积系数 C_s 表达式,就可估算总阻力。

5. 应用回归分析法估算过渡型快艇的阻力

美国的默西尔(Mercier)和萨维斯基(Savitsky)为了估算滑行艇在过渡区域内的阻力值,将国外较典型的圆舭艇阻力资料,如英国 NPL 系列,瑞典 SSPA,美国 62、63、64 系列滑行艇资料,荷兰的圆舭艇等共 118 条模型的阻力试验资料进行了回归分析,得到了阻力回归方程式,该回归方程式可用以估算过渡型快艇的阻力和滑行艇在滑行阶段之前的阻力值。

用于阻力表达式的参数取为

$$X = \frac{\nabla^{1/3}}{L} \qquad Z = \frac{\nabla}{B^3} \qquad U = \sqrt{2i_e} \qquad W = \frac{A_t}{A_m}$$

长度排水体积系数 $L/\nabla^{1/3}$ 是一致认为影响过渡型快艇的最重要参数。参数 ∇/B^3 是滑行艇的静载荷系数,它对滑行艇性能影响甚大。半进水角 i_e 与艇的前体形状关系较大。至于选取 $\dfrac{A_t}{A_m}$ 作参数是考虑到尾部流动对阻力性能的影响,其中 B,A_m 是最大水线宽度和最大横剖面面积,通常并不一定在船中位置。

通过分析回归方程中各项的重要性,最终简化得到对应于不同 Fr_∇ 值时的单位排水量总阻力表达式,共包括下列 14 项

$$\frac{R_t}{\Delta} = A_1 + A_2 X + A_4 U + A_5 W + A_6 XZ + A_7 XU + A_8 XW +$$

$$A_9 ZU + Z_{10} ZW + A_{15} W^2 + A_{18} XW^2 + A_{19} ZX^2 + A_{24} UW^2 + A_{27} WU^2 \quad (9\text{-}5)$$

式中,A_i 是阻力方程式的各项系数,$i=1,2,4,\cdots,27$。表 9-2 给出了排水量为 45.45 t,海水温度为 $t=15\,^\circ\mathrm{C}$ 时的"标准"条件下的各系列数值。

对于排水量或水温情况与上述标准条件不同的艇,其单位排水量阻力值可按下列关系式进行修正

$$\left(\frac{R_t}{\Delta}\right)_{\text{修正}} = \left(\frac{R_t}{\Delta}\right)_{\text{标准}} + \left[(C'_f + \Delta C_f) - C_{\text{标}}\right] \cdot \frac{1}{2}\frac{S}{\nabla^{2/3}}Fr_\nabla^2 \quad (9\text{-}6)$$

式中 $\left(\dfrac{R_t}{\Delta}\right)_{\text{修正}}$ 为不同于标准条件的实际艇的每吨排水量阻力;$C_{\text{标}}$ 是在标准条件下按桑海公式计算的摩擦阻力系数,其相应的雷诺数

表 9-2　阻力估算式中的回归系数数值

系数	乘数	$Fr_\triangledown = 1.0$	1.1	1.2	1.3	1.4	1.5	1.6	1.7	1.8	1.9	2.0
A_1	1	0.046 7	0.107 8	0.094 8	0.034 8	0.030 1	0.031 6	0.031 9	0.043 4	0.050 4	0.056 1	0.059 7
A_2	X	$-0.486\,8$	$-0.887\,9$	$-0.637\,2$								
A_4	U	$-0.010\,3$	$-0.016\,3$	$-0.015\,4$	$-0.009\,8$	$-0.006\,4$	0.0	0.0	0.0	0.0	0.0	0.0
A_5	W	-0.649	$-0.134\,0$	$-0.135\,8$	$-0.051\,0$	$-0.055\,4$	$-0.105\,4$	$-0.086\,0$	$-0.132\,9$	$-0.156\,0$	$-0.186\,6$	$-0.197\,6$
A_6	XZ	0.0	0.0	$-0.160\,5$	$-0.218\,8$	$-0.193\,6$	$-0.205\,4$	$-0.194\,4$	$-0.180\,6$	$-1.178\,1$	$-0.182\,9$	$-0.201\,5$
A_7	XU	0.106 3	0.181 9	0.168 0	0.104 3	0.096 1	0.060 1	0.061 9	0.054 9	0.051 0	0.047 4	0.016 5
A_8	XW	0.973 1	1.830 8	1.559 7	0.435 1	0.518 2	0.582 3	0.520 5	0.782 0	0.928 6	1.185 7	1.300 3
A_9	ZU	$-0.002\,7$	$-0.003\,9$	$-0.003\,1$	$-0.002\,0$	$-0.002\,2$	$-0.003\,7$	$-0.003\,6$	$-0.003\,3$	$-0.003\,1$	$-0.002\,4$	$-0.002\,1$
A_{10}	ZW	0.010 9	0.014 7	0.034 8	0.041 1	0.039 0	0.047 9	0.044 3	0.041 9	0.041 1	0.041 2	0.043 4
A_{15}	W^2	0.0	0.0	0.0	0.0	0.0	0.083 2	0.073 7	0.121 5	1.149 3	0.180 9	0.197 7
A_{18}	XW^2	$-1.409\,6$	$-2.467\,0$	$-2.155\,6$	$-0.926\,6$	$-0.952\,8$	$-0.709\,0$	$-0.720\,6$	$-0.959\,3$	$-1.121\,8$	$-1.386\,4$	$-1.551\,3$
A_{19}	ZX^2	0.291 4	0.473 1	1.029 9	1.063 9	0.977 6	1.197 4	$-1.181\,2$	1.015 6	0.931 4	0.784 1	0.782 8
A_{24}	UW^2	0.029 7	0.058 8	0.052 0	0.022 1	0.024 1	0.0	0.0	0.0	0.0	0.0	0.0
A_{27}	WU^2	$-0.001\,5$	$-0.003\,6$	$-0.003\,0$	$-0.001\,1$	$-0.001\,4$	0.0	0.0	0.0	0.0	0.0	0.0

其中，$X = \dfrac{\nabla^{1/3}}{L}$；$U = \sqrt{2i_e}$；$Z = \dfrac{\nabla}{B^3}$；$W = \dfrac{A_t}{A_m}$；$\Delta = 45.45\text{t}$。

$$Re = Fr_\triangledown \left(\frac{L}{\nabla^{1/3}} \right) \times 55.342 \times 10^6 \qquad (9\text{-}7)$$

C'_f 为对应于所要计算情况下的摩擦阻力系数；S 为湿表面积，由系列船模的静浮状态分析可近似表示为

$$\frac{S}{\nabla^{2/3}} = 2.262 \sqrt{\frac{L}{\nabla^{1/3}}} \left[1 + 0.046 \frac{B}{T} + 0.002\,87 \left(\frac{B}{T} \right)^2 \right] \qquad (9\text{-}8a)$$

或者由马伍德（Marwood）及西尔弗利夫（Silverleaf）提出与方形系数 C_b 有关的公式

$$\frac{S}{\nabla^{2/3}} = \left(\frac{L}{\nabla^{1/3}} \right)^2 \left(1.7 \frac{B}{L} \frac{T}{B} + \frac{B}{L} C_b \right) \qquad (9\text{-}8b)$$

9-3　高速双体船船型和阻力特性

近年来高速双体船的开发和应用较为广泛。因此对其阻力性能研究受到各方面的关注。

1. 双体船船型特征

为减小船体兴波阻力，双体船或多体船的概念早已应用到实际的船体设计中。

双体船是两个相同线型的两个船体（称为片体）平行布置所组成的。两个片体在水面以上用连接桥连接在一起，图 9-13 是双体船的布置情况。两片体的纵中剖面的距离为 W，两片体船中横剖面在设计水线外的内侧间距为 C，因此双体船设计水线的总宽 B_d 大于片体设计水线 b 的两倍。

双体船的片体横剖面形状有左右线型对称的剖面，亦有左右不对称的线型。有的双体船

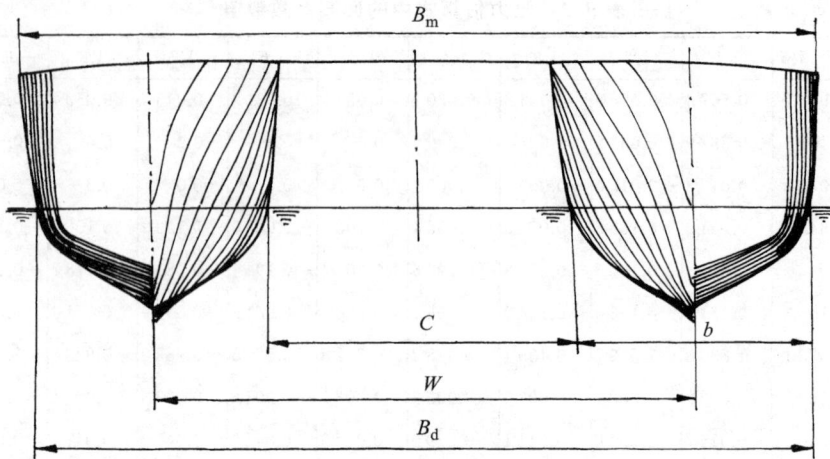

图 9-13 双体船布置示意图

采用部分不对称型,亦即仅仅是前体或后体部分的线型被设计成不对称剖面。

与相同排水量的单体船相比,由于一个船体分成两个片体,因此单个片体的长度排水体积系数 $L/\nabla^{1/3}$ 或长宽比 L/B 都较大,这对于减小水面兴波和降低兴波阻力将取得明显效果。同时对减小黏压阻力亦有利。

双体船与相当的单体船相比,湿面积较大,所以摩擦阻力亦较大,同时两片体内侧之间存在着兴波干扰作用,亦将对阻力性能产生不利影响。

综合上述对阻力性能影响的分析,在一定速度范围内采用双体船对阻力性能是有利的。除阻力方面的原因外,采用双体船还有甲板面积大、稳性好等独特优点。这就是双体船方案经常被采用的原因所在。

表征高速双体船的主要参数可由图 9-13 说明。但有关研究表明,在高速情况下,双体船的片体横剖面形状采用不对称船型的阻力性能,均较对称船型为差,因而高速双体船片体大多采用对称船型,除非由于耐波性等特定要求,否则一般并不选择不对称船型。

此外,由于高速双体船航速较高,其航速范围与高速排水型艇相同,因此很多高速双体船常选择某些较成熟的高速圆舭艇系列的船型。诸如英国的 NPL 系列等。但其长度排水体积系数 $L/\nabla^{1/3}$ 更大,船型更瘦长。

2. 高速双体船的阻力特性

高速双体船的总阻力

$$R_t = R_f + R_r + \Delta R$$

式中,R_f 为两片体自身的摩擦阻力;R_r 为两片体自身的剩余阻力;ΔR 为两片体间的干扰阻力。

双体船干扰阻力是由两片体间波系干扰和黏性流体的不对称性所引起的。由于干扰阻力的存在,因此双体船的总阻力曲线不同于两个互相独立片体的阻力曲线,这是双体船(或多体船)的主要阻力特性。

单个片体波系干扰与常规单体船完全一样,仅发生于自身的首尾横波系之间,而首尾散波之间并不产生干扰作用。但双体船片体间的波系干扰,既发生于横波系,也发生于两片体间的散波系。双体船两片体的内侧,限制了两片体所兴起波浪的扩散,两片体散波在此处发生交汇

342

而产生干扰,片体外侧兴波情况没有变化。

双体船片体的绕流与孤立片体的绕流之间存在的差别是:前者绕流是非对称的,而后者绕流是对称的。由于双体船内侧绕流受到两片体的限制,流速显著增大,因而使内侧边界层厚度发生变化,甚至导致形成旋涡而产生黏性干扰。

考虑到双体船的两片体间的兴波干扰和黏性流场引起干扰对阻力的影响,英瑟(M Insel)对高速圆舭艇进行研究分析后,提出了高速双体船的总阻力系数表达式为

$$C_t = (1 + \beta k) C_f + \tau C_w \tag{9-9}$$

式中 C_w 为孤立片体的兴波阻力系数。对于 NPL 船型在不同长宽比 L/b 时,由图 9-14 给出。$(1+k)$ 是孤立片体的形状因子。

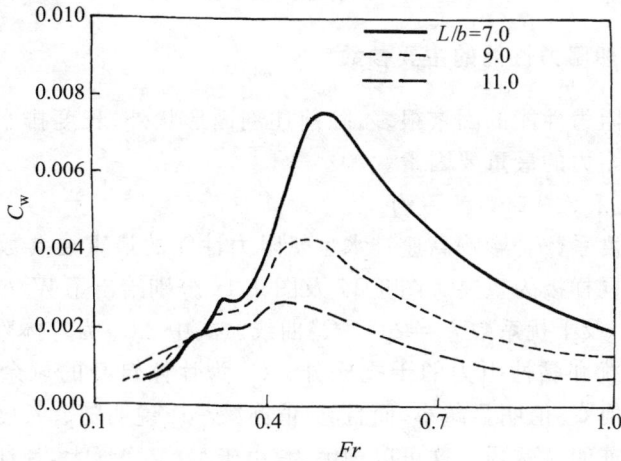

图 9-14 双体船兴波阻力系数

β 为黏性干扰因子,如图 9-15 所示。

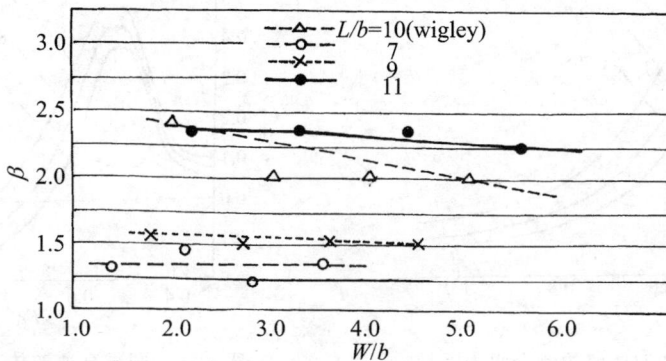

图 9-15 双体船黏性干扰因子

τ 为兴波干扰因子,τ 与 L/b、b/T 片体间距以及船型系数等参数有关。

对于 $Fr < 0.40$ 的双体船,各参数对 τ 的影响较为复杂。

对于航速在 $Fr > 0.40$ 的高速双体船,根据 M.Insel 给出的资料,当 $L/b = 7.0 \sim 11.0$ 时,大体上可按图 9-16 选取 τ 值。

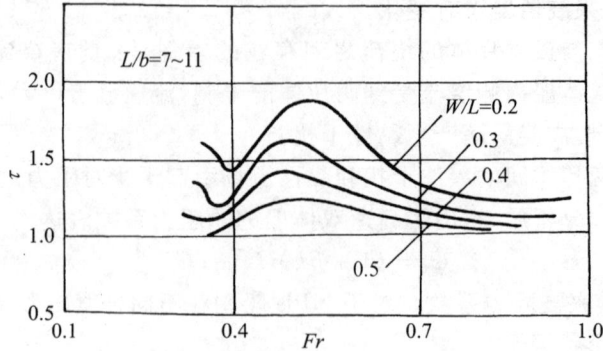

图 9-16　双体船兴波干扰因子

3. 影响高速双体船阻力性能的主要参数

影响高速双体船阻力性能的因素很多,除前述剖面形状外,长度排水体积系数 $L/\nabla^{1/3}$ 和片体间距无疑是影响阻力的最重要因素。

1)排水体积长度系数对阻力的影响

由于排水体积长度系数是影响高速排水型艇阻力性能的最重要参数,因此其对高速双体船的阻力性能的影响同样极为重要。图 9-17 及图 9-18 分别给出了 $W/b=2.0$ 时不同 $L/\nabla^{1/3}$ 时的剩余阻力系数 C_r 及干扰系数 $k_r = \Delta C_r/C_r$ 曲线。式中 ΔC_r 为片体附加剩余阻力系数,包含兴波阻力的附加干扰和黏性阻力的干扰成分。C_r 为片体自身的剩余阻力系数。由图知:当 $L/\nabla^{1/3}$ 增大时,不但 C_r 值明显减小,而且 k_r 值亦减小。说明随着长度排水体积系数增大,两片体间的阻力干扰亦明显减弱。这可以理解为,由于 $L/\nabla^{1/3}$ 增大,片体本身的兴波减小,因此 C_r 值减小,从而使两片体间的兴波阻力附加干扰减弱,k_r 值随之减小。

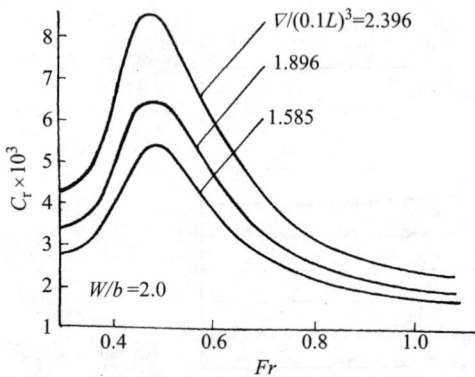

图 9-17　圆舭高速双体船的剩余阻力系数

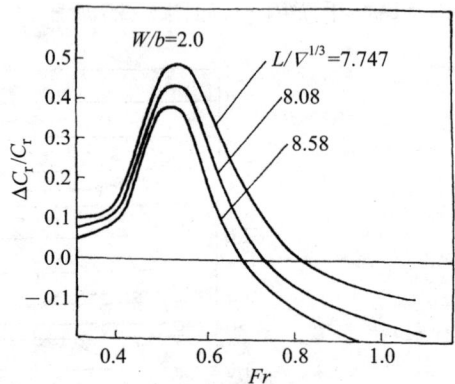

图 9-18　圆舭高速双体船的干扰系数

2)片体间距对阻力的影响

双体船的片体间距对兴波干扰阻力的影响较大,片体间距决定了两个片体间散波交汇点的位置及横波的重合程度。片体间距越大,则散波交汇点的位置越推向船后,横波的重合程度越小,片体间的兴波干扰越小。试验研究表明,当片体的相对内侧间距 $k = C/b$ 在 $0.7 \sim 1.0$ 时,片体系波相互干扰剧烈,引起的兴波干扰阻力最大。因此双体船的设计尽可能增大片体间距,以避免过大的干扰阻力,同时由图 9-19 知,片体间距对阻力的影响,在 $Fr=0.5$ 峰值区内反映最为明显。

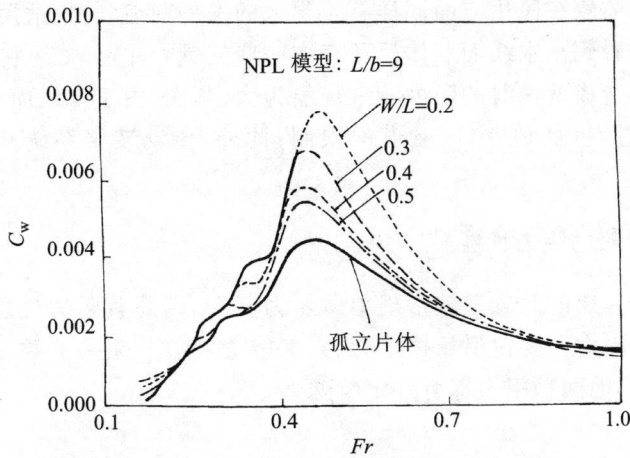

图 9-19　圆舭高速双体船片体间距对兴波阻力的影响

9-4　小水线面双体船

1. 船型概述

小水线面双体船又称半潜双体船,这是 20 世纪 60 年代后期为改善耐波性而研制的一种新型高速船,由下体、水上船体和支柱这 3 部分组成,如图 9-20 所示。下体是两个完全浸没在水中、彼此平行的回转体,每个回转体称为片体,片体是产生浮力的主要部分;水上船体包括连接桥在内的所有结构部分;支柱垂直穿过水面在上体与下体之间起连接作用。小水线面双体船与普通双体船的区别主要是后

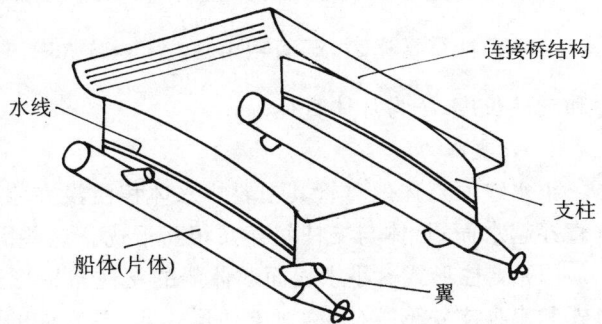

图 9-20　典型的小水线面双体船

者的两片体并不完全浸没在水中,且是普通船体(可以是对称或不对称船型)。

小水线面双体船的主要优点大致可归纳为

(1) 由于水线面面积小,且主要排水体积沉没在水中,因此航行中兴波小,因而兴波阻力明显下降。

(2) 与一般排水型船相比,耐波性较佳,不但在恶劣的海况下仍可平稳航行,且因波浪引起的附加阻力小,因此失速也小。

(3) 从使用性来看,小水线面双体船具有甲板面积大、航行性能好等特点。

(4) 生产成本低,建造周期短。小水线面双体船几乎全是平面与圆柱等简单形状的组合,所以便于进行组件设计和建造。

由于小水线面双体船独特的优点,因而引起各方面的关注,特别是海军对这种船的兴趣更大。美国海军最近几年加紧了小水线面双体船的研制工作,并视为先进舰艇的一个极有希望的分支。小水线面双体船在民用方面同样有着很大的发展前途,特别适用于客船、海洋调查船和钻井船等。但也应看到小水线面双体船还存在一些问题:首先,由于它是多体船,因而结构自重大,湿面积很大,造成低速时的阻力较常规船为大;其次,由于水线面小,吃水较深,且船宽较大,特别在大吨位时,易受到港口、航道的限制;此外,传动装置系统复杂且需要航态控制系统。

2. 小水线面双体船的阻力性能

由于小水线面双体船的问题远较常规单体船为复杂,因此其阻力性能亦存在一定的复杂性。这种船航行中的阻力主要包括摩擦阻力、兴波阻力和空气阻力。除了空气阻力可按常规船类似方法处理外,其他两种阻力都有一定特殊性。

1)摩擦阻力

如前所述,小水线面双体船的湿面积较相当的单体船要大,因此其摩擦阻力亦大。拉姆(Lamb)指出,这种船的湿面积较相同排水量的常规船约大 75%。史蒂文斯(Stevens)给出了单体船、常规双体船和小水线面双体船的湿面积系数 $C_s = S/\sqrt{\nabla L}$,其中 S 为湿面积,L、∇ 分别为船长和排水体积,其相对大小关系为 1.0:1.4:2.3。

计算片体、支柱和首尾翼的摩擦阻力可应用一般水面船的摩擦阻力公式。但计算中不但应取各自的湿面积,且应取各自的长度计算雷诺数。

为简化估算总的摩擦阻力,爱德华和纽玛塔(Edward-Numata)建议取有效长度 $L_{eff} = \frac{1}{3}(l_s + 2L)$ 计算雷诺数,湿面积由 $S/\Delta^{2/3} = 1.36 - 0.31(20 - L/d)$ 求得。这里 L、l_s 分别为片体和支柱长度;d 为片体直径。

2)兴波阻力

小水线面双体船尽管其主要排水体积浸没在水中,但仍较接近水面;支柱虽体积不大,但垂直穿越水面;片体与支柱间存在相互干扰。这些因素造成了这种船的兴波阻力的复杂性。

(1)支柱形式。小水线面双体船的支柱布置形式按每一片体的支柱数可以分成:单支柱形式和串列支柱形式(又称双支柱形式)。单支柱的剖面形状长而薄,因而具有兴波阻力低、飞溅小等优点。其不足之处是摩擦阻力大、横浪中侧向水动力扰动大。双支柱剖面形状具有短而厚的特点。虽阻力性能较差(主要是高速时兴波和飞溅大),但在考虑纵、横稳性以及波浪中的运动等问题时,给选择水线面面积带来更大的灵活性。

(2)兴波阻力的几种成分。

小水线面双体船的兴波阻力含有 6 种阻力成分。单支柱小水线面双体船的兴波阻力是两支柱兴波、两片体兴波、支柱-片体干扰、两片体干扰、左右支柱干扰以及支柱-片体的交叉干扰等产生的兴波阻力的总和。图 9-21 的单支柱情况的各兴波阻力成分随 Fr 数的变化。

双支柱小水线面双体船的兴波阻力是两片体兴波、前支柱兴波、后支柱兴波、前支柱-片体干扰、后支柱-片体干扰以及前后支柱干扰等产生的兴波阻力的总和。图 9-22 是双支柱小水线面双体船的各兴波阻力成分随 Fr 数的变化。

由图 9-21 知,对于单支柱小水线面双体船,兴波阻力的第一个峰值点是在 $Fr = 0.30$ 附

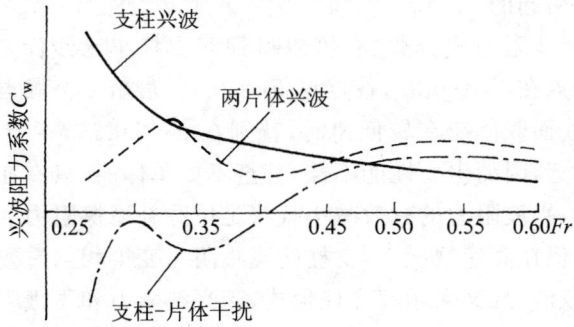

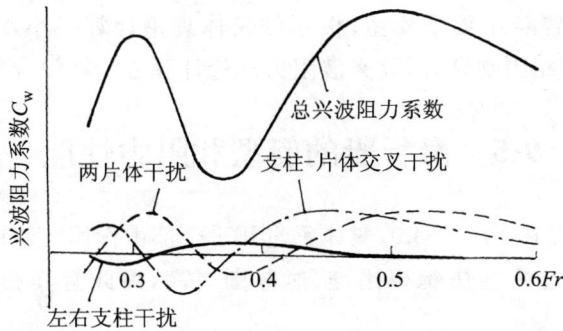

图 9-21 单支柱小水线面双体船的兴波阻力曲线

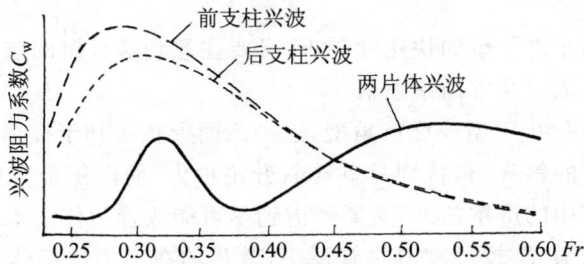

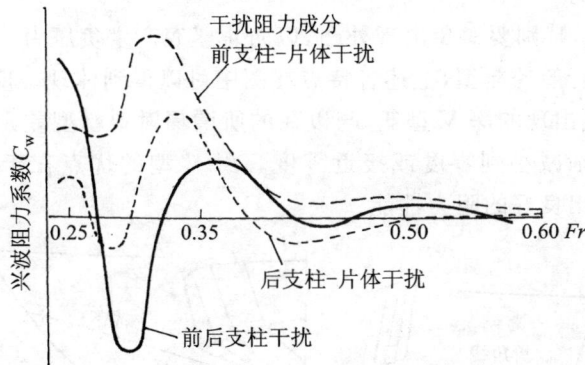

图 9-22 双支柱小水线面双体船的兴波阻力曲线

近。这是由于支柱、片体本身产生较大的兴波阻力及两片体不利干扰所造成。在 $Fr=0.36$ 附近存在兴波阻力"谷点",这是因为两片体的兴波阻力接近"最小值",且出现各种有利干扰。兴波阻力的第二个峰值点是在 $Fr=0.5$ 附近,这时主要由两片体兴波、片体-支柱干扰,以及左右舷之间不利干扰等因素引起的。

如将图 9-22 中各兴波阻力成分叠加,可以得到双支柱小水线面双体船总的兴波阻力曲线。可以发现第一个峰点在 $Fr \approx 0.33$,谷点在 $Fr \approx 0.40$,最后一个峰点在 $Fr \approx 0.50$。

由上情况知,小水线面双体船在较低速时,特别在 $Fr \leqslant 0.35$,不但摩擦阻力大,且有可能处于兴波阻力峰值区附近,因而阻力性能不佳,甚至不如单体船,只有在较高航速情况,特别是越过最后一个阻力峰时,兴波阻力的有效减小量将足以弥补摩擦阻力的增加值,从而显示出阻力性能方面的优越性。但在高速情况下,支柱的飞溅阻力变得相当重要,且随航速增大而迅速增加,如片体浸没深度较浅,且又采用双支柱形式,则兴波阻力和飞溅阻力都比较大,必须予以充分注意。

林(Lin)和戴(Day)曾经用数学模型,根据细长体理论计算了小水线面双体船的兴波阻力,其结果与试验测量值相当吻合,因此兴波阻力理论计算方法在设计阶段中有其实用意义。

9-5　滑行艇的艇型和阻力性能

滑行艇是指航行速度在 $Fr_\triangledown > 3.0$,艇体重量几乎全部由作用在艇底的流体动力升力所支持的高速艇。这种艇与过渡型快艇相比,航速范围更高,因此有其相应的艇型特点和阻力特性。

1. 艇型特点和航态现象

由于考虑到既要满足滑行艇的快速性要求,又要注意到这种艇的航海性能方面的问题,滑行艇的艇型特点一般由以下几方面来表征。

(1) 艇体剖面形状采用 V 型或称折角型,这种剖面形状有利于提高水动力特性。

(2) 艇体前体剖面的斜升角,特别是首部斜升角很大,而向尾部方向迅速减小,其原因在于既要减小艇首在汹涛中的严重拍击,又要考虑到尽可能改善后体的水动力性能。

(3) 艇体的长宽比 L/B 较过渡型快艇要小,其目的在于增加艇体展弦比,以提高艇体滑行效率,有利于减小阻力。

(4) 纵剖线较平直,特别要避免出现外凸,以防止艇底产生负压力。

图 9-23 是近代滑行艇的艇型,上述各特点在图中可以得到体现。应该指出的是:图示的艇型是 20 世纪 60 年代出现的深 V 型艇,与以往的所谓辐射型艇型差别主要在于后体的斜升角为常数,而后者却逐渐减小到零度或接近零度。深 V 型的优点在于减小了水流的扭转损失,因此在高速时显示出良好的阻力性能。

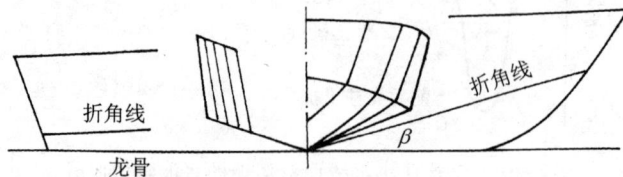

图 9-23　滑行艇艇型

当滑行艇处于全滑行状态时,由于受到流体动力作用十分明显,艇底水动压力几乎全部替代了静浮力。艇底的纵向压力分布在不同航速下是不同的,所以在航行过程中,艇体的航态随航速将发生明显变化,主要表现在以下两个方面。

（1）随着航速增大,艇体被抬高,航行纵倾角、湿面积和浸湿长度均随航速而改变。

（2）在高速滑行过程中,出现明显的飞溅现象,艇底流动模型如图9-24所示,在两舷侧形成一种连续喷射的圆锥面水膜,称为膜状飞溅或主飞溅。此外,在驻点线前还有向两舷外侧喷射的,由很细小的水滴组成的水流束,称为须状飞溅。这两种飞溅耗损的能量产生飞溅阻力。而须状飞溅还将增加艇底浸湿面积,以致对摩擦阻力有所影响。

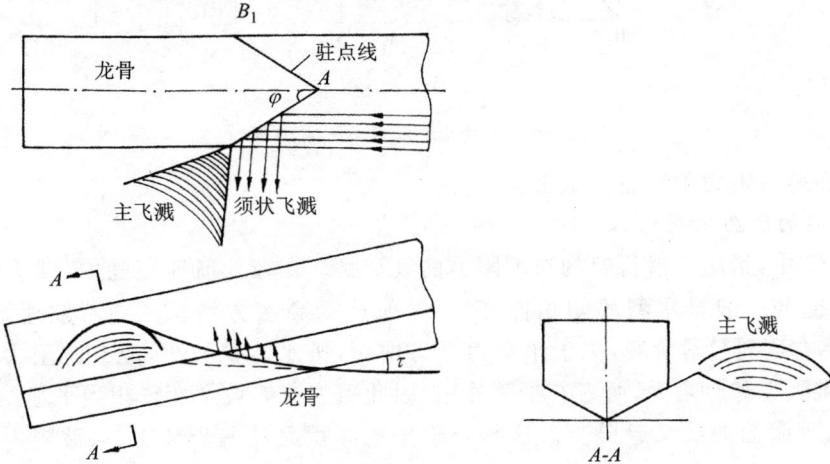

图9-24　滑行艇的飞溅流动模型

上述滑行艇航行过程中的特征与阻力性能密切相关,在阻力估算中,应予以注意。

2. 滑行艇的阻力特性

1）滑行艇的阻力成分

当艇体滑行时,艇底与滑行平板相似,因而研究滑行艇的受力情况可以用滑行平板来代替。图9-25所示为一无限宽滑行平板以冲角 τ 在水面滑行的情况,假定平板静止不动,水流以速度 v 流向平板。则平板所受到的作用力有:垂直于板面的压力 N 以及摩擦力 R_f、平板所受的合力为 P。把 P 分解成垂直于运动方向的升力 L 和沿着运动方向的阻力 R_t。

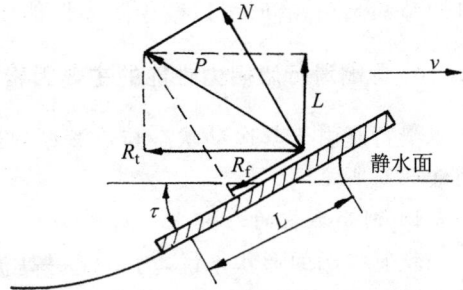

图9-25　滑行平板受力示意图

$$R_t = L\tan\tau + R_f/\cos\tau \qquad (9\text{-}10)$$

因为 τ 很小,故 $\cos\tau \approx 1$,且在全滑行状态下有 $L = \Delta$,则有

$$R_t = \Delta\tan\tau + R_f \qquad (9\text{-}11)$$

对于实际滑行艇来说,R_f 是艇体摩擦阻力;$\Delta\tan\tau$ 称为剩余阻力。由于实际航行过程中不仅有飞溅,还有兴波,因而其包含有兴波阻力和飞溅阻力两种阻力成分,但两者都是水压力在运动方向的分力,所以是压阻力,式(9-11)是滑行艇作为滑行平板处理的阻力计算式。

研究表明,当航速增大时,兴波阻力 R_w 在滑行艇的剩余阻力中的成分逐渐减小,飞溅阻力 R_{sp} 将随航速增大而迅速增长。图9-26是滑行平板的两种阻力成分随 Fr 的变化情况。由此可以说明:滑行艇在高速滑行状态下,与过渡型快艇相比,由于航速更高,飞溅更为严重,因

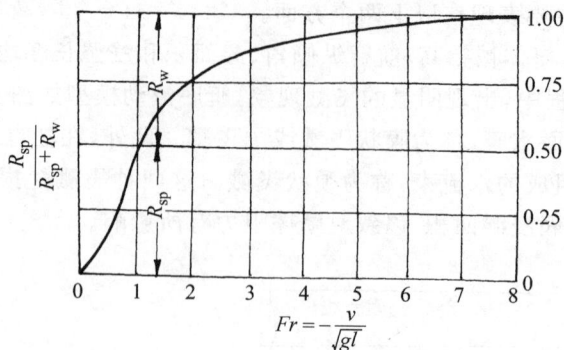

图 9-26　不同 Fr 时的飞溅阻力成分

此飞溅阻力在剩余阻力中所占比重更大。

2）滑行艇的阻力曲线形状

在图 9-25 中,给出了滑行艇的典型阻力曲线形状。在较低航速范围内(即 $Fr_\triangledown$ 较小),曲线的坡度较陡,与一般排水型船舶相似,阻力随航速的高次方增长。随着航速增大,一般在 $Fr_\triangledown$ 为 3.0 左右达到起滑阶段,由于水动力升力增大,排水体积减小,故兴波阻力下降。但随之出现的飞溅阻力却趋增大,两者有抵消作用,因此阻力曲线坡度变得相当平坦。当航速达到更高阶段后,则阻力曲线又趋陡直。这是由于排水体积无进一步减小,兴波阻力无更多的减小,但艇底动压力很大,因此飞溅阻力急剧增大,反映出总阻力随航速迅速增大。

3）最佳航行纵倾角

滑行艇的阻力按式(9-11)计算时,其中剩余阻力 $\Delta\tan\tau$ 将随冲角,即随滑行艇的航行纵倾角增大而增大。一般说来,纵倾角增大将使艇体湿长度变短,湿面积减小,故摩擦阻力 R_f 下降。由此可知,在一定排水量和航速时必有某一对应于最小阻力的"最佳航行纵倾角",故通过调节纵倾角,有时可以改善阻力性能。

3. 影响滑行艇阻力性能的主要因素

滑行艇由于其运动状态与过渡型快艇相比已有质的变化,因而影响这种艇的阻力性能的因素亦有所不同。

1）剖面形状的影响

就艇体剖面形状来说,为了能提高流体动力性能,几乎所有的滑行艇均采用 V 型剖面。从阻力观点来看,平底滑行艇不但升力系数大,且湿面积和摩擦阻力为最小。但这种艇型不但无航向稳定性,难以操纵,且在汹涛中航行时将遭受到很大的拍击,因而既要考虑流体动力性能,又要注意到艇在波浪中的拍击和满足操纵性需要,一般滑行艇采用有明显折角的 V 型剖面(又称折角型),即具有一定斜升角的横向斜升型剖面。斜升角是指底部斜升面与基线的夹角,一般情况下,在艇首很大(约 60°),而向艇尾方向逐渐减小。斜升角的大小对滑行艇的水动力性能影响颇大。理论和试验均已证明,增大斜升角会导致流体动力作用减小,对阻力性能带来不利影响。其原因是一方面由于增加了艇底湿面积,使摩擦阻力增大,另一方面也增大了横向流动,以致引起舷侧严重的飞溅,从而减低了艇底的水动压力。

2）排水量影响

排水量对滑行艇阻力的影响很敏感。因为增大排水量不但使艇体的剩余阻力 $\Delta\tan\tau$ 增大,而且排水量的增加意味着体积傅汝德数的下降,相当于推迟了滑行阶段。显然这两方面均导致阻力增大。很多试验已证实,增大艇的负荷总是以克服更大的阻力为代价。

3）艇宽影响

艇宽是滑行艇的重要参数之一。它主要指艇的舯部和艇尾板处的折角线宽度。

艇体宽度对阻力影响较明显。增加宽度可以增加滑行面的展弦比,提高升力系数。但在一定的重心位置下,增加艇宽将使纵倾角变化,同时湿面积亦有所增大,因而会引起阻力性能的变化,有时阻力反而增大。由于单纯的宽度变化对阻力影响较为复杂,故通常以长宽比 L/B 或宽度吃水比 B/T 等参数来考虑对阻力的影响。适当地减小 L/B,不但增大了滑行面的展弦比,且减小了湿面积,对阻力性能是有利的。但过多地减小 L/B 并非可取,因试验证明实际上存在"最佳长宽比"。

艇的尾板宽度 B_t 对滑行艇的流体动力性能的影响并不如艇舯部宽度 B_m 那么强烈。一般说来,减小 B_t,尾部流体动力会减小,导致艇的航行纵倾角增大,因而阻力会发生变化。但尾板过宽并不可取,通常尾部宽度的范围为 $B_t = (60\% \sim 80\%) B_m$。

4）重心纵向位置

滑行艇的重心纵向位置是影响滑行艇性能,特别是阻力性能的又一重要参数。正因为如此,对滑行艇来说,不但对排水量的控制比较严格,而且对艇体重量的布置亦有一定限制。在给定排水量情况下,重心位置、航速和艇宽构成滑行艇的三个重要因素。

从阻力观点来看,重心前后移动,将改变滑行艇的航行纵倾角,从而使其偏离或接近"最佳纵倾角",因而对阻力产生影响。根据 62 系列的不同重心位置的阻力试验结果表明,重心位置过前或过后均不利,当重心在形心后 $(4\% \sim 8\%) L$ 时有较好的阻力性能。

4. 应用滑行平板资料估算滑行艇的阻力

由前述知,艇底设计成滑行面的滑行艇,其总阻力可用滑行平板在滑行时的阻力来表示,如式（9-11）所示

$$R_t = \Delta \tan \tau + R_f$$

据此,决定滑行艇在已知排水量情况下的总阻力,关键在于确定滑行状态下的冲角 τ 和 R_f。然而 $R_f = C_f(Re) \cdot \dfrac{1}{2} \rho v^2 S$,其中湿面积 S 和用以计算雷诺数 Re 的湿长度将随不同的滑行状态而有所变化。因此计算总阻力归结为确定航行中的纵倾角 τ、湿面积 S 和湿长度 l 等。

通过滑行平板试验资料给出的某些函数关系或图谱,可以求得滑行艇在给定参数情况下的 τ、S 和 l 值,从而计算得总阻力值。

1）姆雷（Murry）法估算滑行艇阻力

这个方法主要是通过一系列滑行平板试验,给出了几个滑行参数的具体函数关系,分别为

（1）滑行面压力中心位置的函数关系

$$\xi/l = K\lambda^n \tag{9-12}$$

式中
$$K = f(\tau \cdot \beta) = \frac{0.84 + 0.015\beta}{\tau^m} \tag{9-13}$$

$$n = -(0.05 + 0.01\beta) \tag{9-14}$$

$$m = 0.125 + 0.004\,2\beta \tag{9-15}$$

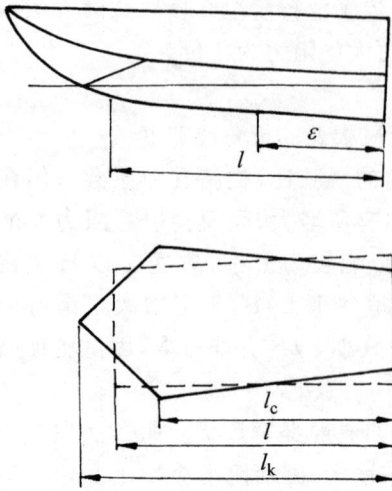

图 9-27 滑行面的几何参数

式中，ξ 为水压力中心（或重心）距艇尾的距离；l 为平均湿长度，即龙骨浸湿长度 l_k，与折角线浸湿长度 l_c 的平均值，$l = \dfrac{1}{2}(l_k + l_c)$ 如图 9-27 所示；τ 为航行纵倾角；β 为平均斜升角，即艇中部和尾部斜升角的平均值；$\lambda = l/B$，湿长度与宽度比。

上列关系式常用曲线表示，如图 9-28 所示。在实际应用时可直接查曲线图。

（2）滑行面动载荷系数的函数关系

对于底部斜升角为零的平底滑行面的动载荷系数为：

$$C_{l0} = \tau^{1.1}(0.012\,0\lambda^{0.5} + 0.009\,5\lambda^2/Fr_b^2) \quad (9\text{-}16)$$

对于底部斜升角为 β 的 V 形滑行面则有

$$C_{l\beta} = C_{l0} - 0.006\,5\beta C_{l0}^{0.6} \quad (9\text{-}17)$$

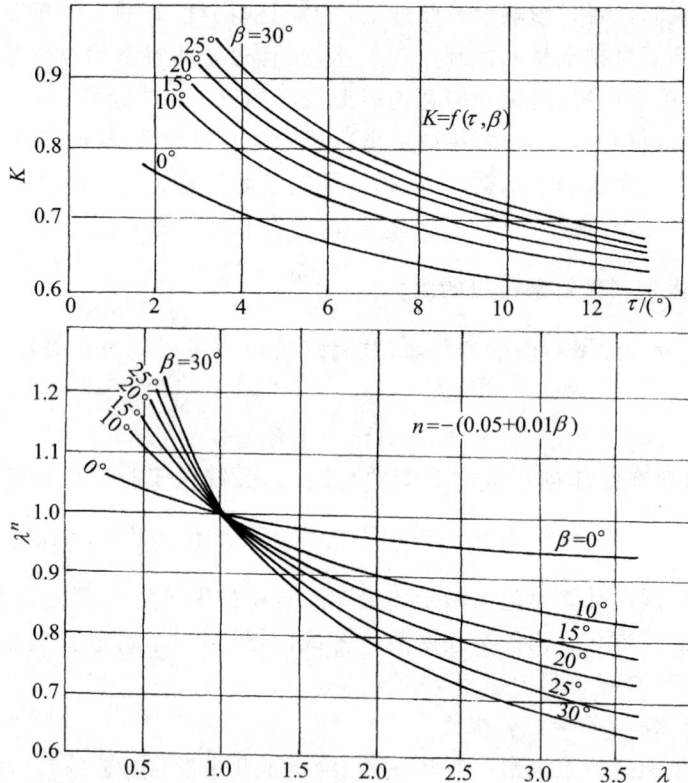

图 9-28 计算滑行面压力中心位置的曲线（Murry 法）

由此可见，平底艇的动载荷系数较 V 形滑行面者为大。上列关系式用曲线表示如图 9-29 所示。

根据上述函数关系式，可以估算滑行艇的阻力，具体步骤如下。

① 按已知艇的排水量 Δ，航速 v_s，艇宽和斜升角，则可计算得

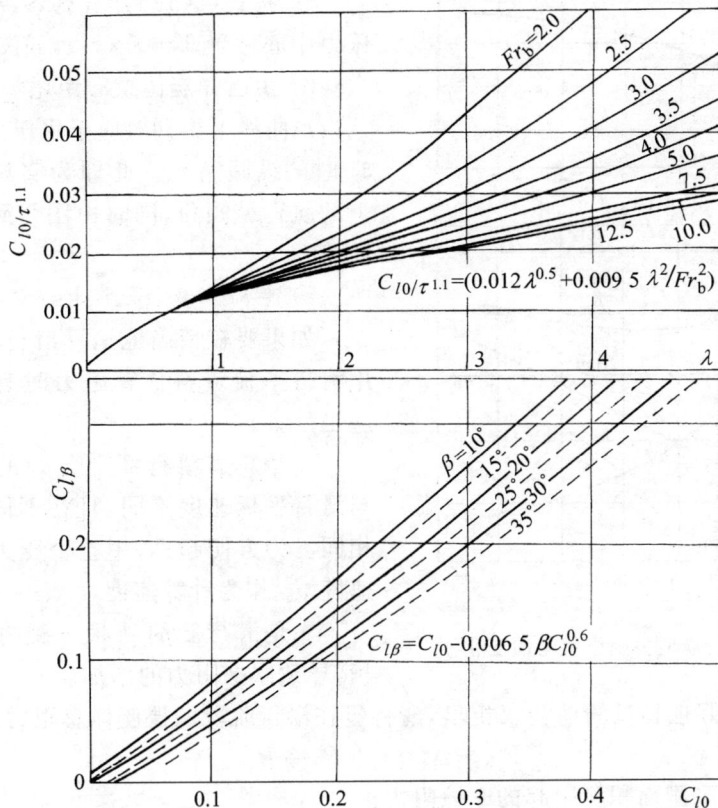

图 9-29 确定滑行面动载荷系数的曲线（Murry 法）

$$B = \frac{1}{2}(B_{\mathrm{m}} + B_{\mathrm{t}})$$

$$\beta = \frac{1}{2}(\beta_{\mathrm{m}} + \beta_{\mathrm{t}})$$

$$Fr_{\mathrm{b}} = \frac{v_s}{\sqrt{gB}}$$

$$C_{l\beta} = \frac{\Delta}{\frac{1}{2}\rho v_s^2 B^2}$$

由已知的 $C_{l\beta}$ 值，查图 9-29 得相应于滑行平板的动载荷系数 C_{l0}；

② 取一系列纵倾角 $\tau_1, \tau_2, \cdots, \tau_i, \cdots$，并计算相应于各纵倾角时的 $C_{l0}/\tau_i^{1.1}$；再由图 9-29 得对应于 τ_i 的一系列 λ_i 值；

③ 由图 9-28 可以查得

$$\lambda_i^n = f_i(\lambda_i, \beta) \qquad K_i = f_2(\tau_i, \beta)$$

④ 由于 τ_i 及相应的 λ_i 已求得，则相应的湿长度 $l_i = \lambda_i B$，湿面积 $S_i = l_i/\cos\beta$ 均可得到，并可计算雷诺数和摩擦阻力；

⑤ 按式(9-11)计算得各纵倾角 τ_i 时的相应阻力 $R_{\mathrm{t}i}$，并作曲线 $R_{\mathrm{t}i} = f_3(\tau_i)$，如图 9-30 所示；

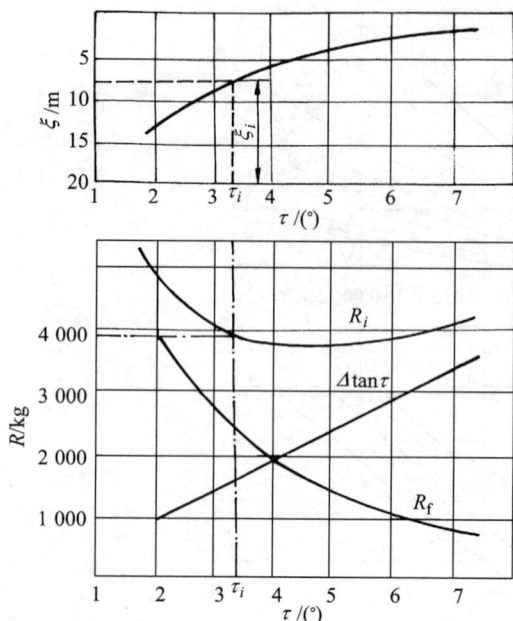

图 9-30 滑行艇阻力随纵倾角的变化

⑥ 按式(9-12)计算得各纵倾角 τ_i 时的水压力中心位置 $\xi_i = f_4(\tau_i)$,如图 9-30 所示;

⑦ 由已知艇体重心距尾板距离 ξ_g,在 $\xi_i = f_i(\tau_i)$ 曲线上得到对应于水压力中心距尾板为 ξ_g 时的纵倾角 τ_s。此即为实艇在该计算航速下的航行纵倾角,同时由图得到相应的总阻力 R_{ts} 值。

2) 萨维斯基(Savitsky)方法

如果要较精确地估算滑行艇阻力,则在应用滑行平板资料估算阻力时有两个问题应作适当处置。

一是艇底滑行面上各处的水流速度不但与滑行平板速度不同,且在不同位置处亦互不相同。为方便起见,用整个压力面的平均水流速度 v_m 作为计算速度。

二是滑行艇的须状飞溅将增加艇体湿面积,导致摩擦阻力的增加。

为此,18 届国际船模试验池会议指出,滑行艇在滑行阶段的裸艇体总阻力 R_{th} 应为

$$R_{th} = \Delta \tan\tau + R_f + R_{spf} \tag{9-18}$$

式中 R_{spf} 是由须状飞溅面积所引起的摩擦阻力。

考虑到艇底水流平均速度和须状飞溅面积的影响,则有

$$R_f = \frac{1}{2}\rho v_m^2 S(C_f + \Delta C_f) \tag{9-19}$$

$$R_{spf} = \frac{1}{2}\rho v_s^2 S_{sp}\cos\theta(C_f + \Delta C_f) \tag{9-20}$$

式中,v_s 为滑行艇航速;v_m 为压力面上平均水流速度;S,S_{sp} 分别为艇体湿面积和须状飞溅浸湿面积;θ 为须状飞溅外缘与龙骨间的夹角;C_f,ΔC_f 分别为摩擦阻力系数及粗糙度补贴系数。

式(9-18)中压阻力 $\Delta \tan\tau$ 可应用滑行平板理论求得,而摩擦阻力部分 $(R_f + R_{spf})$ 可按式(9-19),式(9-20)进行计算。为此萨维茨基(Savitsky)给出了

$$S_{sp}\cos\theta = \frac{\Delta\lambda B^2}{\cos\beta} \tag{9-21}$$

式中 $\Delta\lambda$ 称为由飞溅摩擦面积所引起的"湿长宽比的有效增加值"。显然,如不计飞溅增加的湿面积,则艇体湿面积应为

$$S = \frac{\lambda B^2}{\cos\beta}$$

这样,可以写成

$$R_f + R_{spf} = \frac{1}{2}\rho\frac{B^2 v_s^2}{\cos\beta}(C_f + \Delta C_f)\left[\left(\frac{v_m}{v_s}\right)^2 \lambda + \Delta\lambda\right] \tag{9-22}$$

此处 C_f 是雷诺数 Re 的函数,而

$$Re = \frac{v_m l}{v_s} = \frac{B\lambda v_s}{v_s}\left(\frac{v_m}{v_s}\right) \tag{9-23}$$

为了按式(9-22)进行计算,萨维斯基将 $\Delta\lambda$、v_m 与纵倾角和斜升角以及湿长宽比等的函数关系表示成如图9-31、图9-32所示的曲线。由图可得 v_m/v_s 和 $\Delta\lambda$ 值,并按式(9-22)计算摩擦阻力,由式(9-18)得艇体总阻力。

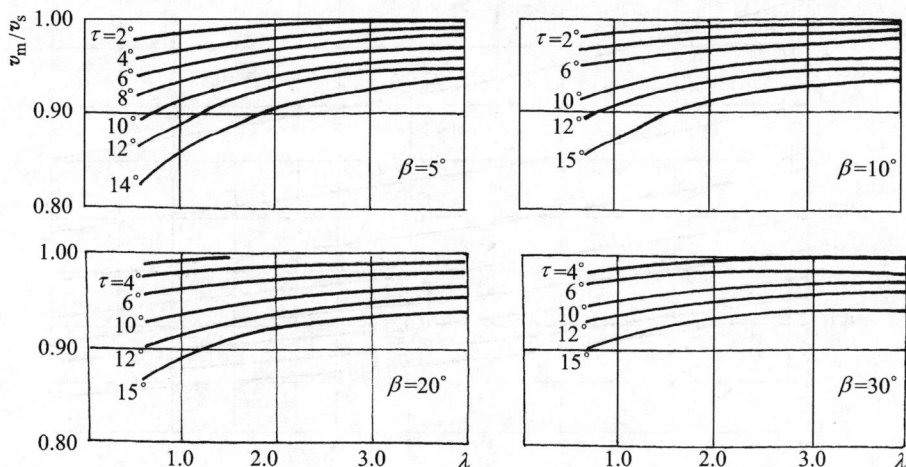

图 9-31　底部滑行面的平均速度值

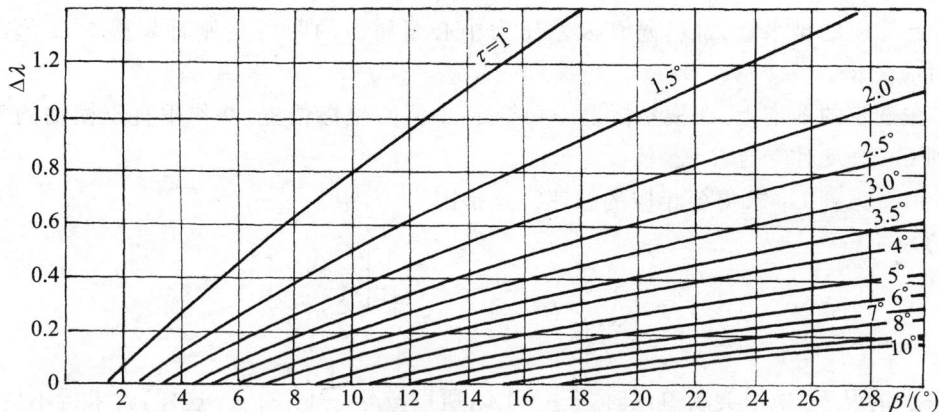

图 9-32　飞溅湿面积引起的相当湿长宽比增量

5. 应用系列试验资料估算滑行艇的阻力

有关滑行艇模型系列试验资料发表很少。由于早期的 EMB-50 系列存在某些缺陷,特别是近代滑行艇的发展对于线型和一些参数的处理提出了新的要求,因此美国泰洛试验池进行了 TMB-62 系列试验。其母型船模的线型如图9-23所示。依照一定规律变更其形状,发展成系列。该系列的主要参数及其范围为如下。

长宽比:$L/B = 2.00 \sim 7.00$。

面积系数:$A_p/\nabla^{2/3} = 5.5 \sim 8.5$,这里 A_p 为不包括防溅条在内的滑行艇底部投影面积。

重心位置：将重心置于艇底投影面积 A_p 的形心之后为 $0\%L \sim 12\%L$。

每种状态的试验结果均表示成不同 Fr_∇ 时的阻力和纵倾角曲线。最后归纳成可供实际计算应用的图谱，如图 9-33 所示。这种图谱是以动载荷系数 C_L 为参数，给出了不同排水量时的单位排水量的总阻力 R_t/Δ 值。对每一个水压力相对位置 ξ/B 值给出一张图谱。应该注意的是，这里 B 是指重心处的艇体宽度（包括防溅条在内），R_t 为裸体阻力。

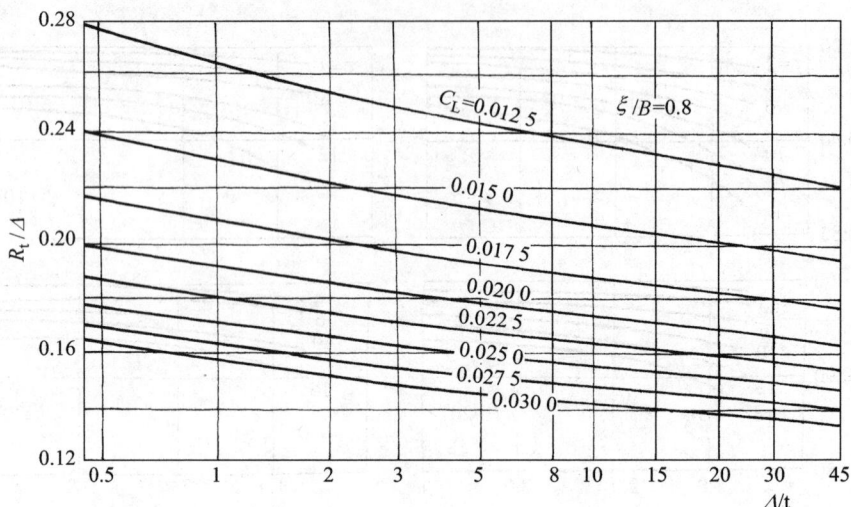

图 9-33　62 系列阻力估算图谱

具体估算阻力的方法为

（1）已知艇的排水量 Δ，艇宽 B 及水压力中心至尾板的距离 ξ，则计算得 ξ/B 值，并由此值选定对应图谱。

（2）在选定的图谱上，在横坐标上得到给定 Δ 值的坐标位置，并作垂直于横轴的直线，得到一系列 C_L 值及对应的 R_t/Δ 值。

（3）由一系列 C_L 求得各相应的航速。这是因为

$$C_L = \frac{\Delta}{\frac{1}{2}\rho v_s^2 B^2} \qquad v_s = \frac{1}{B}\left[\frac{\Delta}{\frac{1}{2}\rho C_L}\right]^{\frac{1}{2}} \tag{9-24}$$

在海水情况下，采用英制单位时，$\frac{1}{2}\rho \approx 1.0$，所以 $v_s = \frac{1}{B}\left(\frac{\Delta}{C_L}\right)^{\frac{1}{2}}$。这样，就求得不同航速下所对应的阻力值。实际计算时可列表进行。

9-6　水翼艇的阻力特性

水翼艇是指全部或部分艇体重量由安装在艇底下的水翼所产生的水动力升力来支持的高速快艇，航行过程中艇体可完全或部分被抬出水面。水翼艇与滑行艇相比较，其优点主要在于：提高了航速，改善了航海性能。水翼艇由于消除了兴波阻力的影响，浸湿面积较小，因而在高速航行时其阻力较滑行艇要小，在相同情况下，水翼艇的航速较同类滑行艇为高。其次，水翼艇由于艇体被抬出水面，几乎不受波浪影响，较之滑行艇具有良好的冲击性、飞溅性和淹

湿性等。

1. 水翼艇的分类

水翼艇的种类由于分类方法不同,名称较多。但目前更注重以水翼系统进行分类。

1)按水翼数目分类

(1)单水翼艇。仅在艇首底下装有水翼。艇体的重量一部分由首部水翼来支持;另一部分由艇体尾部的滑行面支承。

(2)双水翼艇或多水翼艇。艇体首尾部的底下均装有水翼,艇体全部重量由两个或两个以上的水翼支持。

2)按水翼上的载荷分布分类

双水翼艇由于前后水翼的载荷分配不同,通常有 3 种水翼系统。

(1)机式水翼系统。前水翼(又称首水翼)支持 65% 以上,甚至 80%~90% 的总重量,或绝大部分的水翼面积分布在重心之前的水翼系统,称为机式配置。一般说来,要求重心纵向位置 x 靠前,大体为 $0 < x/L < 0.35$。

(2)鸭式水翼系统。与机式情况相反,总载荷主要由后水翼承受,前水翼承受 35% 以下,甚至仅约 10% 的载荷。这种水翼配置要求艇体重心较后,一般为 $0.65 < x/L < 1.0$。

(3)串列式水翼系统。首水翼承受不超过 60%~65% 的总载荷,前后水翼尺度相近,水翼面积大致均匀分布于艇的重心前后,所以艇体重心一般在舯部附近,即 $0.35 < x/L < 0.65$。

3)按水翼与水面相对位置分类

(1)全浸式水翼艇。航行时水翼面积全部浸入水中的水翼艇,如图 9-34(a)所示。一般把水翼浸深小于水翼弦长者称为浅浸式水翼;浸深大于水翼弦长者称为深浸式水翼(17 届 ITTC 把浸深大于三倍弦长称为深浸式)。

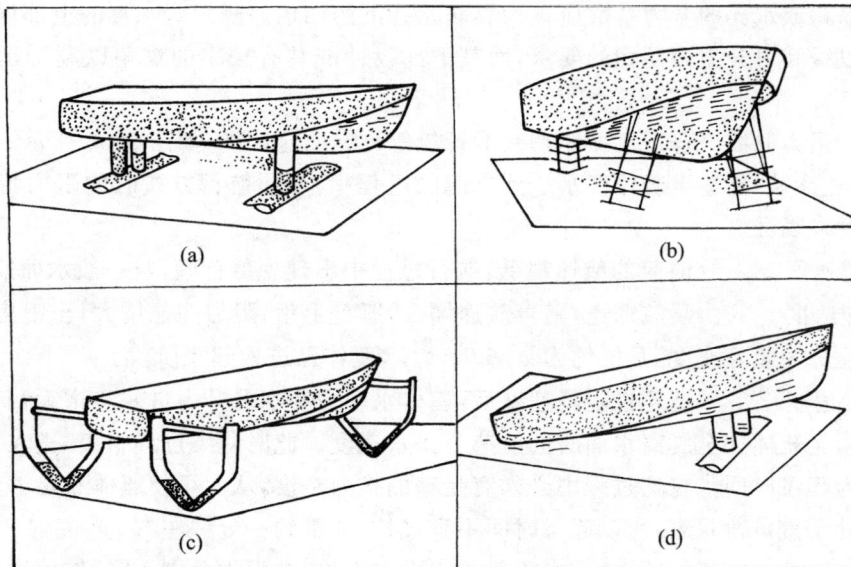

图 9-34 几种水翼艇形式

(a)全浸式水翼艇;(b)阶梯式水翼;(c)V 形割划式水翼;(d)带有滑行面的水翼艇

（2）割划式水翼艇。航行时水翼割划水面，即一部分水翼面积在水面之下，另一部分穿过水面在水面之上。割划式水翼按水翼本身形状来分，又有 V 形水翼（如图 9-34(c)所示）、弧形水翼、梯形水翼等，此外还有阶梯形水翼（如图 9-34(b)所示）。

全浸式水翼和割划式水翼除与水面相对位置不同外，它们的升力调整方式亦不同，全浸式水翼升力面的面积是固定不变的。因此，当航速变化时，维持升力与重力间的平衡是依靠改变水翼攻角来实现的，所以一般现代水翼艇都装有自动控制机构，以确保水翼艇在不同航速下航行，这种水翼艇又称为自控水翼艇。有关研究表明，全浸式水翼的升力系数随相对浸深减小而下降，越靠近水面这种影响越明显，这种现象称为浅浸效应。

割划式水翼艇当航速改变时，其重力和升力间的平衡由整个艇体的升降来维持，因为当航速下降时，升力将减小，艇体随之下降，因而使水翼的升力面面积增大，升力又将增大，从而使重力与升力间重新达到平衡，所以这种水翼艇具有自稳性。

2. 水翼艇的阻力曲线特点

水翼艇的航速范围与其航行方式有关，根据体积傅汝德数 Fr_{∇} 范围，一般可以区分这种艇所处的航行方式，如下表所列。

Fr_{∇}	v/v_{max}	航行方式	支持方式
≤4.0	≤0.4	排水航态（浮航）	艇　体
4.0～4.5	0.4～0.5	离水（起飞）	艇体＋水翼
>6.0	>0.6	翼航状态	水　翼

表中 v_{max} 为水翼艇的最大航速。由上表可知，一般水翼艇，为避免艇体在水中高速航行的不利影响，其起飞速度常不大于最大速度的一半。因此，为了保持具有相同的升力，在起飞时的水翼升力面积或水翼的升力系数应该为翼航状态下的四倍。割划式水翼的上部设计成具有较大的攻角以缓和对升力面面积的要求，而其下部设计成具有较小的攻角以利于延迟空泡的产生。

水翼艇的阻力曲线与普通水面船舶及滑行艇等均有明显区别，如图 9-35 所示。整个阻力曲线，即由低速浮航，加速至艇体离水达到翼航的过程中，不同航行方式时的阻力特性可以由几个特征速度来表征。

（1）浮航速度 v_1。这时艇的航速很低，航行过程中出现少量首倾，与一般水面船舶类似。

（2）阻峰速度 v_2。由浮航加速，随着航速增大，艇首上抬，阻力明显增大，至阻力极大值时所对应的航速称为阻峰速度，其值约为 $v_2 \leq 0.5 v_{max}$，艇体已进入起飞阶段。

（3）离水速度 v_3。航速超过阻峰速度后，艇体水动力和水翼升力进一步增大，艇体开始离水，阻力骤降，至艇体完全脱离水面时的航速为离水速度。此时起飞过程结束，进入翼航状态，这段时间称为起飞时间。在这过程中必须有足够的推力裕度，从而可使艇体有足够的加速度，螺旋桨一直处于重负荷状态，所以起飞时间不宜过长，通常约一分钟左右。

（4）设计航速 v_4。艇体离水后，由于艇体水阻力消失，总阻力急剧下降，航速增加很快，艇体飞高增大，水翼支柱及附件等的水下部分面积进一步减小，阻力达极小值，主机转速迅速上升，为此必须调整至使用的经济转速，由航速的增大使阻力又趋增大，直至螺旋桨推力与相应

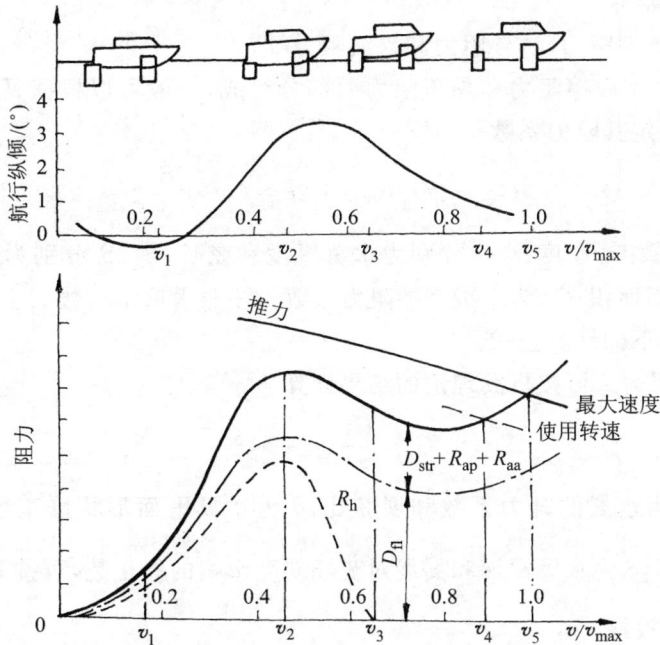

图 9-35　水翼艇的阻力与速度关系曲线

速度下的阻力达到平衡,此时的航速称为设计航速。

（5）最大航速 v_{max}。若在起飞后主机仍保持最大转速,且对应最大功率,此时达到的航速就是最大航速。

3. 水翼艇的阻力成分及估算方法

水翼艇的阻力包括艇体阻力 R_h、水翼阻力 D_{fl}、支柱阻力 D_{str}、其他附体阻力 R_{ap} 和空气阻力 R_{aa}。在不同航态下水翼艇的阻力成分是不同的。

当处于浮航状态直至完成起飞阶段之前的总阻力

$$R_t = R_h + D_{fl} + D_{str} + R_{ap} + R_{aa} \tag{9-25}$$

航速小于阻峰速度时,艇体阻力和水翼阻力占总阻力的主要成分,在阻峰速度时,由于艇体阻力达到"峰值",因而总阻力出现极大值。当 $Fr_\nabla > 4.0 \sim 5.0$ 时,一般可以达到起飞速度,故认为 $R_h \to 0$。但单水翼艇的阻力应包括艇尾部滑行面的阻力。

当水翼艇处于翼航状态时,由于 $R_h = 0$,其总阻力

$$R_t = D_{fl} + D_{str} + R_{ap} + R_{aa} \tag{9-26}$$

式中水翼阻力和支柱阻力占总阻力的主要成分。图 9-30 中给出了各阻力成分的相对关系。

水翼艇阻力的估算方法,对应于不同艇速范围是不相同的。

当航速在 $Fr < 0.4$ 时,艇体处于排水航行状态下,则带有附体的艇体阻力的成分和确定方法,可以应用过渡型艇的类似方法来处理。

翼航状态的阻力,则按式(9-26)估算,其中水翼和支柱阻力所包含的有些阻力成分,诸如水翼-支柱的兴波阻力、飞溅阻力、诱导阻力以及干扰阻力等还没有精确的计算方法,因此有时应用近似方法来确定。

1) 水翼阻力的估算

水翼阻力包括翼型阻力、诱导阻力和兴波阻力等。

(1) 翼型阻力。由摩擦阻力和黏压阻力两部分组成,一般可以根据翼型试验特性曲线确定,或按近似公式确定其阻力系数

$$C_{xp} = 2C_{fp}(1 + 1.2\bar{t} + 60\bar{t}^4)\frac{S_t}{S} \tag{9-27}$$

式中,$\bar{t} = t/C$ 为水翼相对厚度;t、C 分别为水翼厚度和弦长;S_t、S 分别为水翼浸水部分的水平投影面积和翼平面面积;C_{fp} 为平板摩擦阻力系数。按照水翼雷诺数大小采用相应流动状态(层流、变流或紊流)下的计算公式。

(2) 水翼诱导阻力。可按机翼理论的结果计算

$$C_i = \frac{C_L^2}{\pi\lambda}(1 + \delta)\xi \tag{9-28}$$

式中,C_L 和 λ 分别为水翼的升力系数和展弦比;δ 为水翼平面形状修正数,矩形水翼按 $\delta = \frac{\pi(\lambda-1)}{3} \times 10^{-2}$ 计算,ξ 为水翼浸深和翼展对流场斜度影响的修正数,可按 $\xi = 0.85 + 0.16/(\bar{h}/\lambda)^{1/2}$ 计算,$\bar{h}$ 为相对浸深。

应该指出如考虑到水翼上反、后掠、支柱和端板对诱导阻力的影响,则应作适当的修正。

(3) 水翼兴波阻力。可按下式计算

$$C_{we} = \frac{C_L^2}{2Fr_C^2}\left(1 - \frac{2\pi}{Fr_C^2}\right) \tag{9-29}$$

式中 $Fr_C = v/\sqrt{gC}$,水翼弦长傅汝德数。其中 C 为水翼弦长。

此外,水翼表面的各种突出体和襟翼缝隙所引起的附加阻力应该是水翼总阻力的一部分。

2) 水翼支柱阻力估算

水翼支柱阻力包括支柱翼型阻力、飞溅阻力以及与水翼间的干扰阻力等。一般认为支柱的兴波阻力较小,可以不计。

(1) 支柱翼型阻力可以用水翼翼型阻力类似方法处理。

(2) 飞溅阻力系数可按下式近似计算

$$C_{sp} = k_{sp}(t_1/C_1)^2/\lambda_1 \qquad 或 \qquad C_{sp} = k_{sp}t_1^2/S_1 \tag{9-30}$$

式中,t_1,C_1 和 λ_1 分别为支柱厚度、弦长和浸水部分的展弦比,S_1 为支柱浸水部分的侧投影面积,k_{sp} 为系数,当 $Fr_{C1} = v/\sqrt{gC_1} > 10$ 时,可取 $k_{sp} = 0.2 \sim 0.25$,对于割划式水翼取 $k_{sp} = 0.5$。

(3) 水翼与支柱间的干扰阻力。由于支柱下端与水翼相连接,流体动力发生干扰,从而使支柱与水翼表面局部区域的压力分布发生变化,产生附加阻力,这部分阻力较难准确计算,只能通过试验来确定,或选用近似公式计算。

3) 附体阻力计算

水翼艇翼航状态的附体阻力宜采用分别计算每个附体阻力或通过模型试验求得总的附体阻力,有关研究推荐附体阻力计算关系为

$$R_{ap} = \sum D_{ps} + \sum D_b + \sum D_r \tag{9-31}$$

式中,D_{ps} 为斜轴的阻力,且 $D_{ps} = 0.1\rho v^2 S_{ps}$,$S_{ps}$ 为斜轴浸水部分侧投影面积;D_b 为轴支架的

阻力,且 $D_b = \left(2.4C_{fb} + \dfrac{0.24\bar{t}_b^2}{\lambda_b}\right) \times \dfrac{1}{2}\rho v^2 S_b$;$\bar{t}_b$、$\lambda_b$ 分别为轴支架的相对厚度和浸水部分的展弦

比,S_b 为轴支架浸水部分侧投影面积,D_r 为舵的阻力,且 $D_r = \left(2.2C_{fr} + \dfrac{0.24\bar{t}_r^2}{\lambda_r}\right) \times \dfrac{1}{2} \times \rho v^2 S_r$;

$\bar{t}_r$、λ_r 分别为舵的相对厚度和浸水部分的展弦比,S_r 为舵浸水部分侧投影面积。

4) 空气阻力计算

$$R_{aa} = (0.5 \sim 0.6) \times \dfrac{1}{2}\rho_a v^2 S_a \qquad (9\text{-}32)$$

式中,ρ_a 为空气密度;S_a 为艇体迎风面积。

9-7　气垫船的阻力特性

气垫船是利用高于大气压的空气在船底和支承面(水面或陆地)之间形成"空气垫",通常称气垫,并由气垫压力支持船体重量,从而使全部或部分船体离开支承面的一种新型高速船。

1. 气垫船的分类

气垫船必须在船底有效地形成气垫。如按照形成气垫的方式分类,气垫船可分成两类。

1) 周边射流式

通过位于船底四周的、向内倾斜的环形喷口喷射出增压空气流形成气幕,从而起到维持气垫压力的作用,如图 9-36(a)所示。因为高速射流进入船底后,由于这些逐渐增多的高压空气的静压力的作用,把船体垫升起来,高速喷射流因受到船底高压空气的压力作用而呈弧形曲线沿支承面向外逸出,这种弧形射流产生的惯性力向内指向气垫,从而与气垫和大气间的压力差相平衡,因而这种周边射流形成的气幕可以起封闭气垫的作用。当周边射流逸出的增压空气不断得到补充时,不但形成稳定的气幕,且气幕内部的空气由于静压力的增压作用而形成气垫。

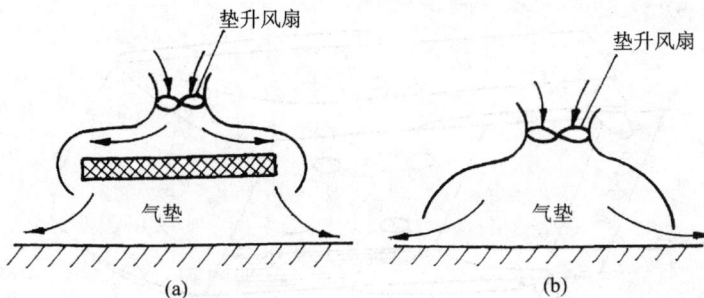

图 9-36　两种气垫形式

2) 增压室式

增压空气直接充入倒盆形的船底增压室(或称船底空腔),由于增压室与支承面之间的间隙较小,因此增压空气向外逸出时将受到阻塞,从而使逸流的动压与增压室的内外压力差相平衡,当逸出的增压空气连续不断地得到补充时,增压室内由于静压力的增压作用而形成气垫,如图 9-36(b)所示。按照周边射流原理设计的气垫船称为周边射流气垫船,因其产生气垫所

消耗的功率较小,早期研制的气垫船大多采用周边射流式。按照增压室式理论设计的增压室气垫船虽然产生气垫所耗功率较周边射流式气垫船为大,但因实用方便,且结构较简单,故目前比较多的设计成增压室气垫船。

气垫船按照维持气垫压力的方式不同可以分为全垫升式和侧壁式气垫船两种。

全垫升式气垫船的特点是在船底下形成一个直接作用在水面或地面上的大于大气压的气垫。整个底部投影面上的气垫压力将产生一个垂直向上的作用力,称为支承力,支承力与气垫船重量之差称为垫升力,如果垫升力大于零(即支承力大于气垫船重量),则垫升力将把船体支持在水面之上,从而使船体不与支承面直接接触,船体的重量全部由气垫支承,图 9-37 所示为典型的全垫升式气垫船。

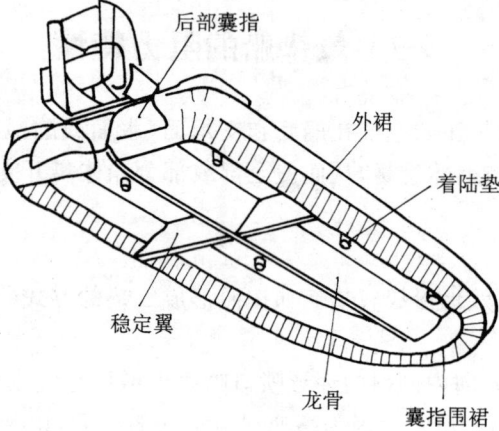

图 9-37　全垫升式气垫船

侧壁式气垫船的空气垫是被旁边的刚性侧壁以及在船首、船尾的封裙所围住,以防止气垫漏气,如图 9-38 所示。封裙可以做成袋式、囊指式或者滑行式。侧壁式气垫船只能在水面航行,它的航向稳定性和回转力矩是由安装在尾部附近每一侧壁龙骨上的舵或腹鳍提供,推力是由螺旋桨或每一侧壁尾部的喷水装置提供。

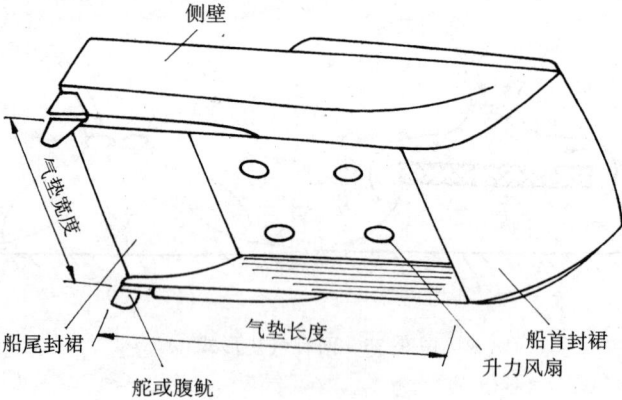

图 9-38　侧壁式气垫船

气垫船的最大优点在于减小了航行阻力。尽管在形成和维持气垫时,需要供给垫升风机必要的功率,即垫升功率,但由于其航行过程中船底与水面之间存在气垫,而空气密度仅是水密度的 1/800,故空气阻力远小于水阻力,这就大大减小了航行阻力,其结果使船体推进功率与垫升功率之和的气垫船的总功率与大小相近的常规水面高速艇的总功率相比要低得多,对于侧壁式气垫船来说,与全垫升式气垫船相比,虽然增加了"侧壁阻力",即船体侧壁在水中运动时所引起的阻力,但其围裙浸湿阻力,特别是垫升功率要比全垫升式气垫船为小,因此,在同样的功率情况下可达到较高的航速。

其次,气垫船,特别是全垫升式气垫船具有完全的两栖性,适于浅滩地带航行,侧壁式气垫船虽然侧壁浸入水中,但其水下的体积小,浸入浅,因此更适用于浅水中航行。

2. 气垫船的阻力成分

对于不同形式的气垫船,其阻力成分并不完全相同。气垫船在气垫航行状态下总阻力的各种阻力成分与形成气垫的形式和气垫船航行时是否离开水面的具体情况有很大关系。为此,分别讨论两种气垫船的航行阻力问题。

1) 全垫升式气垫船的航行阻力

全垫升式气垫船航行时的总阻力 R_t 由空气阻力 R_{aa} 和水阻力 R_{wat} 两部分组成。

(1) 空气阻力 R_{aa}

空气阻力主要由两部分组成,可表示成

$$R_{aa} = R_p + R_m \tag{9-33}$$

① 空气型阻力 R_p。由周围空气流经气垫船时所产生,通常可按下式表示

$$R_p = C_a \cdot \frac{1}{2} \rho v^2 A_m \tag{9-34}$$

式中,C_a 为空气型阻力系数,可由试验确定,由于气垫船船体形状差别较大,因而 C_a 的数值变化范围亦较大,一般可取为 $C_a = 0.40 \sim 0.70$;A_m 为船体舯横剖面面积。

② 空气动量阻力 R_m。气垫船航行过程中,由于进入气垫风扇的空气是由静止被加速达到船体同样的速度,因而必须消耗能量。这能量的消耗以阻力形式表示为空气动量阻力。根据动量定理,计算单位时间内吸入风扇的静止空气的动量就是这种阻力,故有

$$R_m = \rho Q v \tag{9-35}$$

式中,ρ 为空气密度;Q 为气垫船在零速垫升时的空气流量。

严格地说,气垫船航行过程中,有一部分气流将从气垫中向大气逸出,这种空气射流的反作用力亦是空气阻力的一部分。

(2) 水阻力 R_{wat}

水阻力由多种阻力成分组成,可表示为

$$R_{wat} = R_w + R_{pv} + R_f + R_{sp} \tag{9-36}$$

① 气垫兴波阻力 R_w。气垫船垫升航行时,气垫压力作用于水面产生波浪所引起的阻力。气垫兴波阻力不但与气垫压力、航速有关,而且与气垫船的外形、尺度有关。如果气垫船具有椭圆形或矩形平面形状的均匀压力分布面,则其气垫兴波阻力可以按纽曼(J.N.Newman)方法进行计算

$$R_w = C_w \frac{p_c^2 B}{\rho_w g} \qquad \text{而} \qquad C_w = f(L/B, Fr)$$

式中,p_c 为气垫压力;ρ_w 为水密度;L 和 B 分别为气垫长度和宽度;C_w 为兴波阻力系数。

对于无限水深和宽航道情况,纽曼给出了兴波阻力系数图谱,如图9-39所示。由图可知,L/B 和 Fr 对兴波阻力系数的影响较大。

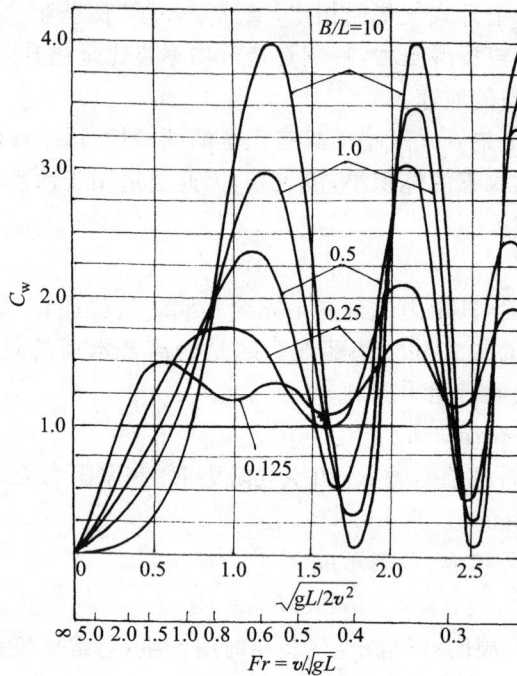

图 9-39 矩形压力面兴波阻力系数

② 黏压阻力 R_{pv}。又称形状阻力或旋涡阻力,这是水流流经气垫船船体水下部分或围裙时所产生的黏性压差阻力。

③ 摩擦阻力 R_f。船体水下部分或围裙与水相对运动所产生的摩擦阻力。

④ 飞溅阻力 R_{sp}。气垫射流作用于水面所产生的飞溅阻力。

上述式(9-36)所表示的水阻力成分是以产生阻力的物理现象进行分类的。

全垫升式气垫船航行中的水阻力亦可归纳为由气垫兴波阻力和围裙浸湿阻力两部分组成。围裙浸湿阻力 R_{sw} 简称围裙阻力(亦称浸湿阻力),是指气垫船航行时因围裙擦水、兜水以及飞溅等产生的阻力。其中包括围裙在水中相对运动产生的摩擦阻力,围裙兴波阻力、围裙型阻力和飞溅阻力等,围裙浸湿阻力在全垫升式气垫船的总阻力中占有较大比重,一般在20%～30%。围裙阻力很难用理论方法确定,这是因为影响围裙阻力的因素很多,而且相当复杂,主要与围裙形式、围裙高度、气垫周长、飞高、气垫压力、船速以及航行纵倾等因素有关。

因此实用上气垫船阻力可以通过气垫兴波阻力 R_w 和围裙浸湿阻力来确定。根据实际经验,又将围裙浸湿阻力分成围裙静水湿阻力 R_{skc} 和围裙兴波阻力 R_{skw},并给出了相应的经验公式。

① 围裙静水湿阻力可按下式进行计算

$$R_{skc} = C_{skc} \left(\frac{h}{c} \right)^{-0.34} \sqrt{S} q_w \times 10^{-6}$$

式中,C_{skc} 为围裙湿水阻力系数,可取 $C_{skc} = 1.35 + 0.112 \frac{p_c}{L}$ 或 $C_{skc} = 2.5 \sim 3.5$;c 为喷口周长;$q_w = \frac{1}{2} \rho v^2$ 为水流动压头。

② 围裙兴波阻力。可以根据气垫兴波阻力 R_w 确定为

$$R_{skw} = C_{skw}R_w$$

式中，C_{skw} 为围裙兴波阻力系数，可取 $C_{skw} = 2.816\left(\dfrac{p_c}{L}\right)^{0.259} - 1$ 或由图 9-40 确定。

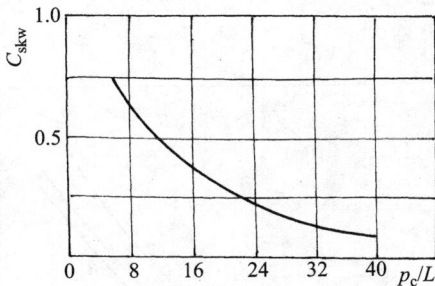

图 9-40 围裙兴波阻力系数

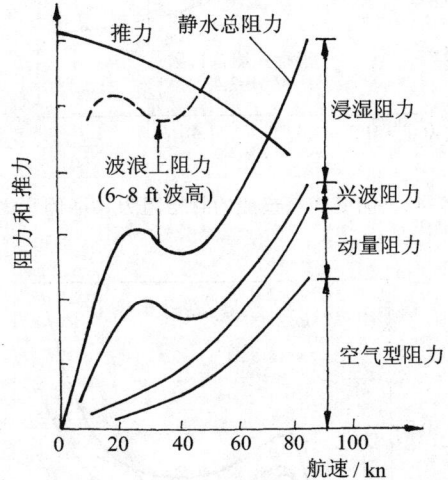

图 9-41 典型大型全垫升气垫船的阻力
成分，1 ft=0.304 8 m

图 9-41 是全垫升式气垫船在不同航速下的各种阻力成分示意图，图中水阻力是以气垫兴波阻力 R_w 和围裙浸湿阻力 R_{sw} 来表示。

2）侧壁式气垫船的航行阻力

侧壁式气垫船的航行总阻力 R_t 由下列几种阻力成分组成

$$R_t = R_w + R_{sf} + R_{sk} + R_{aa} + R_{ap} \tag{9-37}$$

式中，R_w 为气垫和侧壁的兴波阻力；R_{sf} 为侧壁的摩擦阻力；R_{sk} 为封裙的摩擦阻力和诱导阻力；R_{aa} 为空气阻力；R_{ap} 为附体阻力，主要是由推进器轴、支架等水下附属体所增加的阻力。

（1）空气阻力 R_{aa}。与全垫升式气垫船相同，R_{aa} 中包括空气型阻力和空气动量阻力。

（2）兴波阻力 R_w。侧壁式气垫船的兴波阻力应包括气垫压力兴波和侧壁兴波所产生的兴波阻力，前者可应用理论方法估算。

（3）侧壁摩擦阻力 R_{sf}。这与通常的船体摩擦阻力处理相同。当湿面积确定后，不难通过计算得到。为简化，一般可假定侧壁式气垫船在规定气垫压力和空气流量情况下达到垫升状态，且认为航行纵倾角为零，从而由侧壁的型线图计算得到湿面积。

（4）封裙阻力 R_{sk}。是指侧壁式气垫船的活动气垫封裙（可以是柔性的或滑行式的）在运动过程中产生的摩擦阻力或其他阻力的统称。一般说来，要单独确定封裙阻力是有困难的。

侧壁式气垫船兴波阻力可以应用理论方法估算，摩擦阻力可根据浸湿面积确定，空气阻力按前述全垫升式气垫船相同方法或模型试验确定，总阻力中扣除上述诸阻力成分得到剩余阻力，其中主要是封裙阻力。实船剩余阻力可按下式换算

$$\left(\frac{R_r}{\Delta}\right)_{实船} = \left[k_1 + (1-k_1)\left(\frac{C_{fs}}{C_{fm}}\right)\right]\left(\frac{R_r}{\Delta}\right)_{模型}$$

365

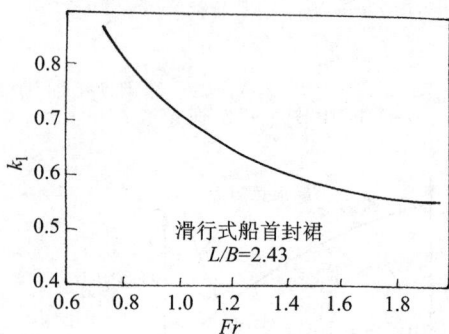

图 9-42　侧壁式气垫船的封裙阻力尺度因素 k_1

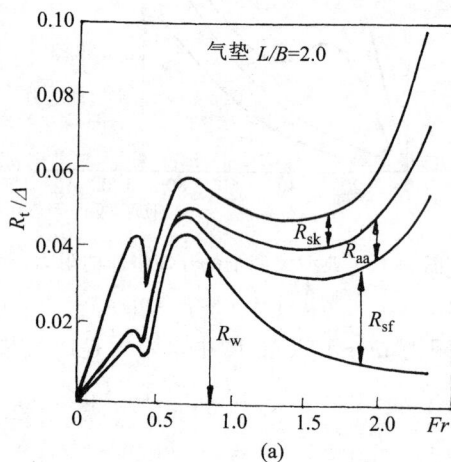

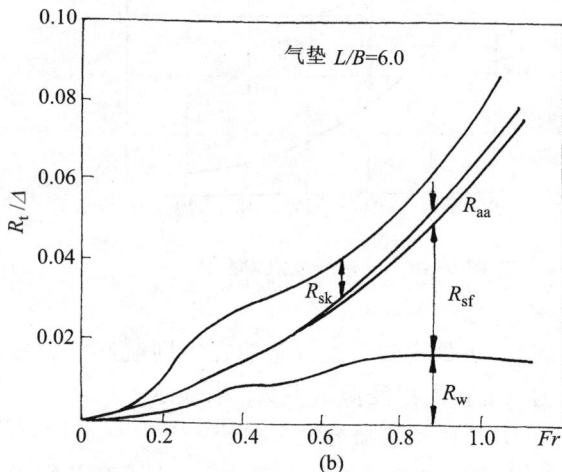

式中 k_1 为封裙阻力尺度因素,由试验给出。如图 9-42 所示,C_{fm},C_{fs} 分别为模型和实船的摩擦阻力系数。

图 9-43 分别给出了相对气垫长度 $L/B=2.0$ 和 6.0 的侧壁式气垫船的阻力成分(这里 L 为气垫长度,B 为气垫宽度)。比较两图可见,对于 L/B 不同的侧壁式气垫船不但其阻力随傅汝德数变化的情况不同,而且各种阻力成分所占的相对比重差别甚大,因此在具体设计时必须予以注意。

图 9-43　侧壁式气垫船阻力曲线
(a) $L/B=2.0$ 的阻力曲线;(b) $L/B=6.0$ 的阻力曲线

3. 气垫船的功率

气垫船动力装置的功率主要用于两部分,一部分供给垫升风扇造成气垫所需的功率,称为垫升功率,另一部分是航行所需功率,也就是供给推进器的功率,称为推进功率,这两部分功率之和通常称为气垫船功率。

1) 垫升功率

气垫船动力装置区别于其他船舶动力装置的主要特点是:前者主机功率中的相当一部分功率用于产生和维持气垫,因而气垫船必须装有垫升系统,该系统通过升力风扇保持不断地向气垫输送空气,为此必须消耗功率。如果粗略地估算,这种垫升功率约占气垫船总功率的 1/3 左右。

气垫船垫升功率 P_c 可按下式计算

$$P_c = \frac{Q_c p}{\eta_c} \tag{9-38}$$

式中,p 为风扇后面计及各种损耗后的压力;Q_c 为总的空气流量,可以表示为 $Q_c = Q + \sum \Delta Q$;Q 为气垫船在静水中垫升状态下的空气流量;$\sum \Delta Q$ 为附加空气流量,这是考虑到耐波性要求以及其他影响等所需的附加空气流量；η_c 为风扇效率，由风扇设计资料确定。

2）推进功率

前面已讨论过气垫船航行中的阻力性能问题，如果已经得到气垫船的航行总阻力，则用于航行中的推进功率由下式确定

$$P_p = \frac{R_t v_s}{\eta_p} \tag{9-39}$$

式中，v_s、R_t 分别为给定航速及相应的阻力值；η_p 为推进效率。

9-8 地 效 应 船

地效应船（wing-in-ground effect craft）又名冲翼艇，掠海地效翼船、腾空船等。实际上，是一种航速可达 100～300 kn 的低空飞行的"飞机"。

由于飞机在中、高空飞行时很容易被雷达发现，为躲避雷达，因此早在 20 世纪 30 年代，原苏联对这种低空飞行的地效应船进行了研究。由于主要考虑贴近海面飞行，故称掠海地效应船。经过大量的试验研究和实样制造，取得了很大的进展。在 20 世纪 60 年代研制成"里海怪物"地效应船，80 年代研制成"雌鹞"级地效应导弹艇，90 年代研制成"小鹰"级地效应登陆艇，由此引起世界各国的关注，目前美国也正在开发 500～900 吨级的大型地效应船。

1. 地效应船的基本原理

冲翼艇是利用安装在船体上的机翼在贴近地面或水面飞行时，利用表面效应可产生足够大的升力，使船体脱离支承表面（地面或水面），进而在贴近地面或水面低空飞行。图 9-44 为俄罗斯的"里海怪物"地效应船。

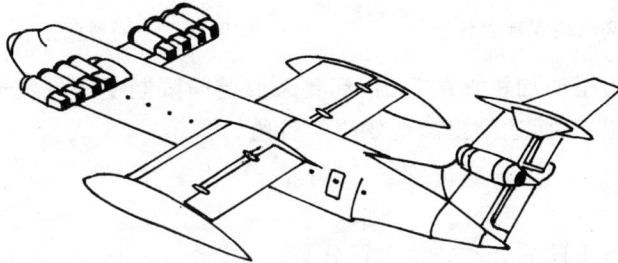

图 9-44 "里海怪物"地效应船

冲翼艇的地效应原理是，当机翼在距地面很近时，由于翼面下方的气流受地面和翼面的挤压，不能及时向外扩散，因此翼面下的压力大大增高，升力随之大大增加，使船体脱离地面，进入飞行状态，阻力随之急剧减小，因而可达到极高的飞行速度。

冲翼艇可以看成是介于船舶、飞机和汽车之间的一种新型运输工具，与飞机相比，它的飞行高度要小得多，但由于利用了地面效应，故可用比飞机小得多的功率获得一定的升力。

2. 影响地面效应的主要因素

（1）地面效应的主要作用在于提高升力。试验证明地效应船的飞高，即离地面的距离 h 对机翼的地面效应影响较大。图 9-45 是由试验所得的机翼在不同飞高情况的升力系数 C_L

与相对飞高 h/c、冲角 α 之间的关系曲线，c 是机翼弦长。图中曲线 1 是 $h/c=\infty$ 的情况，曲线 2、3、4 分别为 $h/c=0.5,0.125$ 和 0.03 的情况。由图可见，在冲角不大时，机翼的升力系数随飞高的减小而增大。在 $\alpha=2°\sim8°$ 时，低飞机翼的升力系数将比高飞机翼增大 40%～50%，甚至更高。由此可见，只有在一定的飞高范围内，才会产生地面效应，产生这种现象的区域称为"地效区"。

（2）冲翼艇艇体上机翼的展长亦是影响地效应的因素。图 9-46 是不同展弦比机翼情况下的地效对机翼升力的影响，图中 k_a 为有地效影响时的升力系数斜率与无地效影响时升力系数斜率之比。$2h/c$ 为相对飞高，ac 为地效应船的空气动力中心。由图可见，在一定弦长时展弦比愈小则地效升力增加愈大，升阻比增大，因此冲翼艇的机翼应取较小的展长，而一般低速飞机，包括水上飞机，为了获得尽可能大的气动效率，都采用大展弦比的机翼，机翼的展长往往都超过机身的长度。

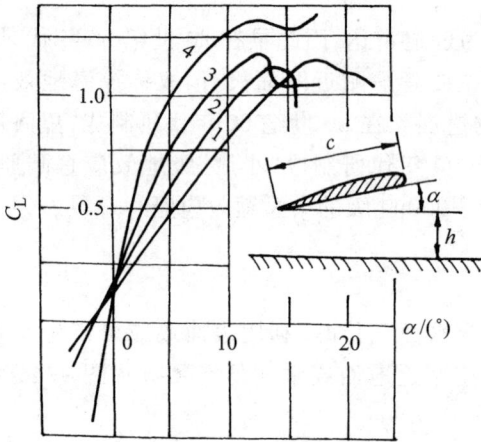

图 9-45　不同飞高的机翼地面效应

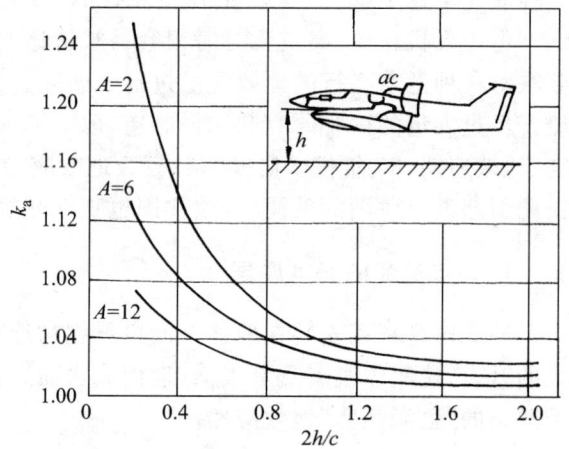

图 9-46　不同展弦比 A 对机翼升力的影响

（3）冲翼艇一般为了增加机翼的升力，都要采取措施限制受压气流向外逸出，因此，实用上可在翼尖处加装端板，从而达到提高地效应的目的。

3. 地效应船的种类

地效应船可以根据不同的分类方法进行分类。

（1）地效应船按外形结构可以分为单体式和双体式。

（2）根据起落时机翼下方有无气垫，地效应船又可分为冲翼艇和气翼艇。前者在起落时仅依靠空气动力和表面效应；气翼艇在低速时除利用空气动力和表面效应作用外，还利用发动机向翼下封闭区喷射气流形成的气垫起飞和降落，因此具有两栖性。

（3）按使用情况不同，地效应船可以分为 3 种。

① 简单型。只能平飞，不能升降。

② 超低空掠地或掠海型。这种地效应船仅限于在飞高为 5～10 m 范围内掠地或掠海飞行。

③ 变飞高掠海或掠地型。这种地效应船可以在任意高度飞行，既可贴近地面或水面飞行，又可像普通飞机一样能在中、高空飞行。

附 录

不同水温时水的运动黏性系数 ν 和质量密度 ρ（根据第 10 届 ITTC）

淡 水		水温	海 水		淡 水		水温	海 水	
$10^6 \times \nu$ /(m²/s)	ρ /(kg/m³)	t /(℃)	$10^6 \times \nu$ /(m²/s)	ρ /(kg/m³)	$10^6 \times \nu$ /(m²/s)	ρ /(kg/m³)	t /(℃)	$10^6 \times \nu$ /(m²/s)	ρ /(kg/m³)
1.786 67	999.82	0	1.828 44	1 028.07	1.139 02	999.04	15	1.188 31	1 025.91
1.727 01	999.82	1	1.769 15	1 027.97	1.109 66	998.94	16	1.159 16	1 025.71
1.670 40	999.92	2	1.713 06	1 027.87	1.081 55	998.74	17	1.131 25	1 025.42
1.616 65	999.92	3	1.659 88	1 027.87	1.054 56	998.55	18	1.104 38	1 025.22
1.565 57	999.92	4	1.609 40	1 027.77	1.028 65	998.35	19	1.078 54	1 025.03
					1.003 74	998.16	20	1.053 72	1 024.73
1.516 98	999.92	5	1.561 42	1 027.68	0.979 84	997.96	21	1.029 81	1 024.44
1.470 70	999.92	6	1.515 84	1 027.48	0.956 82	997.76	22	1.006 78	1 024.15
1.426 67	999.82	7	1.472 42	1 027.38	0.934 71	997.47	23	0.984 57	1 023.85
1.384 71	999.82	8	1.431 02	1 027.19	0.913 40	997.27	24	0.963 15	1 023.56
1.344 63	999.73	9	1.391 52	1 027.09					
					0.892 92	996.98	25	0.942 52	1 023.26
					0.873 13	996.78	26	0.922 55	1 022.97
1.306 41	999.63	10	1.353 83	1 026.89	0.854 09	996.49	27	0.903 31	1 022.67
1.269 88	999.53	11	1.317 73	1 026.69	0.835 72	996.20	28	0.884 70	1 022.28
1.234 95	999.43	12	1.283 24	1 026.60	0.817 98	995.90	29	0.866 71	1 021.98
1.201 59	999.33	13	1.250 28	1 026.30					
1.169 64	999.14	14	1.218 62	1 026.11	0.800 92	995.61	30	0.849 31	1 021.69

本篇参考文献

[1] 姜次平.船舶阻力[M].上海：上海交通大学教材科,1965.

[2] 姜次平.船舶阻力[M].北京：国防工业出版社,1979.

[3] 姜次平,邵世明.船舶阻力[M].上海：上海交通大学出版社,1985.

[4] 邵世明,王云才.快艇动力学[M].上海：上海交通大学出版社,1990.

[5] 邵世明.船舶阻力[M].上海：上海交通大学出版社,1995.

[6] 邵世明.赵连恩,朱念昌.船舶阻力[M].北京：国防工业出版社,1995.

[7] 李世谟.兴波理论基础[M].北京：人民交通出版社,1986.

[8] 程天柱,石仲堃.兴波阻力理论及其在船舶设计中的应用[M].武汉：华中工学院出版社,1987.

[9] 刘应中.船舶兴波阻力理论[M].北京：国防工业出版社,2003.

[10] 赵连恩.高性能船舶水动力原理与设计[M].哈尔滨：哈尔滨工程大学出版社,2009.